D1640051

FERDINAND BRUNE

Der lippische Landbaumeister

Sämmtliche Maaßen an Höhen und

Toskanische Ordnung = 22 M. 2 p

Haupt-Theile mit ihren Höhen	Haupt-Theile mit ihren Höhen	Die einzelnen Höhen der Glieder	Die zusammengezogenen Höhen der Glieder	Naamen der Glieder	Ausläufen aus dem Achse oder Sporn
Gebälke = 3½ Model	Kranz = 4 Mod. 4 Parti	4	16	Wulst	33½ 30
		1	12	Stab	30
		½	11	Riemen	29
		6	10½	Kranzleisten	29 28½
		½	4½	Riemen	20
		4	4	Kehlleisten	19½ 16
	Borten 1 M. 2 p	14	14	Borten	15½
	Unterbalken 1 M.	2	12	Ueberschlag	17½
		10	10	Streifen	17½ 15½
Säule = 14 Model	Capital 1 M.	1	12	Ueberschlag	20½
		3	11	Platte	19½
		3	8	Wulst	19½ 16½
		1	5	Riemen	16½
		4	4	Hals	16½ 15½
	Stam = 12 Mod.	1	144	Rinken	11
		½	143	Obere Saum	10
		142½	142½	Stamm oben / Stamm unten	10 9½ 12 13½
	Fuß = 1 Mod.	1	12	Untere Saum	13½
		5	11	Pfuhl	16½

Dorische Ordnung = 25⅓ M.

Haupt-Stücke mit ihren Höhen	Haupt-Theile mit ihren Höhen	Die einzelnen Höhen der Glieder	Die zusammengezogenen Höhen der Glieder	Naamen der Glieder	
Gebälke = 4 Model	Kranz = 1½ Model	1	18	Ueberschlag	
		3	17	Kehlleisten	
		½	14	Riemen	
		1½	13½	Kehlleisten	
		4	12	Kranzleisten	
		½	8	Plättchen	
		3	7½	~~Zahnschnitte~~	
		½	4½	Riemen	
		2	4	Kehlleisten	
		2	2	Band	
	Borten 1½ Mod.	18	18	Borten	
	Unterbalk. 1 M.	2	12	Ueberschlag	
		10	10	Humpfen	
Säule = 16 Model	Capital 1 M.	½	12	Ueberschlag	
		1	11½	Kehlleisten	
		2½	10½	Platte	
		2½	8	Wulst	
		½	5½	Riemen	
		½	5	Riemen	
		½	4½	Riemen	
		4	4	Hals	
	Stam = 14 M.	1	168	Rinken	
		½	167	Obere Saum	
		166½	166½	Stam oben / Stamm unten	
	Fuß = 1 Mod.	1	12	Untere Saum	
		1	11	~~Pfuhl~~ Stab	

Joachim Kleinmanns

Preußischer Klassizismus in Lippe

Der lippische Landbaumeister
FERDINAND BRUNE
1803–1857

Leben und Werk

MICHAEL IMHOF VERLAG

Herausgegeben vom Lippischen Heimatbund

Gedruckt mit großzügiger Unterstützung der

Nordrhein-Westfalen-Stiftung – Naturschutz, Heimat- und Kulturpflege
und weiterer Beiträge des Landesverbands Lippe
sowie der Stadt Detmold.

Impressum

Gestaltung und Satz
Carolin Zentgraf, Michael Imhof Verlag

Umschlagabbildung
Bauriss des Offiziantenhauses (heute: Ferdinand-Brune-Haus) in Detmold, 1829
Landesarchiv Nordrhein-Westfalen, Abt. Ostwestfalen-Lippe

Druck und Bindung
mediaprint solutions GmbH, Paderborn

© 2024
Michael Imhof Verlag GmbH & Co. KG
Stettiner Straße 25 · D-36100 Petersberg
Tel. 0661/29 19 166-0 · Fax 0661/29 19 166-9
info@imhof-verlag.de · www.imhof-verlag.de

Printed in EU

ISBN 978-3-7319-1397-9

VORWORT

Liebe Leserin, lieber Leser,
der Architekt Ferdinand Wilhelm Brune war nicht nur ein Zeitgenosse so berühmter Baukünstler wie Karl Friedrich Schinkel und Gottfried Semper, sondern auch selbst ein herausragender Vertreter seines Fachs. Einige seiner im Geist des Klassizismus gestalteten Bauwerke setzen in ihrer jeweiligen ländlichen oder städtischen Umgebung bis heute prägende Akzente, zum Beispiel das Detmolder Neue Palais, der jetzige Sitz der Hochschule für Musik. Doch im vorliegenden Buch, das Joachim Kleinmanns nach eingehenden Quellenstudien verfasst hat, lernt man Brune nicht nur als Landbaumeister in fürstlich-lippischen Diensten kennen. Wir sehen ihn auch als Bürger des 19. Jahrhunderts, der an den Zusammenkünften der städtischen Gesellschaft, der er angehörte, rege teilnahm und sich dabei unter anderem als Initiator einer Denkmal-Stiftung, Sekretär im Naturwissenschaftlichen Verein und Vorstandsmitglied eines Friedensvereins für rechtliche Streitschlichtung aktiv einbrachte.

Brune wurde durch die vielen Funktionen, die er über seine Dienstpflichten hinaus ausübte, derart in Anspruch genommen, dass er im Jahr 1855, zwei Jahre vor seinem Tod, mit einem gewissen Aufseufzen und sicher ebenso mit einem gewissen Stolz notieren konnte, es gebe in Detmold wohl kein Ehrenamt, zu dem er noch nicht berufen worden sei. Die Äußerung ist aufschlussreich für die Tatkraft, die man dem vielseitig interessierten Mann jahrzehntelang zutraute, zugleich aber bezeichnend für eine Epoche, in der die rasante Entfaltung des bürgerlichen Vereinswesens eine nie dagewesene Fülle neuer Möglichkeiten zu ehrenamtlicher Betätigung schuf. Diese Entwicklung setzte sich noch lange in ganz unterschiedlichen Formen fort, bis sie im April 1908 durch das „Reichsvereinsgesetz" erstmals eine deutschlandweit einheitliche Rechtsgrundlage erhielt. Es war das gleiche Jahr, in dem der Lippische Heimatbund gegründet wurde, der sich mit seinen rund siebzig Mitgliedsvereinen heute als größte Bürgerbewegung Lippes versteht und der die Herausgabe dieses Buches mit Unterstützung der Nordrhein-Westfalen-Stiftung ermöglicht hat.

Seit über 35 Jahren engagiert sich die NRW-Stiftung als Partnerin des Ehrenamtes in allen Regionen Nordrhein-Westfalens. Mehr als 3.600 Projekte aus den Bereichen Naturschutz, Heimat- und Kulturpflege hat sie seit ihrer Gründung im Jahr 1986 finanziell gefördert – von der Museumsgestaltung über den Biotopschutz bis hin zur Denkmalsanierung. Dabei tritt sie gemäß ihrem Vorbild, dem britischen National Trust, auch selbst als Eigentümerin von Naturschutzflächen und herausragenden Werken der Baukunst auf. Ihr gehören so unterschiedliche Objekte wie der futuristisch aussehende Astropeiler – ein denkmalgeschütztes Radioteleskop – auf dem Stockert bei Bad Münstereifel, das historische Schloss Drachenburg im Siebengebirge – unser „rheinisches Neuschwanstein" – und das ehemalige römische Kastell Haus Bürgel in Monheim am Rhein, das seit 2021 zum UNESCO-Welterbe Niedergermanischer Limes gehört. Der kleine Adelssitz Haus Rüschhaus in Münster, wo einst die Dichterin Annette von Droste-Hülshoff, eine Zeitgenossin Ferdinand Brunes, lebte und arbeitete, lässt sich ebenfalls nennen.

Seit dem 1947 erfolgten Beitritt Lippe-Detmolds zu dem bereits im Jahr zuvor gegründeten Land Nordrhein-Westfalen gehören lippische Schauplätze mit zum weiten Panorama von Landschaft und Kultur im bevölkerungsreichsten Bundesland – einige wie die Externsteine oder das Hermannsdenkmal sogar in der Rolle als prominente Wahrzeichen mit außerordentlicher Strahlkraft. Das Engagement der NRW-Stiftung im einzigen nordrhein-westfälischen Landesteil, der nie zu den preußischen Provinzialgebieten gehörte, ist vielfältig. So unterstützte sie die Sicherung und Restaurierung der Ruine Falkenburg, der „Wiege des Landes Lippe". Das Stiftungslogo findet sich darüber hinaus am Infozentrum der Externsteine in Horn-Bad Meinberg, am märchenhaften Junkerhaus in Lemgo oder an der Papiermühle Plöger in Schieder-Schwalenberg, um nur einige Beispiele zu nennen. Gefördert wurden auch informative Publikationen, insbesondere die vom Lippischen Heimatbund herausgegebene Schriftenreihe „Lippische Kulturlandschaften". Mit dem Band über Ferdinand Wilhelm Brune ist nun ein wichtiges wissenschaftliches Werk hinzugekommen, mit der Verfasser, Dr. Joachim Kleinmanns, Fachstellenleiter für Baugestaltung und Denkmalpflege beim Lippischen Heimatbund, eine Lücke in der Literatur zur lippischen Kulturgeschichte schließt. Mit der eingehenden Schilderung von Leben und Lebensleistungen Brunes, dem umfangreichen Werkkatalog und dem Überblick über das herrschaftliche Bauwesen in Lippe bietet der Band eine Fallstudie, die zum Vergleich mit Entwicklungen in anderen Herrschaftsgebieten beziehungsweise Gliedstaaten des Deutschen Bundes anregen kann.

Stefan Ast
Geschäftsführer
Nordrhein-Westfalen-Stiftung

INHALT

EINLEITUNG   8

DAS HERRSCHAFTLICHE BAUWESEN IN LIPPE
BIS ZUR MITTE DES 19. JAHRHUNDERTS   10

Hof-, Land- und Militär-Bauwesen   10

Exkurs: Die Situation im Ausland   11

Das lippische Baudepartement   14

Die ersten lippischen Landbaumeister – von Knoch bis Willig   15

Christian Teudt   16

Wilhelm Tappe   18

Theodor von Natorp   19

Bauschreiber   21

Bauaufseher und Baugehilfen   23

Baumagazin und Baumaterial   25

Bauunternehmer   28

Bauhandwerker und Bauarbeiter   28

FERDINAND BRUNE – BIOGRAPHIE   30

Studium   31

Anstellung als Baukondukteur   36

Festanstellung als Landbaumeister   39

Gehalt   40

Spannungen – der Streit mit Stein   42

Privatleben   44

Reisen   45

Brunes Nachfolger – Wilhelm von Meien und Ferdinand Merckel   47

AUSGEWÄHLTE BAUTEN   50

Russisches Bad und Schlammbad in Meinberg, 1826/27   51

Strafwerkhaus in Detmold, 1826–1831   53

Offiziantengebäude in Detmold, 1829/30   55

Mühle in Lothe bei Schwalenberg, 1829–1831   59

Kaserne in Detmold, 1829–1833   61

Bürgertöchterschule in Detmold, 1830–1832   63

Gymnasium Leopoldinum in Detmold, 1830–1833   65

Schutzdach der Schlosswache in Detmold, 1831–1835 69

Fasanerie im Tiergarten bei Detmold, 1836/37 70

Amthaus in Oerlinghausen, 1836–1839 73

Kahlenbergturm bei Schieder, 1840/41 76

Spritzenhaus in Detmold, 1842–1845 78

Umbau der Detmolder Friedamadolphsburg zum Fürstlichen Palais, 1845–1854 81

Projekt eines Fürstlichen Mausoleums bei Detmold, 1851 89

Neubau der Meierei Barntrup, 1850–1853 90

Brücke vor dem Neuen Palais in Detmold, 1851/52 93

BEWERTUNG 94

Städtebau 96

Denkmalpflege 97

Würdigung 98

WERKKATALOG 99

ANHANG 224

Dokumente 224

Verzeichnis der herrschaftlichen Bauten 224

Instruktion für Theodor von Natorp 226

Instruktion für den Kammer-Assessor Carl Wilhelm Stein 228

Instruktion für den Baugehilfen Ferdinand Brune 231

Instruktion für den Baukondukteur Brune 232

Instruktion für den Baumeister Brune 233

Personal des Baudepartements zur Zeit Ferdinand Brunes 237

Maße 238

Glossar 238

Abkürzungen 239

Anmerkungen 242

Literatur 261

Ortsregister 265

Personenregister 266

Dank 271

Bildnachweis 271

EINLEITUNG

Bis heute erinnert der Name „*Ferdinand-Brune-Haus*" in Detmold an dessen Baumeister.[1] Das heute der städtischen Bauverwaltung dienende Bauwerk im Rosental, gleich neben dem Theater, wurde 1829/30 nach Brunes Entwurf als „*Offiziantenhaus*" erbaut – als ein Gebäude mit Dienstwohnungen und Arbeitsräumen für höhere fürstliche Bedienstete. Auch Brune selbst durfte hier eine großzügige Wohnung beziehen. Denn seit dem 1. Januar 1830 war er Fürstlich Lippischer Landbaumeister und damit für das herrschaftliche Bauwesen im Land verantwortlich. Vor allem die Gestalt der Residenzstadt Detmold prägte er in hohem Maße. Hier entstanden zahlreiche Bauten im Auftrag der Fürstlichen Rentkammer, daneben auch für das Militär, das Konsistorium, den Magistrat und Privatleute. Doch Brune wirkte nicht ausschließlich in Detmold, sondern hinterließ in fast ganz Lippe ein umfassendes Werk. Brune war Absolvent der Berliner Bauakademie. Seine Schaffensperiode fällt in die Zeit des Spätklassizismus und des frühen Historismus. Er vertrat den sparsamen Ökonomiebau preußischer Prägung und schuf wohlproportionierte, funktionale und dauerhafte Gebäude. Künstlerische Dekoration blieb auf Hofbauten wie das Neue Palais beschränkt.

Hermann Ludwig Schäfer[2] publizierte schon in der Mitte des vorigen Jahrhunderts über Brune. Seine Quellen sind leider unbekannt. Zeitgleich widmete sich auch Gerhard Peters[3] in seiner „*Baugeschichte der Stadt Detmold*" dortigen Werken des Baumeisters. 1984 veröffentlichte Peters eine umfassende Studie über die Baugeschichte des Neuen Palais.[4] Auf seine Arbeiten gründet sich das kurze Portrait, welches Elisabeth Steichele[5] 1997 verfasste. Ein einzelnes Bauteil behandelte mit dem Vordach der Detmolder Schlosswache Rainer Graefe.[6] Und vom Verfasser selbst sind seit 1996 mehrere kurze Beiträge zu Brune und einzelnen Werken erschienen.[7] Nun werden Leben und Gesamtwerk in einer umfassenden Monographie dargestellt.

Diese Werkmonographie des Baumeisters Ferdinand Brune ist ein Beitrag zur Baugeschichte im Fürstentum Lippe und speziell in der Residenzstadt Detmold im zweiten Viertel des 19. Jahrhunderts. Baugeschichte wird dabei nicht nur kunsthistorisch als Stilgeschichte verstanden, sondern die Bauwerke werden in allen Kategorien der Architektur betrachtet, also in Funktion und Form, Baumaterial und Bau-

technik. Darüber hinaus wird auch die Organisation des Bauwesens, also die staatliche Bauverwaltung zur Zeit Brunes und seiner Vorgänger, als organisatorischer Rahmen berücksichtigt. Im 18. Jahrhundert waren landesherrliche Baukommissionen entstanden, aus denen sich im 19. Jahrhundert straff organisierte, hierarchisch gegliederte staatliche Bauverwaltungen entwickelten.[8] Forschungsgegenstand sind die Strukturen des Systems, die Organisation und die Bewältigung der täglichen Arbeiten sowie die Ergebnisse dieser Prozesse. Ziel ist, den Landbaumeister und späteren Baurat Ferdinand Brune in diesem System zu verorten und seine Abhängigkeiten von übergeordneten Dienststellen und Personen sowie von nachgeordneten Mitarbeitern zu erkunden, sozusagen ein Organigramm zu zeichnen und seine Wirkungsweise zu erforschen. Dazu gehört ebenso der Blick auf das Bauhandwerk und die zur Verfügung stehenden Ressourcen, von den lokal verfügbaren Baumaterialien bis zu den importierten, von den überlieferten bis zu den frühindustriell hergestellten. Exemplarisch entsteht damit innerhalb eines begrenzten Zeitraumes und Territoriums das exemplarische Bild eines Baubeamten im zweiten Viertel des 19. Jahrhunderts.

Die Arbeit beantwortet auch die von Steichele gestellten Fragen: „*In den Akten war über den Menschen Ferdinand W. Brune wenig zu erfahren. Wie lebte er? Einer Eintragung kann man entnehmen, daß sein Vater ,Präsident' in Halle war. Er selbst wohnte wohl lange Jahre bei seiner Mutter. Nahm er sie mit nach Detmold? Wie waren sonst seine Familienverhältnisse, hatte er selbst Familie? Angesichts der wirklich unglaublichen Schaffenskraft, die uns die verfügbaren Akten bezeugen, wird man neugierig, mehr von dem Menschen zu erfahren. Blieb ihm überhaupt Zeit für Privates? Hier könnte noch geforscht werden!*"[9] Ebenso wird Peters Anregung, Brunes private Auftraggeber zu untersuchen, nun aufgegriffen. Dies betrifft insbesondere die Bauten auf dem Gut Patthorst.[10]

Das Fürstentum Lippe eignet sich als außergewöhnlich beständiges, überschaubares Territorium ausgezeichnet für eine solche Mikrostudie, die in größeren Ländern rasch zu einer kaum zu bewältigenden Aufgabe wüchse. So hat Reinhart Strecke[11] zwar die Anfänge und Innovation der Preußischen Bauverwaltung akribisch anhand der schriftlichen Überlieferung aufgearbeitet, doch aufgrund des Volumens selbstverständlich weder mit den ausgeführten Bauten verknüpfen, noch den zu deren Erstellung oder Unterhaltung notwendigen täglichen Geschäftsgängen nachspüren können.

Methodisch stützt sich die Arbeit auf reichhaltige Quellen. Im Landesarchiv Nordrhein-Westfalen, Abteilung Ostwestfalen-Lippe in Detmold lagert eine umfassende Überlieferung zu Brunes Bautätigkeit. Vier Personalakten erlauben, eine Vorstellung von der Person Brunes und von seinem Leben zu gewinnen. Bauakten und Baupläne, teilweise auch Brunes persönliche Handakten zu umfangreicheren Bauvorhaben, sind zu über zweihundert Bauvorgängen durchgesehen worden. Ergänzt wurden diese Archivalien durch Unterlagen im Stadtarchiv Detmold, im Fürstlich Lippischen Archiv, im LWL-Archivamt[12] und in der Lippischen Landesbibliothek. Wo immer möglich, wurden die Bauwerke selbst in Augenschein genommen, und wo es sich wegen anstehender Bauarbeiten erlaubte, im Einzelfalle auch akribisch untersucht.[13] So konnte eine umfassende Studie entstehen, welche nicht nur eine Epoche darstellt, sondern am Ende auch deutlich macht, welch starkem Wandel und auch Verlusten Brunes Werk unterworfen ist.

Eine Umrechnung historischer Maße findet sich im Anhang auf Seite 238. Ohne Anführungszeichen kursiv gesetzte historische Begriffe sind in einem Glossar ab Seite 238 erläutert.

DAS HERRSCHAFTLICHE BAUWESEN IN LIPPE BIS ZUR MITTE DES 19. JAHRHUNDERTS

Die Geschichte des herrschaftlichen Bauwesens in der Grafschaft und dem späteren Fürstentum Lippe (1789–1918) ist bis heute nur ansatzweise von GERHARD PETERS[1] bearbeitet. Sie wird darauf aufbauend im Folgenden anhand der Aktenüberlieferung im Landesarchiv Nordrhein-Westfalen, Abteilung Ostwestfalen-Lippe, dargestellt. Dazu wurden vor allem die Personalakten[2] herangezogen, aber auch Bauakten[3] der Rentkammer. Besonders anschaulich sind die Instruktionen für die jeweiligen Bediensteten.

Hof-, Land- und Militär-Bauwesen

In Folge unterschiedlicher Bauaufgaben hatten sich in der Neuzeit drei herrschaftliche Baubereiche ausgebildet: Hofbauwesen, *Landbauwesen* und Militärbauwesen.[4] Diese wurden mit der einhergehenden Differenzierung der administrativen Struktur meist auch von getrennten Verwaltungsabteilungen geleitet. Das Hofbauwesen kann als ältester Bereich angesprochen werden. Es widmete sich vor allem dem Schlossbau und wurde von herausragenden Baumeistern geprägt. Diese arbeiteten zunächst in direktem Auftrag für ein einzelnes Bauvorhaben, sind also nicht Teil sondern Auftragnehmer einer Bauadministration.

In der Grafschaft Lippe sind solche Baumeister erst seit der Mitte des 16. Jahrhunderts namentlich bekannt. 1550 bis 1553 waren „*Meister Jürgen*" (Jörg Unkair) aus Lustnau bei Tübingen und sein Meisterknecht Johann von Munster mit etwa 20 weiteren Handwerkern, Steinhauern, Kalkrührern und Kalkträgern beim Umbau des Detmolder Schlosses tätig.[5] Unkair verstarb 1553 in Detmold. Seine Nachfolger wurden 1553 bis 1557 Cord Tönnies[6] aus Hameln und im Jahr darauf der unbekannte Meister JR, der lange Zeit als der Flame Johann Robyn gedeutet wurde, welcher sich aber aller Wahrscheinlichkeit nach 1557 nicht in unserem Raum aufgehalten hat.[7] 1613 wurde ein gräflicher Baumeister Iggen genannt, ohne dass ein konkretes Bauprojekt erwähnt ist.[8] Im weiteren frühen 17. Jahrhundert, 1619 bis 1621, lassen sich als Baumeister, nun wieder am

Detmolder Schloss, Hans Avenhaus aus Blomberg und Steinmetz Martin Geißenbier nachweisen.[9] 1663 wurde Leonhard Genser genannt Beyer mit dem Entwurf und dem Bau des Wallgemachs, 1665 mit der Errichtung des Dikasterialgebäudes beauftragt.[10] 1673 war dann der Lemgoer Meister Hermann Arndt am Westflügel des Detmolder Schlosses tätig.[11]

Eine regelrechte Administration des Hofbauwesens der Grafen zur Lippe ist erstmals Anfang des 18. Jahrhunderts erwähnt. Damals unterstand es dem Hofmeister und Bauintendanten Nevelin von Blume (1665/66–17.3.1721)[12], unter dessen Oberleitung insbesondere das Lustschloss Favorite (später Friedamadolphsburg bzw. nach dem Umbau Neues Palais genannt) in der Detmolder Neustadt erbaut wurde. Von Blume war kein Baufachmann, sondern Verwaltungsbeamter und Postmeister. Entwurf und Bauleitung waren einem Künstler, dem Hamburger Hans Hinrich Rundt[13] übertragen, unter Beteiligung eines Franzosen du Tette[14]. Rundt war seit 1698 gräflicher Hofmaler und hatte auch neben dem erwähnten Lustschloss seit 1704 die Häuserzeile der Neustadt sowie die Friedrichsthaler Anlagen mit der Grotte, der Neuen Orangerie und einer Insel mit Lustschloss (Viertürme-Insel) entworfen. Er war jedoch nicht beständig in Detmold, da er als freier Künstler kein höfischer Beamter war. Aus den Briefen Rundts an den lippischen Hof ist bekannt, dass er mit Bauintendant Blume zusammenarbeitete.[15] Bis zu diesem Zeitpunkt hatten alle Baumeister in Lippe weder einen festen Amtsbezirk noch einen festen Aufgabenbereich gehabt, sondern einzelne Aufträge erhalten. Das sollte sich mit der Ernennung Rundts zum lippischen Landbaumeister am 17. April 1720 ändern, als Graf Simon Heinrich Adolf ihn „*in ansehung seiner experience, geschicklichkeit in der Architectur, und unseren gräflichen hauß Vieljährige erzeigte gute dienste auf unterthäniges Nachsuchen zu unserem La¢nd]Baumeister gnädigst bestellet, und angenommen*" hatte.[16] Doch obwohl Rundt selbst durch „*unterthäniges Nachsuchen*" um die Ernennung gebeten hatte, trat er die Stelle nicht an. Die Gründe dafür sind unbekannt.

Die Baumeister des Militärbauwesens (*architectura militaris*) stammten meist aus dem Ingenieurkorps der Artillerie und beschränkten sich in aller Regel auf die Festungsarchitektur. Doch konnten solche Kriegsingenieure auch zivile Bauten entwerfen, wie nicht zuletzt Balthasar Neumann mit seinen Residenzen und Kirchen gezeigt hat. Ein Beispiel des Militärbaus ist in Lippe der festungsmäßige Ausbau des Detmolder Schlosses um 1530[17] durch einen namentlich nicht bekannten Ingenieur. Die festungsähnliche Doppelturmanlage vor den Externsteinen ließ Graf Hermann Adolph um 1660 hingegen aus repräsentativen Zwecken errichten.[18] Als Baumeister kommen dafür die niederländischen Ingenieure Elias und Heinrich van Lennep in Betracht, welche die Anlage um 1663/65 auch in Kupfer gestochen dargestellt haben.[19] Heinrich van Lennep war anschließend als „*Conducteur im Casselischen Garnisonstab*" tätig und nahm seit Ende des 17. Jahrhunderts die Position des herrschaftlichen Bauverwalters am Kasseler Hof ein. Sein Bruder Elias hingegen ging von Detmold aus als Festungsbaumeister der Kaiserlichen Armee nach Ungarn und war u. a. in Neuhäusel (Nové Zámky) mit der Reparatur der dortigen Festung beschäftigt.[20]

Im Bereich des Landbauwesens lagen Beauftragung und Beaufsichtigung lokaler Handwerksmeister bis Mitte des 18. Jahrhunderts bei den Ämtern, welche autonom mit ihren Einnahmen wirtschafteten und lediglich den Überschuss an die gräfliche Rentkammer ablieferten. Das Landbauwesen wurde also unterhalb der Kammer-Ebene ohne Bauverwaltung im eigentlichen Sinn betrieben. Die Entwürfe stammten von „freien" Baumeistern, meist Zimmermeistern. Sie übernahmen auch die Bauleitung. Ihre Aufträge erhielten sie direkt – ohne Einbindung in eine Verwaltungshierarchie – von den jeweiligen Amtmännern. Diese Amtmänner waren keine Baufachleute und mussten den Handwerkern daher fachlich vertrauen. Eine Überprüfung beschränkte sich deswegen auf die Kostenanschläge und Rechnungen. 1764 wurde das lippische Landbauwesen dann in der Rentkammer zentralisiert, worauf noch zurückzukommen ist. Zunächst soll jedoch ein Blick über die Grenzen Lippes hinaus getan werden.

EXKURS: Die Situation im Ausland

Nicht nur in Lippe lag das Landbauwesen bis in das 18. Jahrhundert bei den Amtmännern. Diese hatten nur bei größeren Aufträgen das *placet* der Kammer einzuholen. Einen Eindruck vermittelt Artikel 32 der 1674 im Hannoverschen erlassenen Amtsordnung:

> „*Es sollen unsere Amtleute mit Fleiß dahin sehen, daß unsere Amts-Gebäude jeden Ortes in gutem Stande erhalten, was schadhafft, durch die Amts-einwohnende Zimmer-Leute und andere Dienste, oder auch sonsten nach Nothdurfft, zeitig repariret werden. Sollte aber solcher Mangel über 10. oder 12. Rthlr. Unkosten erfordern, oder sonst was neues zu bauen nöthig seyn, so soll solches vorhero an unser Fürstl. Cammer berichtet, zugleich ein ohngefährlicher An- und Überschlag, der dazu erfordernden Unkosten, eingeschicket, und um weitere Verordnung darauf allda gebührlich angesucht, und erwartet werden.*"[21]

Im Verlauf des 18. Jahrhunderts entstanden dann überall im Alten Reich mehr oder weniger straff organisierte Bauverwaltungen.[22] Regieren heißt Verwalten, lautete die Devise. Führend war die sächsische Bauverwaltung, die sich schon im 17. Jahrhundert an die Spitze der Entwicklung gesetzt hatte:

> „*Spätestens ab 1672, da der Oberlandbaumeister Wolf Caspar von Klengel zum Oberinspektor der Civil- und Militärgebäude Sachsens ernannt worden ist, Johann Georg Starcke zum Oberlandbaumeister aufstieg und es in der Folgezeit darüber hinaus noch einen Vize-Oberlandbaumeister und einen Landbaumeister gab, Unterlandbaumeister, Baukondukteure und Landbauschreiber, war die fachliche Hierarchie des Oberbauamtes und seine Dienststruktur voll ausgebildet.*"[23]

Architektur- und verwaltungstheoretisch äußerte sich 1728 PAUL JACOB MARPERGER (1656–1730) dazu in seiner „*Singularia Aeditilia*" in einem eigenen Kapitel „*Von der Nothwendig- und Nutzbarkeit eines wohlbestallten Bau-Amts, und deren darzu verordneten Personen, ihren Functionibus und erforderten*

Qualitäten".[24] Er teilte das sächsische Oberbauamt in drei „Classes" ein, „Dirigirende", „würklich dienende und besoldete Subalternes" und die „an das Bau-Collegium gewißer Maßen verpflichtete, unbesoldete, jedoch ihrer Profession halber zu Bau-Wesen mit gehörige Personen".[25] An der Spitze standen vor den Baufachleuten die Verwaltungsjuristen. Zu diesen Dirigierenden, den „Offizieren" des Oberbauamtes, zählten gemäß dem Reglement von 1718 der Generalintendant, ein Hof- und Justizrat, ein Oberbauamtszahlmeister (Oberkommissar), der Oberlandbaumeister, der Landbaumeister und gegebenenfalls weitere Baumeister. Als zweite Gruppe waren ihnen die Conducteure (Bauführer) und die Bauschreiber zugeordnet, die als Landbauschreiber ihren Sitz in den einzelnen kursächsischen Kreisen hatten. Außerdem war eine Vielzahl weiterer Hilfskräfte beschäftigt, wie beispielsweise der Aufstellung im „Chur-Sächsischen Hof- und Staats-Calender" für 1728 entnommen werden kann:[26] Kopisten, der Lustgärtner im Großen Garten, der Orangerie-Lustgärtner, die Schiffbaumeister, der Direktor der Malerakademie, der Theater-Architekt, der Hofmaler, der Hofbildhauer, der Glasmacher und der Glasschneider, der „Grottier"[27], außerdem Hofsteinmetzen, Tapetenmacher, Komödien- und Hofzimmer- und Maurermeister, die Modell-, Hof- und Komödientischler, Hofschlosser, Hofglaser, Kupferschmied, Klempner und Seiler. Das Oberbauamt war verantwortlich für die Unterhaltung der Staatsbauten einschließlich der Verkehrswege, Brücken, Flussbauwerke und Produktionsstätten, zeitweise auch für die Militärbauten.[28] Hatte schon 1714 der Fürstlich Mecklenburgische Baudirektor LEONHARD CHRISTOPH STURM (1669–1719)[29] im Baudirektor, dem Leiter der Landesbauverwaltung, einen auch in baukünstlerischen Fragen voll verantwortlichen Baufachmann gesehen, so stammten in Sachsen mit Ausnahme Graf August Christoph von Wackerbarths (1662–1734) tatsächlich alle Generalintendanten aus dem Bauwesen. Die Oberlandbaumeister waren verpflichtet, ihre Entwürfe mit dem Generalintendanten abzustimmen. Zu den Aufgaben des Oberbauamts zählte auch die Aufstellung des jährlichen Bauetats:

> „Jedoch aber sollen auch alle und iede Kosten, so zu reparirung Unserer Schlösser, Forwerge [Vorwerke, JK], Mühlen Waßer und andere Landgebäude, wie die nahmen haben mögen, ingleichen derer Teiche, Tämme und andern, jährlich aufgewendet werden müßten, wie nicht weniger aller Bau-Bedienten Besoldung dahin gerechnet und von obbesagten quanto bezahlet werden. Dannhero Unserm Ober Land Bau Meister die über die vorfallenden reparaturen gemachten Anschläge zu seiner moderation iedesmahl zu communiciren seyn [...]".[30]

Die Aufstellung eines Bauetats erfolgte in Lippe erst seit der Mitte des 18. Jahrhundert regelmäßig.[31]

1722 erneuerte auch Preußen seine Bauverwaltung. Mit dem seit Friedrich Wilhelm I. in Preußen zunehmend systematisch betriebenen Landesausbau bestimmte der Ökonomiebau immer mehr das Baugeschehen gegenüber dem an Bedeutung abnehmenden Hof- oder Prachtbau.[32] Im Bauwesen waren es die Ideen des Ökonomiebaues, welche die Modernisierung bzw. überhaupt erst den Aufbau von Verwaltungsstrukturen in Gang setzten. „Diesem Paradigmenwechsel wurde dann unter den Prämissen einer bislang so nicht gekannten ökonomischen Vernunft („Sparen nicht aus Not, sondern aus Prinzip") mit der Einrichtung des Oberbaudepartements Rechnung getragen."[33] Dessen Gründung 1770 ist die Folge einer „Neuordnung und Zentralisierung der Bauverwaltung [...] im Zusammenhang mit den enormen Gebietsgewinnen unter Friedrich II. [...] und Friedrich Wilhelm II." zu sehen.[34] Sie bildete die Voraussetzung für eine Normierung des Bauwesens und eine einheitliche Fachsprache. Der Aufbau administrativer Strukturen, nicht allein in der Bauverwaltung, muss als Ausdruck des gesellschaftlichen Wandels betrachtet werden, den ein Modernisierungsschub in Folge der Aufklärung in Gang gesetzt hatte. MAX WEBER charakterisierte dies als den Übergang von der patrimonialen zur bürokratischen Herrschaft.[35] Auch für das Bauwesen sollte dies bedeuten: Handeln nach allgemeinen, berechenbaren Regeln frei von Willkür, durch ausgebildetes hauptamtliches Personal, unabhängig von persönlichen Beziehungen zu dem Beamten oder persönlichen Vorteilen für ihn und unabhängig auch von seiner politischen Einstellung.

Im Landbauwesen stand mit den Forderungen des Ökonomiebaus die Sparsamkeit an erster Stelle. Demselben ökonomischen Denken entsprangen der Wunsch nach vorausschauender Etatplanung mit Kostenanschlägen, die Forderung korrekter Bauausführung und Abrechnung sowie die Hebung des Zustandes der vorhandenen Gebäude und deren regelmäßiger Bauunterhalt. Der Qualität der Gebäude sollte auch die angestrebte Verbesserung der Qualifikation der Baubedienten zugute kommen und das herrschaftliche Bauwesen insgesamt vorbildlich auf die Untertanen einwirken. Ursache dieser dominanten Sparsamkeit waren die durch den Siebenjährigen Krieg zerrütteten Staatsfinanzen. Sparsamkeit beherrschte alle Bereiche der Staatsausgaben, besonders den erheblichen Posten der Staatsbauten. Einsparungen versprach man sich vor allem durch die Vermeidung von Neubauten und durch sparsame Bauweisen. Unverhältnismäßig große Bauwerke und ungenaue Kostenplanungen hatten häufig zu Mehrkosten und entsprechenden Klagen darüber geführt. Diese Kostenüberschreitungen sollten durch genaue Vorschriften zu den Kostenanschlägen und zur Ausführung bestimmter Bautypen verhindert werden. Auch die Abrechnung sollte besser kontrolliert werden, denn es war durchaus vorgekommen, dass nicht erbrachte Leistungen abgerechnet oder nicht genehmigte Baumaßnahmen durchgeführt worden waren. Schließlich war auch der mangelnde Bauunterhalt mit nachfolgend oft teuren Reparaturen oder Neubauten ein gewaltiger Kostenfaktor, den man durch regelmäßige Inspektionen und Unterhaltungsmaßnahmen in den Griff zu bekommen hoffte. Eine unausweichliche Folge der gewünschten Qualitätssicherung war die Einrichtung von Bauschulen. An einer der berühmtesten, der 1799 gegründete Berliner Bauakademie, hatte auch der spätere lippische Baurat Ferdinand Brune studiert. Auch neuartige Handbücher wurden geschrieben, die sich weniger der formalen Gestaltung als den handwerklich-technischen Aspekten widmeten. Ein bedeutendes Beispiel hierfür ist das *„Handbuch der Land-Bau-Kunst"* (1797/98) des preußischen Geheimen Oberbaurats DAVID GILLY, der auch Herausgeber der ersten deutschsprachigen Fachzeitschrift war, die ab 1797 unter dem Titel *„Sammlung nützlicher Aufsätze und Nachrichten, die Baukunst betreffend"* erschien und ab 1851 in der *„Zeitschrift für Bauwesen"* aufging.

Der *Oeconomiebau* der Jahrzehnte um 1800 zielte nicht allein auf die Anwendung einer möglichst sparsamen, funktionalen und dauerhaften Bauweise, sondern strebte darüber hinaus weitere Verbesserungen an. Zu diesem Zweck wurden auch Forschungen und Versuche durchgeführt. In Preußen sollte das Oberbaudepartement *„darauf raffiniren, in dem gesamten Bauwesen selbst Verbesserungen zu machen und neue nützliche Entdeckungen dabei anzubringen"*.[36] Diese Entwicklungen gingen auch an einem kleinen Land wie dem Fürstentum Lippe nicht vorüber. So hatte Brune etwa den Auftrag *„Versuche über verschiedene Kalkarten in der hiesigen Gegend"* anzustellen.[37]

In Preußen wurden 1742 die Bauangelegenheiten auf eine zentrale Verwaltungsebene, in das Generaldirektorium, gehoben und damit der zum Oberbaudirektor beförderte Georg Wenzeslaus von Knobelsdorff (1699–1753) betraut. Dem Generaldirektorium nachgeordnet waren die Kriegs- und Domänenkammern der einzelnen Provinzen bzw. Provinzialverwaltungen. Die untere Verwaltungsebene schließlich bestand aus den Landräten bzw. in den Städten aus dem Steuerrat. Besondere Aufmerksamkeit wurde auf die königlichen Domänen gerichtet, deren Verwaltung stark vernachlässigt worden war und von denen sich der König erhebliche Einkünfte versprach. Zu diesem Zweck wurden bei jeder Provinzialverwaltung ein Landbaumeister und ein Landbauschreiber eingesetzt, die sich den Bauaufgaben in den Ämtern widmen sollten: *„Der Landbaumeister bauet alles, was in den Aemtern nöthig ist, und der Bauschreiber muß die Baurechnung führen."*[38] Neu war auch die Anweisung, dass jede Kammer dem Generaldirektorium jährlich einen Bauetat vorzulegen hatte, welcher erst nach ausdrücklicher Genehmigung durch den König ausgeführt werden durfte. Der Kammerrat beaufsichtigte den Landbaumeister, beide waren für den Bauschreiber verantwortlich und die Kammer schließlich wachte über alle drei.

Mehrfache königliche Missbilligungen Friedrichs II. über *„nicht richtig und mit gehöriger Ökonomie und Menage"* gefertigte Kostenanschläge einiger Kriegs- und Domänenkammern führten dazu, dass der zuständige Minister Ludwig Philipp Freiherr vom Hagen (1725–1771) ein eigenes Baudepartement plante und dies schließlich dem König am 7. April 1770 in einer Denkschrift *„Summarischer Plan, wie das in denen sämtlichen Provintzien negligirte Bauwesen auf einen beßern Fuß zu setzen"* vorschlug. Die Zustimmung des Königs durch Kabinettsdekret erfolgte schon am 9. April und acht Tage später unterzeichnete er die ausführliche Instruktion für das Oberbaudepartement. Als Tag der Errichtung wurde der 1. Juni 1770 bestimmt. Die Instruktion spezifizierte die vier Bauabteilungen – Maschinenbau, Domänenbau, Wasserbau und Straßenbau – mit ihren jeweiligen Aufgabenbereichen:

„I. zum Maschinenbau a) sämtliche Wasser-, Wind- und Roßmühlen, b) sämtliche Künste und Maschinen der Salz-, Berg- und Hüttenwerke, c) sämtliche Wasserkünste, als Saug- und Druckwerke, Wasserplumpen, Wasserleitungen und Röhrstrecken und alle Brunnen wie auch d) sämtliche Feuersprützen und -Gerätschaften, II. zum Domänenbau a) sämtliche Domänenbauten als Wohnhäuser, Scheunen, Stallungen und Zubehör, b) sämtliche Salzkothen-Anlagen und -Gebäude, Gradirhäuser und Zubehör, c) sämtliche Brückenbauten, welche künftig der mehreren Dauerhaftigkeit halber, gleichwie im Holländischen geschiehet, betheeret werden müssen, d) sämtliche Fabriquenbauten, e) alle Anlegungen von Colonien, f) sämtliche Magistratsbauten, g) sämtliche geistliche Bauten, als Kirchen und Schulen und übrige publique Anstalten, wie auch h) sämtliche Marken- und Theilungssachen und überhaupt die Plani- und Stereometrie, III. zum Wasserbau a) sämtliche Dämme, Buhnen, Pack- und Bleeßwerke und Verbesserungen an Strömen, b) sämtliche Schleusenbauten und Canäle, c) sämtliche Garnisons- und Festungsbauten, Schiffs- und fliegende Brücken über große Ströme, d) sämtliche Einschläge und Staks an Strömen, auch deren Einschränkung, e) die Schiffbarmachung und Vertiefung der Ströme nebst f) sämtlichen ins Nivelliren einschlagenden Sachen, IV. zum Straßenbau a) die Instandhaltung der Post- und Landstraßen, b) die Instandhaltung des Steinpflasters in den Städten."[39]

Knapp umschreiben lässt sich der Aufgabenbereich mit dem oft zitierten Ausspruch Friedrichs II.: *„Paleste seindt nicht zu bauen, sondern Schaaf Ställe und Wirtschaftsgebäude."*[40] STRECKE hat festgestellt, wie sehr diese in den Blick gerückten

Bauaufgaben das ganze Bauwesen auf lange Sicht prägten, indem sich der Begriff Landbau nicht nur gegenüber den parallel benutzten Termini wie Cameral-, Ökonomie-, Domänen- oder Ämterbau durchsetzte, sondern schließlich alles umfasste, was nicht Wasser-, Maschinen- oder Wegebau war – sogar den Hofbau.[41]

Ebenso kamen die Fähigkeiten und Kenntnisse der Baubeamten auf den Prüfstand und sollten verbessert werden. Die bisherigen Qualifikationen und Baupraktiken erkannten Fachleute wie der Baudirektor der kurmärkischen Kriegs- und Domänenkammer Christian-Friedrich Feldmann 1764 als unzulänglich. Kein italienischer Stararchitekt konnte diese Aufgaben lösen, nicht Palladio war gefordert, kein Bücherstudium, sondern große Erfahrung.[42] Geklagt wurde aber nicht nur über übereilte Ausführung, mangelhafte Bauweise, fehlende Kontrolle und Holzverschwendung, sondern auch über Faulheit, Nachlässigkeit und Untreue.[43] Das war in Lippe nicht anders, worüber noch zu berichten sein wird.

Das lippische Baudepartement

Die Verwaltungsstruktur des Auslands wurde 1764 zum Vorbild der Grafschaft Lippe, als man hier in der Mitte des 18. Jahrhunderts die Rentkammer in Ressorts gliederte. Einer dieser Fachbereiche war das *Baudepartement*. Geführt wurde dieses nicht von einem Baufachmann, sondern von einem Verwaltungsjuristen, dem der Landbaumeister und diesem wiederum der Bauschreiber unterstanden. Leiter des Baudepartements waren 1765 bis 1793 der Kammerrat Johann Helm, 1793 bis 1797 der Kammerrat Hauptmann Wilhelm Meineke, der auch Entwürfe für Hofbauten lieferte (etwa um 1793 eine Fassade des Reithauses), und 1797 bis 1826 Kammerassessor, ab 1803 Kammerrat Johann Christian Gerke.[44] Aus einer Aufstellung seines Nachfolgers kennen wir alle seine Aufgabenbereiche:[45]

– Revision sämtlicher Baurechnungen, des Baumanuals[46], des Baumagazins und der Baumagazinsrechnung,
– Kammer-Wegebau-Sachen inklusive der von der Kammer zu unterhaltenden Brücken und Stege sowie Aufsicht und Erhaltung der Detmolder Spazierwege,
– Führung eines Registers über die Bauanschläge und die assignierten Rechnungen,
– Ziegelei- und die Kalkbrennerei-Sachen,
– Brandassekuranz der herrschaftlichen Gebäude und die Feuerlöschungsanstalten,
– Salzwerks-Sachen,
– Münze,
– Kornboden-Sachen und Kornverkäufe, jedoch ohne die Rechnungsabnahme,
– Wasserbau.

Gerke beschränkte sich jedoch nicht auf die Revision des Bauwesens, sondern entwarf auch selbst. Von ihm stammen die Entwürfe der Generalsuperintendentur (Wehme) in Detmold 1802–1804, der Chausseehäuser in Farmbeck und bei der Grotte südlich von Detmold 1803 sowie des Umbaus von Gärtnerhaus und Orangerie in Brake zur Irrenanstalt 1805.[47] Gerke starb am 19. September 1826 im Alter von 54 Jahren an Wassersucht.[48] Ihm folgte von 1826 bis Ende 1870, also über einen ausgesprochen langen Zeitraum, Carl Wilhelm Stein (1801–1874).[49] Zusammen mit dem gleichzeitig angestellten Baukondukteur, seit 1830 Landbaumeister, Ferdinand Brune stand er für eine Jahrzehnte während Kontinuität des herrschaftlichen Bauwesens, die erst durch Brunes Tod 1857 einen Einschnitt erfuhr.

Stein stammte vom Rittergut Gröpperhof (Blomberg-Wellentrup) und hatte bis Ostern 1821 das Gymnasium Leopoldinum besucht.[50] In seiner Bitte vom April 1825, als praktische Ausbildung den *Kammer-Sessionen* als *Auditor* beiwohnen zu dürfen, gab er an, bis Michaelis 1822 an der Universität Göttingen juristische und kameralische Kollegien besucht, anschließend bis Ostern 1823 in Jena juristische, und im Sommer 1823 in Detmold das Gehörte repetiert zu haben. Im Herbst 1823 sei er wieder nach Göttingen abgereist, um an weiteren juristischen und kameralischen Kollegien teilzunehmen, *„vorzüglich solche, die das Baufach betreffen"*.[51] Wir wissen nicht, ob Stein sich aus persönlichem Interesse dem Baufach zuwandte oder ob er mit einer solchen Zusatzqualifikation gezielt auf den Amtsbereich des kranken Kammerrats Gerke reflektierte. Jedenfalls fuhr er fort: *„Den verflossenen Winter habe ich auf der Bau-Academie in Berlin zugebracht, theils um dort noch einige Vorlesungen über Baukunst zu hören, theils aber auch, um die dort ausgeführten Gebäude zu sehen"*. An der Akademie dürfte er auch den gleichzeitig dort studierenden Brune kennengelernt habe. Im April 1825 wurde Stein probeweise und am 11. März 1826 fest als Auditor an der Rentkammer angestellt. 1828 übernahm er als Kammerreferendar und Gerkes Nachfolger das Baudepartement mit allen Bausachen im Lande einschließlich des Wasser- und Wegebaus, der Saline in Salzuflen, der Ziegelei in Hiddesen und der Münze. Seine 27 Seiten umfassende Dienstinstruktion, auf die er am 3. Januar 1828 vereidigt wurde, beschreibt sein umfangreiches Geschäftsgebiet detailliert (Anhang 2). Wie Gerke wurde auch Stein gelegentlich architektonisch tätig: 1832 entwarf er ein Pfarrhaus für Wöbbel, das auch ausgeführt wurde.[52] 1839 wurde er zum Kammerrat befördert, 1862 zum Geheimen Kammerrat und am 31. Dezember 1870 pensioniert. Am 15. Oktober 1874 starb er.[53]

Jeden Freitag fanden Sessions-Sitzungen der Rentkammer im Dikasterialgebäude statt (ABB. 1).[54] Bei diesen Sitzungen

Abb. 1 | Sitzungszimmer der Rentkammer im Dikasterialgebäude, Fotografie, Ferdinand Düstersiek, vor 1911.

trug Stein die Anliegen des Baudepartements zwecks Beschlussfassung vor. Bei größeren Baumaßnahmen wurde die Genehmigung des Fürsten eingeholt, wie dessen Placet auf den entsprechenden Aktenvorgängen belegt.

Die ersten lippischen Landbaumeister – von Knoch bis Willig

Der Kammer, und innerhalb dieser dem Baudepartement, unterstanden die Bau-Offizianten. Zu diesen zählten der Landbaumeister, der Kunstmeister der Saline in Salzuflen und der Wegebaumeister. Im Folgenden wird in der Hauptsache der Geschäftsbereich des Landbaumeisters, nämlich der Hochbau, betrachtet, weniger jedoch der Tiefbau mit dem Wege- und Wasserbau, Chausseen, Brücken und Schleusen oder die Maschinerie der Saline, obwohl auch der Landbaumeister gelegentlich solche Aufträge erhielt. Die Mehrzahl der herrschaftlichen Bauten war seit dem 18. Jahrhundert im Landbauwesen (*architectura civilis*) erfolgt, dem Unterhalt und Neubau der herrschaftlichen Bauten. Dies waren Amtshäuser, Domänen, Mühlen, Zollhäuser, Förstereien u. ä. Mit der Ernennung des Archivrats Johann Ludwig Knoch[55]

zum Landbaumeister im Jahre 1764 wurde dem lippischen Landbauwesen endlich eine verantwortliche Leitung – wenn auch im Nebenamt – gegeben.[56] Zwar verlor er, „*weil alle Welt mit seiner Bauerei unzufrieden war*"[57], schon zwei Jahre später dieses Amt wieder, doch war es damit fest installiert und wurde in der Folge auch wieder besetzt. Ebenso war eine Bauschreiberstelle, zunächst ebenfalls noch im Nebenamt, im Zusammenhang mit der Stelle des Landbaumeisters geschaffen worden. Die Grafschaft Lippe erhielt also 1764 etwas, was mit der Verwaltungsstruktur in den preußischen Kriegs- und Domänenkammern von 1722 vergleichbar ist. Für die lippischen Landbaumeister ist kennzeichnend, dass sie auch für den Bereich des Hofbauwesens herangezogen wurden, was vor allem der geringen Größe der Grafschaft bzw. des späteren Fürstentums geschuldet ist. Von Knoch, der sich vor allem als Archivar große Verdienste erworben hat, kennen wir einige Hofbau-Entwürfe, die er vor seiner Ernennung zum Landbaumeister schon geschaffen hatte, nämlich eine Schlossplanung von 1763 und ein Orangerieprojekt im Lustgarten um 1764.[58] Die Erforschung der konkreten Tätigkeit Knochs und seiner Nachfolger als Landbaumeister ist ein Desiderat. Zu Knochs Zeiten trat auch der

Landmesser Johann Rudolf Heimburg mit einem Fassadenentwurf für das Schloss Oesterholz hervor.[59]

Doch zurück zu den Landbaumeistern, die Knoch folgten:[60] in schnellem Wechsel 1766 bis 1772 der Pfälzer Johann Georg Keller[61] und 1772 bis 1775 der Göttinger Johann Christian Willig[62]. Für Keller ist eine *Instruction* überliefert, nach welcher er bei einem Jahresgehalt von 180 Talern den Zustand aller herrschaftlichen Gebäude zu überwachen hatte. *„Höchstnötige"* Reparaturen waren einschließlich der Baumaterialien und Hand- und Spanndienste zu veranschlagen, die *Accorde* mit den Handwerkern nach Freigabe durch die Rentkammer abzuschließen, nur landesübliche Preise für Materialien zu zahlen und deren Verschwendung und Schwund zu vermeiden, *„genaue Aufsicht zu haben, damit dauerhafte ohntadelhafte Arbeit"* geleistet würde, ein Verzeichnis über die herrschaftlichen Baugerätschaften ebenso zu führen, wie über *„jeden bezahlten Posten"*.[63] Der Vertrag konnte von beiden Seiten mit vierteljährlicher Kündigungsfrist gelöst werden. Keller blieb sechs Jahre in Detmold, über sein Werk ist nichts bekannt. Ebenso wenig über seinen Nachfolger Willig, der nur drei Jahre in lippischen Diensten weilte.

Spätestens unter Willig wurde ein jährlicher Bau-Etat aufgestellt. Im Dezember wurde festgelegt, welche Baumaßnahmen im kommenden Jahr ausgeführt werden sollten. Dazu war es notwendig, im Herbst Reisen zu den herrschaftlichen Bauten im Land zu machen, die Bauten zu untersuchen und die zu erwartenden Kosten durch Anschläge zu ermitteln, was zum Aufgabenbereich des Landbaumeisters zählte.[64] Das betraf sowohl die Bauunterhaltung als auch den Neubau. Für beides hatte er Kostenanschläge zur Aufstellung des nächstjährigen Bau-Etats zu liefern, bei den Neubauten und umfangreicheren Umbauten auch Baurisse. Von diesen wurden Arbeitskopien gemacht, um die Originale unbeschädigt zu den Akten nehmen zu können, wie wir später beim Bau des Offiziantenhauses erfahren.[65]

Erstaunlich wirkt die Auffassung des Lippischen Kabinett-Ministeriums zu den Kosten des Bauwesens, wie sie anlässlich eines von der Kammer befürworteten Mühlenneubaus in Heiligenkirchen (Kat. 232) überliefert ist: *„Unter allen Arten von Nutzverwendungen müssen Gebäudeanlagen in der Regel als die unvortheilhaftesten anerkannt werden, weil sie unter allen Umständen unter den Begriff der sich selbst verzehrenden Capitale fallen. Wenn demnach der Pächter der herrschaftlichen Mühle zu Heiligenkirchen auf die Vermehrung des Gebäudes mit einem Säge- und Bockemühlenwerk, sowie mehrerer Stallgebäuden angetragen und sich zu nichts weiter erboten hat, als zur Verzinsung des Baucapitals mit 5 Procent; so liegt unverkennbar darin die Zumuthung einer Capitalanlage, welche in den damit früher oder später verbundenen Bau- und Unterhaltungskosten eine vollständige* <u>*Passivrente*</u> *bildet. Es kann daher der von der* Kammer beantragte Aufwand einer Summe von 1092 Rtl. für nichts weniger als für eine empfehlenswerthe Verwendung anerkannt werden und ist deshalb der Antrag des Müllers Bunte unbedingt zurückzuweisen."*[66] Dass ohne Bauwerke keine Produktivität zu erwarten war, geht dieser Äußerung ab. Fürst Leopold III. indes entschied für den beantragten Neubau, zumal man Mühlenpächter Bunte auf eine Verzinsung von 6 Prozent getrieben hatte.

Christian Teudt

Bedeutende Spuren als lippischer Landbaumeister hinterließ als Erster der 1775 folgende, in Kalkhorst bei Travemünde geborene Johann Christian Teudt.[67] Er studierte das Baufach in Berlin und Jena, erlernte den Salinenbau und war Kunstmeister, u. a. tätig in Bad Orb, wo er 1769 mit Margarethe Elisabeth Alles, Tochter des dortigen Bauverwalters Alles, die Ehe schloss. Bevor er 1775 nach Detmold berufen wurde, hatte er in kurmainzischen Diensten gestanden. Von ihm stammen die Entwürfe der 1780 bis 1797 errichteten Schlossvorbauten über dem Faulen Graben (heute: Rosental) und entlang der Langen Straße, welche mit ihren Pavillons und den dazwischen angeordneten Remisen, Archiv, Schlosswache, Marstall und Reithaus dem Schlossbezirk bis heute sein charakteristisches Aussehen verliehen.[68] Wegen Baumängeln verklagte ihn die Rentkammer allerdings 1801.[69] Lediglich Teudts Reithausentwurf wurde von dem am 1. Juli 1787 zum Wegekommissar berufenen Kammerrat Wilhelm Meineke[70] geändert, indem er dessen symmetrisch zum Marstall angelegte Fensterteilung in zwei Geschosse durch die tatsächlich ausgeführten hohen Fenster ersetzte, welche der eingeschossigen hohen Halle angemessener waren.[71] Meinekes Plan einer Reihenbebauung der Nordseite des Rosentals, in welcher dieser u. a. auch Holzmagazin, Baumagazin, Hofschreinerei, -rademacherei und -schmiede unterbringen wollte, wurde hingegen nicht realisiert.[72]

Das gleiche Schicksal traf Teudt bei seinen Entwürfen der Lustgartenerweiterung um einen holländischen Garten 1786[73] und zu einem Pavillon auf dem westlichen Schlossrondell.[74] Bei Übergabe der Geschäfte an ihn am 9. Oktober 1775 erhielt Teudt von der Rentkammer zahlreiche Unterlagen, die vornehmlich von seinem Vorgänger Willig stammten. Da diese Liste wie auch die nachfolgende Instruktion einen ersten detaillierten Überblick über den Geschäftsbereich des Landbaumeisters geben, wird sie hier vollständig wiedergegeben:[75]

„1. Der Bau Etat nebst allen Bauanschlägen für das Jahr;

2. Das annotations-Buch des vorigen Baumeisters, worinnen enthalten:

a) die Erfordernissen zu jedem Bau Artikel,

b) die accords mit denen mehresten Handwerksleuten, und

c) die beschehene Zalungen sowohl abschlägig als völlig, welche von der Kammer bis zum 2ten d: fortgeführt worden, er also damit zu continuiren hat; und damit ihm solches erleichtert werden möge, sollen demselben die assignationes jedesmal vorgezeiget und darauf die pag: bemerket werden, wohin er es einzutragen habe

3 eine Specification aller Herrschaftl. Schlösser, Meiereien, Mühlen, Brücken p.

4. die gewöhnliche Holztaxe in Herrschaftl: Forsten; sodann

5. eine Tabelle des vorigen Baumeisters vom 15. Sept: 1772. von Verrichtung der extra-Dienste, deren jährlich 3 verrichtet werden müssen, und wovon das Verzeichnis ebenfalls hier beigefügt wird: neml. wie? was? wofür? und wie oft? die Extra-Wagens hier fahren, auch wie die Extra-Handdienste dienen müssen; wobei dann noch nachrichtlich angemerkt wird, daß:

a) ein extra-Wagen vom Lipp. Walde, es sey Holz oder Kalk, von welch leztern, jedesmal 3 Sch[effe]l. geladen werden, tägl. nur einmal, so wie auch in Ansehung des weißen Sands, fähret, u ein Extra-Wagen tägl. 1 gr[oschen]. 2 d[enarii, Pfennige] ein Extra-Handdienst aber 4 d, sogenanntes Biergeld bekommt, bei Mülendiensten hingegen nichts; Im Fall aber Kalkfuhren für Geld gedungen werden müßen, für jeden Schl. hieher 15 gr. hingegen nach Brake und Lemgo 24 gr. an Fuhrlohn gewönlich, der Kalk selbst aber, accordmäßig, mit 1 rt [Reichstaler] per Schl. bezalt werde. Sodann daß

b) die Handdienste nach der Polizeiordnung, Morgens 6 Uhr von Petri bis Mart[ini]: nachher aber um 7. Uhr an Ort u: Stelle sich einfinden müßen und wann ein Amtsunterbedienter als Aufseher mit komt selbiger herkomlich doppelt Biergeld also 1 gr 2 d erhält. Endlich

6. die Acta

a) wegen der Preise der Bau Materialien;

b) wegen Anschaffung derselben auch der Baugeräthschaften u: deren Aufbewahrung:

welche Acta aber der Baumeister wieder zur Kammer Registratur zurück liefern muß, nachdem er zuvor die ihm nöthigen Nachrichten daraus gezogen, wie er dann sehr wohl thun wird, wann er diese Nachrichten, zum geschwinden Übersehen, tabellarisch einrichtet."

Teudt hatte also umfangreiche Informationen und Unterlagen zu studieren, um seinen neuen Aufgaben nachzukommen. Deren Umfang wurde in einer Dienstanweisung genau spezifiziert:

„Außer diesem allen nun wird der Baumeister ferner instruiert:

1.) daß er durchaus nichts ohne Kammer-Approbation veranstalten und machen laßen dürfe.

2.) daß er wegen Preises der Hang- und Back- auch gehauenen und Bruch-Steinen, da solcher nicht überall gleich, sich bei seiner nächsten Bereisung, allenthalben erkundigen und notiren, davon aber der Rentkammer Nachricht geben müße, welches dann auch davon zu verstehen, wann dergleichen, wie auch Bauholz, Dielen, Posten oder Bohlen, Kalk p. angekauft werden müssen um die Anschläge mit möglichster Zuverläßigkeit anfertigen zu können.

3.) muß derselbe überall, wo Herrschaftl. Gebäude sind, sich nach denen vorhandenen Baumaterialien, an Holz, Dielen, Hang- und Back- auch rauhen Steinen und Steinbrüchen, it: Eisenwerk, Bley, Kupfer imgleichen Baugeräthschaften genau, und zwar bei denen Aufsehern, der Herrschaftl. Schlösser, Meierei Pächtern, Müllern, und Handwerksleuten, auch nötig findenden falls bei denen Beamten, erkundigen und solche annotiren, sonsten aber denenjenigen, welche dergl. unter Händen und in Verwahr haben, anempfohlen, nichts ohne Bewilligung der Rentkammer zu verwenden noch ausfolgen zu lassen.

4) Hat derselbe Erkundigung einzuziehen, was und wieviel in andern Aemtern

a) für die Handwerker u Tagelöhner gewönlich bezalt werde? und was

b) die Extra-Spann- u. Handdienste verrichten, auch wie oft erstere von diesem oder jenem Orte, in Absicht auf die Entferntheit, an Bauholz, Steinen, Kalk, Sand, Leimen p. fahren müssen? endlich

c) wieviel Fuhrlohn von diesem oder jenem Orte bezalt zu werden pflege, wann neml. Fuhren für Geld gedungen werden müsten?

welche Nachrichten dann der Baumeister, von denen Beamten, Conductoren [Meierei-Pächtern], Müllern, Zimmerleuten, Maurern, und Tischlern erfahren kann, die er ebenfalls zu notiren u der Rentkammer zu machen hat.

5.) muß derselbe bei jetziger Besichtigung der Gebäude die diesjährigen Arbeiten, ob solche Anschlag- und accordmäßig gemacht worden prüfen und von dem Befinden berichten.

Übrigens wird ihm, in dem Vertrauen auf seine Wissenschaft, Erfahrung und angelobte Treue, hiermit zugestanden die accords sofort in loco, bei denen Anschlägen der ohnaufschieblichen Reparationen und allignen Bauwesen, so wohl mit denen Handwerkern, als auch wegen der dazu zu liefernden Materialien, ingleichen etwa erforderlichen Fuhren und Tagelöhnern für Geld jedoch allemal unter Vorbehalt der Rentkammer ratification, zu schließen, damit solchergestalt doppelte Reisen vermieden werden können; indessen muß derselbe, wann die Arbeiten zu Gange sind, von Zeit zu Zeit solche unversehens visitiren denen etwaigen Fehlern abhelfen und sie verbessern laßen.

Hernächst aber, wann neues Mauerwerk gemacht werden soll, dem Meister deßen erforderliche Dicke und Höhe selbst accurat angeben, selbigem solche nach dem Ruten-maas veraccordiren, und, nachdem sie fertig, selbst ausme-ßen, um alsdann sein Attest darüber pflichtmäßig erteilen zu können, wie dann ebenfalls wohl getan seyn wird, die Arbeiten der Zimmerleute, so viel möglich und thunlich nach dem Fußmaas zu veraccordiren." Diesen Anordnun-gen folgte nun ein *„Verzeichnis Der Herrschaftl. Schlößer und übrigen Gebäude in der Grafschaft Lippe, welche von der Rent Cammer unterhalten werden müßen".*[76] (Anhang 1) Dem Verzeichnis können wir entnehmen, dass auch Bereiche des Tief- und Wasserbaus zu Teudts Geschäftsbereich zählten, nämlich Brücken, Wasserleitungen und Teiche. Neben allen Dienstaufgaben wurde er auch noch für private Auftraggeber tätig. So entwarf er 1792 eine Domkurie in Paderborn (Dom-platz 26) und 1796 das Bürgerhaus Schülerstraße 13 in Det-mold.[77] Schon 1778 hatte er für das Konsistorium das Pfarr-haus in Barntrup entworfen. Am 12. Juli 1813 suchte er um die Versetzung in den Ruhestand nach:

„Durchlauchtigste, souveraine Fürstin, Gnädigste Vormün-derinn und Regentinn, Vor 38 Jahren verließ ich meine Chur-Mainzischen Dienste, und begab mich nach Detmold. Ich habe in diesem langen Zeitraume viele, große und wich-tige Bauten mit Lust und Fleiß geleitet. Jetzt drückt mich Alter und Schwäche, es fehlt mir nicht an Willen zur Arbeit; aber ich fühle die Kräfte zu sehr abnehmen. In dieser Lage würde ich es mir zur Gnade schätzen, wenn Eur. Hochfürstl. Durchlaucht mich in Ruhestand zu setzen, mir jedoch den größeren Theil meines Gehalts, lebenslänglich, nebst der Woh-nung bis nächsten Ostern, vielleicht indeß nur kurze Zeit noch, zu belassen, geruheten. Nach meinem Tode wird, wie ich die unterthänigste Hoffnung hege, meine, schon betagte, Gattin einen Theil des Gnadengehalts behalten. Unter 300 rt würde ich nicht zu subsistiren im Stande seyn."[78]

Teudt starb schon im darauffolgenden Jahr, am 27. Februar 1814, im Alter von 72 Jahren und zehn Monaten in Detmold an Wassersucht,[79] womit wahrscheinlich eine Herzinsuffizienz gemeint war. Seine Witwe blieb in Teudts Wohnhaus Lange Straße 29 wohnen, 1823 ging es an den Sohn, den Leutnant August Ferdinand Teudt über.[80]

Aus seiner Dienstzeit sind außer seinen eigenen auch professionell anmutende Entwürfe des Hofmarschalls Gott-lieb Alexander Georg Emilius von Blomberg[81] (1744–1834) für Hofbauten überliefert. Im Detmolder Schloss befindet sich von ihm noch ein Entwurf für einen Rundtempel zu Ehren der Fürstin Pauline.[82] Von Blomberg war in seiner In-struktion auch als Hofbaumeister verpflichtet, nämlich *„da-rauf zu sehen [...], daß unser Schloßgebäude gehörig unter-halten*

und deren Verfall vorgebeuget werde; so wird derselbe hiermit gleichfalls angewiesen, von deren nöthigen großen Reparationen mit Ausgang des Jahres einen genauen Anschlag verfertigen zu lassen und uns solchen zur weitern Verordnung zu präsentieren".*[83] Zahlreiche Pläne, Baurechnungen, Kontrakte sind in den Fa-milienarchiven von dem Brink und von Blomberg erhalten.[84]

Wilhelm Tappe

Auf Teudt folgte 1813 für fünf Jahre Heinrich Wilhelm Tappe (1769–1823) aus Lüdenscheid.[85] Tappe hatte in den Winter-halbjahren 1790/91 und 1791/92 an der Berliner Architek-tonischen Lehranstalt, Vorläufer der Bauakademie, studiert.[86] 1797 bis 1806 betrieb er in Lüdenscheid eine Zeichenschule[87] und förderte den Zeichenunterricht in den Höheren Bürger-schulen der Grafschaft Mark durch ein Übungsbuch.[88] 1810 bis 1813 war er Baumeister in Hagen, von wo er von Fürstin Pauline nach Detmold berufen wurde.[89] Hier entwickelte er seine Lehmbauweise und errichtete unter anderem einen Lehmkuppelbau in Hiddesen.[90] 1823 entwarf Tappe ein bo-genförmiges Hermannsdenkmal.[91] Seine organische, von ihm selbst *„Ellipsenbogenstil"* genannte Bauweise blieb singulär und ist am ehesten mit der Revolutionsarchitektur zu ver-gleichen.

Aber Tappe entwarf durchaus auch konventionelle Ge-bäude, etwa Schulen und Pfarrhäuser in Massivbauweise. STIEWE nennt Beispiele in Berlebeck und Augustdorf.[92] Die Dienstanweisung für Tappe enthält einige Punkte, wel-che die seines Vorgängers ergänzen.[93] So wurde präzisiert, dass alle herrschaftlichen Gebäude jährlich bis Michaeli (29. September) zu inspizieren und eventuell notwendige Repa-raturen bis Dezember zu veranschlagen seien. Auch findet sich die Instruktion, über *„alle und jede von den Pächtern, Aufsehern und Bewohner Herrschaftl. Gebäude angegebene und nur etwa zu ihrer Bequemlichkeit abzielende Bauten"* die Kam-mer entscheiden zu lassen. Bei den unaufschiebbaren, von der Kammer genehmigten Reparaturen müsse *„derselbe aber dahin sehen, daß alles tüchtig und dauerhaft, jedoch mit möglichst ge-ringem Kostenaufwand ausgeführt"* werde. Auch das genaue Verzeichnis des Bestandes sowie der Zu- und Abgänge aus dem Baumagazin wurde befohlen. Ebenso hatte Tappe darauf zu achten, dass alle Baumaterialien pünktlich geliefert wurden, damit die Handwerker keine Wartegelder fordern konnten.

Eine umfangreiche Erweiterung des Arbeitsumfangs war für Tappe der hinzukommende Wasserbau, besonders die et-wa 40 m lange *Schlagde* des lippischen Weserhafens in Erder:

„Muß derselbe die Wasserbauten an der Weser, Werre, Bega, Emmer pp besorgen, und hat daher diese Flüsse im Frühjahre, wenn kein großes Wasser mehr zu befürchten, zu bereisen die nöthigen Anschläge aufzunehmen und der Cammer zur Ap-

probation einzureichen. Bei dem Weserschlachtbaue muß vorzüglich darauf geachtet werden, daß wenn durch gegenseitige Senkwerke oder Haken die diesseitigen Ufern in Gefahr kommen, die nöthigen Bauten und Vorsichtsmaßregeln sofort angeordnet werden."

Außerdem behielt sich die Kammer vor, von Tappe Anschläge und Risse zur Saline in Salzuflen zu fordern, wenn auch das *„Bau und Maschienenwesen"* eigentlich zum Aufgabenbereich des Kunstmeisters Johann Henrich Culemann[94] zählte. Die von Kammerrat Johann Christian Gerke erstellte Liste der von Tappe zu betreuenden herrschaftlichen Bauten ist bei weitem nicht so umfangreich, wie die ältere für Teudt (Anhang 1). So fehlen die Brücken, Wasserleitungen und Teiche, hinzu gekommen waren jedoch Einzelbauten wie in Detmold die Kanzler-Wohnung (Lange Straße, am Lemgoer Tor), die Friedamadolphsburg (Schloss Favorite), das Chaussee-Haus gegenüber der Grotte und die Hiddeser Ziegelei wie auch die Ziegeleien zu Rutensiek (Amt Horn) und auf dem Mörth bei Schwalenberg, die Meinberger Brunnen, in Falkenhagen die Klostergebäude, die Meierei und der Krug sowie sämtliche herrschaftliche Bauten in den Ämtern Schieder und Sternberg.

Theodor von Natorp

Tappe folgte von 1819 bis 1830 der in Altenbeken geborene Johann Theodor von Natorp (1777–1830) als Landbaumeister.[95] Er war schon 1812 von Fürstin Pauline als Bergfaktor[96] für den Kohlen-Bergbau in Oerlinghausen angestellt worden.[97] Am Tönsberg war seit dem Ende des 16. Jahrhunderts immer wieder einmal Kohle gefunden und abgebaut worden. Kohlenbergbau konnte hier aber nie wirtschaftlich betrieben werden. Um den teuren Import zu ersetzen, hatte Fürstin Pauline eine Prämie von 500 Reichstalern für den Nachweis eines abbaufähigen Flözes ausgesetzt. Von Natorp fand zwar an mehreren Stellen Kohle, so in einem Stollen, der von der Grüte Richtung Tönsberg gegraben wurde, doch kein Flöz war so ergiebig, dass sich der Abbau gelohnt hätte.[98] Schon 1815 war ihm zusätzlich die Aufsicht über die Meinberger Bauten übertragen worden.[99] Wohl aus diesem Grund war sein Gehalt damals von 400 auf 500 Taler jährlich erhöht worden.[100]

Ende 1818 stellte Kammerrat Gerke fest, alle angewandten Kosten und Bemühungen in Oerlinghausen seien vergeblich gewesen und von Natorp wünsche deshalb eine andere Beschäftigung. Da er seine Geschäfte bis dahin *„mit Akkuratesse und Treue verrichtet"* und bei den Meinberger Bauten gezeigt hatte, dass er im Baufach einige praktische Kenntnisse besaß, schlug Gerke vor, ihm die Revision der Baurechnungen

zu übertragen. *„Zu einem ordentlichen theoretisch und praktischen Baumeister scheinen ihm aber die wissenschaftlichen Kenntnisse zu fehlen. Diese sind aber für eine Revision der Baurechnungen nicht so sehr erforderlich, weshalb ich glaube, daß sich derselbe bei seiner Accuratesse dazu qualificiren würde."*[101] Von Natorp erhielt also zunächst nur einen verwaltenden, keinen entwerfenden und bauenden Aufgabenbereich innerhalb des Baudepartements. Auch der zweite Bewerber für die Nachfolge Tappes, der Lemgoer Heinrich Overbeck hatte keine Bauakademie besucht, war aber bereit, sich auf der Grundlage seines Selbststudiums einem Examen zu unterziehen.[102] Fürstin Pauline hingegen mochte die Wiederbesetzung der Landbaumeister-Stelle vorerst aussetzen, folgte dann aber den Empfehlungen Gerkes, der in einem Gutachten festgestellt hatte:

„Die Baugeschäfte in hiesigem Lande sind, ohnerachtet des geringen Flächenraums, doch sehr bedeutend, weil darin verhältnißmäßig viele Domainen-Gebäude befindlich sind, welche einen Brandassecurationswerth von 377.000 rt haben. Für die Unterhaltung und die nach und nach erforderlichen neuen Bauten rechnet man nach allgemeiner Erfahrung in anderen Ländern 5 Procent, der hiesige Bau-Etat würde also jährlich 18.850 rt betragen. Würde eine solche Summe jährlich verwendet, so kann ein Baumeister nicht die gehörige Aufsicht über die nützliche Verwendung von solchen Summen führen. Bisher hat man aber zur Unterhaltung der eigenen Domainen-Gebäude nur wenig verwendet und selbige nur hinzuhalten versucht, außer in den letzten 10 Jahren, in welchen mehrere beträchtliche Meiereigebäude aufgeführt worden sind. Der Bau-Etat ist daher nie beträchtlich gewesen und hat obengenannte Summen nicht erreicht, ohngeachtet darin die Verzierungen in den Schlössern und die Wasser- und Brückenbauten mit begriffen sind. So lange keine größere Summe zu den Bauten verwendet wird, kann ein Subject die erforderliche Anordnung und Aufsicht führen, wenn demselben bei wichtigen neuen Bauten Unteraufseher zu Hülfe gegeben werden. Die Bauwissenschaft ist so weitläufig, daß man nicht erwarten darf, daß ein Suject in den verschiedenen Abtheilungen derselben die erforderlichen theoretischen und practischen Kenntnisse besitzt, weshalb für die einzelnen Fächer in größeren Staaten besondere Baumeister oder Ingenieur angestellt werden. [...]
Der Bergfactor von Natorp hat bei den Baugeschäften in Meinberg gezeigt, daß er Reparaturen gut ausführen läßt und auf den Fleiß der Arbeiter genau achtet. Derselbe wird auch, wie er kürzlich bei dem Entwurfe eines Gefangenhauses zu Oerlinghausen gezeigt hat, die erforderlichen Anschläge von vorfallenden Reparaturen an den Gebäuden anfertigen und zur Ausführung bringen können. Demselben wären daher die Aufnahme der Anschläge, in so fern sie bloße Repa-

raturen betreffen und die Nachsicht der ausgeführten Arbeiten gnädigst anzuvertrauen, da demselben das Bergwesen keine hinlängliche Beschäftigung gibt. In dem Falle, daß neue Bauten erforderlich sind, würde derselbe darüber an die Cammer zu berichten haben. Es kann alsdann ihm oder einem andern aufgetragen werden, Riß und Anschlag davon anzufertigen und zur Approbation einzureichen. Von sämmtlichen Reparaturen und neuen Bauten würde derselbe am Ende des Jahres einen Etat in gewöhnlicher Form einzureichen haben. Bei der bis jetzt bewiesenen Accuratesse glaube ich, daß derselbe diese Geschäfte zur Zufriedenheit der Cammer ausführen wird. [...]

Bei neuen Bauten bin ich gern erbötig die nöthigen Untersuchungen an Ort und Stelle vorzunehmen und die Anleitung zur Anfertigung der Risse und Anschläge zu geben. In Ansehung der Wasser-Bauten, wozu auch der Bau der Brücken gehört, würde aber bei der Wichtigkeit der Sache, ein besonderes Subject anzunehmen seyn, welchem auch die Aufsicht und Ausführung anzuvertrauen wäre. Da dieses Geschäft aber keinen Mann ganz beschäftigt, so würde statt eines fixen Gehaltes 2 rt. Diäten gnädigst zu bewilligen seyn, wofür ohngefähr 150 bis 200 rt. auszusetzen wären. Der Geometer H. Overbeck hat schon längst eine Anstellung gewünscht. Demselben kann ich, auch ohne Examen, daß Zeugniß mittheilen, daß er die erforderlichen Kenntnisse eines Wasser-Baumeisters sich durch eisernen Fleiß, ohne mündlichen Unterricht, erworben hat. Bei der Ausführung der Wasserbauten zu Heerse ist derselbe im vorigen Jahre sehr thätig gewesen und sucht seine practischen Kenntnisse täglich zu vermehren.

Auf demselben würde also besonders zu reflectiren seyn, wenn ein Baumeister für das Wasserbaufach angenommen werden soll. Derselbe ist auch ganz dazu geeignet von neuen Bauten Risse und Anschläge anzufertigen, wie seine Zeichnungen von dem neuen Gebäude an der Allée und von der Brücke bei Heerse zeigen.“[103]

Pauline schloss sich diesen Vorschlägen Gerkes an. Overbeck wurde beim Wasserbau mit einzelnen Verträgen angestellt, von Natorp erhielt am 29. April 1819 die Instruktion für seine Geschäfte beim Bauwesen. Paragraf 1 verpflichtete ihn allgemein zu Treue und Gehorsam gegenüber der Landesherrschaft, die übrigen regelten seine speziellen Pflichten. Diese bestanden in der Inspektion der herrschaftlichen Bauten und dem daraus folgenden Bauetat der Reparaturen und Neubauten mit Kostenanschlägen und Baurissen sowie einer genauen Rechnungsführung.[104]

Zur Einarbeitung erhielt von Natorp die Kostenanschläge der Jahre 1815 bis 1819 ausgehändigt. Eine gewisse Entlastung brachte die neue Hofordnung vom 27. März 1819,

denn danach zählten zum Arbeitsbereich des Kammerjunkers von Funk die *„Beachtung der Baufälligkeiten, nöthigen Verbesserungen, die Anzeige deshalb und Rücksprache mit dem Baudepartement“* bei allen Bauten des Schlossbezirks.[105]

Am 25. Juli 1820 wurde von Natorp, da er seine Arbeit zur völligen Zufriedenheit erledigt hatte, zum Landbaumeister ernannt. Bis dahin hatte er auch den Bergbau in Oerlinghausen noch verantwortet, doch schlug Gerke nun vor, dies einem geschickten Steiger zu übertragen, da die Baugeschäfte zu umfangreich wären. Schon einen Monat zuvor hatte von Natorp wegen der ausgedehnten Dienstgeschäfte um einen Gehilfen gebeten, welcher seine Entwürfe zu Baurissen ausarbeiten und die Kostenanschläge vorbereiten, das Buch über Baumagazin-Eingänge führen, Kostenanschläge abschreiben und bei der Bauaufsicht in der Residenz und Umgebung helfen sollte.[106] Dazu wurde der 29jährige Sergeant August Krücke eingestellt.[107] Seine Instruktion gab ihm auf, *„sich auch durch Studiren zweckmäßiger Bücher theoretische, und durch fleißige Beobachtungen practische Kenntnisse in dem Bauwesen zu verschaffen“*.[108] Krücke erhielt 8 Taler monatlich. Von Natorps Gehalt betrug jährlich 500 Taler zuzüglich 50 Taler für die Wohnung und 52 Scheffel Hafer für sein Pferd. Für Reisekosten wurden, bei 2 Talern pro Reisetag, jährlich 150 Taler veranschlagt.[109]

Weil Krücke den Erwartungen des Baumeisters nicht entsprach, wurde er Ende November 1822 entlassen.[110] Da von Natorp seine langwierige Krankheit auf *„das Übermaß von Arbeiten“* zurückführte, suchte er weiterhin um Entlastung nach und schlug den jungen Déjean[111] vor, *„welcher Kenntnisse, Lust, und guten Willen zu besitzen scheint, dessen Qualitäten jedoch der Herr Cammerrath Gerke, der ihn mehrere Jahre zum Schreiben p. gebrauchte, am besten kennen wird [... Dejean wünsche] sehr bey dem Bauwesen sein Fortkommen zu finden“*.[112] Gerke war jedoch der Meinung, dass es diesem an Energie für das praktische Geschäft fehlte und er mehr für die Stubenarbeit geeignet sei. Mitte 1823 wurde von Natorp dadurch entlastet, dass dem Salzufler Kunstmeister Culemann neben dessen Geschäften bei der Saline versuchsweise auch das Bauwesen in den Ämtern Oerlinghausen, Schötmar, Varenholz, Brake, Sternberg und Barntrup übertragen wurde.[113] 1826 wurde Culemann außerdem von der Rentkammer beauftragt, die Töpfereien im Amt Brake zu besuchen und auf dieser Grundlage einen Riss und Kostenanschlag für eine Töpferei auf dem Mörth bei Schwalenberg zu liefern.[114] Ab 1823 wurde von Natorp durch den Baupraktikanten Ferdinand Brune entlastet, der nach drei Semestern an der Berliner Bauakademie sein Feldmesser-Examen bestanden hatte und nun ein Praktikum absolvieren musste. Nach zwei Jahren – Brune ging zum Hauptstudium an die Berliner Akademie zurück – folgte ihm Anfang 1825 Ludwig Vogeler als Baukonducteur.[115] Dieser hatte ebenfalls die Berliner Bauakademie besucht und Ende 1821 die Prüfung zum Bauinspektor bestanden.[116] Dennoch wurde er nur als *Conducteur*, der untersten Stufe der höheren Baubeamtenlaufbahn, eingestellt. Diese Position konnte bereits nach drei Semestern an der Bauakademie durch Prüfung vor der Oberbaudeputation[117] erreicht werden. Die Aufgabe der Kondukteure war eigentlich, bedeutende Baustellen fachlich ständig zu beaufsichtigen, doch wurden sie auch für andere Bauaufgaben eingesetzt. Die Einstellung des fachlich weit über einem Baugehilfen wie Krücke stehenden Baukondukteurs ist darauf zurückzuführen, dass der Bau des Schauspielhauses (1825–1828) einen stetig anwesenden Fachmann erforderte, von Natorp aber allein 1825 über fünf Monate in Kur weilte.[118] Als Vogeler 1827 eine feste Stelle im Preußischen antrat,[119] konnte Brune sich gegenüber dem anderen Kandidaten, Wiss aus Brotterode bei Schmalkalden, als Nachfolger durchsetzen, auch wenn er sein Abschluss-Examen noch nicht abgelegt hatte.

Der Kammer-Assessor Carl Wilhelm Stein machte sich 1829 dafür stark, dass von Natorp in herrschaftlichen Diensten gehalten wurde. Er begründete dies mit von Natorps Eifer und Erfahrung, auch wenn er die Geschäfte nie wieder allein würde versehen können, zumal sie sich vermehrt hätten. Durch diese Argumentation konnte Stein sowohl von Natorp halten als auch Brunes Festanstellung zum 1. Januar 1830 als Baumeister befördern, da *„ein zweiter Bau-Officiant jederzeit erforderlich seyn wird"*. Brune hatte seit dem Frühjahr 1827 die Geschäfte von Natorps *„fast ganz allein und zur Zufriedenheit der Cammer"* besorgt[120] und folgte ihm nach dessen Tod im Amte des Landbaumeisters.

Als von Natorps Hauptwerk gilt ein Hofbau,[121] das 1825 bis 1828 erbaute Theater, für welche Leistung er am 13. November 1825 zum Oberbaurat befördert wurde.[122] Als Beispiel des Landbauwesens sei für von Natorp die 1826 bis 1828 errichtete Detmolder Mittelmühle genannt. Von Natorp war seit 1822 häufig krank, ab Mitte 1827 war er deswegen nicht mehr im Dienst erschienen, sondern hatte immer wieder um Verlängerung seines Urlaubs zu Badekuren und Erholungen bitten müssen. Mitte 1830 verlängerte die Kammer seinen Urlaub ein letztes Mal mit der Bemerkung, dass er in den Ruhestand versetzt würde, wenn er zu Michaelis seinen Dienst nicht wieder aufnähme.[123] Dazu kam es nicht mehr. Anfang August 1830 erreichte die Kammer die Nachricht des Paderborner Obergerichtsrats von Natorp, sein Bruder sei am 30. Juli im Alter von 53 Jahren nach 4 ½-jähriger Krankheit gestorben. Die Obduktion seines Leichnams ergab eine völlig ausgebildete Lungenschwindsucht mit einer bedeutenden Vergrößerung des Herzens und Verhärtung der Leber.[124]

Bauschreiber

Wie anfangs auch der Landbaumeister seine Tätigkeit noch im Nebenamt ausführte (Knoch war im Hauptamt Archivrat), so waren auch die ersten Bauschreiber, die den Landbaumeister unterstützten, hauptamtlich für ganz andere Tätigkeiten angestellt. Begründet wurde die Notwendigkeit des Bauschreibers mit fehlender Kontrolle bei den Spann- und Handdiensten, die *„nicht gehörig und gebührend verrichtet worden, sothaner Unordnung aber nicht länger nachgesehen, sondern derselben, durch besondre Aufsicht abgeholffen werden solle"*.[125] Von Juli 1770 bis 1779 versah dieses Amt der Konzertmeister Johann Christian Wilhelm Ballmann. Seine Aufgabe war nicht nur die Beaufsichtigung der Spann- und Handdienste, sondern auch das Notieren der Anwesenheit aller anderen Handwerker und Tagelöhner jeden Morgen und Abend und die allwöchentliche Einreichung der Listen bei der Kammer. Für diese Tätigkeit erhielt Ballmann zunächst keine Vergütung, erst ab Neujahr 1771 wurde ihm zu seinem Gehalt von 150 Talern als *„Hofmusikus"* eine Zulage von 30 Talern gewährt. Ende 1775 erweiterte sich sein Aufgabengebiet, indem er für den überlasteten Baumeister Teudt dessen Bauanschläge und Berichte ins Reine schreiben musste. Ende 1779 folgte auf Ballmann bis 1781 Anton Heinrich Gröne aus Lemgo. Für diesen wurde bereits eine ausführliche Instruktion formuliert. Als zusätzliche Aufgabe übertrug die Kammer ihm die Verwaltung des herrschaftlichen Baumagazins.[126] Als Gröne das Amt aufgab, bewarb sich Simon Henrich Adolph Plöger: *„Da nun zu diesen vacanten Dienst ein Mensch befördert werden wird, welcher im Rechnen und Schreiben erfahren ist, und ich nicht allein für den Hoftischler Detering, Meister Jasper, Meister Tornieden und Steinbrecher Schäfer viele Jahre die Bau-Rechnungen und Anschläge verfertiget, sondern auch für den zeitigen Wildscharren Verwalter die Rechnung führe, ich also hoffe, daß ich zur Verwaltung gesagten Dienstes hinlängliche Geschicklichkeit besitze, das davon kommende Emolument auch ein HülfsMittel sein würde, mir und meiner Familie den nöthigen Unterhalt zu verschaffen."* Doch statt dem einigermaßen qualifizierten Plöger gab die Rentkammer das Bauschreiber-Amt im April 1781 interimistisch dem Detmolder Kaufmann Johann Ludwig Wilhelm Viering bei annähernd wortgleicher Instruktion für eine Vergütung von 1 Reichstaler pro Woche. Sein Dienst dauerte nur bis zum November 1781, dann wurde er durch den Hofmusikus Johann Andreas Hoffmann abgelöst. Dessen Instruktion wurde in dem Punkt der Handdienste – sicherlich nicht ohne Anlass – präzisiert, dass er zu diesen Diensten *„keine Kinder noch sonstig gebrechliche Leute"* annehmen dürfe, sondern diese zurückschicken und dem Amtmann zur Bestrafung melden musste.[127] Hoffmann erhielt für die Bauschreiber-Tätigkeit wie Ballmann 30 Taler Gehaltszulage und zusätzlich den freien Genuss des *Kammertisches*. Durch eine Notiz des Hofmarschalls von Donop erfahren wir, welche Aufgaben er als Hofmusikus zu erfüllen hatte. Neben allgemeinen den Hof betreffenden Schreibarbeiten waren es das Abschreiben von Komödienrollen und Musikalien, das Soufflieren beim Schauspiel und *„bei einer Operette, im Singen Anweisung zu geben"*.[128]

Im Januar 1782 wurde Hoffmann auf Teudts Wunsch hin auch die Ausschreibung und Vergabe von Lohn-Fuhren übertragen. Doch kam es dazu nicht mehr, denn zu Neujahr wurde erneut der Kaufmann Viering als Bauschreiber angestellt. Über die Gründe für diesen Wechsel ist nichts bekannt. Viering erhielt dafür 30 Taler im Quartal. Nach einer Abmahnung wegen nachlässig geführter *„Baugespanns Rechnungen"* im März 1793[129] wurde er 1798 wegen wiederholter Veruntreuung entlassen. Er hatte 1795 annähernd 87 Taler und 1798 Holz unterschlagen, herrschaftliche Handwerker und Tagelöhner mehrfach zu eigenen häuslichen Arbeiten gebraucht sowie Handwerkern Lohn gezahlt, obwohl sie nicht zur Arbeit erschienen waren.[130] Auch in manch anderer Hinsicht war Viering negativ aufgefallen, darunter versuchte Unzucht.[131] Den Ausschlag gab aber offenbar Vierings Alkoholmissbrauch. Kammerrat Stein sen. schrieb am 20. Oktober 1798, er habe sich dem Branntweintrinken so sehr ergeben, *„daß er zu keiner vernünftigen Arbeit noch weniger aber zur Aufsicht auf andere mehr fähig ist, auch hat er alles Ehrgefühl abgeleget und daher fruchten weder glimpfliche Ermahnungen noch Drohungen und Correcturen, weder Geld- noch Gefängniß-Strafen bey diesem ganz verdorbenen Menschen weiter etwas."*[132] Der Bewerbung des Sohnes erteilte die Kammer eine Absage, da sie bei ihm *„alle Anlagen zur Unordnung, Betrügerey und Dieberey"* sah. Auf Bitten der Ehefrau gewährte der Fürst der Familie aber am 10. Dezember 1798 eine Unterstützung von monatlich 7 Talern.[133]

Viering folgte nun für 40 Jahre, von 1798 bis 1838 als Bauschreiber und Bauverwalter der bis dahin als Flößaufseher für das in Salzuflen zum Salzsieden gebrauchte Holz angestellte Aemilius Conrad Plöger. Am 24. Dezember 1798 wurde er auf die Instruktion vereidigt.[134]

Diese verlangte zunächst Allgemeines, also Treue und Nutzen, Abwendung von Schaden und Nachteil, Respekt und Gehorsam gegenüber der Rentkammer und Befolgung von deren Vorschriften sowie einen ehrbaren und nüchternen Lebenswandel ohne alle Ausschweifungen. Die explizit die Bauschreiberstelle betreffende Instruktion beginnt mit Punkt 4, wonach er die vom Baumeister verfertigten Anschläge des herrschaftlichen Bauwesens rein und deutlich abzuschreiben hatte. Punkt 5 ist die genaueste Aufsicht auf das herrschaftliche Baumagazin und den neu zu errichtenden Bauhof, ein genaues Verzeichnis der vorhandenen, zu- und abgehenden

Gerätschaften und Materialien in demselben und keine Duldung fremder Gerätschaften oder Materialien. Herausgabe von Material durfte nur nach Vorschrift des Departementrates oder Baumeisters erfolgen, doch sollten diese auch nichts ohne Wissen des Bauschreibers entnehmen. Dazu wurden ihm nach seiner Verpflichtung sämtliche Schlüssel übergeben.

„Die zum Bau nöthigen Geräthschaften gibt er jeden Morgen den Arbeitern, und läßt sie sich am Abend wieder ins Baumagazin abliefern." Punkt 6 behandelt die *„genaue und specielle Aufsicht auf die im Herrschaftlichen Baue stehenden Handwerke und Taglöhner, führt hierüber ein Manual (nach der Anlage Nr. 1), das er jeden Abend dem Baumeister rein abgeschrieben einhändigt. Aus den 6 täglichen Manualen verfertigt er am Sonnabend einen wöchentlichen Extrakt (nach der Anlage Nr. 2) und bringt diesen am selbigen Tage dem Departementsrath. Über die Zeit, wenn die Arbeiter in den Dienst zu kommen schuldig sind, soll er demnächst noch weiter instruirt werden. Er hat vorzüglich strenge darauf zu halten, daß die Meister mit ihren Gesellen, Lehrburschen und Taglöhnern sich zu der bestimmten Zeit, wenn sie in die Arbeit zu kommen schuldig sind, bei ihm melden, und angeben, wo, und was sie arbeiten. Unterlassen dies die Meister, so haben sie sichs selbst zuzuschreiben, wenn ihnen ihre Rechnungen nicht attestirt werden können. Am Mittage darf kein Arbeiter mehr angenommen werden, und wer am Morgen angeschrieben ist, muß auch noch am Abend beim Ablesen, da sein, doch leidet dies eine Ausnahme, wenn die Arbeit nur ¼ oder ½ Tag dauert. Vorzüglich muß er sich ernstlich bemühen, die Arbeiter wieder zum Fleiß und zur Ordnung zu gewöhnen."*

Wenn die Arbeiter sich dem Trunk ergäben oder er einen trunken anträfe, müsse er dies dem Departementsrat sogleich melden und jene abmahnen. Auch hatte der Bauschreiber darauf zu achten, dass Gerüste fest und dauerhaft gemacht wurden, damit kein Arbeiter zu Schaden kam. Ebenso sollte er des Öfteren vor dem Herunterfallen warnen und beifügen, dass bei Unachtsamkeit oder sonstigem eigenem Verschulden die Heilungskosten selbst zu tragen wären.

In Punkt 7 folgte die Aufsicht auf die Extra-Spann- und Handdienste, die von Petri bis Martini morgens 6 Uhr begannen. Die Dienstverpflichteten sollten den Tag über fleißig und treu arbeiten und vor abends 6 Uhr nicht nach Hause gehen. In den Wintermonaten dauerte dieser Dienst nur von 7 bis 5 Uhr. Die dazu bestellten Personen hatten sich beim Bauschreiber zu melden, der sie auf seiner Liste abstrich und Ausgebliebene ebenso vermerkte wie die abgeleisteten Dienste. Keinesfalls durfte er *„untüchtige Kinder"* zuzulassen. Die am Morgen vom Amtmann empfangene Liste musste er täglich dem Beamten abends zurückschicken.

Punkt 8 verpflichtete zur genauen Aufsicht über das departementseigene Baugespann und dessen Knecht sowie Punkt 9 die eigenen Werkstätten. Demnach sollten in der Hofschmiede oder Hofrademacherei keine Sachen neu verfertigt oder repariert werden, welche nicht zuvor in dazu bestimmte Kontenbücher vom Bauschreiber eingeschrieben wurden. Zu jeder Nummer des Bau-Etats war ein besonderes Kontenbuch zu führen.

10. hatte der Bauschreiber, sofern in einem oder andern Jahr keine Hauptbaustellen in der Residenz vorkamen, genaue Aufsicht über die Bauten auf den auswärtigen Schlössern und Meiereien führen. Für jeden Tag außerhalb erhielt er 12 Groschen Tagegeld. Der letzte und elfte Punkt schließlich betraf den Vorbehalt der Änderung oder Erweiterung der Instruktion.

Plögers Versetzung zum Bauwesen erfolgte, da das Holzflößen nur noch geringen Umfang und Bedeutung hatte, denn es wurde Steinkohle importiert und teilweise (s. o.) auch am Tönsberg gewonnen. Als Flößaufseher hatte Plöger ein Jahresgehalt von 120 Talern, nun wurde er mit 130 Talern bedacht, zuzüglich 10 Talern für Schreibdienste.[135] Da er mit diesem Betrag seine Familie nicht unterhalten konnte, wurde ihm 1799 zusätzlich die Aufsicht über das wenige noch vorkommende Flößen übertragen, was ihm 36 Taler jährlich eintrug, bis 1801 das Holzflößen ganz aufgegeben wurde. Als Kompensation erhielt er ab 1803 mehrere Zulagen: für die Aufsicht über den Wildscharren, der sich neben dem Baumagazin befand, 14 Taler, weitere 80 Taler als Kontrolleur beim Chausseebau und für Mitaufsicht beim herrschaftlichen Kornboden 10 Taler.[136]

Mit seinen Vorgesetzten, den Landbaumeistern Teudt, Tappe, von Natorp und Brune, harmonisierte er wenig.[137] 1819 beschwerte sich von Natorp, Plöger kümmere sich um die Aufsicht und händige ihm auch abends das Manual nicht aus.[138] 1820 fiel er durch eine Beleidigung auf.[139] Auch Trunksucht wurde ihm 1822 vorgeworfen.[140] 1823 musste er darauf instruiert werden, dass er Bauanschläge oder Teile daraus den Handwerkern nicht bekannt machen durfte, auch hatte er ohne Genehmigung Baumaterial an Handwerker herausgegeben.[141] Brunes Urteil über Plöger war vernichtend:

„Plöger hat zwar schon 30 bis 40 Jahre in seinem Dienste gestanden, aber kaum die oberflächlichsten Kenntnisse vom Bauwesen erlangt. Dabei fehlt es ihm gänzlich an Interesse für eine gute Sache, so daß derselbe nichts weiter vorstellt, als ein mechanisches Einnahme-Ausgabe-und Abschreibe-Instrument, welches sich genau nach den einmal vorgeschriebenen Formen bewegt. Fast täglich habe ich Gründe, ihm Vorwürfe zu machen, aber diese wirken nur für den kurzen Zeitraum, auf welchen sein Gedächtnis und sein Urtheil beschränkt ist.“[142]

Als Plöger 1828 und 1834 längere Zeit erkrankt war, vertraten ihn seine Tochter und der Tagelöhner Solle.[143] Am 3. Juli 1842 ist Plöger im Alter von 69 Jahren gestorben.

Bauaufseher und Baugehilfen

Erstmals 1822 wurden, da der Bauschreiber Plöger diese Arbeit nicht zufriedenstellend erledigen konnte, zusätzlich Bauaufseher im Tagelohn angestellt. Natorp erhielt auf seine Bitte die Genehmigung, die von ihm vorgeschlagenen Maurermeister Schmidt und Einlieger Falckmeyer an die Orte, wo gebaut wurde, zu senden, um Aufsicht über Materialien, Handwerker, Tagelöhner und Dienste auszuüben.[144] Von Natorps Nachfolger Brune wurde spätestens seit 1828 durch den Baueleven und späteren Fürstlich Lippischen Bauinspektor Ferdinand Ludwig August Merckel (1808–1893) unterstützt.[145] Im Sommer hatte dieser die Aufsicht bei Arbeiten am Schloss Schieder.[146] Ferdinand Merckel hatte die Münchner Bauakademie besucht. Einer seiner bekannteren Aufträge ist die Detmolder Landesstrafanstalt.[147] Daneben beschäftigte Brune 1832 bis 1834 bogenweise den Lakaien Tölke[148] für Schreibarbeiten, wofür er von der Kammer die Kosten erstattet haben wollte. Dies lehnte die Kammer jedoch mit dem Hinweis ab, dass Brune dazu der *Baueleve* Merckel zur Verfügung stünde.[149]

1829 durfte Brune in Meinberg den ehemaligen Küster Meier als Aufseher zu 15 Groschen Tagelohn anstellen, da der Brunnenaufseher Sturhahn sich überlastet erklärt hatte.[150] Da Meier sich als ungeeignet erwies, wurde der 50jährige Sergeant Johann Drießen nebenberuflich beschäftigt,[151] der neben dem Militärdienst aber nur wenige Tage Zeit hatte und, anders als Krücke zuvor, auch nicht beurlaubt werden konnte. Wegen der häufigen Kollisionen mit den Dienstgeschäften Drießens wurde er im Januar 1831 durch den Schreiber Legraen als Gehilfen ersetzt.[152] Die zweite Gehilfen-Stelle wurde im Januar 1829 mit dem *Calculator* Déjean besetzt, den von Natorp bereits 1823 vorgeschlagen hatte.[153] Schon im August 1828 hatte Brune diesen in höchsten Tönen gelobt.[154] Kammer-Assessor Stein argumentierte in Brunes Sinn:

„Der Bauschreiber Plöger ist von jeher seinem Posten nicht gewachsen gewesen und bei dem vorrückenden Alter desselben und den sich sehr vermehrt habenden Baugeschäften zeigt sich dessen Insufficienz und Unverlaßbarkeit immer mehr und um so nachtheiliger, je mehr die Bauten auf dem Lande eine häufige Abwesenheit des ausführenden Baubeamten, von hiesigem Orte verlangen. Ob nun zwar die Geschäftsführung des Bauschreibers Plöger noch nicht der Art ist, daß dieselbe ihm abgenommen werden müßte, so würde es doch für das Herrschaftliche Interesse von dem größesten Nutzen seyn, wenn demselben ein verlaßbarer und geschickter Gehülfe an die Seite gestellt würde.“[155]

Déjean war weiterhin bei der Kammer als *Calculator* angestellt und übte die Tätigkeit im Bauwesen nur im Nebenamt für 50 Taler jährlich aus. Sein Aufgabengebiet erscheint vor diesem Hintergrund weitläufig, hatte er doch neben der Bauaufsicht im Kirchspiel Detmold Plögers Baumanuale, dessen Buchführung zum Baumagazin und die Baurechnungen aus dem Kirchspiel Detmold zu prüfen, und wurden soweit es dessen Zeit erlaubte, auch Aufmaßarbeiten und sonstiges von ihm erwartet. Obwohl Déjean zunächst größtes Interesse an einer Tätigkeit im Bauwesen gezeigt hatte, bat er im Februar und wiederholt im März 1830 um seine Entlassung daraus, die Ende Juli dann auch erfolgte.[156]

Eine zufriedenstellende und dauerhafte Lösung fand sich erst 1834, als Brune den Tischlermeister Carl Adams aus Brake als Bauaufseher beschäftigen durfte. Zunächst konnte er nur bis Michaelis angestellt werden, da im Winter keine Baustellen zu beaufsichtigen waren, doch erreichte Brune, dass er ihn im Winter zumindest tageweise mit Schreiberarbeiten beschäftigen durfte.[157] Adams erwies sich als so geeignet, dass er mit Beginn des Jahres 1838 fest als Bauaufseher angestellt wurde.[158] Freilich hatte Brune immer und immer wieder insistieren müssen, so im Mai 1837 in drastischen Worten:

„Oder soll etwa auf den Tod des jetzigen Bauschreibers gewartet werden? Abgesehen von seiner eisernen Gesundheit [...], – was kommt darauf an, ob er körperlich noch existirt, wenn er geistig für sein Amt wenigstens, schon längst so gut als todt ist? Es ist freilich zu beklagen, wenn ein solcher Mensch bis an sein Ende auf Kosten des Staats gefüttert werden muß, aber doppelt und dreifach beklagenswerth ist es doch, wenn eben deshalb nun auch das wichtige Amt das er bekleidet, [...] gänzlich verwahrloset bleiben soll. [...] Der Bauschreiber Plöger mag dann seinen Dienst immerhin noch behalten und namentlich wie bisher die Taglöhner mit beaufsichtigen und auszahlen und die Bewachung über Einnahme und Ausgabe des Baumagazins führen: er kann sogar, sobald ihm ein tüchtiger Lenker beigegeben wird, auch einigermaßen nützlich werden, da er doch nur einer Maschine zu vergleichen ist, die stets durch fremde Kräfte regulirt und in Thätigkeit erhalten werden muß.“[159]

Bei Schreib- und Zeichenarbeiten erhielt Brune, wie erwähnt, bereits Unterstützung von Ferdinand Merckel, der noch weitere Geschäfte hätte übernehmen können, was aber nicht geschah, da Merckel – so Stein – einerseits unzuverlässig sei, andererseits jüngere Baukundige den älteren selten Genüge leisten könnten.[160] Die Meinberger Bauten besorgte seit 1835 der spätere Salzufler Salinenmeister Friedrich Heinrich Ludwig Gödecke. Durch Steins Fürsprache und Urteil, dass Brunes Geschäftsumfang zu groß und Plöger nicht zu gebrauchen sei, wurde schließlich der festen Anstellung Adams ab Neujahr

1838 stattgegeben, bei einem Jahresgehalt von 250 Talern, einer Wohnungsentschädigung von 25 Talern und einer Vergütung von 9 Mariengroschen für jede Nacht außerhalb. Die Hälfte dieses Betrages sollte dadurch eingespart werden, dass Merckel und Gödecke nur noch fallweise beschäftigt würden. Die übrige Mehrausgabe würde nach Abgang des bejahrten Plöger gespart, *„dessen nicht beträchtliche Geschäfte“* Adams dann übertragen werden sollten.[161] Dass Adams überhaupt seinen lukrativen Handwerksbetrieb in Brake aufgab und nach Detmold zog, wurde mit dem schlechten Gesundheitszustand seiner Frau begründet.[162] Am 1. Februar 1838 trat er seinen Dienst an.

Neben der Bauaufsicht, also der häufigen Besichtigung in Ausführung begriffener Bauten, sollte Adams auch noch Plöger beim Führen des Baumagazins unterstützen, günstige Materialankäufe auskundschaften und deren richtigen Einsatz kontrollieren, Holz im Wald und sonstige Materialien ausmessen sowie Bauaufmaße zur Vorbereitung von Reparaturen, Veränderungen oder Neubauten erstellen.

1841 erhielt Adams einen Bauplatz am sogenannten Küchengarten, wo er sich ein Haus baute (Behringstraße 17, 1945 total zerstört), das 1842 fertiggestellt wurde.[163] Nach Plögers Tod am 3. Juli 1842 wurde Adams die Bauschreiberstelle, die er im Wesentlichen schon ausgefüllt hatte, zum 1. Oktober übertragen. Sein Gehalt stieg auf 300 Reichstaler Courant, außerdem erhielt er die Bauschreiberwohnung mit zugehörigem Garten (für den Garten war eine jährlich Pacht von 2 Talern, 4 Groschen und 4 Pfennigen in die Neustädter Hebung zu zahlen). Zur Verpflichtung auf seine Instruktion hatte er sich auf der Kammer-Session am Freitag, 2. September 1842, vormittags um 11 Uhr einzufinden.[164] Die Witwe Plöger und ihre Tochter, die bis 1875 eine Pension bezog,[165] hatten die Bauschreiberwohnung bis zu Adams Dienstantritt zu räumen, da dieser seinen Dienst nur von dort aus, unmittelbar gegenüber dem Baumagazin und Bauplatz, gehörig versehen konnte.[166] Sein Haus vermietete Adams. Er verstarb kurz nach Brune 1858, seine Witwe erhielt eine Pension von 100 Talern.[167]

Ihm folgte im Amt des Bauschreibers der aus der Papiermühle zu Schieder stammende Eduard Plöger. Der am 18. Januar 1823 geborene Plöger hatte die Gewerbeschule in Holzminden besucht und sich im August 1840 in Detmold niedergelassen. Auf Empfehlung des Wöbbeler Pastors Rohdewald wurde er bei den herrschaftlichen Bauten in Detmold als Aufseher beschäftigt. Brune wandte sich wegen dessen weiterer Anstellung im Dezember 1840 an die Kammer:

„Derselbe wünscht und hofft, in dieser Carriere hier mal eine Anstellung zu finden, wozu ich ihm auch, sofern er sich qualifizire, meinerseits nach Kräften behülflich zu seyn versprochen habe, indem ich nach wie vor die Ueberzeugung

hege, daß es beim Bauwesen hier überall noch zu sehr an der nöthigen Aufsicht fehlt. Dieser Uebelstand dürfte zumal sehr fühlbar werden, wenn der Bauschreiber Plöger, der doch die Verwaltung des Baumagazins wenigstens noch pro forma führt, ganz abgehen sollte, indem dann doch der Bauaufseher Adams dessen Posten erhalten, dadurch aber fast immer in der Nähe des Baumagazins sich aufzuhalten genöthigt, mithin außer Stand gesetzt seyn würde, sich wie bisher auch der entfernten Bauten anzunehmen."[168]

So wurde Plöger zu Neujahr 1841 als Baueleve zu Brunes Unterstützung angenommen. Sein Gehalt betrug anfangs nur 3 Taler monatlich, stieg aber nach einem halben Jahr auf 6 Taler und dann zum 1. Juli 1842 auf 8 Taler. Plöger wurde jahrelang mit geringer Bezahlung und ohne Aussicht auf Festanstellung beschäftigt. Eine neuerliche Gehaltserhöhung auf 12 Taler wurde ihm erst 1847, nach fünf Jahren, zugebilligt. Grund war die Aufsicht beim umfangreichen Ausbau der Friedamadolphsburg zum Neuen Palais, wofür er 1848 zusätzlich eine einmalige Gratifikation von 30 Talern erhielt. Auch beim Neubau der Meierei Barntrup bewährte er sich als örtlicher Bauaufseher. Brune sandte ihm hierhin nicht nur weitere Schreib- und Zeichenarbeiten,[169] sondern auch Fachlektüre für die Weiterbildung, etwa einige Hefte der Zeitschrift für Bauwesen und ein Buch über Asphalt.[170] Es sollte allerdings bis zu Adams Tod dauern, dass Plöger eine feste Anstellung als Bauschreiber erhielt, zunächst auf Probe bei 250 Talern Gehalt und der Nebeneinkunft aus dem Kohlen- und Holzmagazin, bei freier Wohnung mit Garten. Die Dienstwohnung seines Vorgängers konnte er zum 1. Oktober beziehen – so lange wurde sie noch der Witwe Adams belassen. Am Heiligabend 1861 erhielt Plöger neben einer jährlichen Gehaltszulage von 50 Talern endlich seine feste Anstellung.[171] Vier Jahre später folgte eine weitere Gehaltserhöhung um 50 Taler, verbunden mit dem Titel eines Bauverwalters. Nach weiteren zehn Jahren stieg das Gehalt auf 420 Taler und 1878 wurde es auf 1.500 Mark festgesetzt.[172] Am 27. April 1891 ist Eduard Plöger, nach 50 Dienstjahren in der herrschaftlichen Bauverwaltung, gestorben. Seine Dienstinstruktion entspricht im Wesentlichen der seines Vorgängers, die als Muster diente. Neu war, dass kein Materialverkauf aus dem Baumagazin mehr stattfinden sollte. Ebenfalls neu war der Paragraf 15: *„Aus den Manualen über die Taglöhner und den Registern über die Verwendung der Baumaterialien aus dem Baumagazin hat der p Plöger monatlich Extracte zu formuliren und an den Bau-Departementsrath abzugeben: durch welche mit möglichster Genauigkeit nachgewiesen wird bezüglich welches Gebäudes oder sonstiger Anlage die Arbeiter und Materialien verwendet und zu welchem Geldwerthe dieselben zu berechnen sind."*[173]

Baumagazin und Baumaterial

Schon STURM hatte 1714 im dritten Kapitel seiner *Civil-Baukunst* das Anlegen eines Bauhofes bzw. Baumagazins empfohlen.[174] Das herrschaftliche Baumagazin wurde in Detmold hinter dem Hoftheater eingerichtet und bestand mindestens seit 1771, also unter Landbaumeister Johann Georg Keller.[175] Außerdem gab es zu Brunes Zeit kleinere Baumagazine in Schieder[176], Bexten[177] und Meinberg für die dortigen herrschaftlichen Bauten. In Meinberg wurde dazu eine Scheune *„beim kleinen herrschaftlichen Haus"* genutzt.[178] Im kleinen herrschaftlichen Haus hatte bis 1811 der Regierungsrat Johann Friedrich Wippermann gewohnt.[179] 1821 wurde es für den Aufenthalt der Fürstin Caroline von Sondershausen eingerichtet.[180] In der Scheune neben dem Haus ein Baumagazin zu betreiben, war sicherlich nur eingeschränkt möglich, wenn das Haus von Herrschaften bewohnt war.

Die Verwaltung des Baumagazins oblag dem Bauschreiber, der die Zu- und Abgänge zu protokollieren hatte. Die Aufsicht darüber hatte der Landbaumeister. Aus diesem Grund wurde das Offiziantenhaus mit der Baumeister- und Bauschreiberwohnung 1830 gegenüber dem Baumagazin errichtet. Hier lagerte angekauftes Bauholz[181] und solches aus den herrschaftlichen Forsten[182], Kiefernholz[183], Gerüststangen[184], Kleisterruten[185], Nägel[186], Draht[187], Strohdocken[188], aber auch ganze Öfen[189], Glasscheiben und Materialien, die bei Detmolder Kaufleuten beschafft worden waren[190]. Mitte des 19. Jahrhunderts wurden hauptamtliche Bauhofmeister eingestellt. Spätestens ab 1854 waren dies Stukenbrock und Altmeier.[191]

Als Brune die Geschäfte von Natorps übernahm, musste er feststellen: *„Im hiesigen Baumagazin war wenig Vorrath von dem, was täglich gebraucht werden mußte, und bei der totalen Unfähigkeit des Bauschreibers Plöger mußte ich immer selbst die nöthigen Ankäufe besorgen."*[192]

Nach Erbauung des Hoftheaters wurde das Baumagazingebäude zum Theatermagazin für die Kulissen und Dekorationen umgenutzt und erweitert.[193] Neben dem Theaterbüro fand hier ebenso eine Wohnung für den Theatermaler Fries Platz. Daher musste ein neues Baumagazin weiter nördlich angelegt werden.

Material aus dem Baumagazin wurde nicht nur für kleinere herrschaftliche Baumaßnahmen, sondern auch für den Kulissenbau des Hoftheaters ausgegeben[194] oder für den Bau einer Manege im Reithaus für den 1837 in Detmold gastierenden *„Olympischen Circus"* der Gebrüder Tourniaire[195]. Die drückende Holzarmut,[196] die jahrzehntelangem Raubbau geschuldet war, hatte dazu geführt, dass zu Brunes Zeit Dachstühle mitsamt Sparren, Kehl- und Hahnenbalken bis zur Bedielung des Dachbodens aus Nadelholz gefertigt wurden. Der Bedarf konnte jedoch nur teilweise aus den fürstlichen Forsten gedeckt, sondern musste durch Importe ergänzt werden, welche über die Weser und den Hafen Erder eingeführt wurden. In Hinblick auf eine Bauholzersparnis gab Brunes Dienstinstruktion ihm auf, bevorzugt Massivbauten zu planen, was die Rentkammer häufig genug aber mit Verweis auf Kostenersparung zugunsten des „Holzbaus" (Fachwerkbaus) verhinderte.

Brune versuchte dennoch beständig, den Massivbau als dauerhaftere (und repräsentativere) Bauweise durchzusetzen. Da Muschelkalk in Lippe weit verbreitet ist, war die Massivbauweise kaum kostspieliger, wenn lokale kleinere Steinbrüche in der Nähe der Baustelle genutzt werden konnten. Die Bruchsteine wurden in „Bergruten"[197] gerechnet und mussten aufgeschichtet geliefert werden, damit die Menge nachgemessen werden konnte. Dies entnehmen wir beispielsweise von Natorps Bemerkung in den Bauakten des Hoftheaters:

> „Damit die Steinbrecher für jene kleinen Steine ihre Bezahlung ebenfalls gleich und nicht erst, wenn solche an die Chaussee gefahren werden können, erhalten können dieselben für jene Accordfuhren in dem Bruch aufgeruthet und kann sodann, nach erfolgter Abnahme dieser Ruthen, die Assignation dafür befördert werden."[198]

1825 beschwerte sich Kammerrat Wilhelm Rohdewald bei Baumeister von Natorp:

> „Ich bemerke schließlich noch, daß die Arbeiter, welche fort an der Chaussee hinter der Grotte Steine für den Chausseebau brechen, dort ohne Ordnung verfahren, an verschiednen Stellen wühlen und mehr Terrain als nöthig verderben – abgesehen von dem üblen Anblick, welchen diese Steinbrüche von der Chaussee aus gewähren. Es wäre deshalb zu verfügen, daß sie nach Anordnung der Forstbehörde zu verfahren hätten."[199]

Lediglich behauener Sandstein für Gewände und Gesimse musste häufiger über weitere Strecken transportiert werden. Qualitätvolle Sandsteine lieferten die Brüche des Teutoburger Waldes. Für Bauten im Detmolder Raum wurden vor allem die Steinbrüche in Berlebeck und Holzhausen mit den dortigen Steinmetzen in Anspruch genommen. Den Holzhauser Steinbruch hat Emil Zeiß in zwei Aquarellen festgehalten.[200] Die Anlage solcher Steinbrüche „für gehauene Steine oder steinerne Geräte" war nur mit einer Konzession möglich.[201] Für die Säulenvorhalle des Hoftheaters lieferten 1826 die Steinhauer Temme und Friedrich Büxe zu Holzhausen (Steinbruch im Schliepstein und am Bärenstein) und Torneden zu Berlebeck (Steinbruch Geisterschlucht und unterhalb) die Sandsteinsäulen.[202] Die Sandsteine für den Kahlenbergturm bei Schieder kamen nur zu einem geringen Teil aus der Nähe (et-

wa die Treppenstufen aus Brakelsiek), sondern größtenteils aus den Brüchen zu Feldrom und Berlebeck, mussten also immerhin bis zu 21 Kilometer weit transportiert werden. Wo dies aufgrund der Entfernung zu kostspielig wurde, ist der Einsatz von Backsteinen für gemauerte Gewände in einem einzigen Fall, dem Wohnhaus der Meierei Göttentrup, belegt (Kat. 109).

Für Bodenplatten wurde gelegentlich der rote Sollingsandstein verwendet, welcher über den Hafen Holzminden gehandelt wurde. Dass sich der Massivbau nur zögernd verbreitete, ist der Tatsache geschuldet, dass die Bruchsteinbauten nach dem Mauern noch ein Jahr austrocknen mussten, bevor sie ohne Gesundheitsschaden für die Bewohner bezogen werden konnten. So zogen vor allem private Bauherren den Fachwerkbau vor, verbargen ihn im städtischen Bereich jedoch häufiger hinter repräsentativen Steinfassaden. Erst eine Massenproduktion von Backsteinen in industriell betriebenen Ringofenziegeleien konnte den Massivbau nach Brunes Wirkungszeit beflügeln, denn beim Backsteinbau musste nur der Wasseranteil des Mörtels trocknen. In einem einzigen Fall wurde unter Brune ein Massivbau aus Backstein errichtet, das neue Amthaus in Schieder (Kat. 118). Hier verlangte der Fürst eine schnelle Bezugsfertigkeit, um das alte Amthaus baldigst für die Hofhaltung nutzen zu können. Da bei Schieder (auf dem Mörth) eine Ziegelei arbeitete, fielen in diesem Fall nur geringe Transportkosten an. Erheblich waren jedoch bei Ziegelsteinen die Energiekosten für den Brand. Benutzt wurden sie regelmäßig für gemauerte Herde, Brandmauern und Schornsteinröhren sowie, im Massivbau, zum Überwölben der Fenster- und Türstürze mit Entlastungsbögen.

Dachziegel kamen meist aus der herrschaftlichen Ziegelei in Hiddesen. Gebrannt wurden sie wegen des Holzmangels mit Torf vom benachbarten Bent. Brune suchte die in Lippe übliche Hohlziegeldeckung in Strohdocken durch die Flachziegeldeckung zu ersetzen. Sie ermöglichte eine von ihm bevorzugte flachere Dachneigung. Insbesondere bei der doppelten Deckung (Kronendeckung) wurde eine erheblich bessere Dichtigkeit erzielt (Kat. 118, 214). Dachfuß, Ortgänge, Grate und First wurden bei diesen Flachziegeldächern nicht wie beim Hohlziegeldach mit gewölbten Firstziegeln gedeckt, sondern mit Tonschiefer eingefasst, der aus dem Sauerland bezogen wurde. Auch kleinere Flächen wie die Dächer von Frontispizen oder sogar ein Hundestall im Park von Schloss Schieder wurden mit Schiefer gedeckt. Das Handwerk des Schieferdeckens war in Detmold bekannt, aber offenbar nicht so weit in der Region verbreitet, dass Brune für Bauarbeiten am Schloss Patthorst im Ravensbergischen nicht seinen Detmolder Schieferdecker Lüdeking hätte schicken müssen (Kat. 190).

Der preiswerteste Baustoff war sicherlich Lehm, der fast überall gewonnen werden konnte. Benutzt wurde er in Form ungebrannter Lehmsteine für das Ausmauern der inneren Fachwerkwände, die auch den Massivbau prägten. Auch die Wellerdecken der Stuben, Kammern und Küchen sowie das Verputzen von Wänden und Decken im Inneren benötigten Lehm.

Kalkbrennereien wurden herrschaftlich oder städtisch betrieben und lagen wie die Steinbrüche in der Zuständigkeit der Forstverwaltung.[203] Bekannt sind Kalkbrennereien im Berlebecker, Kohlstädter, Lopshorner, Schwalenberger, Sternberger, Barntruper und Varenholzer Forst. 1821 wurde auch auf dem Hörster Bent ein Kalkofen errichtet,[204] 1827 auf der Ziegelei in Schieder.[205] Brune bezog meist Kalk aus dem Heidental bei Hiddesen für die Detmolder Bauten.[206] Zur Qualität hatte er auch Versuche anzustellen. Den Untertanen war das Kalkbrennen verboten, da dabei immer wieder unsachgemäß Holz eingeschlagen wurde.[207] Die Pächter der herrschaftlichen Kalköfen hatten ein „Stättengeld" zu zahlen.[208] Die Kalkfuhren erfolgten in geflochtenen Behältnissen genormter Größe.[209] Das Maß dafür war der Kalkscheffel.[210] Im 17. Jahrhundert sind Kalkexporte bis nach Bremen belegt.[211] Mit der Gewerbefreiheit kamen im 19. Jahrhundert private Kalkbrennereien auf, etwa auf dem Gut Niederbarkhausen und andernorts.[212] Eine Kalkgrube zum Löschen und Einsumpfen des Kalks gab es hinter dem Baumagazin.[213]

Auch Sand kam häufig aus Hiddesen. Er wurde in Fudern oder in Kästen gerechnet.[214] Für den Kahlenbergturm bei Schieder mussten 64 Kasten Sand zu je 2,3 t Gewicht von den Externsteinen (19 km) herangeschafft werden, da keine näheren Vorkommen bestanden.[215]

Der Sandreichtum des Teutoburger Waldes bzw. Osnings ermöglichte zusammen mit den ausgedehnten Buchenwald-Beständen eine umfassende Glasproduktion, deren Überschüsse über die Weser bis nach Bremen und sogar nach Übersee exportiert wurden.[216] Bis in Brunes Lebenszeit hinein wurde das Glas dort, wo die Rohstoffe vorhanden waren, im Wald, in Waldglashütten produziert.[217] 1480 hatte Bernhard II. einem Meister Hoffhenze die Anlegung einer Glashütte bei Schieder gestattet.[218] Seit 1826 wandelte sich der handwerkliche Prozess aber zu einem industriellen, indem zuerst die Holzfeuerung durch Steinkohle und die Pottasche durch industriell hergestelltes Soda ersetzt wurde. Deren Transport verlangte einen Hüttenstandort an einem Verkehrsweg wie etwa der Weser bei der Glashütte Gernheim oder seit Mitte des 19. Jahrhunderts an einer Eisenbahnlinie. So wurden von Brune auch in Detmold Anfang der 1830er Jahre für den Bau der Kaserne acht Kisten Glas der Gebrüder Schrader zu Gernheim mit 780 Stück Mondglas-Scheiben über Erder nach Detmold transportiert.[219]

Für das Bauwesen bildete der Zoll ein erhebliches Hemmnis, denn manche Baustoffe mussten aus dem Ausland

(meist Preußen, Hessen oder Hannover) eingeführt werden. Neben Glas waren das Eisenwaren, Schiefer, Gips und Tapeten. Unter Brunes akademie-geprägtem Einfluss nahm die Verwendung von Baustoffen zu, die im Land selbst nicht in nennenswertem Maße hergestellt werden konnten, etwa Eisenwaren. Zwar bestanden seit etwa 1400[220] bis in das 17. Jahrhundert Bergwerke, Hüttenwerke und Eisenhammer, zuerst in Kohlstädt, dann in Schieder, Berlebeck und Heiligenkirchen sowie Langenholzhausen,[221] doch arbeiteten diese zunehmend unrentabel und wurden nach 1700 aufgegeben.[222] Noch 1666 waren Eisenträger im Land hergestellt worden; damals bezog man für das Schloss Brake „2 Eißerne Balken" vom „Hammer in Berlebeck".[223] Nun wurden sie vorwiegend von der Altenbekener und der Holter Hütte bezogen, aber ebenso aus Bredelaer.[224] 1853 wurden für das Hoftheater vier Hermannsöfen für die Schauspielergarderoben und zwei „Absatzöfens Nr. 3" von der Holter Hütte geliefert.[225] Die gusseisernen Fensterrahmen für den Kahlenbergturm bestellte Brune bei Kaufmann Hempelmann in Detmold, der sie von der St.-Wilhelms-Eisenhütte in Warstein, also ebenso dem preußischen Ausland, bezog. Gleichfalls mussten eiserne Sparren für das Dach sowie dessen Eindeckung mit Zinkblech importiert werden. Sie kamen von der Handlung Möller & Sohn auf Gut Kupferhammer bei Brackwede (Bielefeld).[226] Zu Brunes Zeit wurden gusseiserne Säulen und Stützen schon häufiger benutzt, bis dahin beschränkte sich der Einsatz von Eisen meist auf Öfen und Kleinteile wie Nägel und Verbindungsstücke. Erstmals waren unter von Natorp 1825 beim Theaterbau gusseiserne Stützen zum Einsatz gekommen. Brune entwarf 1833 eine schmiedeeiserne Brücke zwischen den Felsen II und III der Externsteine, die 1835 ausgeführt wurde. 1852 folgte seine gusseiserne Brücke über den Kanal gegenüber dem Neuen Palais. Auch zahlreiche Eisengeländer für die Freitreppen seiner Bauten sind bekannt. Brune setzte Eisen in Form von Bügeln und Bolzen in Dachwerken, vor allem Spreng- und Hängewerken ein, in Ausnahmen sogar „starke eiserne Winkel mit den nöthigen Nägeln an der Stelle der hölzernen Kopfbänder in die Wandständer und Balken",[227] womit der Niedergang des Zimmerhandwerks eingeleitet wurde.

Importiert werden musste auch Schiefer, der jedoch nur bei besonderen Bauten zum Einsatz kam. So lieferte 1825 Johann Reting, Fuhrmann aus Nuttlar bei Ostwig, 32 Zentner Schiefersteine für das Hoftheater.[228] Gelegentlich wurden bei Ziegeldächern die Grate mit Schiefer eingedeckt. Ebenso wenig war Gips in Lippe vorhanden. Für den Stuck des Hoftheaters mussten 1827 mehrere Fuhren aus der Pulvermühle von Ernst Koch bei Kassel über Warburg und Paderborn herbeigeschafft und an der Grenze von Hessen nach Preußen bei Herlinghausen mit 1 Groschen pro Zentner verzollt werden.[229] 1838 hielt dann der Zement im Fürstentum Einzug, als er für die Erneuerung der Säulenvorhalle des Theaters von der Firma Wendelstedt & Meyer aus Hameln herbeigeschafft wurde.[230]

Von einem einheitlichen Wirtschaftsraum mit seinen Nachbarn war Lippe zu Brunes Dienstantritt noch weit entfernt. Zwar war Lippe 1828 dem Mitteldeutschen Handelsverein beigetreten, der ein Gegengewicht zu Preußen bilden sollte, doch die Handelsbarrieren fielen erst, als das Fürstentum 1842 dem 1834 gegründeten Deutschen Zollverein beitrat.[231] Nun hörten „alle Eingangs-, Ausgangs- und Durchgangsabgaben an den Grenzen zwischen Preußen und dem Fürstenthume auf".[232]

Eine Währungsunion mit Preußen war Lippe schon 1838 eingegangen und nutzte damit die preußische Talerwährung mit dem 14-Taler-Münzfuß und das preußische Kleinmünzsystem einschließlich der Unterteilung des Silbergroschens in 12 Pfennige.[233] Damals trat das Fürstentum auch der Dresdner Münzkonvention bei, welche den norddeutschen Taler und den Gulden des Süddeutschen Münzvereins in ein festes Verhältnis zueinander setzte. Der Taler entsprach genau 1,75 Gulden, 30 Silbergroschen (1 Taler) des Talergebiets entsprachen 45 Kreuzern des Guldengebiets (1 Gulden gleich 60 Kreuzer). Die Münzung erfolgte – gemäß diesem Abkommen nun in Berlin. Erst 1875 wurde die im ganzen Kaiserreich eingeführte Goldmark offizielles Zahlungsmittel. Umrechnungen waren nun nicht mehr notwendig – ein Effekt, wie ihn die Gründung des Euro-Währungsraumes hervorrief. Diese Vereinheitlichung erlebte Brune ebenso wenig wie diejenige der Maße und Gewichte in den 1860er Jahren.[234]

Bauunternehmer

Beim Bau der Vallentruper Wassermühle diskutierte Brune bereits 1829 die Frage, den Bau an einen Entrepreneur (Generalunternehmer) zu vergeben, wusste aber in Lippe keinen zuverlässigen. Es bestand, so Brune, die Gefahr, dass ein Entrepreneur einen anderen Meister hinzunehmen musste, der ihn übervorteilte. Daher zog er es vor, die Gewerke wie bisher üblich an einzelne Handwerker zu vergeben. Für die Mauer- und Zimmerarbeit schlug er geeignete Meister vor.[235] Doch schon kurz darauf, 1831, kam es beim Bau der Detmolder Bürgertöchterschule in der Schülerstraße zur Auftragsvergabe an einen Generalunternehmer, den Zimmermeister Jasper aus Holzhausen.[236] Neben diesem trat auch der Lackierer Johann Spies (auch: Spieß) aus Detmold mehrfach als Entrepreneur auf. Spies betrieb sogar Steinbrüche, etwa am Papenberg und an der Grotenburg.[237] Ebenso betätigten die beiden sich als Bauträger, so bei der Bebauung der Leopoldstraße in Detmold, wo Jasper zwei und Spies vier Wohnhäuser erbauten.

Kurz nach der Bürgertöchterschule hatte Spies sich beim Bau des Gymnasiums jedoch als unzuverlässig erwiesen. Brune konstatierte im Nachhinein, dass „Spies zur selbeignen Leitung solcher Bauten eines Theils gar nicht die nöthigen Kenntnisse und Umsicht besaß, andern Theils aber auch nicht einmal Ausdauer genug bewies, sich der Sache nach Kräften anzunehmen",[238] weshalb er ihm den Bau der Turnhalle nicht übertragen wollte. Auf eine Anfrage der Scholarchats-Kommission (Schulaufsicht[239]) musste er aber entgegnen: „Dagegen kann ich mich selbst der Uebernahme des Baues in Entreprise nicht wohl unterziehen, indem ich mich dadurch im Publico nicht ohne Grund dem Verdacht aussetzen würde, daß ich in solcher Entreprise meinen eignen Vortheil suche."[240] Er gab zugleich den Hinweis: „Uebrigens halte ich für rathsam, nicht unbedingt Jedem die Concurrenz zu gestatten, sondern nur etwa 6 hiesige als qualifizirt und verlaßbar bekannte Bau-Unternehmer besonders dazu einzuladen."[241]

Später hegte Brune, wie die Kammer auch, aus schlechten Erfahrungen Bedenken gegen die Vergabe in Entreprise. Man hatte feststellen müssen, dass sich die Generalunternehmer das hohe Risiko, welches sie eingingen, entsprechend bezahlen ließen und die Vergabe von Einzelgewerken die bessere Alternative darstellte.[242] Bestätigt wurde dies auch durch den Königlich Preußischen Oberbaurat Gotthilf Hagen.[243]

Bauhandwerker und Bauarbeiter

Bis in das frühe 18. Jahrhundert lassen sich für besondere Aufgaben immer wieder ausländische Facharbeiter nachweisen, so etwa im 16. Jahrhundert Steinmetze aus Süddeutschland oder im frühen 18. Jahrhundert der Tiroler Steinhauer Joseph Falck. Auch italienische Stuckateure sind namentlich bekannt, etwa Michele Caminada und Carlo Rossi aus Como, die um 1710 am Detmolder Hof tätig waren, bevor sie nach Hildesheim weiterzogen.[244] Noch 1827/28 kamen Stuckateure zur Vollendung des Säulenportikus des Hoftheaters aus Kassel nach Detmold: So schloss Brune am 1. August 1827 einen Arbeitsvertrag mit dem Stuckateur Konrad Jakob und seinem Gehilfen Thielle Ziegler.[245]

Schon Knoch hatte sich unmittelbar nach seinem Amtsantritt 1764 mit einer Umfrage an die Ämter einen Überblick über die im Land vorhandenen qualifizierten Handwerker verschaffen wollen.[246] Das Ergebnis war allerdings ernüchternd, denn von 130 gemeldeten wurden nur 28 für brauchbar befunden. Zu Beginn des 19. Jahrhunderts äußerte sich Fürstin Pauline ausgesprochen negativ über die lippischen Bauarbeiter und gipfelte dabei in der sicherlich übertriebenen Behauptung, „daß man nirgends langsamer, theurer und minder gut baute als in Detmold".[247] Inwieweit diese Äußerung wörtlich genommen werden kann oder eher einem modischen

Klagen entspringt, lässt sich heute kaum klären. Immerhin, auch Brune stößt im Juli 1828 in dieses Horn, wenn er unter den Arbeitern *„nur wenige verlaßbar [fand], die meisten waren entweder unwissend oder faul oder betrügerisch; alles mußte ich selbst anweisen, ihnen aufpassen und ihre Arbeiten revidiren.“*[248] Bei Bau des Offiziantenhauses beschäftigte er als Polier den Kasseler Maurer Seidler, der die Aufsicht über die Maurer und Steinhauer führte und zwei Steinhauer namens Gossmann und Seeger mitgebracht hatte.[249] Bei Seidlers Abreise Ende November 1829 schlug Brune eine Gratifikation von 5 bis 10 Reichstalern vor, von denen die Kammer 5 bewilligte. Bemerkenswert ist, dass Brune so zufrieden mit der Arbeit Seidlers war, dass er wünschte, Seidler möge sich dauerhaft in Detmold niederlassen.

Die Unzufriedenheit mit der Qualität der lippischen Bauhandwerker führte auf Initiative des Detmolder Gewerbevereins 1846 zur Gründung der Detmolder Gewerbeschule. Die freiwillige Handwerkerschule wurde zu Beginn von ca. 100 Schülern, vorwiegend aus dem Bau-, Holz- und Metallgewerbe besucht. Darunter waren nicht nur Lehrlinge, sondern zu einem Drittel auch Gesellen, hin und wieder sogar selbständige Meister oder Soldaten des lippischen Bataillons.[250] Der Unterricht fand nur sonntags und abends statt, im Sommer 4, im Winter 12 Stunden pro Woche. Die Wahlfächer waren Schreiben, Rechnen, Freihandzeichnen, Geometrie, Geometrisches Zeichnen, Technisches Zeichnen, Materialkunde und Modellieren. Der Schulleiter, der Detmolder Maler und Zeichner Ludwig Menke (1822–1882), klagte manchmal, daß er 70 bis 80 Schüler in mehreren Klassenzimmern gleichzeitig unterrichten musste. Er wurde aber auch von dem Architekten Leopold Petri (ab 1853) und von Handwerksmeistern unterstützt.[251] Brune vermachte der Gewerbeschule seine Ausgabe der Bau-Enzyklopädie von STIEGLITZ.[252]

Erlitt ein Arbeiter einen Arbeitsunfall, war er nicht abgesichert, wie wir durch einen Vorfall beim Bau des Offiziantengebäudes erfahren. Adolph Micke aus Berlebeck war im September 1829 bei schwieriger Witterung vom Gebäude gefallen und in der Folge zehn Tage bettlägerig. Er bat daher um den Tagelohn von 2 Talern und 8 Groschen für diese Tage, da er ihn nicht entbehren konnte. Trotz Brunes Für-

sprache gab die Kammer dem Gesuch nicht statt.[253] Positiver wurde im Fall des Handlangers Büersen entschieden, der beim Bau der Kaserne in der Detmolder Leopoldstraße vom Gerüst gefallen war. Seine einige Tage dauernde Arbeitsunfähigkeit wurde mit 2 Talern ausgeglichen.[254]

Eine Aufmerksamkeit und Wertschätzung der Leistung der Bauarbeiter stellten die Richtfeste dar. Alle, die bis dahin irgendwie am Bau beteiligt waren, wurden eingeladen. Das konnten, wie beim Offiziantenhaus in Rosental, beinahe 200 Menschen werden. Bewirtet wurden diese mit Brot, *„bester Bremer Butter“* und Käse, 50 Maß Branntwein und 274 Maß Bier, auch Tabak und Tonpfeifen, für insgesamt 30 Taler und 15 Groschen. Hinzu kamen 7 Taler für die Musiker.[255] Details zu einem weiteren opulenteren Richtfest erfahren wir aus einer Rechnung Brunes vom 13. Oktober 1838 zur Haushebung in Lopshorn:[256] *„An den Musicus Renne zu Haustenbeck 6 rt 18 gr, Gastwirth Wendt für Brantwein 5 rt 9 gr, Maurermeister Harte für Fleisch u Butter 6 rt 6 gr, Bäcker Kästing für Brot 1 rt 18 gr, Bäcker Meyer für Stuten 1 rt 24 gr, Resourcenwirth Brockmann für Wein 6 rt 32 gr, Kaufmann Brüggemeier für Taback u Pfeif 1 rt 12 gr, Kaufmann Kestner für 4 Tücher am Kranz 2 rt, für 1 Pfd. Oel, 1 Pfd. Schweizerkäse und für Dochte 19 gr, Summe 31 rt 30 gr.“* Steins Pro Memoria dazu bemerkte, 25–30 Taler waren bewilligt, daher sei gegen die Rechnung nichts einzuwenden. Sie wäre aber geringer ausgefallen, wenn nicht 6 rt 32 gr für Wein ausgegeben, welchen Baumeister, Bauschreiber, Bauaufseher, Hofjäger, zwei Waldschützen, zwei Meister pp vertrunken hätten. *„Die [...] Tücher erhalten dem Gebrauche gemäß die Altgesellen für ihre Tänzerinnen.“*[257]

Als Brune beim Bau der Detmolder Hoftischlerei und Rademacherei am 23. Mai 1833 darum bat, den Arbeitern wegen der großen Hitze 1 bis 2 Anker Bier von Brake bringen lassen zu dürfen, wurde dies von der Kammer abgelehnt, weil die Arbeiter daran bis dahin nicht gewöhnt wären und solches sich in der Folge oft wiederholen würde.[258] Beim Umbau des Schlosses Lopshorn erhielten die Maurer 1839 zwar täglich ein Quantum Bier gestellt, da an Ort und Stelle keines zu bekommen war, drohten aber wegen dessen schlechter Qualität mit Arbeitsniederlegung.[259]

BIOGRAFIE

Wilhelm Ferdinand Brune wurde am 18. Juli 1803 morgens 4 Uhr in Halle/Westfalen im Elternhaus (Halle Nr. 39, jetzt Bahnhofstraße 10) geboren und neun Tage später getauft (ABB. 2).[1] Seine Eltern waren Henriette Louise Benigna Tiemann, älteste Tochter des Bielefelder Tribunalpräsidenten Johann Ernst Tiemann, und der Justizrat Christian Ferdinand Brune.[2] Sie hatten am 20. Juli 1785 in Bielefeld geheiratet.[3] Henriette Louise Benigna war am 19. April 1767 geboren, also gerade erst 18 Jahre alt geworden.

Wilhelm Ferdinand war das achte Kind der beiden. Das erste, Ernst Wilhelm, geboren neun Monate nach der Hochzeit, am 22. April 1786,[4] wurde 1825 Rechnungsrat (seit 1854 Geheimer Rechnungsrat) in Berlin.[5] Ihm folgten am 1. Februar 1788 Henriette Benigna und am 8. Juli 1790 Johann Franz Christian. Dieser trat in König Jêromes Westphälische Armee ein, wurde 1811 als Sous-Lieutenant zur Artillerieschule nach Kassel abkommandiert und 1813 zum Lieutenant

befördert. Mit dem Ende des Königreichs Westphalen trat er in preußische Dienste und brachte es bis zum Oberstleutnant und Bataillonskommandeur. 1842 in den Ruhestand versetzt starb er drei Jahre später in Minden.[6] Als viertes Kind wurde am 20. Februar 1793 Heinrich Wilhelm geboren, später Oberlandesgerichtsassessor in Bielefeld,[7] dem am 14. Mai 1795 Friedrich August, am 9. Augst 1797 Charlotte Christina und am 13. September 1800 Gerhard Friedrich folgten.

Knapp drei Jahre nach Wilhelm Ferdinand kam dann als neuntes und jüngstes Kind am 13. Februar 1806 noch Caroline Marie zur Welt.

Familie Brune unterhielt auch Beziehungen nach Detmold. Eine Schwester von Wilhelm Ferdinand Brunes Schwiegervater, Friederike Apollonia Tiemann, war Gattin des Detmolder Hofpredigers Ernst August Althof (1720–1794).[8] Und im Kirchenbuch der Stadtgemeinde Halle findet sich im Jahr 1800 als Taufpate des oben genannten Gerhard

ABB. 2 | Brunes Geburtshaus in Halle, Bahnhofstraße 10, Fotografie, anonym, 1908.

Friedrich Brune der Detmolder Rat Friedrich Jakob Kellner. 1817 heiratete die ältere Schwester unseres Baumeisters Wilhelm Ferdinand Brune, Henriette, den lippischen Kammerrat Ernst August Kellner, dessen familiäre Wurzeln ebenso in Halle lagen.[9] Nach Henriettes frühem Tod (11.4.1848) nahm Kellner deren Nichte, die 26-jährige Henriette Brune, zur Frau.[10] Kellner starb am am 12.12.1857 im Alter von 82 Jahren an einer Lungenlähmung.[11]

Um zu verstehen, in welch privilegierter Schicht der spätere lippische Landbaumeister Brune aufwuchs, soll ein kurzer Blick auf die Stellung der Eltern geworfen werden.[12] In den preußischen Staatshandbüchern erscheint der Vater Christian Ferdinand Brune zwischen 1794 und 1806 als Generalpächter des Amts Sparrenberg-Brackwede und als Justiz-Amtmann. In die Stellung der Generalpächters war er 1786 gelangt, als sein Schwiegervater an die Kriegs- und Domänenkammer nach Minden berufen wurde und er, Brune, in dessen Pachtvertrag eintrat.[13] In den Taufeinträgen seiner Kinder wurde er 1790 als Amtmann, 1793 als Justizrat[14] und 1806 dann als Kriegs- und Domänenrat bezeichnet. In seiner Eigenschaft als Generalpächter und Justizamtmann war Brune 1797 vom Ober-Kammerpräsidenten Freiherrn vom Stein zu den Vorbereitungen der Bauernbefreiung hinzugezogen worden. Als Napoleon Bonaparte 1807 das Königreich Westphalen bildete, wurde Brune zunächst Präfekt des Distrikts Brackwede, 1808 dann Präsident des Tribunals zu Bielefeld. Nach der Wiederherstellung der preußischen Verwaltung und Bildung der Provinz Westfalen 1815 wurde Brune in seiner Heimatstadt Halle Direktor des dortigen Land- und Stadtgerichts.[15] Als solcher ist er am 3. März 1824 im Alter von 69 Jahren „an Krämpfen" gestorben.[16] Seine zwölf Jahre jüngere Witwe folgte ihm, achtzigjährig, erst am 21. Dezember 1847.[17] Im Jahr nach dem Tod ihres Mannes wurde auf Gesuch des Oberpräsidenten von Vincke ihre Witwenpension von 150 Talern auf 250 Taler angehoben.[18] 1826 erhielt sie aus Berlin die Genehmigung zur Beibehaltung ihre Pension in Detmold,[19] wohin sie ihren Wohnsitz verlegt hatte, wohl in die großzügige Wohnung ihres Sohnes Ferdinand.

Das frühe 19. Jahrhundert, in das Ferdinand Brune hineingeboren wurde, war eine Epoche großer gesellschaftlicher Umbrüche, die im ausgehenden 18. Jahrhundert mit der Aufklärung, der Französischen Revolution und dem amerikanischen Unabhängigkeitskrieg vorbereitet worden waren.

Napoleons Eroberungszüge prägten die Epoche der Kinderjahre Brunes sehr direkt dadurch, dass der Vater der französischen Verwaltung und ein Bruder der französischen Armee angehörten. Die französische Regierung sorgte für Innovationen in Gesetzgebung und Verwaltung, was Brunes Vater hautnah miterlebte. Staatliche Gewaltenteilung, eine Verfassung, eine Exekutive aus vier Ministerien, die Aufhebung der Adelsprivilegien und der Leibeigenschaft, gewählte Volksvertreter – man kann kaum ermessen, wie dies die „alte Ordnung" erschütterte. Diese Reformen waren zwar nur zum Teil von längerer Dauer, da das Königreich Westphalen mit der Völkerschlacht bei Leipzig 1813 endete, aber sie wirkten nach, auch wenn auf das Alte Reich, das auf dem Wiener Kongress 1815 neu geordnet wurde, zunächst Jahre der Restauration folgten, mit Unterdrückung von Demokratie, Meinungs-, Presse- und Versammlungsfreiheit, Wiedereinführung der Adelsprivilegien und strikter Ablehnung einer Verfassung.

Studium

Über Brunes Kindheit und frühe Jugend wissen wir weiter nichts. Als 16jähriger bereitete er im westfälischen Münster seine Bewerbung an der Berliner Bauakademie vor. Wo genau Brune diese Studien machte, ist unklar, eine einschlägige Schule gab es dort seinerzeit nicht.[20] Dass die seit 1799 geplante Provinzialkunstschule für Westfalen[21] hier beständen hätte, ist nicht belegt. Vermutlich leitete ihn einer der beiden Landbauinspektoren, Friedrich Wilhelm Müser oder Johann Christoph Teuto[22] an, zu denen Brunes Vater Kontakte gehabt haben könnte. So sind aus dem Frühjahr (Februar, März) 1820 von dem noch nicht ganz 17jährigen eine Mappe „Ueber Säulenordnungen" nach Vignola[23] und eine „Berechnung der Zirkel, deren Ab- und Ausschnitte" erhalten, welche er als „Ferd. Brune Münster Febr. 1820" bzw. „Ferd. Wilh. Brune Münster, den 5. März 1820" signiert hatte (ABB. 4).[24] Als Vorlage hatte ihm vielleicht auch das von HEINRICH GENTZ seit 1803 herausgegebene Zeichenlehrbuch der Berliner Bauakademie „Elementar-Zeichenwerk, zum Gebrauch der Provinzial-Kunst- und Gewerbeschulen der Preußischen Staaten" gedient, welches allerdings über die erste Lieferung mit sechs Heften (Berlin 1806) nicht herauskam. Brunes Übungen geschahen in Vorbereitung auf die Zulassung zum Studium. Mitteilungen über die kommenden Semesterveranstaltungen, über notwendige Vorkenntnisse und über die Regeln der Berliner Bauakademie wurden, um diese im ganzen Land bekannt zu machen, regelmäßig an alle Kriegs- und Domänenkammern in Preußen versandt, also auch an Brunes Vater,.[25] Seit 1803 wurde dazu sogar eine gedruckte „Instruktion" verschickt.[26]

Die Bewerbung erfolgte beim Präsidenten der Oberbaudeputation schriftlich, unter Angabe „seines, des Zöglings, eigentlichen Zweck des Studiums und was zu dem Ende von ihm schon vorgearbeitet worden".[27] Voraussetzung war ein Alter von wenigstens 15 Jahren, eine gut leserliche Handschrift und die Fähigkeit zu einem deutlichen und orthografisch richtigen Aufsatz, weiterhin Grundlagen in lateinischer und französischer Sprache sowie die Fertigkeit in allen im gemeinen Leben vorkommenden Rechenarten.[28] Dem folgte die persönliche Vorstellung während des Plenums der Oberbaudeputation, das jeden Samstag um halb 9 Uhr in Berlin zusammentrat. Da Brunes Kenntnisse von diesem Gremium zureichend befunden worden waren, besuchte er zunächst von Ostern 1820 bis Michaelis (29. September) 1821, also drei Semester, und dann wieder vom Wintersemester 1824/25 bis Ende des Sommersemesters 1826 die Bauakademie.

Diese preußische Einrichtung war 1799 von König Friedrich Wilhelm III. gegründet worden.[29] Brunes Studium fand noch nicht in dem 1836 nach Karl Friedrich Schinkels Entwurf fertiggestellten Bauakademie-Gebäude auf dem Gelände des alten Packhofs statt, sondern in dem 1806 für die Bauakademie angekauften Thiel'schen Haus in der Zimmerstraße 25, Ecke Charlottenstraße.[30] Dennoch wird auch Schinkel

Einfluss auf den jungen Brune genommen haben, denn dieser nahm, folgt man Ernst Anemüller, 1821 an der Eröffnung von Schinkels neuem Königlichen Schauspielhaus am Berliner Gendarmenmarkt mit der Aufführung der Iphigenie teil und war von der einheitlichen und zweckmäßigen Architektur ebenso begeistert wie von der aufgeführten Dichtung Goethes.[31]

Über dem Portal des Thiel'schen Hauses, das der junge Brune nun fast täglich passierte, hatte die Oberbaudeputation die Inschrift „Academie d'Architecture" anbringen lassen.[32] Die umfangreiche Bibliothek der Bauakademie galt schon 1821 als „kostbar".[33] Sie war an vier Wochentagen geöffnet, für die Eleven jedoch nur als Präsenzbibliothek von 9 bis 12 und von 14 bis 17 Uhr. Daneben gab es noch eine umfangreiche Modellsammlung. Sie umfasste schon 1804 über einhundert Objekte, darunter Korkmodelle antiker Monumente des römischen Modellbauers Antonio Chichi, zeitgenössische Bauten wie das Brandenburger Tor oder die Berliner Münze, aber auch technische Modelle wie Brücken, Mühlen und Baumaschinen. Sie wurden in den Unterricht einbezogen und sollten auch von den Schülern abgezeichnet werden. Auch die umfangreiche Sammlung der Probe- und Examenszeichnungen ihrer Vorgänger stand den Eleven zum Studium zur Verfügung.[34] Ein Beispiel mag die perspektivische Zeichnung von Friedrich Gilly aus dem Studienjahr 1798/99 sein (ABB. 3), die Brune in ähnlicher Form auch angefertigt haben muss. Direktor der Bauakademie war 1816 bis 1824 Johann Gottfried Schadow, ihm folgte bis 1830 Johann Albert Eytelwein.

ABB. 3 | Perspektivische Zeichenübung, Friedrich Gilly, 1798/99

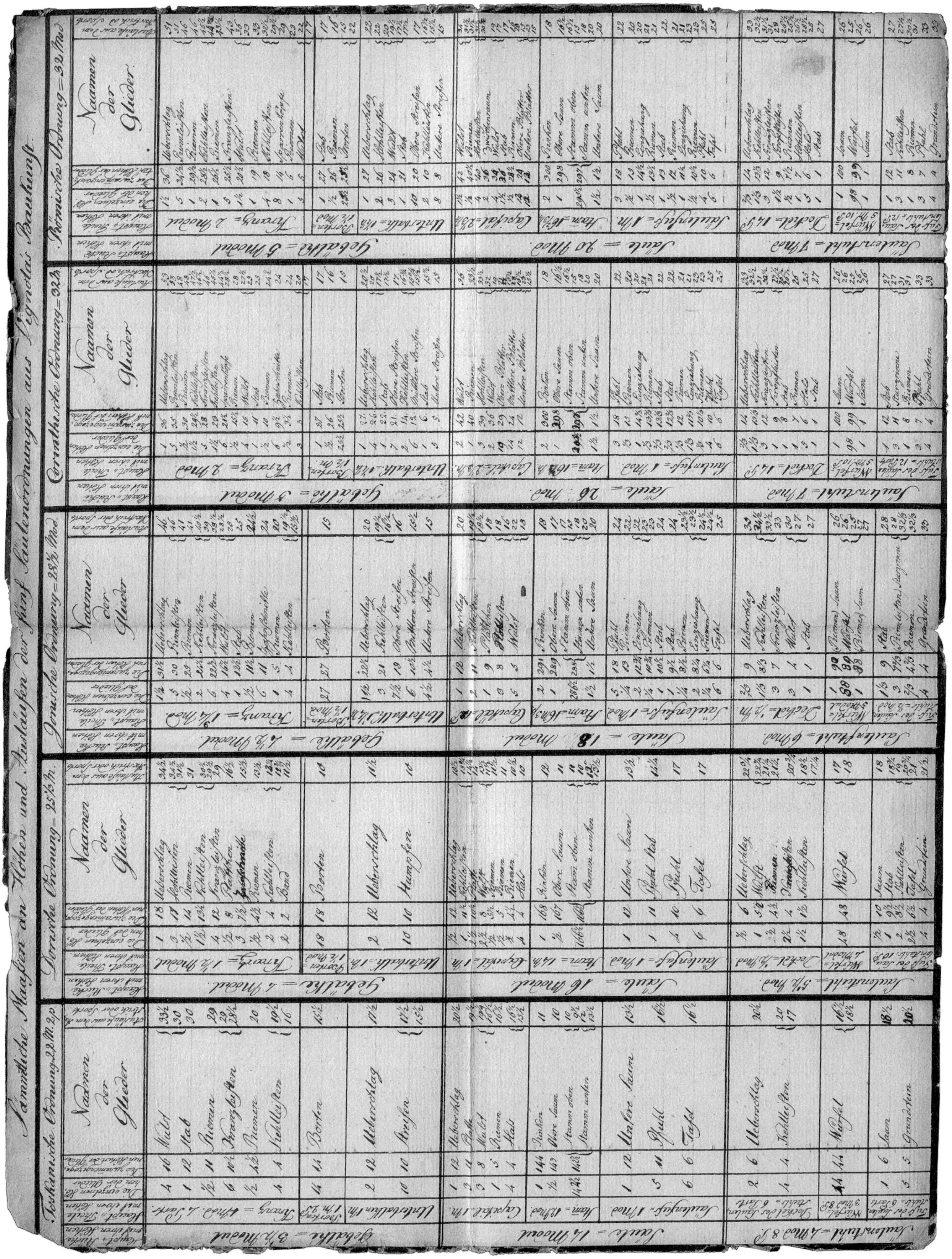
Sämmtliche Maaßen an Höhen und Ausläufen der fünf Säulenordnungen aus Vignolas Baukunst.

ABB. 4 | Tabelle *„Vignolas Säulenordnungen"*, *„Ferd. Brune Münster Feb. 1820"*

Im Sommersemester lehrten an der Akademie:[35] Johann Philipp Gruson Mathematik sowie Christian Gottlieb Zimmermann Feldmesskunst und Nivellieren, Johann Erdmann Hummel das Ausarbeiten der Bauzeichnungen mit Rücksicht auf die optischen und perspektivischen Gesetze, Martin Friedrich von Alten das Maschinenzeichnen (z. B. Mühlen, Kunstrammen oder Schleusentore), Johann Gottlieb Samuel Rösel lehrte das Zeichnen der Bauverzierungen und Carl Georg Meinecke Architektonisches Zeichnen. Martin Friedrich Rabe unterrichtete das Konstruieren der Gebäude Teil 1 verbunden mit der Bauphysik (Kenntnis und Verhalten der Materialien) sowie Stadtbaukunst Teil 1 (Festigkeit, Bequemlichkeit und Schönheit der Gebäude, Entstehung, Ausbildung und Anwendung der Säulenordnungen). Im Wintersemester folgten Christian Gottlieb Zimmermanns Maschinenlehre, Carl Georg Meinecke gab Ökonomische Baukunst nebst den hierbei vorkommenden Bauanschlägen, Martin Friedrich von Alten Wasserbau (*Archen*, Schleusen, Hafenbau, Strom- und Deichbau) sowie Brücken- und Wegebau, Eberhard lehrte den Modellbau architektonischer Gegenstände, Aloys Hirt las die wenig beliebte Kritische Geschichte der Baukunst.[36] Das Zeichnen von Bauverzierungen, von Maschinen und das architektonische Zeichnen wurde aus dem Sommerhalbjahr fortgesetzt. Rabe behandelte im zweiten Teil der Stadtbaukunst zahlreiche Bauaufgaben wie Kirchen, Krankenhäuser, Gebäude zum öffentlichen Unterricht, Gefängnisse, Invalidenhäuser, Magazine, Kasernen, Rathäuser, Börsen, Banken und Märkte, wobei er teilweise wörtlich auf STIEGLITZ' Enzyklopädie der bürgerlichen Baukunst zurückgriff.[37]

Am Ende jeden Halbjahrs fanden in den belegten Fächern Prüfungen statt. Im Feldmessen und den Zeichenkursen mussten unter Aufsicht Probezeichnungen angefertigt, in der Mathematik Rechenaufgaben gelöst werden. In der Ökonomischen Baukunst wurden Aufsätze, Berichte, Berechnungen oder Anschläge verlangt. In der Baugeschichte ließ Hirt seine Schüler Zeichnungen antiker Bauwerke kopieren, aber auch Aufsätze schreiben. Hinzu kamen öffentliche Prüfungen zu Semesterende, jeweils Ende März und September.[38] Die Schüler erhielten von jedem Lehrenden ein Attest mit Siegel.[39] Unabhängig von diesen akademischen Prüfungen mussten für einen Eintritt in die preußische Bauverwaltung Examen vor der Königlichen Oberbaudeputation abgelegt werden. So schloss Brune das Grundstudium mit dem Feldmesserexamen und der Note „Gut" ab. Diese Prüfung betraf Arithmetik, Geometrie, Trigonometrie und das Nivellieren.[40] Als Hintergrund für die Zweiteilung des Studiums mit der Feldmesserprüfung nach drei Semestern hat SALGE plausibel vermutet, dass die preußische Verwaltung innerhalb kurzer Zeit eine hohe Zahl an Landvermessern für die neugewonnenen Provinzen östlich der Oder benötigte.[41] Die Zahl der Absolventen

darf man sich aber nicht zu hoch vorstellen. So wissen wir, dass das Oberbaudepartement von 1799 bis 1803 insgesamt 41 Prüfungen abnahm, davon 24 Feldmesser- und 17 Bauexamen.[42] Im gleichen Zeitraum wurden 307 Immatrikulationen verzeichnet.[43] Brune war mit knapp 17 Jahren ziemlich, aber doch nicht ungewöhnlich jung für die Einschreibung an der Bauakademie. Zugelassen wurden Schüler ab einem Alter von 15 Jahren, wobei das Direktorium auch Ausnahmen gestatten konnte. SALGE ermittelte ein durchschnittliches Eintrittsalter von knapp über 20 Jahren.[44] Dass ein Schüler ein vollständiges Studium durchlief, war die Ausnahme. Manche schrieben sich nur ein, um ihr Wissen in einem speziellen Gebiet zu vertiefen und verließen die Akademie ohne eine Prüfung. Die durchschnittliche Verweildauer zwischen Wintersemester 1799/1800 und 1805/06 gibt SALGE mit 2,33 Semestern an.[45] Ein knappes Drittel der Studenten, die länger blieben, studierte nur während des Wintersemester und arbeitete, so vermutet SALGE, im Sommer. Eine Vorlesung kostete 3 bis 6 Taler pro Semester. Hinzu kam die einmalige Einschreibgebühr von 10 Talern. Das Studium an der Berliner Bauakademie war damit im Vergleich zu anderen Akademien wie Kassel, München oder Wien, die nur eine Einschreibgebühr erhoben, sehr kostspielig.[46] So wundert es nicht, dass rund 40 Prozent der Berliner Bauakademie-Studenten, wie Brune auch, aus der administrativen Oberschicht stammten. Möglicherweise war Brune sogar durch die Stellung seines Vaters von der Matrikel befreit, denn die Kriegs- und Domänenkammern der preußischen Provinzen durften ihre Bauanwärter ohne Zahlung der Einschreibgebühr zur Akademie schicken.[47]

Tatsächlich liegen für Brunes Studienzeitraum zu einzelnen Lehrveranstaltungen Teilnehmerlisten vor, aus denen wir einige Details zu seiner Ausbildung erfahren.[48] So besuchte er vom Sommersemester 1819 bis zum Sommerhalbjahr 1821 die Übungen zum Architektonischen Zeichnen bei Meinecke und das Plan- und Kartenzeichnen bei Architekt Zielcke.[49] Als Studienziel gab Brune „*Feldmesser, Baukunst*" an. Zielcke bemerkte zu Fleiß und Fortschritten im Architektonischen Zeichnen: „*Sehr zufrieden. Geht ab zum Examen*"[50], im Planzeichnen: „*Recht sauber in seinen Zeichnungen*".[51] Im Sommersemester 1821 nahm er weiterhin an der Planzeichnungsklasse teil, nun unter Ingenieur Heinrich Berghaus.[52] Dieser urteilte: „*Verließ am 17. August die Klasse mit dem Zeugnisse, daß er während des Zeitraumes von 1 Jahre fleißig gewesen und die letzten Arbeiten recht brav und mit Geschmack ausgeführt habe.*"[53] In dieser Klasse war auch der ein Jahr jüngere Hermann Hagedorn aus Halle/Westfalen, der jedoch nur als „*flüchtig und mittelmäßig*" beurteilt wurde.[54]

Bevor das Praktikum als Baukondukteur und das nachfolgende Hauptstudium begannen, wurde Brune im Herbst

1821 zur Abhaltung seines Militärdienstes von der Akademie abberufen.[55] Das vorgeschriebene Militärdienstjahr leistete er von Januar bis Dezember 1822 in Minden ab. Hier war er auch als Feldmesser tätig,[56] erhielt seine förmliche Zulassung als „Bau-Conducteur" und sammelte erste praktische Erfahrungen auf staatlichen Baustellen in Minden, Halle, Herford und Bielefeld.[57] Bestimmte Arbeiten sind jedoch nicht bekannt.[58] Kurz vor Ende des Militärdienstes, am 11. Dezember 1822, bewarb Brune sich bei der Fürstlich Lippischen Rentkammer als Baugehilfe, um das von der Bauakademie empfohlene Praktikum zu absolvieren:

> „Um mit desto größerem Nutzen das erwählte Studium fortsetzen zu können, wünsche ich, vor meiner Rückreise auf die Academie zu Berlin, und, in Uebereinstimmung mit den bei selbiger bestehenden Anordnungen, mich unter einem erfahrenen Geschäftsmann einige Zeit practisch in Baugeschäften zu üben. Da ich nun in Erfahrung gebracht habe, daß der hiesige Herr Landbaumeister von Natorp jetzt eines Baugehülfen entbehrt, so ist der Wunsch in mir rege geworden, unter dessen Leitung meinen Zweck erreichen, und zugleich – wie wenigstens mein eifrigstes Bestreben seyn würde – demselben einige nützliche Dienste leisten zu können, wenn Hochfürstliche Rentkammer die hohe Geneigtheit, um die ich hiemit gehorsamst zu bitten wage, haben, und meine Anstellung als Gehülfe des Herrn Landbaumeisters von Natorp, nach hochbeliebigst von demselben einzuziehendem Gutachten, zu befördern zu geruhen wollte."[59]

Über Brunes Gesuch erfolgte innerhalb der Verwaltung ein größerer Schriftwechsel. Am 17. Dezember erhielt er im heimatlichen Halle Nachricht, dass er mit Beginn des Jahres 1823 als Gehilfe des Landbaumeisters Johann Theodor von Natorp (1777–1830) versuchsweise für 8 Taler monatlich angestellt werde. Worin Brunes Aufgaben bestanden, erläutert die Instruktion, welche die Rentkammer am 19. Januar 1823 erließ (S. 231 f.), nämlich „Arbeiten am Schreibtische, oder in Ausführung von Bauten, oder Aufsicht auf die Arbeiter und Nachsehen der angeschaften und auszugebenden Baumaterialien". Von Natorp sollte ihm Anleitung geben, doch vor allem hatte Brune „sich auch durch Studiren zweckmäßiger Bücher theoretische, und durch fleißige Beobachtungen practische Kenntnisse in dem Bauwesen zu verschaffen und wegen der von ihm fleißig zu benutzenden Herrsch. Bibliothek sich an den Cammerreg. Wasserfall zu wenden […]."[60]

Nach anderthalb Jahren, am 23. Juni 1824, bat Brune um seine Entlassung zu Anfang September, da er glaubte, sich „im Practischen des Bauwesens in so weit zureichend geübt zu haben, um mit Nutzen das thorretische [sic] Studium der Bauwissenschaft fortsetzen zu können."[61] So endete mit dem 31. August 1824 seine Dienstzeit als Baupraktikant in Det-

mold. Von Natorp urteilte über ihn in seinem Zeugnis: „ganz tadellos". Am 1. September reiste Brune um vier Uhr in der Frühe nach Berlin ab, wodurch ihn eine fürstliche Gratifikation von 8 Talern nicht mehr erreichte. Wahrscheinlich lernte er in Berlin auch seinen späteren Vorgesetzten in der Rentkammer, den Kammer-Assessor und zuletzt Geheimen Kammerrat Carl Wilhelm Stein kennen, der ebenfalls 1824/25 an der Bauakademie Vorlesungen hörte.[62] Stein war zwei Jahre älter. Aus den 1830er und 1840er Jahren gibt es Belege, dass Stein und Brune per Du waren.[63]

Ferdinand Brune hielt sich nach den obligatorischen vier Semestern Hauptstudium spätestens seit Juli 1826 wieder in Detmold zur Anfertigung seiner Abschlussarbeiten auf. Diese waren sehr umfangreich, wie wir von Zeitgenossen Brunes wissen.[64] So hatte die Oberbaudeputation etwa dem Kondukteur Buchholz 1818 folgende Aufgaben gestellt:

> „1. Im Wasserbau. Eine Brücke mit drei Oeffnungen über einen 120 Fuß breiten Strom mit massiven Pfeilern und hölzernen Bogen, deren Konstruktion nach allen Seiten ganz genau dargestellt werden muß. Zu jeder Oefnung soll aber der hölzerne Bogen, nach verschiedenen Systemen angegeben und nach mechanischen Gründen erwiesen werden, welches von den darinn bei gleichen Abmessungen und sonstigen Sicherungsmitteln, die alle drei gleichförmig erhalten, das Zweckmäßigste ist.
> 2. Im Maschinenbau. Dieser obige Fluß hat eine Geschwindigkeit von 3 Fuß auf der Oberfläche, die man zur Ausschöpfung der Baustellen der beiden Pfeiler und der beiden Steinwände, mittels eines Schiffmühlenrades benutzen will. Zu diesem Rade und zu einem damit zu bewegenden zweckmäßigen Schöpfwerk, ist die Einrichtung anzugeben und mechanisch zu berechnen, wenn angenommen wird, daß der Andrang des Quellwassers auf jeder Baustelle etwa 1 Fuß hoch in 24 Stunden beträgt.
> 3. In der ökonomischen und schönen Baukunst. In einem schön gelegenen angenehmen Städtchen, wo sich aber das Residenzschloß und eine schöne Gartenanlage eines Fürsten befinden, wodurch der Ort sehr besucht wird, soll ein großer Gasthof angelegt werden, der alle möglichen Bequemlichkeiten besitzt und mit einer ökonomischen Wirthschaft aus 1000 Morgen Land in Verbindung steht. Dieser Gasthof soll in der Nähe des Schlosses erbaut werden, so daß er von da aus gesehen, eine schöne architektonische Wirkung macht. Es muß daher auf das Aeussere alle Sorgfalt verwendet werden, auch ist dazu eine bedeutende Summe ausgesetzt. Die Oekonomie-Gebäude müssen ebenfalls projektirt werden, die Anlage aber so eingerichtet seyn, daß die Gäste nichts von den Unbequemlichkeiten der Landwirtschaft zu leiden haben aber der Styl des Gebäudes ist so angenehm als möglich zu wählen, auch kann vorausgesetzt werden, daß das

Gebäude im schönsten Theile der Gegend gelegen sey, weshalb darauf zu denken ist, den Gästen angenehmen Raum in der Höhe zu verschaffen, wo sie bei schönen Sommertagen die Aussicht bequem genießen können.

Außer den tüchtigen Zeichnungen der Facade, Profile, Grundrisse, Situationspläne etc. von denen die Hauptfacade und das Hauptprofil ausgetuscht seyn müssen, sind noch die Details im größeren Maßstab beizufügen.

Wenn Sie diese Arbeiten bewirkt haben, als denn sind solche, und zwar die Zeichnungen in einer Mappe, die schriftlichen Ausarbeitungen aber geheftet, nebst doppelten Verzeichnissen der einzelnen Stücke und mit einem Atteste, daß Sie bereits unter einem bei uns proigirten Baumeister Bauausführungen beigewohnt haben, bei uns einzureichen; wobei wir Sie zugleich aufmerksam machen, alles eigenhändig zu projectiren, zu zeichnen und zu bearbeiten, indem das Examen nicht eher vorgenommen wird, bevor Sie nicht im verschlossenen Zimmer, unter Aufsicht, Proben ihrer Fertigkeit im Zeichnen, Entwerfen etc. abgelegt haben."[65]

Carl Dannenberg hatte 1824 folgende Examensarbeiten abzuliefern: „*1. Im Pracht und Landbau. Der Entwurf zu den Gebäuden einer großen Kranken-Heilungs- und Verpflegungs-Anstalt für 800 Personen. 2. In der Wasser- und Maschinenbaukunst. Das Project zu einer Schiffsbrücke über einen Strom, welcher an der Stelle wo die Brücke gebauet wird, 800 Fuß breit ist.*" In Stereometrie, Statik, Mechanik, Hydrostatik und Maschinenlehre musste er sich einer mündlichen Prüfung unterziehen.[66]

Ferdinand Brune war jedoch 1826 nicht nur mit seiner Abschlussarbeit befasst, sondern auch mit dem Bau des Schlammbades in Meinberg (Kat. 1) beauftragt. Denn von Natorp konnte das Projekt wegen seiner Krankheit nicht übernehmen. So wurde im Juli der Praktikant Brune – und nicht etwa von Natorps Mitarbeiter, Baukondukteur Vogeler[67] – mit den Arbeiten beauftragt. Grund dafür war, dass „*Brune dem Vernehmen nach über die Einrichtung eines damit* [einem Schlammbad, JK] *in Verbindung zu setzenden Russischen Dampfbads sich zu Berlin genaue Kenntnis verschafft*" hatte. Daher wünschte „*die Cammer, daß derselbe über eine solche combinirte Anlage beim Stern einen Riß und Anschlag baldmöglichst entwerfen und vorlegen möge*".[68] Die Fertigstellung sollte bis zu Beginn der *Brunnenzeit* (Badesaison) 1827 erfolgen, verzögerte sich jedoch um einige Wochen.

Anstellung als Baukondukteur

Brune führte zu diesem Zeitpunkt bereits weitere Bauplanungen für die Rentkammer und die Stadt auf Honorarbasis aus.[69] Als am 25. März 1827 der Baukondukteur Vogeler um

seine Entlassung nachsuchte, wandte sich Brune schon am folgenden Tag mit einer „*Gehorsamste[n] Eingabe und Bitte […] um eine Anstellung im Baufache hierselbst*" an die Hochfürstliche Kammer – „*Dem Vernehmen nach hat der Bauconducteur Vogeler um seine Entlassung aus seinem seitherigen Dienstverhältnisse nachgesucht, um eine andere Anstellung am Rheine zu übernehmen […]*" – und bewarb sich um dessen Nachfolge.[70] Auch wenn von Natorp den Baueleven Wiss aus der hessischen Exklave Brotterode bei Schmalkalden vorschlug, so wurde Brune doch vom Kammerreferendar Carl Wilhelm Stein (1801–1874) wegen seiner besseren Ausbildung vorgezogen,[71] auch wenn er skeptisch blieb, ob Brune nicht nach dem Examen, wie jetzt Vogeler, wegen einer lukrativeren Stelle ins Preußische wechsle. Zudem „*frägt sich, ob H. Brune das Geschäft übernehmen kann, da derselbe mit seinen vielen Probearbeiten zu dem Examen in Berlin sehr beschäftigt ist und daran wenigstens noch ein Jahr zu arbeiten haben wird.*"[72] Insbesondere Brunes Schwager, der Kammerrat Ernst August Kellner,[73] setzte sich sehr für ihn ein und suchte alle gegen Brune vorgebrachten Bedenken zu zerstreuen:

> „*Brune hat bis hirhin keine andere Aussicht, alß auch noch keinen anderen Plan gehabt, als, nach Beendigung seiner umfassenden Probearbeiten, (zu deren Kosten erspahrenden Anfertigung er sich hier aufhält) nach Berlin zurück zu kehren, sein Examen dort zu machen und dann einer Anstellung entgegen zu harren. Seine Laufbahn im Preußischen ist natürlich eine weitere, wie im hiesigen Lande und er, als noch sehr iunger Mann, würde Unrecht thun, sich iene zu verschließen, wenn nicht die Rücksicht auf die beschränkte Lage seiner Mutter, welche noch 3 Kinder unter eigenen schmerzlichen Entbehrungen umsorgen muß, den nur zu billigenden Wunsch in ihm erregt hätte, für ein* baldiges *eigenes Brod glänzendern, aber fernen und ungewissen Aussichten gern zu entsagen. Dazu kommt, daß Brune schon längst das hiesige als sein 2tes Vaterland anzusehen gelernt und sich mit großer Vorliebe für dasselbe ausgesprochen hat. Ich zweifle daher nicht, daß derselbe mit Freuden eine Gelegenheit ergreifen wird, die ihn an das Lippische bindet und ihn der Erreichung seines vorerwähnten Wunsches näher bringt.*"[74]

Diese Fürsprache führte zum Erfolg, und schon am 26. April 1827 genehmigte Fürst Leopold II. die Instruktion, nach der Brune Anschläge über Neubauten und Reparaturen herrschaftlicher Gebäude „*vorerst nur in den Ämtern Detmold, Lage, Horn, Schieder, Schwalenberg und Lipperode aufnehmen*" sollte „*mit Ausnahme der Wasserbauten, wenn ihm solche nicht speziell aufgetragen*" würden (S. 232).[75] Die Befolgung der Instruktion, deren Änderung vorbehalten wurde, musste Brune eidlich geloben. Auch Rechnungsprüfung und Bauaufsicht oblagen ihm, sofern solche nicht vom Oberbaurat selbst vorgenommen wurden. Speziell übertragen wurden ihm für den Sommer 1828 Neubauten auf dem Gut Oelentrup (Kat. 10, 11). Die Instruktion verpflichtete Brune, ein Pferd zu halten, damit er die Bauten auf dem Land beaufsichtigen konnte. Dazu bewilligte ihm die Kammer einen Scheffel Hafer pro Woche vom Fürstlichen Kornboden, womit alle Transportkosten abgegolten waren. SCHÄFER erwähnt auch, er sei berechtigt gewesen, das Reittier auf dem Pferdekamp der Meierei Johannettental zu weiden.[76] So erledigte Brune seine Dienstreisen zu Pferde, bis ihm „*1838 wegen der schlecht eingerittenen Reittiere der Reiz des Reitens verlorenging*" und er hinfort mit dem Zweispänner unterwegs war.[77] 1855 war er immerhin an 58 Tagen auf Dienstreisen im Fürstentum und an drei Tagen nach Derneburg unterwegs.[78]

Ob Brune sein Bau-Examen vor der Oberbaudeputation in Berlin überhaupt noch abgelegt hatte, geht aus der Personalakte nicht hervor, ist aber unwahrscheinlich. Da er nach Steins Vermutung im März 1827 noch wenigstens ein Jahr mit seinen Examensarbeiten beschäftigt gewesen wäre (s. o.), ist anzunehmen, dass Brune mit seiner Anstellung als Baukonducteur in Detmold eine Karriere im Preußischen aufgab und die preußische Baumeister-Prüfung daher obsolet war. PETERS vermutete mit größerer Berechtigung, dass Brune eine Prüfung vor der Fürstlichen Kammer in Detmold absolvierte.[79] In der Personalakte findet sich dafür zwar kein Beleg, aber die Forderung Steins nach einer Prüfung vor einer Kommission aus dem Oberbaurat von Natorp, dem Baukommissar Overbeck und dem Kammerrat Preuß, da eine Anstellung ohne »*förmliches Examen*« der Geschäftsordnung nicht genüge.[80]

Wir wissen, dass er sich durch entsprechende Fachliteratur, auch eigene, weiterbildete, denn im Bestand der Lippischen Landesbibliothek ist sein persönliches Exemplar von STIEGLITZ' fünfbändiger Enzyklopädie der bürgerlichen Baukunst bis heute erhalten.[81] Dieses Kompendium erwarb er 1828, zu Beginn seiner beruflichen Laufbahn. Auf dem Vorsatzblatt notierte er: „*Brune. Detmold 1828 / fünf Bände Text mit drei Bänden Kupfern / das ganze Werk kostet im Ladenpreise 17 rt [Reichstaler] / acht Einbände a 9 ggl [gute Groschen] 3 rt / Summa 20 rt*" (**ABB. 5**). Das entspricht nach heutigem Geldwert etwa 700 Euro.[82] Auch der Band „*Bürgerliche Baukunst zweiter Theil*" JAKOB BAROZZI VON VIGNOLAS in der Lippischen Landesbibliothek stammt aus der Privatbibliothek Brunes.[83] Zudem nutzte er die öffentliche Bibliothek, welche im Pavillon VII an der Ostseite des Marstalls, schräg gegenüber seiner Dienstwohnung lag und auch Fachliteratur zur Architektur bereithielt.[84] Wenigstens für die Jahre 1834 und 1853 ist belegt, dass Brune auch von der Kammer um Anschaffungsvorschläge gebeten wurde. Von neun seiner Vorschläge lassen sich heute fünf in der Bibliothek nachweisen.[85]

ABB. 5 | Brunes Exemplar von Stieglitz' Enzyklopädie, Eintrag auf dem Vorsatzblatt von Bd. 1

Schon Anfang 1827 hatte der Detmolder Magistrat Brune mit zwei Neubauten, dem Strafwerkhaus und dem Rathaus beauftragt. Für das Strafwerkhaus (Kat. 2) fiel das Honorar 1827 nicht so hoch aus, da der Regierungsrat Friedrich Simon Petri alle Bauverträge („*Akkorde*") selbst abschließen wollte sowie Nachmessungen über Materialien sowie die Bauaufsicht dem Baueleven Wiss übertragen waren. Die Arbeit am Rathausprojekt (Kat. 5) jedoch brachte Brune in diesem Jahr mindestens 15 Louisdor (75 Taler) ein. Am 12. Mai 1827 fragte die Kammer bei Brune an, wie dieser jene Arbeiten unbeschadet der Aufgaben bei der Fürstlichen Bauverwaltung ausführen könne, worauf Brune umgehend antwortete, er wolle wegen der Anstellung bei der Kammer auf die Bauleitung des Strafwerkhauses und vollständig auf den Rathausneubau verzichten. Letzterer, für den bereits Vorplanungen gelaufen waren, übertrug der Magistrat dann dem hessischen Baumeister Justus Kühnert, der das noch heute bestehende Detmolder Rathaus entwarf.[86]

Obwohl Brune gegenüber der Kammer angegeben hatte, auf die Bauleitung des Strafwerkhauses verzichten zu wollen, gestattete ihm Leopold II., diesen Privatauftrag zu Ende zu führen, sofern er keine weiteren derartigen Geschäfte übernähme.

Am 29. Juni 1827 erhielt von Natorp erneut Urlaub und Brune die Gelegenheit, Können und Eifer unter Beweis zu stellen. Die Kammer beauftragte ihn vertretungsweise mit den Bauanschlägen und forderte ihn auf, „*namentlich den Bau des Schlammbades zu Meinberg möglichst zu beschleunigen, damit solches zu der festgelegten Zeit in Gebrauch genommen werden könne*".[87] An dieser Baustelle hatte Brune schon auf Honorarbasis seit August 1826 gearbeitet, angefangen mit der Ausmessung des Bauplatzes über mehrere Risse und Kostenanschläge bis hin zur Bauleitung (Kat. 1).[88]

Am 8. September 1827 bat Brune die Kammer, ihm und von Natorp getrennte Geschäftsbereiche zuzuordnen. Er hatte ganz offensichtlich keine glückliche Hand im Umgang mit Kollegen und Vorgesetzten, wie sich aus den dicken Personalakten immer wieder herauslesen lässt. Doch in diesem Fall beförderte Stein seine Bitte mit den Worten: „*Was derselbe in seinem Berichte nur andeutet, daß sich der OBR von Natorp auf eine nicht ordnungsmäßige Art gegen ihn benimmt, ist leider nur zu begründet.*"[89] Wir können uns vorstellen, dass der kränkelnde und wenig belastbare von Natorp nicht gut auf den fleißigen und ehrgeizigen jungen Akademieschüler zu sprechen war.

Brunes Arbeitsbelastung war erheblich. Stein zählte zu dieser Zeit 200 Berichte, 1.200 Rechnungen und über 100 Anschläge innerhalb 18 Monaten auf.[90] So wundert es nicht, dass Brune Anfang Februar 1829 wegen mehrerer Arbeitsrückstände fünf Ermahnungen, sogenannte „*Monitorien*" erhielt, gegen deren Unausführbarkeit er sich jedoch mit deutlichen Worten wehrte:[91]

„*Gestern erhalte ich 5 Monitorios über verschiedene Gegenstände, worunter sogar eines über die Silbermühle cum taxa, und ich soll diese Gegenstände, welche mehrere Reisen nach entgegengesetzten Richtungen und manche schwierige Vorarbeiten erfordern, binnen 14 Tagen und resp. 4 Wochen, vom 9. Februar an, gerechnet, erledigen. Heute erhalte ich ein Reskript, wonach ich binnen drei Wochen Riß und Kostenanschlag zum Bau der neuen Wohnungen neben dem Schauspielhaus hies. einreichen soll. – Da ich nun noch mehrere andre unerledigte Sachen, Rechnungen pp. im Hause habe und außerdem auch an dem diesjährigen Bau-Etat arbeiten muß: so muß ich zum Voraus gehorsamst anzeigen, daß ich den Anforderungen Hochfürstlicher Kammer unmöglich genügen kann; und da die Bezahlung der Straf-Monitorien und des Kammerboten meinem Gefühle ebenso ziemlich ist, als unzusagend meinen damaligen sehr beschränkten Einkommen: so glaube ich, die Bitte um hochgeneigte Nachsicht um so eher wagen zu dürfen, da doch Hochfürstliche Kammer bei mir sowie bei jedem Andern, der es redlich mit seiner Arbeit meint, durch die Monitorien eventuell nur den Zweck erreicht, daß ich zwar die betreffenden Gegenstände, die ich vielleicht nicht für so eilig oder nicht sobald gut ausführbar hielt, schneller erledige, dagegen aber andere wichtige Sachen desto länger liegen lassen muß. Jeder, der mein tägliches Leben einigermaßen kennt, wird mir bezeugen müssen, daß ich dem Dienst Hochfürstlicher Kammer meine ganze Zeit opfere, und ich mir deswegen weit weniger Vergnügen und Zerstreuung erlaube, als von einem Mann in meinen Jahren erwartet werden kann. Die von mir zu erledigenden bedeutendern Gegenstände betreffen zunächst*

1. die Erweiterung der Brennerei bei der Silbermühle;

2. die Veränderung des gehenden Werks in der Biesterfelder Mühle;

3. die Revision der Baureparaturen in der Försterwohnung zu Falkenhagen;

4. den Neubau der Bauschreiberwohnung pp;

5. den Neubau der Mühle zu Vallentrup;

6. den Neubau der Mühle zu Lothe;

7. die Versuche über verschiedene Kalkarten in der hiesigen Gegend;

8. das Calcanten-[92] und Todtengräberhaus p zu Falkenhagen;

9. den Bau eines neuen Ziegelofens zu Hiddesen;

10. die Revision der Baureparaturen zu Oesterholz;

11. desgl. zu Böllinghausen;

12. den s. g. Reitstall auf der Meierei Brake;

13. die Revision der unmittelbar mir übergebenen Baurechnung aus verschiedenen Aemtern;

14. die Anfertigung des Bau-Etats. Da nur die Anfertigung der Risse und Kosten-Anschläge zu den 3 projektirten Neubauten allein mir <u>unausgesetzte</u> Arbeit von wenigstens 4 Wochen, und die übrigen Sachen ebenfalls wenigstens zeitraubende Reisen erfordern: so wird Hochfürstliche Kammer die Nothwendigkeit einsehen, daß der eine oder der andere Gegenstand vorläufig auf sich beruhen muß, und dürften hierunter, meiner unvorgreiflichen Ansicht nach z. B. die Posten No. 1, 3, 7, 8, 10, 11, 12 u. 13, um so weniger leiden, da, was die Baurechnungen betrifft, diese doch sonst oft erst nach mehreren Jahren revidirt sind, wie z. B. an dem Amthaus zu Horn. Auch werden vielleicht die Neubauten der Vallentruper und der Lother Mühle für dieses Jahr oder ganz unterbleiben, da die erstere nach der Versicherung des Mühlenpächters noch nicht einstürzen wird, und letztere zum Verkaufe steht.

Wenn ich zu den vorgenannten Zwecken bisher nur noch wenige Reisen unternommen habe: so wird sowohl die ungünstige Jahreszeit (bei welcher die Aufnahme des Bau-Etats und sonstiger Besichtigungen des Terrains und des Aeußern der Gebäude nicht gut möglich waren), als eine hinreichende Beschäftigung zu Hause, und besonders auch eine langwierige und noch nicht geheilte Wunde an der rechten Hand, mich hoffentlich hinreichend entschuldigen. Brune".

Stein bemerkte dazu, dass Brunes Reaktion zu erwarten gewesen und berechtigt sei. Daraufhin wurde Brune ein Teil der Arbeiten abgenommen und für die übrigen eine Reihenfolge festgelegt:

„*Der p. Brune wird auf seinen Bericht vom 15. d., Geschäftsrückstände betreffend, angewiesen, dieselben in folgender Ordnung sobald als thunlich, zu erledigen:*

1, Die Veranschlagung der Neubauten rücksichtlich der Bauschreiberwohnung und der Mühle zu Lothe

2, Die Revision der Reparaturen zu Oesterholz und Büllinghausen

3, Die Anfertigung des Bau-Etats

4, mit diesen Gegenständen gleichzeitig die Revision der einzelnen Baurechnungen

5, Die Geschäfte zu Falkenhagen und Biesterfeld nr. 2, 3, 8 des Berichts

6, Am längsten können dagegen ausstehen der Bericht wegen der Silbermühle, wegen der Ziegelei zu Hiddesen und wegen der Kalkarten.

Der Bericht wegen des Reitstalles auf der Meierei Brake wünscht die Kammer bald zu erhalten, da daran die Bestimmung über einen bedeutenden Pachtrückstand abhängig ist; sollte daher der p. Brune zu dessen Erstattung nicht im Stande seyn, so wird derselbe angewiesen, das deshalbige Rescript an den A. [Amtmann] Stein abzugeben, damit der Auftrag dem Bau Commissar Owerbeck [Heinrich Overbeck, JK] erteilt werden kann.

Ferner hat der p. Brune das Rescript wegen des Neubaus der Mühle zu Wellentrup an den p. Stein abzugeben, da demselben die keinen Aufschub leidende Erledigung aufgegeben ist. Die unterm 9. d. verfügten Monitorien-Taxen werden für dasmal hiermit erlassen (hierzu Randnotiz: „Die Taxen vom 9. Feb. sind zu löschen; die Monitorien aber ferner in den gewöhnlichen Fristen vorzulegen. St[ein].“), die Cammer erwartet aber daß der p. Brune sich bestreben wird, sämtliche Gegenstände baldmöglichst zu erledigen. Detmold den 19. Feb. 1829 Stein“.[93]

Zum sechsten Punkt bleibt festzuhalten, dass der Ökonomiebau der Jahrzehnte um 1800 nicht allein auf die Anwendung einer möglichst sparsamen, funktionalen und dauerhaften Bauweise zielte, sondern darüber hinaus auch Verbesserungen anstrebte. Zu diesem Zweck wurden auch Forschungen und Versuche durchgeführt. In Preußen sollte das Oberbaudepartement „*darauf raffiniren, in dem gesamten Bauwesen selbst Verbesserungen zu machen und neue nützliche Entdeckungen dabei anzubringen*“.[94] Diese Entwicklungen gingen auch an einem kleinen Land wie dem Fürstentum Lippe nicht vorüber, weshalb Brune etwa „*Versuche über verschiedene Kalkarten in der hiesigen Gegend*“ anstellte.[95]

Festanstellung als Landbaumeister

Seine Beschwerde über die „*Überhäufung mit Dienstgeschäften*“ war offenkundig nicht nachteilig für Brune, der sich nicht nur bei dem Bau des Meinberger Schlammbades bewährt hatte, denn als er am 11. Juli 1829 bat, ihn zu „*fixiren*“, also fest als Landbaumeister anzustellen, befürwortet Stein sein Gesuch mit lobenden Worten:[96]

„Derselbe hat seit dem Frühjahr 1827. die Geschäfte d. H. OBR von Natorp fast ganz allein und zur Zufriedenheit der

Cammer, besorgt und hat bei ungewisser Aussicht und einem monatlichen Emolument von 33 1/3 rth. und freiem Hafer für ein Pferd, seine Geschäfte mit Eifer versehen und seine Stellung im Preußischen dadurch sehr verschlimmert, da er nicht Zeit hat gewinnen können die Arbeiten für das dasige Examen zu beginnen, wodurch er dort um seine ganze hiesige Dienstzeit zurück gesetzt worden ist.

Ich würde mir nicht erlauben, den BC. Brune zu einer fixen Anstellung bei dem Herrschaftl. Bauwesen – bei der Wichtigkeit dieses Geschäfts – in Vorschlag zu bringen, wenn ich nicht die feste Überzeugung hegte, daß derselbe dazu die erforderlichen Kenntnisse und den guten Willen besäße, und derselbe bei seiner Persönlichkeit vorzüglich geeignet wäre, diesen Dienst zu versehen.

[…] Ich darf schließlich nicht unbemerkt lassen, daß die von ihm selbst entworfenen Anschläge bis jetzt in der Ausführung, mit Ausnahme eines einzigen Falles (der Johannismühle) wo jedoch die Mehrkosten ganz unbedeutend waren, nicht überschritten sind.

[…] Würde der BC. Brune für seinen jetzigen Geschäftskreis fixirt und davon in der Folge auch ein Theil wieder d. H. von Natorp übertragen, so würde er dadurch in Stand gesetzt seyn die Bauten in den Aemtern Varnholz und Schöttmar – wofür dem Kunstmeister Culemann jetzt Diäten bezahlt werden – zu übernehmen und der Landrentei die besonderen Kosten dafür zu ersparen. […]“ Dazu kam es aber nie. Bis zu Brunes Tod 1857 behielt Culemann die Bauten in den genannten Ämter Varenholz und Schötmar.

Der Bitte um Festanstellung kam Fürst Leopold II. am 9. Oktober mit Wirkung zum 1. Januar 1830 nach.[97] Das Fürstlich-Lippische Intelligenzblatt meldete noch im November 1829 „*Serenissimus haben den Bauconducteur Brune aus Halle im Ravensbergschen zum Baumeister gnädigst ernannt*“.[98] Auf diese wirtschaftliche Absicherung scheinen der nun 26jährige Brune und die wie er aus Halle[99] stammende Wilhelmine Friederike Ernestine Henriette Reuter (geb. 10. November 1804) nur gewartet zu haben, denn nach der Zusage heirateten sie am 2. November 1829 in Detmold.[100] Ferdinand und Henriette kannten sich bereits seit Jugendtagen; beider Eltern sind auf dem Haller Waldbegräbnis bestattet – Grabsteinfragmente gibt es noch.[101] Henriettes Vater, der Justizkommissar Carl Franz Reuter (1775–1828), war Friedensrichter in Schildesche gewesen und nach dem Tod seiner Frau Johanna Charlotte Dröge (1772–1815) 1815 nach Halle gezogen.

Brunes Ehe blieb kinderlos – wohl ungewollt, denn eine „*Kinderstube*“ hatte er in seiner zukünftigen Dienstwohnung vorgesehen[102]. Dem spätere Domänenbarurat Bernhard Meyer (1848–1925) verdanken wir eine passende persönliche Erinnerung an Brune: „*Des freundlichen alten Herren, der oft in*

unserem Hause verkehrte, kann ich mich aus meinen Knaben-
jahren noch gut erinnern, er war ein großer Kinderfreund und
beim Begrüßen auf der Straße hatte er für uns stets Süßigkeiten
in der Tasche."[103] Stein bemerkte 1842, Brune habe keine Familie.[104] Auch das Kirchenbuch verzeichnet keine entsprechende Geburt bzw. Taufe eines Kindes.[105]

Gehalt

Mit der „Fixierung" war eine deutliche Gehaltserhöhung verbunden. Als Baukondukteur war Brune 1827 noch mit einem
Gehalt von monatlich 25 Talern eingestellt worden, womit
er allerdings nicht einverstanden war. Schon vor seiner Anstellung bat er um 400 Taler jährlich und begründete dies
damit, dass sein Vorgänger Vogeler immerhin 600 Taler jährlich (was 50 Talern monatlich entspricht) erhalten habe.[106]
Auch habe er nicht nur einen höheren Reiseaufwand, sondern
auch anspruchsvolle Privat-Aufträge wie das Strafwerkhaus
und das neue Rathaus in Detmold sowie den Ausbau des
Gutes Patthorst[107] für den Major von Eberstein in Minden
wegen der Anstellung teilweise schon abgelehnt. Mit den
300 Talern wollte er sich nur zufrieden geben, wenn er die
Rechte eines lippischen Staatsbürgers erhielte, der nur bei
Untauglichkeit oder Vergehen entlassen werden könne. Daraufhin bewilligte Fürst Leopold II. ein Gehalt von 400 Talern
mit der Auflage, dass Brune das Arbeitsgebiet Culemanns in
wenigen Wochen ohne weitere Forderungen mit erfülle.[108]
Im Vergleich zu den Königreichen Preußen oder Hannover
war die Vergütung in Lippe äußerst gering. Als 1825 eine
Entlastung für von Natorp eingestellt werden sollte, bemerkte
Kammerrat Gerke: „Praktische Baumeister sind jetzt nicht wohl
aufzufinden, welche sich mit einem geringen Honorar behelfen
wollen. Im Königreich Preußen sind die Baumeister und Bau-
Inspectoren incl. der Diäten auf einen Gehalt von 1500 rth. angestellt."[109]

Als Brune ein gutes Jahr später am 11. Juli 1828 erneut
um Gehaltserhöhung bat, erfahren wir ein wenig über seine
Ausgaben: Er habe dem Gehalt von 400 Talern nur zuge-
stimmt, weil er gehofft hatte, davon etwas zurücklegen zu
können, brauche aber für die häufigen Dienstreisen mehr.
Während acht Monaten habe er 122 Taler für Reisen, Trink-
gelder und Chausseegeld ausgegeben. Außerdem schlage die
große Abnutzung von Kleidung und Pferdegeschirr mit 67
Talern jährlich zu Buche. Er wohne zwar preiswert für 132
Taler pro Jahr in Detmold, weil er noch bei seiner Mutter in
Halle Wohnung und Beköstigung fände, müsse aber für die
Zukunft 170 Taler in Anschlag bringen. Für Feuerung und
Licht kämen 12 Taler jährlich, für einen Burschen für sich
und das Pferd wenigstens 45 Taler, für Stall, Heu und Stroh
mindestens 20 Taler. Insgesamt also 436 Taler, mithin 36

Taler mehr als sein Gehalt betrage, ohne dass er außerge-
wöhnliche Ausgaben, z. B. Bücher, Abgaben an Stadt und
Kirche, Krankheiten, kleine Vergnügungen usw. eingerechnet
habe. Das vorige Jahr sei durch die Anschaffung eines Pferdes
samt Geschirr und der häuslichen Einrichtung besonders
kostspielig gewesen, wofür er sein halbes Gehalt habe ausgeben müssen. Diese hohen Ausgaben habe er nur durch einige
Privataufträge bestreiten können.[110]

Stein ließ dieses Gesuch zunächst einige Monate liegen.
Da er Brunes Anliegen positiv gegenüberstand, ist davon aus-
zugehen, dass er längere Zeit auf einen günstigen Augenblick
warten musste. Als er es dann im Januar 1829 gegenüber
dem Fürsten befürwortete, spielten drei Argumente eine Rolle: erstens, dass ein nicht fest Angestellter einen kleinen Ge-
haltsüberschuss benötige, da er nicht abgesichert sei und „dies
sein einziges Motiv seyn kann, jahrelang ein Geschäft interimistisch zu versehen", zweitens war er mit Brunes Arbeit außerordentlich zufrieden."[111] Das dritte Argument war, dass Brune
damit immer noch nicht besser gestellt war als sein Vorgänger
Vogeler, „indem diesem die Verpflichtung ein Pferd zu halten –
dessen Unkosten hier im Orte immer auf 40–50 rth, außer dem
Hafer, gerechnet werden müssen – nicht oblag. [Zusatz:] Derselbe
auch einen eingeschränkteren Geschäftskreis als der BC. [Bau-
Conducteur] Brune hatte."[112] Stein schlug daher vor, Brune
für die Jahre 1828 und 1829 eine Gratifikation von je 100
Taler zukommen zu lassen. Leopold II. schloss sich dieser
Auffassung an: „Auch ich finde diese Gratifikation passend und
bewillige sie."[113]

Mit der Festanstellung schlug Stein ein jährliches Gehalt
von 500 Talern vor, damit Brune „völlig unabhängig sey".[114]
Für jeden Tag außerhalb sollten 24 Mariengroschen als Spesen
gezahlt werden. Auf der Grundlage der Reisen von Natorps
in den Jahren 1819 bis 1821, also vor dessen Krankheit,
rechnete Stein dafür mit 75 bis 90 Talern im Jahr. „Der H.
OBR. von Natorp rechnete zwar jährlich nur 130 bis 140 Tage
für Geschäftsreisen, dessen Geschäftskreis war aber nicht so groß
als der des BC Brune, welcher durch die Aemter Oerlinghausen,
Brake, Sternberg und Barntrup erweitert ist, und im ganzen ist
unter H. von Natorp nicht so viel auf dem Lande gebaut als in
den letzten zwei Jahren."[115] Diese Diät sollte als Anreiz dienen,
die ländlichen Bauten ausreichend oft zu revidieren, aber für
einen Missbrauch in Form zu häufiger und unnötiger Reisen
zu gering sein.

Dass es sich bei Stein um einen Vollblut-Verwaltungsju-
risten handelte, wird schon dadurch deutlich, dass er Brunes
Gehaltsänderung erst mit Beginn des Jahres 1830 wirksam
werden ließ, „damit der Etat nicht derangirt werde". Nur die
1829 schon veranschlagten 100 Taler Gratifikation sollten in
diesem Jahr noch gezahlt werden und mit den Diäten für die
Reisen schon im letzten Quartal 1829 begonnen werden,

„damit der p. Brune notwendige Reisen für den Bau-Etat 1830 nicht bis nächstes Jahr verschiebt".[116]

Im August 1830 wurde Brune zusätzlich zum Gehalt die von ihm selbst geplante Wohnung im Offiziantengebäude (Kat. 35) im Rosental „zur freien Benutzung" bewilligt.[117] Nach einer späteren Bemerkung des Kammerassessors Stein bezog er die Wohnung noch im Herbst, „nur um einige Miethe zu ersparen" so verfrüht, dass „er nicht nur an Tapeten p. großen Schaden gelitten, sondern auch sein erstes gutes Pferd verlohren, welches binnen 14 Tagen durch den Kalkdunst blind wurde".[118] Das hätte Brune als Baumeister allerdings besser wissen müssen.

Die Wohnung bestand aus fünf Wohn- und Arbeitsstuben, fünf Kammern, Küche, drei Kellern, Stallung und Remise, Holzkeller und Bodenraum. Förderlich für die Arbeitsabläufe war, dass auch der Bauschreiber im Offiziantengebäude einzog und dieses dem Baumagazin gegenüber gelegen war.

Hatte Brune wegen seiner Anstellung als Baukondukteur 1827 den Auftrag zum Neubau des Detmolder Rathauses zurückgeben, da die Kammer Arbeitsüberlastung befürchtete, übernahm er ab 1830 mit seiner Festanstellung als Baumeister doch wieder Nebenaufträge, die ihm seine Instruktion auch in eingeschränktem Maße gestattete. So entwarf und beaufsichtigte er für das Militär den Bau der Kaserne in der Leopoldstraße, für das Konsistorium Schulen, Kirchen und Pfarrhausbauten, für den Magistrat der Stadt Detmold das Spritzenhaus, für das Detmolder Brauamt den Felsenkeller und auch Aufträge für Private, den Konsistorialsekretär Friedrich Georg Knoch, den Hofmarschall von Donop oder außerhalb für den Freiherrn von Eller-Eberstein zu Patthorst.[119] Brunes Tätigkeit auf Gut Patthorst wird mehrfach erwähnt. So hatte er 1827 seine Bitte um ein höheres Gehalt damit begründet, dass er anspruchsvolle Aufgaben wie den neuen Ausbau des Gutes Patthorst teilweise wegen der Anstellung schon abgelehnt habe.[120] Das jedoch scheint übertrieben, denn 1851 bemerkte Stein, Brune habe „fast alle Jahre einen längeren Urlaub zu einer Reise nach Patthorst" erhalten.[121] Immerhin fünf Baumaßnahmen lassen sich dort belegen (Kat. 50, 52, 99, 116 und 190).

Mit dem Gehalt von 500 Talern, der großzügigen freien Dienstwohnung und einigen Nebeneinkünften gab Brune sich über zehn Jahre zufrieden. Doch am 28. Juli 1841 wandte er sich mit einer „Gehorsamste[n] Bitte [...] um Gehalts-Zulage" an die Rentkammer: „Indem ich in Folge des Hochgeneigtest mir ertheilten Urlaubes im Begriff stehe, eine Reise anzutreten [nach Süddeutschland und Oberitalien, JK], die mir auf mindestens 200 bis 250 r zu stehen kommen wird, dürfte es vielleicht auffallen, daß ich gerade jetzt mit dem rubrizierten Gesuche einkomme, da mir entgegengestellt werden könnte, daß, falls ich mein bisheriges Gehalt für meine Bedürfnisse nicht ausreichend

fände, ich eine so kostspielige Reise unterlassen solle. Allein es mag immerhin angenommen werden, daß ich diese Reise mehr des Vergnügens als des Nutzens wegen vornehme, so glaube ich doch bemerken zu müssen, daß das zu verwendende Capital mir lediglich von Ersparnissen aus früheren Nebengeschäften übrig geblieben ist, daß ich solche Nebengeschäfte aber, wie ich schon bei andern Gelegenheiten bemerklich gemacht, aus verschiedenen Gründen schon seit mehrern Jahren fast gänzlich daran gegeben habe, und daß ich folglich seitdem durchaus nur auf mein Gehalt angewiesen bin. Dieses aber reicht, wie ich mich leider aus Erfahrung immermehr habe überzeugen müssen, für meine Bedürfnisse zu einem einigermaßen anständigen Lebensunterhalte, so sehr ich solche auch einschränken mag, nicht aus, und ich würde in der That nicht subsistiren können, wenn ich nicht durch ein kleines erheirathetes Vermögen unterstützt würde.

Wenn man jedoch alle seine Kräfte dem Staat widmet, so ist doch auch wohl so billig als gerecht, daß dieser den nöthigen Unterhalt gewährt und nicht fremde zufällige Hülfsmittel dabei in Anschlag bringt.- Was mich namentlich drückt, sind die Kosten meiner Geschäftsreisen, denn ich kann leicht nachweisen, daß mir allein die Transportkosten jährlich durchschnittlich über 40 r zu stehen kommen. Habe ich dabei zwar auf den Meiereien wohl freie Beköstigung, so muß ich dafür desto mehr an Trinkgeldern ausgeben. Kurz, es ist mit diesen und hauptsächlich den sonstigen, in den Wirthshäusern unvermeidlichen größeren Ausgaben eine Unmöglichkeit, mit den jährlich für meine Reisen verwilligten 100 r auszureichen. Daß mir mit meinem übrigen Gehalte von 600 r (wobei die freie Wohnung ja zu 100 = 1/6 des Ganzen gerechnet, was doch wohl der höchste in Anschlag zu bringende Ansatz seyn mag, da z. B. den Herren Beamten auf dem Lande ihre freie Wohnung bei einem Gehalte von oft mehr als 1000 r nur zu 50 r angerechnet ist) eine Familie hier im Orte anständiger Weise auskommen könne, wird gewiß von keinem höhern Beamten behauptet werden. Ich glaube daher, nachdem mir seit 1830, mithin seit 11 Jahren noch keinerlei Verbesserung meines Gehalts zu Theil geworden, getrost wagen zu dürfen, um Hoch[ge]neigte Beförderung einer Zulage ganz gehorsamst zu bitten. Brune"[122]

„Das Gesuch des Baumeisters Brune um Gehalts-Verbesserung betreffend." ließ Stein ein gutes Jahr, bis zum 11. August 1842 wegen ungünstiger Umstände (Arbeitsüberlastung, Abwesenheit des Präsidenten, Geldmangel) liegen.[123] Letzterer wurde durch den Tod des Bauschreibers Plöger etwas gemildert. Stein führte aus, dass Brune 1830 mit 500 Talern angestellt worden sei, 75 bis 100 Taler Remuneration für Geschäftsreisen erhalte (bis auf 1830 und 1837 stets die Höchstsumme von 100 Talern). Seit 1830 bewohne er eine kostenlose Dienstwohnung, deren Wert zu 100 Talern gerechnet würde, obwohl der Marktwert weit höher sei. Obwohl er seit Januar 1835 von der Verpflichtung, ein Pferd zu halten, einstweilen entbunden sei, beziehe er wöchentlich weiterhin ein Scheffel Hafer vom Herrschaftlichen Kornboden. Im Vergleich zu andern Bediensteten sei er gut gestellt, obwohl er seinen recht „*bedeutenden Nebenverdienst, wozu es ihm zeitweise nicht an Zeit gebrach, durch seinen Eigensinn verloren hat*". Mit seinen Einkünften sei bei der täglichen Teuerung schwer auszukommen, auch wenn er seine Reisekosten zu hoch ansetze, keine Familie und ein eigenes Vermögen habe. Den Bedürfnissen Brunes stellte Stein anschließend dessen Leistungen gegenüber: „*Seinen Dienst versieht der BM [Baumeister] Brune im Ganzen recht gut, er arbeitet seine Pläne mit Umsicht aus und bauet solide, wenn auch in manchen Fällen, wie ich nicht verabreden will, etwas theuer; so schlimm aber in letzter Beziehung, wie es oft wohl geglaubt wird, ist es nicht – die Zeiten und die Umstände haben sich geändert; dabei ist er durchaus redlich, im Ganzen auch, einige Ausnahmen finden allerdings statt, unpartheiisch. Was am meisten bei ihm zu beklagen ist, ist sein gränzenloser, unverbesserlicher Eigensinn und seine sonstige Wunderlichkeit, wovon die dickleibigen Anstellungsacten, die bei weitem nicht einmal alle vorgekommenen Fälle enthalten, einen redenden Beweis geben. Ich habe hierunter am meisten zu leiden und muß offenherzig bekennen, daß mir, von der Arbeit abgesehen, dadurch schon viel Verdruß erwachsen und der Dienst oft verleidet ist.*" Zwar waren durch Plögers Tod 200 Taler disponibel, doch schlug Stein nur eine Erhöhung von 500 auf 600 Taler vor mit den Bestimmungen, „*daß der Gehalt sowohl, wie die Reise-Remuneration künftig nur noch in Courant [statt edictmäßiger Münze[124]] ausgezahlt werde und das Hafer-Deputat so lange wegfalle, bis der p. Brune seiner Instruction gemäß wieder angehalten werde: ein Pferd zu halten*".[125]

Am 13. 8. 1842 wurde Steins Vorschlag von Leopold II. mit Wirkung vom 1. Juli 1842 an genehmigt,[126] wofür Brune die Kammer „*ganz gehorsamst*" bat, „*Serenissimi Hochfürstlichen Durchlaucht für die gnädigst mir bewilligte Gehaltszulage meinen unterthänigsten Dank zu Füßen legen zu wollen*".[127] Lange musste Brune auf eine Beförderung warten, doch 1847 wurde er in Anerkennung seiner Verdienste um den Umbau des Neuen Palais (Kat. 172) zum Baurat ernannt.[128]

Spannungen – der Streit mit Stein

Brunes Verhältnis zur Kammer und insbesondere zu Stein unterlag immer wieder Spannungen. So äußerte Brune öfter Unmut über zeitraubende Formalismen im Geschäftsgang.[129] So bat er am 28. November 1837 die Rentkammer – Anlass war eine an Brune persönlich statt an die Rentkammer adressierte Rechnung von Wendelstädt & Meyer in Hameln über Zement – ihn von der „*Auflage, bei Bestellungen im Auslande jedesmal so umständlich ins Kleinliche gehende Bedingungen machen zu müssen, hochgeneigtest zu entbinden, da sich überall* gar kein Nutzen dabei absehen läßt, insofern es in der Natur der Sache liegt daß die Kaufleute für alle ihnen selbst zur Last gelegten Unkosten ihre Waare nur um so höher zu Preise setzen, außerdem aber die Correspondenz so sehr dadurch erschwert und lästig gemacht wird, daß ich es würde vorziehen müssen, Waaren aus dem Auslande künftig nur indirect durch hiesige Kaufleute zu beziehen. Hält es doch schon schwer genug, auswärtige Kaufleute an die Befolgung der vorgeschriebenen circularmäßigen Adresse zu gewöhnen, wie vorliegender Brief aus Hameln ebenfalls beweist.*"[130]

Ebenso wandte er sich energisch gegen Eingriffe in seine Entwürfe und bautechnische Fragen. Als 1838 das Konsistorium Änderungen in seinem Plan für die Knabenschule am Detmolder Marktplatz verlangte, weigerte Brune sich einen Kostenanschlag aufzustellen. Daraufhin erhielt Merckel den Auftrag zum Bau der Schule.[131]

Als die Kammer die Verschieferung des Dachs und einer Wetterseite am Wohnhaus der Meierei Johannettental aus Kostengründen ablehnte, bat er verärgert um Anweisung, wie Eindeckung und Witterungsschutz gedacht seien. Er kenne als übliches nur Schiefer und führt dazu Beispiele an. „*Ich vermag deshalb die Bestimmung im verehrlichen Rescripte, daß der Bau ›zweckmäßig‹ ausgeführt werden solle, mit der gleichzeitig verfügten Abänderung nicht in Einklang zu bringen, und muß aus diesem Grunde vorab zu weiterer Erwägung vorstellen, ob es nicht bei dem ursprünglichen Entwurfe belassen bleiben dürfe. Immerhin aber muß ich bedauern, daß ich über eine so wichtige, tief in den Bau eingreifende technische Frage nicht zuvor gehört worden bin, die Ausführung desselben daher auch eine sehr störende Unterbrechung erleiden muß.*"[132] Zwar setzte die Kammer ihre Einsparung durch, doch behielt Brune Recht, als sich schon wenige Jahre später zeigte, dass die Durchfeuchtung der Wetterseite deren Bekleidung notwendig machte. Zwar behauptete die Kammer, zahlreiche Erker in der Stadt zeigten auch ohne Bekleidung keinerlei Feuchteschäden, was Brune jedoch abstritt, da von den „*vielen*" Erkern, die „*in hiesiger Stadt in gleicher Art ausgeführt seyn, den beklagten Uebelstand aber keineswegs zeigen sollen, mir keine bekannt [sind].*", was Stein mit der Randnotiz kommentierte: „*Weil p Br. niemals sehen kann u. will: was zu seinen Ansichten nicht paßt.*"[133] In einem anderen Fall urteilte er 1854: „*dem p Brune ist es überall nur darum zu thun, Schwierigkeiten zu machen u. seinem Eigensinn zu fröhnen*"[134]

Brune war sich seiner Leistungen stets bewusst und fühlte sich oft nicht genügend anerkannt. Zu Stein, der ihn Anfangs so empfohlen hatte, gestaltete sich das Verhältnis zunehmend schwieriger. Schon nach zehn Jahren konstatierte dieser: „*seiner Persönlichkeit nach wird Brune niemals Jemand finden, der in seine Ideen gehörig eindringt*", womit Steins Unwillen, welcher die eine Seite des Problems darstellt, charakterisiert ist.

Brune hingegen vergriff sich, bei aller inhaltlichen Berechtigung, manchmal im Ton, was ihm auch Rügen einbrachte. Er „litt unter Steins Einmischungen in seine Bauplanungen und unter dessen bürokratischer Wahrnehmung hoheitlicher Interessen".[135] 1838 hatte er sogar, des Gezänks müde, um seine Entlassung gebeten, zog dieses Gesuch auf Anraten des Kammerpräsidenten jedoch zurück.[136]

Brune begründete seine der Kammer oft zu kostspieligen Entwürfe mit bautechnischen Erfordernissen und langfristig geringeren Unterhaltskosten, Stein hingegen hatte den stets knappen Bauetat im Blick zu behalten. Konflikte konnten da nicht ausbleiben und Brunes Frustration, gelegentlich wider besseres Wissen bauen zu müssen, ist nur zu verständlich. Durchaus selbstbewusst reagierte Brune auch auf Änderungswünsche von höchster Stelle. Als der Fürst 1851 wünschte, beim Bau der neuen Orangerie im Detmolder Lustgarten das Frontispiz auf dem Dach und die beiden Fenster neben der Tür einzusparen und zur Betonung der Mitte lediglich die Tür breiter zu machen, setzte Brune sich mit zahlreichen Argumenten zur Wehr: „Wenn ich über die an dem neu zu errichtenden Orangeriegebäude von Serenissimo gnädigst beabsichtigten Veränderungen meine aufrichtige Ansicht aussprechen soll: so glaube ich nicht, daß der Bau durch deren Ausführung gewinnen werde."[137] Um weitere Verzögerungen des Baus zu vermeiden, entschied Leopold II., die Veränderung der Tür solle, obwohl sie dem Gebäude ein besseres Aussehen gäbe, unterbleiben und die Ausführung nach Brunes Riss erfolgen, doch müsse das Frontispiz wegfallen.[138]

Erschienen Brunes Entwürfe der Kammer zu kostspielig, wurden gelegentlich auch andere Baukundige im Land um ihr Urteil oder Alternativentwürfe gebeten, vor allem Overbeck und Culemann. Und umgekehrt ebenso: 1828 hatte die Kammer Culemann mit einem Riss und Anschlag für den Neubau der Vallentruper Mühle beauftragt, dessen Projekt aber nach Brunes Gutachten verworfen und letzteren mit der Planung beauftragt (Kat. 46). Und als dieser 1840 von der Kammer gefragt wurde, ob er einen Entwurf Culemanns für das Pferdehaus der Meierei Brake ausführen wolle, antwortete Brune, dieser Plan sei unzweckmäßig und ein neuer Riss und Anschlag nötig. Mit dem neuen Gebäude würde der verbaute Hof noch unübersichtlicher „und da es mir zugleich nicht möglich ist, jenem Overbeck'schen Plane mehr Aufmerksamkeit als hier bereits geschehen, zu widmen, so muß ich auch gehorsamst bitten, mich mit dessen Ausführung hochgeneigtest verschonen zu wollen."[139] Er machte zahlreiche Verbesserungsvorschläge, obwohl er zu den Konferenzen nicht zugezogen worden war. Seine Klage darüber kommentierte Stein: „Findet in der sich hier wieder herausstellenden Persönlichkeit des p. Brune sehr leicht seinen Grund."[140] 1841 äußerte Brune, um sein Urteil über die Vorschläge Gödeckes zum Umbau des Meinberger Brunnenturms gebeten, zahlreiche Kritikpunkte.[141] In seinem Gutachten über Merckels Planungen der neuen Amtsassessor-Wohnung im Nordflügel des Braker Schlosses rügte er 1857 nicht nur statische Mängel einer nicht unterstützten Trennwand, sondern auch unnötige Erneuerung von Beschüssen, einen überflüssigen Kochherd und einen Gossenstein mit Ausguss, der die Außenwand verschmutze.[142] Mit seinen unverblümten Urteilen machte er sich jedenfalls keine Freunde.

Erhebliche Differenzen gab es 1851 beim Bau der Muster-Meierei Barntrup. Als Brune im Februar anfragte, wann mit Genehmigung seiner Risse und Anschläge zu rechnen sei, antwortete die Kammer, Brune habe aus der unveränderten Holzassignation für die betreffenden Gebäude ersehen können, „dass die Genehmigung der betreffenden Risse und Anschläge ohne irgend erhebliche Abänderungen, nicht zu bezweifeln sey – zumal diese Risse und Anschläge auch nur mit unerheblichen Abänderungen nach einer vorher ertheilten Instruction ausgearbeitet sind."[143] Als die Kammer dann im April aus Kostengründen eine Absenkung des Hofniveaus forderte, musste Brune entgegenhalten, es sei seit einigen Wochen der Anfang mit den Fundamenten gemacht, weshalb keine Veränderung mehr möglich sei.[144] Die immense, in der ersten Kostenschätzung noch nicht veranschlagte Summe für die Auffüllung des Hofes brachte Stein gegenüber dem Fürsten in Bedrängnis. In seinem Unmut darüber warf er Brune Eigenmächtigkeit vor und drohte mit einer Schadenersatzklage.[145]

1855 musste wegen dieses Streits eine eigene Akte angelegt werden.[146] In einer 39 Seiten langen Immediateingabe an das Kabinettsministerium beschwerte Brune sich über Kränkungen und eine „höchst niederschlagende Entdeckung", worin er „die planmäßige Absicht" des Kammerrats Stein sah, ihn „moralisch zu vernichten".[147] Die Entdeckung waren Steins Randbemerkungen in den Barntruper Akten, die ihm bei der Wiedervorlage zu Gesicht gekommen waren, z. B. über seine „ordnungslose" Arbeit, worüber ihm zuvor nie etwas mitgeteilt worden. Zudem hatte Plöger ihn von einer durch die Kammer hinter seinem Rücken angeordnete Untersuchung durch Wegebaumeister Overbeck und Gutsbesitzer Busse unterrichtet, was Brune als „Herabwürdigung ihres eigenen Beamten" durch die Kammer empfinden musste. Auch bei anderen Bauten habe die Kammer den Gutachten anderer Sachverständiger Folge geleistet, ohne ihm, Brune, die Gelegenheit einer Replik zu geben und ihnen sogar Baureparaturen in seinem Aufgabenbereich übertragen, ohne ihn zu informieren. „Die Art, in der ich so meiner Amtsehre in officiellen Acten hinter meinem Rücken angegriffen sah", veranlasste ihn eine offizielle Untersuchung zu verlangen. Da auf seine Eingabe monatelang keinerlei Reaktion erfolgte, er aber eine zu geringe Reisekostenvergütung als „fortdauernde Ungunst" zu beklagen hatte, erneuerte er seine Eingaben am 29. Januar 1856. Im November erklärte die Kammer dann gegenüber dem Ministerium, dass sie die Randbemerkungen Steins nicht billige und entschuldigte diese mit der langen Krankheit Steins, die ihn *„in eine reizbare Stimmung versetzt habe"*, suchte aber die von Brune verlangte offizielle Untersuchung zu verhindern. Am 19. November antwortete das Ministerium endlich auf Brune Eingabe, er habe es *„selbst veranlasst, wenn mitunter bei der Kammer eine gereizte Stimmung gegen Sie eintrat und sich aussprach"*.[148] Der Rentkammer gab man Bescheid: *„Nachdem die Beschwerden desselben im Wesentlichen als unbegründet zurückgewiesen sind und der p Brune auf die Fürstl. Rentkammer als seine vorgesetzte Behörde schicklich Rücksicht nehme und folgerichtig hingewiesen ist, darf erwartet werden, daß derselbe sich hiernach richten und neuer Anlaß zu Beschwerden vermieden wird. F. Rentkammer wollen nun auch Ihrerseits darauf hinwirken, daß ein besseres Verhältnis zu demselben eintrete, da dieses schon im Interesse des Dienstes wünschenswerth ist."*[149] Die Bösartigkeit der Stein'schen Marginalien ist schon PETERS aufgefallen[150] und kann nur bestätigt werden.

Privatleben

Über Brunes Privatleben konnte Einiges in Erfahrung gebracht werden. Er nahm aktiv am gesellschaftlichen Leben des Detmolder Bildungsbürgertums teil. Seit der offiziellen Gründung 1831 gehörte er dem Gesellschaftsverein *Ressource* an.[151] Vermutlich war er auch einer der *„wohl 100 Menschen"*, die sich allabendlich im Saal der Ressource im Detmolder Rathaus versammelt hatten, um die *Rheinischen Blätter* zu lesen, flammende Reden über die Februarrevolution in Frankreich zu hören und eine Petition an den Fürsten zu verabschieden.[152] Nach Kanzler FRIEDRICH BALLHORN-ROSEN zählte auch Brune zu den Detmolder Revolutionären.[153]

Aus dem über alle Wirren hinweg selbständig gebliebenen Fürstentum Lippe wurden die revolutionären Entwicklungen im Ausland aufmerksam beobachtet. Trotz aller reaktionären Tendenzen war die *„beschleunigte Modernisierung"* der *„sozialen und kulturellen Transformationsprozesse"* unaufhaltsam.[154] Die industrielle Revolution stellte die Macht des Faktischen dar. Nicht dem Adel gehörte die Zukunft sondern dem Unternehmer. Zwar erreichten nicht alle Neuerungen Lippe unmittelbar, denn Industrialisierung und Eisenbahn, die im benachbarten Bielefeld[155] zu Brunes Lebenszeit Einzug hielten, ließen hier noch Jahrzehnte auf sich warten. Doch der Geist der Zeit wehte auch hier durch die Straßen.

So zogen 1848 selbst im beschaulichen Detmold demonstrierende Bürger vor das Schloss, welches seinerzeit noch von der Schlosswache geschützt wurde. Leopold II. gewährte in Übereinstimmung gleichlautender Beschlüsse im Deut-

schen Bund demokratische Rechte und holte den Oppositionsführer Moritz Petri (1802–1873), einen Freund Christian Dietrich Grabbes und Sohn des Geheimen Regierungsrates Friedrich Simon Leopold Petri (1775–1850), ins Kabinett. Dieser vertrat Lippe in der Frankfurter Nationalversammlung, wurde 1850 Abgeordneter im Erfurter Unionsparlament und reguläres Mitglied der lippischen Regierung.[156] *„Das Bürgertum Lippes fühlte sich anerkannt, organisierte Dankadressen an die fürstliche Regierung und hoffte auf einen institutionell abgesicherten Übergang zu einer konstitutionell-monarchischen Regierungsform. Die fürstliche Regierung schien kompromißbereit und durch Berufung liberaler Persönlichkeiten in die Regierungsverantwortung gewillt, die notwendigen Reformen zu vollziehen."*[157] Es sollte aber nur wenige Jahre dauern, bis die Reformen zurückgenommen wurden. Man war sich des labilen Friedens durchaus bewusst, wie eine Formulierung beim Bau der neuen Meierei Barntrup (Kat. 191–197) belegt. Brune sollte im Winter 1850/51 für die Materialbeschaffung sorgen, damit die Anlage *„bei zu erhoffender Erhaltung des Friedens, nächstes Jahr rasch zur Ausführung kommen könne"*.[158]

Weniger politisch war der *Naturwissenschaftliche Verein*, dessen Mitglied Brune seit der Gründung 1835 war und bis zu seinem Tod blieb.[159] Spätestens seit 1843 war er dessen Sekretär und Rechnungsführer, wie wir aus seinen Berichten in den *Vaterländischen Blättern* wissen.[160] 1846 beantragte er die Trennung der Geschäfte des Sekretärs und Rechnungsführers, wonach auf der 12. Generalversammlung am 17. Juni 1846 der Archivsekretär August Falkmann als Sekretär gewählt wurde.[161] Die Rechnungsführung oblag weiterhin Brune, wie seinen *„Jahresberichten"* 1849/50 und 1850/51 zu entnehmen ist.[162] Noch 1854 war dies der Fall.[163] Als er im Juni 1847 den abwesenden Falkmann vertrat und noch einmal einen Bericht verfasste, schilderte er darin heute skurril Anmutendes. So wollte Hofchirurg Mosel auf dieser Versammlung einen Schwefelätherapparat zur Anwendung bei chirurgischen Operationen vorführen. Da keiner der Anwesenden sich versuchsweise betäuben lassen wollte, ließ Mosel einen Patienten kommen, den er am kommenden Tag operieren wollte. Jener erklärte sich zu einer Probebetäubung bereit. Er *„versank [...] alsbald in einen Zustand so völliger Bewußlosigkeit, daß die anwesenden Herren Aerzte dafür hielten, nun auch sofort die Operation an ihm zu vollziehen"*, die in der Abnahme eines großen Zehs mit Knochenfraß bestand. Brune schrieb weiter: *„Der Unterzeichnete muß indeß seinen Bericht darüber abzubrechen, weil es ihm, wie mehrern Andern in der Versammlung, an der nöthigen Nervenstärke fehlte, um bei einem solchen Anblick Zuschauer bleiben zu können."*[164] An der Generalversammlung des Vereins 1850 beteiligte er sich aktiv, meldete sich zu Wort und trug einen Bericht des Geometers Karl Preuß[165] über dessen Vermessungs-Exkursion von Washington nach Kalifornien vor.[166] 1851 spendete er für die Sammlung des Vereins drei Schleswig-Holsteinische Denkmünzen, die aus den Kanonen des Linienschiffs Christian VIII. gegossen waren.[167]

Am 26. November 1850 wurde Brune zum Stadtverordneten sowie in diesem Gremium als Protokollführer gewählt, legte sein Mandat aber schon Anfang 1851 wieder nieder,[168] da ihm der dazu notwendige Urlaub von der Kammer versagt worden war.[169] Brune war auch Mitglied des „Sterbecasse-Vereins", als dessen „Dirigent" (Vorstand) er 1844 und 1845 Schreiben an die Regierung und an die Rentkammer unterzeichnete[170] und für den er 1850 den Rechenschaftsbericht verfasste.[171] Vier Mal hatte er hier die Leitung inne.[172] 1855 bemerkte er, „daß es in hiesiger Stadt wol kaum ein Ehrenamt gibt, zu dem ich nicht schon mal berufen worden wäre, ohne daß ich mich je entfernt darum beworben."[173] Jahrelang war er Kuratoriumsmitglied der allgemeinen Witwenkasse und im Kollegium der Kirchenrepräsentanten als Revisor der Kirchenrechnungen.[174] Außerdem stellvertretendes Vorstandsmitglied im 1848 neu gegründeten Friedensverein, der rechtlichen Rat gab und Streitschlichtung anbot,[175] sowie ab 1850 als Rechnungsführer im Vorstand des wegen des Krieges gebildeten „Detmoldischen Hülfsvereins für Schleswig-Holstein", der Geld und Lazarettbedarf sammelte.[176] 1854 gehörte er zu den Initiatoren einer Denkmal-Stiftung für den Ober-Regierungsrat Piderit, zu deren Vorstandsmitglied er am 28.2.1855 gewählt wurde.[177]

SCHÄFER weiß außerdem zu berichten, dass er eine „langjährige Vertraute" hatte, Adelaide Korsten, deren Mann wegen einer schweren Tropenkrankheit in einer Braunschweiger Heilanstalt lebte und die nach dessen Tod wieder heiratete und nach Java auswanderte.[178]

Durch die lückenlos vorhandenen Ausleihjournale der „öffentlichen Bibliothek" sind wir gut über Brunes Lektüren unterrichtet, die zum Geringsten Architekturwerke umfassten, aber ein breites Interesse an Geschichte, Philosophie, Literatur, Kunstgeschichte, Geographie, Naturwissenschaft und Jura verraten.[179] Neben seinen umfangreichen Dienst- und Vereinsgeschäften kam er auch noch dazu, private Veröffentlichungen zu verfassen: über Weißtannen,[180] über die Länge (knapp 37 preußische Meilen) und die Tarife der lippischen Chausseen[181] sowie über die Höhe von 23 Orten in Lippe und Umgebung über dem Meeresspiegel nach den Messungen des Geologen Friedrich Hoffmann.[182] Ein 1837 verfasster „Aufs[atz] fürs Lipp. Magazin" mit dem Titel „Die Grotenburg"[183] wurde nicht gedruckt, was nicht weiter verwundert, da Brune sich darin gegen Bandels Denkmal wandte und (anonym) seine eigene Idee eines 100 Fuß hohen Turmes (Kat. 97) ins Spiel bringen wollte.

1856 wurde Brune aktenkundig durch eine Vollstreckungsklage gegen den Bäcker Frohböse in Augustdorf, dem er 335 Taler gegen eingetragenen Schuldschein geliehen hatte.[184] Nachdem Brune zwei Jahre die daraus fälligen Zinsen von jeweils 4 Prozent (zusammen 26 Talern und 24 Silbergroschen) nicht erhalten hatte, verklagte er Frohböse beim Amt Lage. Die Hälfte des Betrages konnte jener „endlich durch Producirung einer früher vergeblich ihm abgeforderten Gegenrechnung" abtragen, den Rest aber in der ihm gesetzten Frist von 14 Tagen nicht tilgen. Brune erhielt am 22. April schriftlichen Bescheid, dass gegen Frohböse der Konkursprozess eröffnet war. Ob seine Forderungen aus der Konkursmasse befriedigt werden konnten, ist den Akten nicht zu entnehmen.

Reisen

Brunes Personalakte gibt an Privatem zudem über Erkrankungen, Kuren und Urlaube Auskunft. Am 17. Oktober 1827 bat er um Urlaub vom selben Tag bis 21. Oktober, um in Familienangelegenheiten nach Halle zu reisen. Im Gegensatz zu seinen dienstlichen Schreiben und Beschwerden unterzeichnete er dieses Mal mit „Hochachtungsvoll empfiehlt sich Euer Hochwohlgeborner gehorsamster Diener Brune".[185] In den Jahren 1833 und 1835 weilte er wegen seines „Catharral-Uebels" zu Kuren in Meinberg.[186] Außerdem machte er eine größere Reise an den Rhein. Am 15. August 1834 bat er dazu um einen vierwöchigen Urlaub, mit „großem Nutzen für die Gesundheit" und für sein „Fach". Am 27. August wollte er abreisen. Stein hatte sich zur Vertretung erboten. Der Urlaub wurde ihm am 16. August unter der Voraussetzung gewährt, „daß seine Dienstgeschäfte durch seine Abwesenheit keine nachtheilige Verzögerung irgend einer Art erleiden".[187] Der „Nutzen für sein Fach" brachte ihn vielleicht nach Straßburg, für dessen Münster Johann Wolfgang von Goethe sich 1773 begeistert hatte,[188] in Köln mag er Sulpiz Boisserée getroffen haben, der sich für den Weiterbau des Kölner Doms einsetzte.[189] Baedekers erster Reiseführer erschien erst im darauffolgenden Jahr, doch hatte Brune möglicherweise dessen Vorgänger im Gepäck, der einige der sehenswertesten Burgen in Lithographien zeigte,[190] darunter auch das dem preußischen Kronprinzen gehörende Schloss Stolzenfels, das zwar noch nicht zum romantischen Märchenschloss ausgebaut, dessen Inneres gleichwohl schon zugänglich war.[191] Jedenfalls wird er die Reise auf dem Rhein mit dem seit 1822 regelmäßig verkehrenden Dampfschiff statt der unkomfortablen Postkutsche gemacht haben. Am 21. September kehrte er nach Detmold zurück.[192]

In den 1840er und 1850er Jahren folgten weitere Reisen, unter denen die siebenwöchige Reise nach Süddeutschland und Oberitalien im Spätsommer 1841 für den Architekten wohl besonders anregend gewesen sein muss, da sie „ihm bisher noch unbekannte wichtige Gebäude und Anlagen durch eigene Anschauung kennen zu lernen" ermöglichte.[193] Wo mag er überall gewesen sein? Venedig, Padua, Florenz, Siena, Mailand? 1843 fuhr er am 23. September drei Wochen nach Berlin. Hier hatte 1831 Karl Friedrich Schinkels Museum (das später so genannte Alte Museum) eröffnet, welches Brune sicherlich ebenso besuchte wie die Baustelle von Friedrich August Stülers Neuem Museum. 1846 erhielt er einen zehn- bis zwölftägigen Urlaub, um zum Architektentag (3. bis 6. September) nach Gotha zu fahren. Dort wurden, nach einer Exkursion zur Wartburg, Ferdinand von Quasts Restaurierungspläne für dieses Bauwerk diskutiert und mehrheitlich abgelehnt.[194]

1847 folgte die nächste, vier Wochen während Reise nach Berlin, Potsdam und Hamburg. Diese konnte Brune ab Bielefeld oder Herford bereits mit der Eisenbahn in nur 18 Stunden zurücklegen, denn am 15. Oktober 1847 war die letzte Lücke in der Verbindung Köln–Berlin geschlossen worden.[195] Die Strecke Berlin–Hamburg war schon im Vorjahr in Betrieb gegangen. In Berlin wollte er mit dem Erbprinzen Leopold die Raumaufteilung des Neuen Palais in der Detmolder Neustadt besprechen, sich auch mit Johann Heinrich Strack, der Brunes Entwurf begutachtet und teilweise korrigiert hatte, sowie mit anderen „bewährten Architekten" treffen, auch wollte er „vorzügliche neue Gebäude studieren" sowie in Hamburg technische Informationen einholen, beispielsweise über Asphalt und Zinkblech für flach geneigte Dächer.[196] In der Elbmetropole wird ihn auch der klassizistische Wiederaufbau der fünf Jahre zuvor zu über einem Viertel abgebrannten Großstadt interessiert haben. Die Stadtplanung mit einer modernen Wasserversorgung hatte der englische Ingenieur William Lindley übernommen.[197] Auch von den neuen Wasserklosetts, die nach dem Großbrand „in allen neueren Häusern und auch schon in Berlin" eingebaut worden seien, brachte er Pläne mit nach Detmold.[198] Am 23. Oktober war er wieder in Detmold, wo er Kanzler Ballhorn-Rosen versicherte, dessen Sohn bei Helwing in Berlin „ganz wohl" gesehen zu haben.[199] Glückliche Umstände haben uns ein Portrait des Baumeisters überliefert. So wurde von einem großen Ölbild, das sich in der Ressource befand und verschollen ist, eine Fotografie angefertigt (ABB. 6).[200] Der Geheime Domänenbaurat Bernhard Meyer hatte diese Aufnahme 1920 der Rentkammer gestiftet, wie er selbst berichtet: „Ich habe auch noch ein wohlgetroffenes Bild meines Vorvorgängers, Baurats Brune für das Bau-

ABB. 6 | Brune, um 1847, Fotografie eines Gemäldes

büro gestiftet, welches in einem alten Album meines seligen Vaters, der mit diesem sehr befreundet war, steckte. Das große Originalölbild davon hängt im hiesigen Gesellschaftshause."[201] Zwar ist auch dieses Foto verschollen, doch 1984 durch einen Abdruck bei PETERS überliefert.

Im Mai 1848 wurde Brune wegen des Palais-Umbaus vorläufig von fast allen anderen Aufgaben entbunden. Er reiste außerdem für acht Tage nach Köln und Frankfurt am Main. Dieses Revolutionsjahr 1848 brachte auch in die lippische Idylle Unruhe,[202] doch wissen wir nicht, wie Brune zu den Vorgängen stand. Zumindest zählte er nicht zu den Hauprädelsführern wie sein Dresdner Kollege Gottfried Semper, der bis 1863 in den Staaten des Deutschen Bundes steckbrieflich gesucht wurde.[203] Doch da Brune 1847 für die mittellose Witwe und die fünf Kinder des liberalen Braunschweigischen Landtagspräsidenten, Juristen und Publizisten Karl Steinacker (1801–1847) in Holzminden 1 Reichstaler gespendet hatte,[204] wird man darin zu Recht seine Sympathie für die liberalen Strömungen im Vormärz sehen dürfen. Auf der anderen Seite wird er aber auch Teil der „unermeßliche[n] Volksmenge"[205] gewesen sein, welche nach der Regierungsübernahme Leopolds III. am 23. April 1852 die Ankunft der Fürstin Elisabeth in Detmold bejubelte.

Als Brune 1851 eine Badereise ins belgische Oostende unternehmen wollte, vorwiegend aus gesundheitlichen Gründen, konstatierte Stein, Brune habe „fast alle Jahre einen längeren Urlaub zu einer Reise nach Patthorst" erhalten, weshalb ihm dieser Urlaub nicht gewährt wurde. Erschwerend kam hinzu, dass Brune kein Attest für eine medizinische Notwendigkeit beibrachte. Zwei Jahre später allerdings hatte er sich die Badereise nach Oostende ertrotzt.[206] Eine Bahnverbindung von Herford oder Bielefeld über Köln und Brüssel gab es bereits seit 1848. Das Reisen war einfach geworden, wie HEINRICH HEINE fünf Jahre zuvor im Pariser Exil geweissagt hatte: „Was wird das erst geben, wenn die Linien nach Belgien und Deutschland ausgeführt und mit den dortigen Bahnen verbunden sein werden! Mir ist, als kämen die Berge und Wälder aller Länder auf Paris angerückt. Ich rieche schon den Duft der deutschen Linden; vor meiner Türe brandet die Nordsee. "[207]

Im Sommer 1855 ist eine weitere, fünfwöchige Badereise Brunes belegt.[208]

Am 13. März 1857 starb Brunes Frau im Alter von nur 52 Jahren an einer Herzkrankheit; vier Tage darauf wurde sie auf dem Friedhof im Weinberg begraben.[209] Brune trat zu einer dringend nötigen Kur am 25. Juni eine Reise ins Schweizer Jura an, wohl wegen seines chronischen Katarrhs. 1855 war nicht nur die Hohenzollernbrücke von Deutz nach Köln fertiggestellt worden, sondern auch die Bahnlinie Mannheim–Basel; die Strecke von Köln nach Bonn war 1856 bis Rolandseck verlängert worden, um den Übergang auf die Dampfschifffahrt auf dem Rhein zu ermöglichen. Nur für den Abschnitt von Rolandseck nach Mannheim musste Brune auf das Dampfschiff umsteigen. Ob er in Zürich das neue, 1855 gegründete Polytechnikum und seinen Kollegen Gottfried Semper besuchte, der hier 1855 zum Architekturprofessor ernannt worden war? SCHÄFER berichtete, Brune habe in Neuenburg (Neuchâtel), das von 1707 bis 1857 preußisch war, einen alten Studienkollegen besucht und einige von diesem entworfene Bauwerke besichtigt.[210]

Ferdinand Brune überlebte seine Frau nur um wenige Monate und erlag, eine Woche nach seiner Rückkehr aus der Schweiz, am 28. Juli auf der Detmolder Neustadt einem Schlaganfall („Schlagfluß"), zehn Tage nach Vollendung seines 54. Lebensjahres.[211] Am 1. August 1857 wurde er neben seiner Frau beigesetzt. Er hinterließ ein reiches Werk. Die Gestalt der Stadt, die seit seiner Anstellung 1828 von 3.500 Einwohnern auf 5.000 gewachsen war,[212] hatte er in drei Jahrzehnten maßgeblich und bis heute sichtbar geprägt. Sein Nachlass wurde vom Justizkanzleisekretär Ullrich im Auftrag des Nachlassverwalters Advokat Falkmann vom 24. bis 27. August versteigert.[213]

Brunes Nachfolger – Wilhelm von Meien und Ferdinand Merckel

Brunes Nachfolge übernahmen für acht Jahre kommissarisch für getrennte Geschäftsbereiche[214] der Wegebaumeister Wilhelm von Meien[215] und der Baumeister Ferdinand Merckel[216], der viele Jahre als Gehilfe Brunes tätig gewesen war. Der Teil des Bauwesens, der bis dahin vom Kunstmeister Culemann gegen Diäten besorgt worden war, zuletzt waren das neben der Saline in Ufeln die Ämter Varenholz und Schötmar sowie das Gut Dahlhausen,[217] ging nach der Pensionierung Culemanns im März 1858 an den Salinendirektor Friedrich Heinrich Ludwig Gödecke.[218] Diesem waren schon zu Brunes Zeiten die größeren Wasserbauten, insbesondere an der Weser, übertragen worden.[219]

Am 3. August, zwei Tage nach der Beisetzung Brunes auf dem Weinbergfriedhof, bewarb sich der Wegebaumeister Wilhelm von Meien auf die vakante Stelle; Merckels Bewerbung folgte am Tag darauf.[220] Der noch junge von Meien

verwies auf seine Berliner Prüfungsnoten und praktische Tätigkeiten, insbesondere seine Bauten im Palaisgarten. Der ältere Merckel konnte auf größere Erfahrung pochen: „Seit fast 25 Jahren habe ich mich […] mit der Ausführung von Fürstlicher Regierung und vom Fürstlichen Consistorium, so wie von Privaten mir aufgetragenen Bauten beschäftigt und viele, darunter auch größere zb die Landesstrafanstalt, die Kirche zu Leopoldshöhe und Alverdissen, besorgt." Ergänzend wies er auf seine theoretischen Kenntnisse durch das Studium an der Bauakademie in München hin und klagte, da er bisher keine Anstellung gefunden habe, müsse er sich und seine Familie von den Honoraren einzelner Aufträge unterhalten. Außer den beiden gab es keine Bewerber, und bis auf Gödecke wäre auch kein anderer im Lande befähigt gewesen, urteilte Stein. Gödecke hatte sich nur mündlich bei Stein um „einen Theil der Herrschaftlichen Bauten" beworben, „damit er dem eigentlich von ihm gewählten Berufe nicht ganz entzogen werde". Da er jedoch auf der Saline unentbehrlich war „und dessen unbesiegliche Eigenheit, die ihm zugehenden Aufträge überall nur in längeren Fristen zu erledigen", bekannt war, hielt Stein dessen Ansinnen für sehr bedenklich.

Trotz ausführlicher Gutachten und Vorschläge Steins ließ das Kabinetts-Ministerium die Vakanz zunächst bestehen und verfügte am 7. August 1857, dass Kammerrat Stein die laufenden Geschäfte, wo nötig durch Aufträge an die Techniker Gödecke, Merckel und von Meien, selbst besorgen sollte. Ende des Jahres jedoch insistierte Stein darauf, die Nachfolge zu regeln, insbesondere ihm die zusätzliche Arbeit abzunehmen.[221] Am 31. Dezember nahm der Kabinetts-Minister zur Beratung sogar an der Sessionssitzung der Kammer teil. Doch Fürst Leopold III. entschied, von der Wiederbesetzung fernerhin abzusehen und die Geschäfte bis auf weiteres von Meien und Merckel gegen Honorar zu übertragen.[222] Dabei erhielt von Meien die Schlossbauten in Detmold, Schieder und Lopshorn sowie die dazugehörigen Domanial- und Gestütverwaltungsbauten, ferner die Bauten in Meinberg und in der Brauerei zu Brake, Merckel die übrigen Domanialbauten. Außerdem wurden Merckel die Bauten der Forstverwaltung, die keine eigenen Baubeamten beschäftigte, übertragen.[223] Die Aufsicht über das Detmolder Baumagazin oblag von Meien.

Dieses Provisorium galt nun acht Jahre lang, bis sich das Kabinetts-Ministerium im September 1864 wegen der definitiven Besetzung der Kammerbaumeisterstelle an die Rentkammer wandte. Stein antwortete darauf in einem ausführlichen Gehorsamsten Pro Memoria.[224] Eingangs bat er zunächst wegen seiner offenen Worte um äußerste Diskretion. Unter den vorhandenen Fachleuten im Land kannte er keinen geeigneten. Die definitive Besetzung der Stelle konnte aus Kostengründen jedoch nicht durch einen auswärtigen Techniker erfolgen, weil dies – so Stein – mindestens das Doppelte der jetzigen Lösung kostete: *„Ein preußischer oder Hannöverscher Techniker würde den Dienst auch nie ohne Einrichtung eines completen Bureaus, mit Zeichner, Schreiber u. s. w. übernehmen. Dazu kämen die, wenigstens 2 bis 3 Jahre sehr nachtheilig wirkenden völligen Unkenntnisse unserer Verhältnisse in Localitäten, Persönlichkeiten, Preisen u. s. w."*.[225] Bei Merckel sah er *„mancherlei Uebelstände und Unzuträglichkeiten"*. Bis 1863 sei es bis auf Unordnungen des verstorbenen Gödecke noch ziemlich gut gewesen *„und konnte ich selbst bei guter Gesundheit und nach dem Aufhören meines übeln Verhältnisses zu dem verst. BR. Brune, besser, und wie ich glaube auch mit gutem Erfolg, eingreifen"*. Doch nun besorgten die *„Baumeister von Meien und Merkel [...] die Herrschaftlichen Arbeiten nicht mehr so promt und gut, als dies früher der Fall war"*, sondern übernahmen zu viele Privatgeschäfte. Begründet wurde dies damit, dass beide sonst kein Auskommen hätten. Insbesondere müssten sie im Bereich der Privatbauten präsent bleiben, da ihnen die herrschaftlichen Bauten jederzeit genommen werden konnten (beide waren nur widerruflich beschäftigt). Steins Fazit lautete, dass sich die Unzuträglichkeiten in der Arbeit nur durch feste Anstellung des Kammerbaumeisters bei Verbot von Privataufträgen abstellen ließen.[226]

Sofern nur ein einziger Baumeister für alles angestellt werden könne, so war nach dem Urteil der Kammer Merckel der Vorzug zu geben, da dieser die besten Kenntnisse bei den Domänenbauten besaß. Doch schlug die Kammer vor, auch von Meien neben seinem Amt als Wegebaumeister anzustellen, und zwar für Hof- und Marstallbauten in Detmold und Lopshorn, wofür er geeigneter schien als Merckel. Das Kabinetts-Ministerium folgte dieser Empfehlung mit geringen Abweichungen, und Fürst Leopold III. entschied im Januar 1865 die Aufteilung der Baumeistergeschäfte unter von Meien und Merckel bei fixem Diensteinkommen plus Dienstaufwandsentschädigung. Die Hof- und Marstallbauten in Detmold, Schieder, Lopshorn und Lemgo erhielt demnach der zum Hofbaumeister berufene Wilhelm von Meien. Alle anderen Bauten im Ressort der Rentkammer und der Forstdirektion gingen an Ferdinand Merckel, der am 26. Mai 1865 als Bauinspektor der Fürstlichen Domänen- und Forstverwaltung angestellt und zum 1. September 1872 zum Domänen-Baurat befördert wurde.[227] Instruktion und Patent erhielten beide zum 19. Mai 1865.[228] Die Gehälter und Bedingungen, vor allem den Verzicht auf Nebengeschäfte, hatte Kammerdirektor Caspari mit den beiden verhandelt. Merckel erhielt ein Gehalt von 1.000 Talern, von Meien von 450 Talern (neben seinen 600 Talern Gehalt als Wegebaumeister).[229]

Nach von Meiens Tod am 28. September 1875 wurden Merckel zusätzlich die herrschaftlichen Hofmarschalls- und Gestütsbauten übertragen. Elf Jahre später, am 14. September 1886, suchte der 78jährige Merckel wegen seines hohen Alters und häufig wiederkehrender Krankheiten um seine Pensionierung nach, die zum 1. Januar des folgenden Jahres gewährt wurde.

AUSGEWÄHLTE BAUTEN

Das Werk Ferdinand Brunes ist nicht nur äußerst umfangreich, sondern in der Breite der Bauaufgaben ebenso vielfältig. Um dies adäquat darzustellen, sind aus dem Werkkatalog im Anhang 16 unterschiedliche Bauaufgaben ausgewählt und nachfolgend ausführlicher, als es im Katalog angemessen wäre, in ihrer Baugestalt und Baugeschichte vorgestellt. Aus Platzgründen kann aber auch hier auf das Schicksal der Bauten nach Brunes Wirkungszeit nur mit kurzen Hinweisen eingegangen werden.

Es fällt auf, dass Brune neben Wohnbauten und landwirtschaftlichen Gebäuden eine große Zahl an „Sonderbauten" planen oder realisieren durfte, darunter Aussichtsturm, Bierkeller, Brunnentempel, Eisensteg, Fasanerie, Kaserne, Mausoleum, Mühle, Spritzenhaus und Strafwerkhaus. Unmöglich hatte sein Studium ihn auf alle diese Bauaufgaben vorbereiten können, doch besaß er hilfreiche Fachbücher, etwa Stieglitz' fünfbändige Enzyklopädie der bürgerlichen Baukunst.[1] Auch wissen wir, dass er aus der Öffentlichen Bibliothek, die seinerzeit im Pavillon VII[2] der Schlossplatzbauten, schräg gegenüber seiner Wohnung, untergebracht war, Fachbücher nicht nur auslieh, sondern auch Anschaffungsvorschläge unterbreitete.[3]

Brunes Baurisse und Maßangaben sind in lippischen Fuß und Zoll angegeben, selbst bei Bauten im Preußischen. So weist er bei seinen Planungen für das Gut Patthorst bei Steinhagen im Kostenanschlag explizit darauf hin: *„Die Maße beziehen sich auf Lippische Fuße und Zolle, und sind die Preise ebenfalls nach Lippischem Gelde berechnet."*[4]

Brune bevorzugte die Massivbauweise und deren Vorzüge von Festigkeit, Dauerhaftigkeit, Feuersicherheit, Bequemlichkeit und Schönheit. Auch seine Dienstinstruktion sah die Massivbauweise als bevorzugte vor, um den knapp gewordenen Baustoff Holz zu schonen. Dennoch genehmigte die Kammer häufig aus Kostengründen nur die „*Holzbauweise*", also den Fachwerkbau, vor allem im ländlichen Bereich. Aber auch in der Residenzstadt wurden noch Fachwerkbauten errichtet, wobei oft nicht so sehr das Kostenargument zog, sondern die ein ganzes Jahr währende Trocknungszeit der Bruchsteinhäuser den Massivbau hinderte. Bei Massivbauten aus Backstein bestand dieses Problem nicht, doch waren Backsteine wegen des hohen Energieaufwandes bei der Herstellung kostspielig. Von privaten Bauherren wurden dennoch massive Backsteinhäuser errichtet (etwa in der Leopoldstraße 2 und 4[5]), doch Brune hatte nur beim Amthausbau in

Schieder (Kat. 119) dazu die Genehmigung, da Fürst Leopold II. hier auf schnellster Bewohnbarkeit bestand.

Das Lehrerwohnhaus (Kat. 61) neben dem Gymnasium entstand ebenso aus Fachwerk wie das gegenüberstehende Pfarrhaus (Kat. 101), die Bürgertöchterschule (Kat. 41) in der Schülerstraße oder das Theatermagazin (Kat. 45). Die inneren Wände jedoch wurden nach wie vor auch im Massivbau aus Fachwerk errichtet und meist mit ungebrannten Lehmsteinen ausgemauert.

Fachwerkkonstruktionen wurden aus Eichenholz gezimmert, die Dächer jedoch einschließlich der Dachbalken bis auf seltene Ausnahmen aus Nadelholz. Dieses Nadelholz war in den herrschaftlichen Forsten nur beschränkt vorhanden und musste daher häufig über den Weserhafen in Erder importiert werden.

Die Massivbauten wurden vorwiegend aus Muschelkalk-Bruchstein erbaut. Dieser war fast überall in kleineren Steinbrüchen verfügbar. Für Gesimse, Gewände, Treppenstufen, Untersetzsteine für innere Stützpfosten, Tröge und Ausgusssteine wurde der hochwertige Osning-Sandstein aus den Brüchen in Berlebeck oder Holzhausen teilweise über weite Strecken angefahren. Gelegentlich wurden Bodenplatten nicht von dort genommen, sondern Sollingsandsteine vom Herzoglichen Steinhof in Holzminden eingeführt. Auch die in Ausnahmen verwendeten Dachplatten aus dem Solling kamen von dort.

Für die Dachdeckung kam in der Regel nur die preiswerte Hohlziegeldeckung in Frage, meist in Strohdocken und nur bei höherer Brandlast in Kalkmörtel verlegt. Bei einigen Bauten konnte Brune „*Flachziegel*" (Biberschwänze) durchsetzen, die zwar kostspieliger waren, jedoch – vor allem in der Technik der Kronendeckung – eine dichtere Dachhaut ergaben. Bei den von Brune bevorzugten flacheren Dachneigungen war das wichtig. Auf Sonderbauten beschränkt blieben Zinkblechdächer wie beim Neuen Palais (Kat. 173), einem Weinhaus im Detmolder Lustgarten (Kat. 205), dem Kahlenbergturm bei Schieder (Kat. 126) und dem Schutzdach vor der Detmolder Schlosswache (Kat. 51).

Dachziegel wie Backsteine stammten meist von der herrschaftlichen Ziegelei in Hiddesen, im Norden Lippes auch von der Ziegelei Barntrup, im Südosten von der Ziegelei in Schieder oder der auf dem Schwalenberger Mörth. Backsteine fanden gelegentlich bei der Ausmauerung von Fachwerkwänden Verwendung sowie bei Brandmauern und Schornsteinröhren.

Eiserne Bauteile wie gusseiserne Stützen, Brückenbögen und seit den 1840er Jahren auch Stallfenster mussten ebenso wie Eisenöfen importiert werden. Sie wurden meist von den Hütten in Schloss Holte oder Altenbeken bezogen, bei dortigen Lieferengpässen aber auch von weiter her, etwa der Theodorshütte in Bredelar bei Marsberg (Kat. 51). Eine Besonderheit stellt das bei Henschel und Sohn in Kassel gegossene Geländer (Kat. 171) des Detmolder Schlosses dar. Gusseiserne Baluster wie bei der Terrasse des Neuen Palais finden sich auch bei zwei nicht realisierten Projekten (Kat. 201 und 205).

Die Herkunft der Glasscheiben ist nur ausnahmsweise beim Bau der Kaserne (Kat. 38) dokumentiert. Sie wurden über die Weser von der Gernheimer Hütte bezogen. Es liegt aber nahe, dass diese Quelle die übliche war, da die Waldglashütten zu Brunes Zeit aufgrund des Holzmangels nicht mehr konkurrenzfähig waren.

Nachfolgend werden 16 sehr unterschiedliche Bauaufgaben dargestellt, welche das breite Spektrum der von Brune geschaffenen Entwürfe veranschaulichen. Quellen und Literatur zu den einzelnen Bauten sind im Werkkatalog zusammengestellt.

Russisches Bad und Schlammbad in Meinberg, 1826/27 (KAT. 1, ABB. 7)

Das 1770 von dem Badearztes Dr. Johann Erhard Trampel (1737–1817) erbaute Kurhaus, genannt *Stern*, hatte die lippische Regierung 1799 vom damaligen Eigentümer Schröter erworben.

Die Idee des Schlammbades (Moorbad) sollen französische Soldaten, die es während Napoleons Ägyptenfeldzug kennengelernt hatten, nach Deutschland gebracht haben. In Pyrmont war ein Moorbad schon 1802 entstanden. Sieben Jahre später hatte König Jerôme im Königreich Westphalen ein Moorbad in Nenndorf bauen lassen. 1826 sollte nun auch das Meinberger Bad um ein Schlammbad und zugleich um ein Russisches Bad, ein Dampfbad, erweitert werden.

Ein Dampfbad hatte der Königlich Preußische Geheime Obersteuerrat Georg Friedrich Pochhammer 1818 in Berlin[6] nach Vorbild des königlichen Bades in Potsdam erbaut. Namensgeberin war Prinzessin Marianne, die erste Besucherin. Dieses *Mariannen-Bad* machte Pochhammer 1824 durch eine Veröffentlichung über Berlin hinaus bekannt. Die lippische Rentkammer erwarb diese Druckschrift und forderte den damaligen Badearzt

Dr. Gellhaus zu einem Gutachten auf. Jener empfahl nach der Lektüre die Anlegung beider Bäder aus medizinischen Gründen.[7] Am 13. Januar 1826 erhielt Oberbaurat von Natorp den Auftrag, die Bäder zu projektieren. Wegen seiner Krankheit wurde jedoch im Juli der Praktikant Brune – und nicht etwa der Baukondukteur Vogeler – mit den Arbeiten beauftragt. Grund dafür war, dass *Brune dem Vernehmen nach über die Einrichtung eines damit* [einem Schlammbad, JK] *in Verbindung zu setzenden Russischen Dampfbads sich zu Berlin genaue Kenntnis verschafft* hatte. Daher wünschte *die Cammer, daß derselbe über eine solche combinirte Anlage beim Stern einen Riß und Anschlag baldmöglichst entwerfen und vorlegen möge*.[8] Die Fertigstellung sollte bis zu Beginn der *Brunnenzeit* (Badesaison) 1827 erfolgen, verzögerte sich jedoch um einige Wochen.

Die beiden Bäder wurden als separater Bau hinter dem *Stern* errichtet und durch einen gedeckten Gang in Verlängerung des Flurs damit verbunden. Das Gebäude ist 77 Fuß lang, 42 Fuß breit, das Erdgeschoss erhebt sich 14 Fuß über dem Souterrain und wird von einem hohen Vollwalmdach gedeckt. Im ersten Entwurf sind die beiden äußeren Achsen der Längsseite als Eingänge mit Freitreppen gestaltet, dazwischen liegen fünf Fenster. Der Grundriss wurde im November 1826 auf Veranlassung von Natorps geändert, indem der Raum für Flur und Bademeisterstube am rechten Eingang den drei Schlammbädern zugeschlagen und der Bau in der Tiefe um 3 Fuß verlängert wurde. Beide Eingänge samt Freitreppen entfielen aus Kostengründen. Die Fassade wurde stattdessen durch ein größeres Mittelfenster betont. Der Zugang war dadurch ausschließlich durch den Gang vom *Stern* aus möglich. Ein überstehendes Gesims verdeckte einen Teil des hohen Dachs. Der von Brune geplante zweite Stock mit zehn Logierstuben war, wiederum aus Kostengründen, nicht genehmigt worden. Auch das repräsentative klassizistische Thermenfenster im Verbindungsgang und die Fledermausgaube auf dem Dach mussten entfallen.

An der Längsseite belichten sieben Fenster die sechs unterschiedlich großen Badestuben, die sich am mittleren Längsflur aneinanderreihen. Rechts des Eingangs waren als erstes drei Schlammbäder, je 10 Fuß breit und 16 Fuß tief, angeordnet, links ein Abort und die Apotheke mit Laboratorium sowie das Dampfbad einschließlich Vorzimmer und einem an der Rückseite angebauten Ruhezimmer.

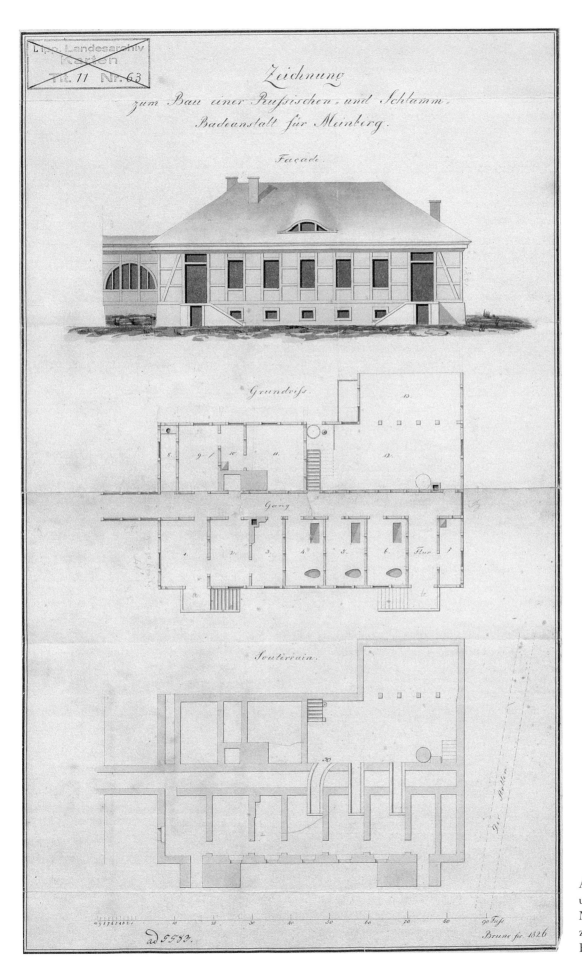

Lipp. Landesarchiv
Karten
Tit. 11 Nr. 63

Zeichnung
zum Bau einer Russischen- und Schlamm-
Badeanstalt für Meinberg.

Façade.

Grundriss.

Gang.

Souterrain.

Brune fec. 1826

ABB. 7 | Schlamm-
und Dampfbad in
Meinberg [Kat. 1],
zweiter Entwurf,
Brune, 1826

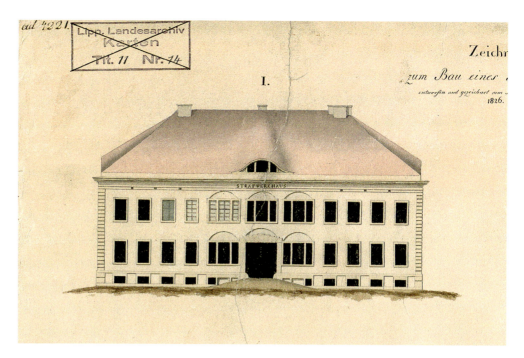

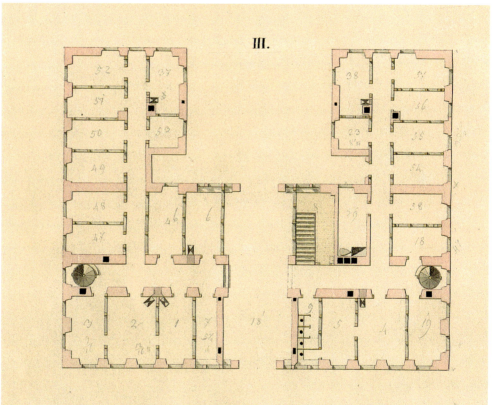

ABB. 8 | Riss zu einem Strafwerkhaus in Detmold [Kat. 2], Brune, 1826

Strafwerkhaus in Detmold, 1826–1831
(KAT. 2, ABB. 8–11)

Die Landesregierung und der Magistrat der Stadt Detmold hatten 1826 eine Strafwerkhaus-Kommission gebildet, in deren Auftrag Baukondukteur Vogeler eine Bauaufnahme des bestehenden Strafwerkhauses in der Bruchstraße erstellte. Im Anschluss reichte er am 12. Mai 1826 ein achtseitiges *Pro Memoria* ein, in dem er die zahlreichen Mängel des bestehenden alten Strafwerkhauses aufzählte und anbot, einen möglichst vollkommenen Neubauentwurf zu liefern. Im Juni forderte die Baukommission Overbeck, Vogeler und Brune mit einem

ABB. 9 | Strafwerkhaus Detmold [Kat. 2], Ansicht von Norden, Fotografie, Ferdinand Düstersiek, vor 1911

detaillierten Bauprogramm zu einem Wettbewerb gegen Honorar auf. Brune reichte seinen Riss und Kostenanschlag, in dem er das Bauprogramm mit über 60 Räumen erfüllte, zwei Monate später ein. Auf 33 Seiten erläuterte er seinen Entwurf und fügte einen detaillierten Kostenanschlag über 13.465 Taler bei. Overbeck kam auf 14.496 Taler. Vogeler gab seinen Entwurf und Anschlag erst am 22. Dezember ab und kalkulierte 14.424 Taler.

Ein Bauplatz auf der Mühlenwiese (südlich der Unteren Mühle) wurde von der Regierung nicht genehmigt, jedoch auf der Neuen Wiese vor dem Lemgoer Tor (heute Richthofenstraße 3) gegen entsprechende Entschädigung bereitgestellt. Von Natorp wurde aufgefordert, die drei Entwürfe zu begutachten. Er urteilte im Januar 1827, dass keiner ohne bedeutende Änderungen ausgeführt werden könne. Dennoch wurde schon

im Februar mit dem Bau nach Brunes Plan begonnen. Die Überarbeitung des Entwurfs und einen neuen Kostenanschlag lieferte Brune jedoch erst im April. Nach seiner Anstellung als Baukondukteur bei der Kammer trat er die tägliche Bauleitung an den Baupraktikanten Wiss ab. Am 16. Mai wurde dieser als Bauaufseher vereidigt und Brune mit der Direktion des Baues *„nach Anleitung des von ihm angefertigten Risses"*[9] beauftragt. Diese Direktion bedeutete die Aufsicht bei wesentlichen Arbeiten wie beispielsweise dem Verlegen der Deckenbalken. Die Gewerke wurden nicht im Einzelnen ausgeschrieben, sondern die Ausführung insgesamt dem *Entrepreneur* Zimmermeister Culemann übertragen. Der Bau schritt anfangs rasch voran, im September 1827 wurden bereits die Innenwände ausgemauert. Doch erst im Januar 1830 urteilte Brune, der Bau sei *„wenigstens*

ABB. 10 | Strafwerkhaus Detmold [Kat. 2], ausgebrannte Kriegsruine, Ansicht von Nordwesten, Fotografie, anonym, 1945

ABB. 11 | Strafwerkhaus Detmold [Kat. 2], Ansicht von Norden, 2023

in der Hauptsache" beendet.[10] Er liquidierte für seine Arbeit 62 Taler. Abgerechnet wurden die Baukosten schließlich 1831 mit 20.937 Talern.

Entstanden war ein klassizistischer Putzbau aus Bruchstein mit Werksteingliederungen aus Sandstein. Die Straßenfront beherrschen zwei vorspringende kurze Flügel, die dem Bau einen U-förmigen Grundriss geben. Der zurückspringende Mittelteil der Straßenfront erhielt neun Fensterachsen, in der Mitte führt eine doppelläufige Freitreppe zum Portal im Hochparterre. Die Seitenflügel springen um drei Fensterachsen vor und besitzen ebenso an der Front drei Achsen. Sandsteinquader betonen die Gebäudeecken, die Fensteröffnungen rahmen einfache Werksteingewände aus Sandstein. Über dem hohen Sockelgeschoss erheben sich zwei Hauptgeschosse, alle durch einen Werksteinstreifen getrennt. Das flach geneigte Walmdach erhielt auf jeder Seite eine Schleppgaube und wurde von vier Schornsteinen für insgesamt 22 Öfen überragt.

Im Inneren legte Brune das Haupttreppenhaus vorn rechts an, zwei weitere enge Spindeltreppen lagen an den Enden der Flure des Vorderhauses. Alle Innenwände bestanden aus Fachwerk mit Lehmsteinausmauerung. Im Einzelnen geben Brunes Grundrisse Auskunft über die verschiedenen Funktionen (Beschreibung von hinten rechts nach hinten links): Im Souterrain Badestube, Waschküche, zwei Arbeitsstuben, zwei Strafgefängnisse für Frauen, Treppe, Speisekammer, Küche, Backstube, gewölbter Keller, Balkenkeller, Küche für den Werkmeister, Speisekammer, Strafgefängnis für Männer, Treppe, Speisesaal für Männer, desgleichen für Frauen, zwei Strafgefängnisse für Männer, Schmiede, zwei Arbeits- und Gesindestuben, an beiden Enden an den inneren Ecken je ein Abtritt.

Im Erdgeschoss Kammer und Stube für die Lithographische Anstalt, in der Gefangene arbeiteten, zwei Stuben für Handwerker, zwei Isolierstuben für Frauen, Stube zu reiner Wäsche, Treppe, Kammer für die Haushälterin, Stube für dieselbe, Gesindestube, Flur, zwei Stuben für den Werkmeister, zwei Kammern für denselben, Schreibstube für denselben, Schlafkammer für die Magd, Treppe, Schlafkammer für den Knecht, zwei Krankenstuben, zwei Isolierstuben, Kammer für unreine Wäsche, Arbeitsstube, außerdem an beiden Enden je zwei Abtritte.

Im Obergeschoss fünf Schlafkammern für Frauen, Krankenstube für dieselben, Stube für unreine Wäsche, Kammer, Treppe, Arbeitssaal für Frauen, Kammer für Arbeitsutensilien, zwei Materialien-Kammern, Arbeitssaal für Männer, Raum für Arbeitsutensilien, Kinderstube, Betsaal, Treppe, neun Schlafsäle für je vier Männer, außerdem an beiden Enden je zwei Abtritte. Insgesamt gab es 76 Räume zuzüglich der Abtritte.

In dem Gebäude hatte auch Christian Dietrich Grabbe sein Auditeurbüro. 1871 wurde das Strafwerkhaus an die Militärbauverwaltung verkauft und als Kaserne II genutzt. 1945 brannte es nach einem Brandbombentreffer aus. Nach 1951 wurde es nach Wiederherstellung und Aufstockung als Regierungsgebäude II genutzt, seit dem Umzug der Bezirksregierung in deren Neubau an der Leopoldstraße dient es als Arbeits- und Sozialgericht.

Offiziantengebäude in Detmold, 1829/30
(KAT. 35, ABB. 12–16)

Das *Offiziantengebäude* entstand als Arbeits- und Wohngebäude für herrschaftliche Bediente neben dem Schauspielhaus. Zunächst war nur an den notwendigen Neubau der Bauschreiberwohnung gedacht.[11] Mit dem Argument, den dringend benötigten herrschaftlichen Kornboden für 50 bis 60 Fuder Korn kostengünstig auf dem Gebäude unterzubringen, gelang es Brune mit Hilfe des Hofmarschalls von Hoffmann und des Kammerassessors Stein, auch eine Wohnung für den Baumeister und zwei Hoffoffizianten an dieser prominenten Stelle zu gewinnen.[12] Brune führte auch die notwendige Aufsicht von dort über den gegenüberliegenden Bauhof an.[13] Zur Entscheidungsfindung wurde von ihm neben dem Kostenanschlag auch die separate Ausweisung der Summe, die auf die Baumeisterwohnung entfallen würde, verlangt. Diese betrug mit 2.441 Talern ein knappes Viertel der Gesamtkosten von 10.516 Talern. Im Verlauf des Planungsprozesses kamen dann noch eine Amtsstube nebst Registratur für das Amt Detmold sowie, in den Nebengebäuden, die Hofschreinerei und der Wildscharren hinzu. Entgegen der Vorgabe der Kammer, dass es der von Brune für die Baumeisterwohnung vorgeschlagenen sechs Zimmer nicht bedürfe, sind nicht nur diese sechs Zimmer sämtlich enthalten, sondern auch noch fünf Kammern. Fürst Leopold II. entschied gegen das einschränkende Votum der Kammer: „*Da ein Mal gebaut wird, so kann die Baumeisterwohnung auch so angelegt werden.*"[14] Er notierte am Rand des Pro Memoria der Kammer: „*Der Riß ist recht hübsch.*"[15] Diesen Riss hatte Brune im Frühjahr 1829 gezeichnet.[16]

Zur Baumeister-Wohnung zählten drei Vorrats- und ein Holzkeller, eine Küche mit Vorratskammer, die erwähnten sechs Stuben und fünf Kammern sowie der Bodenraum darüber, außerdem im Hof eine Stallung und Remise mit Bodenraum. Die Bauschreiberwohnung sollte aus zwei Kellern, einer Küche mit Vorratskammer, sechs Stuben bzw. Kammern sowie dem Boden darüber bestehen und auch eine Stallung mit Bodenraum erhalten.

Noch während des Baus wurde die erste Hoffoffizianten-Wohnung zur Wohnung des Obertierarztes Cronemeyer umgewidmet, denn dieser sollte möglichst nahe dem Marstall wohnen. Diese Wohnung umfasste in der vorliegenden Planung aber nur drei Stuben und Kammern. Dies machte Änderungen notwendig, da dem Tierarzt mehr Räume

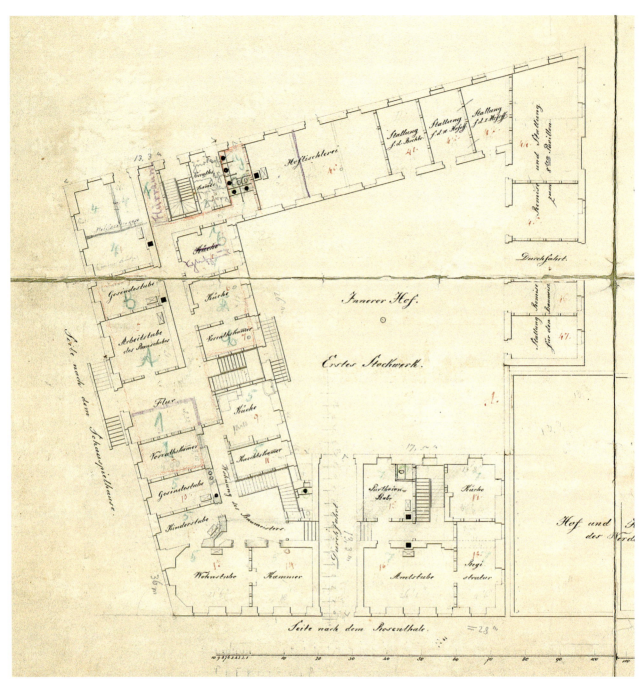

ABB. 12 | Offiziantenhaus im Rosental [Kat. 35], Grundriss Erdgeschoss, Brune, 1829

zustanden.[17] Die Baumeisterwohnung war indes so groß be-
messen, dass ihr ohne Nachteil eine Stube und eine Kammer
weggenommen werden konnten. Auch die Bauschreiberwohnung
musste eine Kammer abgeben. Die Wohnung für den Obertierarzt bestand nun aus Keller, Küche und Vorratskammer,
einer Arbeitsstube sowie fünf heizbaren Stuben und Kammern,
einer weiteren Kammer sowie dem Dachboden über diesen
Räumen. Im Nebengebäude standen ihm ein Stall für zwei
Pferde mit Heuboden darüber zur Verfügung. Die verbleibende
Offiziantenwohnung mit fünf Stuben und Kammern erhielt
der Kammerdiener Koch.[18]

Die Räume für das Amt Detmold bestanden aus der
Amtsstube, der Registratur und der *Parteienstube* (einem Ver-
handlungs- oder Sitzungsraum). Außerdem wurden dem Hofmarschall von Hoffmann, der im Pavillon VIII der Schlossplatzbebauung gleich gegenüber wohnte, dort nicht vorhandene
Nebenräume zugestanden: ein Keller sowie Stallung, Holz- und
Wagenremise mit Heuboden darüber. Ein Kellerraum war auch
für den Wildscharren vorgesehen, außerdem eine Zerlegekammer
und ein Bodenraum. Der herrschaftliche Kornboden nahm
oberhalb des Kehlbalkens das gesamte Dach ein und fasste 75
bis 90 Fuder Korn.

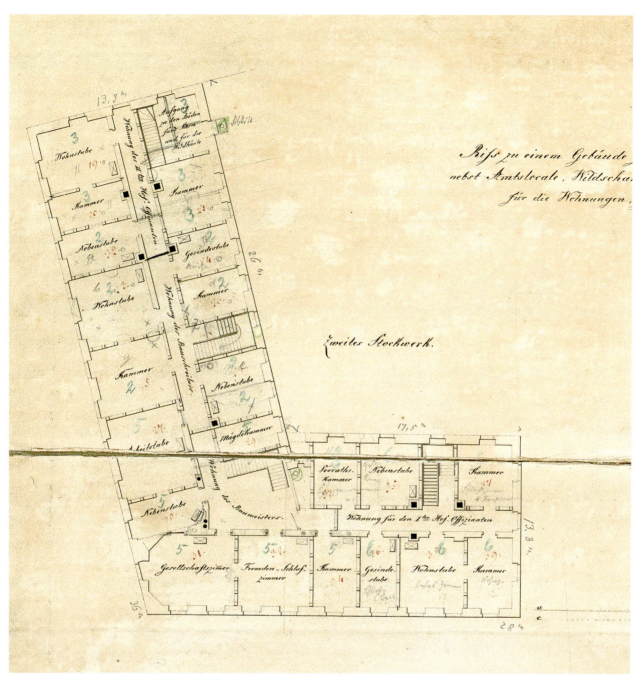

ABB. 13 | Offiziantenhaus im Rosental [Kat. 35], Grundriss Obergeschoss, Brune, 1829

Die Baumeisterwohnung wurde Brune 1830 zugesprochen.[19] Bereits im Herbst 1830, etwa um Michaelis, zog er mit seiner Frau in seine Dienstwohnung ein.[20] Auch das Amt Detmold hatte seine Räume schon im August bezogen.

Der Bauplatz im Rosental lag neben dem Schauspielhaus, dem Vorgänger des heutigen Landestheaters. Brune nahm einerseits auf das Theater Bezug, indem er den Neubau mit der westlichen Fassade genau parallel dazu positionierte. Andererseits folgt die südliche Fassade dem Verlauf des Rosentals, an dessen Nordseite schon vier neue Wohnhäuser, parallel zu Marstall und Reithaus, eine Flucht vorgaben.[21] Daraus resultierte

ein leicht stumpfwinkliger L-förmiger Grundriss. Als Eckgebäude stattete Brune das zweigeschossige Bruchsteinbauwerk mit zwei Schauseiten aus. Die mit elf Achsen etwas längere Front wandte sich dem Hoftheater zu. Streng symmetrisch aufgebaut ordnete der Baumeister den Eingang in der mittleren Achse mit einer repräsentativen zweiläufigen Freitreppe an. Die Fassade zum Rosental ist neun Fensterachsen lang. In der mittleren Achse führte eine Durchfahrt in den durch rückwärtige Stallgebäude geschlossenen Hof. Auffällig ist die betont horizontale Gliederung des Bauwerks mit Stockwerkgesimsen über Sockel (Keller) und Hochparterre sowie einem kräftigen Kranzgesims über dem

ABB. 14 | Offiziantenhaus im Rosental [Kat. 35], Ansicht von Südwesten, Fotografie, Theodor Kliem, um 1885

Obergeschoss, das im Bauplan abwechselnd mit Rose und Stern geschmückt ist, aus Kostengründen jedoch als schlichtes Sandsteingesims ausgeführt wurde. Ein von der Kammer favorisiertes sparsames Holzgesims konnte Brune an den beiden Straßenseiten verhindern. Darüber befand sich ein niedriger Kniestock mit flachen Rechteckfenstern. Auch die aufgeputzten Scheinquader der beiden Schaufassaden betonen die Horizontale. Die hochrechteckigen Fenster haben vorspringende Sohlbänke,

ABB. 15 | Offiziantenhaus im Rosental [Kat. 35], Ansicht der Hofseite von Norden, Fotografie, Ferdinand Düstersiek, um 1900

die Tordurchfahrt überwölbt ein moderner Stichbogen. Der Bodenraum unter dem flach geneigten Walmdach wurde zu beiden Straßen- und Hofseiten mit je drei Fledermausgauben belichtet und belüftet. Orte, Walme und Firste des Ziegeldachs waren mit Schiefer eingefasst. An beiden Straßenseiten waren Dachrinnen und Fallrohre aus Blech angebracht. Drei Schornsteine überragten die Dachfläche.

Die größte Grundfläche und die schönste Position mit Fenstern zu zwei Seiten nahm zwischen dem Haupteingang bzw. dem dahinterliegenden Treppenhaus an der Westseite und der Durchfahrt an der Südseite die Wohnung des Baumeisters ein. Bescheidener sind die Räumlichkeiten des Bauschreibers links vom Haupteingang und die des Ersten Hof-Offizianten rechts der Durchfahrt. Selbst der Obertierarzt war schlechter gestellt. Brunes Wohnung bestand im Einzelnen im Erdgeschoss aus Vorratskammer, Küche, Knechtskammer, Gesindestube, Kinderstube, Wohnstube (an der Ecke) und einer Kammer am Nebeneingang in der Durchfahrt. Im Obergeschoss schloss sich an das Treppenhaus die Arbeitskammer des Baumeisters an. Sicher wäre es vorteilhafter gewesen, diese im Erdgeschoss anzuordnen, denn Brunes Wohnungsnachbar Obertierarzt Cronemeyer beschwerte sich über die zahlreichen Besuche von Handwerksmeistern und anderen, welche Unruhe ins Treppenhaus brächten.[22] Doch bestand Brune auf der besseren Übersicht

ABB. 16 | Offiziantenhaus im Rosental [Kat. 35] nach Aufstockung 1952, Ansicht von Südwesten, 2023

über das Baumagazin von seiner Arbeitsstube aus. Dieser Stube folgten dann weitere Räume der Baumeisterwohnung wie Gesellschaftszimmer (wie die Wohnstube in bester Lage an der Südwestecke), Fremdenschlafzimmer, Mägdekammer, Nebenstube und noch eine Kammer. Neben dem Haupttreppenhaus gab es zur inneren Erschließung der Bauschreiberwohnung eine eigene Treppe im Winkel des Gebäudes. Hinter dieser Treppe waren auch die Aborte der Wohnung angelegt.

Die Räume des Bauschreibers bestanden aus einer Arbeitsstube im Erdgeschoss und einer kleinen Wohnung im Obergeschoss. Die Wohnung des Tierarztes lag ebenfalls im Obergeschoss.

Im Erdgeschoss waren rechts der Durchfahrt zum Rosental die Räume des Amtes Detmold untergebracht, darüber die Wohnung des Kammerdieners Koch, dessen Küche jedoch nur im Erdgeschoss Platz fand. In den beiden eingeschossigen Hofflügeln des vierflügeligen Bauwerks befanden sich Aborte, die Hoftischlerei sowie Stallungen und Remisen.[23] Brune durfte hier einen Stall für sein Pferd, eine Wagenremise und eine Holzlege nutzen.[24]

Bemerkenswert ist die funktional enge Verknüpfung privater und dienstlicher Räume. Vor allem die Verbindung der Wohnungen des Baumeisters und des Bauschreibers durch einen gemeinsamen Arbeitsraum ist geschickt geplant, wie auch die Zugänglichkeit aller Arbeitsräume für die Öffentlichkeit, ohne dass der private Bereich berührt wurde. Brune hatte außerdem den funktionalen Vorteil, seine Wohnung auch vom Hof oder vom Rosental aus durch den Nebeneingang in der Durchfahrt betreten zu können.

Eine Besonderheit stellt die Anbringung zweier alter Sandsteinreliefs aus der Zeit des Schlossbaus 1550 bis 1557 im Inneren dar, welche die Wappen Lippes und Waldecks zeigen.

1950 wurde das Gebäude im Grundbuch auf den Landesverband Lippe eingetragen, 1953 auf den Kreis Detmold.

Für die hier untergebrachte Kreisverwaltung war 1952 ein Treppenhaus angebaut und das Gebäude um ein Geschoss erhöht worden, um zusätzliche Räume zu schaffen. Die Toröffnung wurde nun zum Haupteingang, die Freitreppe entfernt und die Haustür zu einem Fenster verkleinert. Seit Umzug der Kreisverwaltung in den Neubau an der Felix-Fechenbach-Straße nutzt die Stadt Detmold das Gebäude für die Bauverwaltung. 1984 wurde es in die Denkmalliste eingetragen. Zur Erinnerung an seinen Erbauer trägt es den Namen *Ferdinand-Brune-Haus*.

Mühle in Lothe bei Schwalenberg, 1829–1831 (KAT. 37, ABB. 17)

Die sogenannte Untere bzw. Niesemühle brannte 1828 ab und wurde anschließend wieder aufgebaut. Während dieser Zeit musste die Pächterfamilie notdürftig im zugehörigen Backhaus wohnen.

Brune erhielt am 8. August 1828 den Auftrag zu Riss und Anschlag innerhalb sechs Wochen, reichte diese aber erst am 7. April des Folgejahres ein. Da die 74 Fuß lange Wassermauer und die vordere Giebelmauer wegen des Wassers massiv sein mussten, die anderen Außenwände aber nach Westen, also der Hauptwetterrichtung lagen, empfahl Brune den gesamten Außenbau aus Bruchstein aufzuführen. Die Wassermauer misst 30 Fuß in der Höhe, die vier Wellenlöcher darin sind mit Sandstein gefasst. Die Innenwände bestehen aus Eichenholz-Fachwerk. Das zweigeschossige Hauptgebäude misst 67 mal 35 Fuß, angebaut ist ein eingeschossiger Stall, ebenfalls aus Bruchstein. Beide Bauteile erhielten Satteldächer aus Nadelholz, geplant war eine Deckung mit Sollingsteinen. Alle Tor-, Tür- und Fenstergewände bestehen aus behauenen Sandsteinen, die Entlastungsbögen über den Tür- und Fensterstürzen aus

Backstein, wie auch die Brandmauer, der Backofen und die Schornsteine von Stuben-, Küchen- und Ölmühlenöfen. Die inneren Fachwerkwände wurden mit Lehmsteinen ausgemauert. Die Böden sind gepflastert bzw. im Wohnbereich mit Eichendielen beschossen.

Die vier Wasserräder sollten zwei Mahlgänge, die Ölmühle mit Kollergang, eine Boke- und eine Sägemühle antreiben.

Außerdem lag über der Ölmühle noch ein Graupengang. Die Wohnung des Müllers ordnete Brune auf der wasserabgewandten Seite an, im Erdgeschoss Küche mit Backofen, Speisekammer und, unterbrochen durch Ölmühle und Flur auch eine Mahlgaststube, im Obergeschoss mit einer Enfilade von Wohnstube und drei Kammern. Auch eine Rauchkammer im Dachgeschoss gehörte dazu. Der Stallanbau enthielt, um eine Futterdiele angelegt, drei

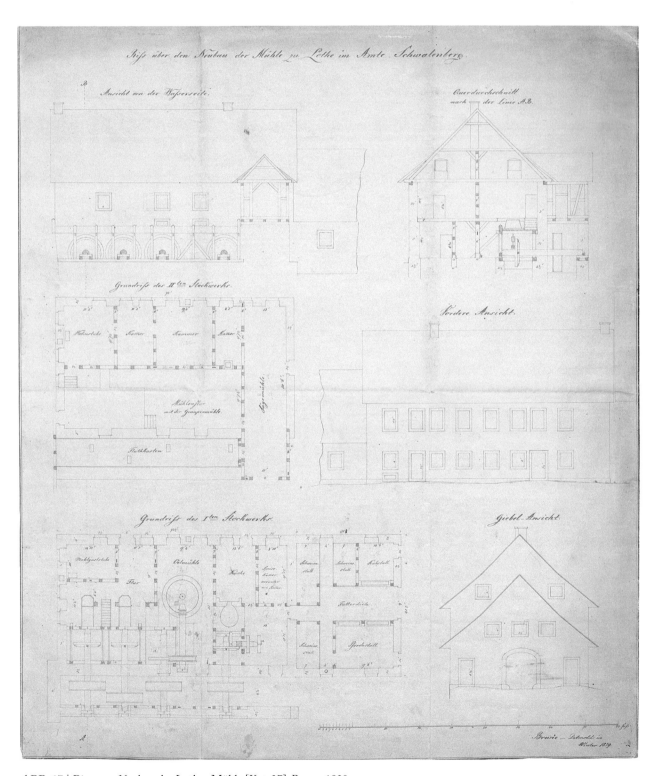

ABB. 17 | Riss zum Neubau der Lother Mühle [Kat. 37], Brune, 1829

ABB. 18 | Kaserne in Detmold [Kat. 38], Ansicht von Nordwesten, Fotografie, Theodor Kliem, um 1885

Schweineställe, einen Kuhstall und einen Pferdestall sowie einen Abort. Ein kleiner Keller fand unter der Speisekammer Platz.

Die Rentkammer bemängelte, dass Brune den verlangten Weizengang nicht eingeplant hatte. Er wurde nach Steins Vorschlag bei unveränderten Baumaßen mittels Vorgelege an das Wasserrad der Ölmühle angeschlossen. Die Graupenmühle musste dann zwischen Öl- und Sägemühle (wo Brune die Bokemühle plante) und die Bokemühle unter dem Fallgatter der Sägemühle Platz finden. Die zusätzlichen Kosten bezifferte Stein für Bauänderungen mit 20 Talern, für das gehende Werk mit 350 Talern. Die Einrichtung eines Backofens im Gebäude wurde befürwortet, da dieser im Unterhalt günstiger war als eine Wiedereinrichtung des alten, jetzt als Notwohnung genutzten Backhauses, und auch dessen Wärme im Mühlengebäude nutzbringender war.

Ende Oktober 1829 war das Mauerwerk bis auf den Giebel des Stalls fertig. Die Arbeiten gingen nicht weiter, weil die dienstpflichtigen Lother und Brakelsieker die Steine nicht fahren wollten. Die gehenden Werke waren fast fertig, aber noch nicht eingebaut, da die Fuhrleute wegen des schlechten Wetters die Sollingsteine für das Dach nicht fahren wollten. Brune schlug vor, sofern die Mahlgänge noch diesen Winter in Betrieb gehen sollten, mit Ziegeln zu decken, welche bei der Ziegelei Schieder vorrätig waren. Die Läufersteine der oberen und unteren Mahlmühle aus Hannoversch Münden (Kattenbühler Bruch) wurden erst im April 1830 angefahren, weitere Mühlsteine aus dem Rheinischen kamen via Lippstadt am 22. Februar 1831 an. Am Tag darauf war die Mühle in allen Teilen betriebsfertig. Gegen die Mehrkosten von fast 350 Talern gegenüber Brunes Kostenanschlag von 3.125 Talern für

das Mühlengebäude und 994 Talern für die gehenden Werke erhob die Kammer keine Einwände.

Die Mühle ist seit 1928 im Besitz der Familie Kruse und war bis Anfang 2017 in Betrieb.

Kaserne in Detmold, 1829–1833
(KAT. 38, ABB. 18, 19, 59, 81)

1829 wurde beschlossen, in der Residenzstadt Detmold eine Kaserne mit ausreichendem Exerzierplatz zu erbauen. Sie wurde benötigt, weil ab 1831 alle norddeutschen Truppenteile verpflichtet waren, zur Vereinheitlichung nach dem preußischen Exerzier-Reglement von 1812 auszubilden.[25] Ein stehendes Heer gab es indessen in Lippe bereits seit 1697, als Graf Friedrich Adolf beschloss, ein dauerndes Militär zu halten, das „*Füsilier Bataillon Lippe*", eine Kompanie zu Fuß mit 115 Unteroffizieren und Gemeinen.[26] Während der Friedenszeiten war das Militär einquartiert, also in Privathaushalten untergebracht. Die Stärke wuchs allmählich an und betrug nach dem Friedensschluss 1813 ein Bataillon zu 4 Kompanien mit insgesamt 677 Mann. Diese wurden auf die Städte des Fürstentums verteilt, um die Belastung für die Bevölkerung gleichmäßiger zu halten.[27] Zunächst sollte die Kaserne im Rosental errichtet werden. Am 5. März 1829 stellte Fürst Leopold II. den östlichen Teil des herrschaftlichen Gartens (Lustgarten) zwischen den Häusern Wülker/Piderit (heute: Rosental 3 und 5) und der Werre für das Militärgebäude zur Verfügung, mit einer Fläche von 1 Scheffelsaat 7 Metzen 13 Quadratruten, zu 800 Taler pro Scheffelsaat. Die Vermessung nahm Leutnant Reineke vor, Major von Freymann lieferte zwei Entwürfe .[28] Außerdem reichte

Baupraktikant Wiss am 12. Mai 1829 einen Riss ein, allerdings ohne Querschnitt und ohne Angaben zur Konstruktion, was ihm mit 10 Reichstalern vergütet wurde. Die Regierung beauftragte Baukommissar Overbeck mit einem Riss und Kostenanschlag, nach Brunes Gutachten wurde jedoch dieser mit den Planungen betraut, zeitweise unterstützt von Leutnant Teudt.[29] Im Dezember trat auch noch ein Spritzenhaus zu der Planung hinzu. Um mehr Platz zu haben, wurde der Standort im März 1830 in die Leopoldstraße (Kat. 16) verlegt. Der Bauplatz im Lustgarten blieb leer. Erst 1864 entstand hier das noch vorhandene große Bedienten-Gebäude (Rosental 7–11).

Die Kaserne (Kat. 38) lag in der Leopoldstraße, gegenüber der Einmündung der 1845 bis dorthin verlängerten Exterstraße. Grundsteinlegung war am 7. Juni 1830.[30] Es entstand ein langgestreckter traufständiger Bau mit – für Detmold ungewöhnlich – drei Geschossen. Die Fassade zur Leopoldstraße war durch einen Mittelrisalit gegliedert. Ein Bestandsaufmaß des Mauermeisters Rakelmann vom Januar 1844 zeigt die Grundrisse eines 155 mal 47 Fuß großen Gebäudes mit zentraler Durchfahrt im Mittelrisalit und je fünfachsigen seitlichen Flügeln. Im Erdgeschoss waren diese mit Einfahrttoren für die hier untergebrachten Kanonen- und Pulverwagen bzw. Feuerspritzen versehen, darüber befanden sich in zwei Geschossen die Mannschafts- und sonstigen Räume. Über der stichbogenförmig geschlossenen Toröffnung öffnete sich eine vierteilige *Porte Fenêtre* auf einen schmalen Balkon auf geschwungenen Konsolen mit einem für den Klassizismus typischen x-förmigen Eisengeländer. Im Geschoss darüber schmückte ein römisches Thermenfenster den Bau, das Brune gegen das anfängliche Bedenken der Regierung und des Fürsten durchsetzte.[31] Im Giebeldreieck fand sich ein Rundfenster (*Okulus*), 1836 wurde

hier eine Uhr des Hofuhrmachers Dejean für 45 Taler angebracht.[32] In jedem Flügel gab es ein eigenes, von der Durchfahrt erschlossenes Treppenhaus, darunter die Abtritte. Ein Mittelflur in Längsachse der Kaserne erschloss die einzelnen Räume.

Die Finanzierung des 21.155 Taler teuren Gebäudes erfolgte durch die *Militaircasse*. Hinzu kamen Beiträge zu den Baukosten wegen des im Erdgeschoss eingerichteten Spritzenhauses für die beiden Schloss-Spritzen und die altstädtische Feuerspritze. Rentkammer, Magistrat und die Kasse der Brandassekuranz trugen so mit 600 Talern zu den Baukosten bei.

Die größten Einzelposten machten mit 4.372 Talern das Steinmaterial und mit 3.978 Talern die Maurerarbeit aus, die Maurermeister Johann Heinrich Rakelmann aus Detmold und Steinhauer Umbach aus Kassel als Auftrag erhielten. Schieferdecker August Ferdinand Lüdeking deckte das Dach, das Pflaster an der Straße und im Hofraum wurde von Steinsetzer Strate aus Brake gesetzt. Innovativ waren die insgesamt 394 Fuß langen Dachrinnen mit 348 Fuß Fallrohren und acht großen Schwanenhälsen als deren Verbindung sowie die 16 Dachfenster aus Blech. Für die zahlreichen Kasernenfenster wurden 780 Mondglas-Scheiben von der Gernheimer Hütte der Gebrüder Schrader über die Weser und den Hafen in Erder bezogen. An außerordentlichen, also nicht veranschlagten und genehmigten Kosten wurden zum Fest der Grundsteinlegung 5 Taler ausgegeben. Auch das Richtfest kostete Branntwein für fast 5 Taler. Im Juni 1833 konnte das neue Militär-Gebäude bezogen werden,[33] hinter dem ein großer Exerzierplatz angelegt war. Für die theoretische Ausbildung der Unteroffiziere waren in dem Gebäude zwei Lehrzimmer eingerichtet, die „*Militärschule*".[34]

ABB. 19 | Kaserne [Kat. 38], Ansicht von Osten, im Vordergrund die Öffentliche Bade- und Schwimmanstalt [Kat. 79], Fliegerfotografie, anonym, um 1930

ABB. 20 | Bürgertöchter-
schule in Detmold [41],
Fotografie, Ferdinand Düstersiek, um 1905

Brune erhielt für die Anfertigung des Risses und Anschlages, für Aufstellung und Abschließung der Kontrakte usw. 69 Taler. Bauaufsicht führte Hauptmann Teudt für 30 Taler. 1836 wurde nach Brunes Plänen ein Hintergebäude mit einer großen Küche und Abtritten erbaut (Kat. 59).

Zwischen 1842 und 1852 plante und leitete Brune wiederholt Instandsetzungsarbeiten an der Kaserne gegen Honorar.[35]

1853 wurde die Remisenfunktion des Erdgeschosses zugunsten von Mannschaftsräumen im Nordflügel und einer Küche mit Speisesaal im Südflügel aufgegeben, die Tore vermauert und von Brune mit je einem Fenster den Obergeschossen angeglichen.[36] Für die Munitionswagen und Kanonen wurde 1853 ein eigener Schuppen erbaut (Kat. 224). 1860 wurde unter Ferdinand Merckel die Küche zur sog. Kleinen Küche im Hintergebäude verlegt und Küche bzw. Speisesaal im Südflügel der Kaserne zu Mannschaftsräumen für etwa 40 Soldaten umgebaut.[37]

Zwischen 1860 und 1867 erfolgte die Verlängerung des rechteckigen Baukörpers durch seitliche Risalite mit Dreiecksgiebeln, angelehnt an die Gestaltung des Mittelrisalits, die hofseitig als kurze dreiachsige Flügel nach Osten weitergeführt waren. Nach Ankauf des Strafwerkhauses (Kat. 2) als Kaserne II wurde die Leopoldkaserne Kaserne I genannt. Ab 1949 Nutzung für die Bezirksregierung, 1955 für den Regierungs-Neubau überplant. Abbruch ab Frühjahr 1959, nachdem der erste Bauabschnitt der Regierung (Baubeginn Sommer 1957) entlang der Werre abgeschlossen war und die Regierungsbeamten aus der Kaserne dorthin umziehen konnten.[38]

Bürgertöchterschule in Detmold, 1830–1832 (KAT. 41, ABB. 20, 21)

Das Schulhaus in der Schülerstraße 35, Ecke Grabenstraße war eine gemeinsame Einrichtung des Konsistoriums und der Bürgerschaft und enthielt sowohl zwei Stuben für den Katechismusunterricht als auch zwei Stuben für die Bürgertöchterschule sowie eine Stube für die Zeichenschule. Hinzu kam die Wohnung des Lehrers Nieländer. Das Konsistorium war jedoch alleiniger Bauherr, der Magistrat zahlte 800 Taler für die beiden Schulstuben der Bürgertöchterschule, die Landrentei übernahm die Kosten für die Zeichenschule. Brune erhielt das Projekt als Privatauftrag. Er reichte nach vorherigen Gutachten am 3. August 1830 Riss und Kostenanschlag ein und übernahm auch die Bauleitung. Für seine Arbeit stellte er 43 Taler und 6 Groschen in Rechnung. Der Bau wurde für die Akkordsumme von 3.750 Talern an den Zimmermeister Jasper als Generalunternehmer (*Entrepreneur*) vergeben und diese Summe in drei Raten ausgezahlt (je ein Drittel bei Baubeginn, nach Aufrichtung und nach Bauabnahme).

Baubeginn war im August 1831. Nachdem bereits die Fundamentierung fertig war, musste das Gebäude verkürzt werden. Der Magistrat hatte bei der Genehmigung des Baurisses übersehen, dass der Bau im Osten auf die Grabenstraße ragte, die aber nicht überbaut werden sollte. Obwohl das Konsistorium eine Entschädigung für das überbaute Grundstück anbot und der Fehler beim Magistrat lag, bestand dieser auf einem Rückbau.[39] Hintergrund waren aber weniger die 3 Fuß, die vom Weg abgingen, sondern nach Meinung der Regierung

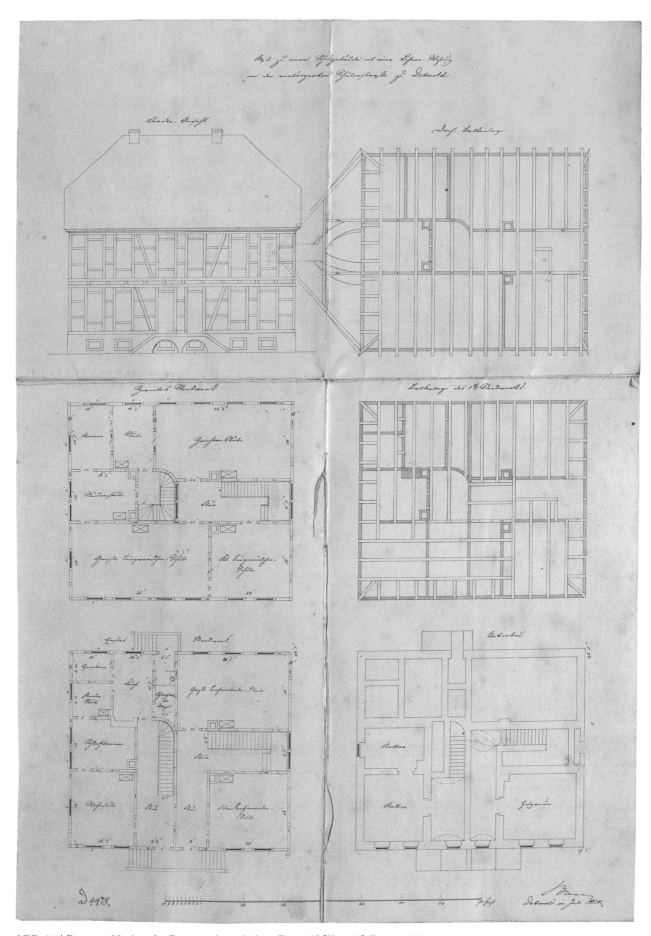

ABB. 21 | Riss zum Neubau der Bürgertöchterschule in Detmold [Kat. 41], Brune 1830

„*in der Unpopularität des ganzen Schulhaus-Baues, welcher für unnöthig, zu kostbar und nur als Vorwand angesehen wird, einem Schullehrer über das Bedürfniß hinausgehende Wohnung zu verschaffen.*"[40] Der Magistrat zog für den Fall eines unveränderten Weiterbaus seine Zusage von 800 Talern zu den Baukosten zurück, worauf sich das Konsistorium nicht einlassen wollte. Brune reichte daraufhin einen „*Entwurf zur Verkürzung des vor dem Schülerthore zu Detmold zum Theil schon errichteten neuen Schulgebäude*" ein, der von 57 Fuß 3 Zoll Breite auf 53 Fuß 9 Zoll verringert ist, in der Tiefe jedoch 48 Fuß 5 Zoll beibehält. Der Grundriss ist aber prinzipiell nicht verändert, nur verkürzt. Die Grundmauern und Kellergewölbe mussten teilweise abgebrochen und versetzt werden, ebenso die sechs Kellerfenster in der Front. An der aufgehenden, schon abgezimmerten Fachwerkkonstruktion waren ebenso Veränderungen notwendig. Der Bau verteuerte sich dadurch um 103 Taler und 21 Groschen. Im Januar 1832 war er aufgerichtet und im Mai fertiggestellt. Nur das eiserne Treppengeländer der Freitreppe, für das Brune erst im Oktober 1833 einen Riss zeichnete, fehlte noch fast zwei Jahre lang.

Erbaut wurde auf verputztem Bruchsteinuntergeschoss ein zweistöckiger übertünchter Fachwerkbau in Stockwerkszimmerung mit Fachstreben und sechs Fensterachsen in der straßenseitigen Traufe. Eine zweiläufige Freitreppe mit sieben Stufen vor der Mitte des Gebäudes führte zu zwei Eingängen (links Wohnung, rechts Schule). Im Unterbau links wurden die vorderen zwei Drittel unterkellert. Über die linke Kellertreppe gelangte man zu einem gewölbten Vorraum und zwei Kellern; über die rechte Treppe ebenfalls zu einem gewölbtem Vorraum und einem Holzkeller. Im Hochparterre führte auf der rechten Seite der Flur in die kleine und große Konfirmandenstube, auf der linken Seite vorn in die Wohnstube, dahinter in Schlafkammer, Kinderstube, Speisekammer und Küche des Lehrers. Hinter der Treppe fand die Schlafstelle der Magd Platz, nur durch eine Bretterwand vom Abtritt abgeteilt. Im Obergeschoss lag vorn links die große, rechts die kleine Bürgermädchenschule, links hinter der großen die Studierstube des Lehrers und eine weitere Stube, eine Kammer sowie die Treppe zu den Räumen der Lehrerwohnung im Erdgeschoss; rechts hinter der kleinen Schulstube führte im Flur eine weitere Treppe zum Erdgeschoss. Hinten war eine Zeichenstube für die Gewerbeschule untergebracht.

Das Halbwalmdach war mit Ziegeln gedeckt. Innovativ waren die Dachrinnen mit Einlaufkästen und Fallrohren aus Zinkblech.

Um 1975 wurde die Schule abgerissen. Schon 1887/88 war in der Gerichtsstraße 6 die Paulinenschule als Mädchenschule erbaut und 1927 erweitert worden.

Gymnasium Leopoldinum in Detmold, 1830–1833 (KAT. 40, 60, ABB. 22–25)

Erste Planungen sahen einen Neubau auf dem Platz des alten Gymnasiums an der Schülerstraße vor. Der Kommission aus Konsistorium und Magistrat schlug Brune im Juli 1830 den Abbruch der alten Klosterkirche, des baufälligen Hintergebäudes, der ebenso baufälligen Kantorwohnung und den Erwerb und den Abriss der damit verbundenen Wohnung des Schlossbedienten Tölke vor, um in der Fluchtlinie der Schülerstraße ein ausreichend großes Baugrundstück zu gewinnen. Statt eines Fachwerkgebäudes bevorzugte er einen Massivbau, wofür sprach, dass sämtliche Mauersteine in der alten Kirche vorhanden und diese vollkommen ausgetrocknet waren, weshalb der Neubau keiner Trockenzeit bedurfte. Bei gleichen Kosten betonte er die Vorzüge von Festigkeit, Dauerhaftigkeit, Feuersicherheit, Bequemlichkeit und Schönheit eines Steinbaus. Als Bauprogramm listete er auf: im Erdgeschoss das Brennholzlager, wie bisher eine kleine Wohnung für den Aufwärter und die Abtritte, darüber zwei Stockwerke für fünf bis sechs Schulstuben, Konferenzzimmer, Auditorium und Bibliothek. Für das etwa 100 Fuß lange und 45 Fuß tiefe Gebäude veranschlagte er nur 6.000 Taler, da viel Material schon vorhanden und auch ein Erlös aus dem Materialverkauf der beiden abzubrechenden Häuser zu erwarten war. Bei einem Beginn im Frühjahr 1831 hielt er einen Bezug im Herbst desselben Jahres für möglich. Zur Anfertigung eines Risses und Anschlags forderte er einen genauen Situationsplan, welcher erstellt wurde.

Ende November 1830 erbat Brune einen Aufschub bis Anfang Januar, da er wegen überhäufter Dienstgeschäfte Riss und Anschlag nicht früher fertigstellen könnte. Die Kosten schätzte er nun auf 12.000 Taler einschließlich des Hauserwerbs von Tölke und unter Berücksichtigung der durch die Abbrüche vorhandenen Baumaterialien.[41]

Mit Brunes erstem Entwurf war die Kommission nicht einverstanden, weil er einerseits den nötigen Raum nicht gewährte, andererseits für das Auditorium zu viel Raum in Anspruch nahm. Einen Kostenanschlag forderte die Kommission daher nicht an, sondern wandte sich an den Ober-Ingenieur Justus Kühnert in Kassel, der schon beim Rathausbau für den Magistrat tätig gewesen war. Dieser lieferte einen Riss, den Kostenanschlag erstellte jedoch der Kalkulator Déjean, da Kühnert mit den örtlichen Preisen nicht vertraut war. Kühnerts Riss zeigt ein traufständiges, dreigeschossiges Gebäude mit neun Achsen, die mittlere als Risalit mit Dreiecksgiebel, Freitreppe und Eingang. Das Walmdach ziert ein Uhrentürmchen. Gegen Kühnerts Projekt gab es Einwände hinsichtlich der Konstruktion und der Tatsache, dass die Lehrerwohnung in das dritte Geschoss gelegt, in dem Plan aber nicht anders platziert werden konnte. Die geringe Raumhöhe von 9 Fuß in diesem Geschoss beurteilte man für einen Lehrer als unzumutbar. Daher kehrte die Kommission zu Brune zurück, „*der bei dem Kühnertschen Plan die Veränderungen anzubringen suchte, durch die er brauchbar werden könne.*"[42] Zugleich legte Brune einen weiteren, eigenen Riss vor, aus dem die Lehrerwohnung ausgeschlossen war, was nicht gutgeheißen wurde.

Die Kommission ließ alle vier bisher angefertigten Risse und die Anschläge durch den Assessor Stein als Bauverständigen prüfen. Dieser stimmte für Brunes Überarbeitung des Kühnert'schen Plans. Brune schlug dann vor, das Auditorium in ein Nebengebäude zu verlegen, um Platz für die Lehrerwohnung und einige Schülerunterkünfte zu gewinnen, was aber Mehrkosten von 1.200 Talern bedeutete.

Inzwischen wurden andere Standorte diskutiert, da der alte Schulhof nach Abbruch der Klosterkirche nur ausreichend gewesen wäre, wenn man auch das Tölke'sche und das Kantorhaus abgebrochen hätte, was aber wegen der Entschädigungen bzw. Ersatzbauten zu kostspielig war. Von einem Neubau an der Chaussee nach Horn riet Stein ab, denn der Verkehr bringe zu viel Unruhe. Favorisiert wurde aber ein Standort an der Ka-

sernenstraße (Leopoldstraße). Im April 1832 schrieb Brune, wenn freistehend neben dem Militärgebäude gebaut werden solle, seien Änderungen an den nun sichtbaren Giebelseiten notwendig, die sonst zu kahl und nüchtern erschienen. So müssten diese Fenster erhalten, die Sockel mit Sandstein verblendet und der Verputz darüber mit einem Ölanstrich versehen werden. Da neben der Kaserne ausreichend Platz vorhanden war, sollte die geplante Länge von 98 auf 100 Fuß vergrößert werden. Fürst Leopold II. wünschte nun eine baldige Realisierung, auch um den Bauarbeitern einen Verdienst zu geben. So erstellte Brune im September 1832 einen Kostenanschlag für einen Neubau einschließlich Pedellenwohnung mit Bruchsteinaußenwänden, Sandstein für Sockelvormauerung und Gesimse sowie Verblendung der Fassade mit geschliffenen Sandsteinplatten. Der traufständige Bau sollte ein Walmdach mit Flachziegeldeckung erhalten, die Borte, Walme und der First mit Schiefer eingefasst. Für diesen Bau veranschlagte er 10.962 Taler. Spies schlug erhebliche Einsparungen vor, wogegen Brune sich mit zahlreichen Argumenten erfolgreich zur Wehr setzte. Brune musste den Anschlag erneut nach oben korrigieren

ABB. 22 | Entwurf zu einem Gymnasium in Detmold [Kat. 40], Justus Kühnert, o. J. (1830)

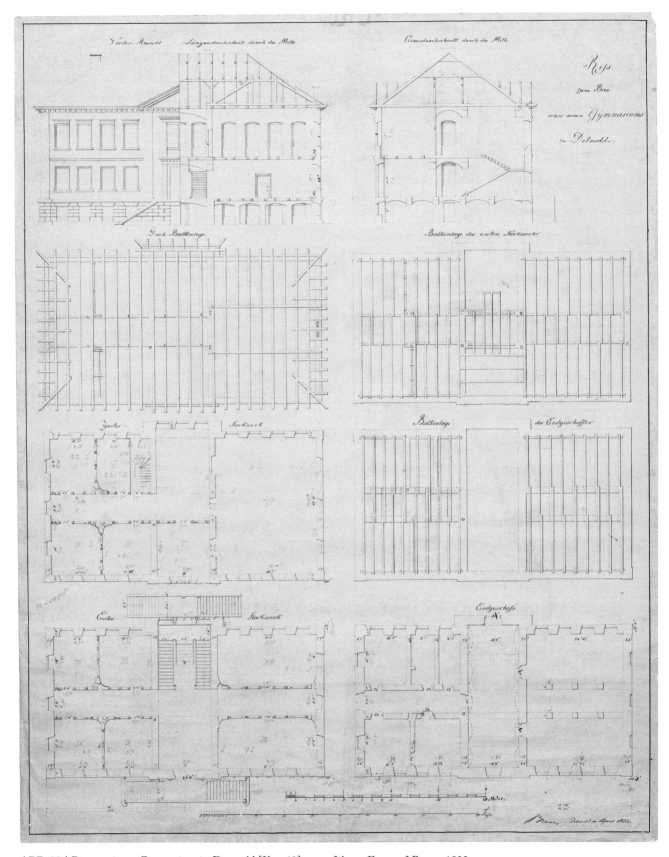

ABB. 23 | Riss zu einem Gymnasium in Detmold [Kat. 60], ausgeführter Entwurf, Brune, 1832

ABB. 24 | Gymnasium in Detmold [Kat. 60], Ansicht von Nordwesten, Fotografie, Theodor Kliem, um 1880

wegen der vergessenen Eisengeländer der vorderen und hinteren Freitreppe und der Dachrinnen und Fallrohre und errechnete nun 11.797 Taler. Hinzu kamen die Kosten von 4.250 Talern für eine Lehrerwohnung, die inzwischen nicht mehr im Gymnasium selbst untergebracht werden sollte, weitere 300 Taler für einen Stall des Lehrers und des Pedellen, worin auch die Abtritte für die Schüler gelegt wurden, das Sandstein-Trottoir, die Einfriedung und das Hofpflaster, so dass die erwarteten Gesamtkosten nun bei 16.957 Talern lagen. Schließlich gab Spies ein Gesamtangebot für Gymnasium und Lehrerwohnung in Höhe von 14.500 Talern ab.[43]

Inzwischen suchte Kanzleirat Althof den Abbruch der alten Klosterkirche zu verhindern, doch mochten weder Fürst Leopold II., die Kommissionsmitglieder noch Brune einen Denkmalwert feststellen. *„Ich kann daher durchaus keinen Grund finden, das fragliche Gebäude zu conserviren, obschon ich nicht zu denen gezählt zu werden wünsche, denen wirklich schöne oder durch ihr Alter oder ihre Größe und Erhabenheit ehrwürdige Denkmale der Baukunst gleichgültig sind"*,[44] votierte letzter. Da das Baumaterial der Kirche für den Neubau benötigt wurde, musste für den Unterricht vorübergehend ein Wohnhaus angemietet werden. Schon am 1. März 1831, über ein Jahr vor Baubeginn, wurde der Mietvertrag zwischen der Kommission und Schulpedell Gerbes über dessen an der verlängerten Schülerstraße liegendes neu erbautes Wohnhaus für 150 Taler jährlich von Ostern 1831 bis Ostern 1833 abgeschlossen.

Am 8. Juni 1832 wurde der Kontrakt mit Spies für ein 100 mal 52 Fuß großes Gymnasialgebäude genau nach dem von Brune entworfenen Riss und Kostenanschlag für die Akkordsumme

ABB. 25 | Gymnasium Leopoldinum [Kat. 60], Ansicht von Osten (Hofseite), Fotografie, Ferdinand Düstersiek, um 1900

von 10.500 Talern preußisch Courant geschlossen. Spies haftete mit seinem gesamten Vermögen. Der Bauplatz in der Nähe des Militärgebäudes war noch immer nicht festgelegt und sollte Spies noch näher angegeben werden. Die Fertigstellung wurde bis Michaelis 1833 vereinbart. Brune erhielt Oberaufsicht und Kontrolle über den Bau. Am 18. Juni 1832 erfolgte die Grundsteinlegung. Am 2. Oktober 1833 konnte die Schule eingeweiht werden. Die Schlussrechnung ergab inklusive dem Lehrerwohnhaus (Kat. 61) und der Nebenanlagen 18.155 Taler.

Entstanden war ein klassizistischer zweigeschossiger Putzbau mit Werksteingliederung auf hohem Werksteinsockel mit rechteckigem Grundriss. Das Walmdach trägt einen quadratischen Dachreiter mit Uhr und Glocke. Die Front wird durch neun Fensterachsen gegliedert, deren mittlere an Vor- und Rückseite als Eingangsrisalit mit doppelläufiger Freitreppe und flachem Dreiecksgiebel betont ist. Im Dachreiter fand neben der Uhr des Hofuhrmachers Déjean auch die Glocke von 1612 des alten Gymnasiums in der Schülerstraße Wiederverwendung.

1844 bis 1846 wurde hinter dem Gymnasium eine Turnhalle errichtet (Kat. 166) und dieselbe nach Bau einer neuen Turnhalle 1853 für die Sammlung des Naturwissenschaftlichen Vereins eingerichtet (Kat. 217).

Bis 1907 Nutzung als Gymnasium, dann Bezug des Neubaus in der Hornschen Straße. 1968 Polizeiwache. 1980 wurde der geplante Abbruch für den Erweiterungsbau des Bezirksregierung, durch Bürgerproteste und den Denkmalschutz verhindert (Eintragung in die Denkmalliste 1983), anschließend zur Stadtbibliothek ausgebaut.

Schutzdach der Schlosswache in Detmold, 1831–1835 (KAT. 51, ABB. 26, 27)

Die 1780–1800 entstandene Schlossplatzbebauung mit Pavillons, Remisen, Marstall und Reithalle nach Entwurf von Christian Teudt enthielt auch den 1784 errichteten Pavillon IV mit der Schlosswache neben dem großen Gittertor zur Langen Straße. An der Südseite war der Eingang zur Schlosswache mit einer *welschen Haube* als Schutzdach versehen, welches 1831 als baufällig beurteilt wurde. 1832 entwarf Brune zunächst einen Vorbau in Form eines dorischen Portals, der aber von der Rentkammer als stilistisch unpassend und auch zu kostspielig verworfen wurde. Stattdessen bestand die Kammer auf der Erneuerung in der herkömmlichen Form, setzte bald aber ganz darauf, den Vorbau überhaupt nicht übernehmen zu wollen, da dieser ausschließlich den Interessen des Militärs diene und so auch von diesem zu bezahlen sei. Das Hofmarschallamt zog hingegen Brunes Entwurf des dorischen Portals vor, schlug aber kostengünstigere Änderungen vor – etwa den Ersatz des Giebeldreiecks durch einen Balkon und die Ausführung in Holz –, womit wiederum Brune sich

ABB. 26 | Entwurf zu einem Blechschirm vor der Hauptwache in Detmold [Kat. 51], Brune, 1835

nicht einverstanden erklären konnte. Die Regierung griff ein und erlegte der Rentkammer zumindest die Kosten auf, die beim gleichartigen Ersatz der welschen Haube entstünden, und bot an, die zusätzlichen Kosten von Brunes dorischem Portal zu tragen – nicht ohne den Vorschlag, aus Kostengründen gusseiserne Stützen zu wählen, was zudem den Vorteil einer Platzersparnis (durch die geringeren Querschnitte) brächte. Dies ergab nach jahrelangem Streit die Lösung: Brune legte 1835 den Entwurf eines Blechschirmes auf filigranen Eisenstützen vor. Seit der Barockzeit war die Nachahmung von Zelten in Blech verbreitet, zunächst aus Kupfer, seit dem 19. Jahrhundert aus verzinktem Eisenblech. Es bildete sich der Dachtyp mit Konsolstangen, Streifenbemalung der Flächen und gezacktem Randbehang – dem *Zattelstreifen* oder *Lambrequin* – heraus.[45] Im Klassizismus Karl Friedrich Schinkels und anderer Architekten erlebte das Blechzelt als Vordach eine Blüte, wie GRAEFE ausführlich dargelegt hat.[46] Aus Berlin brachte Brune diese Mode nach Detmold. Sie ahmte Tuchzelte täuschend echt nach.

ABB. 27 | Blechdach vor der Schlosswache in Detmold [Kat. 51], Ansicht von Süden, Fotografie, anonym, um 1900

Das dreigeteilte Vorzelt ruht auf vier speerförmigen Stützen. Es ist 10 Fuß tief und 31 Fuß breit (ca. 2,80 mal 8,70 m). Die Speerschäfte sind 12 Fuß (ca. 3,35 m) lang. Aus Furcht vor einer Verformung beim Erkalten nach dem Guss wurden sie massiv gegossen, was den Preis erhöhte. Der Kostenanschlag betrugt 234 Taler (gegenüber 153 für die welsche Haube und 676 für das dorische Portal). Trotzdem die Kammer den baukünstlerischen Wert des Blechzeltes bezweifelte, war die Regierung mit dem Entwurf einverstanden, und Fürst Leopold II. erteilte im September 1835 die Genehmigung. Die Speere sollten in der nahegelegenen Altenbekener Hütte gegossen werden, doch war diese wegen Abbruch und Neubau des Ofens nicht lieferfähig. Die dann von der Theodorshütte in Bredelar bei Marsberg gelieferten Stützen waren falsch gegossen und wurden von Brune zurückgewiesen. Erst Anfang August 1836, fast ein Jahr nach der Genehmigung, war das Dach fertig zum Anstrich mit Ölfarbe. Vor die Wahl zwischen schiefergrau und dunkelgrün gestellt, entschied sich Fürst Leopold II. für schiefergrau. Dennoch erhielt das Dach auf der Oberseite einen grünen Anstrich, die Schäfte der Speere wurden schwarz lackiert und die Spitzen vergoldet.

Die Konstruktion bestand aus den Speerstützen, die untereinander und mit der Außenmauer durch schmiedeeiserne Vierkantstäbe verbunden waren. Darüber „hing" die Blechhülle aus dem stärksten Eisenblech, dem *Kreuzblech*, das in Tafeln von 2 mal 2 Fuß (ca. 58 mal 58 cm) gehandelt wurde. Die verzinnten Tafeln hatten nach oben gebogene Ränder, die miteinander verlötet wurden. Diese Naht wiederum verdeckte ein U-förmiger, etwa 4 cm breiter Zinkblechstreifen. Mit den Vierkantstäben waren die Bleche verschraubt. Der Randbehang bestand aus blechernen Halbmonden, die 1911 noch vorhanden

waren und danach durch eine einfache Blechborte ersetzt wurden. Die tatsächlichen Kosten überschritten den Anschlag mit 313 Reichstalern erheblich. Allein 120 Reichstaler gingen an den Blechschläger.

Bautechnische Schwachstellen waren der Anschluss an das Mauerwerk und der „Durchhang" der Bleche, in deren tiefstem Punkt sich nicht ablaufendes Wasser sammelte und zur Korrosion der darunterliegenden Vierkanteisen führte. 1852 erfolgte eine Erneuerung der Anstriche, 1858 Silberanstrich der Oberseite und Zinkfarbe auf der Unterseite, die „*Wültze und Verzierungen*" (Wülste, Abdeckstreifen und Lambrequin) wurden blau. Zuletzt war die Oberseite in einem Grünspan vortäuschenden Farbton gestrichen. 1981 wurden die Bleche durch Kupferbleche ersetzt.

Nach dem Vorbild der Schlosswache entwarf und baute Klempnermeister Plöger im Innenhof des Schlosses rechts hinter der Tordurchfahrt ein kleines Blechdach in der Grundrissform eines annähernden Viertelkreises. 1855 war hier zunächst ein hölzernes Bretter-Provisorium angebracht worden, welches im Frühjahr 1856 durch den Blechschirm aus gewalztem Blech ersetzt wurde. Es handelt sich um ein Kragdach ohne aufrechte Stützen. Auf dem kolorierten Bauriss ist das Blech grün dargestellt, aktuell ist das Zinkblech ohne farbliche Fassung. Die fein gearbeitete Hängeborte ist hier original erhalten.

Fasanerie im Tiergarten bei Detmold, 1836/37 (KAT. 93, ABB. 28, 29)

Die Fasanerie ist Teil des ummauerten Tiergartens am Büchenberg, den die Fürsten zur Lippe hier auf dem Gelände des barocken Lustgartens „Friedrichstal" anlegten.[47] Am 18. Januar 1836 erteilte Fürst Leopold II. der Rentkammer den Auftrag zur

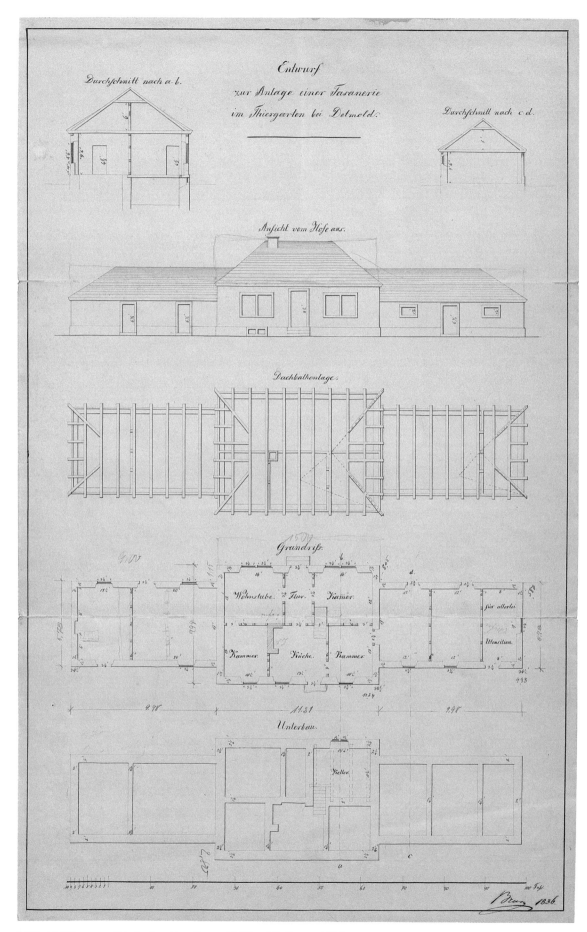

ABB. 28 | Fasanerie Friedrichstal bei Detmold [Kat. 93], Brune, 1836

Anlage einer Fasanerie.[48] Grundlage war ein von Hofjägermeister von Donop erstelltes Gutachten,[49] welches wiederum auf einer Zeichnung der Fasanerie in Niederspier, südlich von Sondershausen in Thüringen, beruhte.[50] Brunes Entwurf folgte diesem Vorbild jedoch nicht. Seine Entwurfszeichnungen zeigen einen dreiteiligen eingeschossigen Putzbau.

Am 25. Juni 1836 begann die Einrichtung der Baustelle mit der Anlieferung von Sand aus Hiddesen.[51] Die Bruchsteine stammten aus einem Steinbruch im Büchenberg, die Backsteine für die inneren Fensterbögen und die Brandmauer sowie 4.000 „Hangsteine" (Dachziegel) lieferte die Ziegelei in Hiddesen, Sandsteingewände kamen aus Berlebeck.[52] Der Zuchtbetrieb konnte schon im Sommer 1837 aufgenommen werden.[53] Bis der Neubau soweit getrocknet und bewohnbar war, verging jedoch noch ein Jahr, so dass Fasanenwärter Römer und seine Familie erst im Sommer 1838 einzogen.

Der klassizistische Baukörper ist streng symmetrisch aufgebaut; er besteht aus einem größeren rechteckigen Mittelbau (ca. 11,30 mal 8,00 m) und zwei seitlichen rechteckigen Flügeln (ca. 9,90 mal 5,80 m), jeweils eingeschossig und mit Satteldächern versehen. Die Vorderansicht, in den Plänen als „Ansicht vom Hofe aus" bezeichnet, weist nach Süden. An den Wohnbau in der Mitte schließen sich seitlich die beiden Stallflügel an. Ein kaum 5 cm vorspringender Sockel hebt das Gebäude etwa 50 cm über das umgebende Gelände. Inmitten der Wohnteilfassade befindet sich die kassettierte Haustür, zu der drei Sandsteinstufen hinaufführen. Darüber sorgt ein Oberlicht mit Bleisprossen für die Belichtung des Flures. Zu jeder Seite der Tür gliedert ein großes gekuppeltes Fenster die Fassade – unter dem linken zeigt ein niedriges gekuppeltes Fenster knapp über dem Erdboden den dortigen Kellerraum an.

In den seitlichen Flügeln waren Balz-, Brut- und Aufzucht-kammern, das Winterhaus für die Fasanen, eine „Utensilienkammer" sowie ein Stall für Schwein und Kuh zur Selbstversorgung un-tergebracht. Wie im 19. Jahrhundert üblich, ist im Stall ein Abort angelegt. Durch einen Mauerdurchlass rutschten die Fäkalien nach draußen in die Düngergrube vor der Giebelwand. Während die jeweils dem Wohnteil nächstgelegenen Räume Türen in der Vorderseite hatten, befanden sich die Türen der äußeren Räume nach Norden hin, also zur Rückseite. So öffneten sich die Brut- und Aufzuchtkammern für die Fasanen zur Sonne und den Freilaufgehegen, während der Geräteraum und der Viehstall davon unabhängig zu betreten waren. Als Grund für diese strikte Trennung, die von Donop in seinem Gutachten empfohlen hatte, lassen sich allgemeine Regeln zur Fasanenzucht vermuten.[54] Kleinere, hochgelegene Fenster, jeweils der Tür gegenüber, ermöglichten eine gute Durchlüftung aller Ställe. In den Giebelseiten befanden sich Luken für die Dachböden und in der Ostseite eine kleine Öffnung zum Entmisten des dort gelegenen Viehstalls. Die rückwärtige Traufseite war weniger streng symmetrisch angelegt als die Vorderseite. Hier rückte die Küchentür, anders als die vordere Haustür, aus der Mittelachse nach Westen, da die Küche im Unterschied zum Hausflur ein großes Fenster neben der Küchentür benötigte.

Die Wohnung des Fasanenwärters und seiner Familie bestand aus einem Hausflur, der zur dahinterliegenden Küche führt, und Stube und Kammern seitlich. Gekocht wurde am offenen Herdfeuer auf einem gemauerten Herd mit Eisenrost. Ein Rauchfang ruhte auf seitlichen Mauervorlagen. Die Rückseite der Feuerstelle zur Schlafkammer hin war als Brandmauer aus Backstein gemauert. Auch der Rauch des Hinterladers, mit dem die Stube beheizt wurde, gelangte in den Rauchfang und wurde in einem Schornstein über Dach geführt.

Die äußeren Umfassungsmauern und die Trennmauern zwischen Mittelbau und Stallanbauten sind massiv aus dem örtlich anstehenden Muschelkalk-Bruchstein gemauert. Die inneren Trennwände sind als Fachwerkwände aus Eichenholz

ABB. 29 | Fasanerie Friedrichstal bei Detmold [Kat. 93], Ansicht von Süden, rekonstruierter Zustand vor 1900, Fotografie 2011

konstruiert, zum Teil aus zweitverwendeten Hölzern. Die Dachkonstruktion ist aus Nadelholz gezimmert. Die Köpfe der Dachbalken ließ Brune zum Schutz vor Feuchtigkeit teeren. Im Wohnbereich ist die Ausfachung der Fachwerkwände aus dem wärmeren Lehm-Flechtwerk hergestellt, in den Ställen aus dem kälteren, aber gegenüber dem Fasanenkot unempfindlicheren Bruchstein. Die Außenwände sind mit Kalkmörtel verputzt, der Putz der Innenwände erfolgte mit Lehm.

Nach dem ersten Winter (1837/38) stellte von Donop fest, dass das Winterhaus für die Fasanen ungeeignet war.[55] Es wurde daraufhin ein eigenes Winterhaus aus Fachwerk errichtet. Der Versuch, im Büchenberg Fasanen zu züchten, war nicht von Erfolg gekrönt. So gab man die Fasanenzucht nach wenigen Jahren wieder auf.[56] 1849 übergab Fürst Leopold II. den Tiergarten mitsamt der Fasanerie seinem Sohn Woldemar. Das Fasaneriegebäude wurde nun als Gestüt für die fürstliche Pferdezucht genutzt. 1850 entstand gegenüber der Fasanerie das sogenannte *Fouragehaus*, ein Fachwerkgebäude ähnlicher Gestalt, in dem das Pferdefutter gelagert wurde. 1934/35 war das Fasaneriegebäude kurzzeitig Teil einer SA-Reitschule, bevor es Wachstation der Bereitschaftspolizei wurde, was es bis 1975 blieb. Danach diente es dem Westfälischen Freilichtmuseum zunächst als Wachstation und Sammlungsdepot, seit den 1990er Jahren wird hier eine Dauerausstellung zur historischen Nutzung des Gebäudes gezeigt.

Amthaus in Oerlinghausen, 1836–1839
(KAT. 95, ABB. 30, 31)

In der Oerlinghauser Hauptstraße fällt ein außergewöhnlicher Bau ins Auge, der älteren Ortsansässigen noch als Amtsgericht bekannt ist.[57] Nicht nur die repräsentative Putzquaderung der Fassade, die doppelläufige Freitreppe und die ungewöhnliche Breite mit acht Fensterachsen unterscheiden es von den benachbarten Gebäuden. Das hervorstechendste Merkmal dürften die beiden nebeneinanderliegenden Haustüren sein, die in der ursprünglichen Funktion als Amthaus begründet sind.

Zunächst war an eine Erweiterung des alten Amthauses gedacht.[58] Amtmann Plage hatte sich über die Enge seiner Wohnung beschwert. Daraufhin wurde Brune im Dezember 1829 beauftragt, das Amthaus zu besichtigen und sein Urteil abzugeben. 1830 erstellte Brune einen Bestandsplan[59] und verneinte in seinem Gutachten vom 11. April 1930, *„daß das Gebäude für eine gewöhnliche Familie zu beschränkt genannt werden kann"* und hielt nur den Anbau einer Registratur für gerechtfertigt, stellte aber auch wegen des feuchten Standortes und der schlechten baulichen Beschaffenheit einen Neubau an anderer Stelle zur Diskussion.

Das alte Amthaus stand gegenüber dem späteren Neubau, am Fuß des Tönsberges, von dem es eine 1830 errichtete Stützmauer trennte, welche das Haus vor dem den Berg hinabfließenden Oberflächenwasser schützen sollte. Nur das Gefangenenhaus stand noch dahinter, litt aber auch unter Feuchteproblemen und hatte schon 1827 eine solche Schutzmauer erhalten.[60] Das alte Amthaus war zweigeschossig, aus Fachwerk konstruiert und mit der Traufe nicht parallel, sondern leicht schräg zur Straße positioniert. An die Wohnstube war vor die linke Giebelseite eine Kammer angebaut. Ziel der Erweiterungspläne war 1830 ein eigener Raum für die Aktenregistratur, 3,92 Meter im Quadrat messend, kaum größer als der Kammeranbau an der gegenüberliegenden Hausseite. Die Planungen wurden jedoch zunächst auf Eis gelegt, im März 1834 wurden sie wieder aufgenommen und die Kosten dafür im Bau-Etat desselben Jahres vorgesehen.[61] Doch kam es dazu nicht, denn durch den Tod des Oerlinghauser Pfarrers ergab sich die Möglichkeit eines Neubaus im gegenüberliegenden Pfarrgarten, den herzugeben „*der frühere Prediger*" sich geweigert hatte, den die Kammer aber nun am 25. November 1835 vom Konsistorium kaufen konnte.[6]

Infolgedessen beauftragte die Rentkammer Ferdinand Brune Ende 1835, einen Neubau zu entwerfen, der 1836 errichtet werden sollte.[63] Durch den Tod des Amtmanns Plage im Frühjahr 1836 hielt Brune die Pläne für obsolet, doch schon im Mai insistierte Plages Nachfolger Carl Theodor Heldman[64] bei der Kammer, den Neubau möglichst umgehend vorzubereiten. Kammer-Assessor Stein wies Brune daraufhin am 10. Juni 1836 an, innerhalb zwei Monaten den Riss und Kostenanschlag nach Rücksprache mit Heldman auszuarbeiten.[65] Im Juli 1936 nahm Brunes Gehilfe Ferdinand Merckel die örtliche Situation in einem Lageplan auf, in dem die Position des alten Amthauses samt der Nachbarbebauung festgehalten ist. Am 6. Oktober 1836, zwei Monate später als verlangt, reichte Brune den Riss und den Kostenanschlag über 4.500 Reichstaler für den Bau-Etat des kommenden Jahres ein.

Der Neubau grenzte im Osten an die Scheune des Gastwirts Nagel,[66] im Westen an den ehemaligen Kantor-Garten, jetzt Garten des Kolons Hölter. Brune projektierte einen verputzten Massivbau aus Bruchstein mit Sandsteingewänden für Fenster und Türen, mit Souterrain und zwei Geschossen. Das Gebäude positionierte er traufständig zur Straße, vorn, an der Südseite, acht und rückwärtig sechs Fensterachsen breit, mit Halbwalmdach, zweiläufiger Freitreppe und zwei nebeneinanderliegenden getrennten Eingängen in die Amtsstube und den privaten Wohnbereich des Amtmanns. Die Giebelseiten ließ er bis auf die Stirnmauern des Dachbodens ohne Fensteröffnungen. Die Innenwände sollten, wie damals auch bei Massivbauten üblich, aus Fachwerkwänden konstruiert werden.

Der Keller, in den Akten stets als Souterrain bezeichnet, mit leicht geböschtem Mauerwerk, sollte durch die Hanglage von der Rückseite her ebenerdig zu betreten sein und enthielt

ABB. 30 | Amthaus in Oerlinghausen [Kat. 95], Ansicht von Südosten, 2023

nicht nur die Küche mit Speisekammer und zwei Vorratskellern, sondern unter der linken Haushälfte auch Ställe für Kühe, Pferde und Schweine sowie eine Wagen- und Holzremise. Im Erdgeschoss verband Brune die beiden Entrées durch eine Tür zwischen Privat- und Amtbereich. Im Amtbereich gelangte man vom Entrée sowohl in die Arbeitsstube des Beamten als auch in die „*Partheienstube*", ein Sitzungsraum, der Amtsstube vorgeschaltet. Der Amtmann konnte sie auch von seinem Arbeitsraum aus betreten. Von der Amtstube war die Registratur zu erreichen. Der Wohnbereich nahm im Erdgeschoss die rechte Haushälfte ein, im Obergeschoss die gesamte Fläche. Unten fanden sich die Wohnstube und die Kinder- bzw. Gesindestube, hinter beiden je eine Kammer. Die Treppen in Keller- und Obergeschoss ordnete Brune am Ende des Entrées übereinander an. Dieses Entrée erhielt im Obergeschoss doppelte Breite und führte links in den Saal von 36 Fuß 6 Zoll mal 18 Fuß 6 Zoll (10,59 mal 5,37 m) und in eine Stube, beide auch durch ein Nebenzimmer verbunden. Rechts waren eine Stube und drei Kammern vorgesehen. Auf dem Dachboden war über den Küchenschornstein eine Rauchkammer zu bedienen. Bei einer Grundfläche von 75 Fuß mal 41 Fuß 1 Zoll (21,75 mal 11,91 m) bringt Brune insgesamt ein ökonomisch und funktional ausgeklügeltes Programm unter.

Vier Wochen später nahm Stein dazu Stellung. Er bemängelte nur die „*wegen Sicherung der Depositen*" fehlenden Fensterläden vor der Amtsstube, die fehlenden Kosten der Möblierung der Amtsräume und die Tapezierung eines zweiten Zimmers, die gegen das Prinzip verstieß. Zu vollkommen erschien ihm „*die Räumlichkeit des Amtslocals und dessen völlige Trennung von dem*

übrigen Gebäude".[67] Da jedoch fast alle Beamten „*den Mangel einer Partheienstube, einer besonderen Geschäftsstube für den Beamten und einer besonderen Entrée*" beklagten und Brune diesen Räume nur mäßigen Platz gegeben hatte, hielt er den Entwurf für genehmigungsfähig, insbesondere weil eine Verkleinerung des Grundrisses die Unterbringung aller Wirtschaftsfunktionen im Souterrain nicht mehr erlaubte, und ein separates Nebengebäude erhebliche Mehrkosten, auch in Hinsicht auf zukünftigen Bauunterhalt, verursacht hätte. Die Kosten berechnete Stein mit 4.358 Talern, verteilt auf zwei Jahre und reduziert um den Verkaufserlös des alten Amthauses, den er auf 1.200 Taler schätzte. Nach einer Ortsbesichtigung einen Monat später ergänzte Stein noch einen fehlenden Brunnen zu 25 Talern.

Doch schon im Januar 1837 erreichte ihn Heldmans Vorwurf, die Wohnstuben seien zu klein und in der Tiefe zu dunkel. Heldman hatte „*unter der Hand*" seinen Schwager, den Lemgoer Baukommissar Overbeck, um einen alternativen Entwurf gebeten. Stein reichte diesen und sein „*Pro Memoria*", in dem er diverse Änderungsmöglichkeiten mit ihren Vor- und Nachteilen diskutierte, an Brune weiter.[68] Was Brune vor allem geärgert haben dürfte, war die Bemerkung Steins, dass Overbecks Entwurf der Kammer „*ganz zweckmäßig*" erscheine, wenn nur die Remise darin nicht wegfiele, was ein zusätzliches Gebäude erforderlich machen würde. Auf Steins Anweisung, auf das Pro Memoria „*und das Schreiben des A. Heldman vom 10. d. M. nebst dem angebogenen Schreiben des BK. [Baukommissars] Overbeck mit dessen Zeichnung […] sein wohlerwogenes Gutachten in 14 Tagen abzugeben*", antwortete Brune mit einem 47 Seiten langen Schreiben, in dem er seinen Entwurf gegen Steins Bedenken verteidigte. Dem Vorwurf, die Stube sei zu klein und in der Tiefe zu dunkel, begegnete er mit einer Tabelle ihm bekannter Wohnstuben anderer Beamter. Den Vorschlägen Steins bescheinigte er „*Uebelstände [und] andere Nachtheile*", die sie „*ohne die gröbsten Verstöße gegen Bequemlichkeit und gegen innere und äußere Symmetrie unausführbar*" machten.[69] Dem Overbeck'schen Plan schließlich warf er – berechtigt – erhebliche technische Mängel vor, was Overbecks „*Qualification als Baukünstler aufs Höchste kompromittirt*" habe.[70]

Der Streitpunkt der zu kleinen Wohnstuben wurde endlich durch eine Verlängerung des Grundrisses um 3 Fuß beigelegt, wofür die Mehrkosten mit 68 Talern berechnet wurden. Voraussetzung dafür war der Erwerb eines Streifens Land vom angrenzenden Gastwirt Nagel. Im Mai 1837 entwarf Brune den größeren Bau, nun 79 Fuß 3 Zoll mal 41 Fuß 4 Zoll (22,98 mal 11,99 Meter), in dem die Stube statt 13 Fuß 4 ½ Zoll nun 15 Fuß 7 Zoll Breite erhielt. Am 2. Juni genehmigte Fürst Leopold II. diesen Amthaus-Neubau. Um den Bauetat nominell nicht zu überschreiten, verlangte Stein, „*die für unvorhergesehene Fälle ausgeworfenen 200 rthl*" aus dem Kostenanschlag

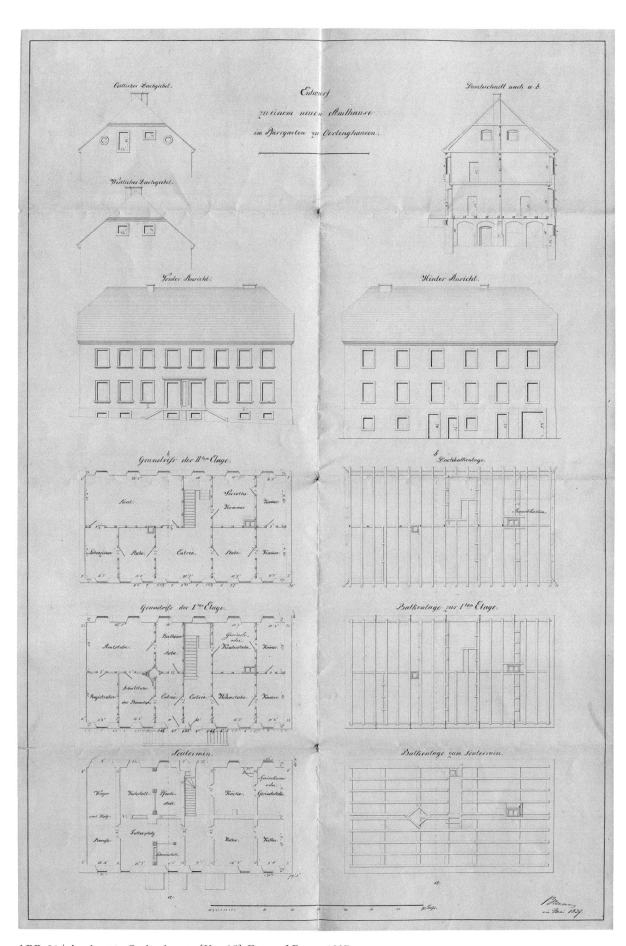

ABB. 31 | Amthaus in Oerlinghausen [Kat. 95], Entwurf, Brune, 1837

zu streichen.[71] Zu Michaelis (29. September) 1838 sollte der Neubau in Gebrauch genommen werden. Doch durch die verzögerte Genehmigung des Fürsten *„war mithin die größtmögliche Eile vonnöthen, um bei einem so bedeutenden Bau und in einem Orte wie Oerlinghausen wo es an Concurrenz von Arbeitern und Lieferanten mangelt, alle jene Materialien auf den Grund sicherer Accorde für mäßige Preise so zeitig herbeizuschaffen, und Maurer und Zimmerleute in gleicher Weise dahin zu verpflichten, daß das Haus noch vor dem Winter unter Dach kam."*[72] Die Ausmauerung der inneren Fachwerkwände mit ungebrannten Lehmsteinen wurde durch Regenwetter vollständig zerstört und musste im folgenden Jahr durch eine Backsteinausmauerung ersetzt werden. Im Juni 1838 war das Amthaus bis auf kleinere Arbeiten wie die Tapezierung und Außenanlagen fertiggestellt. Ein Einzug zu Michaelis 1838 war damit theoretisch möglich, doch wegen der hohen Baufeuchte nicht anzuraten. Bis es soweit war und Heldman das Gebäude schließlich beziehen konnte, verging noch ein ganzes Jahr.[73] Die Baukosten wurden abschließend mit 4.820 Talern, also kanpp 500 Talern Mehrkosten, festgestellt.

Mit dem Oerlinghauser Amthaus hatte Ferdinand Brune im engen Rahmen der Möglichkeiten einer sparsamen Rentkammer ein baukünstlerisch anspruchsvolles und funktional durchdachtes Gebäude geschaffen. Demonstrativ wendet sich der Bau mit seiner breiten Traufseite zur Straße. Mauer- statt Fachwerk steht für Solidität und Dauerhaftigkeit. Die spätklassizistische, symmetrische Fassadengliederung mit aufgeputzter Quaderung und zentraler Freitreppe repräsentiert die fürstliche Regierung, die hier neben dem in Schieder (Kat. 119) eines der aufwändigsten lippischen Amthäuser errichten ließ.[74] Wie dieses ist es bis heute erhalten und genießt gesetzlichen Denkmalschutz.[75]

Kahlenbergturm bei Schieder, 1840/41
(KAT. 126, ABB. 32–35)

Hunderte von Aussichtstürmen entstanden in Deutschland nach der Reichsgründung 1871.[76] In Lippe entwarf Brune bereits drei Jahrzehnte zuvor ein Exemplar. Der neuartige Bautyp eroberte, ausgehend von England, im 19. Jahrhundert die Höhen der deutschen Mittelgebirge. Seit dem späten 18. Jahrhundert dienten solche Türme (nebst anderen Bauten wie Grotten und Tempeln) zunächst als architektonische Dekoration adeliger englischer Landschaftsgärten. Deutsche Gartengestalter wie Christian Cayus Lorenz HIRSCHFELD verbreiteten die Idee hierzulande. Auch in der fürstlichen Bibliothek in Detmold stand sein fünfbändiges Werk *„Theorie der Gartenkunst"* (1779–1785).[77] Das Fürstenhaus wird dieses ebenso wie einen 1779 bis 1781 erbauten Turm, die künstliche „mittelalterliche" Burg im Park von Wilhelmsbad (Hanau) gekannt haben. Die Beziehungen zwischen Lippe-Detmold und Hessen-Kassel jedenfalls waren eng.

Luftkurort Schieder i.Lippe-Kahlenturm

ABB. 32 | Kahlenbergturm bei Schieder, Ansicht von Südwesten, Ansichtskarte

Bald wurden auch außerhalb der Parkumgrenzungen solche Türme errichtet, jedoch immer noch im landschaftlichen und Blick-Zusammenhang mit einem Schloss oder kleineren Herrensitz. Ein solches Beispiel ist der Aussichtsturm auf dem Kahlenberg bei Schieder. 1840/41 wurde auch hier der Schritt aus dem Schlosspark hinaus in die freie Natur getan.[78] Den Auftrag erhielt Brune nicht, wie gewöhnlich, von der Rentkammer, sondern von Fürst Leopold II. direkt. Am 6. November 1840 informierte er die Rentkammer darüber: *„Serenissimus haben gnädigst zu befehlen geruht, daß auf dem Kahlenberg bei Schieder ein etwa 80 Fuß hoher Thurm erbauet, und in diesem oben ein geschlossenes Zimmer eingerichtet werden soll, um auf diese Art eines Theils ein aus verschiedenen Richtungen schon von weit her ins Auge fallendes interessantes Point-de-vue zu erhalten, und andern Theils vom Thurme selbst aus eine ebenso umfassende als reizende Aussicht auf einem zugleich gegen Zugwind pp. geschützten Standpunkte, genießen zu können."*[79] In den Fragen des Standorts und der Umfeldgestaltung wurde Brune vom fürstlichen Plantagenmeister Johann Ludolph unterstützt.

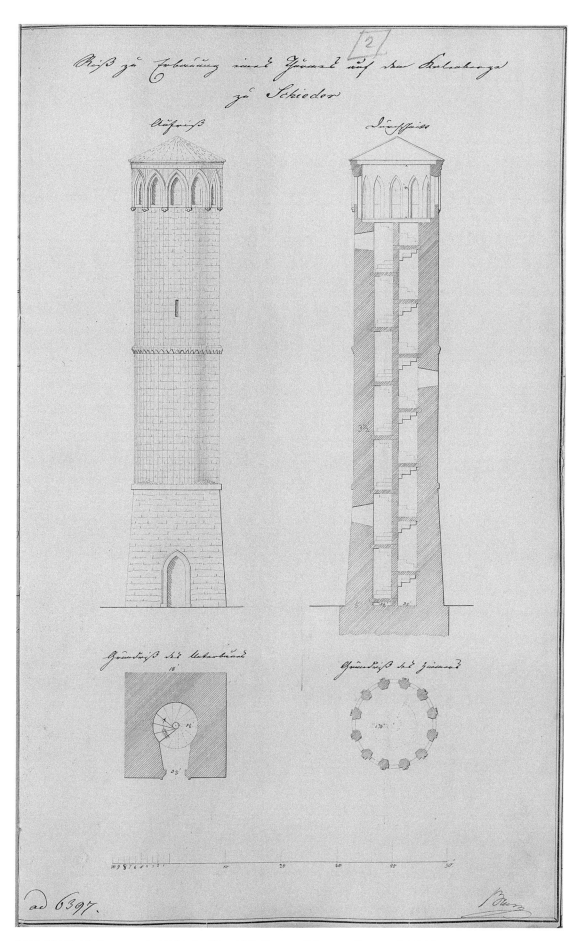

ABB. 33 | Kahlenbergturm bei Schieder [Kat. 126], Riss zur Erbauung, Brune, o. J. (1841)

Wie seinerzeit für diesen Bautyp üblich, griff Brune auf mittelalterliche Formen zurück und entwarf eine neugotische Warte. Abweichend vom Auftrag Leopolds II. erreichte der Turm nur eine Gesamthöhe von 70 Fuß (22,55 m). Den Turmschaft aus Bruchstein gliederte er in drei Teile. Der Unterteil mit quadratischem Grundriss verjüngt sich nach oben hin deutlich. Mit diesem geböschten Mauerwerk signalisiert der Bau Standfestigkeit. Der Eingang weist Richtung Schieder. Die spitzbogige Öffnung ist mit sorgfältig behauenen Werksteinen eingefasst. Einen Meter darüber befindet sich das vom Detmolder Maurermeister und Steinhauer Anton Harte gelieferte fürstliche Wappen. Darüber geht der Turmschaft in einen Zylinder über, der in halber Höhe durch ein Gesims mit Bogenfries geteilt wird. Die Turmkrone besteht aus einer Reihung von zwölf spitzbogigen Fenstern, gefasst von einem Spitzbogenfries. Die Fensterrahmen aus Gusseisen bestellte Brune beim Detmolder Kaufmann Heinrich Martin Hempelmann, der sie von der St. Wilhelms-Eisenhütte in Warstein, also aus dem preußischen Ausland, bezog. Die Verglasung bestand im oberen Teil aus farbigen Scheiben. Innen führt eine Wendeltreppe mit 102 Stufen, nur durch wenige Lichtschlitze erhellt, in das Aussichtsgeschoss. Ein sehr flaches Kegeldach, das von unten nicht sichtbar ist, schließt den Turm ab. Eiserne Sparren sollten eine lange Haltbarkeit garantieren. Die Eindeckung mit Zinkblech musste ebenfalls importiert werden und kam von der Handlung Möller & Sohn auf Gut Kupferhammer bei Brackwede (Bielefeld). Zimmermann Pollei aus Orbke lieferte die eichene Eingangstür, Tischler Adolph Sauerländer aus Blomberg ein Dutzend Gartenstühle für die Turmkammer.

Die Sandsteine kamen nur zu einem geringen Teil aus der Nähe (etwa die Treppenstufen aus Brakelsiek), sondern größtenteils

ABB. 35 | Kahlenbergturm bei Schieder, Blick aus der Turmkammer nach Norden, Fotografie, Magnus Titho, Detmold, 2012

aus den Brüchen zu Feldrom und Berlebeck (21 km), 64 Kasten Sand, jeder zu rund 2,3 t Gewicht, mussten von den Externsteinen (19 km) herangeschafft werden. Um bedeutende „Baarkosten" zu sparen, schlug Brune vor, kostenlose Spanndienste aus den Ämtern Schieder, Horn und Schwalenberg in Anspruch zu nehmen. Im September 1840 begannen die Arbeiten mit dem Anlegen eines Weges von Schieder aus, über den die Baumaterialien transportiert wurden. Lediglich das Gerüstholz aus Buche und das Eichenholz für Deckenbalken und Fußboden konnten in der Nähe gewonnen werden. Am 3. April 1841 fingen mit dem Ausschachten für das Fundament die eigentlichen Turmbauarbeiten an. Bis Dezember waren die Mauerarbeiten abgeschlossen. Neben acht Maurern und Handlangern sowie zwölf weiteren Handwerkern waren hier 31 Tagelöhner beschäftigt. Bei der seinerzeit hohen Arbeitslosigkeit im Amt Schieder stellte der Turmbau auch eine Arbeitsbeschaffungsmaßnahme dar. Insgesamt brachte die Fürstliche Rentkammer 1.843 Taler und 28 Mariengroschen für Löhne und Baumaterial auf. Diese Summe entspricht etwa drei Jahresgehältern des Landbaumeisters bzw. einem heutigen Kaufkraftäquivalent von 75.000 Euro.

Das Bauwerk in Sichtweite des Schlosses Schieder erfüllte gleich mehrere Funktionen. Natürlich repräsentierte es fürstliche Macht, ermöglichte aber auch ganz praktisch einen Blick über einen Teil des Fürstentums mit dem Schloss und der Domäne Schieder. Weiterhin stellte es vom Schloss und überhaupt von Norden her einen interessanten Point-de-vue dar – Plantagenmeister Ludolph hatte 1841 eigens befohlen, alle Bäume im Umkreis von 70 Fuß (22 m) zu fällen.

Spritzenhaus in Detmold, 1842–1845
(KAT. 149, ABB. 36, 37)

1845 wurde die Meierstraße nach Osten geöffnet, verlängert und mit der Straße Im Kampe (jetzt Friedrichstraße) verbunden. An der verlängerten Meierstraße entstand gleichzeitig im Auftrag des Magistrats das neue Spritzenhaus.

ABB. 34 | Kahlenbergturm bei Schieder, Eingang mit fürstlichem Wappen 2012

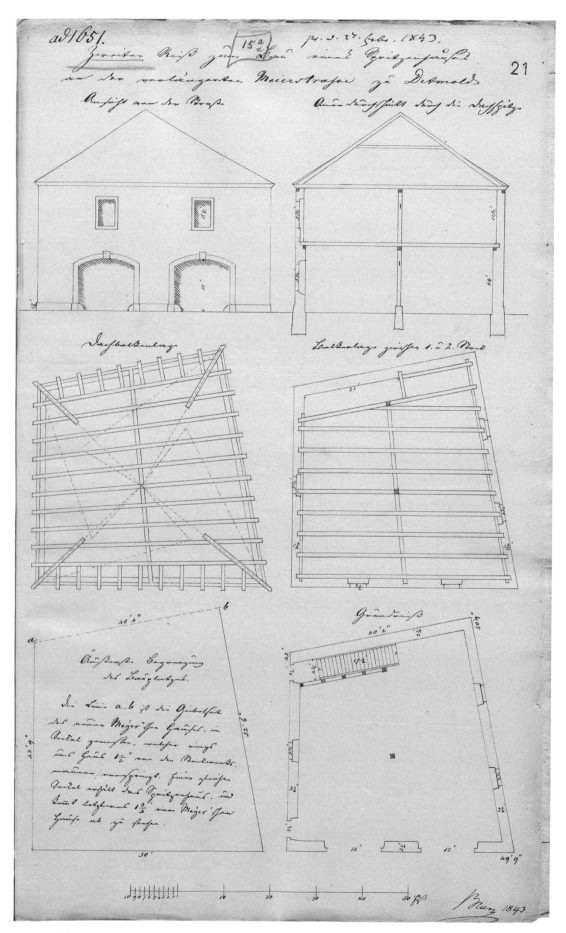

ABB. 36 | Spritzenhaus in Detmold [Kat. 149], zweiter Entwurf, Brune, 1843

Im August 1842 lieferte Brune gegen Honorar einen Riss nebst Kostenanschlag in Höhe von 2.101 Talern. Die Fürstlich Lippische Polizei-Kommission wünschte, dass der obere Teil des Spritzenhauses *mehr das Ansehn einer Wohnung erhielte*. Baumeister Wilhelm von Meien schlug vor, das Obergeschoss zur Aufbewahrung der Straßen-Laternen im Sommer zu nutzen.

Das Spritzenhaus schloss sich mit einer Traufgasse an die kurz zuvor in der Karlstraße (im vorherigen Barkhausen'schen Garten) erbaute Scheune des Bäckers Ernst H. Meyer an. Nach Westen und Süden bestimmte der Straßenverlauf die Fluchtlinien, an der Ostseite griff Brune wieder die Meyer'sche Gebäudeecke auf. Der Grundriss war durch die örtliche Situation daher schiefwinklig: Breite zur Meierstraße 49 Fuß 9 Zoll, zur Karlstraße 42 Fuß, zum Meyer'schen Haus 40 Fuß 2 Zoll und stadtauswärts an der Ostseite 50 Fuß 9 Zoll (14,43 m – 12,18 m – 11,65 m – 14,72 m). Die Höhe des Erdgeschosses betrug 14 Fuß, die des Obergeschosses 11 ½ Fuß (4,06 und 3,34 m).

Das Spritzenhaus sollte vier Feuerspritzen und fünf große Böcke zum Aufhängen der Feuereimer sowie die 45 Fuß langen Feuerleitern aufnehmen. Die Flügel der beiden Tore zur verlängerten Meierstraße schlugen nach außen auf, um ein rasches Ausrücken der Spritzen zu ermöglichen. Geöffnet werden konnten sie nur von innen, weshalb Brune an der Fassade zur Karlstraße rechts eine Türöffnung plante, symmetrisch zu der linken, die auf den 1. Stock mit dem Laternen-Lager führte. Die Kosten für das Fundament veranschlagte er mit einem Zuschlag, da sich beim Bau der Meyer'schen Scheune erwiesen hatte, dass der Baugrund *ungünstig* sei, denn die sogenannten Grabengärten waren durch Verfüllen der mittelalterlichen Stadtverteidigungsgräben entstanden.

Auf Wunsch der Baukommission nach einem 2 ½ Fuß höheren Obergeschoss überarbeitete Brune 1843 den Entwurf und veranschlagte die Kosten nun auf 2.146 Taler.

Die regelmäßigen, symmetrischen Fassaden entsprachen den Vorlieben des schlichten Spätklassizismus, Die beiden Toröffnungen waren mit Stichbögen überwölbt und mit Schlusssteinen betont. Darüber saß in der Mittelachse je ein Rechteckfenster. Zur Karlstraße hatte Brune im Erdgeschoss ein Fenster zwischen den beiden Türen platziert, im Obergeschoss sind je drei Fenster an den Längsseiten vorhanden. Im Innern war die Treppe in das Obergeschoss durch eine Fachwerkwand vom Spritzenraum abgetrennt. Die Balkenlage wurde durch einen mittigen Unterzug auf drei Holzständern unterstützt.

Das Bruchsteinfundament projektierte Brune mit 10 Fuß vom (vermuteten) festen Grund bis zum inneren Pflaster recht tief. Auch die Außenmauern bestanden aus Bruchstein, im Erdgeschoss 2 ¼ Fuß, im Obergeschoss 1 ¾ Fuß dick. Ebenso wurde die Pflasterung im Erdgeschoss aus Bruchstein hergestellt. Sorgfältig behauene und scharrierte Sandsteine wurden nur für Radabweiser, Fenster-, Tür- und Torgewände benutzt. Leicht vorspringende Schlusssteine zierten die Torbögen. Alle Öffnungen waren zur Entlastung der Sandsteine mit gemauerten Backsteinbögen überwölbt, was hinter dem inneren und äußeren Kalkputz nicht sichtbar war. Die Decken über Erd- und Obergeschoss erhielten Weller mit Lehmverputz. Das mit rund 40 Grad für Detmolder Verhältnisse flach geneigte Dach erhielt eine Kronendeckung aus Flachziegeln mit innerem Kalkverstrich.

ABB. 37 | Spritzenhaus in Detmold, Ansicht von Süden, 2023

Die Dachgrate wurden mit Schiefer eingefasst. Das Gesims unter dem Dach war aus Kostengründen nicht aus Sandstein, sondern aus Holz gefertigt. Dieses wurde gestrichen und *„gesändelt"*, um Sandstein vorzutäuschen – ein durchaus übliches Verfahren und sogar beim Bau des Theaterportikus angewandt. Der dunkelgrüne Ölanstrich der Tore, Türen und Fenster kontrastierte außen mit dem hellen Kalkputz. Für innen wählte Brune hingegen ein helles Perlgrau.

Am 28. März 1843 erteilte er dem Zimmermeister Gehring aus Hakedahl als *Entrepreneur* den Zuschlag auf 2.066 Taler. Erst am 25. September 1845, nach zweieinhalb Jahren Bauzeit, konnte die Bauabnahme erfolgen. Die erhebliche Bauverzögerung erklärte Brune durch Planänderungen, die auch zu Mehrkosten von 17 Talern geführt hatten. Hinzu kam Brunes Honorarrechnung in Höhe von 30 Talern und 18 Groschen.

Umbau der Detmolder Friedamadolphsburg zum Fürstlichen Palais, 1845–1854
(KAT. 173, ABB. 38–42)

Über dieses Gebäude hat GERHARD PETERS 1984 eine ausführliche Studie vorgelegt.[80] Dennoch muss Brunes Umbau als eines seiner Hauptwerke hier behandelt werden.

Das ursprünglich *Haus Favorite* genannte Schlösschen hatte Hans Hinrich Rundt ab Ende 1705 für Amalie zu Solms-Hohensolms, die Gemahlin Friedrich Adolfs, als Maison de Plaisance entworfen.[81] Es bestand aus einem zweigeschossigen Hauptgebäude mit hohem Mansarddach und zwei seitlichen freistehenden winkelförmigen Pavillons, ebenfalls mit Mansarddächern, die einen kleinen, mit Gitter geschlossenen Ehrenhof bildeten. Das Hochparterre des neun Achsen breiten Lustschlösschens mit Eingang in der Mittelachse war über eine Freitreppe erschlossen. Die Werksteinfassaden aus dem regionalen Osningsandstein wurden durch Lisenen mit dorischen Kapitellen im Erdgeschoss und ionischen im Obergeschoss gegliedert, das Dachgeschoss mit rundbogig gestalteten Gauben belichtet.

Die letzte Nutzerin vor dem Umbau war Fürstin Christine Charlotte, die bis zu ihrem Tod 1823 hier ihren Witwensitz hatte. Die weitere Nutzung des Schlösschens war seit 1825 im Gespräch, 1829 fertigte Brune mit Hilfe des Bauschreibers Plöger ein Bestandsaufmaß des Mittelbaus an, 1831 einen Grundriss des Kellers.

1844 war die Schaffung einer Wohnung für den Erbprinzen dringlich geworden. Brune erhielt am 15. November 1844 den Auftrag, ein Gutachten über die notwendigen Arbeiten und einen Bestandsplan vorzulegen, was er im Frühjahr 1845 erledigte. Sein Konzept sah im Inneren eine weitgehende Entkernung und den Ersatz des altmodischen Mansarddaches durch ein Mezzanin mit flachem Walmdach vor, ohne bereits gestalterische Einzelheiten ausgearbeitet zu haben. Die Mittelachse

sollte lediglich durch eine Rampe zum Haupteingang betont werden. Die Seitenpavillons erlaubten nach Brune keine Aufstockung, da nach einem Hauptgesims nur ein Dach folgen dürfe. An der südlichen Schmalseite sollte eine eingeschossige Veranda mit begehbarem Flachdach das Gewächshaus von 1840 (Kat. 123) ersetzen, welches abgerissen werden sollte.

In beiden Geschossen wollte Brune die großen zentralen Säle mit dem jeweils nördlich anschließenden Gesellschaftszimmer beibehalten. Für alle anderen Räume reduzierte er die Raumhöhe durch aufgedoppelte Böden und abgehängte Decken von 21 auf 16 Fuß. Eine neue Haupttreppe sah er im Vestibül vor. Stein plädierte hingegen für die Beibehaltung der alten Treppe und des Mansarddaches.

1845 unaufgefordert eingereichte opulente Umbaupläne des damaligen Bewohners Ernst von Bandel (1841–1847), der das Schlösschen vor Beginn der Bauarbeiten verlassen musste, wurden nicht realisiert. Leopold II. ließ Brunes Pläne dem Berliner Baurat Heinrich Strack (1805–1880) zur Begutachtung vorlegen. Strack war geboren in Bückeburg und hatte wie Brune an der Berliner Bauakademie studiert.[82] Sein bekanntester erhaltener Bau dürfte die Siegessäule in Berlin sein. Strack nahm nicht nur Stellung zu Brunes Projekt, sondern legte gleich zwei eigene Entwürfe vor, einen modernen neugotischen und einen klassizistischen, bestätigte jedoch zugleich Brunes Pläne im Wesentlichen. Für die von Brune im dritten Geschoss noch nicht ausgearbeitete Fassade schlug Strack eine strenge Fortführung der mit Pilastern gegliederten Fassaden vor, was nach den Regeln der Baukunst, wie sie auch Brune beherrschte, im neuen Geschoss eine korinthische Ordnung erforderte. An den vorderen Ecken schlug Strack Belvedere-Aufbauten mit prächtigen Gesimsen und Löwenkopfmasken vor. Auf Befehl des Erbprinzen hatte er an der Ostseite, zum Garten hin, einen zweigeschossigen halbkreisförmigen Erker angefügt, das gewünschte Gewächshaus setzte er wie Brune an die südliche Schmalseite des Palais.

Brune akzeptierte Stracks Vorschläge und ging sogar so weit, Strack möge zur Bauleitung einen Baukondukteur seiner Wahl nach Detmold schicken. Doch Stein setzte auf Brune, da er die Kosten eines aus Berlin gesandten Baukondukteurs vor Augen hatte. Er konnte auch nicht umhin, Brunes Grundrissvorschläge zu akzeptieren. Auch mit dem dritten Geschoss setzte sich Brune durch, der mit Stracks architektonischer Gliederung vollständig einverstanden gewesen sein dürfte, da es die einzig mögliche war.

Brune erreichte beim Erbprinzen, den er in Berlin aufsuchte, einige Änderungen: Verlegung des zweigeschossigen halbkreisförmigen Erkers von der Ostseite nach Süden, Einbau einer

nächste Doppelseite: **ABB. 38** | F. A. Burg [Friedamadolphsburg] in Detmold vor dem Umbau zum Neuen Palais [Kat. 173], Bauaufnahme Eduard Plöger, 1845

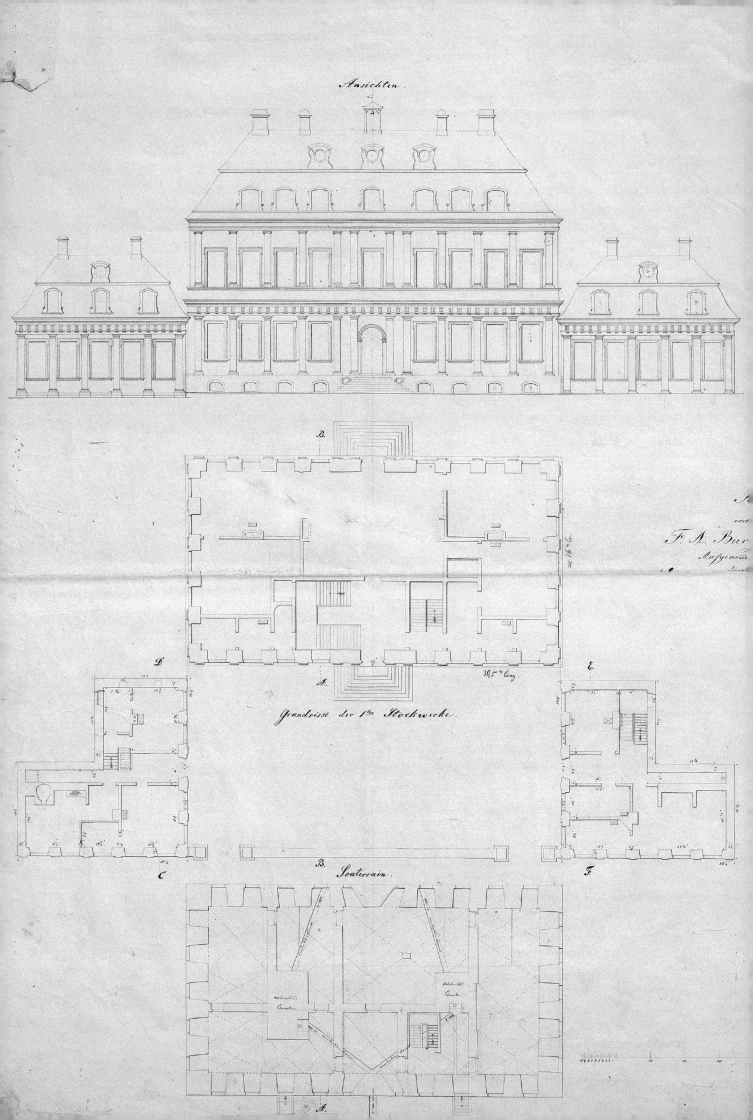

Ansichten.

Souterrain.

B.

A.

Grundrisse der 1ᵗᵉⁿ Stockwerke.

D.

E.

C.

F.

B. Souterrain.

A.

von

F. A. Bur

Aufgenom

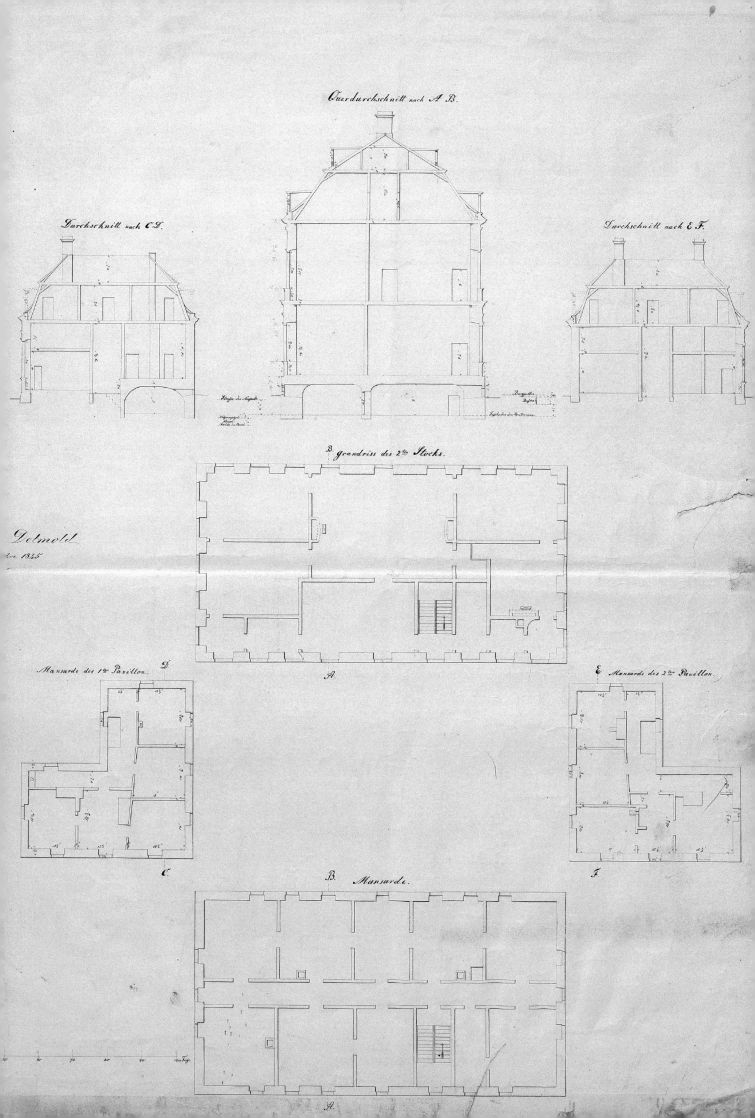

Querdurchschnitt nach A B.

Durchschnitt nach C D.

Durchschnitt nach E F.

B. Grundriss des 2ten Stocks.

Detmold
1845

A.

Mansarde des 1ten Pavillon. D.

E. Mansarde des 2ten Pavillon.

C.

B. Mansarde.

F.

A.

Badestube und – statt transportabler Toiletten – fester Wasserklosetts mit Wasserreservoir auf dem Dachboden, Wendeltreppe aus Stein statt Holz, Erweiterung der Hauptnebentreppe, Doppelfenster im zweiten Stock nach Osten und Süden, Verbreiterung der Rampenauffahrt, Balustrade mit 90 Docken zwischen den beiden Dachaufbauten, um den First zu verdecken.

Die Belvedere-Aufbauten an den vorderen Ecken, die Stein trotz der Kosten befürwortete, entfielen. Mit seinen wiederholten Interventionen gegen das dritte Geschoss scheiterte Stein, der neben ästhetischen Begründungen vor allem die große Diskrepanz zwischen den Einnahmen und den Ausgaben der fürstlichen Hofhaltung ins Feld führte. Leopold II. setzte sich darüber jedoch hinweg, so dass die Kammer Brune am 25. Juni 1847 beauftragen musste, binnen zwei Monaten detaillierte Baurisse und Kostenanschläge nach genauer Instruktion zu liefern. Diese Instruktion sah vor: „*Außenbau unter Heranziehung der Korrekturen Stracks, jedoch ‚einfach und mit möglichst wenigen Verzierungen, die in Sandstein oder dauerhafter Töpferarbeit‘ angefertigt werden sollten; Dächer in Metall; Innenbau nach Brunes Vorschlägen unter Beibehaltung des alten Souterrains, aber mit der Treppe nach Strack, mit einer Nebentreppe und mit seiner Aufteilung des dritten Stockwerks; Türen und Fenster nach Brune; transportable WCs. Die gesamten Baukosten für das dritte Stockwerk sollten gesondert zusammengestellt werden. Außerdem sollten zum Vergleich die Kosten für einen Neubau des Hauses an der alten Stelle und für einen Neubau weiter zurück im Garten errechnet werden. Leopold II. bemerkte dazu noch, daß mit den Vorarbeiten, der Anfuhr der Materialien und der Steinbearbeitung sofort begonnen werden solle, damit der Bau ‚im Frühjahr (1848) wenn dies nicht eher, was ich sehr gewünscht hätte, angeht‘, seinen*

Anfang nehmen könne. [...] Am 4. September 1847 übergab Brune die neuen Risse und den detaillierten Kostenvoranschlag, der mit 45310 Talern endete. Für einen völligen Neubau überschlug er 70–80000 Taler; für einen Neubau an anderer Stelle im Garten 60–70000 Taler. Er hatte an Stracks Projekt noch einige Korrekturen vorgenommen: die Wappen und Statuen am Hauptportal getilgt und an der Gartenfront den halbrunden Erkerausbau nur für den ersten Stock angelegt, mit einem Balkon darüber – übrigens ein ‚Schinkel-Motiv‘. Das dritte Stockwerk, das bei Strack 13 Fuß hoch sein sollte, beschränkte Brune auf die ‚früher von mir projektierte Höhe von 12 Fuß‘; der gesparte eine Fuß (= 30 cm) wurde dem Dachboden zugeschlagen.“[83]

Gegen Steins Willen erreichte er durch einen Besuch beim Erbprinzen, dem zukünftigen Bewohner, zwei wesentliche Veränderungen. Diese betrafen zum Einen den Erhalt der seitlichen Pavillons, die Stein abreißen lassen wollte, zum anderen die Vergrößerung des nördlichen Pavillons durch einen Viertelkreisschluss des offenen Winkels und des südlichen ebenso mit einem „*Conservirhaus*“, einem Wintergarten.

Alle diese Änderungen kosteten Geld, doch konnte eine bedeutende Summe eingespart werden, indem der Erbprinz den Wegfall der beiden Strack'schen Ecktürme auf dem Dach befahl, was auch den Wegfall der Balustrade bedingte. Diese Einsparungen erfolgten nicht nur aufgrund der desolaten Finanzlage des Fürstenhauses, sondern auch unter dem politischen Druck des Revolutionsjahres 1848.

Brune zeichnete ein neues Kranzgesims und übernahm die von Strack an den verworfenen Ecktürmen geplanten Löwenkopfmasken für das umlaufende Hauptgesims. Am 8. Juni 1848 überreichte Brune, der im Mai von fast allen anderen

ABB. 39 | Neues Palais Detmold, Ansicht von Süden, Zeichnung, Ludwig Menke, o. J. (um 1860)

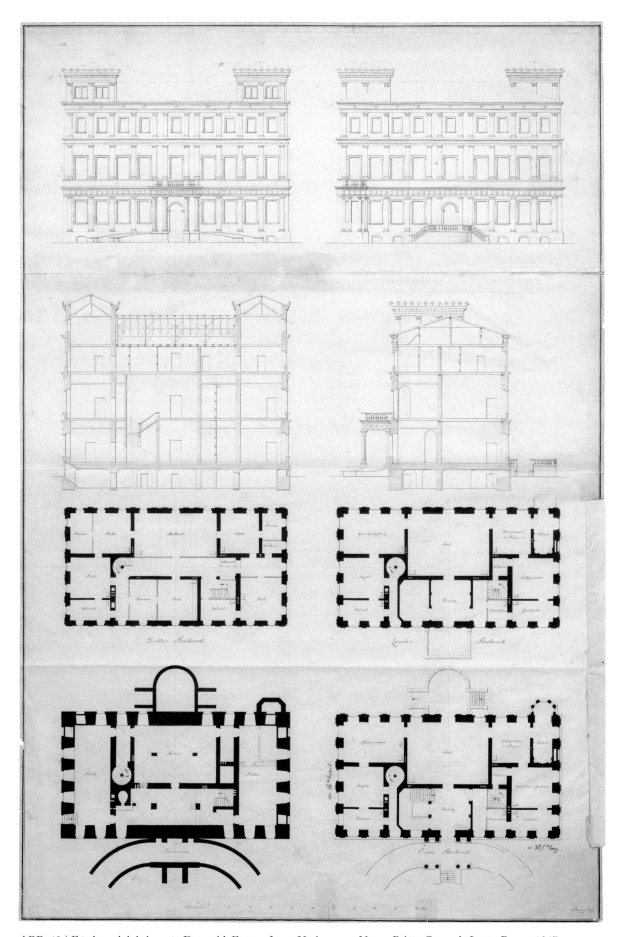

ABB. 40 | Friedamadolphsburg in Detmold, Entwurf zum Umbau zum Neuen Palais, Corps de Logis, Brune, 1847

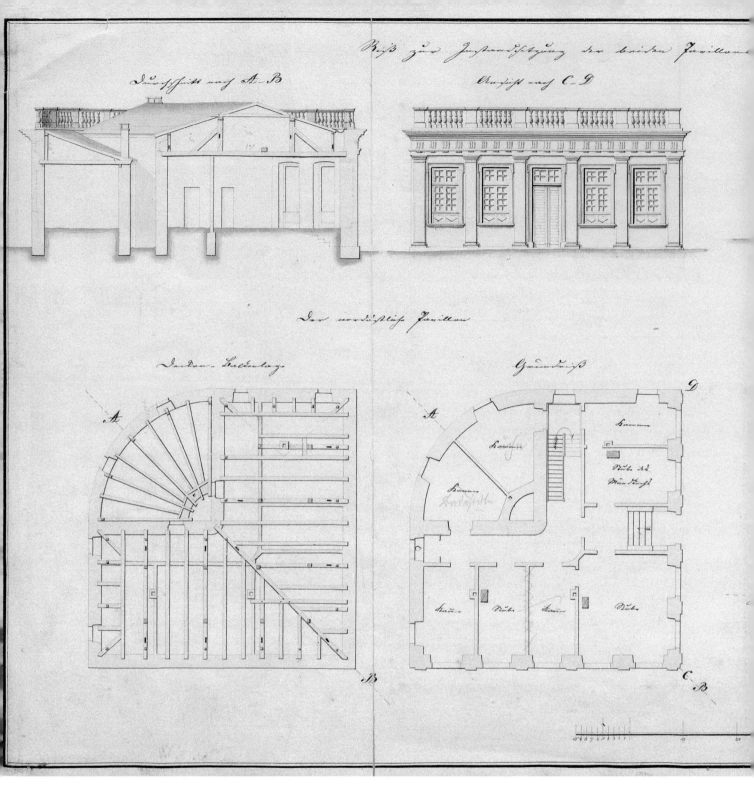

Arbeiten entlastet worden war, die endgültigen Pläne. Die revolutionären Ereignisse verzögerten den Bau nicht. Mit den Bauarbeiten wurde unmittelbar begonnen. Am 1. September 1848 konnte bereits Richtfest des neuen Daches über dem neuen dritten Geschoss gefeiert werden.

Bis 1852 erfolgte der Umbau. Den Eingang betonte Brune auf Steins Vorschlag[84] durch einen Balkon auf vier dorischen Säulen, die Freitreppe ersetzte er durch eine Rampe. Die Haustüren schuf der Hofzimmermeister Beneke. Auf die von Strack vorgeschlagenen Wappen und Statuen am Hauptportal

verzichtete er. Zudem reduzierte er nicht nur Stracks halbrunden Erkeranbau an der Gartenfront auf ein Geschoss mit einem Balkon darüber, was PETERS als Schinkel-Motiv identifizierte, sondern verlegte ihn zudem an die Südseite des Gebäudes, wo die Prinzenwohnung angeordnet war. Brune setzte auch Wasserklosetts statt transportabler Stühle durch sowie eine steinerne statt hölzerne Wendeltreppe. Auf Prinz Leopolds Wunsch hin wurde auf die von Strack entworfenen beiden Turmaufsätze an den vorderen Ecken mit der verbindenden Balustrade verzichtet, infolgedessen musste Brune das Hauptgesims verändern, wobei

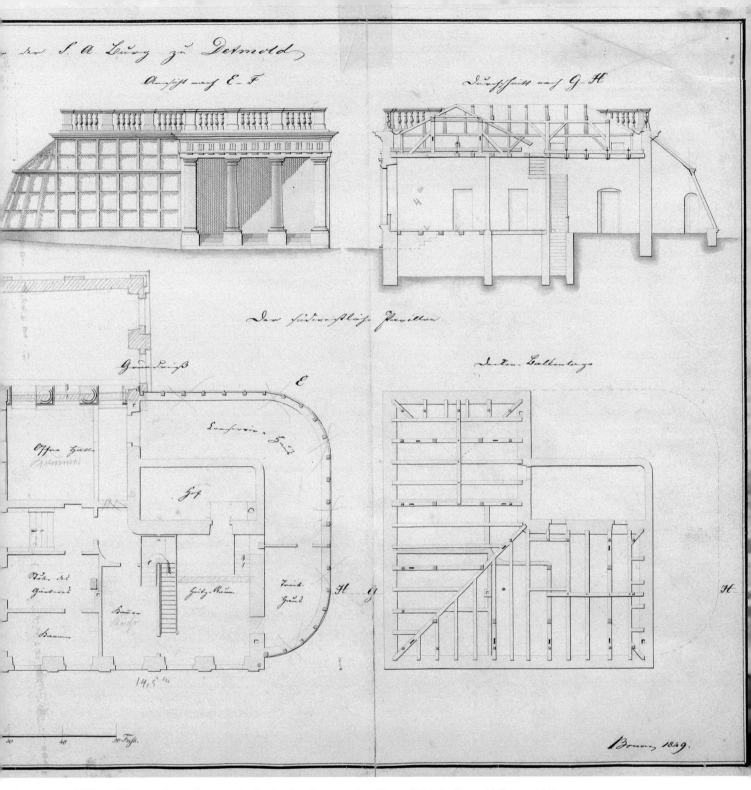

ABB. 41 | Riss zur Instandsetzung der beiden Pavillons vor dem Neuen Palais in Detmold, Brune, 1849

Brune Stracks Löwenkopfmotiv für diese Ecktürme nun rund um das flach geneigte Walmdach als Fries verwendete. Die von dem Bildhauer Friedrich Notholz[85] modellierten 92 Löwenköpfe wurden noch 1848 in der Eisenhütte Westphalia bei Lünen gegossen und kosteten fast 1.000 Taler. Auch die Balustraden der gartenseitigen Terrasse und Fenstersprossen kamen von dort, weitere Gusseisenteile aus der Holter Hütte. Der Detmolder Ofensetzer Küster brannte 180 Konsolsteine für das Kranzgesims.

Solches Keramikdekor an Fassaden hatte Karl Friedrich Schinkel aufgebracht. Beidseitig der Rampenauffahrt zum Hauptportal wurden zwei Schilderhäuser aufgestellt, in denen bis zum Tod Leopolds III. ein Doppelposten Ehrenwache hielt.

Im Inneren wurden Parkettböden aus Ahorn, Eiche, Mahagoni und Palisander in quadratischen und Rhombenmustern, auch einem Stern, verlegt. Die Haupträume erhielten Flügeltüren. Die Türdrücker und Rosetten wurden, nach geschnitzten

Modellen von Beneke, aus Eisen gegossen. Auch die Spindel der Wendeltreppe mit einem kunstvollen Ananaskopf als Bekrönung stammte von ihm. Von den 36 Öfen wurden zwölf weiß glasierte Fayenceöfen von der Tonwarenfabrik Tobias Chr. Feilner in Berlin bezogen. Sie kosteten einschließlich Lieferung und Aufbau durch fünf werkseigene Ofensetzer 1.134 Taler und 16 Groschen. 32 ½ Paar vergoldete Türgriffe wurden in Berlin bestellt, 100 geschliffene Kristall-Türknöpfe in Paris, zahllose Tapeten in Frankfurt. Am 23. April 1852 zogen der inzwischen Fürst gewordene Leopold III. und Elisabeth von Schwarzburg-Rudolstadt ein.

Im ersten Stock, dem Hochparterre, lag im Südflügel neben dem als Vorplatz dienenden Saal das Appartement des Fürsten mit Wohnzimmer, Schreibkabinett, Schlafzimmer, Toilettenkabinett nebst Badestube. Im Nordflügel brachte Brune den Speisesaal mit Anrichte unter. Im zweiten Stock war der Mittelsaal als festlicher Salon gestaltet. Im Südflügel lag das Appartement der Fürstin mit Wohnzimmer, Kabinett, Schlafzimmer mit Toilettenzimmer und Badestube, im Nordflügel ihre Gesellschaftsräume. Die Kammerfrau wohnte im dritten Stock, wo sich auch das Garderobenzimmer der Fürstin befand und die Hofdame mit ihrer Zofe ebenso untergebracht war wie einige Fremdenzimmer und die Gewehrsammlung Leopolds III. Im Keller lagen Putz- und Spülkammer sowie der Weinkeller.

Zuletzt musste Brune das Problem der beiden Pavillons lösen, die noch mit ihren Mansarddächern da standen. Stein war gegen den teuren Ausbau, der in seinen Augen zur „Erschütterung der Grundfesten des Domanialhaushalts" geführt hätte. Brune, der die Bauidee der Gebäudegruppe beibehalten

wollte, setzte sich mit guten Argumenten durch und bewahrte die harmonische Gestaltung vor Aufstockung oder Abbruch. Stattdessen setzte er den Ersatz der Mansarddächer durch Flachdächer durch. Zur Gewinnung von Grundfläche schloss er die parkseitigen Winkel zwischen Schlösschen und Pavillons mit halbrunden Räumen, im Süden als Wintergarten, was Fürst Leopold II. gegen Steins Votum genehmigte. 1850 wurden die Dächer abgebrochen und anschließend eine flache Attika mit gusseisernen Balustern errichtet. Die 4 Fuß breiten Lücken im Hof zwischen den Pavillons und dem Hauptbau ließ Brune erst 1857 mit eisernen Gittertüren schließen, was Wilhelm von Meien neun Jahre später durch massive Verbindungsmauern ersetzte.

Über einen Vorraum gelangte man in den Keller des nördlichen Pavillons, in dem die Küche Platz gefunden hatte nebst Kammern für Dienerschaft sowie Badestube, Waschküche und Bügelraum. Im südlichen Pavillon erhielt der Oberhofmarschall ein Zweizimmer-Appartement, je eine Kammer der Kammerdiener des Fürsten, der Küchenmeister und das Zimmermädchen. Weiteres Personal war im südlich errichteten Marstall- und Remisengebäude untergebracht (Kat. 186).

Die reinen Baukosten betrugen 93.445 Taler (ohne das Bauholz aus den herrschaftlichen Forsten, das mit 4.975 Talern taxiert war). Damit wurde Brunes Kostenanschlag von 1847, der auf 45.310 Taler kam, um gut 100 Prozent überschritten. Für die Möblierung wurden weitere 33.391 Taler ausgegeben, bevor Fürst Leopold III. und Fürstin Elisabeth am 23. April 1852 einzogen. 1863 bis 1868 erfolgten weitere Veränderungen durch Hofbaurat Wilhelm von Meien.

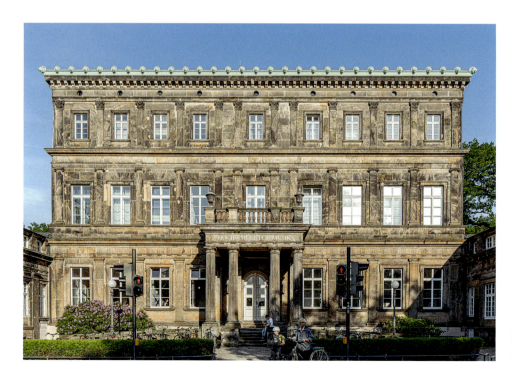

ABB. 42 | Neues Palais Detmold, Ansicht von Westen

Projekt eines Fürstlichen Mausoleums bei Detmold, 1851 (KAT. 201, ABB. 43)

Dieses Projekt sollte durch den Umbau der Grotte der Parkanlage Friedrichstal entstehen. Grund dafür war die Raumnot in der Fürstlichen Gruft in der Reformierten Erlöserkirche am Detmolder Marktplatz.

Die Grotte war 1704/05 von Hans Hinrich Rundt entworfen und bis 1712 erbaut worden. Rundts Risse sind nicht mehr vorhanden, doch ist Brunes Bestandsaufmaß von 1851 erhalten, das vor dem Umbau erstellt wurde. Der Eingang zur Grotte war von gekrümmten Böschungsmauern flankiert, die durch jeweils sechs Rundbogennischen gegliedert waren. Die Innenwände des quadratischen Raums waren mit Muschelschalen und Marmorplatten verkleidet, an drei Seiten befanden sich rundbogige

ABB. 43 | Entwurf zur Einrichtung der Grotte im Büchenberg zu einer Fürstlichen Familiengruft [Kat. 201], Brune, 1851

Muschelnischen. Die Vorderseite war durch eine Rundbogentür sowie je eine seitliche Rechtecktür daneben gegliedert. Den oberen Raumabschluss bildete ein Kreuzgratgewölbe. Eine achteckige Laterne auf dem Dach leitete Licht in das Innere.

1851 entschied Fürst Leopold III., zum Zweck einer fürstlichen Familiengruft die Grotte im Büchenberg umzugestalten. Brune wurde mit einem Riss und Kostenanschlag beauftragt, welche er Ende Oktober 1851 vorlegte. Von den vorhandenen drei Eingängen beließ Brune nur den mittleren, die beiden seitlichen sollten als rundbogige Figurennischen zugemauert und mit Sandsteinstatuen auf niedrigen Podesten verziert werden. Vier Lisenen aus großen Quadern gliederten die Front und trugen einen Architrav und Fries. Darauf setzte Brune zwischen vier Pfeiler eine Balustrade aus sechs bzw. im etwas breiteren Mittelfeld sieben gusseisernen Balustern, wie sie die Ostterrasse des Neuen Palais (Kat. 173) begrenzen. Überragt wurde die Fassade von einem runden Lüftungsturm mit flach geneigtem Kegeldach.

Über dem Eingang mit einer zweiflügeligen eisernen Tür mit durchbrochenen Verzierungen schlug Brune eine Inschrift über die Bestimmung des Bauwerks in metallenen Lettern vor. Die architektonisch gestaltete Front setzte sich seitlich in Zyklopenmauerwerk aus rohen Felsblöcken fort, so dass „die Portalwand als unmittelbar aus diesen Felsen selbst ausgehauen erschiene."

Im Inneren beließ es Brune an den drei Seiten bei den jeweils zwei Nischen mit Muschelkalotte. Zur Erhöhung der Feierlichkeit bei Beisetzungen wollte Brune den Innenraum durch Fackeln erhellen, wozu seitlich der Tür je zwei und an den übrigen Wände je drei gusseiserne vergoldete Arme projektiert waren, die mit 100 Talern zusätzlich zu den 1.763 Talern des Anschlags zu Buche schlugen. Für die Nischen der beiden vermauerten Türen und die inneren sechs Nischen stellte er sich Sandsteinstatuen vor und empfahl dafür den jungen Bielefelder Steinhauer Simon Heinrich Eggering, welcher in Berlin studiert habe und sehr gerühmt würde.

„Serenissimus war mit dem Aeußeren des vorliegenden Planes nicht zufrieden", so dass Gödecke mit einer Begutachtung beauftragt wurde. Dieser fällte ein negatives Urteil: „Das übergroße Portal, der Dunstthurm, die mit einer Balustrade befriedigte Platform pp. vereinigen sich zu einer architectonischen Wirkung, die sogar auf einen profanen Zweck hindeutet. – Man muß vor Allem den italiänisch-griechischen Baustiel (sic), der zu diesem Mißstande Veranlassung gab, fallen lassen, um so mehr, da die Überreste dieses ursprünglichen Stiels des Bauwerkes zu ruinirt und werthlos sind." Gödecke legte seinem Gutachten eigenen Vorentwurf „im germanischen Rundbogenstil" bei und wurde 1852 mit der Ausarbeitung eines Risses und Anschlags beauftragt, welche 1853 genehmigt und bis 1855 ausgeführt wurden. Anschließend wurden einige Sarkophage aus der Erlöserkirchen nach hier überführt, die letzten vor der Renovierung der Kirche 1908.

Neubau der Meierei Barntrup, 1850–1853
(KAT. 192–198, 204) (ABB. 44, 45, 120–130)

Dem Geist der Zeit entsprechend ließ auch die lippische Rentkammer Mitte des 19. Jahrhunderts einen mustergültigen Gutshof, die Meierei Barntrup errichten. Dies wurde durch die Verlegung der alten Meierei auf die östlich der Stadt gelegene Wüstungsflur Sevinghausen an der neu erbauten Chaussee nach Hameln möglich. Hier entstand innerhalb kurzer Zeit eine Muster-Domäne auf der sprichwörtlichen grünen Wiese. Brune konnte hier seine gesamtes Wissen um moderne Ökonomiegebäude zur Anwendung bringen, wie er solches im Studium und aus der Fachliteratur erworben hatte. Zugleich bezog er sich auf Vergleichsbauten, die er entweder aus eigener Anschauung kannte oder von denen er sich Baurisse zukommen ließ. Die betrifft neben kleineren neueren Ökonomiegebäuden wie dem von Asseburgischen Vorwerk Albrock bei Brakel und dem Gut Heidbrink bei Polle den Schäferhof bei Nienburg und besonders das Mustergut Banteln bei Hildesheim von

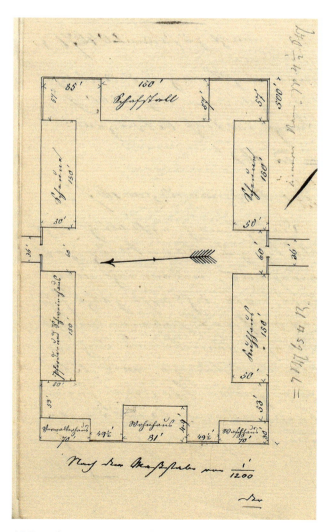

ABB. 44 | Meierei Barntrup [Kat. 192–198, 204], Lageplan, Brune, 1850

ABB. 45 | Meierei Barntrup,
Wohnhaus, 2023

Landbau-Inspektor Georg Ludwig Comperl.[86] Allen diesen
Anlagen ist gemeinsam, dass sie in regelmäßiger Anordnung
einen rechteckigen Hofraum bilden, an dessen einer Schmalseite
das Wohnhaus den Hof überblickt.

Ein erstes Konzept, das nur wenige Änderungen erfuhr,
entwarf Brune danach im August 1850 auf der Grundlage
eines Bauprogramms, das der Pächter der Meierei Johannettental,
Clemens Albert Caesar, aufgestellt hatte.[87] Beratend tätig waren
auch die Pächter anderer Meiereien, so Gottfried Treviranus
in Schieder, Franz Anton Julius von Dithfurth in Schwalenberg,
August Friedrich Wilhelm Schönfeld in Falkenhagen sowie
der zukünftiger Barntruper Pächter Bruno. Eine erste Kostenschätzung für die Kammer nahm Brune anhand einer Tabelle
verschiedenster von ihm errichteter Bauten vor, in welcher er
die Baujahre, Maße, die Gesamtkosten und die Baukosten pro
100 Quadratfuß und 100 Kubikfuß erfasst hatte.[88]

Die Meierei Barntrup liegt rund 120 Meter südlich der
Chaussee nach Hameln, von wo eine Allee zu der Anlage führt.
Acht Gebäude, verbunden durch Umfassungsmauern, bilden
einen Innenhof von 220 mal 396 Fuß (320 mal 500 Fuß Au-
ßenmaß), unterbrochen durch Tore in der Mitte der Längsseiten,
von denen im Norden eine Allee zur Chaussee führt, im Süden
ein Weg in die Feldmark. Nach Westen beschließen das
Wohnhaus und die seitlich anschließenden Nebengebäude des
Waschhauses und des Verwalterhauses den Hof. Im Osten
beschließt der Schafstall den Hof. Die Südseite bilden das
Kuhhaus (mit der Miststelle im schattigen Norden) und eine
Scheune, die Nordseite das Pferdehaus und eine weitere,
baugleiche Scheune. Die Anlage ist absolut symmetrisch, indem
sich die beiden Scheunen gleichen, die beiden Viehhäuser im
Äußeren ebenso, und Waschhaus sowie Verwalterhaus gleiche
Dimensionen und Proportionen erhielten bei funktionell

bedingten Variationen der Grundrisse sowie Tür- und Fensteröffnungen.

Konsequent konnte Brune hier den Massivbau bei allen
acht Gebäuden durchsetzen. Alle Gebäude sind aus Muschel-
kalk-Bruchsteinmauerwerk errichtet und dem neuesten Zeitgeist
entsprechend materialgerecht, das heißt außen unverputzt
belassen. Nur das repräsentative Wohnhaus erhielt einen glatten
Kalkputz. Alle architektonischen Gliederungen bestanden aus
Sandstein, so vor allem Sockelabdeckungen, Fenster-, Tür-
und Torgewände sowie die Abdeckungen der Giebelmauern.
Diese überragen als Schildmauern die Dachflächen und sind
mit Sandsteinplatten abgeschlossen, unter deren Falz die Dachdeckung geschoben wurde. Die Dächer sind mit Sollingplatten
oder mit Hohlziegeln gedeckt, beim Wohnhaus-Frontispiz
kommt Dachschiefer hinzu. Bei der Dachform ging Brune
von dem bisher von ihm bevorzugten Halbwalm ab zugunsten
des höheren Bergeraumvolumens von Satteldächern.

Die Ausführung des gewaltigen Bauvolumens erforderte
die Aufteilung unter mehrere Meister. Wohnhaus, Waschhaus,
Verwalterhaus und Schafstall erhielten die Mauermeister Harte
und Schmidt sowie Zimmermeister Krome, das Kuhhaus und
die Scheune auf derselben Seite bauten Mauermeister Hartmann
und Zimmermeister Wesemann, das Pferdehaus Mauermeister
Hilker und Zimmermeister Hartmann und die Scheune in
Linie des Pferdehauses Mauermeister Hilker und Zimmermeister
Jürgens. Erste Räumlichkeiten konnten im November 1852
mit dem Kuh- und Pferdehaus in Gebrauch genommen werden.

Ausgesprochen modern waren die Backsteinkappengewölbe
zwischen gemauerten Gurtbögen sowie die gusseisernen Fenster
und Schiebelüftungsgitter der Ställe und Scheunen. Die damals
neuartige, allgemein erst im 20. Jahrhundert eingeführte Ganz-
jahres-Aufstallung der Kühe in einem *Futterstall* ermöglichte,

den Dung zeitlich und örtlich gezielt auszubringen. Fortschrittlich und eine enorme Arbeitserleichterung waren die kupfernen Wasserleitungen, die vom Ende der hölzernen Röhrenleitung zu Pferdehaus, Kuhhaus und Schafstall sowie zur Küche im Wohnhaus und zum Waschhaus angelegt wurden und einschließlich der sieben Wasserhähne und der Schieber mit 815 Talern veranschlagt wurden. Für die hölzerne Zuleitung musste ein Abzweig von der zur alten Meierei führenden Röhrenleitung von 2.350 Fuß Länge verlegt werden (das Wasser kam vom südlich gelegenen Hasenborn und vom Turm). Die Schwanz-zu-Schwanz-Aufstellung der Kühe mit quer zum First verlaufenden Futter- und Mistgängen war ebenso auf eine ökonomische Arbeitsweise ausgerichtet.

Gewaltige Kosten, gut 4.100 Taler, erforderte der Hofraum. Kaum ins Gewicht fiel darunter die Auffüllung des Niveaus mit 280.000 Kubikfuß zusätzlich zu dem anfallenden Aushub der Gebäude, was mit Anfuhr zwar nur 246 Taler kostete, Brune aber erheblichen Ärger einbrachte. Der Steinschlag des knapp 93.000 Quadratfuß großen Platzes erforderte dagegen stolze 1.300 Taler, wozu noch 266 Taler für die 320 Fuß lange Chaussee-Verlängerung über den Hof kamen.

Der 540 Fuß lange verdeckte Abzugskanal von der südöstlichen Wohnhausecke bis zum offenen Graben hinter dem Schafstall mit Abzweigungen vom Waschhaus, dem Verwalterhaus und der Schwemme im Hof war mit 190 Talern berechnet, die Schwemme mit 116 Talern, die Mistgrube mit 78 und die Jauchegrube mit 20 Talern. Die zusammen 575 Fuß langen und 10 Fuß hohen Bruchstein-Mauern zwischen den Gebäuden, mit 4 Zoll dicken Sandsteinplatten abgedeckt, schlugen einschließlich der Tore mit 937 Talern zu Buche. Das Staket die Hühnerhofs schließlich war mit 22 Talern das billigste Zubehör des Hofes.

1853 und 1856 wurde das Gebäudeensemble durch zwei Schuppen ergänzt (Kat. 204 und 235), von denen der erste unterkellert wurde.

Beschreibungen der einzelnen Gebäude der Meierei finden sich im Werkkatalog (S. 194–204, 207 und 220).

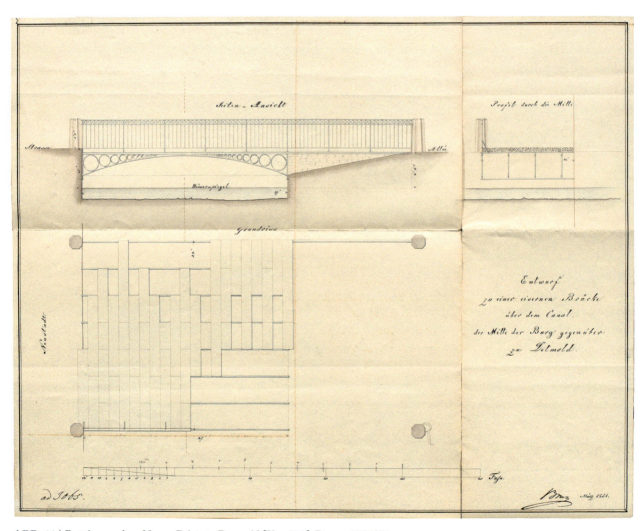

ABB. 46 | Brücke vor dem Neuen Palais in Detmold [Kat. 210], Brune, 1851/52

Brücke vor dem Neuen Palais in Detmold, 1851/52 (KAT. 210, ABB. 46)

Anlässlich des Umbaus des Neuen Palais wurde der etwas höher gelegene, den Wasserfall am Schleusenausgang verdeckende eiserne Fußgängersteg (Kat. 81) über den Kanal zwischen Neustadt und Allee vor das Palais verlegt. Die nun entworfene Brücke lag genau gegenüber dem Neuen Palais in der Achse des Portals und führte über den Kanal in die Allee (und 1870/71 weiter in die damals angelegte Palaisstraße). Im Unterschied zu dem alten Steg sollte die neue Brücke auch befahrbar sein.

Die eiserne „*Fahrbrücke über dem Canal, der Mitte der Burg gegenüber*" entwarf Brune auf höchsten Befehl zunächst – bis auf die gusseisernen Fahrbahnplatten – aus Schmiedeeisen. Der Faktor der Holter Hütte empfahl jedoch, die Brücke insgesamt aus Gusseisen herzustellen, da dies bedeutend billiger kam. Allerdings mussten die Teile stärker dimensioniert werden, als Brune geplant hatte, was Mehrkosten von 240 Talern verursachte.

Die Brücke erhielt eine Breite von 24 Fuß und ruhte auf gemauerten Widerlagern und Seitenböschungsmauern, die mit Sandstein verblendet wurden. Anlässlich dieser Baumaßnahme brachte Brune auch die Schleusenmauern in eine Flucht. An den Ecken begrenzten vier Sandsteinpfeiler mit gebrochenen Kanten das Bauwerk. Das gesamte Gusseisen berechnete Brune mit 1.028 Talern. Die nicht sichtbaren Teile wurden mit heißem Teer, die sichtbaren Teile mit bronzefarbener Ölfarbe gestrichen.

Für zwei Laternen auf den östlichen Sandsteinpfeilern kamen noch 120 Taler hinzu. Acht gerade Schienen wurden von acht gusseisernen Segmentbögen unterstützt, der Zwischenraum durch schmiedeeiserne Kreise gefüllt, deren Durchmesser zum Bogenscheitel abnahm. Das Geländer lief, wegen des niedrigeren Ufers an der Allee-Seite etwas weiter und bestand aus sieben Feldern, die durch jeweils neun senkrechte Stäbe unterteilt wurden. Der Raum zwischen doppelten waagerechten Stangen blieb unten frei, oben wurde er mit Diagonalkreuzen gefüllt. Auf Befehl Fürst Leopold III. sollte das gusseisernen Geländer ohne erhebliche Mehrkosten etwas mehr dekoriert werden. Die Holter Hütte rechnete im August 1852 die Brücke mit 1.315 Talern ab, das waren gut 100 Taler weniger, als genehmigt. Zum Nachweis der Belastbarkeit musste die Brücke die eiserne Chausseewalze tragen, wobei eine gusseiserne Fahrbahnplatte von ½ Zoll Stärke in der Brückenmitte durchbrach. Die Tragstruktur war jedoch nicht beschädigt worden. Da die Plattenstärke zuvor durch Versuche ermittelt worden war, muss von einem Gießfehler ausgegangen werden.

Unter der Brücke fand eine Schwanenhütte Platz. Am 4. Juli 1866 brach unter dem Andrang der Schaulustigen, die den in den Krieg ziehenden Soldaten zujubelten, das Brückengeländer. Zahlreiche Menschen fielen in den schlammigen Kanal.[89] Es wurde daraufhin ein neues Geländerstück eingesetzt. 1873 wurde statt der 6 Zoll starken Kiesschüttung eine Betonfahrbahn aufgebracht.

BEWERTUNG

Ferdinand Brune vereinte das gesamte staatliche Hochbauwesen des Fürstentums Lippe auf seine Person. Als Landbaumeister unterstand ihm nicht nur das *Landbauwesen* in den Ämtern,[1] er war ebenso zuständig für den Hofbau (etwa die Schlösser in Lopshorn und Schieder, das Neue Palais oder das fürstliche Mausoleum) und den Militärbau (Kaserne Leopoldstraße).[2]

Als Schüler der Berliner Bauakademie ist er besonders von David Gilly (1772–1800 geprägt. Dessen lange nachwirkendes *„Handbuch der Landbaukunst"*[3] war ebenso baukonstruktiv als stilistisch wegweisend und im übrigen auch in der Detmolder Bibliothek vorhanden. Weniger stark hat Karl Friedrich Schinkel (1781–1841) Brunes Architektur beeinflusst, die sich auch deutlich von der bekannter Schinkel-Schüler wie Ludwig Persius (1803–1845) oder Friedrich August Stüler (1800–1865) unterscheidet – auch wenn beide Brunes Generation angehörten. So steht Brunes Baukunst etwa David Gillys Meierei (ABB. 47) im Park von Schloss Bellevue mit ihrer Symmetrie, den Halbwalmen und Fledermausgauben deutlich näher als etwa Persius' bewusst asymmetrischer Villa Schöningen in Potsdam.[4] Einzig das Teehaus im Schlosspark Schieder gestaltete Brune 1843 mit hochmodernen Laubsägearbeiten im Giebeldreieck romantischer als seine nüchternen Zweckbauten und zeigte damit, dass er durchaus die Strömungen der Zeit verfolgte, wie sie sich etwa in Persius' Matrosenhaus im Schweizerstil im Park von Glienicke[5] oder den badischen Eisenbahn-Architekturen Friedrich Eisenlohrs (1805–1854) aus Karlsruhe[6] zeigten. Auch mit seinem Kaminentwurf für das Königszimmer des Detmolder Schlosses (Kat. 143) griff er aktuelle neugotische Tendenzen auf. Zugleich sind auch seine Turmprojekte auf der Grotenburg (Kat. 97) und auf dem Kahlenberg (Kat. 125) nicht dem Klassizismus sondern der aufkommenden Burgenromantik verpflichtet.[7]

Doch Baustile hatten nicht im Zentrum der Lehre gestanden. An der Bauakademie sollten nach dem Willen des preußischen Königs Friedrich Wilhelm II. *„praktische Baubediente und keine Professoren erzogen werden"*, was zur Folge hatte, dass unter den Lehrfächern die technischen Disziplinen dominierten.[8] Aber die Schönheit wurde nicht vernachlässigt, sondern im Sinne einer Angemessenheit

auf *„unförmigen Zierrat"* verzichtet. Das Generaldirektorium hatte schon zu Beginn der 1780er Jahre die Devise ausgegeben: *„Gut, solide und nach Möglichkeit mit Geschmack"* solle gebaut werden.[9] Die Bauakademie und das preußische Staatsbauwesen, der sogenannte *Ökonomie-* oder *Landbau*, hatten sich dasmit von abstrakten kunsttheoretischen Normen abgewandt, hin zu einer standardisierten Alltagsarchitektur in personell wie technisch sorgfältiger Bauausführung.[10] Der ökonomische Landbau sollte durch geschulte Fachkräfte und verbesserte Bautechnik gewinnen. *„Schönheit, im eigentlichen Sinne des Wortes, gehört aber nur für Gebäude von einer höheren Klasse, und es ist genug, den Land- und Oeconomie-Gebäuden ein gefälliges Aussehen zu geben"*, hatte Gilly in der Einführung seines oben erwähnten Handbuchs der Landbaukunst postuliert.[11]

So wundert es nicht, dass Brune der Residenzstadt und fast dem ganzen Land eine so solide wie nüchterne Architektur aufprägte. Hatte 1818/19 das von Fürstin Pauline in Auftrag gegebene Haus Allee 1, dessen Entwurf auf Kammerrat Gerke zurückgeht, noch einen klassizistischen Säulenportikus erhalten, so wich dies in den unmittelbaren Folgejahren einem reduzierten biedermeierlichen Klassizismus. Nur wo es der Bauaufgabe angemessen war, so beim Schloss Lopshorn (Kat. 102) oder dem Neuen Palais in Detmold (Kat. 172), griff er auf solch hoheitliche Dekoration zurück und steigerte die Gefälligkeit zur Schönheit.

Rohdewalds 1829 gefälltes Urteil, das ihm weniger Geschmack und Genie als *„beharrlichen Fleiß und fortgesetztes Studium"* beschied,[12] wird ihm nicht gerecht. Denn Brune hatte die klassizistische Formensprache durchaus gelernt, wie sein Studium an der Berliner Bauakademie ebenso nahelegt, wie es seine Übungen vom Frühjahr 1820 beweisen. Aus diesem Jahr ist eine Mappe mit der Überschrift *„Ueber Säulenordnungen"* überliefert. Sie enthält eine Tabelle und Erläuterungen zu den Proportionen der fünf Säulenordnungen nach Vignola: *„Tabula V. Vignola's Säulenordnungen"*, welche Brune rückseitig datiert und signiert hat (*„Ferd. Brune Münster Febr. 1820"*).[13] So gerieten Brunes Bauten durchaus baukünstlerisch in ihrer ruhigen, unprätentiösen Sachlichkeit, die es vermied, schnelllebigen Moden hinterherzulaufen. Dies musste auch den Bedürfnissen der Rentkammer gelegener sein, als ein anspruchsvoller Baukünstler, dessen Pläne bei den stets problematischen Staatsfinanzen keineswegs zu verwirklichen gewesen wären.

In dieselbe Richtung zielte auch Brunes Urteil über die Einrichtung einer Lippischen Gewerbeschule in Detmold 1836, in der er sich zwar kritisch über die Qualität des lippischen Bauhandwerks äußerte, zugleich aber auch vor einer Akademisierung warnte:

> *„Woran wir hier Noth leiden, sind keine Schulmeister, die mit großen Plänen schwanger gehen, Schönheitstheorien predigen, die verschiedenen Baustyle aller Zeiten seciren und überall ihre classischen Schnörkel und Säulenordnungen angebracht wissen wollen – sondern Leute mit vernünftigen Einsichten und redlichen Absichten, die die Wesenheit der Architectur ergriffen haben, unsere Verhältnisse richtig ins Auge fassen, zwar keine Gelegenheit versäumen, ein Gebäude mit nicht zu unverhältnismäßigen Kosten zu verschnörkeln und Jedermann gefälliger zu machen, aber auch einem Schweinestalle die nötige Aufmerksamkeit schenken und überall zunächst nur auf den Nutzen und den Zweck hinarbeiten“.*[14]

Solche Nüchternheit bei gleichzeitiger Funktionalität kam dem Fürstenhaus wie gerufen. Immer wieder, nicht nur in seiner Dienst-Instruktion sondern bei jedem einzelnen Auftrag wurde Brune angewiesen, *„Kosten so viel als thunlich und paßlich [zu] ersparen“*.[15] Überschreitungen der Kostenanschläge wurden konsequent gerügt. Dennoch sorgten unvorhergesehene Bauaufträge *von Höchster Stelle* immer wieder dafür, dass der Etat überzogen werden musste, etwa wenn *Serenissimus* in dem einen Jahr neue Fußböden im Saal und im fürstlichen Wohnzimmer des Schlosses zu Schieder verlangte, im nächsten eine neue Ausmalung des Saales, und dann spontan entschied, der aus Hannover an-

gereiste Maler Falcke möge drei bis vier Wochen länger bleiben und auch noch die Hausflure neu dekorieren.[16] In einem einzigen Fall, dem Ersatz der Spundwand des Donoper Teichs durch einen Erddamm 1854 (Kat. 231) wich Kammerrat Stein von der Devise der möglichsten Kostenersparung ab und wünschte *„nicht mit zu ängstlicher Berücksichtigung des Kostenpunktes“* das Problem dauerhaft zu lösen.[17] Dass die Rentkammer die Dauerhaftigkeit der von Brune vorgeschlagenen Konstruktionen oft genug jedoch aus falscher Sparsamkeit hintenanstellte, musste ihn verbittern.

Auch wenn sich unter dem Einfluss der Berliner Akademie und Oberbaudeputation *„der Zweckbau als freistehender Solitär und eigenständiger städtebaulicher Faktor“* verselbständigte, wie etwa am Offiziantenhaus oder dem Strafwerkhaus in Detmold deutlich zu erkennen ist, geschah dies in einer ausgesprochenen Nüchternheit. Der *„Regierungsbaumeisterstil“*[18] der ersten Hälfte des 19. Jahrhunderts musste sich später den Vorwurf der Einfallslosigkeit gefallen lassen: *„Diesen Baubeamten und ihrer Architektur [fehlt] die unverwechselbare Eigenständigkeit, und von Einfallslosigkeit wird die Rede sein.“*[19] Diese Einschätzung traf auch Brune mit Ernst von Bandels überzogenem Urteil – *„ein schlechter Baumeister […], der durchaus kein Künstler ist“*.[20] Es mag aus Bandels verletztem Künstlerstolz erklärlich sein, entbehrt aber einer objektiven Grundlage. Denn auf lange Sicht hat sich die Bescheidenheit dieser Architektur als wohltuend erwiesen und gewährleistet damit die von ihrer Bauherrschaft geforderte Dauerhaftigkeit nicht nur im physischen Sinne. Überdies hatte Brune bei aller Nüchternheit alles andere als *„Einfallslosigkeit“* im Sinn, wie er 1838 zum Schloss Lopshorn postulierte: *„Wenn nun nach*

ABB. 47 | David Gilly, Meierei Louisa im Park von Schloss Bellevue, Berlin-Charlottenburg, 1799

allgemeinen Regeln schon die Einförmigkeit und Eintönigkeit bei Bauwerken möglichst vermieden werden muß, um nicht das Auge zu ermüden, außerdem aber auch jedes Gebäude einen gewissen Charakter an sich tragen, nämlich Zweck und Bestimmung schon im Aeußern möglichst erkennen lassen soll."[21]

Und dieser Maxime der Angemessenheit wurde er durchaus gerecht.

Brune selbst beurteilte seine Aufgabe 1843 folgendermaßen:

„Der Herrschaftliche Baumeister befindet sich in einer ganz besonderen Lage: er soll über jeden Bau, jede Reparatur pp berichten und die nöthigen Anschläge anfertigen, wonach die Ausführung zweckmäßig vorgenommen werden kann. Aber wegen der vielen verstreut liegenden Plätze, auf welchen zu gleicher Zeit gebaut werden soll, bleibt ihm nur die Leitung der Arbeiten im Allgemeinen überlassen; mit der speziellen Ausführung sind Leute beauftragt, welche entweder nicht Zeit oder Willen genug oder nicht die erforderlichen Baukenntnisse haben, um mit richtiger Ueberlegung und Uebersicht einen Bau auszuführen. Dennoch ist der Baumeister, dessen mannichfaltige Geschäfte auf der einen Seite vor dem Beschlusse seiner Behörde, auf der andern aber auch von Naturelementen, von Zeitumständen und von dem absichtlichen oder unabsichtlichen Wirken vieler Leute von verschiedenen Fähigkeiten und Charakter abhängig sind, fast allein für Alles verantwortlich.

Ich will gern zugestehen, daß mancher Andere einen schnellern Ueberblick, gründlichere Kenntnisse und mehr Geläufigkeit in der Anfertigung von Baurissen und Anschlägen hat, wie ich, aber ich kann mit Sicherheit behaupten, daß ein Anderer ebenfalls nicht jederzeit und unter allen Umständen die Verbindlichkeiten strenge erfüllen kann, die mir auferlegt sind. Deswegen muß auch dem eignen Urtheil und der Gewissenhaftigkeit des Baumeisters sehr viel überlassen bleiben, und wenn seine Fähigkeit und sein Betragen im Allgemeinen zu keinem erheblichen Tadel Anlaß giebt: so kann ihm vielleicht eher als jedem andern Geschäftsmanne ein Fehler verziehen werden, den er nur in guter Absicht begeht, oder weil er durch ein Zusammentreffen ungünstiger Verhältnisse gewissermaßen dazu gezwungen ist."[22]

Über seine Vorgänger Teudt und Tappe fällte er ein vernichtendes Urteil:

„Wenn die beiden Landbaumeister Teudt und Tappe, jeder allein die sämtlichen Landesbauten besorgt haben, so muß dabei berücksichtigt werden, daß zu ihrer Zeit der Geschäftsgang sicherlich weit einfacher als jetzt, gewesen ist, und dann beweisen auch die Bauten, welche aus jener Zeit sich datieren, daß sie mit unerhörtem Leichtsinn ausgeführt,

und daß unzählige Betrügereien dabei vorgefallen sind. Deswegen sind auch die meisten Herrschaftlichen Gebäude in einer so traurigen Verfassung, daß sie, nachdem sie erst kurze Zeit gestanden haben, entweder wieder neu gebaut, oder mit vielen Kosten repariert werden müssen, und diese Reparaturen sind um so schwieriger, da sie nicht allein eine größere Dauer der Gebäude bezwecken, sondern auch eine bessere Einrichtung der Letztern zur Bewirtschaftung, im Allgemeinen wie im Einzelnen, vorbereiten müssen."[23]

Und an anderer Stelle dehnte er die Kritik auf von Natorp und Vogeler aus: *„Die Anschläge von vNatorp und von Vogeler sind zwar mit mehr Gründlichkeit abgefasst, aber doch keineswegs noch mit der nöthigen Ausführlichkeit, so daß zB. der vNatorp'sche Anschlag von dem neuen Schauspielhause kaum den Umfang des von mir für das zugehörige viel unwichtigere Magazin-Gebäude entworfenen Anschlag haben wird. Daher sind dann selbst die unter vNatorp und Vogeler geschehenen Neubauten, wie unschwer zu erweisen steht, durchschnittlich fast eben so schlecht wie die frühern ausgefallen, und haben gleich diesen nach kurzer Zeit schon die kostspieligsten Umänderungen und Verbesserungen nöthig gemacht.*"[24]

Städtebau

Was das städtische Bauwesen in Detmold betrifft, unterstand auch das Bauen der Detmolder Bürger seit Christian Teudt der Aufsicht des Landbaumeisters mit dem Ziel einer allmählichen Verschönerung der Residenz. 1825 erhielt die Polizeikommission auch baupolizeiliche und bauplanende Vollmachten, soweit es Straßenplanungen und Neubauten betraf.[25] So bestimmte Fürst Leopold II. 1825, dass jeder Neubau in Detmold *„zuvörderst der Polizey-Commission [...] angezeigt, von dieser untersucht und der Bau nach Umständen zugelassen oder, salvo recursu an die Regierung, reguliert oder ganz verweigert werden"* könne.[26] Der Kommission gehörten ein landesherrlicher Kommissar, ein Offizier der Garnison und ein Mitglied des städtischen Magistrats an. Landesherrlicher Kommissar und Vorsitzender war seit 1825 bis zur Auflösung 1849 der Regierungsrat und spätere Regierungspräsident Christian von Meien, Vater des 1865 ernannten Hofbaumeisters Wilhelm von Meien. Auf seine Initiative ließ Brune im November 1828 eine fürstliche Verordnung von 1786 erneuern, nach der alle Neubauten in Detmold im Riss vom Landbaumeister genehmigt werden mussten, *„damit jeder üble Anblick möglichst vermieden werde"*.[27] Vertreter der Garnison war Obristleutnant Böger, für den Magistrat waren Syndikus Runnenberg, der Pedell Langwort und Polizeidiener Hilker berufen.[28] Als Städteplaner hat Brune die Erweiterung Detmolds über die mittelalterlichen Mauern hinaus konzipiert und begleitet. Hornsche und Leopoldstraße, Rosental und Lemgoer Straße (heutiger oberer Teil der Langen Straße) sowie die Verbindung der Altstadt mit der neuen Leopoldstraße mit den Verlängerungen von Schülerstraße, Exterstraße und Meierstraße tragen seine Handschrift. Sie genügten für Jahrzehnte der wachsenden Bevölkerung, bis die Stadt sich Ende des 19. Jahrhunderts nach Westen auszudehnen begann. Erbprinz Leopold fasste diese städtebaulichen Umwälzungen 1839 in einem Brief an seinen „Onkel Fritz" (Prinz Friedrich zur Lippe) in Lemgo zusammen: „*Detmold hat sich in so manchen Dingen umgestaltet und verändert, daß Du es, so wie uns selber, wol kaum würdest wieder erkennen [...]. Die Stadt ist durch eine ganze Straße, die Leopoldstraße genannt, vergrößert, in der die Militär Caserne und das Gymnasium die Hauptgebäude sind; außerdem sind noch viele neue Häuser, auch ein neues Schulhaus, erbaut. An der Seite des Kuhkampes, nach dem Falkenkruge zu, der jetzt auch durch einen sehr guten Felsenkeller gewonnen hat, ist eine Schwimm Anstalt eingerichtet, die auch wir im Sommer besuchen [...].*"[29] Brune steuerte nicht nur den Städtebau in der Residenzstadt Detmold, sondern prägte das Bild der Stadt auch mit Solitärbauten wie dem Strafwerkhaus, Gymnasium, Bierkeller, Spritzenhaus und Schulen. Dabei hatte er auch moderne Infrastrukturverbesserungen im Blick, wie nicht realisierte Ideen für ein Landeskrankenhaus und ein Städtisches Gaswerk zeigen.[30] Auch seine großzügige Sonnenstraße (Kat. 119) blieb ungebaut. Brune führte einen Typenbau ein, der sich von dem kurz zuvor als modern entstandenen Haus Allee 1 in einem deutlich unterscheidet. Zwar sind auch seine Wohnhäuser traufständig, zweigeschossig und fünfachsig, verfügen über ein Hochparterre mit Freitreppe zum Eingang in der Mittelachse und ein Halbwalmdach, doch verzichtete Brune auf Säulen und übermäßige Dekorationen. Die Wand wird flächig aufgefasst, der Fassadenaufbau ist symmetrisch-zentriert wie der Grundriss. Bei repräsentativen Bauten wie der Kaserne (Kat. 38) oder dem Gymnasium (Kat. 60) betonen Risalite mit flachem Dreiecksgiebel die Mitte noch stärker. Flache Dachneigungen lassen die Dächer in der Ansicht verschwinden. Die eisernen Geländer der Freitreppen und die Haustüren sind sparsame Dekoration. Die neuen städtischen Häuser vor der Stadtmauer bildeten somit einen starken Kontrast zu den alten, giebelständigen, dicht an dicht errichteten Fachwerkbauten. Sie wurden mit der Längsseite zur Straße, also traufständig errichtet und standen mit mehreren Metern Abstand zueinander. Die traditionelle giebelständige Bebauung innerhalb der Stadtmauer wurde nun als bäuerlich, rückständig und damit hässlich empfunden.[31]

Im ländlichen Ökonomiebau wichen die hohen, im Halbkreis gewölbten Torbögen neumodischen flachen Stichbögen. Giebelbretter wurden nun waagerecht statt senkrecht angebracht. Innerhalb der Ställe erfolgt eine Neuorientierung der Grundrisse. Großvieh wurde nicht mehr entlang der Längswände aufgestallt, sondern an quer verlaufenden Futtergängen. „*Die Aufstellung der Pferde mit dem Kopf zur Außenwand ist nur noch für Luxus- und Kavallerieställe gebräuchlich*", bemerkte Brune anlässlich einer Begutachtung des Braker Meierei-Pferdestalls.[32] Den Stall der Meierei Schieder hatte er 1836 entsprechend umgebaut. Neueste Erkenntnisse konnte er beim Bau der Muster-Meierei Barntrup 1850–1853 (Kat. 191–197, 203) berücksichtigen.

Denkmalpflege

Die sich seinerzeit als Institution formierende und in Preußen früh institutionalisierte Denkmalpflege[33] war Brune durchaus bekannt, doch Gelegenheit zu konservatorischer Tätigkeit bot sich ihm nicht. Einzig der Abbruch der Klosterkirche der Detmolder Augustinerinnen wäre zu verhindern gewesen. Für den Erhalt und eine Nutzung als Bibliothek setzte sich 1832 der Kanzleirat Johann Christian Althof ein. Brune, um sein fachliches Gutachten gebeten, urteilte:

> „*Daß das nebenbemerkte alte Schulgebäude (eine ehemalige Klosterkirche) sichtlich aus einer Periode des Mittelalters stammt, wo die Baukunst in höchstem Verfall war, und ich glaube daher ohne nähere Beweise mit vollem Recht behaupten zu dürfen, daß dieses Gebäude einen wirklichen Kunstwerth gar nicht besitze. Eben so wenig kann ein Unbefangener dasselbe für schön halten, noch zeichnet es sich durch besondere Größe aus, und da auch durchaus keine merkwürdige historische Erinnerungen sich daran knüpfen: so mangeln ihm alle Bedingungen, die dasselbe ehrwürdig, und als solches der Erhaltung werth machen können. [...] Ich kann daher durchaus keinen Grund finden, das fragliche Gebäude zu conserviren, obschon ich nicht zu denen gezählt zu werden wünsche, denen wirklich schöne oder durch ihr Alter oder ihre Größe und Erhabenheit ehrwürdige Denkmale der Baukunst gleichgültig sind.*"[34]

Auch von Meien fand „*nicht das mindeste Merkwürdige, welches die Erhaltung wünschenswert machen könnte*".[35] Fürst Leopold fand es daraufhin nicht nötig, auf die Eingabe Althofs Rücksicht zu nehmen.[36]

1838 setzte Brune sich sehr für den Erhalt des sogenannten Großen Hünenrings ein, dessen Steine teilweise für den Bau des Hermannsdenkmals verwendet wurden.[37]

Da er bei von Bandel auf taube Ohren stieß, bat er die Regierung um Schutz für die „*Trümmer der Vorzeit*" und bezog sich dabei auf CLOSTERMEIER.[38] Dass sie zum Denkmal dienen würden, entschuldige ihren Verbrauch nicht, denn dann sehe man ihnen nicht mehr an, dass sie zum Großen Hünenring gehört hätten. Die Steine sollten besser aus einem Steinbruch, etwa dem sog. Schlinge, entnommen werden. Brune intervenierte sogar gegen seine vorgesetzte Behörde, die Rentkammer, bei der Regierung. Vom Denkmal-Verein und den Behörden wurde die Sache jedoch heruntergespielt bzw. abgeleugnet. Inwieweit Brunes Vorwürfe den Tatsachen entsprachen, bleibt ungewiss.

1846 besuchte Brune den Architektentag in Gotha (3. bis 6. September), auf dem nach einer Exkursion zur Wartburg Ferdinand von Quasts Restaurierungspläne für dieses Bauwerk ablehnend diskutiert wurden.[39] Es ist nur zu wahrscheinlich, dass Brune im Wintersemester 1824/25 die Frage seines Lehrers Rabe, der die Beschäftigung mit der Antike unabdingbar fand, vernahm, ob statt der griechischen „*mal die gothische Baukunst den Vorzug verdiene?*"[40] Und bei aller Vorliebe Brunes für den Klassizismus gibt es tatsächlich seine beiden Turmentwürfe (Kat. 97 und 125), in denen er sich auf mittelalterliche Bauformen mit Spitzbogenöffnungen oder Zinnenkranz bezog, so bei Projekt für die Grotenburg „*einen Thurm nach Art der aus dem Mittelalter uns überlieferten Wartthürme*".[41] Brune reflektierte explizit auf mittelalterliche Burgen, indem er schrieb: „*Der Thurm selbst aber müßte der ganzen Umgegend aber um so mehr zur Zierde gereichen, als er gleichsam die Stelle einer Burgruine verträte, deren unsere Gebirgshöhen leider so gut als gar keine mehr aufzuweisen haben. [...] Nebenbei ist es denn auch historisch gar nicht so unwahrscheinlich, daß auf gedachter Bergspitze schon zu Hermanns Zeiten ein thurmartiger Aufbau sich befunden habe [...]*".[42]

1851 äußerte Brune sich gutachtlich zur eventuellen Erweiterung der Fürstengruft an der Erlöserkirche in Detmold.[43] Er erkannte, dass diese in späterer Zeit angebaut wurde, und empfand diesen Anbau als störend. „*Ich würde daher etwa nur zu einer solchen Veränderung dieses Anbaues rathen können, wodurch die angedeuteten äußern Uebelstände möglichst gehoben, nicht aber zugleich eine Erweiterung bezweckt würde.*" Statt einer Vergrößerung der Fürstengruft schlug Brune den Bau einer neuen Grabgewölbes in der Nähe des Krummen Hauses vor (Kat. 200).

Würdigung

Auch wenn Kammerrat Carl Wilhelm Stein sich so manches Mal über Brunes „*nachtheilige Eigenschaften*"[44] ärgerte und nach dessen Tod das „*Aufhören meines übeln Verhältnisses zu dem verst. BR. Brune*"[45] begrüßte, musste er rückblickend feststellen: „*dessen Anstellung ist im Ganzen genommen für das Herrschaftliche Interesse sehr gut gewesen*".[46] Unter den lippischen Land- und Stadtbaumeistern des 19. Jahrhunderts war Ferdinand Brune jedenfalls „*bei weitem der bemerkenswerteste und erfolgreichste*", wie GERHARD PETERS 1984 zutreffend urteilte.[47] Er bescheinigt ihm, etwa beim Amthaus zu Schieder, bei aller Nüchternheit der Bauten „*künstlerisches Niveau*".[48] Schon zu Brunes Lebzeiten hatte Prinz Friedrich zur Lippe, der Onkel des Erbprinzen, in seiner Rede auf dem Richtfest des Neuen Palais 1848 „*dem kunstreichen und talentvollen Baumeister, der sich durch diesen Neubau ein schönes bleibendes Denkmal stiftet*",[49] öffentlich seine Anerkennung ausgesprochen. Bleibende Denkmäler seines Könnens und seines Fleißes sind auch seine zahlreichen anderen noch vorhandenen Bauten und die hier vorgelegte Dokumentation seines Gesamtwerks.

WERKKATALOG

WERKKATALOG
FERDINAND BRUNE

Der nachfolgende Werkkatalog mit 244 Nummern ist chronologisch angelegt. Maßgebend für die Reihenfolge ist der Planungsbeginn. Drei bisher nicht datierbare Bauten sind am Ende angefügt. Innerhalb der Chronologie stehen die Bauten in der Residenzstadt Detmold stets am Anfang. Diesen folgen die anderen Bauten in alphabetischer Reihenfolge der damaligen Ortsnamen. Zusätzlich ist bei Dörfern oder Wohnplätzen, die weder amtsfreie Stadt noch Amtssitz waren, in Klammern der Name des Amtes angegeben.

Die Bauten, Umbauten oder Planungen stammen nachweislich von Ferdinand Brune, nur zwei können ihm lediglich durch stilistische Zuschreibung zugeordnet werden. Alle werden hier mit einer kurzen Baugeschichte und Baubeschreibung vorgestellt. Aus Platzgründen wird auf das Schicksal der Bauten nach Brunes Wirkungszeit nur mit kurzen Hinweisen eingegangen. Zu jedem Bauwerk werden die einschlägigen Quellen genannt, die sich im Wesentlichen im Landesarchiv Nordrhein-Westfalen, Abteilung Ostwestfalen-Lippe (LAV NRW OWL), in Ausnahmen auch in anderen Archiven befinden.[1] Sofern historische Bildquellen oder spezielle Literatur zu einem Bauwerk vorhanden sind, werden auch diese aufgelistet. Abbildungen konnten jedoch aus Platzgründen nicht jedem Werk beigefügt werden.

Noch als Baukondukteur unter dem kaum noch arbeitsfähigen Oberbaurat Theodor von Natorp erhielt Ferdinand Brune seine ersten Aufträge, ab 1830 dann als fürstlicher Landbaumeister und ab 1847 als Baurat. Auftraggeber war in der Regel die Fürstliche Rentkammer, was im Folgenden nicht eigens erwähnt wird. In allen anderen Fällen werden die jeweiligen Auftraggeber genannt. Diese sind vor allem der Magistrat der Stadt Detmold, aber auch das Fürstliche Konsistorium, das Militär und Privatpersonen. Neben den umfangreicheren Neubauten sind auch Umbauten, Reparaturen und Bauaufmaße sowie nicht ausgeführte Projekte erfasst, um das breite Spektrum von Brunes Aufgabengebiet abzubilden. Maßstab für die Erfassung von Reparaturen war dabei, nur umfangreichere, umgestaltende Maßnahmen, zu denen ein Kostenanschlag anzufertigen war, in das Werkverzeichnis aufzunehmen.

In den Ämtern Schötmar und Varenholz oblag das Bauwesen dem Salzufler Kunstmeister Culemann. In Schötmar (Kat. 33, 164) wurde aber auch Brune eingespannt.

Im folgenden Katalog werden an erster Stelle die Ortsnamen der Brune-Zeit verwendet. Zur leichteren Identifikation sind die aktuellen Adressen vermerkt, bei einigen Bauten ohne Adresse die geographischen Koordinaten.

Die Quellennachweise beginnen jeweils mit den Plänen, gefolgt von den Akten, getrennt nach Archiven und jeweils in chronologischer Reihenfolge. Es folgen Bildquellen und Literaturhinweise. Die im Kapitel „Ausgewählte Bauten" behandelten Werke werden hier nicht erneut ausführlich beschrieben, sondern nur gelistet.

1 1826/27, Meinberg (Amt Horn), Russisches Bad und Schlammbad hinter dem Kurhaus zum Stern (ABB. 7)

Horn-Bad Meinberg, Parkstraße 17/Brunnenstraße 86. Siehe Seite 51–52.

Quellen: LAV NRW OWL: D 73 Tit. 4 Nr. 7368: Entwürfe zum Bau eines russischen- u. Schlammbadehauses beim Stern im Bad Meinberg, Brune 1826; D 73 Tit. 4 Nr. 7369: Zeichnung zum Bau einer Russischen- und Schlamm-Badeanstalt für Meinberg, Brune 1826; D 73 Tit. 4 Nr. 7370: Zeichnung zum Bau einer Russischen- und Schlamm-Badeanstalt für Meinberg, Brune 1826; L 92 E Nr. 188: Anlegung von Schlammbädern bei der Rose und Beschaffung des Badeschlammes für Meinberg, Bd. 1, 1818–1892; L 92 E Nr. 191: Berichte der Meinberger Brunnenärzte über ausgezeichnete Kuren durch die Schlammbäder, 1822; L 92 E Nr. 359: Erbauung eines Schlamm- und Russischen Dampfbadehauses beim Stern, 1825; L 92 E Nr. 192: In der Rose gemachte Schlammbäder, 1822–1835; L 92 E Nr. 194: Im Stern gemachte Schlammbäder, 1827–1835.

Literatur: Russische Dampfbäder als Heilmittel durch Erfolge bewährt: nebst einer Anleitung zur Erbauung und innern Einrichtung derselben; durch drei Kupfertafeln erläutert von G[EORG]. F[RIEDRICH]. POCHHAMMER. Mit einer kurzen Anweisung zum Gebrauche der russischen Dampfbäder von J. G. SCHMIDT, Berlin: Nauck 1824; HEINRICH ZEISE, Kritische Beurtheilung des Unterschiedes russischer Ofen-Dampfbäder und Dampfkessel-Bäder zur Berichtigung mancher unrichtigen in öffentlichen Blättern ausgesprochenen Ansichten diesen Gegenstand betreffend, Altona 1827.

2 1826–1831, Detmold, Strafwerkhaus (ABB. 8–11)

Detmold, Richthofenstraße 3.
Auftraggeber: Strafwerkhaus-Kommission (Regierung und Magistrat der Stadt Detmold).
Siehe Seite 53–55.
Eingetragen in die Denkmalliste der Stadt Detmold.

Quellen: LAV NRW OWL: D 73 Tit. 4 Nr. 7269: Zeichnung zum Bau eines Strafwerkhauses, Brune 1826; D 73 Tit. 4 Nr. 7270: Grundrisse zum neuen Strafwerkhaus, [Brune April 1827]; D 73 Tit. 4 Nr. 7271: Riss von dem alten Strafwerkhaus, [Brune] 1829; D 73 Tit. 4 Nr. 7274; L 92 B Nr. 182: Abtretung eines Teils der Meierei Johannettentaler Neuen Wiese und des Hüdepohlgartens wegen des neuen Strafwerkhauses vor dem Lemgoer Tor, 1826; L 77 A Nr. 5698: Ankauf von Garten- und Wiesengrundstücken für das Strafwerkhaus, 1811–1838; L 93 Nr. A Tit. 33 Nr. 6: Abtretung des Gartens am Hüdepohl zum Bau des neuen Strafwerkhauses, 1826; L 77 A Nr. 5713: Bau eines neuen Strafwerkhauses, Bd. 1, 1826–1827; L 77 A Nr. 5714: Bau eines neuen Strafwerkhauses, Bd. 2, 1827–1863; L 77 A Nr. 5712: Baurechnungen zum Neubau des Strafwerkhauses, 1827–1857; L 77 A Nr. 5720: Rechnungen der Steindruckerei im Strafwerkhaus, Bd. 1, 1826–1834; L 77 A Nr. 5726: Umbau im Strafwerkhaus zur Trennung der jugendlichen Insassen von den übrigen, 1849–1870; L 77 A Nr. 5730: Arbeitsräume für die Militärhandwerker, Vermietung des früheren Strafwerkhauses, 1870–1875; L 75 IV. Abt. 7 Nr. 20: Ankauf des Detmolder Strafwerkhauses seitens des Militärfiskus, 1871–1872; L 77 A Nr. 5731: Verkauf des Strafwerkhauses an die preußische Militärverwaltung, 1871–1891; L 77 A Nr. 2284: Unterhaltung des Strafwerkhauses zu Detmold, 1872–1875; L 77 A Nr. 5732: Plan zur Nutzung des Strafwerkhauses zu Detmold als Regierungsgebäude, 1873.

Bildquellen: LAV NRW OWL D 75 Nr. 6595: Fotografie, ausgebrannte Kriegsruine, Ansicht von Nordwesten (1945).

Literatur: ST[ERZENBACH, JOHANN CONRAD AUGUST], Ueber den Nutzen und die Nothwendigkeit eines Strafwerkhauses, sowohl in Hinsicht auf Sittlichkeit als auf öffentliche Sicherheit; besonders in Beziehung auf die Grafschaft Lippe, in: Lippische Intelligenzblätter 1802, Stück 7–10 vom 13. Februar bis 6. März; ST[ERZENBACH, JOHANN CONRAD AUGUST], Lippe-Detmold. Das Strafwerkhaus daselbst, dessen Einrichtungen und Nutzen, in: Der Westfälische Anzeiger 8 (1802), Nr. 28 (6. April), Sp. 433–438, Nr. 29 (9. April), Sp. 454–458; PETERS 1953; GAUL 1968, S. 379; KLEINMANNS 2007, S. 207 f.

3 1827, Detmold, Vereinshaus der Gesellschaft Ressource

Projekt, nicht ausgeführt.
Auftraggeber: Ressourcen-Verein.
Einzelheiten des Projekts sind nicht bekannt. Statt ein eigenes Vereinshaus zu bauen, mietete die Ressource 1831 vom Magistrat die Bel Etage des neuen Rathauses. Ein eigenes Gesellschaftshaus wurde erst 1883/84 mit dem Haus Ameide 4 nach Entwurf von Karl Leopold Petri erbaut.
Literatur: HANNS PETER FINK, Aus der Geschichte der Ressource zu Detmold, Detmold 2000, S. 14.

4 1827, Detmold, Verschiebung des Chausseehauses

Detmold, Hornsche Straße 24. Abgängig.
Während der alte Weg von Detmold nach Meinberg in einem Bogen zur Meierei Johannettental und dort nach Südosten abknickend verlief (Trasse der heutigen Willi-Hofmann-Straße), erhielt die neue Chaussee vom Hornschen Tor bis zur Meierei einen geradlinigen Verlauf, welcher den Johannettentaler Kuhkamp durchschnitt. Das vor der Stadtmauer gelegene, 1816 erbaute Zollhaus des Chausseegeld-Einnehmers Dohmeier musste aus der Trasse der neuen Straße heraus versetzt werden. Das 36 mal 27 Fuß messende Fachwerkhaus war in den Außenwänden mit Bruchstein ausgemauert. Da es durch mehrere Querwände und durchgehende Schwellen ausreichend ausgesteift war, schlug Brune ein Anheben des Hauses mit Spindeln und anschließendes Verschieben auf Rollen vor. Da der damit beauftragte Zimmermeister Jasper aus Holzhausen die Gründung der Hebewerkzeuge mangelhaft ausführte, kam es beim Anheben zu Ungleichmäßigkeiten und damit Rissen in der Bruchsteinausfachung, was den Abbau und Wiederaufbau am neuen Standort auf Kosten Jaspers erforderte.
1846 wurde die Chausseegeldstelle nach Remmighausen verlegt. Abbruch des Dohmeierschen Hauses 1976.
Quellen: LAV NRW OWL: L 92 A Nr. 4365: Anbau einer neuen Häuserreihe vor dem Hornschen Tor in Detmold an der durch die Gärten und den Johannettentaler Kuhkamp zu verlegenden Meinberger Chaussee; Versetzung des Dohmeierschen Hauses; Ausweisung von Bauplätzen von der Kälberwiese zur Leopoldstraße und vom Kuhkamp, Bd. 1, 1826–1834; L 92 A Nr. 4203: Verkauf eines durch Geradelegung der Meinberger Chaussee vom Johannettentaler Kuhkamp abgeschnittenen Winkels, 1829; L 77 A Nr. 8357: Erhebung des Wegegeldes zu Meinberg auf der Meinberger Straße (Chaussee), Bd. 4, 1818–1838; L 77 A Nr. 8351: Meinberger Straße (Chaussee) von Detmold bis zum 1. Stundenstein, Bd. 1, 1828–1836; L 109 Detmold Nr. 279: Chausseehäuser.

5 1827, Detmold, Rathaus

Detmold, Lange Straße. Projekt, nicht ausgeführt.
Auftraggeber: Magistrat der Stadt Detmold.
Im Rahmen eines beschränkten Wettbewerbs unter von Natorp, Vogeler und Brune für einen Rathausneubau an Stelle des alten Rathauses wurde Brunes zweites Projekt am 10. Mai 1827 zur Ausführung angenommen. Die Pläne konnten aber nicht realisiert werden, da auf Initiative des Kammerrats August Kellner der Neubau an der Ostseite des Marktplatzes (des heutigen *kleinen Marktes*) platziert werden sollte. Der Neubau erfolgte schließlich 1828 bis 1831 an der Langen Straße nördlich vom alten Rathaus nach Enteignung und Abbruch dreier Bürgerhäuser. Da Brune inzwischen als Baukonducteur bei der Rentkammer angestellt worden war, konnte er den Auftrag nicht mehr weiterführen. Den Entwurf des ausgeführten Rathauses schuf der hessische Landbaumeister Justus Kühnert.
Quellen: LAV NRW OWL: D 73 Tit. 4 Nr. 5241: Situationsplan Reineke/Brune; D 73 Tit. 4 Nr. 7554: Lageplan vom alten Rathaus (Lichtpause, Original in der LLB); LLB: 1 D 40: Lageplan vom alten Rathaus.
Literatur: PETERS 1953, S. 208; KLEINMANNS 2012; KLEINMANNS 2013 a; KLEINMANNS 2015.

6 1827, Horn, Bauaufnahme Amthaus

Horn-Bad Meinberg, Mittelstraße 67.
Das 1756 bis 1758 erbaute Amthaus wurde 1827 durch Brune aufgenommen. Baumaßnahmen fanden aber erst 1853/54 statt (Kat. 228).
Quellen: LAV NRW OWL: D 73 Tit. 4 Nr. 7365 und 7366: Querschnitte und Grundrisse vom Amthaus in Horn, Brune 1827, 1850; L 108 Horn Fach 2 Nr. 10: Amthaus-Reparaturen, 1851–1879.

7 1827, Meinberg (Amt Horn), Baumagazin

Oberförster-Feige-Weg 1a. Abgängig.
Seit 1817 war die Scheune beim kleinen herrschaftlichen Haus als Baumagazin genutzt worden, nun wurde nach Brunes Entwurf ein eingeschossiger Fachwerkbau mit Walmdach errichtet. Er entstand hinter dem neuen Schlamm- und Russischen Bad (Kat. 1) und neben der zum Stern gehörigen Stallung, umgeben von einem Bauplatz. Das Magazingebäude war 50 Fuß lang. In der Mitte der Längswände ermöglichten zwei Tore die Durchfahrt. Zur einen Seite

trennte eine Fachwerkwand die 16 Fuß lange Tischlerkammer ab, in deren Giebelseite drei Fenster und zwei Fachstreben angeordnet waren. Inmitten der Innenwand befand sich ein Werkstattofen. Die übrigen zwei Drittel der Grundfläche zu 32 Fuß dienten als Lagerraum und Durchfahrt. Anstelle einer stützenden Querwand ordnete Brune hier zwei Pfosten an.

Quellen: LAV NRW OWL: D 73 Tit. 4 Nr. 7372: Ansicht und Grundriss des 1827 gebauten Baumagazins in Meinberg, Brune 1827; L 92 E Nr. 355: Benutzung der Scheune beim kleinen herrschaftlichen Haus als Baumagazin und deren Umbau, 1817.

8 1827/28, Detmold, Schauspielhaus, Bauleitung Portikus (ABB. 48)

Detmold, Rosental, Theaterplatz. Abgängig.

Das Schauspielhaus wurde im November 1825 eingeweiht, jedoch noch ohne äußeren Verputz und ohne den Säulenportikus. Zur Eröffnung der Saison im September 1826 standen dann die vier Säulen allein vor dem Theater. Erst zu Theatersaison im Herbst 1827 war auch der Portikus fertig. Von Natorp hatte im Frühjahr 1827 beim Fürsten erreicht, dass der Architrav mit dem flachen Giebeldreieck darüber aus Holz konstruiert werden durfte, denn die Steinbruchbesitzer wollten nicht für den Transport so großer Steinblöcke haften. Außerdem führte von Natorp an, dass es wohl im ganzen Fürstentum keinen Wagen gäbe, der die erforderlichen 90 Tonnen zu tragen vermochte. Die Holzkonstruktion wurde dann mit Stuck verputzt, um ihr das Aussehen von Stein zu geben. Mit der Bauleitung war, da von Natorp zur Kur in Bad Eilsen weilte, Brune beauftragt, der im Juli 1827 Gerüstholz anforderte und im August den Kontrakt mit zwei Kasseler Stuckateuren abschloss. Er zeichnete 1827 auch mehrere Bestandspläne des Schauspielhauses sowie Ausführungspläne zum Portikus (*Frontispiçe*). Sicher wird Brune bei den Ausführungsplänen des Säulenportikus auch der des Königlichen Schauspielhauses in Berlin von Karl Friedrich Schinkel vor Augen gestanden haben, an dessen Eröffnung er 1821 als Student teilgenommen hatte.[2] Und er war es auch, der mit Zustimmung des Fürsten den geplanten rauen Außenputz in einen glatten Verputz in Sandsteinfarbe änderte. Einen aufwändigeren, Quader vortäuschenden Verputz konnte er nicht durchsetzen. Statt des eingefärbten grünen Putzes, wie ihn von Natorp geplant hatte, wurde nun ein Ölfarbanstrich ausgeführt. Im Februar 1828 wurde das Schauspielhaus als *„ganz vollendet"* bezeichnet. Das Theater brannte 1912 aus, die Ruine wurde 1914 bis auf die Säulen des Portikus gesprengt. Diese wurden im Neubau (1914–1919) wiederverwendet.

Quellen: LAV NRW OWL: D 73 Tit. 4 Nr. 7056: *„Riß von der Fürstlichen und Ersten Rang-Loge im neuen Schauspielhause zu Detmold Entworfen von Ob. Baurath v. Natorp."* [nur der Zuschauerraum], Brune o.J.; D 73 Tit. 4 Nr. 7057: *„Grundriss vom neuen Schauspielhause zu Detmold Entworfen von ObBRath vNatorp*, „Etage der Logen", Brune o.J.; D 73 Tit. 4 Nr. 7058: *„Grundriss von dem Unterbau des neuen Schauspielhauses zu Detmold Entworfen von OBRt von Natorp"*, Brune o.J.; D 73 Tit. 4 Nr. 7066: *„Zeichnung zum Bau des Frontispiçes vor dem neuen Schauspielhause zu Detmold, ist im Jahre 1827 in Holz ausgeführt und berohrt."* Vorderansicht, Seitenansicht, *„Deckenfeld zwischen zwei Architraven"*, *„halber Längendurchschnitt durch die Mitte"*, *„Brune im Jahre 1827"* farbig angelegt; D 73 Tit. 4 Nr. 7068: *„Quer-Durchschnitt von dem neuen Schauspielhause zu Detmold aufgenommen am 10. Juli 1830."*, unsign. [Brune]; D 73 Tit. 4 Nr. 7069; D 73 Tit. 4 Nr. 7071: Lageplan vom Schauspielhaus mit den umliegenden Gebäuden, Brune 1830; D 73 Tit. 4 Nr. 7076: *„Das Gebälk über den Säulen des Frontispiçes vor dem neuen Schauspielhause zu Detmold."* Brune; D 73 Tit. 4 Nr. 7077: Horizontalschnitt durch die Mitte des Frieses; D 73 Tit. 4 Nr. 7078: Grundriss Rang, 1852, P. [Plöger?]; D 73 Tit. 4 Nr. 7079: *„Die Parquet- und Parterre-Plätze im Schauspielhause zu Detmold, nach der im Jahre 1852 getroffenen neuen Einrichtung"*; L 92 R Nr. 762: Neubau und Reparaturen des Schauspielhauses, Bd. 4, 1827–1833.

Bildquellen: LLB: 1 D 44, Zeichnung, Meysenbug (1866); 1 D 45, Zeichnung, Ludwig Menke (1866); 1 D 45-1, Zeichnung, Groskopf (1866); BADT-24-14, Fotografie, Theodor Kliem (um 1860).

Literatur: KLEINMANNS 2018; KLEINMANNS 2019, KLEINMANNS 2021.

9 1827/28, Bega (Amt Sternberg), Pfarrhaus, Wirtschaftsteil

Katzhagen 3. Abgängig.

Auftraggeber: Fürstlich-Lippisches Konsistorium.

Das 1699 abgebrannte Pfarrhaus wurde 1701 wieder aufgebaut und 1773 der Wohnteil des Hauses erneuert. Die Bestandszeichnung von Natorps zeigt 1825 einen Stockwerksbau, etwas schmaler als der Wirtschaftsteil bei gleicher Firsthöhe. Dieser dreischiffige Wirtschaftsteil wurde 1828 abgebrochen und durch einen Neubau ersetzt. Dazu legte der Lemgoer Baukommissar Heinrich Overbeck 1824 einen Entwurf als Stockwerksbau mit Ställen für zwei Pferde und vier Kühe vor. 1825 lieferte Maurermeister Harte (im Auftrag des Oberbaurats von Natorps) einen weiteren Plan, den Brune 1827 überarbeitete. Unter anderem legte er die Schornsteine paarweise gegenüber an, um sie im Dachraum in einem

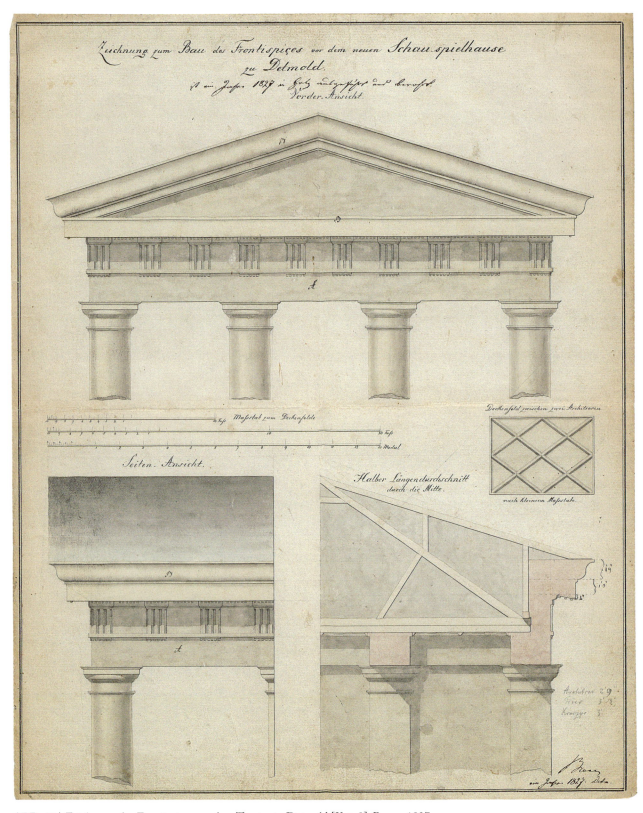

ABB. 48 | Zeichnung des Frontispizes vor dem Theater in Detmold [Kat. 8], Brune, 1827

Bogen zu vereinen und in einem einzigen Zug am First über Dach zu führen. Der Bau wurde für 1.475 Taler an Zimmermeister Hothan aus Barntrup vergeben und 1828 fertiggestellt.

Es entstand ein Vierständerbau mit zwölf relativ kurzen Fachen, drei Riegelketten und gegenläufig geschwungenen Fußstreben. Der dreischiffige Grundriss erhielt am Ende der Mitteldeele einen zweigeschossigen Querflur zur Erschließung des Wohnteils. Im linken Seitenschiff lagen Kammern, Gesindestube und ein Stall für sechs Kühe, rechts ein Pferdestall mit querliegendem Futtergang. Im Obergeschoss waren Kornkammern, Gesindekammern und Futterbühnen für Heu untergebracht.

Der Wohnteil wurde 1857/58 nach Entwurf von Ferdinand Merckel ersetzt und 1953 zum Kindergarten umgebaut, der Wirtschaftsteil dabei abgebrochen.

Quellen: LKA Detmold, Konsistorial-Reg. 2632 und 2635 (mit Plänen).

Literatur: STIEWE 2000, S. 267.

10 1827/28, Meierei Oelentrup (Amt Sternberg), Dreschhaus

Dörentrup, Oelentrup.

Die Meierei Oelentrup war ein Außenhof des Hauses Sternberg. Im März 1827 reiste Brune zur Vorbereitung der Planung für zweieinhalb Tage nach Oelentrup und rechnete diese Reise wie auch die Arbeit auf Honorarbasis ab, da er noch vor seiner Anstellung damit beauftragt worden war.[3] Dabei ging es nicht nur um die Bauleitung bei dem von Oberbaurat von Natorp entworfenen neuen Brennereigebäude, sondern Brune entwarf 1827 auch ein neues Dreschhaus.[4] 1828 wurde das alte Dreschhaus abgebrochen. Gleichzeitig ließ Brune das *Vorwerk* durchbauen, die Schafställe vergrößern und einen Schweinestall anbauen. Der Schafstall aus Fachwerk mit Hohlziegeldach misst 106 mal 50 Fuß und hat eine lichte Höhe von 18 Fuß bis zum Balken. Nach seiner Fertigstellung wurde der alte Schafstall abgebrochen.[5] Bei einem Neubau des *Vorwerks* projektierte er Raum für 30 Kühe und Ochsen und für 30 Rinder und Kälber. Falls auch der Pferdestall darin untergebracht werden sollte, waren 20 Pferde und 24 Dienstpferde unterzustellen.

Quellen: LAV NRW OWL: D 73 Tit. 4 Nr. 6603 und 6604: Situationsplan von der Meierei Oelentrup, Brune 1827; D 73 Tit. 4 Nr. 6606: Querschnitt vom alten Vorwerk auf der Meierei Oelentrup, Brune 1828; D 73 Tit. 4 Nr. 6607: Grundriss vom alten Schweinehaus und Vorwerk auf der Meierei Oelentrup, 1828; L 92 R Nr. 1182: Bauten und Reparaturen auf der Meierei Oelentrup und Göttentrup, Bd. 5, 1825–1837.

Literatur: LINDE/RÜGGE/STIEWE 2004, S. 80–82; DANKWARD VON REDEN, Ehemalige Meiereien, die Domäne Göttentrup, Oelentrup und die herrschaftliche Mühle, in: Schwelentrup – Swederinctorpe, das Dorf unter der Burg Sternberg, Dörentrup 1997.

11 1827/28, Meierei Oelentrup (Amt Sternberg), Hühnerhaus (ABB. 49)

Dörentrup, Oelentrup.

Der Hühnerstall im alten Brennereigebäude war im Neubau des Brennereigebäudes 1827 weggefallen, weshalb Pächter Meier den Neubau eines *„Federvieh-Stalles"* forderte. Brune hielt einen separaten Neubau für nachteilig, weil schon so viele kleine Nebengebäude auf der Meierei standen, und schlug daher die Verlängerung des noch recht neuen Backhauses vor. Seinem Gutachten beigefügt ist der *„Riss von dem Oeletruper Backhause und dessen projektirter Vergrösserung zur Einrichtung dreier Federvieh-Ställe für die dortige Meierei."* Brunes Argumente für den Stallanbau lauteten, dass das seitlich offene Dach des Backofenanbaus ohnehin schon schadhaft und erneuerungsbedürftig sei. Das neue, geschlossene Dach über dem Ofengewölbe ermögliche zusätzlich das Darren und Trocknen von Obst. Der verlängerte Bodenraum gäbe mehr Platz für das benötigte *„Geschirrholz"*. Die Ställe habe er nach den Bedürfnissen des Meiereipächters projektiert. Der Bau solle noch im laufenden Jahr erfolgen, da vom Brennerei-Neubau übriges Material vorhanden sei, was bei längerer Lagerung nach und nach abhanden komme oder gestohlen werde. Notwendig waren nur zwei Balken zu 28 Fuß Länge und 8 Zoll im Quadrat sowie vier Sparren zu 20 Fuß Länge und einem Querschnitt von 6 Zoll im Quadrat, alles aus Tannenholz. Am 16. August 1828 wurde der Bau von Fürst Leopold genehmigt. Am 22. erhielt Brune von Kammerreferendar Stein den Auftrag und Oberförster Kellner in Sternberg die Assignation auf das neue Bauholz. Das Fachwerkbackhaus von etwa 35 Fuß Länge und 27 Fuß Breite war einstöckig und sieben Fache lang. Einer Stellmacherwerkstatt folgte der eigentliche Backhausteil mit Vorraum zu einem kleinen und großen Ofen und einer Backstube. Der große Ofen stand an der linken Giebelseite außen vor und wurde nun winkelförmig mit drei Hühnerställen umbaut, welche das Gebäude von 35 auf 61 Fuß Länge brachten, bei 26 Fuß Tiefe.

Quellen: LAV NRW OWL: D 73 Tit. 4 Nr. 6604: Situationsplan, Brune 1827; L 92 R Nr. 1182: Bauten und Reparaturen auf der Meierei Oelentrup und Göttentrup, Bd. 5, 1825–1837 (mit Plan).

Literatur: LINDE/RÜGGE/STIEWE 2004, S. 80.

12 1827/28, Lemgo, Johannismühle

Mittelstraße. Abgängig.

Von dem Neubau ist der Riss Brunes nicht überliefert, sondern nur ein alternativer Entwurf Culemanns von 1827.

Brune entwarf einen massiven Bruchsteinbau mit Halbwalmdach, 53 mal 30 Fuß groß. Die Traufseite war fünfachsig mit Eingang in der Mittelachse zum Wall weisend angelegt. Zur Straße wies der Giebel des Gebäudes. Von der Straße führte eine Tür auf das Mühlengerüst im niedrigen Untergeschoss (hier wurde das Korn hereingebracht). Angetrieben wurden die Mahlgänge von zwei Wasserrädern. Von dort führte eine Treppe in das hohe Obergeschoss mit Stube und Kammer des Müllers. Auf der andern Giebelseite lag der Ausgang vom unteren Mühlenflur, von wo das Mehl herausgetragen wurde. Der Kamin der Stube hatte darunter, auf dem Mühlengerüst, eine Öffnung, in welcher der Müller kochen konnte. Statt bisher zwei oberschlächtiger Räder schlug Brune für den ersten Mahlgang ein unter- oder mittelschlächtiges Rad vor, damit das Holzwerk im Haus höher zu liegen kam und das gehende Werk vollkommener eingerichtet werden konnte. Außerdem war, abweichend von Culemanns Entwurf, an der hinteren Giebelseite ein Pferde- und Schweinestall angeordnet. Der Pferdestall diente den Mahlgästen, die Schweinemast mit dem anfallenden Mahlresten war für den Müller ein willkommenes Zubrot.

Quellen: LAV NRW OWL: D 73 Tit. 4 Nr. 6309: Entwurf zu einem Neubau der St. Johannesmühle in Lemgo, Culemann, 1827; L 92 R Nr. 1479: Neubau und Reparaturen der St. Johannismühle zu Lemgo, 1827.

13 1827/28, Schwalenberg, Amthaus

Marktstraße 5.
Erneuerung des *Erkers* [Zwerchhaus], abgängig.
Die noch von Baurat von Natorp 1823 veranschlagte Erneuerung des *Erkers* ließ Brune 1827/28 ausführen. Wegen einer nachträglichen Vergrößerung um 3 Fuß in der Länge und 5 Fuß in der Breite verteuerte sich der Bau. Die mit Backstein ausgemauerte Fachwerkkonstruktion wurde an der Wetterseite verbrettert. Das abgewalmte Dach wurde mit Sollingplatten gedeckt und mit hölzernen Rinnen versehen.

Quellen: LAV NRW OWL: L 92 R Nr. 1657: Bauten und Reparaturen am Amthause zu Schwalenberg, 1823–1832.

14 1827–1829, Meierei Falkenhagen (Amt Schwalenberg), Backhaus

Lügde, Domänenweg.
Projekt, nicht ausgeführt.
Den ersten Auftrag für einen Plan zum Backhausneubau, eventuell mit Werkstätte, für maximal 150 Taler erhielt Brune 1827, einen zweiten im Januar 1829. Da es für diesen Betrag nicht in dauerhafter Bauweise zu erstellen war, nahm er dieses Projekt nicht in den Bauetat auf.

Quellen: LAV NRW OWL: L 92 F Tit. IIIa Nr. 8: Neubau Brau- und Backhaus, 1827 (ist ausgesetzt), item den Abbruch des alten, 1849.
Literatur: GERKING 2004.

15 1828, Detmold, Bauleitplanung Hornsche Straße

Das enorme Bevölkerungswachstum zu Beginn des 19. Jahrhunderts (von 1806 bis 1841 verdoppelte sich die Einwohnerzahl Detmolds von 2.200 auf über 4.700) machte die Ausweisung neuer Bauplätze erforderlich. Die Stadt wuchs außerhalb der Mauern im Norden und Osten sowie gegenüber der Neustadt.
1827 erhielt der Geometer Louis Reinecke den Auftrag zur Vermessung des Gartengeländes vor dem Hornschen Tor in Richtung Meinberger Chaussee, um dieses als Baugelände zu erschließen. Infolge fürstlicher Verordnung enteignete die Baupolizei die Grundstücke gegen eine taxierte Entschädigung und veräußerte dieselben an Bauunternehmer zur systematischen Bebauung. Die Unternehmer trugen anteilig die Kosten des Straßenbaus. Noch 1827 wurde das alte Chausseehaus aus der Fluchtlinie heraus versetzt (Kat. 4) und mit dem Bau der ersten Häuser begonnen. Ende 1828 ließ Brune die Verfügung von 1786 erneuern, nach der alle Neubauten vom Landbaumeister genehmigt werden mussten, *„damit jeder üble Anblick möglichst vermieden werde"*. Bis 1829 wurden die meisten Häuser an der Hornschen Straße erbaut, jedoch nur bis zum *„Stadts-Schlagbaum"* (der Chausseegeld-Schranke) in Höhe der später durch die Kälberwiese angelegten Leopoldstraße. Die traufständigen, zweigeschossigen Fachwerkhäuser erhielten zweiläufige Freitreppen.

Quellen: LAV NRW OWL: L 92 A Nr. 4365: Anbau einer neuen Häuserreihe vor dem Hornschen Tor in Detmold an der durch die Gärten und den Johannettentaler Kuhkamp zu verlegenden Meinberger Chaussee; Versetzung des Dohmeierschen Hauses; Ausweisung von Bauplätzen von der Kälberwiese zur Leopoldstraße und vom Kuhkamp, Bd. 1, 1826–1834.
Literatur: PETERS 1953, S. 203–207; SCHÄFER 1956; PETERS 1984, S. 121.

16 1828, Detmold, Bauleitplanung Leopoldstraße

Die neue Straße, welche ab 1830 nach dem neuen Militärgebäude Kasernenstraße, ab 1835 zu Ehren des Fürsten Leopoldstraße genannt wurde, verlief von der Hornschen Straße nach

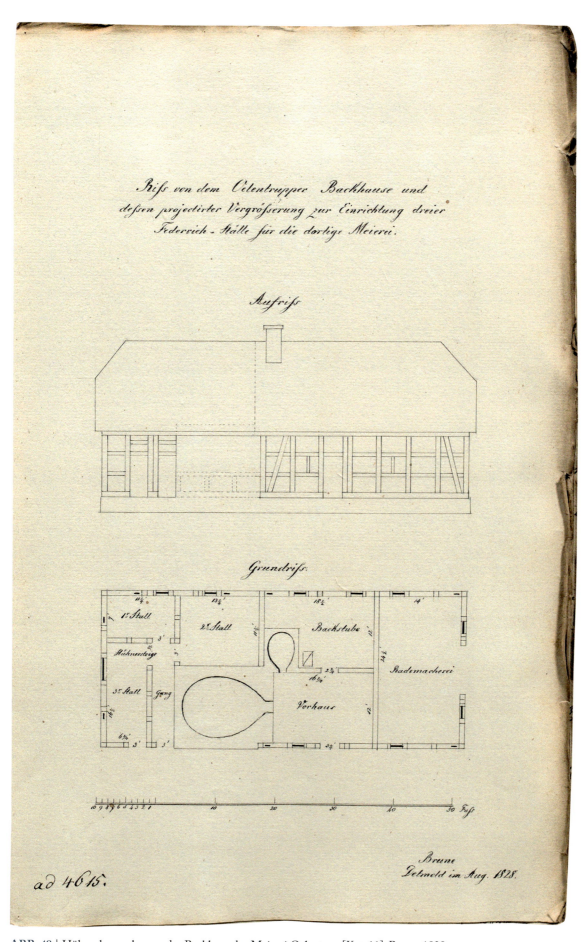

Riß von dem Oelentrupper Backhause und dessen projectirter Vergröserung zur Einrichtung dreier Federvieh-Ställe für die dortige Meierei.

Aufriß

Grundriß

Brune
Detmold im Aug. 1828.

ad 4615.

ABB. 49 | Hühnerhausanbau an das Backhaus der Meierei Oelentrup [Kat. 11], Brune, 1828

Norden bis in Höhe der Schülerstraße, die dann bis zur Leopoldstraße verlängert wurde. Die Bebauung der Leopoldstraße war 1829/30 in vollem Gang. Bauträger war hier der Lackierer Spies, der 1832 auch das Gymnasium (Kat. 60) und das benachbarte Lehrerwohnhaus (Kat. 61) baute. Als Regierungsbau entstand gegenüber der Exterstraße nach Brunes Plänen 1830 die Kaserne (Kat. 38). Zwischen dieser und dem Haus des Stadtmusikus Vollmar an der Hornschen Straße errichteten – außer dem Gymnasium und der Lehrerwohnung – Lackierer Spies, Hofchirurgus Mosel, Regierungs-Registrator Ulrich und Zimmermeister Jasper *„als Competenten"* vier Häuser, wodurch die neue Straße an der Ostseite geschlossen war. Spies bebaute das Grundstück zwischen Schule und Vollmer mit einem Haus, dessen Front ganz mit geschliffenen Sandsteinen, gleich dem Haus des Kaufmanns Meyer in der Langen Straße, das von einem Frankfurter Architekten entworfen worden war,[6] verkleidet wurde. Auf der Westseite, dem Gelände der ehemaligen Grabengärten, bauten die Unternehmer Mauermeister Ra-

kelmann und Zimmermeister Jasper. Da der Bedarf an neuen Wohnungen bald gesättigt war und der Durchbruch der Exterstraße auf sich warten ließ, also das Neubaugebiet nicht gut an den Stadtkern angebunden war, wurde die Bautätigkeit hier Mitte der 1830er Jahre unterbrochen, bevor die Häuserzeile 1839 mit den Häusern Nr. 2, 4 und 6 vollendet wurde.
Quellen: LAV NRW OWL: L 92 A Nr. 4365: Anbau einer neuen Häuserreihe vor dem Hornschen Tor in Detmold an der durch die Gärten und den Johannettentaler Kuhkamp zu verlegenden Meinberger Chaussee; Versetzung des Dohmeierschen Hauses; Ausweisung von Bauplätzen von der Kälberwiese zur Leopoldstraße und vom Kuhkamp, Bd. 1, 1826–1834; L 92 S Tit. III c Nr. 11: Anlegung einer Brücke über die Werre zur Bleiche, Leopoldstraße, 1834; L 92 A Nr. 4235: Handelskonzession des Kaufmanns Frevert auf der Leopoldstraße in Detmold; Konzession zum Essigsieden und zum Betrieb einer Schankwirtschaft, 1836–1846; L 92 A Nr. 4237: Konzession des Ökonomen Kuntze an der Leopoldstraße zum Essigbrauen und Destillieren, 1841–1844.
Literatur: PETERS 1953, S. 203–207; SCHÄFER 1956; PETERS 1984, S. 121.

17 1828, Detmold, Schloss, Ofen (ABB. 50)

Detmold, Schlossplatz 1.
Ein neugotischer Ofen aus Kassel wurde im fürstlichen Wohnzimmer des Detmolder Schlosses aufgestellt. Er hatte 40 Taler gekostet, für Verpackung und Fracht kamen 13 Taler hinzu, außerdem noch die Kosten des Setzens. Der Ofen mit rechteckigem Querschnitt trägt über einem Spitzbogenfries ein Gesims mit Blattranken. Die Ofenöffnungen sind als Kielbogen-Maßwerke und Vierpässe gestaltet.
Quellen: LAV NRW OWL: D 73 Tit. 4 Nr. 6952: Ansicht eines gotischen Ofens aus Kassel, im Wohnzimmer des Schlosses Detmold gesetzt, Brune 1828.

18 1828, Detmold, Schloss, Eiskeller

Detmold, Schlossplatz 1.
Bei einem auf der Schlossterrasse angelegten Eiskeller erneuerte Brune Balken und Sparren des Dachs und ersetzte die Leiter am Eingang gegen eine steile Treppe. Der Durchmesser des runden Innenraums betrug 12, die Höhe 26 Fuß.
Quellen: LAV NRW OWL: D 73 Tit. 4 Nr. 6955: Der Eiskeller auf der Schlossterrasse zu Detmold, Brune 1828; L 92 S Tit. III a Nr. 8: Eiskeller auf dem Schlosswall [Detmold], 1788–1870.

ABB. 50 | Ansicht eines gotischen Ofens aus Kassel im Wohnzimmer des Detmolder Schlosses [Kat. 17], o. A., o. J. (Brune, 1828)

19 1828, Detmold, Rosental, Freitreppe (ABB. 51)

Detmold, Schlossplatz/Rosental. Abgängig.
Für den Durchgang vom höher gelegenen Schlossplatz zum Rosental zwischen Marstall und Reithaus entwarf Brune eine Freitreppe, die 1852 durch das sog. *Bedeckhaus* überbaut wurde (Kat. 214). Die Treppe verbreiterte sich nach unten beidseitig in einem leichten Bogen, die flachen Wangen endeten in einer Schnecke. Die fünf Stufen, von Steinhauer Büxe geliefert, waren schlicht und ohne Überstand.
Quellen: LAV NRW OWL: D 73 Tit. 4 Nr. 6918: Steinerne Treppe zum Rosental in Detmold, Brune 1828.

20 1828, o. O., Eisengitter

Entwürfe verschiedener Eisengitter.
Die neuartigen traufständigen Typenwohnhäuser mit Hochparterre machten eiserne Geländer für die Freitreppen notwendig. Dem Zeitgeschmack des Spätklassizismus entsprechend sind die Felder meist mit Diagonalkreuzen ausgesteift. Es kommen jedoch auch Achtecke, Sterne und Bögen vor. Auch das am Schloss Schieder (Kat. 59) gewählte Muster ist hier als Nr. 14 dargestellt.
Quellen: LAV NRW OWL: D 73 Tit. 4 Nr. 7696: 15 Muster zu eisernen Staketten, Brune 1828.

21 1828, Meierei Falkenhagen (Amt Schwalenberg), Neues Brauhaus (ABB. 52)

Lügde, Domänenweg.
Projekt, nicht ausgeführt.
Einen Riss und Kostenanschlag über 1.387 Taler fertigte Brune im Oktober 1828 an. Das Gebäude von 60 mal 32 Fuß Fläche enthielt einen Raum für die Brennerei, ein Backhaus mit Backstube, darin einen Backofen zum Brotbacken und einen Dörrofen für Obst, eine Käsekammer, eine Kammer für den Brauknecht, je eine Werkstube für den Geschirrarbeiter und den Böttcher. Über den Öfen befand sich die Malzkammer. Der Keller bot Raum für 25 bis 30 Fässer.
Aus Kostengründen wurden nur Keller und Erdgeschoss massiv, das Obergeschoss aus Fachwerk geplant. Die Dachdeckung und der Boden der Malzkammer sollten aus Sollingsteinen bestehen. Da der Pächter Wagener keinenAnspruch auf ein Brauhaus hatte und keine zusätzliche Pacht darauf zahlen wollte, wurde der Bau zurückgestellt und letztlich nicht realisiert.
Quellen: LAV NRW OWL: D 73 Tit. 4 Nr. 6746: Riss zu einem neuen Brauhaus für die Meierei Falkenhagen, Brune

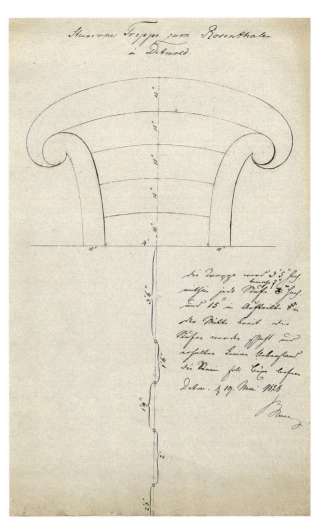

ABB. 51 | Steinerne Treppe vom Schlossplatz zum Rosental in Detmold [Kat. 19], Brune, 1828

1828; L 92 F 1 Tit. IIIa Nr. 8: Neubau eines Brau- und Backhauses zu Falkenhagen und Abbruch des alten Gebäudes, 1827–1840.
Literatur: GERKING 2004.

22 1828, Vorwerk Herborn (Amt Sternberg), Schafstall und Deputatistenwohnung (ABB. 53)

Barntrup, Herborn 1. Abgängig.
Bauaufnahme.
Das *Vorwerk* Herborn war erst 1820 als Außenstelle zur Meierei Barntrup entstanden.
Die Bauaufnahme stellt einen Zweiständer-Fachwerkbau mit Durchfahrtdeele und breiten Abseiten dar, 50 mal 75 Fuß groß, sowie ein kleines, eingeschossiges und quer aufgeschlossenes Fachwerkwohnhaus mit Stall, 46 ½ mal 30 ½ Fuß groß. Der Zweck der Bauaufnahme ist unbekannt. Ein Neubau erfolgte 1842 (Kat. 146).

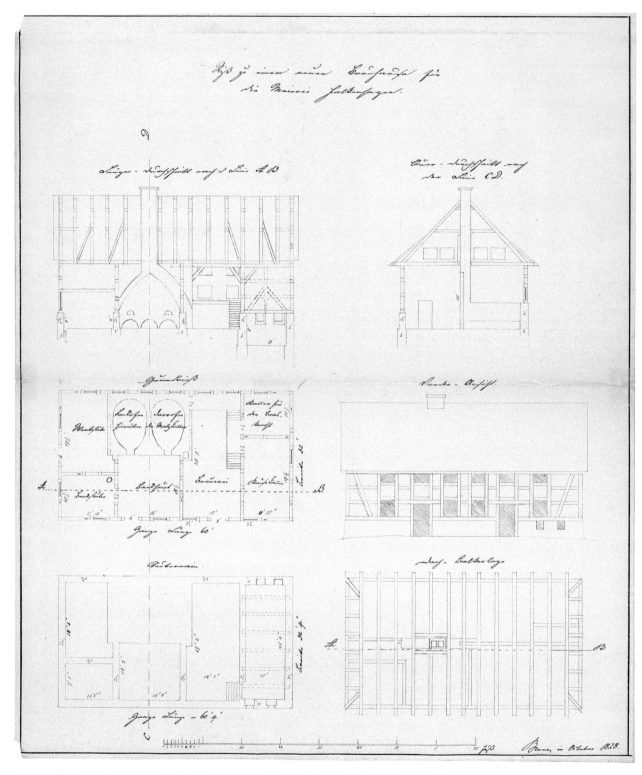

ABB. 52 | Riss zu einem neuen Brauhaus für die Meierei Falkenhagen [Kat. 21], Brune, 1828

Quellen: LAV NRW OWL: D 73 Tit. 4 Nr. 6670: Querschnitt und Grundriss von einem Schafstall und Ansicht und Grundriss von einer Deputatistenwohnung auf dem Vorwerk Herborn bei der Meierei Barntrup, Brune 1828.

Literatur: LINDE/RÜGGE/STIEWE 2004, S. 59 f.

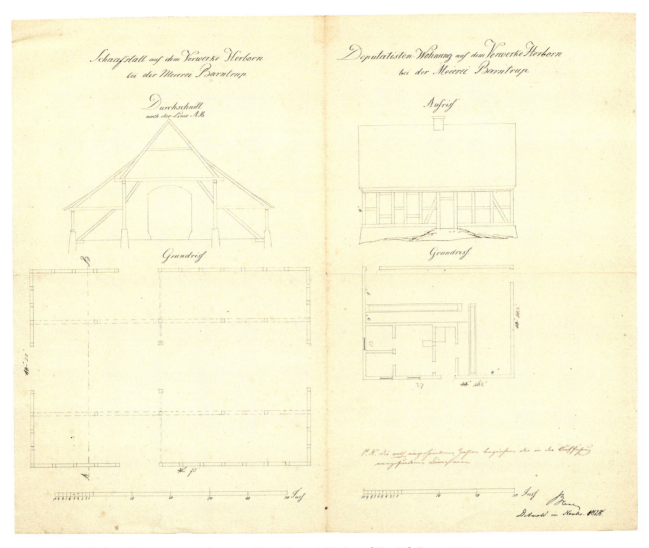

ABB. 53 | Schafstall und Deputatistenwohnung auf dem Vorwerk Herborn [Kat. 22], Brune, 1828

23 1828, Pivitsheide V. H. (Amt Detmold), Mühle im Kohlpott

Detmold, Bielefelder Straße 401.
Bauaufnahme.
Brunes Bestandserfassung erfolgte aufgrund einer von Müller Vorher in Antrag gebrachten Veränderung am Mühlengebäude sowie Erbauung einer Scheune, welche die Kammer jedoch nicht genehmigte. Die Mühle sollte stattdessen durch Reparaturen erhalten werden, was Brune bei seinen Anschlägen zu beachten hatte.
Quellen: LAV NRW OWL: D 73 Tit. 4 Nr. 6281–6282: Grundrisse und Querschnitt von der Mühle in Kohlpott, aufgenommen 1828, gezeichnet von Brune; L 92 C Tit. 6 Nr. 9, Bd. 5: Die Mahlmühle zum Kohlpott und deren Verpachtung, 1817–1852.

24 1828, Schieder, Meierei, Wegeprofil

Schieder-Schwalenberg, Domäne.
Der Anlass für die Erstellung des Höhenprofilplanes vom Weg am nördlichen Rand der Meierei, westlich der Mittelachse des Schlossparks, ist unbekannt. Brune stellte hierauf auch Ansichten vom Pfort- und Wagenhaus dar.
Quellen: LAV NRW OWL: D 73 Tit. 4 Nr. 6695: Profil eines Wegs auf der Meierei Schieder, Brune 1828.
Literatur: STIEWE 2019.

25 1828/29, Detmold, Umbau Kanzler-wohnung

Detmold, Lange Straße 73. Abgängig.

Das erste Haus außerhalb der Stadt im Norden, zwischen innerem und äußeren Lemgoer Tor an der Ostseite der Langen Straße gelegen, war 1725 bis 1727 für den gräflichen Büchsenspanner, später Oberjäger, Johann Bernhard Weber von Maurermeister Arnold Koppisch erbaut worden. Das zweigeschossige Steinhaus trug die Inschrift: „*Durch Gottes Gnaden haben Johann Bernhard Weber und Amalie Elisabeth Bade dieses Haus bauen lassen A. 1727 Habitandi , non commorandi causa.*"[7] 1763/64 wurde es durch die Kammer von den Erben des letzten Eigentümers, Major Wentzel, angekauft und 1774 dem Kanzler Ferdinand Bernhard Hoffmann eingerichtet. Dem 1789 geadelten von Hoffmann folgten Rottberg (1790–1796), Dietrich August König (1796–1810) und Karl Friedrich Funk von Senftenau (1810–1828). Nach dessen Tod 1828 erhielt Brune den Auftrag, das Haus für den Nachfolger, Friedrich Wilhelm Helwing, zu renovieren. Da die Arbeiten bis Michaelis (29.9.1828) abgeschlossen sein sollten, erfolgten die Arbeiten ohne Voruntersuchung und ohne detaillierten Kostenanschlag.

Die Schornsteine waren teilweise nicht feuersicher. Setzungsschäden, Überlastung von Deckenbalken und abgefaulte Balkenköpfe machten konstruktive Reparaturen notwendig. Brune schlug vor, das Mansarddach durch ein leichteres, flaches Satteldach zu ersetzen, was aber wegen der wegfallenden Dienstbotenzimmer nicht genehmigt wurde. Den Reparaturen schloss sich die Erneuerung des Innenausbaus an: Putz an Decken und Wänden, Erneuerung von Fußböden, Fenstern und Türen, Anstricharbeiten, Tapeten, neue Zimmeröfen und ein Kochofen. Auch die Scheune, die Umfriedungsmauer und das Hofpflaster wurden repariert und teilweise erneuert. Eine Erweiterung des Hofes erfolgte 1839/40 (Kat. 117). Brunes Lageplan zeigt im Norden des Grundstücks eine große Scheune, hinter dem Wohnhaus eine Wagenremise, an der Langen Straße noch einen Holzschuppen und einen kleinen Schweinestall, der sich an die Rückseite des in die Lange Straße vorspringenden Torwächterhauses lehnte. 1862 wurde das Haus durch Aufstockung mit neuem Walmdach und Umbau erweitert. Bis zum Bau des Regierungsgebäudes vor dem Bruchtor (Heinrich-Drake-Straße 3) war hier das Fürstliche Staatsministerium untergebracht. 1916/17 wurde es für den Bau der Fürst-Leopold-Akademie abgebrochen, die bis 1924 betrieben wurde.[8]

Quellen: LAV NRW OWL: D 73 Tit. 4 Nr. 7150: Situationsplan von der Direktorialwohnung nebst Hof und Garten zu Detmold, Brune 1828; D 73 Tit. 4 Nr. 7151: Grundrisse und Durchschnitt der Herrschaftlichen Kanzler-Wohnung zu Detmold nach der 1828 vorgenommenen Veränderung, Brune 1828, aufgenommen von Merckel; L 92 R Nr. 831: Direktorialwohnung, Bauten und Reparaturen 1828–1861; L 92 R Nr. 832: Vereinigung desselben mit dem ehemaligen Bauplatz des Pförtnerhauses am Lemgoer Tor, 1839; L 92 A Nr. 4311: Ankauf des Wohnhauses des verstorbenen Majors Wentzel in Detmold als Kanzlerwohnung, (1725-1727) 1745, 1763–1764.

Bildquellen: LAV NRW OWL: D 75 Detmold Nr. 92, Nr. 114; LLB: BADT-64-27, Fotografie nach Dachneubau, Theodor Kliem (1880); BADT-7-1: Fassadenaufriss vor 1862, Fotografie Ferdinand Düstersiek (um 1900); BADT-19-1: Fotografie, Ferdinand Düstersiek (um 1910); BADT-7-3: Fotografie, Ferdinand Düstersiek (um 1910).

Literatur: PETERS 1953, S. 190.

26 1828/29, Detmold, Heuwaage (ABB. 54)

Detmold, Theaterplatz (neben dem Heumagazin beim Jägerhof). Abgängig.

Wie Brune selbst 1839 schrieb, beruhte der Entwurf auf einem Modell in der Sammlung der *École des Ponts et Chaussées* in Paris, welches FRIEDRICH JOHANN ERNST SCHULZ 1808 mit einem Kupferstich publiziert hatte.[9]

Wie dort war bei der Detmolder Heuwaage eine Plattform für einen Heuwagen an einem hölzernen Gestell auf Bruchsteinfundament mittels vier Ketten aufgehängt. Die bewegliche Aufhängung hob bei Belastung über einen rechtwinkligen seitlichen Hebel auf jeder Seite ein Gegengewicht am Ende des Hebels, dessen Position an einem Gradbogen mit Einteilung das auf der Plattform lastende Gewicht anzeigte. Die Waage war gegen Beschädigung und Witterungseinflüsse mit einem Fachwerkbau umgeben, der seitliche Anbauten für die Hebel erhielt. Die Wände waren ausgemauert, Ein- und Ausfahrt wurden mit Toren verschlossen. Dach und Giebeldreiecke bestanden aus geteerten Tannendielen. Für Bolzen, Ketten und Stangen wurden 240 Pfund Schmiedeeisen benötigt, zu den beiden kugelförmigen Gegengewichten 7 Zentner Gusseisen. Die Waage eignete sich für Lasten bis 50 Zentner.

1839 zeichnete Brune die Heuwaage erneut wegen einer Anfrage des Königlichen Magazin-Rendanten Mertens in Paderborn und Schloss Neuhaus, der an Brune schrieb: *„Unter den mir bekannten Waagen dieser Art scheint mir aber keine so zweckmäßig und in ihrer Handhabung so leicht und einfach, als diejenige ist, welche ich in Detmold gesehen habe."* Brune sandte am 31. Mai 1839 Zeichnung, Kostenanschlag und Beschreibung seiner Heuwaage an Mertens.

1853 wurde eine neue Heuwaage an anderer Stelle erbaut (Kat. 221).

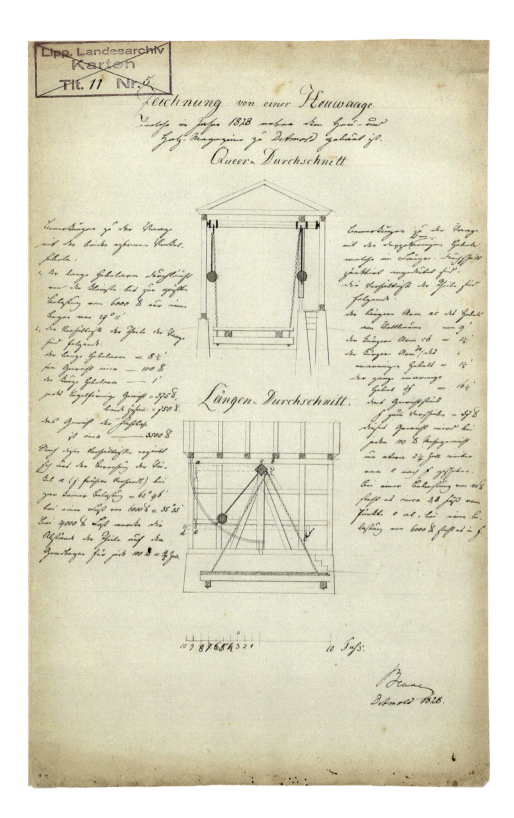

ABB. 54 | Heuwaage vor dem Heuhaus in Detmold [Kat. 26], Brune, 1828

Quellen: LAV NRW OWL, D 73 Tit. 4 Nr. 7026: Zeichnung von einer Heuwaage, Brune 1828; D 73 Tit. 4 Nr. 7032: Ansichten, Längs- und Querschnitt von einer Heuwaage [in Detmold], Brune 1839; L 92 Q Titel 7 Nr. 24: Bau einer neuen Heuwaage für den Marstall, 1827–1859; L 92 Q Titel 11 Nr. 4: Anschaffung einer Heuwaage für den Marstall und das Sennergestüt, 1804–1859; L 92 R Nr. 818: Erbauung einer Heuwaage und Instandsetzung des Platzes, auf dem die alte Heuwaage und das Maleratelier gestanden haben, 1853.

Literatur: FRIEDRICH JOHANN ERNST SCHULZ, Versuch einiger Beiträge zur Hydraulischen Architektur, Königsberg: Nicolovius 1808, Tafel XVII, Fig. 114.

27 1828/29, Detmold, Hofgärtnerwohnung

Detmold, Lange Straße 84. Abgängig.

Nach Fertigstellung des neuen Schauspielhauses (Kat. 8) im Rosental wurde das alte Komödienhaus im Lustgarten, das im östlichen Teil schon zuvor die Hofgärtnerwohnung enthalten hatte, durchgebaut. Im ehemaligen Bühnenbereich wurden nun Kuh- und Schweineställe sowie eine Werkkammer eingerichtet. Der westliche Teil mit dem Auditorium ist im Plan unbezeichnet und wurde vermutlich zum Überwintern von Pflanzen genutzt. Der flachgedeckte Risalit an der Westseite, der ein Treppenhaus enthielt, wurde wegen dauernder Undichtigkeit des Daches abgetragen.

1935 Abriss des Hofgärtnerhauses, anschließend Neubau für Schlachtermeister Ernst Brand.

Quellen: LAV NRW OWL: D 73 Tit. 4 Nr. 6916: Grundriss des Komödienhauses, undat. (um 1800); D 73 Tit. 4 Nr. 6920: Riss von der Hofgärtnerwohnung in Detmold, wie solche mit dem alten Schauspielhaus dahinter in den Jahren 1828 und 1829 durchgebaut, verändert und vergrößert worden ist, Brune o. J.

Bildquellen: LLB: BA FKB-210-11, BA FKB-210-15; BADT-24-1.

Literatur: JOACHIM KLEINMANNS, Komödienhaus im Lustgarten. Detmolds erstes Theater, in: Heimatland Lippe, 111 (2018), S. 104–105.

28 1828–1830, Detmold, Schloss, Springbrunnen (ABB. 55)

Detmold, Schlossplatz 1.

Den Auftrag zur Anlage einer Pumpe zur Bewässerung der oberen Schlossterrasse erhielt Brune im Juli 1828. Die Wasserentnahme sollte aus dem Schlossgraben erfolgen. Dazu musste eine bestehende Röhrenleitung verändert werden, um deren Verstopfen am Ansaugort beim Bruchtor zu vermeiden. Auf der Schlossterrasse sollte ein Bassin mit Springbrunnen entstehen. Entwurf und Kostenanschlag über rund 96 Taler lieferte Brune erst im Oktober 1829, der Bau der Röhrenleitung erfolgte unmittelbar anschließend. Das Bassin war im Mai 1830 fertig.

Auf gestampftem Ton ruhte eine runde Brunnenschale von etwa 60 Quadratfuß Fläche aus Sandsteinen, die mit Steinklammern verbunden wurden. Die Fugen wurden verkittet. Um die Höhe der *„Fontaine"* von 1 Fuß auf 3 bis 4 Fuß zu bringen, befahl Leopold II., eine kupferne Düse aufzusetzen. Nach notwendiger Reinigung der Röhrenleitung zeigte Brune im Juli an, dass *„der Wasserstrahl im Bassin nunmehr so hoch steigt, als bei dem geringen Gefälle des Kanal-Wassers möglich ist"*.

Quellen: LAV NRW OWL: L 92 S Tit. IIIa Nr. 21 (mit Plan).

29 1828–1830, Detmold, Schloss, Badestube

Detmold, Schlossplatz 1.

1828 projektierte Brune auf Befehl Leopolds die Anlage einer Badestube im Schloss *„im hinteren Zimmer über der Speisekammer"* mit Einbau eines Dampfkessels aus dem Meinberger Schlammbad (Kat. 1), der dort durch einen größeren Kessel ersetzt wurde. Der Druck des Kaltwassers aus der Röhrenleitung von der Inselwiese reichte nicht aus, das Wasser in das Obergeschoss zu fördern, weshalb eine Druckleitung mit Reservoir angelegt werden musste. Der Kessel erhielt seinen Platz in dem Gewölbe unter der Badestube, von wo eine kupferne Leitung den heißen Dampf

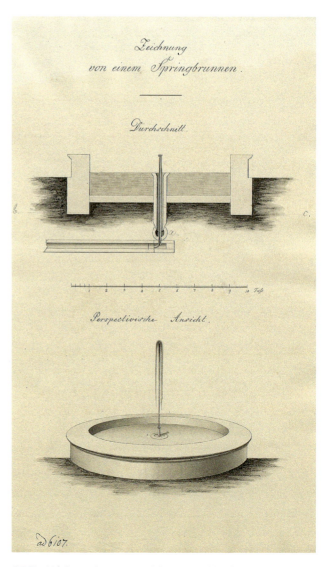

ABB. 55 | Springbrunnen auf der Detmolder Schlossterrasse [Kat. 28], (Brune, 1829)

in die Badewanne leitete. Die Ausführung erfolgte erst 1830 durch Mechanikus Striekling aus Blomberg. 1831 musste der defekte Kessel durch einen neuen, größeren ersetzt werden.

Quellen: LAV NRW OWL: L 92 E Nr. 188: Anlegung von Schlammbädern bei der Rose zu Meinberg, fol. 94; L 92 R Nr. 575: Badeanstalt im hiesigen Residenzschlosse, 1828.

30 1829, Hiddesen (Amt Detmold), Ziegelei, Torfschuppen (ABB. 56)

Detmold, Vorbruch. Abgängig.

Nach seinem Kostenanschlag vom 7. September 1829 zum Neubau eines zweiten Torfschuppens erhielt Brune bereits vier Tage später von der Kammer den Auftrag, den Neubau laut Anschlag möglichst noch im Herbst fertigzustellen. Anfang November wurde er gerichtet und Mitte desselben Monats benutzbar.

Bei 100 mal 30 Fuß Grundfläche und 14 Fuß Höhe bis unter die Balken bot er nun ausreichend Platz zur Trocknung des Torfs aus dem naheliegenden Bent, der zum Ziegelbrennen benutzt wurde. Die Fachwerkwände bestanden aus Eichenholz, das Dachwerk aus Nadelholz. Die Wände waren mit einer luftigen waagerechten Verkleidung aus Buchenholz geschlossen, die Deckung erfolgte mit 5.700 Ausschuss-Ziegeln der Hiddeser Ziegelei. Im Inneren stützte eine mittlere Reihe von Ständern die Balkenlage. Jeder zweite war zur Aussteifung des Schuppens mit Kopfbändern versehen.

Quellen: LAV NRW OWL: D 73 Tit. 4 Nr. 7337: Entwurf für den neuen Torfschuppen auf der Hiddeser Ziegelei, Brune 1829; L 92 A Nr. 4043: Bauten an der Hiddeser Ziegelei, Bd. 1, 1816–1841.

31 1829, Meinberg (Amt Horn), Einzäunung des Brunnenplatzes

Horn-Bad Meinberg, Parkstraße. Abgängig.

Um das Vieh vom Brunnenplatz abzuhalten und weil eine Hecke laut Förster Heiderstädt nicht möglich war, sollte Brune ein Staket oder eine 5 Fuß hohe Mauer zwischen dem Brunnenplatz und dem Weg zum Schanzenberg gegenüber dem Schlammbad veranschlagen, von der Ecke des Baumagazingebäudes bis an den Garten des Brunnenaufsehers Sturhan. Brune empfahl ein Holzstaket, musste aber aus Kostengründen ein Geländer wie an der Detmolder Ameide, jedoch mit drei Kieferstangen statt nur einer zwischen den Steinen, errichten lassen. Nur vor der Allee auf den Schanzenberg reichte der Rentkammer eine Stange. Hier wurden zwei enge Durchgänge für Fußgänger gelassen. Neben dem Baumagazin und in der Mitte der Allee konnte das Geländer

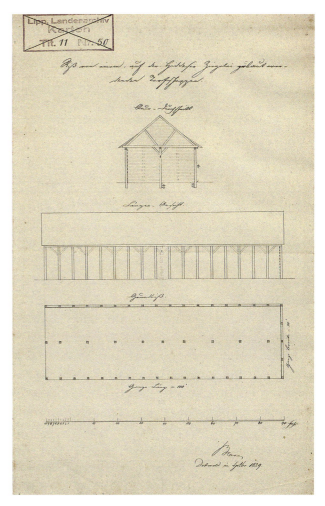

ABB. 56 | Riss zu einem neuen Torfschuppen auf der Hiddeser Ziegelei [Kat. 30], Brune, 1829

außerdem geöffnet werden, damit die Badeschlamm- und sonstige Wagen passieren konnten. Vorbereitend erstellte Brune einen Lageplan.

Quellen: LAV NRW OWL: D 73 Tit. 4 Nr. 7376: Situationsplan von dem alten und dem neuen Brunnen mit den architektonischen Rissen der zugehörigen Gebäude zu Meinberg. Brune 1829; LAV NRW OWL: L 92 E Nr. 424: Neue Anlagen auf dem Brunnen-Platze zu Meinberg Bd. 2, 1824–1839.

32 1829, Meierei Oelentrup (Amt Sternberg), Brunneneinfassung

Dörentrup, Oelentrup. Abgängig.

Am 30. Mai 1829 erhielt Brune den Auftrag, die Einfassung des Brunnens zur Abwendung von Gefahr (es war jemand ertrunken) um 1 Fuß zu erhöhen. Von der alternativen Anbringung einer Pumpe auf dem Brunnen hatte Brune gutachtlich abgeraten. 1839 wurde bereits eine Reparatur des Brunnenhäuschens notwendig.

Quellen: LAV NRW OWL: L 92 R Nr. 1182: Bauten und Reparaturen auf der Meierei Oelentrup und Göttentrup, Bd. 5, 1825–1837; L 92 R Nr. 1183: Bauten und Reparaturen auf der Meierei Oelentrup, 1838–1840.

33 1829, Schötmar, Gefangenen- und Chausseewärterhaus (ABB. 57)

Bad Salzuflen, Schlossstraße 5.
Projekt, nicht ausgeführt.
Da diese Arbeit nicht zu seinem Geschäftskreis gehörte (zuständig für Schötmar war Culemann), bat Brune um eine Vergütung für den Riss und Anschlag inklusive Reisekosten, insgesamt 10 Taler und 24 Groschen.
Zunächst entwarf er auftragsgemäß ein zweigeschossiges massives Gebäude mit getrennten Wohnungen für den Gefangenenwärter und den Chausseegeld-Einnehmer sowie vier Gefangenenstuben. Der Plan zeigt einen längsrechteckigen Massivbau, 29 Fuß tief, links der 48 Fuß lange Bauteil für das Gefangenenhaus, rechts der 36 Fuß breite Teil für den Chausseewärter. Die beiden Teile sind jeweils durch Querflure aufgeschlossen, links der Haustür drei Gefängnisse, davon zwei heizbar, rechts des Flurs die Wohnung des Gefangenenwärters mit Wohnstube, Küche und zwei Kammern, unter der hinteren der Keller. Die baugleiche Wohnung des Chausseewärters schließt sich rechts an. Wegen erheblich höherer Kosten (3.462 Taler), als bereitgestellt werden konnten (2.000 Taler), wurde Brune beauftragt, den Entwurf als Fachwerkbau erneut zu berechnen. Diesen konzipierte er als Stockwerksbau von 62 mal 32 Fuß. Hier lag die Chausseewärterwohnung links. Die vier Gefangenenstuben waren unregelmäßig im Obergeschoss verteilt. Da auch dieser Entwurf mit 2.723 Talern der Kammer zu kostspielig war, wurde Culemann beauftragt, ein massives Gefangenenhaus ohne Chausseewärter-Wohnung, nur ein Stockwerk hoch, mit drei Gefängnissen und einem Fachwerkstall für eine Kuh, eine Ziege und ein Schwein für 1.400 Taler zu entwerfen. Abgerechnet wurde der Neubau 1832 jedoch mit gut 1.700 Talern. Brune war nach seinen Entwürfen und den beiden Kostenanschlägen nach Aktenlage nie wieder mit dem Bau befasst.
Abriss 1978.
Quellen: LAV NRW OWL: D 73 Tit. 4 Nr. 7613: Riss zu einem hölzernen Gefangenen- und Chausseewärterhaus zu Schötmar, Brune 1829; L 108 Schötmar Fach 26 Nr. 1: Gefangenenhaus in Schötmar, 1776–1883; L 92 R Nr. 1545: Neues Gefangenenhaus zu Schötmar, Bd. 1, 1827–1837; L 77 A Nr. 347: Umbau des Gefangenenhauses zu Schötmar, 1815–1831.

Literatur: KURT WALLBAUM, Das Amtsgefängnis zu Schötmar, in: Heimatland Lippe 80 (1987), S. 387–394 (ohne Erwähnung von Brunes Projekt).

34 1829/30, Detmold, Bauleitplanung Schülerstraße

Im Zusammenhang mit der Anlage der Leopoldstraße plante Brune die Verlängerung der Schülerstraße bis dorthin. Der Bürgerturm an deren Ende war schon im Winter 1808/09 abgebrochen und im Sommer 1809 eine Pforte in der Stadtmauer als Verbindung zu den Grabengärten angelegt worden, welche im zugeschütteten Stadtgraben entstanden waren. 1830/31 wurde diese Pforte verbreitert, die Schülerstraße bis zur Leopoldstraße verlängert und mit dieser verbunden. Dies war eine von Kammerrat Stein angeregte Auflage des Fürsten für seine Unterstützung des Rathausneubaus. Dabei musste eines der kleinen Bürgerhäuser auf der Stadtmauer abgebrochen, ein weiteres begradigt werden. Als erster Neubau außerhalb entstand an der verlängerten Schülerstraße 1831/32 nach Brunes Entwurf die Bürgertöchterschule (Kat. 41).
Literatur: ST. [CARL WILHELM STEIN], Welche bauliche Verbesserungen sind in Detmold nützlich und wünschenwerth?, in: Lippisches Magazin für vaterländische Cultur und Gemeinwohl 3 (1837/38), Nr. 18 (2.8.1837), S. 283–285; KLEINMANNS 2012, S. 224 und 240.

35 1829/30, Detmold, Offiziantengebäude (ABB. 12–16)

Detmold, Rosental 21 (zuvor: Rosental 8, später 10), Ecke Theaterplatz, *„Ferdinand-Brune-Haus"*.
Siehe Seite 55–59.
1984 in die Denkmalliste eingetragen.
Quellen: LAV NRW OWL: D 73 Tit. 4 Nr. 17679: Riss zu einem Gebäude für zwei Bau- und zwei Hof-Officianten, nebst Amtslocale, Wildscharrer, Hoftischlerei, mehrern Stallungen und Böden für die Wohnungen, für Korn und für die Wildhäute, 1829; L 92 R Nr. 821: Offiziantengebäude im Rosental, Bd. 1, 1828–1830; L 92 R Nr. 822: Offiziantengebäude im Rosental, Bd. 2, 1830–1833; L 92 R Nr. 823: Offiziantengebäude im Rosental, Bd. 3, 1833–1847; L 92 R Nr. 824: Offiziantengebäude im Rosental, Bd. 4, 1847–1868; L 92 R Nr. 825: Offiziantengebäude im Rosental, Bd. 5, 1868–1893; L 92 R Nr. 826: Obristleutnant Roth gestattete Durchbruch seiner Grenzmauer zu einem Durchgang nach der Werre, 1847; L 92 R 1 Nr. 88: Umbau und Reparatur des Offiziantengebäudes, 1858–1911; L 92 A Nr. 4310: Einrichtung der Amtsstube [für das Amt Detmold] im neuen Gebäude am Rosental in Detmold, [1828]; L 92 A Nr. 4323:

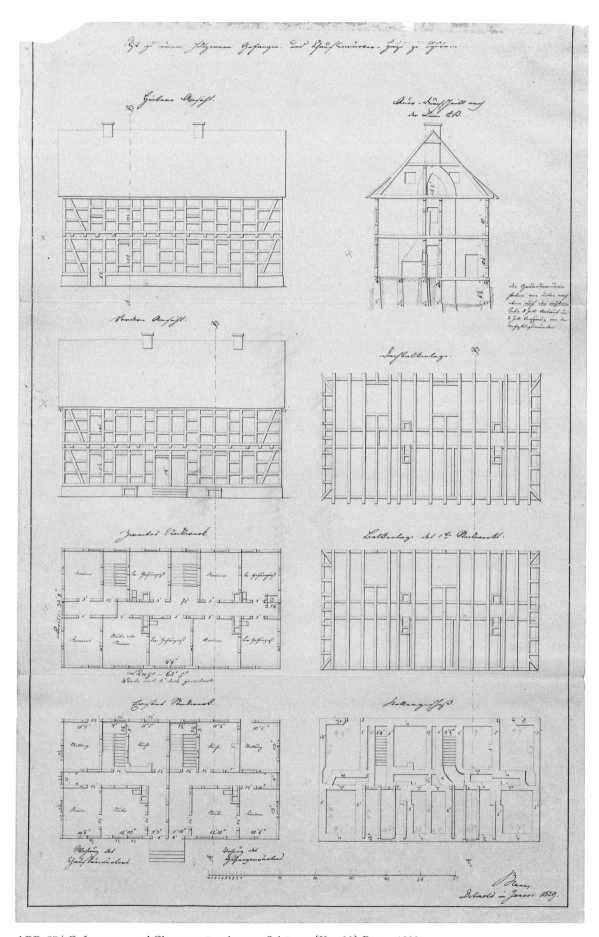

ABB. 57 | Gefangenen- und Chausseewärterhaus zu Schötmar [Kat. 33], Brune, 1829

Überlassung der Wohnung im Offizianten-Gebäude in Detmold nebst Garten an den Regierungspräsidenten de la Croix, dann an den ersten Beamten des Amtes Detmold, 1858–1868; L 102 B Detmold Nr. 159: Nutzung, Unterhaltung, Instandsetzung und Ausbau des Hauses Theaterplatz 6 (Offiziantengebäude, Landratsamt und später Kreisgebäude) in Detmold, Bd. 1, 1892-1935.

Bildquellen: LAV NRW OWL: D 75, Nr. 6059, 6545, 6856 und 7323-2; LLB: BADT 19-18: Hofansicht, Fotografie Ferdinand Düstersiek (um 1900); BADT 19-36: Ansicht von Südwesten, Fotografie nach Aufstockung (um 1955); Sammlung Frank Budde/Detmold: Ansicht von Südosten, Fotografie Theodor Kliem, um 1880.

Literatur: Aufstockung Brunehaus fast fertig, in: Westfälische Zeitung 15.8.1952; PETERS 1953; GAUL 1968, S. 379; KLEINMANNS 2007; KLEINMANNS 2013 b.

36 1829/30, Vorwerk Fahrenbreite (Amt Brake), Dreschhaus (ABB. 58)

Lemgo, Fahrenbreite 230.

Das baufällige Dreschhaus auf dem *Vorwerk* Fahrenbreite (auch: *Varenbreite, Varenbrede*) bei der Meierei Brake wurde schon 1828 durch Buchenstämme abgestützt und Anfang 1829 von Brune wie auch vom ergänzend hinzugezogenen Overbeck als gänzlich baufällig beurteilt. Als Grundlage der Neubauplanungen beauftragte die Kammer Overbeck mit einem genauen Situationsplan. Am 4. April 1829 forderte sie Brune auf, Riss und Anschlag für einen massiven Neubau von 50 mal 80 Fuß Grundfläche schnellstmöglich anzufertigen. Der alte Bau sollte bis zur Fertigstellung des neuen Dreschhauses gestützt werden. Bei der Standortwahl wurde nach dem Gutachten des Amtmanns Pandes in Johannettental auf den zukünftigen Neubau eines Schafstalls neben dem Dreschhaus, dem Viehstall gegenüber, Rücksicht genommen, wodurch der Hofraum geschlossen werden sollte.

Am 22. Juni 1829 überreichte Brune Riss und Anschlag über 1.635 Taler bares Geld, also ohne Holztaxe und Dienste. Den Bauauftrag erhielt er fünf Tage später. Beim Nivellement des avisierten Bauplatzes stellte Brune fest, dass das Gelände mit 7 bis 8 Fuß auf die Länge des Gebäudes zu stark abfiel. Er schlug daher vor, das Dreschhaus als Längs- statt Querdeelenbau auf dem Platz des vorhandenen zu errichten, doch bestand die Kammer auf einem Querdeelenbau. Der *Konduktor* Quentell hatte angegeben, das alte Dreschhaus nur bis Februar 1830 zu benötigen. Bis zur Ernte 1830 wollte Brune dann den Altbau abgebrochen und den Neubau fertiggestellt haben.

Der dreischiffige Querdeelenbau, im Lichten 50 mal 80 Fuß groß, wurde aus Bruchsteinen errichtet, die neben dem Hof

gebrochen wurden. Zwei Tore mit Segmentbögen aus behauenem Sandstein ermöglichten die Durchfahrt, vier Fensteröffnungen und 14 Lüftungsschlitze, in einem alternativen Entwurf nur zehn Fenster, gaben Licht und Luft. Statt der von Brune projektierten Sandsteinplatten für die Dreschdeele verordnete die Kammer aus Kostengründen eine Lehmdeele, ebenso statt der Fenster nur hölzerne Gitter und Klappen. Der Dachstuhl des Halbwalmdaches bestand aus Nadelholz, die Deckung aus Hohlziegeln. Die Ausführung erfolgte bis November 1830 für rund 2.270 Taler inklusive des Wertes der Dienste und des Holzes.

Ein von Brune und Pandes erwähnter anstehender Schafstall-Neubau fand nicht statt.

Quellen: LAV NRW OWL: D 73 Tit. 4 Nr. 6625 und 6626: Riss zu einem neuen Dreschhaus auf dem Vorwerk Fahrenbreite bei Brake, Brune 1829; LAV NRW OWL: L 92 R Nr. 1218: Bauten und Reparaturen auf dem Vorwerk Varenbreite, Bd. 3, 1825–1835; L 92 R Nr. 1225: Neubau des Dreschhauses auf dem Vorwerk Fahrenbreite, 1829.

37 1829–1831, Lothe (Amt Schwalenberg), Mühle (ABB. 17)

Schieder-Schwalenberg, Niesetalstraße 15.
Siehe Seite 59–61.

Quellen: LAV NRW OWL: D 73 Tit. 4 Nr. 6316 und 6317: Risse zum Neubau der Lother Mühle, Brune 1829 und 1830; L 108 Schwalenberg Nr. 951: Verkauf der preußischen Anteile an der Mühle in Lothe an die Rentkammer in Detmold, 1829; L 92 C Tit. 14 Nr. 9, Bd.: 2: Untere Nieser Mühle oder Lother Mühle, 1802–1838; L 92 R Nr. 1501: Bauten an der Lother- oder Unter-Nieser-Gesamt-Mühle, 1827; L 92 R Nr. 1502: Neubau der Lother Mühle, Bd. 1, 1828–1831; L 92 R Nr. 1503: Neubau der Lother Mühle, Bd. 2, 1831–1835; L 92 R Nr. 1504: Neubau der Lother Mühle, Bauten und Reparaturen, Bd. 3, 1835.

Literatur: PATRICK BOCKWINKEL, In Lothe geht eine Mühlen-Tradition zu Ende, in: Lippische Landeszeitung 251 (2017), 31.01.2017.

38 1829–1833, Detmold, Kaserne (ABB. 18, 19, 59)

Detmold, Leopoldstraße 15. Abgängig.
Auftraggeber: Regierung (Militärverwaltung).
Siehe Seite 61–63.

Quellen: LAV NRW OWL: L 92 P Nr. 426: Abtretung des an der Werre gelegenen Teils des Schloßgartens zum Bau eines Militärgebäudes, 1829; L 92 A Nr. 4367: Ausweisung eines Platzes von der Kälberwiese und vom Kuhkamp der

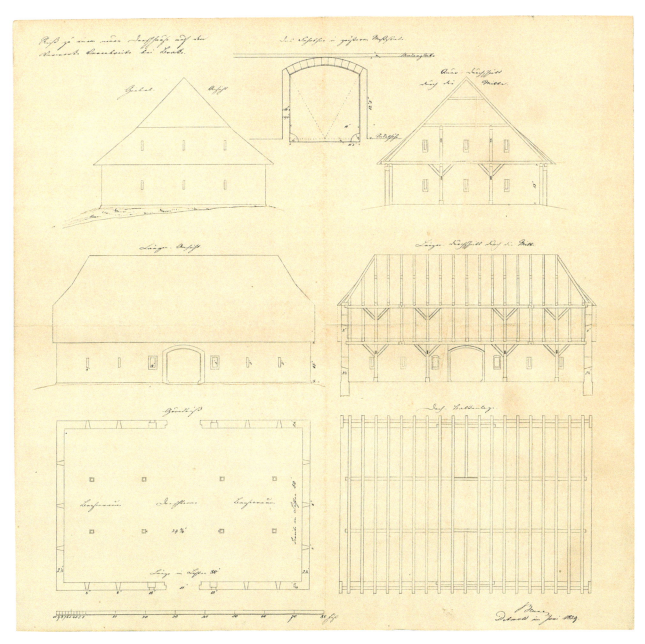

ABB. 58 | Dreschhaus auf dem Vorwerk Fahrenbreite bei Brake [Kat. 36], Brune, 1829

Meierei Johannettental für eine vom Lackierer Spieß zu Detmold anzulegende Bleich– und Badeanstalt; Verkauf des Geländes an die Militärverwaltung; Verkauf eines Bauplatzes für ein Exerzierhaus, 1829–1862; L 77 A Nr. 2064: Anlage artesischer Brunnen, 1831–1837 (enthält Anlage eines Brunnens im Hof der Kaserne); L 77 C Nr. 538: Die Erbauung des Militärgebäudes, Bd. 2, 1825–1834; L 77 C Nr. 539: Die Erbauung des Militärgebäudes, Bd. 3, 1836–1858; L 77 C Nr. 540: Die Rechnungen über die Kosten des Baues der neuen Kaserne, 1830–1838; L 77 C Nr. 541, Bd. 1–3: Die für das neue Militärgebäude angeschafften Möbel, 1831–1851; L 77 C Nr. 542, Bd. 1–2: Belege zur Ausgabe der Baurechnung des Militärgebäudes, 1830 ff.; L 77 C Nr. 543, Bd.

1–5: Verschiedene Auslagen für das neue Militärgebäude, 1832–1848; L 77 C Nr. 544: Verschiedene Auslagen für das neue Militärgebäude, 1849–1853; L 77 C Nr. 544: Der Ankauf der Spießschen Bleiche hinter dem Militärgebäude, 1840–1860; L 77 Nr. 558: Die Gebühren des Baumeisters Brune für Baugeschäfte bei Militärgebäuden, 1843; L 77 Nr. 559: Die Uhr für das Militärgebäude, 1836–1852; L 77 C Nr. 563: Die Anstellung eines Aufseher für das neue Militärgebäude, 1832–1849; L 77 C Nr. 570: Das Kasernenreglement, 1833; L 77 C Nr. 937, Bd. 1: Die monatlichen Kasernen-Rechnungen, 1825–1838; L 77 C Nr. 1164: Einrichtung der unteren Remisen-Räume in der Kaserne als belegbare Quartiere und Erbauung eines Wagen-Schuppens, 1853–

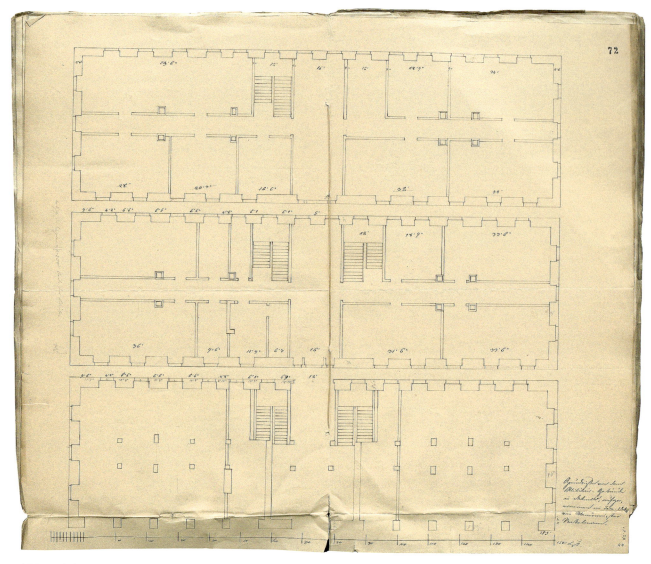

ABB. 59 | Grundrisse der Kaserne in Detmold [Kat. 38], Bestandsaufmaß, Rakelmann, 1844

1861 (mit Bauriss von 1830); L 77 C Nr. 1166: Anlegung eines Brunnens für das Militärgebäude, 1856–1859; L 77 C Nr. 1167, Bd. 1–2: Verschiedene Ausgaben für die Kaserne, 1854–1867; L 77 C Nr. 1169: Die hinter der Kaserne belegene Bleiche des Bürgers Spies, 1854–1860; L 77 C Nr. 1172: Erneuerung und Instandsetzung des Trottoirs und Pflasters vor dem Militärgebäude, 1863–1864.
Bildquellen: LAV NRW OWL: D 75 Nr. 11984, Kaserne I–IV, 1910; D 75 Nr. 7323, Kaserne I, 1957 (Fritz Verdenhalven), Ansicht von der Exterstraße; LLB: HSA 5,11r-2, Ansicht von Nordwesten, Fotografie Theodor Kliem, um 1885; HS A 12-10, Leopoldstraße, 1870 (Theodor Kliem); ME-PK-10-201 und 203, Postkarte (1904); ME-PK-10-207: Postkarte (um 1900); ME-PK-11-30: Postkarte (um 1900); ME-PK-10-206, Postkarte (um 1910); BADT-33-36: Rückansicht (1935); BADT-19-6 und 19-11: Abriss (1959).
Literatur: PETERS 1953; VON DEWALL 1962; WIERSING 1987.

39

1830, Schieder, Gärtnerwohnung

Schieder-Schwalenberg, Im Kurpark 4.
1817 hatte Fürstin Pauline den nördlichen Parkeingang durch zwei Pavillons fassen lassen. Brune erhielt 1830 den Auftrag zum Umbau des westlichen Pavillons zu einer Gärtnerwohnung. Er änderte die spiegelbildlich identischen Grundrisse der beiden Erdgeschosswohnungen links und rechts des Mittelflurs insoweit, als Küche und Kammer der westlichen Wohnung zu einem Stall mit Ausgang nach Westen umgebaut wurden. Die nach Norden gelegene Stube und Kammer wurden der gegenüberliegenden Wohnung zugeschlagen. Die zur Vergrößerung der verbliebenen Küche von Brune vorgeschlagene Verlegung der Kellertreppe von dort in den Flur wurde aus Kosten- und Termingründen (die Wohnung sollte Ostern bereits bezugsfertig sein) von der Kammer nicht genehmigt.

Quellen: LAV NRW OWL: L 92 R Nr. 891: Bauten am Schloss Schieder und dessen Nebengebäuden, 1822–1834 (mit Grundriss).

40 1830/31, Detmold, Neues Gymnasium Leopoldinum, 1. Projekt (ABB. 60)

Detmold, Schülerstraße 21–23.

Projekt, nicht ausgeführt.

Auftraggeber: Scholarchats-Kommission.

Erste Planungen sahen einen Neubau auf dem Platz des alten Gymnasiums in der Augustinerinnen-Klosterkirche an der Schülerstraße vor. Brune schlug im Juli 1830 den Abbruch der alten Klosterkirche, des baufälligen Hintergebäudes, der ebenso baufälligen Kantorwohnung und den Erwerb und den Abriss der damit verbundenen Wohnung des Schlossbedienten Tölke vor, um in der Fluchtlinie der Schülerstraße ein ausreichend großes Baugrundstück mit *„ansehnlichem Hinterraum"* zu gewinnen. Einen Massivbau begründete er damit, dass sämtliche Mauersteine in der alten Kirche vorhanden und diese vollkommen ausgetrocknet waren, weshalb der Neubau keiner Trockenzeit bedurfte. Als Bauprogramm listete er auf: im Erdgeschoss das Brennholzlager, wie bisher eine kleine Wohnung für den Aufwärter und die Abtritte, darüber zwei Stockwerke für fünf bis sechs Schulstuben, Konferenzzimmer, Auditorium und Bibliothek. Für das knapp 100 Fuß lange und 45 Fuß tiefe Gebäude schätzte er 6.000 Taler, da viel Material schon vorhanden und auch ein Erlös aus dem Materialverkauf der beiden abzubrechenden Häuser zu erwarten war. Bei einem Beginn im Frühjahr 1831 hielt er einen Bezug im Herbst desselben Jahres für möglich. Zur Anfertigung eines Risses und Anschlags forderte er einen genauen Situationsplan, welcher erstellt wurde.

Ende November 1830 erbat er einen Aufschub bis Anfang Januar, da er wegen überhäufter Dienstgeschäfte Riss und Anschlag nicht früher fertigstellen könnte. Die Kosten schätzte er nun auf 12.000 Taler einschließlich des Hauserwerbs von Tölke und unter Berücksichtigung der durch die Abbrüche vorhandenen Baumaterialien.[10]

Mit Brunes erstem Entwurf war die Kommission jedoch nicht einverstanden, weil er einerseits den nötigen Raum nicht gewährte, andererseits für das Auditorium zu viel Raum in Anspruch nahm. Einen Kostenanschlag forderte die Kommission daher nicht an, sondern wandte sich an den Ober-Ingenieur Kühnert in Kassel. Dieser lieferte einen Riss, den Kostenanschlag erstellte jedoch der Kalkulator Déjean, da Kühnert mit den örtlichen Preisen nicht vertraut war. Kühnerts Riss zeigt ein traufständiges, dreigeschossiges Gebäude mit neun Achsen, die mittlere als Risalit mit Drei-

ecksgiebel, Freitreppe und Eingang. Das Walmdach ziert ein Uhrtürmchen.

Ein mit v. M. (Regierungsrat Christian Theodor von Meien) gezeichneter Entwurf vereinte das Gymnasium mit der Lehrerwohnung. Die Fassade des traufständigen Baus mit 14 Achsen wird darin nach jeweils vier Achsen durch Freitreppen und Eingangsportale unterbrochen, die links in die Schule, rechts in die Lehrerwohnung führen. Sie sind als Risalite mit Dreiecksgiebeln betont. Als Motiv vorhanden ist hier ebenfalls das mittig aufgesetzte Uhrtürmchen.

Gegen Kühnerts Projekt gab es Einwände hinsichtlich der Konstruktion und der Tatsache, dass die Lehrerwohnung in das dritte Geschoss gelegt war, in dem Plan aber nicht anders platziert werden konnte. Die Raumhöhe von 9 Fuß in diesem Geschoss beurteilte man für einen Lehrer als unzumutbar. Daher kehrte die Kommission zu Brune zurück, *„der bei dem Kühnertschen Plan die Veränderungen anzubringen suchte, durch die er brauchbar werden könne."* Zugleich legte Brune einen weiteren, eigenen Riss vor, aus dem die Lehrerwohnung ausgeschlossen war, was nicht gutgeheißen wurde. Brune schlug dann vor, das Auditorium aus dem Hauptgebäude heraus und in ein Nebengebäude zu verlegen, um Platz für die Lehrerwohnung und einige Schülerunterkünfte zu gewinnen.

Die Kommission ließ alle vier bisher angefertigten Risse und die Anschläge durch den Kammer-Assessor Stein als Bauverständigen prüfen. Dieser stimmte für Brunes Überarbeitung des Kühnert'schen Plans, einen traufständigen Massivbau mit Walmdach und einer Fassade aus geschliffenen Sandsteinplatten. Der Kostenanschlag dafür betrug 10.962 Taler. Das Projekt wurde dann am Platz des alten Gymnasiums aufgegeben zugunsten eines ungebundeneren Neubaus an der Leopoldstraße (Kat. 60).

Quellen: LAV NRW OWL: D 73 Tit. 4 Nr. 7256: Entwurf zum Neubau des Gymnasiums in Detmold, Brune 1831; D 73 Tit. 4 Nr. 7257 und 7258: Entwürfe zum Gymnasium in Detmold, Brune 1831; D 73 Tit. 4 Nr. 7264: 3 Grundrisse, Brune; D 73 Tit. 4 Nr. 7259: Entwurf zum Neubau des Gymnasiums in Detmold, v. M. 1831; D 73 Tit. 4 Nr. 7260: Entwurf zum Neubau des Gymnasiums in Detmold, Kühnert 1831; D 73 Tit. 4 Nr. 7261–7263: Grundrisse zum Neubau des Gymnasiums in Detmold, Kühnert; L 77 A Nr. 1858: Das Gymnasium (die Provinzialschule) zu Detmold, Bd. 2, 1805–1831; L 77 A Nr. 1859: Das Gymnasium (die Provinzialschule) zu Detmold, Bd. 3, (1808) 1831–1837; L 106 B Tit. 4 Nr. 1: Akten der Scholarchats-Commission den Neubau eines Gymnasialgebäudes hieselbst betr. 1830–1833.

Literatur: FINK 2002, S. 197–209.

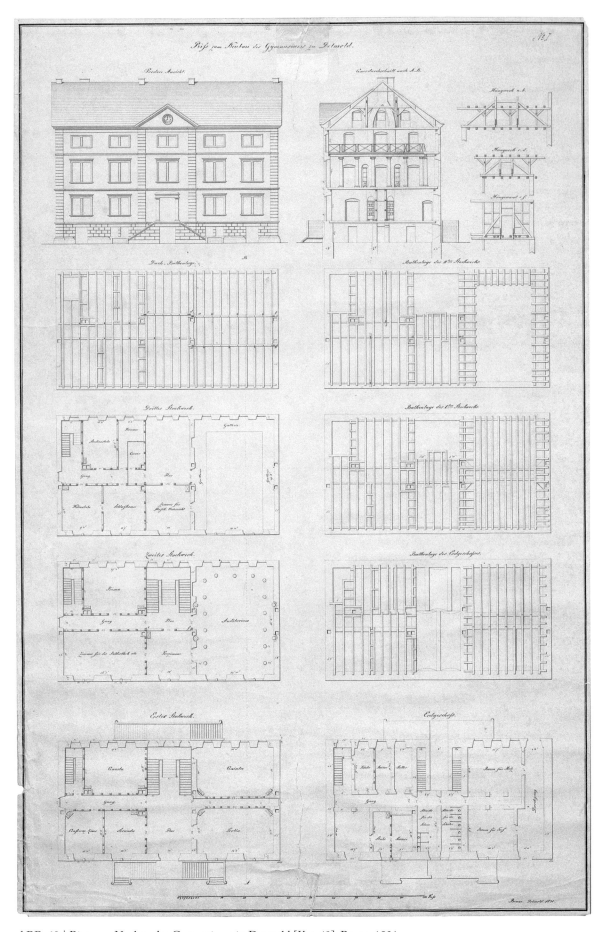

ABB. 60 | Riss zum Neubau des Gymnasiums in Detmold [Kat. 40], Brune, 1831

41 1830–1832, Detmold, Bürgertöchterschule (ABB. 20, 21)

Detmold, Schülerstraße 35, Ecke Grabenstraße. Abgängig.
Auftraggeber: Fürstlich-Lippisches Konsistorium.
Siehe Seite 63–65.
Quellen: LAV NRW OWL: L 77 A Nr. 122: Bau der Bürgerschule zu Detmold, 1831–1844; L 79 Nr. 4092: Höhere Mädchenschule in Detmold, 1854–1901; L 80.21 Nr. 2968: Bau eines Schulhauses mit einer Lehrer-Wohnung an der verlängerten Schülerstraße (mit zwei Baurissen); L 80.21 Nr. 2969: Bau eines Schulhauses mit einer Lehrer-Wohnung an der verlängerten Schülerstraße 1832–1843 (mit einem Bauriss); L 80.21 Nr. 1800: Höhere Töchterschule zu Detmold, 1831–1834, 1883–1895; L 80.21 Nr. 2165: Brennholz für das Gymnasium und die Mädchen-Bürgerschule zu Detmold, 1810, 1835–1839; L 92 A Nr. 2268: Beiträge der Landrentei und der Leihekasse zu den Unterhaltungskosten der Töchterschule in Detmold, 1830, 1861–1868, 1891, 1912.
Bildquellen: LLB: BADT-12-18 (F. Düstersiek), um 1905.
Literatur: HERBERT VON KAVEN, Detmolder Kirchen und Schulen, in: Geschichte der Stadt Detmold, Detmold 1953, S. 226–255, hier S. 240 f.; PETERS 1953, S. 209; GAUL 1968, S. 423; KLEINMANNS 2012, S. 224 f.

42 1830–1832, Brake, Mahlmühle

Lemgo, Finkenpforte.
Nach Klagen des Mühlenpächters Meyer über zu beschränkten Wohn- und Stallraum 1830 und einer Abbruchverfügung des Amtes für den alten Schweinestall begannen die Umbau- und Erweiterungsplanungen. Ende 1831 lieferte Brune Riss und Kostenanschlag über 849 Taler (zuzüglich Holztaxe und Dienste), die Silvester 1831 genehmigt wurden. 1832 wurde der Bau begonnen und vollendet.
Der Anbau wurde wegen des nachgiebigen Bodens auf Pfähle mit Holzrost gegründet. Der äußere Wandkasten von Alt- und Neubau besteht in beiden Geschossen aus Bruchstein mit Sandsteingewänden. Die Innenwände aus Eichenfachwerk wurden mit Lehmsteinen ausgefacht und verputzt. Deckenbalken sowie die gesamte Dachkonstruktion wurden aus Nadelholz gezimmert. Die Deckung erfolgte mit Hohlziegeln.
Quellen: LAV NRW OWL: D 73 Tit. 4 Nr. 6628: Grundriss vom Schweinehaus auf der Meierei Brake, aufgenommen von Brune 1830; L 92 R 1458: Bauten und Reparaturen an der Schloßmühle zu Brake, 1830 bis 1859.

43 1830–1832, Lipperode, Pfarrhaus II

Lippstadt, Bismarckstraße. Abgängig.
Auftraggeber: Fürstlich-Lippisches Konsistorium.
Zwei alternative Risse eines Neubaus mit separater Scheune und Kostenanschläge lieferten Heinrich Overbeck und Ferdinand Brune. Beide entwarfen einen zweistöckigen Fachwerkbau mit Halbwalm, traufständig, fünf Achsen breit mit Eingang in der Mittelachse und einer Freitreppe davor. Obwohl Overbecks Entwurf mit 2.218 Talern kostengünstiger war, wurde Brunes mit 2.608 Talern veranschlagtes Projekt bis 1832 ausgeführt. Vorn ordnete dieser beidseitig des Flurs eine Stube mit einem Pyramiden- und einem Zirkulierofen an, dahinter links eine Kammer, in der Mitte die Küche mit Speisekammer, rechts Treppenhaus, Abort und Stube. An einer Giebelwand lag der Grundstein mit der Inschrift: EXTRUIT HAEC AEDIFICIA PASTOR KNOLL QUASI NON POSSIDENTES (Pastor Knoll baute dieses Gebäude als Nichtbesitz). Die Fassade wurde später verschiefert, die Fenster mit Schlagläden versehen.
Abbruch um 1970.
Quellen: LKA Bielefeld: Bestand 2-6649/6650 (enthält Grund- und Aufriss); LAV NRW OWL: L 108 Lipperode Nr. 68: Anlegung eines Schieferbeschlages am Pfarrhaus, 1845–1848.
Literatur: STIEWE 2000, S. 236, 293.

44 1830–1833, Wöbbel (Amt Schieder), Pfarrhaus

Projekt, nicht ausgeführt.
Auftraggeber: Fürstliches Konsistorium.
1830 begannen die Planungen zum Neubau des Pfarrhauses. Nicht überlieferte Entwürfe von Brune und Overbeck vertraten zum Teil widersprüchliche Ansichten. Daraufhin zog das Konsistorium Culemann zu Rate, dessen Riss vom 12. März 1831 ein zweistöckiges, fünfachsiges Fachwerkwohnhaus mit Halbwalm zeigt. Ausgeführt wurde jedoch ein Riss von Kammerassessor Stein, der ebenfalls ein zweistöckiges, fünfachsiges Fachwerkwohnhaus mit Halbwalm, jedoch mit angebautem Wirtschaftsteil entworfen hatte. Sein Kostenanschlag vom April 1832 kam auf 3.233 Taler. Die Fertigstellung erfolgte 1833 durch Zimmermeister Jasper und Maurermeister Stamm.
Quellen: LKA DT: Pfarrarchiv Wöbbel, Nr. 65.
Literatur: STIEWE 2000, S. 246, S. 307 (Riss von Stein); HEINRICH STIEWE, Die Kirche, das Rittergut und das Dorf, in: ROLAND LINDE, Wöbbel. Geschichte eines Dorfes in Lippe, Lage 2009, S. 197–261, hier S. 217–220.

45 1830–1834, Detmold, Theatermagazin mit Probesaal (ABB. 61, 62)

Detmold, Theaterplatz. Abgängig.

Erste Klagen des Dekorationsmalers Fries, dass der Raum des Theatermagazins (des ehemaligen Baumagazins) nicht mehr ausreiche, sind 1829 belegt. 1830 fertigte Brune einen Bestandsplan des alten Magazins an. Die Ausführung der 1830 beginnenden Neubau-Planungen wurde aus Kostengründen bis 1833 zurückgestellt. Im Herbst 1833 entwarf Brune alternativ einen Massiv- und einen Fachwerkbau mit identischen Grundrissen.

Der Standort musste nahe dem Theater liegen, wofür nur ein Platz hinter dem Baumagazin in Frage kam. Auf Brunes mehrfache Intervention wurde der Neubau aus städtebaulichen Gründen mit dem Baumagazin im rechten Winkel vereinigt. Dazu musste das Baumagazin um etwa 8 Fuß verlängert werden. Die Nutzung des Dachbodens wurde zunächst als Kornmagazin (zusammen mit dem auf gleicher Höhe liegenden Kehlbalkenbeschuss des niedrigeren Baumagazins) geplant, schließlich aber doch als Garderobenlager festgelegt und vom Kornboden über dem Baumagazin abgetrennt. Obwohl Brune darauf hinwies, dass ein Massivbau nicht wesentlich teurer würde, bestand die Kammer auf einem Fachwerkbau. Er maß 68 mal 38 ½ Fuß. Die symmetrisch aufgebaute Traufseite mit sechs Achsen besaß im Erdgeschoss außen je eine breite und hohe Tür für die Kulissen, dazwischen vier niedrigere, schmalere Türen mit Oberlicht. Das Dach gestaltete Brune als Halbwalm mit Segmentbogenfenster im Giebeltrapez.

Auf einem Bruchsteinfundament mit Sockelmauerwerk aus Backstein erhob sich der zweistöckige Wandkasten aus Eichenfachwerk, außen mit Bruchstein, innen mit Lehmstein ausgemauert und mit Kalkmörtel verputzt. Das Walmdach wurde mit Flachziegeln gedeckt. Ein Unterzug auf drei Stützen sowie die gesamte Dachkonstruktion einschließlich Hängewerk bestanden aus Nadelholz. Im Erdgeschoss mit Sandsteinplattenboden lag das Magazin für Kulissen, Vorhänge und große Dekorationsstücke, im Obergeschoss war der Raum geteilt. Eine Hälfte nahm der heizbare Malersaal ein, die zweite das Requisitenlager für Möbel usw. Im Dachgeschoss waren vermutlich Schneiderstube und Garderobe untergebracht. Es gab zwei breite, zweiflügelige und vier schmalere Außentüren und 22 Fenster.

Quellen: LAV NRW OWL: D 73 Tit. 4 Nr. 7067: Riss von dem Theater-Magazin-Gebäude mit der Wohnung des Decorations-Malers Fries, einem Probensaale pp., Brune 1830; D 73 Tit. 4 Nr. 7070: Das Baumagazin in Detmold, jetzt Fries Wohnung u. Theater-Magazin; D 73 Tit. 4 Nr. 7071: Situationsplan von dem Schauspielhause mit den umliegenden Gebäuden, Brune 1830; D 73 Tit. 4 Nr. 7072: Riss zum Bau eines neuen Theater-Magazins hinter dem Baumagazine zu Detmold, Brune 1833; D 73 Tit. 4 Nr. 7073: Riss zum Bau eines neuen Theater-Magazins hinter dem Baumagazine zu Detmold, Brune 1833; D 73 Tit. 4 Nr. 7074: Riss zum Bau eines neuen Theater-Magazins hinter dem Baumagazine zu Detmold, Brune 1834; D 73 Tit. 4 Nr. 7075: Riss zum Bau eines neuen Theater-Magazins hinter dem Baumagazine zu Detmold, Brune o. J.; L 92 R Nr. 773: Erbauung des neuen Theatermagazins und Probesaals

ABB. 61 | Theatermagazin hinter dem Detmolder Schauspielhaus, Fotografie, Ferdinand Düstersiek, um 1920

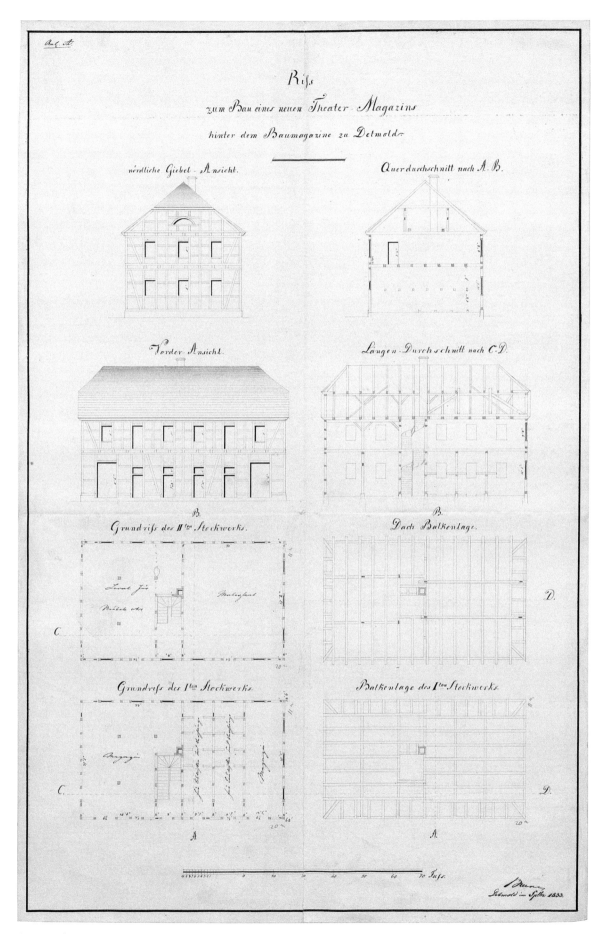

ABB. 62 | Riss zum Bau eines neuen Theater-Magazins hinter dem Schauspielhaus in Detmold [Kat. 45], Brune, 1833

an das Baumagazin und Einrichtung eines Kornbodens über demselben, 1829 ff.

Bildquellen: LLB: BADT-24-4 und 24-20, Fotografie, Ferdinand Düstersiek (um 1920); BA LT-1-6, Fotografie Baumagazin vor dem Abbruch (1965).

46 1830–1834, Vallentrup (Amt Sternberg), Mühle

Extertal, Nalhofstraße.

Schon zu Beginn der 1820er Jahre war ein Neubau der 1692 erbauten Mühle als notwendig erkannt worden. 1828 beauftragte die Kammer den Salzufler Kunstmeister Culemann mit einem Riss und Anschlag, den sie aber nach Brunes Gutachten verwarf und diesen 1830 mit der Planung beauftragte. Der Bau wurde wegen Geldmangels erst 1832 nach Brunes Plan begonnen. Örtliche Bauleitung hatte der Baueleve Gödecke.

Das Gebäude ist zusammengesetzt aus zwei unmittelbar aneinandergrenzenden Gebäuden, von denen das eine mit den Mahlgängen und Wohnräumen zweistöckig, das andere mit Öl- und Bokemühle sowie Stallung einstöckig ist. Das zweigeschossige Hauptgebäude misst 53,5 mal 40,75 Fuß und ist 21 Fuß hoch, das Nebengebäude misst 47,5 mal 40,75 Fuß und ist 10 Fuß hoch. Die Außenwände sind teils massiv aus Bruchstein (Fundamente, Kellermauern, die Wassermauer und eine Giebelmauer in beiden Geschossen), teils aus Fachwerk mit Bruchsteinausmauerung erbaut, außen mit Ausnahme der Wassermauer mit Kalkputz versehen und geweißt. Schwellen und Mauerlatten wurden gegen Feuchteaufnahme mit einem Teeranstrich versehen. Türen- und Fenstergewände bestehen aus behauenem Sandstein. Für die Entlastungsbögen darüber, die Brandmauerverblendung, Herd und Backofen sowie die Schornsteinröhre wurden Mauerziegel verwendet. Die Ausmauerung der inneren Eichenholz-Fachwerkwände erfolgte mit Lehmziegeln mit einem Lehmputz mit weißem Kalkanstrich. Zwei Sandsteinstufen führen zur zweiflügeligen Eingangstür mit fünfteiligem Oberlicht, eine einflügelige Tür mit Oberlicht zum Mühlengerüst. In Flur und Küche wurden Sandsteinplatten verlegt, in den Stuben und Kammern Eichendielen. Im Wohnbereich gab es Füllungstüren mit Futter und Bekleidung sowie zweiflügelige Fenster mit je vier Scheiben. Wohn- und Mahlgaststube erhielten jeweils einen eisernen Kastenofen mit gemauertem Aufsatz. Neben einer Schlafkammer waren zwei weitere Kammern vorhanden. In der Küche war ein Gossenstein in der Fensternische eingemauert. Zwischen dem gemauerten Herd und der gewellerten Rauchbühne darüber platzierte Brune den rückseitig in die Speisekammer ragenden Backofen. In den Keller führte eine Treppe mit

vier Sandsteinstufen, der Boden war mit Bruchstein gepflastert.

Im eingeschossigen Anbau erhielt die Ölmühle einen Sandsteinplattenboden und einen gemauerten Wärmeofen mit engem Schornstein. Ein zweiflügeliges Tor führte in die Bokemühle, deren Boden ebenso gepflastert war wie im Pferde- und Kuhstall. Am Ende des Mittelgangs lag der Abtritt. Der Schweinestall war mit Sandsteinplatten belegt. Alle Tröge waren aus Sandstein.

Die beiden Sparrendächer mit Kehl- und Hahnenbalken, jeweils auf einfach stehendem Stuhl wurden einschließlich Beschuss aus Tannenholz gefertigt. Die Deckung erfolgte mit Hohlziegeln in Strohdocken, die Dachüberstände wurden mit Eichendielen verschalt. Im Hauptgebäude wurde auf dem Dachboden eine Rauchkammer untergebracht. Die Mühle erhielt an gehenden Werken zwei Roggengänge, je einen Weizen- und Graupengang, eine Boke- und eine Ölmühle. Am 31. Januar 1834 waren alle gehenden Werke der Mühle fertig. Statt der veranschlagten 2.909 Taler wurden 1834 dann 3.765 Taler abgerechnet. Die Mehrausgaben entstanden im Wesentlichen durch Barausgaben statt in Anspruch genommener Spann- und Handdienste. Etwa 30 Taler teurer als veranschlagt waren Material- und Handwerkerkosten. 1961 verkaufte der Landesverband Lippe die Mühle an Privat. Sie wurde infolge des Mühlenstrukturgesetzes 1972 stillgelegt.

Quellen: LAV NRW OWL: L 92 C Tit. 11 Nr. 11, Bd. 3: Mühle in Vallentrup, 1829–1841; L 92 C Nr. Tit. 11 Nr. 11, Bd. 4: Mühle in Vallentrup, 1841–1852; L 92 C Tit. 11 Nr. 11, Bd. 5: Mühle in Vallentrup, 1853–1900; L 92 R Nr. 1486: Bauten und Reparaturen an der Vallentruper Mühle, Bd. 1, 1782–1830; L 92 R Nr. 1487: Bauten und Reparaturen an der Vallentruper Mühle, Bd. 2, 1830–1849; L 92 R Nr. 1488: Bauten und Reparaturen an der Vallentruper Mühle, Bd. 3, 1849–1870; L 92 R Nr. 1489: Neubau der Mühle zu Vallentrup, Bd. 1, 1828–1833 ; L 92 R Nr. 1490: Neubau der Mühle zu Vallentrup, Bd. 2, 1834–1835; L 92 R Nr. 1491: Anlage einer Flachsbrech- und Schwingmaschine bei der Mühle zu Vallentrup, 1855.

Literatur: WILHELM WEBER, Die Mühle in Vallentrup, in: Extertaler Jahreshefte. Beiträge zur Geschichte und Volkskunde der Gemeinde Extertal 6 (1990), S. 101–106 (mit historischen Fotografien).

47 1831/32, Brake, Säge-, Bohr-, Boke- und Graupenmühle

Lemgo, Finkenpforte 3.

Die Mühle ist am linken Ufer gegenüber der Ölmühle am künstlichen nördlichen Wasserlauf gelegen. Eine Sägemühle ist seit 1588 archivalisch belegt, die Bohrmühle seit 1779 und die Graupenmühle seit 1807. Am 30. März 1831 war das Mühlengebäude abgebrannt. Für den sofortigen Wiederaufbau entwarf Brune die Pläne, schon im September 1831 war Richtfest.

Der Bau unter einem Halbwalmdach mit Hohlziegeldeckung misst 87 mal 35 Fuß. Im Sockelgeschoss aus Bruchstein mit Werksteinen von Steinhauer Torneden aus Berlebeck befanden sich entlang der Wasserseite (Norden) die beiden Mühlenstühle sowie, auf der wasserabgewandten Seite, die Bokemühle. Im Obergeschoss aus Fachwerk folgte an der Wasserseite einer Knechtkammer im Osten die Graupenmühle, die folgenden zwei Drittel nahm das Sägewerk ein. Das obere Rad (Durchmesser 5,15 m) im Osten setzte die Boke- und Graupenmühle in Bewegung, das untere (Durchmesser 5,58 m) die Bohr- und Sägemühle. Die Bohrmühle diente der Herstellung hölzerner Wasserrohre (*Pipen*) aus Buchenholzstämmen. Auf der wasserabgewandten Südseite lag die Müllerwohnung mit Stube, Küche und Kammern. Den südwestlich schräg ansetzenden, beim Brand stehengebliebenen Rest des Vorgängerbaus mit Keller und Lager darüber hatte Brune integriert.

Heute Mühlenmuseum, Denkmalschutz.

Quellen: LAV NRW OWL: L 92 C Tit. 9 Nr. 7: Bocke-, Öl- und Sägemühle zu Brake und deren Verpachtung, 1630–1839; L 92 R Nr. 1458: Reparaturen an der Schloss- oder Mahlmühle zu Brake, Bd. 3, 1830–1859; Archiv des Mühlenmuseums: Pläne des Neubaus, 1831.

Bildquellen: LLB: BA LE-25-5A und 5C; BA LE-25-6 bis 25-8.

Literatur: REGINA FRITSCH, Von Mühlen und Menschen. Führer durch das Mühlenmuseum am Schloß Brake mit der Geschichte der Mühlen und ihrer Bewohner, Lemgo 1997; SAUER 2002, S. 453–456, 544.

48 1831, Meinberg (Amt Horn), Gasthaus Rotes Haus (ABB. 63)

Horn-Bad Meinberg, Allee 1a. Abgängig.

Entwurf eines Sparkochofens für das 1776 erbaute Gasthaus Rotes Haus. Die obere Platte besteht aus zwei zusammengenieteten Teilen mit sieben Topflöchern, zwei Einheiz- und zwei Zugtüren.

Abriss 1953.

Quellen: LAV NRW OWL: D 73 Tit. 4 Nr. 7375: Grundriss zu einem Sparkochofen im Roten Haus in Bad Meinberg, Brune 1831.

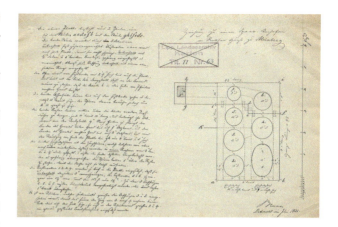

ABB. 63 | Grundriss zu einem Sparkochofen im Roten Haus in Bad Meinberg [Kat. 48], Brune, 1831

49 1831/32, Brake, Erster Bierkeller (ABB. 64)

Lemgo, Felsenkeller 1 (etwa 500 m östlich vom Schloss am südlichen Begaufer Im Schilde gelegen).

1825 war im Süd- und Ostflügel des Schlosses eine gewerbliche Brauerei eingerichtet worden. Nicht nur der Bierbrauer Caspar Bauer sondern auch die Unterhefe dazu kam aus Bayern. Den Brauerei-Umbau plante Culemann. 1831 wurde der Antrag zum Bau eines kühlen Kellers gestellt, der für die Lagerung des untergärigen Biers notwendig war. Der Keller sollte zwei Reihen zu je 16 Fässern Platz bieten. Der inzwischen in Kassel tätige und zum Oberbauinspektor aufgestiegene Justus Kühnert (Kat. 5, 40) wurde zur Ortsbesichtigung an der Bülte hinzugezogen. Nach einer weiteren mit dem Bergmann Buckerdt und der Fürsprache des Berginspektors Häuser aus Obernkirchen entschied man sich für den Steilhang Im Schilde zwischen Bega und Blomberger Weg. Häuser schlug vor, einen Tunnel ohne Ausmauerung auszusprengen. Im Dezember 1831 genehmigte Fürst Leopold den Bau, im Januar 1832 schloss Brune den Kontrakt mit dem Bergmeister Christoph Heberlein. Der Baueleve Gödecke führte die Bauaufsicht. Was die Festigkeit des Felsens betraf, hatte Häuser geirrt, und schon nach 20 Fuß konnte nicht ohne Verbau und Ausmauerung des Gewölbes weitergearbeitet werden. Brune wurde um sein Gutachten zu drei Standorten, einen Riss und „*verlaßbaren Kostenanschlag*" gebeten, welche er im Juni einreichte. Erst Anfang September wurde sein Projekt bewilligt, die als notwendig berechnete Länge von 83 Fuß jedoch um ein Drittel gekürzt, auch Fußbodenplatten und Lüftungskanäle gestrichen, so dass statt 2.039 Talern nur noch 1.227 Taler blieben. Die Bergmannsarbeit wurde im Akkord an Heberlein vergeben. Der Stollen mit einem Tonnengewölbe erhielt einen Mittelgang und seitlich davon

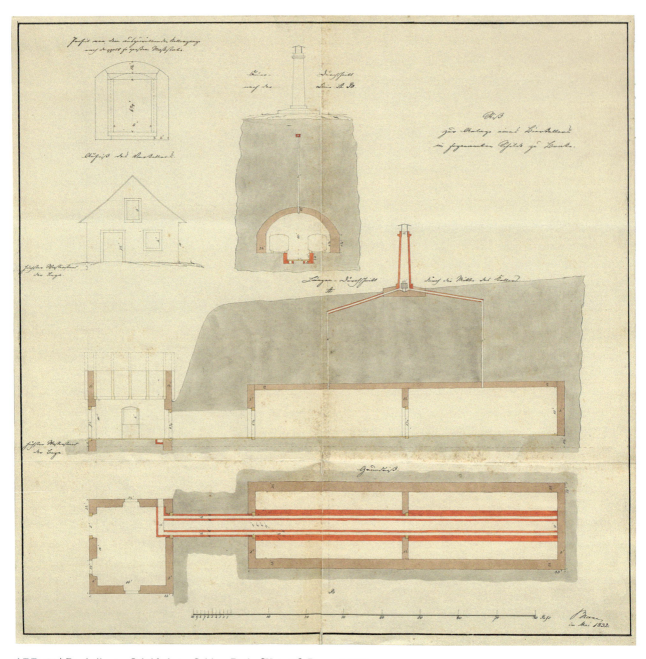

ABB. 64 | Bierkeller im Schilde beim Schloss Brake [Kat. 49], Brune, 1832

je einen Sockel, auf dem 20 Fässer lagerten. Man erreichte den Stollen durch einen niedrigeren Hals, dem noch ein kleineres, massives Eingangsgebäude vorgelagert war. Aus dem Fels tropfendes Wasser konnte mittels einer Rinne nach außen geleitet werden. Es wurde ein Fahrweg vom Schloss zum Felsenkeller angelegt (*Bierweg*). Im November wurde die Bohrung eines notwendigen Lüftungskanals genehmigt. Mitte Dezember war der Felsenkeller in der Hauptsache fertig, das Vorgebäude zur Reinigung und Lagerung von leeren Fässern wurde Anfang 1833 erbaut. Bereits 1834/35 wurde der Keller um 15 Fuß verlängert, da seine Kapazität der starken Nachfrage nicht entsprach.

Die Ausführung erfolgte durch Maurermeister Rehme. Eine zweite Verlängerung, nun um 24 Fuß, führte Maurermeister Harte 1850 aus.

Quellen: LAV NRW OWL: D 73 Tit. 4 Nr. 6632 und 6633: Riss zur Anlage eines Bierkellers, Brune 1832; L 92 A Nr. 4141: Anlegung eines Bergkellers für die Brauerei zu Brake, Bd. 1, 1831–1834; L 92 A Nr. 4142: Anlegung eines Bergkellers für die Brauerei zu Brake, Bd. 2, 1834–1852.

Literatur: SAUER 2002, S. 411, 423–425; LINDE/RÜGGE/STIEWE 2004, S. 84.

50 1831–1833, Rittergut Patthorst (Amt Halle/Westfalen), Pferdestall

Steinhagen, Schlossallee 2–6.
Auftraggeber: Emil Freiherr von Eller-Eberstein.
1831 veranschlagte Brune die Erweiterung und Abänderung des Kornhauses mit 568 Talern. 1833 wurde dieser Umbau zum Pferdestall laut Inschrift über dem Eingang ausgeführt. Das Erdgeschoss des älteren Speichers ist darin integriert. Den Major von Eberstein hatte Brune möglicherweise während seines Militärdienstes in Minden kennengelernt oder es handelte sich um eine Familienbekanntschaft über den Vater, der im preußischen Amt Brackwede Kriegs- und Domänenrat gewesen war, von Eberstein war desgleichen in Minden. Zudem hatte Gutsbesitzer Louis Freiherr von Eller-Eberstein abgesehen von Brune Verbindungen nach Detmold. Er starb dort jedenfalls am 1. April 1843.[11] Brune kümmerte sich um Nachlassangelegenheiten.[12]
Quellen: LWL-AA: Archiv Patthorst, Pat-26: Kostenanschlag über die Veränderung und Instandsetzung des herrschaftlichen Wohnhauses auf dem Gut Patthorst 1831.
Literatur: Redlich 1964, S. 16, 31 f.

51 1831–1835, Detmold, Schutzdach der Schlosswache (ABB. 26, 27)

Detmold, Lange Straße 58/Schlossplatz.
Siehe Seite 69–70.
Quellen: LAV NRW OWL: D 73 Tit. 4 Nr. 7006: Ansicht und Grundriß von der alten wälschen Haube vor der Hauptwache in Detmold, Brune 1831; D 73 Tit. 4 Nr. 7007 und 7008: Entwurf zu einem dorischen Portal vor der Hauptwache auf dem Schlossplatz in Detmold, Brune 1832; D 73 Tit. 4 Nr. 7014: Entwurf zu einem Blechschirm vor der Hauptwache in Detmold, Brune 1835; L 92 R Nr. 724: Verdachung vor der Hauptwache, 1833; L 77 C Nr. I Fach 46 Nr. 38: Die Verdachung vor der Hauptwache, 1834–1835; L 92 R Nr. 720: Bauten und Reparaturen am vierten Pavillon, der Hauptwache und den Kriminal- und Amtsgefängnissen, Bd. 1, 1794–1836; L 92 R Nr. 721: Bauten und Reparaturen am vierten Pavillon, der Hauptwache und den Kriminal- und Amtsgefängnissen, Bd. 2, 1837–1866.
Bildquellen: LLB: HSA 5,45r-2: Ansicht von Südwesten, um 1912; ME-PK-21-250: Ansicht von Süden, Postkarte (um 1900); ME-PK-21-241: Ansicht von Süden, Postkarte (um 1905); ME-PK-21-242: Ansicht von Süden, Postkarte (um 1910).
Literatur: Gaul 1968, S. 338; Graefe 1982 a–c; Graefe 1984.

52 1831–1835, Rittergut Patthorst (Amt Halle/Westfalen), Schlossumbau

Steinhagen, Schlossallee 5.
Auftraggeber: Emil Freiherr von Eller-Eberstein.
Bei dem von Brune 1831 geplanten umfangreichen Umbau wurde die bereits 1782 barock überformte Wasserburg in ein modernes Herrenhaus umgestaltet. Der Kostenanschlag Brunes datiert vom Oktober 1831 und kommt auf 6.153 Taler. Die Ausführung erfolgte 1832 bis 1835. Die Fassade gestaltete Brune spätklassizistisch mit Eckpilastern und einem Mittelrisalit mit flachem Dreiecksgiebel. Diese Architekturglieder und Quaderungen waren jedoch nur auf Eichenbohlen aufgeputzt. Das massiv gemauerte Hochparterre erhielt einen Quaderputz, zum Portal in der Mittelachse führt eine Freitreppe. Diese musste wegen des weichen Baugrunds mit 54 eingerammten Rostpfählen, darauf Schwellen und Bohlenbelag, gegründet werden.
Das steile Hohlziegeldach wurde abgenommen, die Balkenköpfe bündig abgeschnitten, um ein profiliertes Kranzgesims aus Eichenholz anbringen zu können, und ein neues, flacheres Halbwalmdach aus Nadelholz mit 14 Dachfenstern aufgerichtet. Die Deckung erfolgte mit Schiefer. Von einer Zinkblechbedachung hatte Brune nicht nur wegen der Mehrkosten von 1.023 Talern abgeraten. Rundum erhielt das Dach Blechrinnen, aus denen das Regenwasser durch „*Schwanenhälse*" in die Fallrohre geleitet wurde. Ein aufgesetztes Türmchen, dessen Kuppel mit Kupfer gedeckt und von einem vergoldeten Wetterhahn gekrönt wurde, enthielt eine Uhr und, hinter vier Jalousien verborgen, eine Glocke. 31 Fenster wurden erneuert und an allen Seiten grüne Jalousieläden angebracht. Für 40 Stück fielen Mehrkosten von 720 Talern an.
Im Inneren wurden ganze Längs- und Quermauern in Bruchstein mitsamt sieben Türgewänden aus Sandstein erneuert, im Souterrain die Pflasterungen der Böden von Flur, Küche, Gang und beiden Kellern aufgenommen und hier Sandsteinplatten verlegt, die beiden Gewölbe der ehemaligen Waschküche wurden ebenso wie der Backofen dort herausgebrochen und neue Lagerhölzer und Fußböden darüber eingebaut. Die beiden alten Schornsteine wurden abgetragen und durch enge Schornsteine erneuert. Neun neue Öfen wurden aufgestellt, vier alte, zwei im Souterrain und zwei im Obergeschoss, neu gesetzt.
Außerdem wurden die Haupttreppe und die Nebentreppe vom Hochparterre in das Obergeschoss neu angefertigt mit beidseitigen Stabgeländern. Sämtliche Türen, bis hin zum Dachboden, wurden erneuert. Hinzu kam die Dekoration aller Zimmer mit Tapeten und teilweise auch hölzernen Kranzfriesen.

Quellen: LAV NRW OWL: L 92 R Nr. 135: Acta die Anstellung des Bauconducteurs Vogeler, 1825–1827, und des Bauconducteurs Brune, 1827–1828; L 92 R Nr. 137: Vol. II. Acta wegen Anstellung des Baumeisters, jetzt Bauraths Brune, 1849–1857, fol. 31; LWL-AA: Archiv Patthorst, Pat-26: Kostenanschlag über die Veränderung und Instandsetzung des herrschaftlichen Wohnhauses auf dem Gut Patthorst 1831 (der im Anschlag erwähnte Entwurf ist nicht überliefert).
Literatur: DUNCKER 1860/61; VON DER HORST 1894, S. 76 f.; REDLICH 1964.

53 1832, Detmold, Schlossplatz, Freitreppe

Detmold, Schlossplatz 7.
Vor den Eingang in den Pavillon VIII, der Dienstwohnung des Hofmarschalls, wurde eine neue steinerne Freitreppe gesetzt. Die vier Steigungen waren leicht gebogen und am Rand von einer niedrigen schneckenartig endenden Steinwange gefasst.
Quellen: LAV NRW OWL: D 73 Tit. 4 Nr. 7009: Ansicht und Grundriss von einer steinernen Freitreppe vor dem achten Pavillon der Wohnung des Hofmarschalls in Detmold, Brune 1832.

54 1832, Detmold, Umbau Marstall

Detmold, Schlossplatz 6.
Wie der Vergleich der Grundrisse vor und nach Umbau zeigen, wurde die Anzahl der Pferdestände von 45 auf 43 reduziert, um die einzelnen 6 Fuß breiten Stände um einige Zoll zu verbreitern.
Quellen: LAV NRW OWL: D 73 Tit. 4 Nr. 7010 und 7011: Karten zur Veränderung des Marstalles in Detmold, Brune 1832; D 73 Tit. 4 Nr. 7012: Bestandsplan, Brune 1835.

55 1832, Detmold, Boskett-Einfriedung

Detmold, Behringstraße.
Das „*Bosquet*" genannte Wäldchen schloss sich nordwestlich an den Lustgarten an. Im Osten und Norden wurde es von der nach Lage führenden, hier S-förmigen Chaussee begrenzt. Eine notwendige Erneuerung der Taxushecke am Nordostrand des Bosketts nahm das Hofmarschallamt zum Anlass, eine Mauer zu fordern. Brune schlug vor, vom westlichen Endpunkt der nördlichen Lustgartenmauer, die sich vom Hofgärtnerhaus bis hinter das Gewächshaus zog, eine gerade, 230 Fuß lange Mauer Richtung Nordwest zu ziehen, die statt der bisherigen gekrümmten Hecke 31 Fuß kürzer würde und der Straße

einen besseren Verlauf ermögliche. Der dadurch abgeschnittene Teil des Bosketts könne als Gartenland verkauft werden. Die Kammer genehmigte jedoch nur ein 60 Fuß langes Mauerstück bis zur bestehenden Straße, von wo auf der alten Grenze wieder eine Hecke gepflanzt werden sollte. Eine Arrondierung kam erst nach 1838 mit dem Ausbau der Chaussee nach Lage zustande.
Quellen: LAV NRW OWL: L 92 R Nr. 797: Baureparaturen am Schloßgarten zu Detmold mit Inbegriff des Orangerie-, Gewächs- und Treibhauses ingleichen der Mistbetten (sic) und Brücken, 1812–1839 (mit Situationsplan, fol. 226); L 98 Nr. 325: Abtretung eines Teils des Schloßgartens für den Ausbau der Chaussee von Detmold nach Lage, 1838–1847.

56 1832, Detmold, Umbau altes Strafwerkhaus

Detmold, Bruchstraße 29/31. Abgängig.
Der Bestandsplan wurde im Juli 1829 aufgenommen. Nachdem das neue Strafwerkhaus (Kat. 2) vor dem Lemgoer Tor fertiggestellt war, plante Brune hier Grundrissänderungen für neue Funktionen: eine Wohnung für den Zuchtmeister des benachbarten Zuchthauses, bestehend aus Wohnstube, Schlafkammer, Magdstube, Küche, Keller, Vorratskammer, *Polterkammer* und Bodenraum, außerdem eine Schreibstube und Registratur für die Zuchthaus- und Leihbank-Papiere inklusive dreier Räume für die verpfändeten Sachen, und schließlich als dritte Funktion das Kriminalgericht mit drei Büroräumen und sechs Gefängniszellen. Für die Insassen des Zuchthauses und die Kriminalgefangenen wurde auch eine Badestube im Erdgeschoss eingerichtet.
Das alte Strafwerkhaus wurde 1895 abgebrochen und der Platz mit dem Schlosshotel überbaut.
Quellen: LAV NRW OWL: D 73 Tit. 4 Nr. 7271: Riss von dem alten Strafwerkhause zu Detmold, unsigniert [Brune] 1829; D 73 Tit. 4 Nr. 7274: Riss über die Einrichtung eines Teils des alten Strafwerkhauses in Detmold, Brune 1832; L 92 A Nr. 2991: Erbauung eines Zuchthauses in Detmold, 1752–1768, 1781–1783, 1835.
Bildquellen: LLB: 1 D 36,1, Zeichnung, P. Böhmer nach Johann Ludwig Knoch (1883/1790); BADT-10-33, Fotografie, Ferdinand Düstersiek (um 1890).

57 1832, Detmold, Zuchthaus

Detmold, Bruchstraße 27.
Bestandsplan.
Der Plan wurde im März 1832 aufgenommen. Nachdem die Wohnung des Zuchtmeisters in das benachbarte alte

ABB. 65 | Schloss Schieder, Geländer der Freitreppe vor der Nordseite [Kat. 59], Brune, 1832, Ansicht 2022

Strafwerkhaus verlegt worden war (Kat. 56), konnten diese Räume im Zuchthaus anderen Zwecken dienen. Ein Umbau war dazu offenbar nicht notwendig, zumindest ist kein solcher aktenkundig geworden.

Quellen: LAV NRW OWL: D 73 Tit. 4 Nr. 7272: Situationsplan, Grundrisse, Querschnitt vom Zuchthaus in Detmold, Brune 1832; L 92 A Nr. 2991: Erbauung eines Zuchthauses in Detmold, 1752–1768, 1781–1783, 1835.

58 1832, Horn, Alte Burg

Horn-Bad Meinberg, Burgstraße 11.
Bauaufnahme.
Die Nutzung bestand laut Brunes Bauaufnahme aus einer Wohnung mit Stall im Erdgeschoss sowie Kornböden darüber. Im Souterrain war neben einem großen Keller mit Kreuzgewölben auch ein Gefängnis eingerichtet. Der Grund der Bauaufnahme ist unbekannt, Baumaßnahmen sind nicht belegt.

Quellen: LAV NRW OWL: D 73 Tit. 4 Nr. 7360: Querschnitt und Grundrisse von der alten Burg zu Horn, Brune 1832.

59 1832, Schieder, Schloss, Geländer der Freitreppe (ABB. 65)

Schieder-Schwalenberg, Im Kurpark 1.
An der Nordseite des Schlosses führt eine zweiläufige Freitreppe mit je einem Zwischenpodest in den Park. Brune entwarf dafür ein geschmiedetes Eisengeländer, das mit Messingkugeln auf den Hauptstielen bekrönt ist. Die Geländer bestehen aus je einem schmaleren Streifen an Unter- und Oberkante, die wie der breitere Zwischenraum durch einen Fries geschwungener Kreuzstäbe gefüllt sind. Von den schmaleren Streifen ragen Lilien in den breiteren hinein.

Die Ausführung erfolgte durch Mechanikus Striekeling aus Blomberg, der das alte Geländer gegen Lieferung der acht Messingkugeln in Zahlung nahm. Der Detmolder Lackierer Johann Spies strich das Eisen grau und bronzierte an der Außenseite die Lilien. Das Geländer wurde um rund 100 Taler teurer als veranschlagt. Brune rechtfertigte die Kostenüberschreitung damit, die Kosten eiserner Treppengeländer ließen sich generell nicht genau veranschlagen, zumal, wenn es vorzüglich auf schönes Aussehen ankäme. Denn es sollte doch zu einer Hauptzierde des Schlosses gereichen. Außerdem sei schwächeres Eisen kurzfristig nicht in der erforderlichen Menge zu bekommen gewesen, weshalb stärkeres hätte genommen werden müssen. Das Geländer habe dadurch an Dauer und Schönheit jedoch bedeutend gewonnen.

Quellen: LAV NRW OWL: D 73 Tit. 4 Nr. 7696: 15 Muster zu eisernen Staketten, Brune 1828; L 92 R Nr. 891: Bauten am Schlosse zu Schieder und an dessen Nebengebäuden, 1822–1834.

Bildquellen: LLB: 2 S 2,1, Lithographie, Heinrich Pollem (1834).

60 1832/33, Detmold, Neues Gymnasium Leopoldinum, 2. Projekt (ABB. 23–25, 66)

Detmold, Leopoldstraße 5.
Auftraggeber: Scholarchats-Kommission.
Siehe Seite 65–69.

Quellen: LAV NRW OWL: D 73 Tit. 4 Nr. 7256: Entwurf zum Neubau des Gymnasiums in Detmold, Brune 1831; D 73 Tit. 4 Nr. 7257 und 7258: Entwürfe zum Gymnasium in Detmold, Brune 1831; D 73 Tit. 4 Nr. 7259: Entwurf zum Neubau des Gymnasiums in Detmold, v. M. 1831; D 73 Tit. 4 Nr. 7260: Entwurf zum Neubau des Gymnasiums in Detmold, Kühnert 1831; D 73 Tit. 4 Nr. 7261–7263: Grundrisse zum Neubau des Gymnasiums in Detmold, Kühnert; D 73 Tit. 4 Nr. 7264: 3 Grundrisse, Brune; D 73 Tit. 4 Nr. 7265: Riss zum Bau eines neuen Gymnasiums in Detmold, Brune 1832 [ausgef. Entwurf]; D 73 Tit. 4 Nr. 7266: Gartenplan des neuen Schulhofs, Ludolph 1833; L 77 A Nr. 1858: Das Gymnasium (die Provinzialschule) zu Detmold, Bd. 2, 1805–1831; L 77 A Nr. 1859: Das Gymnasium (die Provinzialschule) zu Detmold, Bd. 3, (1808) 1831–1837; L 79 Nr. 3987: Gymnasium zu Detmold, Bd. 4, 1844–1877 (mit Entwurf zum Umbau, 1873); L 106 B Tit. 4 Nr. 1: Akten der Scholarchats-Commission den Neubau eines Gymnasialgebäudes hieselbst betr. 1830–1833.
Bildquellen: Aquarell, Ludwig Menke (1870), in: FINK 2002, S. 208; LLB: HS A 12-10, BADT-61-6 und 64-31, Fotografie, Theodor Kliem (um 1870); BADT-22-35, Fotografie, Ferdinand Düstersiek (um 1900); ME-PK-11-25, Postkarte (um 1900); ME-PK-19-81, Postkarte, mit Lehrerwohnhaus (um 1900); ME-PK-19-87, Postkarte (1902); ME-PK-19-86, Postkarte (1902).
Literatur: PETERS 1953; GAUL 1968, S. 376; FINK 2002, S. 197–209.

61 1832/33, Detmold, Lehrerwohnhaus (ABB. 67, 68)

Detmold, Leopoldstraße 7 (jetzt Hornsche Straße 33).
Auftraggeber: Scholarchats-Kommission.
Das Wohnhaus wurde für den Direktor des benachbarten, gleichzeitig errichteten Gymnasiums Leopoldinum (Kat. 60) erbaut. Brune veranschlagte die Kosten mit 4.250 Talern. Am 20. März 1833 wurde ein Kontrakt mit Spies geschlossen, der den 51 ¾ mal 38 ½ Fuß großen Bau nach Brunes Riss für die Akkordsumme von 3.600 Taler zu erstellen angeboten hatte.
Es entstand ein traufständiger, zweistöckiger Fachwerkbau mit Halbwalmdach. Fünf Fensterachsen. In der Mittelachse führte eine doppelläufige Freitreppe zum Eingang im Hochparterre. Auf der Grenze zwischen Lehrerwohnung und Gymnasium, mit Traufe in Flucht der Schulrückwand, wurde für 300 Taler ein Fachwerkstall für das Vieh des Lehrers und des Pedellen erbaut, worin auch am südlichen, zum Schulhof gelegenen Giebel, die Abtritte für die Schüler angelegt wurden.
Wegen Erweiterung der Bezirksregierung wurde das Lehrerwohnhaus 1982 abgebrochen und 1983 in der Hornschen

ABB. 66 | Gymnasium Leopoldinum, Leopoldstraße, Ansicht 2023

ABB. 67 | Leopoldstraße von Südwesten, mit Wohnhaus Spies [Kat. 69], Gymnasium [Kat. 60], Lehrerwohnhaus [Kat. 61] und Kaserne [Kat. 38], Fotografie, Theodor Kliem, um 1870

ABB. 68 | Lehrerwohnhaus neben dem Detmolder Gymnasium [Kat. 61], 1983 umgesetzt in die Hornsche Straße 33, Ansicht 2023

Straße 33 wiederaufgebaut (anstelle eines 1974 abgebrochenen Gründerzeithauses).

Quellen: LAV NRW OWL: L 92 A Nr. 1912: Vorschuss zum Bau einer Lehrerwohnung neben dem neuen Gymnasium zu Detmold, 1832–1834; L 106 B Tit. 4 Nr. 3: Akten der Scholarchats-Kommission, das Turnhaus des hiesigen Gymnasiums betr., 1844 f. (fol. 2: Bestandsplan des Stalls; unfol.: Lageplan).

Bildquellen: Ludwig Menke, Aquarell 1870 (in: FINK 2002, S. 208); LLB: BADT-61-6 und 64-31, Fotografie, Theodor Kliem (um 1870); ME-PK-19-81, Postkarte (um 1900).

Literatur: FINK 2002, S. 206–207.

62 1832/33, Detmold, Wohnhaus (ABB. 69)

Detmold, Leopoldstraße 3.

Auftraggeber: Johann Spies.

Dieser Bau wird Brune zugeschrieben (vgl. Kat. 60). Er entstand als zweiter Bau auf der Ostseite der Leopoldstraße neben dem Haus des Hautboisten Vollmer (Leopoldstraße 1, abgängig). Der Lakierer Spies beantragte 1832 ein *„ansehnliches"* Haus, dessen Front ganz aus geschliffenen Sandsteinen gleich dem des Kaufmanns Meyer in der Langen Straße bestehen und sich *„neben dem Schulhause vorzüglich* *gut ausnehmen*" würde. Die Außenmauern des 70 Fuß breiten und 36 Fuß tiefen traufständigen Gebäudes wurden massiv gemauert. Die Mitte der mit geschliffenen Sandsteinquadern verkleideten Fassade zu sieben Achsen betonen ein nur wenig vortretender Risalit mit vier jonischen Pilastern und Dreiecksgiebel sowie eine doppelläufige 5 Fuß breite Freitreppe zum Hochparterre. Deren schmiedeeisernes Geländer schmücken zierliche Spiralen. Im Souterrain liegen Küche und Keller. Unter dem Halbwalmdach mit Schieferdeckung schließt ein hohes hölzernes Dachgebälk mit Zahnschnitt die Fassade ab. Die übrigen drei Seiten des Hauses sind mit Schiefer verkleidet.

Das Haus diente ab 1874 als Comptoirgebäude der benachbarten Druckerei Klingenberg. Es sollte 1980 für den Erweiterungsbau des Bezirksregierung abgebrochen werden. Nach Bürgerschaftsprotesten wurde es 1983 in die Denkmalliste eingetragen und erhalten.

Quellen: LAV NRW OWL, L 92 A Nr. 4365: Anbau einer neuen Häuser-Reihe vor dem Hornschen Thore […], 1826–1834, fol. 173 f.

Literatur: PETERS 1953, S. 206; GAUL 1968, S. 416.

63 1832/33, Meierei Büllinghausen (Amt Brake), Wohnhaus

Lemgo, Büllinghausen 2.
Projekt, nicht ausgeführt.
Wegen der Baufälligkeit des alten Wohnhauses beauftragte die Kammer Brune 1832 mit einem Riss und Kostenanschlag

für einen Neubau. Er entwarf 1832/33 einen Fachwerkbau auf Bruchsteinfundamenten mit einem Gewölbe- und einem Balkenkellers. Zur zweiflügeligen Haustür mit verziertem Sprossen-Oberlicht führte eine Freitreppe. Das Halbwalmdach sollte mit Flachziegeln gedeckt werden. Die Kosten veranschlagte Brune mit 3.112 Talern.

Zwar schlug Stein die Genehmigung von Brunes Neubauprojekt mit einigen Kürzungen vor, die Kammer gab dem aber wegen des erschöpften Bauetats nicht statt. Anstelle des kostspieligen Neubaus nach Brunes Vorschlag kam es 1834 zur Reparatur des alten Wohnhauses durch Culemann.

Quellen: LAV NRW OWL: L 92 R Nr. 1004: Bauten und Reparaturen auf der Meierei Büllinghausen, Bd. 5, 1832–1844; L 92 R 1251, fol. 14 (Liste von Bauten und Projekten).

64 1832–1834, Detmold, Hofschreiner- und Hofrademacherwerkstatt (ABB. 70, 71)

Detmold, Theaterplatz. Abgängig.
Unter Berücksichtigung der Bedürfnisse des Stallmeisters Knoch entwarf Brune den Bau im Winter 1832/33. Er beließ die Werkstätten am bisherigen Platz, setzte sie jedoch aus städtebaulichen Gründen in die Fluchtlinie des neuen Offiziantengebäudes (Kat. 35) zurück und rückte sie 20 Fuß von diesem nach Norden ab. Mit der südlichen Giebelseite stand es so weit vom Offiziantenhaus entfernt wie das Theatermagazin vom Theater. Ebenfalls aus städtebaulichen Gründen setzte Brune ein zweites Geschoss durch, auch

ABB. 69 | Wohnhaus Spies, Leopoldstraße 3 [Kat. 62], Ansicht 2023

ABB. 70 | Hofschreiner- und Hofrademacherwerkstatt in Detmold nach der Aufstockung, Fotografie, Ferdinand Düstersiek, um 1920

wenn dies funktional nicht notwendig war. Der Raum konnte jedoch für das Baumagazin genutzt werden. Stein schloss sich Brunes Auffassung an, dass ein Massivbau, in Detmold ohnehin kaum teurer als ein Fachwerkbau, nicht nur fester und dauerhafter, sondern auch feuersicherer war, „worauf es bei dem fraglichen Bau ganz vorzüglich mit ankommen dürfte“. Es ging nicht nur eine Brandgefahr von Hofschmiede und Schauspielhaus aus, sondern auch das Werkstattgebäude selbst beinhaltete eine erhebliche Brandlast. Aus diesem Grund wurde auch die Erdgeschossdecke gewellt und die Dachdeckung in Flachziegeln ohne Strohdocken ausgeführt. Der Kostenanschlag von 3.050 Talern enthielt 256 Taler Holztaxe und 72 Taler Spanndienste.

Das traufständige zweigeschossige Gebäude mit sieben Achsen und mit einem Stichbogen überwölbten Tor in der Mittelachse war mit einem Halbwalmdach gedeckt. Es maß 75 mal 34 Fuß. Links der Einfahrt befand sich die Rademacherei mit einer Schlafstelle unter der Treppe, rechts die Schreinerei. Die Durchfahrt in der Mitte wurde auch als Remise genutzt. Im Obergeschoss wurde links Bedarfholz für den Marstall gelagert, rechts war Bodenraum für das Baumagazin vorhanden. 1862 Ausbau zum Marstall-Offiziantengebäude nach Plan von Friedrich Gehring. Die neuen Grundrisse sind mit Bleistift in den Plan Brunes eingetragen. Nach 1908 Aufstockung um ein drittes Geschoss. Nach dem Zweiten Weltkrieg Abriss und Nutzung als Parkplatz.

Quellen: LAV NRW OWL: D 73 Tit. 4 Nr. 7028: Riss vom Neubau der Hofschreiner- und Hofrademacherwerkstätte in Detmold, Brune 1832; D 73 Tit. 4 Nr. 7039: Durchbau der herrschaftlichen Stellmacherwerkstatt, Gehring 1862; D 73 Tit. 4 Nr. 7248: Entwässerungsplan für das Marstalloffiziantengebäude, B. Meyer 1908; L 92 R Nr. 817: Neubau der Rademacherei und Tischlerwerkstatt und des Beschlagschuppens, 1832; L 92 R Nr. 375: Marstalloffiziantengebäude und Hofschmiede, 1896–1911.
Bildquellen: LLB: BADT-24-43: Fotografie nach der Aufstockung, Ferdinand Düstersiek (um 1920); StA DT: 2555: Ansicht von Südwest, 1918.

65 1832–1834, Schieder, Schloss, Wagenhaus und Pferdehaus (ABB. 72)

Schieder-Schwalenberg, Im Kurpark 3 und 6.
Den Auftrag zum Entwurf einer Remise für sechs Wagen und eines Pferdehauses für 24 Pferde erhielt Brune im Januar 1832. Er ordnete diese beidseitig des von Norden auf das Schloss zuführenden Weges symmetrisch an, musste nach Nivellierung des stark fallenden Geländes die beiden Gebäude jedoch weiter als geplant, nämlich 180 Fuß vom Schloss abrücken. Aus Kostengründen wurde der Marstall auf 20 Kastenstände reduziert, was der nötigen Größe der Remise für sechs Wagen an Länge entsprach. Auch zunächst geplante Nebennutzungen, eine Wohnung für den Haushofmeister und ein Baumagazin, fielen Einsparungen zum Opfer. Beide Gebäude wurden demnach im zweiten Entwurf 17 Fuß kürzer und damit 100 ⅓ Fuß lang bei 34 ⅚ Fuß Tiefe. Im Wesentlichen wurden sie 1833 fertiggestellt, jedoch konnte der Außenputz mit den Pilastern erst 1834 aufgebracht werden.

Die beiden eingeschossigen verputzten Fachwerkbauten sind mit Halbwalmdächern geschlossen. Die einfache Biberschwanzdeckung wurde an First, Walm und Bord mit Schiefer eingefasst. Tür- und Torgewände bestehen aus behauenem Sandstein.

Das Pferdehaus im Osten ist sieben Achsen lang, davon ist die mittlere als Tor mit Stichbogen gestaltet, die übrigen als Rechteckfenster, dazwischen gegliedert durch aufgeputzte Pilaster mit dorischen Kapitellen. Innen am Ende des Mittelgangs stand die Futterkiste, unter dem First verlief der Mistgang, beidseitig fanden je zehn Kastenstände Platz. Der Heuboden wurde vorn mit drei, rückwärtig mit einer Fledermausgaube belüftet. Die Baukosten betrugen 2.714 Taler. Die Remise im Westen enthielt außerdem eine Bedientenwohnung und den Zinskornboden. Ihr Dach wurde beidseitig durch je drei Fledermausgauben belüftet. Die Baukosten betrugen 2.470 Taler.

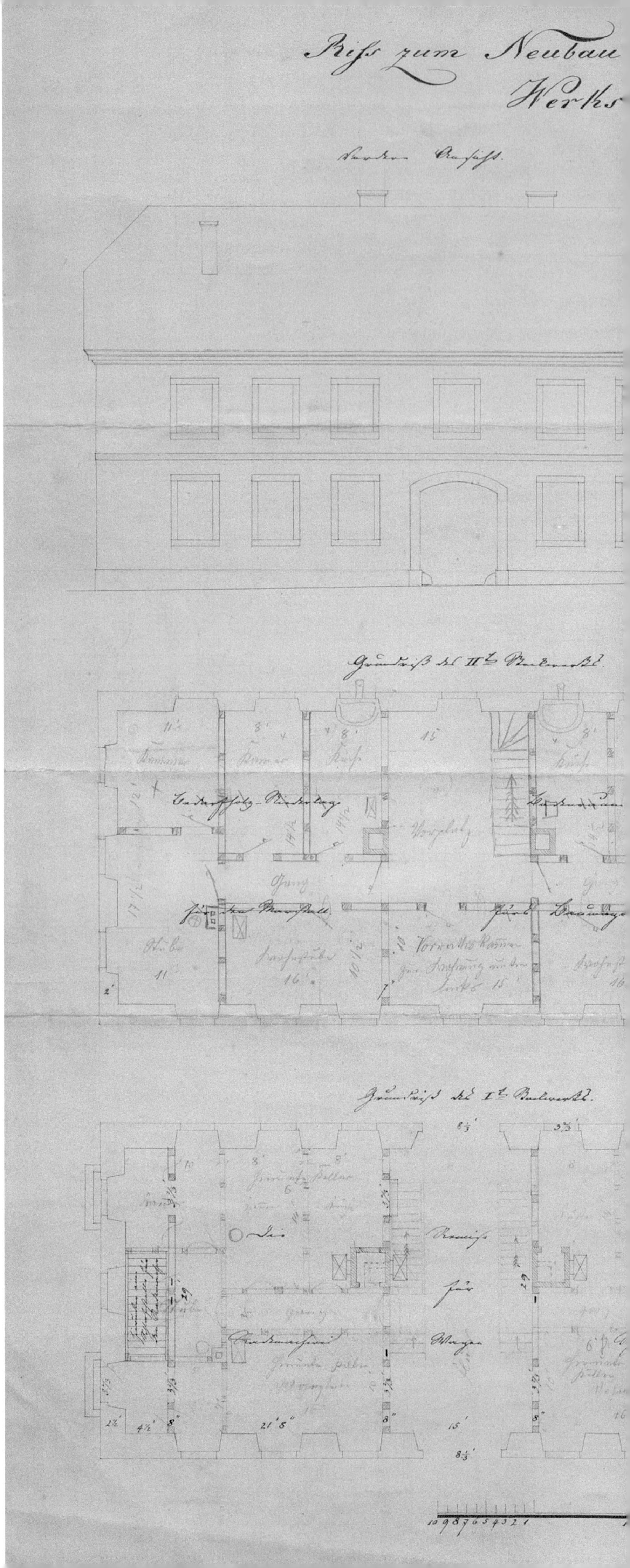

ABB. 71 | Riss zum Neubau der Hofschreiner-
und Hofrademacherwerkstatt in Detmold
[Kat. 64], Brune, 1832

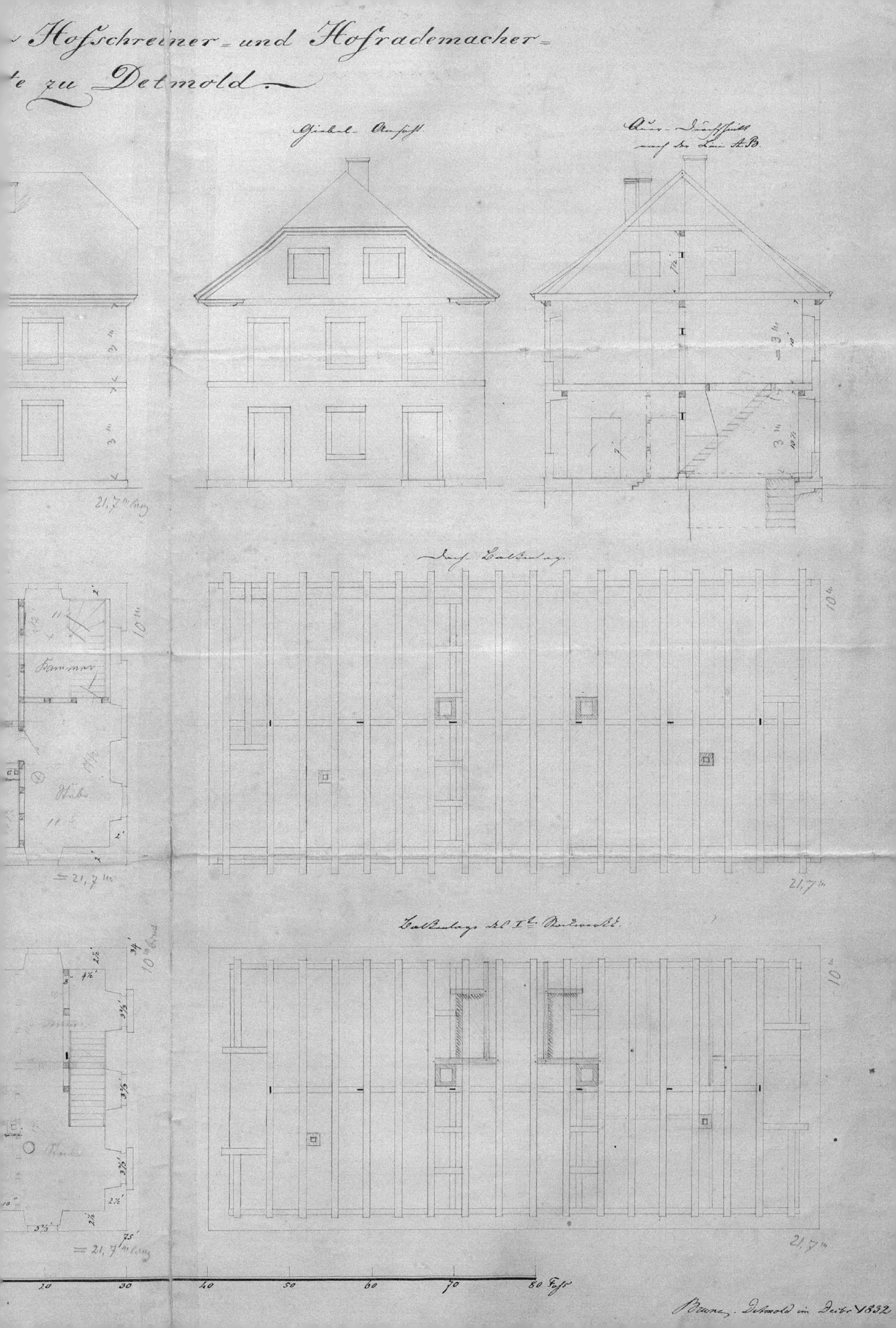

Giebel-Ansicht

Quer-Durchschnitt
nach der Linie A.B.

21,7″ lang

Dach-Balkenlage

21,7″

21,7″

Balkenlage des I.ᵗᵉⁿ Stockwerks

21,7″ lang

21,7″

Kammer

Stube
11,5

20   30   40   50   60   70   80 Fuss

Brune, Detmold im Dec. 1832.

ABB. 72 | Wagen- und Pferde-
haus für das Schloss Schieder
[Kat. 65], Ansicht 2022

Die Gestaltung des Umfeldes kostete weitere 206 Taler
(Abbruch der Brücke und Futtermauer vor dem Schlossplatz,
Abbruch der Kornbehälter daselbst, Fortführung der Kanäle
vom Schlossplatz zum unterhalb liegenden Teich, Verlängerung
der Mauer an der Westseite des Schlossplatzes und rechtwinklige
Führung zum Südgiebel des Wagenhauses, Auffüllung des
alten Grabens, Planierung der Allee und Plätze und Staket
zwischen den beiden neuen Gebäuden).
Ende des 20. Jahrhunderts erfolgten der Umbau und die
Erweiterung der Remise zum Gesundheitszentrum.
Quellen: LAV NRW OWL: L 92 R Nr. 907: Neubau eines
Pferdehauses und einer Wagenremise mit Bedientenwohnungen
und Kornboden beim Schloss zu Schieder, 1832–1834; L
92 R Nr. 908: Neue Anlagen beim Schloss Schieder nebst
Schlossgarten, 1832–1840; L 92 R Nr. 891 und 892: Bauten
am Schloss Schieder sowie an dessen Nebengebäuden und
Garten, Bd. 5, 1822–1834, und Bd. 6, 1834–1838.
Bildquellen: LLB: 2 S 2,1: Lithographie, Heinrich Pollem
1834.
Literatur: STIEWE/DANN 2013.

66 1832–1835, Meierei Barntrup (Amt Sternberg) Zuchtsauställe

Barntrup, Hamelner Straße. Abgängig.
Die Aufnahme des Situationsplanes für die geplanten Veränderungen erfolgte 1832. Der undatierte Grundriss des
Stalles zeigt den Einbau von neun Koben in das Ende eines
massiven Scheunengebäudes. Die Unterteilung erfolgte
mittels Sandsteinpfeilern mit Nuten, in die Bretter geschoben
bzw. an die Türen angeschlagen wurden. Der Umbau wurde
erst 1835 realisiert.

Quellen: LAV NRW OWL: D 73 Tit. 4 Nr. 6672: Situations-Plan der Meierei Barntrup, Goedecke/Merckel
1832/33; D 73 Tit. 4 Nr. 6676: Grundriss von der neuen
Einrichtung der neun Zuchtsauställe im Schweinehaus
auf der Meierei Barntrup, Brune o. J.; L 92 R Nr. 1246:
Aufnahme eines Situationsplanes, 1832; L 92 R Nr. 1238:
Bauten und Reparaturen auf der Meierei Barntrup und
den dazugehörenden Vorwerken, Bd. 2, 1828–1835.

67 1832–1835, Heiligenkirchen (Amt Detmold), Ölmühle, Stalleinbauten

Detmold, Alter Mühlenweg 12.
Die Bauaufnahme für die geplanten Veränderungen erfolgte
1832. Zu diesem Zeitpunkt besaß die Mühle ein einziges
Mühlrad, welches den Kollergang einer Ölmühle sowie zwei
Roggengänge, einen Weizengang und eine Graupenmühle
antrieb. 1835 wurde der größte Teil der Ölmühle mit Fachwerkwänden abgetrennt und aufgeteilt, um einen Pferdestall
und Schweineställe am nördlichen Ende des Gebäudes aufzunehmen. Der Anbau östlich an das Mühlengebäude, der
auf dem Lageplan 1855 als *„neues Wohnhaus"* bezeichnet ist,
bestand noch nicht.
Quellen: LAV NRW OWL: D 73 Tit. 4 Nr. 6249: Grundriss
und Querschnitt durch die Ölmühle zu Heiligenkirchen,
Brune 1832; D 73 Tit. 4 Nr. 6248: Ansichten und Grundriss
des Mühlengebäudes zu Heiligenkirchen, Brune 1835.

68 1833, Augustdorf (Amt Detmold), Pfarrhaus

Augustdorf, Pivitsheider Straße
Das Pfarrhaus von 1818 hatte im Südwestgiebel einen erheblichen Bauschaden (Ausbauchung). Brune erstellte 1833 einen Riss und Anschlag zur Erneuerung des Giebels und zu Veränderungen im Inneren. Die Kosten gab er mit rund 213 Talern an.
Quellen: LKA Detmold, Konsistorial-Reg. Nr. 2626.
Literatur: STIEWE 2000, S. 263.

69 1833, Meierei Barntrup (Amt Sternberg) Kornhaus und Vorwerk

Barntrup, Hamelner Straße. Abgängig.
Die alte Meierei Barntrup lag unmittelbar im Osten an die Stadt grenzend an der Nordseite der Chaussee nach Hameln. Als die vorderen, nach Süden weisenden Giebelseiten am *Vorwerk* und am Kornhaus wegen Baufälligkeit ganz erneuert werden mussten, schlug Brune vor, die beiden Giebel durch eine geringe Verlängerung des einen oder Verkürzung des anderen Gebäudes in eine Flucht zu bringen, weil „*dadurch ein großer Uebelstand in der Unregelmäßigkeit, worin sämmtliche Meiereigebäude gegen einander liegen, gehoben werden.*" Er beauftragte den Baupraktikanten Goedecke mit einem Situationsplan.
Am Kornhaus zog Brune die Giebelwand um 7 Fuß 8 Zoll vor, das parallel östlich daneben stehende *Vorwerk* kürzte er um 5 Fuß 8 Zoll, und legte beide Giebel dadurch in die gleiche Flucht. Beide Giebelwände wurden in traditioneller Fachwerkbauweise erneuert, sieht man davon ab, dass die Verstrebung durch Schwelle-Rähm-Streben erfolgte.
Quellen: LAV NRW OWL: D 73 Tit. 4 Nr. 6672: Situations-Plan der Meierei Barntrup, Goedecke/Merckel 1832/33; D 73 Tit. 4 Nr. 6675: Risse zur Erneuerung der südlichen Giebel am Kornhaus und Vorwerk auf der Meierei Barntrup, Brune 1833; L 92 R 1246: Aufnahme eines Situationsplans von den Gebäuden, Hofraum und Gärten der Meierei Barntrup 1832; L 92 R Nr. 1238: Bauten und Reparaturen auf der Meierei Barntrup und den dazugehörenden Vorwerken, Bd. 2, 1828–1835.

70 1833, Meierei Büllinghausen (Amt Brake), Kornhaus

Lemgo, Büllinghausen 2.
Reparatur des südlichen Giebels am Kornhaus (Zehnthaus). Das Giebeldreieck wurde einschließlich der Eichenholzriegel erneuert. Waagerechte Buchenholzbretter wurden zum Schutz der Fachwerkkonstruktion aufgenagelt. Das Dach schloss mit einem Viertelwalm.
Quellen: LAV NRW OWL: D 73 Tit. 4 Nr. 6454: Ansicht vom südlichen Dachgiebel des Zehnthauses der Meierei Büllinghausen, Brune 1833; L 92 R Nr. 1004: Bauten und Reparaturen auf der Meierei Büllinghausen, Bd. 5, 1832–1844; L 92 R Nr. 1007: Steinebrechen auf der Hörstmar'schen Gemeinheit für Meiereibauten [Büllinghausen], 1832.

71 1833, Donoper Teich (Amt Detmold), Damm, Spundwand und Umflut (ABB. 73)

Detmold, Donoper Teich.
Die Spundwand wurde aus senkrechten Bohlen auf zwei bis drei Querhölzern hergestellt und ungefähr in der Mitte, an der tiefsten Stelle, von einem Sandsteinpfeiler gestützt. Zur weiteren Stabilisierung setzte Brune noch schräge Abstrebungen ein. Die Spundwand war auch nach ihrer Erneuerung nicht dauerhaft dicht und wurde 1854 durch einen Erddamm ersetzt (Kat. 231).
Quellen: LAV NRW OWL: D 73 Tit. 4 Nr. 6243: Querschnitte und Grundriss der Spundwand vom Durchflussgewölbe am Donoper Teich, 1833; D 73 Tit. 4 Nr. 6244: Längsschnitt und Grundriss von der Umflut am Donoper Teich, Brune 1833; D 73 Tit. 4 Nr. 6245: Grundriss von dem Damm mit der Umflut am Durchflussgerinne am Donoper Teich, Brune 1833; L 93 B III Tit. 4 Nr. 6, Bd. 3: Reparaturen am Donoper Teich, 1827–1841.
Bildquellen: StA DT, BA 2150 und 2151, Fotografien, Clemens Heuger (1991).

72 1833, Meierei Johannettental (Amt Detmold), Maststall

Detmold, Johannettental.
Anbau eines Maststalles an das Brennereigebäude von 1815. Der Anbau wurde notwendig, weil die Brennerei erweitert und der enthaltene Stall deswegen verlegt werden sollte. Brune schlug aus Gründen der Ästhetik einen Anbau „*in gleicher Höhe und Symmetrie*" vor, den die Kammer wegen der Mehrkosten für die beiden unnötigen Obergeschosse zunächst nicht genehmigte, doch konnte Brune sich durchsetzen. Der Bau wurde massiv aus Bruchstein errichtet, mit Innenwänden und einem Giebeldreieck aus Eichenfachwerk mit Bruchsteinausmauerung. Die Fenster- und Türgewände sind aus Sandstein. Aus Gründen der Symmetrie sind auch ein Tür- und Fenstergewände für blinde Öffnungen dabei. Im Juni 1833 genehmigte Leopold den Bau im Anschlag von 1.637 Talern, dessen Ausführung noch 1833 erfolgte. Zur Kostenersparnis wurde zunächst auf die Beschüsse der Dachböden

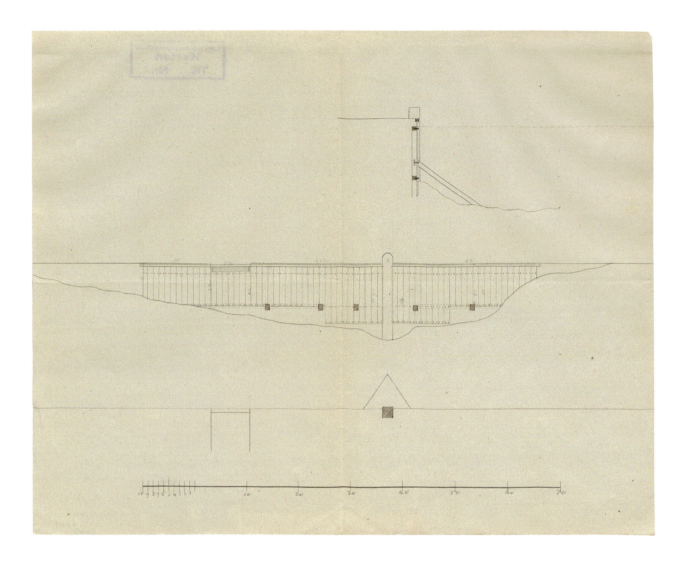

verzichtet, die aber in den Folgejahren eingebaut wurden,
um die Ebenen auch nutzen zu können.

ABB. 73 | Querschnitte und Grundriss der Spundwand vom
Durchflussgewölbe am Donoper Teich [Kat. 71], Brune,
1833

Quellen: LAV NRW OWL: L 92 R Nr. 977: Bauten und
Reparaturen auf der Meierei Johannettental, 1832–1838.

73 1833, Schloss Lopshorn (Amt Detmold), Heuwaage

Augustdorf, 51° 54' 07.5" N/8° 47' 20.6" E
Projekt, nicht ausgeführt.
Nach Reparaturen 1827, 1828 und 1831 am großen Waagebalken
projektierte Brune statt einer weiteren notwendigen Reparatur
am oberen Waagbalken 1833 einen Neubau, ganz aus Eiche,
da die Waage ganzjährig im Freien stehe, denn Heu und
Stroh wurden über das ganze Jahr angekauft. Er schlug
außerdem vor, die Gewichte aus Sandstein durch Eisen zu
ersetzen, da der Sandstein je nach Witterung unterschiedliches
Gewicht habe.
Quellen: LAV NRW OWL: L 92 Q Tit. 11 Nr. 4: Anschaffung
einer Heuwaage für den Marstall und das Sennergestüt,
1804–1859.

74 1833, Meinberg (Amt Horn), Brunnenhaus (ABB. 74)

Horn-Bad Meinberg, Parkstraße (Kurpark).
Projekt, nicht ausgeführt.
Brune entwarf ein Tempelchen mit rundem Grundriss, dessen
Kegeldach auf zwölf dorischen Säulen und einem Gebälk
mit Triglyphenfries ruht. Die Hauptsparren stützen sich am
oberen Ende in einem aus der Dachspitze ragenden Zapfen.
Die Darstellung auf dem Plan legt ein Blechdach nahe. Zu
dem tiefer liegenden Brunnen, der von einem Eisenstakett
gefasst ist, führen von außen von zwei gegenüberliegenden
Seiten breite Treppen hinab. Zwischen deren oberen Enden
umgrenzt ein weiteres Eisenstakett die runde Anlage.
Auffällig ist die Ähnlichkeit des 1906 erbauten Monopteros
über dem Leopoldsprudel in Bad Salzuflen.

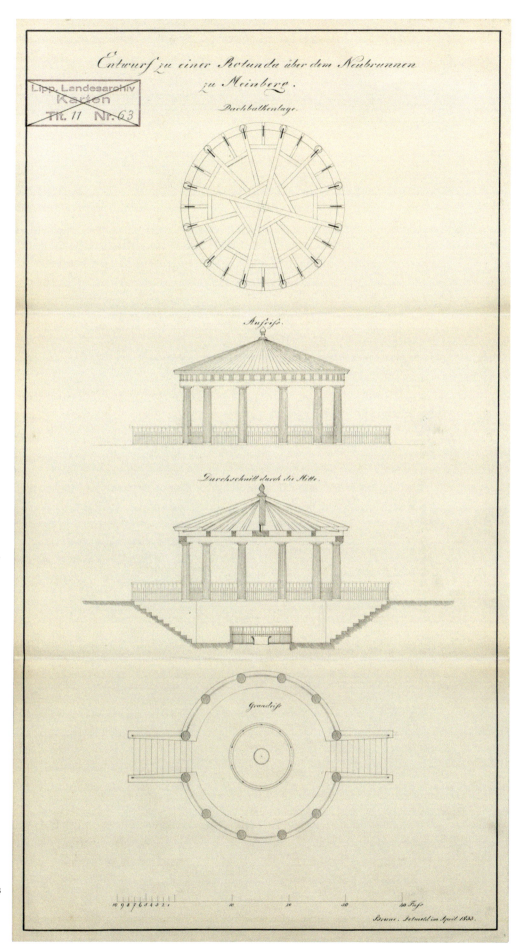

Lipp. Landesarchiv
Karten
Tit. 11   Nr. 63

ABB. 74 | Brunnenhaus über dem Meinberger Neubrunnen [Kat. 74], Brune, 1833

Quellen: LAV NRW OWL: D 73 Tit. 4 Nr. 7377: Entwurf zu einer Rotunda über dem Neubrunnen zu Meinberg, Brune 1833.

75 1833, Meierei Oelentrup (Amt Sternberg), Schweinehaus

Dörentrup, Oelentrup.
Bestandsaufnahme.
Brune erstellte Bestandspläne der beiden Schweinehäuser auf der Meierei Oelentrup als Vorarbeit zu einem Schweinehaus-Neubau. Das alte Schweinehaus zeichnete er nach den von *Konduktor* Meyer mitgeteilten Angaben. Die beiden Ställe für Ferkel fassten 50 bis 70 Groß- und Mittel-Fasseln, die gegenüberliegenden vier Ställe jeder drei bis vier Mastschweine.
Ein weiteres bestehendes Schweinehaus gab er als Fachwerkkonstruktion wieder, die an das *Vorwerk* angebaut war, 34 mal 56 Fuß groß. Dieses fasste sieben Ställe für Muttersauen sowie auf der anderen Seite des Futtergangs einen Saustall, zwei Eberställe und drei Ferkelställe.
Zu einem Neubau kam es erst 1840 (Kat. 127).
Quellen: LAV NRW OWL: D 73 Tit. 4 Nr. 6608: Querschnitt und Grundriss vom alten Schweinehaus auf der Meierei Oelentrup, Brune 1833; D 73 Tit. 4 Nr. 6609: Vorder- und Giebelansicht und Grundriss des Schweinehauses und Vorwerks auf der Meierei Oelentrup, Brune 1833.

76 1833, Sternberg, Tretrad am Brunnen der Oberförsterwohnung

Extertal, Sternberger Straße.
Bei dieser Konstruktion ging es Brune um die seitlichen Scheiben des Tretrades, die durch vier überkreuzte Speichen und schräge Streben gebildet werden. Deren Verbindungen untereinander sind mit Eisenbolzen gesichert. Die Ausführung dieses Planes ist nicht belegt.
Quellen: LAV NRW OWL: D 73 Tit. 4 Nr. 7493: Zeichnung zu einer besseren Konstruktion des vertikalen Tretrades am Brunnen zu Sternberg, Brune 1833.

77 1833–1835, Externsteine (Amt Horn), Brücke (ABB. 75, 76)

Horn-Bad Meinberg, 51° 52' 08.7" N/8° 55' 03.9" E.
Zwischen den Felsen II und III.
Die Brücke von 1809 und die hölzernen Geländer an den Treppen mussten, da sie nach 15 Jahren abgängig waren, vom Holzhauser Zimmermeister Jasper erneuert werden. Zwei Jahre später, 1826, schlug Hofmarschall von Hoffmann

vor, *„daß die Treppen und Gelender von Holz auf den Externsteinen künftiges Jahr in eiserne verwandelt werden sollten, theils der Sicherheit, theils der Angemessenheit wegen."* Baukondukteur Vogeler erstellte dazu zwei Entwürfe, die aber nicht ausgeführt wurden. Sieben Jahre später, im Mai 1833, legte Brune die Zeichnung zu einer elegant geschwungenen eisernen Brücke vor, die 1835 von Schmiedemeister Simon Köller aus Horn ausgeführt wurde und bis heute erhalten ist.
Ein auf Druck belastbarer Segmentbogen aus zwei seitlichen Doppel-T-Trägern, die zu einem Rost verbunden und mit Eichenbohlen belegt sind, bildet den Boden. Das beidseitige Geländer aus Flacheisen zeigt sechs leicht trapezförmige und am oberen Ende ein quadratisches Feld, jeweils mit kreuzenden Diagonalstreben, die durch einen Flacheisenkreis ausgesteift werden. Oben begrenzt ein schmales Band von fünf kleinen, aneinandergereihten Flacheisenkreisen je Feld das Geländer. Die senkrechten Geländerstäbe sind durch karniesförmige Außenstreben gegen Ausknicken gesichert.
Quellen: LAV NRW OWL: L 92 S XVb Nr. 1 Bd. I (mit Plan).
Literatur: STIEWE 2018, S. 205 f.

78 1834, Detmold, Verbreiterung Fahrbrücke Mittelmühle/Waschhof

Detmold, Grabbestraße/Ameide.
Die unmittelbar nördlich der Mistgrube der Mittelmühle über den Mühlenkanal verlaufende Bruchsteinbrücke wurde an ihrer nördlichen Seite durch eine annähernd kreisrunde neue Brüstung eingefasst, die am Tor der Waschhofmauer begann und in einem Viertelkreis zum Beginn der Mühlendammstraße führte. Die Durchfahrt verbreiterte sich dadurch um etwa 8 Fuß.
Quellen: LAV NRW OWL: D 73 Tit. 4 Nr. 6293: Riss zur Verbreiterung der Fahrbrücke zwischen der Mittelmühle und dem Waschhof in Detmold, Brune 1834.

79 1834, Meierei Johannettental (Amt Detmold), Schaufhaus

Detmold, Johannettental.
Der Begriff *Schaufhaus*[13] ist synonym zu Dreschhaus zu verstehen. Es handelt sich um ein neben dem Schafstall stehendes Fachwerkhaus mit *Banse*, 101 Fuß lang und 35 Fuß 9 Zoll breit. Die Bauaufnahme erstellte Brune im Februar 1834. Nachfolgend plante er die Erneuerung der südwestlichen Fachwerk-Giebelwand in Bruchstein. Dabei veränderte er die rundbogige Toröffnung zu einem zeitgemäßen Stichbogen.
Quellen: LAV NRW OWL: D 73 Tit. 4 Nr. 6425: Ansicht, Querschnitt und Grundriss vom sogenannten Schaufhaus

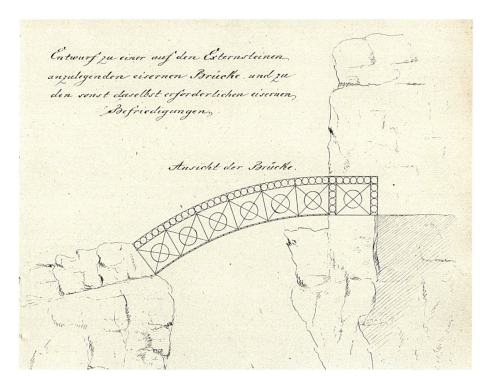

ABB. 75 | Brücke zwischen Treppenfelds (Fels 3) und Turmfels (Fels 2) der Externsteine [Kat. 77], Brune, 1833–1835

ABB. 76 | Brücke zwischen Treppenfelds (Fels 3) und Turmfels (Fels 2) der Externsteine, Ansicht 2023

auf der Meierei Johannettental, Brune 1834; L 92 R Nr. 977: Bauten und Reparaturen auf der Meierei Johannettental, Bd. 6, 1832–1838.

80 | 1835, Detmold, Öffentliche Bade- und Schwimmanstalt (ABB. 77)

Detmold, im Kuhkamp, 51° 55'56.9" N/8° 53'01.1" E (hinter der Kaserne, Kat. 38).
Nachdem noch 1826 ein Badeverbot im Kuhkamp ausgesprochen worden war, wurde dem Lackierer Spies 1829 dort ein Platz an der Werre zur Errichtung einer Bleich- und

Badeanstalt zugewiesen, die offenbar nicht lange bestand. 1835 errichtete eine Kommission aus Regierung (Regierungsrat von Meien) und Magistrat (Hofrat Piderit) erneut eine Badeanstalt. Der Bauplatz wurde im April 1835 unter Brunes Zutun oberhalb von Spies' Bleiche abgesteckt. Brune erstellte im Mai gegen Honorar einen Riss für das Stauwehr und für die gesamte Anlage einen Kostenanschlag über 440 bis 460 Taler, welche die Kommission am 3. Juni genehmigte und deren Eröffnung für Mitte Juli geplant war. Die Finanzierung erfolgte durch eine Anleihe aus der Fürstlichen Leihekasse, die aus den Nutzungsentgelten abgetragen werden sollte (Sommerabonnement pro Person 1 Taler, Einzelkarte 3 Groschen). In einer auf zehn Wochen berechneten Badesaison hoffte man 100 Taler einzunehmen. Die Aufsicht wurde zunächst den Unteroffizieren Schulz, Bange und Schütz, der Schwimmunterricht dem Bückeburger Tanz- und Turnlehrer Steineke übertragen, der am 12. April 1836 zum Fürstlich-Lippischen Turn- und Tanzlehrer ernannt wurde.[14] Die Badeanstalt wurde zwar als Öffentliche Badeanstalt bezeichnet, stand aber nur den Familien der Honoratioren und deren Söhnen offen (ein Damenbad wurde 1849 hinter dem Lustgarten von Zimmermeister Kuhlemann eröffnet). Schüler ab 9 Jahren durften nachmittags von 4 bis 7 Uhr baden, Erwachsene morgens von 6 bis 10 und nachmittags von 3 bis 9 Uhr, Badekleidung war Pflicht. Ab dem 18. Juli 1835 stand das Bad zur Benutzung offen, 72 Abonnements wurden abgeschlossen.

Das Stauwerk wurde mit einem Steg über das Wasser angelegt. Es wurde ein Bassin ausgehoben und mit dem Aushub ein Damm aufgeschüttet sowie der Uferweg instandgesetzt. Vorn am Damm entstand ein Bretterhäuschen von 12 mal 9 Fuß Fläche und 8 Fuß Höhe. Nach Westen, zu Spies' Bleiche hin wurde auf dem Damm eine 5 ¼ Fuß hohe und 270 Fuß lange Bretterwand errichtet, deren Bepflanzung mit Bäumen und Sträuchern auf der Innenseite Brune empfahl, um den Badenden Schatten zu bieten. Nach Norden, am Weg zum Baumhof des Seminars, entstand ein 320 Fuß langer Flechtzaun. Reparaturen am Bretterhäuschen und am Stauwerk waren schon im Folgejahr notwendig.

Am 3. Mai 1837 berechnete Brune 2 Taler für Riss und Anschlag zu einem in der Badeanstalt zu errichtenden Zelt. Dieses wurde 1838 ausgeführt.

Quellen: LAV NRW OWL: D 73 Tit. 4 Nr. 7301: Situations-Plan von der Bade-Anstalt zu Detmold, W. v.- Meien 1863; L 79 Nr. 2952: Die Bade- und Schwimmanstalt auf dem Kuhkamp bei Detmold, Bd. 1, 1824–1861; L 92 A Nr. 4367: Vom Lackirer Spiess anzulegende Bleich- und Bade-Anstalt, 1829 ff.; L 92 B Nr. 186: Anlage und Verwaltung der Badeanstalt im Kuhkamp, 1835–1857; L 92 S Tit. III g Nr. 17: Einrichtung von Badeanstalten in der Werre, 1849; L 80.20 Nr. 232: Unterhaltung des Ufers der Werre in und bei Detmold, 1829–1929 (mit Lageplänen).

Bildquellen: LLB: ME-PK-18-38: Luftbild von Osten, Postkarte (um 1940).

Literatur: PETERS 1953; KLEINMANNS 2022 a.

81 1835, Detmold, Eisenbrücke bei der Friedamadolphsburg (ABB. 78)

Detmold, Neustadt/Allee. Abgängig.

Die Segmentbogenbrücke über den Friedrichstaler Kanal über dem Tor der mittleren Schleuse (gegenüber dem Haus Tegeler) sollte die unmittelbar nördlich gelegene steinerne Brücke ersetzen, welche die Neustadt mit der Allee verband. Die pylonförmigen achteckigen Steinpfeiler der alten Brücke

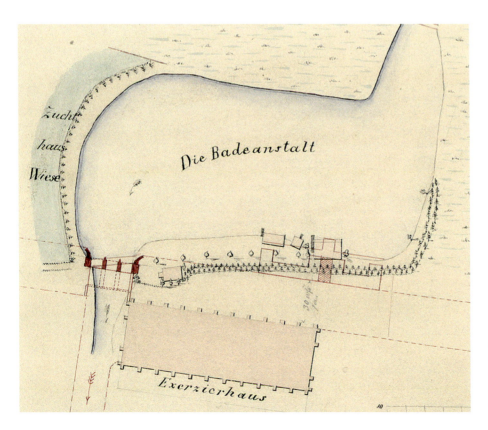

ABB. 77 | Lageplan (Ausschnitt) der Öffentlichen Bade- und Schwimmanstalt in Detmold [Kat. 80], Wilhelm von Meien 1863

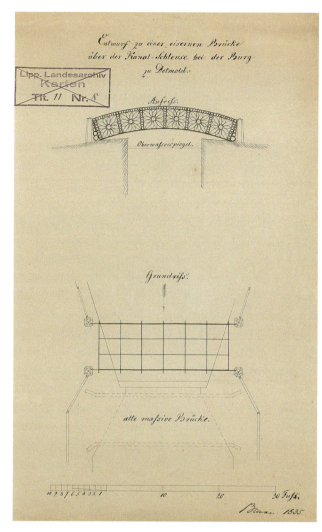

ABB. 78 | Entwurf zu einer eisernen Brücke über die Kanalschleuse bei der Friedamadolphsburg [Kat. 81], Brune, 1835

integrierte Brune in seinen Entwurf. Die gusseiserne Konstruktion bestand aus einem Trägerrost aus drei mal sechs rechteckigen Feldern für die 8 Fuß breite Fahr- bzw. Gehbahn. Der Trägerrost erhielt eine leichte Wölbung, da Gusseisen als sprödes Material nur eine hohe Druckfestigkeit, jedoch keine Biegefestigkeit aufweist, wie sie für einen geraden Träger nötig wäre. Dementsprechend folgte das beidseitige eiserne Geländer aus je sechs Feldern dieser Bogenform. Die Felder waren jeweils mit einer sternförmigen Blüte gefüllt, deren zwölf Lanzettblätter in einem kreisrunden Eisenring in der Mitte zusammenliefen. Die Doppelstäbe am oberen Rand und zwischen den Blüten waren mit einem Fries von Kreisen gefüllt. Darin ähnelte das Geländer der zwei Jahre zuvor an den Externsteinen erbauten, jedoch etwas schlichteren Brücke (Kat. 76).

Die Konstruktion wurde später durch einen breiteren Neubau (Kat. 209) in Achse der neu angelegten Palaisstraße, etwa 25 Schritte weiter nördlich, ersetzt. Die Steinpylone blieben dabei erhalten.

Quellen: LAV NRW OWL: D 73 Tit. 4 Nr. 7164: Entwurf zu einer Brücke über die Kanalschleuse bei der Burg, Brune 1835; L 77 A Nr. 132, fol. 94: Lageskizze.
Literatur: PETERS 1984, S. 129 und 286.

82 1835, Meierei Oelentrup (Amt Sternberg), Schafstallanbauten

Dörentrup, Oelentrup.
Der bestehende Schafstall war ein Fachwerkbau auf hohem Bruchsteinsockel mit 80 mal 50 Fuß Grundfläche. Der dreischiffige Bau hatte eine Mitteldeele mit beidseitigen Toren. Brune verlängerte den Bau unter Anpassung an die vorhandene Konstruktion auf 186 Fuß und baute an der Traufe des Altbaus unter einem Abdach einen 80 Fuß langen Pferdestall an, dessen Krippen entlang der Außenwand des Schafstalls angeordnet wurden.
Quellen: LAV NRW OWL: D 73 Tit. 4 Nr. 6610: Riss von der Verlängerung des neuen Schafstalles und dem Anbau eines Schuppens für Dienstpferde auf der Meierei Oelentrup, Brune 1835.
Literatur: LINDE/RÜGGE/STIEWE 2004, S. 80.

83 1835/36, Detmold, Archivgebäude

Detmold, Schlossplatz.
Projekt, nicht ausgeführt.
Schon 1827 hatte Brune in einem Gutachten den schlechten baulichen Zustand des Archivgebäudes am Schlossgraben festgestellt und einen Neubau empfohlen. Dazu war es nicht gekommen. Nachdem Gödecke 1833 bereits Pläne gezeichnet hatte, wurden auf Initiative des Archivars Wasserfall die Neubaupläne 1835 wieder aufgegriffen. Brune schlug den Abbruch des Archivgebäudes und des Dikasterialgebäudes vor, an deren Stelle er einen Neubau mit einem Pavillon in der Mitte als Durchgang zum ehemaligen Kirchhof vorschlug. Der Neubau sollte unmittelbar an der unteren Schlossterrasse beginnen und sich bis zum Pavillon II an der Ostseite ziehen. Brune rückte den Gebäudezug um mehrere Meter von der Kirche ab und gab ihm so mehr Sonnenwärme und Licht von Süden.
1836 wurde das Projekt vom Fürsten genehmigt, alles für den Neubau vorbereitet, jedoch dann nicht ausgeführt. Als Stein 1849 die Akten noch einmal vorgelegt bekam, vermerkte er: *„Soll beruhen bleiben."*
Quellen: LAV NRW OWL, D 73 Tit. 4 Nr. 7251–7254: Plan zu einem Archiv- und Bibliotheks-Gebäude, Gödecke 1833; L 77 A Nr. Nr. 3031: Reparatur und Instandhaltung des Archivgebäudes, 1827–1904.

Bildquellen: LLB: HS A 6,100: Das Archiv im Erdgeschoss des Dikasterialgebäudes, direkt am Burggraben gelegen, Fotografie, Ferdinand Düstersiek, vor 1911; HS A 6,99: Das Arbeitszimmer des Archivs mit Geh. Archivrat Dr. Kiewning, Fotografie, Ferdinand Düstersiek, vor 1911.
Literatur: HANS KIEWNING, Das Lippische Landesarchiv in Detmold, in: Archivalische Zeitschrift. Dritte Folge 9./10. Bd. 42/43 (1934) S. 281–321, hier S. 317–318.

84 | 1835/36, Detmold, Bierkeller am Büchenberg (ABB. 79)

Detmold, Neustadt (zwischen Neuem Palais und Sommertheater).
Auftraggeber: Braueramt der Stadt Detmold.
Für das Braueramt entwarf Brune ein repräsentatives klassizistisches Portal für den in den Berg getriebenen Stollen eines Bierkellers. Das klassizistische Bruchsteinportal mit Quaderung und dorischen Pilastern trägt im Sturz die Inschrift CEREVISAE MDCCCXXXVI (Dem Bier 1836). Keller zum Kühlen von Bier wurden in Lippe in der ersten Hälfte des 19. Jahrhunderts in verschiedenen Orten durch die lippische Regierung gefördert, welche die Untertanen durch ein besseres Bier vom Branntweintrinken abbringen wollte. Dieses war das Bier nach bayerischer Art, also untergäriges. Es musste gekühlt werden, wozu der Felsenkeller im Büchenberg angelegt wurde. Wenige Jahre zuvor, 1831/32, war der Bierkeller bei Schloss Brake entstanden (Kat. 49).
Quellen: LAV NRW OWL: L 92 A Nr. 4206: Anweisung eines Platzes zur Anlegung eines Felsenkellers im Büchenberg an das Braueramt in Detmold, [1835 f.]; L 92 S Tit. III g Nr. 28: Der Felsenkeller im Büchenberg zu Detmold, 1890.
Bildquellen: LLB: BADT-15-35, Fotografie, Ferdinand Düstersiek (um 1900); BA SP-DT-AL-20, Fotografie, Wilhelm

ABB. 79 | Bierkeller für das Detmolder Braueramt im Büchenberg [Kat. 84], Brune, 1835/36, Fotografie, Ferdinand Düstersiek, vor 1911

Pecher (um 1925); BADT-14-71, Fotografie, Michael Schnittger (um 1976).
Literatur: PETERS 1953, S. 202.

85 | 1835/36, Falkenhagen (Amt Schwalenberg), Katholische Schule (ABB. 80)

Lügde, Domänenweg.
Die lippische Regierung hatte Brune zu einer Stellungnahme zum Bauriss des Zimmermeisters Wegener aufgefordert, an dem er *„manches Wesentliche auszusetzen"* hatte. Er überreichte daher einen eigenen Riss, der viel zweckmäßiger sei und weniger kostspielig. Auch habe der Falkenhagener Priester Vondey sich damit bereits völlig einverstanden erklärt. Brune empfahl einen Bauplatz im *„Lippischen Garten"*. Sein Kostenanschlag ergab 1.786 Taler ohne Holz und Handdienste. Könnten die Fuhren durch Spanndienste erfolgen, ermäßigte sich der Anschlag auf 1.376 Taler. Brune liquidierte für seine Bemühungen 12 Taler und 24 Groschen. Die Ausführung erfolgte nach Brunes Riss und Anschlag unter der Bauleitung von Vondey 1836.
Der eingeschossige Fachwerkbau mit Halbwalmdach misst 70 mal 37 Fuß und ist von der Traufseite erschlossen. Links führt ein Tor auf die Deele, dann folgen sechs Achsen, von denen die vierte den Eingang mit einer Freitreppe bildet. Die beiden Achsen rechts der Tür und des dahinterliegenden Flurs gehören zur Schulstube, die über die gesamte Gebäudetiefe reicht. Links vom Flur liegt die Lehrerwohnung mit Stube und Kammer (beide unterkellert), dahinter Schlafkammer und Küche mit Backofen und gemauertem Herd mit Rauchfang. Die Speisekammer befindet sich am Ende des Flurs neben dem Hinterausgang. Die geradläufige Treppe entlang der Flurwand führt auf den Boden mit Rauchkammer. Am Ende der Deele ist ein Stall für Kuh und Schwein angelegt sowie ein Abort, der von der Schlafkammer aus erschlossen ist.
Quellen: LAV NRW OWL: D 73 Tit. 4 Nr. 7525: Riss von einem neuen Schulhaus zu Falkenhagen, Brune 1835; L 77 A Nr. 966: Neubau einer katholischen Schule in Falkenhagen, 1834–1836; L 80.21 Nr. 3000: Neubau der katholischen Schule zu Falkenhagen und Erweiterung der katholischen Lehrerwohnung daselbst.

86 | 1836, Detmold, Militärküche (ABB. 81)

Detmold, Leopoldstraße
Auftraggeber: Regierung (Militärverwaltung).
Beim Bau der 1830–33 erbauten Kaserne (Kat. 38) konnte auf eine ausreichende Küche nicht Rücksicht genommen werden. Als Ergänzung plante Brune 1836 ein eingeschossiges

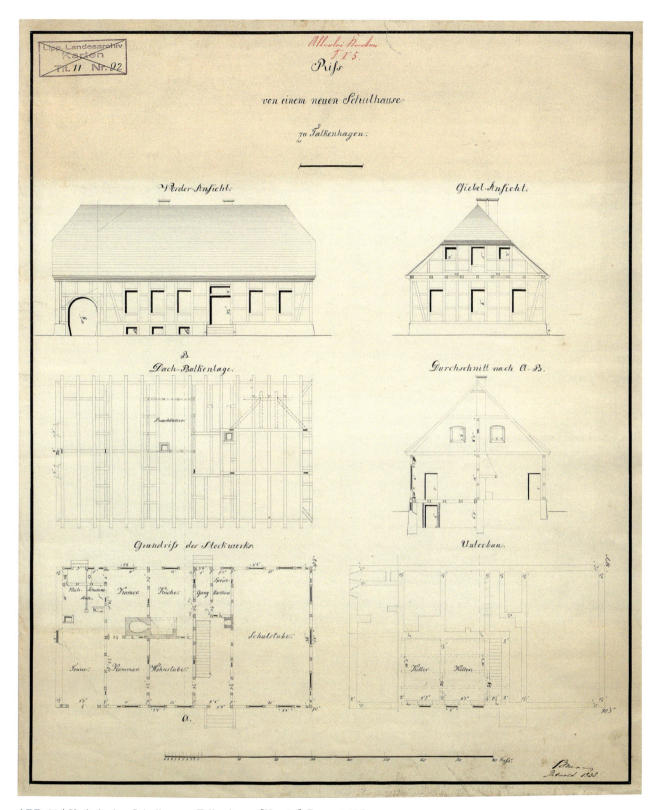

ABB. 80 | Katholisches Schulhaus zu Falkenhagen [Kat. 85], Brune, 1835

Hintergebäude, das mit der Rückseite auf der östlichen Kasernenhofmauer errichtet wurde. Der Bruchsteinbau mit
Sandsteingewänden und flach geneigtem Walmdach maß
47 Fuß 8 Zoll mal 16 Fuß und erhielt fünf Achsen, davon
die mittlere als Eingang mit Stichbogen. Die zwei Fenster

zu beiden Seiten gestaltete Brune im ersten Entwurf als
liegende Ovale. Ein zweiter Entwurf platzierte das Gebäude
mit quadratischem Grundriss in der nordöstlichen Kaser-
nenhofecke. Der dritte, ausgeführte Entwurf, gleicht dem
ersten, wurde mit 50 mal 16 Fuß jedoch etwas größer und

erhielt auf Wunsch der Regierung liegende Rechteckfenster. Ein niedriger Sockel und ein Kranzgesims fassten das Mauerwerk ein.

Vom zentralen Flur mit einer Pumpe vor der Rückwand wurde rechts die Küche (18 mal 13 Fuß) mit einem dritten Fenster in der südlichen Stirnseite und links eine Vorratskammer (13 mal 6 Fuß 8 Zoll) erschlossen. Ganz links, mit Eingang von der Stirnseite, wurde ein Abtritt (10 mal 13 Fuß) mit Rinnen an drei Seiten angelegt. Den Schornsteinkopf platzierte Brune bewusst nicht symmetrisch, sondern über dem Herd an der Trennwand zwischen Küche und Flur. Der Kostenanschlag betrug gut 605 Taler.

1853 wurde der Kochherd vergrößert und an die südliche Giebelseite verlegt. Rauchfang und Schornstein wurden abgebrochen.

Quellen: LAV NRW OWL, 77 C Nr. 538: Militair-Gebäude, 1836–1852 (mit drei Baurissen vom März und April 1836); L 77 C Nr. 1164: Einrichtung der unteren Remisenräume in der Kaserne zu belegbaren Quartieren, desgl. Erbauung eines Wagenschuppens, 1853–1861.

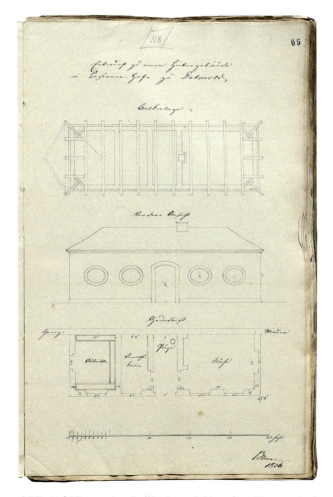

ABB. 81 | Hintergebäude (Küche und Abtritt) im Kasernenhof in Detmold [Kat. 86], Brune, 1836

87 1836, Meierei Falkenhagen (Amt Schwalenberg), Dreschhaus

Lügde, Domänenweg. Abgängig.

Eine Erneuerung des westlichen Giebels am Dreschhaus erfolgte, angepasst an den Bestand, in Fachwerkbauweise. Das Giebeldreieck wurde jedoch nach der neuen Mode waagerecht verbrettert. Das mittige Tor erhielt einen zeitgenössischen Stichbogenabschluss.

Quellen: LAV NRW OWL: D 73 Tit. 4 Nr. 6747: Entwurf zur Erneuerung der westlichen Giebelwand vom Dreschhaus auf der Meierei Falkenhagen, Brune 1836.

Literatur: GERKING 2004.

88 1836, Schieder, Schlosskapelle

Schieder-Schwalenberg, Im Kurpark 2.

Im alten Amthaus, auch Palais oder Kavalierhaus genannt, nur wenige Meter westlich vom Schloss gelegen, war eine Schlosskapelle eingerichtet, die durch Brune erneuert wurde. Nach Angabe des Predigers Rohdewald zu Wöbbel war die Kapelle noch jeden zweiten Sonntag in Betrieb. Er forderte den Einbau neuer Fenster, die Erneuerung des Verputzes und eine weiße Altardecke. Brune urteilte im März 1836 gegenüber der Kammer, alle Reparaturen seien zweckmäßig, und nahm sie in den laufenden Bauetat auf. Es wurden eine neue Kanzel einschließlich Treppe und sechs neue zweiflügelige Fenster eingebaut, der Putz ausgebessert und geweißt, versunkene Bodenplatten aufgenommen und wieder zurecht gelegt, das *Frontispiz* mit der Uhrscheibe eingedeckt und das Dach ausgebessert.

1841 bis 1844 wurde ein neues Amthaus nach Brunes Entwurf erbaut (Kat. 118).

Quellen: LAV NRW OWL: L 92 R Nr. 910: Reparaturen in der im Amthaus zu Schieder befindlichen Schlosskapelle, 1835/36.

Literatur: STIEWE/DANN 2013.

89 1836, Meierei Schieder, Vorwerk

Schieder-Schwalenberg, Domäne 3.

Verstärkung des Tragwerks.

Der *Vorwerk* genannte Kuhstall war in der Regel das größte Wirtschaftsgebäude einer Meierei. Das Vorwerk der Meierei Schieder war 1690 erbaut worden. Der Bruchsteinbau mit Fachwerk-Giebeldreiecken ist rund 183 Fuß lang und 54 Fuß breit, der Grundriss dreischiffig mit einer Durchfahrtdeele. An der rechten Traufseite war im frühen 19. Jahrhundert

ABB. 82 | Brücke zwischen Schloss und Prinzenhaus im Schlosspark Schieder [Kat. 92], Brune, 1836/37, Ansicht 2022

ein Mastochsenstall, 17 Fuß tief, an der linken Seite ein Molkenhaus und am Ende ein Spritzenhaus angebaut worden. Brune fertigte Bestandspläne an, um eine Verstärkung des Tragwerks planen zu können. Eingebaut wurden zusätzliche, bis zum Kehlbalken reichende Ständer entlang der Deelenwände sowie Unterzüge unter Dach- und Kehlbalken mit Kopfbändern in Längsrichtung.

Ausgebaut zum Rathaus I der Stadt Schieder-Schwalenberg.

Quellen: LAV NRW OWL: D 73 Tit. 4 Nr. 6696: Grundriss und Situationsplan vom Vorwerk mit den anstoßenden Gebäuden auf der Meierei Schieder, Brune 1836.

Literatur: STIEWE 2019; LINDE/RÜGGE/STIEWE 2004, S. 80.

90 1836, Meierei Schieder, Pferdehaus

Schieder-Schwalenberg, Domäne. Abgängig.
Umbau.
Das Pferdehaus aus Fachwerk maß 113 mal 32 ½ Fuß. Das dreischiffige Gebäude mit Deele in Firstrichtung organisierte Brune in ein Stallgebäude in Queraufstellung um. Am Ende entstand der Stall für zwölf fürstliche Pferde. Im vorderen Teil, dem Meierei-Pferdestall, wurden quer zum First zwei Futterdielen mit beidseitigen Krippen und Türen in der linken Längswand angelegt. Er bot Platz für 24 Pferde und einen Fohlenstall.

Quellen: LAV NRW OWL: D 73 Tit. 4 Nr. 6697: Riss vom Pferdehaus auf der Meierei Schieder, Brune 1836.

Literatur: STIEWE 2019; LINDE/RÜGGE/STIEWE 2004, S. 80.

91 1836/37, Meierei Büllinghausen (Amt Brake), Zuchtschweineställe

Lemgo, Büllinghausen 2.
Im 19. Jahrhundert kam die reine Stallhaltung von Schweinen auf. Bis dahin wurden sie tagsüber von Hirten ins Freie getrieben. Der Plan zur Einrichtung von Zucht-Schweineställen in einem 85 Fuß langen Bruchsteinanbau an die nordöstliche Traufseite des Vorwerks enthält auch eine Liste der notwendigen 6 Fuß hohen Sandsteinpfeiler mit Nuten und der sieben Tröge für die Stalleinrichtung. Erschlossen ist der Anbau durch einen Eingang an der Stirnseite. Hinter einem Futterplatz folgen entlang des Futtergangs zwei Eberställe, sechs Zuchtkoben und ein weiterer Eberstall.

Quellen: LAV NRW OWL: D 73 Tit. 4 Nr. 6453: Plan zur Einrichtung von Zucht-Schweineställen im nordöstlichen Anhang des Vorwerks auf der Meierei Büllinghausen, Brune 1836/37; L 92 R Nr. 1004: Bauten und Reparaturen auf der Meierei Büllinghausen, Bd. 5, 1832–1844.

92 1836/37, Schieder, Schlosspark-Brücke (ABB. 82)

Schieder-Schwalenberg, Im Kurpark.
Eine hölzerne Brücke vom ehemaligen *Baumhof* (Obstgarten) der Meierei über den Schweibach in den Schlossgarten wurde durch eine breitere steinerne Brücke mit Brustwehr ersetzt. Die Brücke hat keine, wie bis dahin übliche, gewölbte Fahrbahn, sondern wird in der Ebene überquert. Ermöglicht wurde das durch einen flachen Segmentbogen mit Widerlagern aus Bruchsteinmauerwerk. Auf beiden Seiten ist der Bogen mit behauenem Sandstein verblendet. Die seitlichen Brüstungen bestehen aus je drei quadratischen Sandstein-Pfeilern, verziert mit stehender Raute, und dazwischen zwei Platten mit liegender Raute. Die Baukosten betrugen 180 Taler.

Quellen: LAV NRW OWL: L 92 R Nr. 908: Neue Anlagen bei dem Schlosse zu Schieder nebst den Schlossgarten daselbst, 1832–1840 (mit Bauplan).

Bildquellen: LLB: HV 15,11-17r, Ansicht von Südosten, Zeichnung Ludwig Menke, 1863.

93 1836/37, Detmold, Fasanerie Friedrichsthal (ABB. 28, 29)

Detmold, Krummes Haus (auf dem Gelände des Freilichtmuseums).
Siehe Seite 70–73.
Quellen: LAV NRW OWL: D 73 Tit. 4 Nr. 13412: Entwurf zur Anlage einer Fasanerie, Brune 1836; D 73 Tit. 4 Nr. 13413: Entwurf zur Anlage einer Fasanerie, Brune; L 93 B I Tit. 6 Nr. 28: Fasanerie im Büchenberg, 1836; L 93 B I Tit. 6 Nr. 29: Erbauung eines Fasanerie-Hauses im Tiergarten, 1836; L 77 A Nr. 56: Forstpolizeiliche Anordnungen zum Schutz der Fasanerie im Büchenberg b. Detmold, 1837; L 92 R Nr. 841: Bau einer Fasanerie im Tiergarten bei Detmold sowie Herrichtung der erforderlichen Wege, 1836–1840; L 92 R Nr. 840: Bauten und Reparaturen am Krummen Haus und Nebengebäuden sowie an den Anlagen im Büchenberg und an der Fasanerie im Tiergarten, Bd. 4, 1841–1909; L 93 B I Tit. 6 Nr. 34: Überlassung der Fasanerie und des Tiergartens an den Prinzen Woldemar zur Benutzung als Gestüt und Weidekamp, 1850; L 92 P Nr. 1347: Überlassung des Tiergartens und der ehemaligen Fasanerie an den Prinzen Woldemar zur Benutzung als Stall und Weidekamp, 1850–1857, 1875.
Literatur: KLEINMANNS 1996; KLEINMANNS 1999.

94 1836–1838, Schloss Schieder

Schieder-Schwalenberg, Im Kurpark 1.
Renovierung.
Erneuert wurden die Fußböden (*Beschüsse*) im Saal, im Wohnzimmer des Fürsten und im Korridor sowie die Wand- und Deckenputze, auch im Vorraum zum Saal. Dekorationsmaler Carl Falcke aus Hannover sorgte für eine neue Ausmalung der mit Papier überklebten Flächen, in der Hohlkehle der restaurierten Stuckgesimse auch mit Trophäen, laufenden Tieren, Vögeln und *Thyrsosstäben*. Die neuen *Lambris*, Kamin- und Türbekleidungen wurden mit Ölfarbe marmoriert. Im Saal wurden provisorisch zwei neue eiserne Öfen aufgestellt, anschließend 1838 die Kamine ganz ausgebrochen und an ihrer Stelle vertiefte Ofennischen für zwei Fayenceöfen geschaffen. Die Hausflure in beiden Geschossen erhielten neue Anstriche an Sockeln und Friesen, Treppe und Geländer sowie Türbekleidungen und einen neuen Kronleuchter. Im Schlafzimmer wurden die durchgebogenen Deckenbalken durch eine waagerechte Verkleidung ausgeglichen.
Quellen: LAV NRW OWL: L 92 R Nr. 892: Bauten am Schlosse Schieder, dessen Nebengebäuden und Umgebung 1834–1838.
Literatur: STIEWE/DANN 2013.

95 1836–1839, Oerlinghausen, Amthaus (ABB. 30, 31)

Oerlinghausen, Hauptstraße 32.
Siehe Seite 73–76.
Eingetragen in die Denkmalliste der Stadt Oerlinghausen.
Quellen: LAV NRW OWL: L 92 R Nr. 1535–1537: Neubau des Amthauses zu Oerlinghausen, Bd. 1–3, 1829–1846; L 92 R Nr. 1531: Bauten und Reparaturen am Amtshaus zu Oerlinghausen, Bd. 4, 1847 ff.
Literatur: KLEINMANNS 2021 b.

96 1837, Detmold, Reithaus, Einbau einer Manege mit Tribünen (ABB. 83)

Detmold, Schlossplatz 7. Abgängig.
Im November 1837 gastierte der Zirkus der Reitertruppe Gebrüder Tourniaire in Detmold, wozu im Reithaus sowohl eine kreisrunde Manege als auch zwei temporäre Tribünen errichtet wurden. Die erste Tribüne erhielt 18 Bänke à elf und vier Bänke à 26 Personen, die zweite Tribüne neun Bänke à elf und neun à neun Personen, zusammen 482 Zuschauer. Die bestehende Galerie bot 360 Stehplätze. Die Garderoben für die Damen und die Herren befanden sich im anschließenden Pavillon VII, darüber wurden die Bibliotheksräume zur fürstlichen Loge und einem Büffet eingerichtet.
Dies war kein einmaliges Ereignis, denn wir wissen, dass Fürst Leopold II. 1848 erneut die Öffentliche Bibliothek im Pavillon VII temporär räumen ließ, um von dort aus einem Zirkus in der Reithalle zuschauen zu können.[15] Am 8. und 15. November 1848, so hatte Hofmarschall Funck von Senftenau den Bibliothekar Otto Preuß informiert, wollten die „*hohen Herrschaften*" vom Bibliothekszimmer aus den Darbietungen der Renz'schen Kunstreitertruppe zuschauen.[16] Der Zirkus Renz gastierte vom 5. bis 19. November 1848 in Detmold.[17] Um dem landesherrlichen Wunsch zu entsprechen, musste Preuß den rund 90 m² großen Bibliothekssaal vollständig umräumen. Die Bibliotheksschließung war „*wegen eingetretener Behinderung*" am 4. und 11. November 1848 im Regierungs- und Anzeigeblatt angekündigt.[18]
Quellen: LAV NRW OWL: D 73 Tit. 4 Nr. 7013: Querschnitt und Grundriss von der Konstruktion der Manege mit den Zuschauertribünen etc. im Reithaus zu Detmold, Brune 1837; L 92 R Nr. 550: Die an die Gebrüder Tourniaire aus dem Baumagazin verabfolgten Materialien für den im Reithaus erbauten Zirkus, 1837.

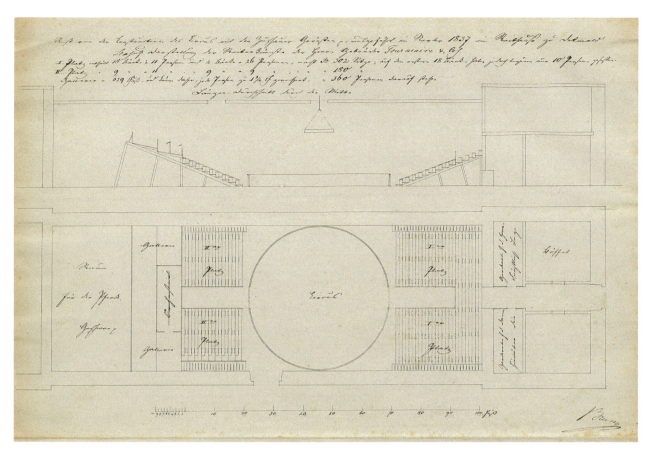

ABB. 83 | Riss zu einer Manege mit Zuschauertribünen im Reithaus zu Detmold [Kat. 96], Brune, 1837

97 1837, Detmold, Brennholzmagazin

Detmold, Theaterplatz. Abgängig.

Den zweistöckigen Holzschuppen mit Satteldach schloss Brune rechtwinklig an das Heuhaus an. Das 81 Fuß lange und 19 Fuß tiefe Gebäude bot Raum für das Brennholz des Dikasteriums und des Theaters sowie, in einem rechtwinkligen Anbau von 19 mal 19 Fuß, für das Brennholz des Pavillons III. Die Rückseiten wurden massiv gemauert, die zum Hof weisenden Wände aus Fachwerk errichtet.

Abriss 1967 wegen der Erweiterung des Landestheaters.

Quellen: LAV NRW OWL: D 73 Tit. 4 Nr. 7029: Riss zu neuen Brennholzmagazinen für das Dicasterium, Theater und für den 3. Pavillon hinter dem Heuhaus in Detmold, Brune 1837.

98 1837, Grotenburg (Amt Detmold), Aussichtsturm (ABB. 84)

Detmold, Grotenburg 50.
Projekt, nicht ausgeführt.
Auftraggeber: ohne.

Als Gegenentwurf zu Ernst von Bandels geplantem Hermannsdenkmal schlug Brune aus eigenen Stücken einen 100 Fuß hohen Turm im Stil einer mittelalterlichen Warte vor. Ein figürliches Denkmal hielt er für unpassend. Als Beispiele eines Turmdenkmals führte er die Bauten auf dem Melibokus[19] bei Darmstadt (1772) und dem Kaiserstuhl bei Heidelberg (1834) an. Auch wird Brune den 1828/29 erbauten Aussichtsturm (seit 1906 Moltketurm) auf dem Wittekindsberg an der Porta Westfalica gekannt haben.[20] Brune schrieb: *„Ein etwa 100 Fuß hoher Thurm auf diesem Berge* [Grotenburg] *würde ihn zu einem der höchsten Punkte unseres Landes erheben und es würde sich dem Besuchenden ein Panorama von dort entfalten, das an Schönheit und Reichthum kaum etwas zu wünschen übrig lassen dürfte. Der Thurm selbst aber müßte der ganzen Umgegend um so mehr zur Zierde gereichen, als er gleichsam die Stelle einer Burgruine verträte* […].“[21] Das dreigeteilte Turmprojekt besteht aus einem Unterbau mit quadratischem Grundriss und leicht geböschtem Mauerwerk (die Kantenlänge verjüngt sich von 18 auf 15 Fuß in 23 Fuß Höhe), welches dem Bauwerk auch optisch Standfestigkeit verleiht. Mittel- und Oberteil sind zylindrisch mit 14 ½ Fuß Durchmesser und durch ein Gurtgesims mit Rundbogenfries voneinander getrennt. Die Plattform in 96

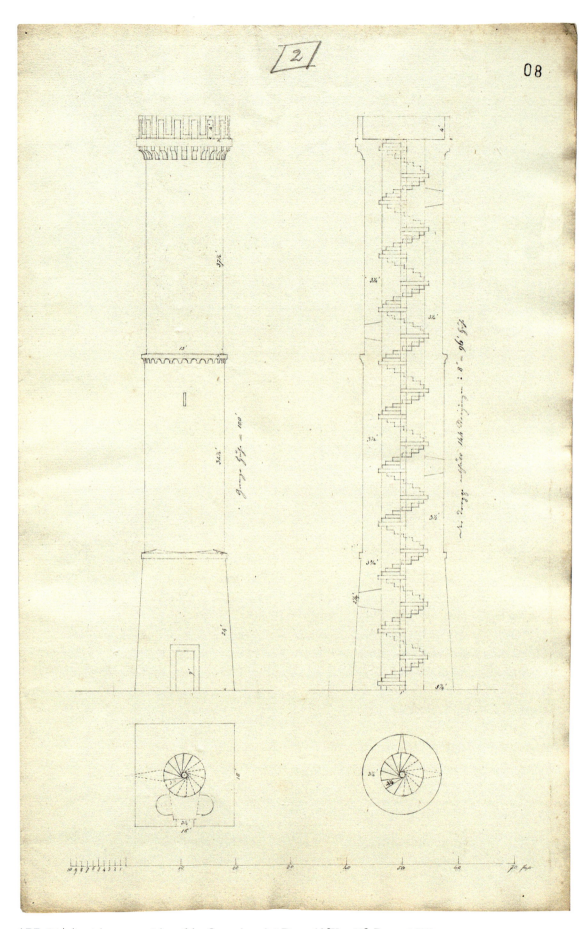

ABB. 84 | Aussichtsturmprojekt auf der Grotenburg bei Detmold [Kat. 98], Brune, 1837

Fuß Höhe kragt über Konsolsteinen leicht aus und ist mit einem 4 Fuß hohen Zinnenkranz umgeben. Eine Spindeltreppe mit 144 Stufen führt im Turmschaft dorthin. Nach jeweils einer Viertelumdrehung ist ein schmaler Mauerwerksschlitz zur Belichtung der Treppe eingefügt. Als Baumaterial schlug Brune den an der Grotenburg in einem unterhalb vorhandenen Steinbruch anstehenden Osningsandstein vor. Der Turmschaft sollte aus Bruchstein gemauert werden, nur die Gesimse, Konsolsteine, Gewände, Deck- und Bodenplatten sowie Treppenstufen aus Werkstein. Die Kosten veranschlagte er auf knapp 1.502 Taler. Trotz mehrfacher Intervention bei der Rentkammer und der lippischen Regierung gegen Bandels Projekt konnte Brune sich nicht durchsetzen. Wenige Jahre darauf beauftragte ihn Leopold II. jedoch mit dem Bau eines ähnlichen, 30 Fuß niedrigeren Turmes auf dem Kahlenberg bei Schieder (Kat. 125).

Quellen: LAV NRW OWL: L 92 A Nr. 4979: Geplanter Bau eines Turms auf der Grotenburg, 1835–1839 (enthält einen Riss).

Literatur: KIEWNING 1925.

99 1837, Schloss Schieder, Eiskeller

Schieder-Schwalenberg, Domäne. Abgängig.
Bestandsaufmaß und Gutachten.
Der 1823 von Brunes Vorgänger Theodor von Natorp erbaute Bruchstein-Eiskeller befand sich zwischen dem nördlichen Schafstall und dem Schlossgarten. Brune urteilte: *„das Gewölbe anfangs nur mit einer 4–6 Fuß dicken Erdschicht überdeckt […], im Jahre 1827 mit einem Strohdache überbaut […]. Dieses Strohdach hat mittlerweile schon öfters reparirt werden müssen, im Jahre 1837 sich aber dennoch als gänzlich faul u. morsch erwiesen, mithin nur 10 Jahre gedauert.“*[22]
Der Eiskeller wurde 1921 mit einem Arbeiterwohnhaus überbaut.

Quellen: LAV NRW OWL: D 73 Tit. 4 Nr. 6698: Querschnitt und Grundriss vom Eiskeller zu Schieder, Brune 1837; L 92 P Nr. 663: Füllung des Eiskellers von Schloss Schieder, 1827; L 92 R Nr. 906: Eiskeller beim Schloss zu Schieder, 1832.

Literatur: STIEWE 2019, S. 20.

100 1837, Rittergut Patthorst (Amt Halle/Westfalen), Dreschhaus und Schafstall (ABB. 85)

Steinhagen, Schlossallee 2–6.
Auftraggeber: Emil Freiherr von Eller-Eberstein.
Den Bauriss zeichnete Brune im Februar 1837. Die Ausführung übernahm Zimmermeister Meyer zu Oldendorf bei Halle

für 103 Taler, 18 Groschen und 11 Pfennige, deren Empfang er noch im selben Jahr quittierte.
Das Dreschhauses mit Schafstall misst 88 mal 42 lippische Fuß. Die symmetrische Fachwerkkonstruktion auf Bruchsteinsockel ist durch Fachstreben an den Ecken ausgesteift. Die Toröffnungen sind mit Stichbögen überwölbt. Zwei Querdurchfahrten erschließen das Innere. Das linke Drittel diente als Schafstall, die beiden rechten als Dreschhaus mit Deele und beidseitigen Bansen. Das Dach ist mit Halbwalmen versehen.

Quellen: LWL-AA: Archiv Patthorst, Pat-212: Neubauten auf Gut Patthorst, Wohnhaus, Verwalterhaus und Hofgebäude mit Dreschhaus Stallungen 1837–1869 (enthält Bauriss vom Dreschhaus mit Schafstall, Brune 1837).

Literatur: VON DER HORST 1894, S. 76 f.; REDLICH 1964; PETERS 1984, S. 158.

101 1837/38, Detmold, Pfarrhaus der zweiten Pfarre (ABB. 86)

Detmold, Leopoldstraße 10.
Auftraggeber: Fürstlich-Lippisches Konsistorium.
Der Neubau entstand für den zweiten Pfarrer, Konsistorialrat Böhmer. Brune revidierte den Entwurf von Merckel, veranschlagte die Kosten und übernahm auch die Bauleitung. Einschließlich Remisen- und Stallgebäude im Hof kalkulierte er 4.428 Taler. Die Ausführung erfolgte durch Zimmermeister Jasper aus Holzhausen und die Maurermeister Anton Harte und Johann Heinrich Rakelmann aus Detmold.
Erbaut wurde ein fünfachsiger Traufenbau nach Typenentwurf mit Halbwalmdach. Der zweistöckige Fachwerkbau mit Schwelle-Rähm-Streben wurde verputzt. Zum Eingang in der Mittelachse im Hochparterre führte eine zweiläufige Freitreppe aus Sandsteinquadern mit bogenförmigem Unterbau. Der Grundriss wurde durch einen vestibülartigen Mittelflur erschlossen. Von dort erreichte man das nach rechts verschobene Treppenhaus und die Küche, Kinderstube und Kammer sowie Gesindestube, nach links die Wohnstube mit Kabinett und Schlafkammer. Im Obergeschoss lagen ein Gesellschaftszimmer mit Nebenzimmer und Fremdenkammer sowie die Studierstube mit Vorzimmer. Der Riss zeigt eine aufwendige Ausstattung der Stuben mit halbrunden Ofennischen. Bögen mit hölzerner Bekleidung zwischen Flur und Treppenhaus sowie Treppengeländer mit hölzernen Sprossen in neugotischer Spitzbogenarchitektur heben den Bau ebenfalls hervor. 1966 wurde zur Anlage von Autoparkplätzen die Freitreppe abgebrochen und der Mitteleingang verlegt.

Quellen: LKA Detmold: Kons.-Reg. 2687.

Literatur: STIEWE 2000, S. 273 f.; PETER HEINEMANN und

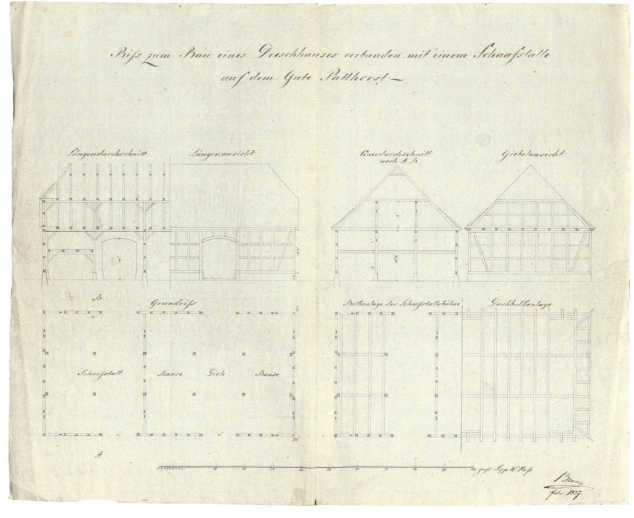

ABB. 85 | Dreschhaus und Schafstall auf dem Rittergut Patthorst [Kat. 100], Brune, 1837

ABB. 86 | Pfarrhaus der zweiten Pfarre in der Leopoldstraße 10 in Detmold [Kat. 101], Brune, 1837/38, Eingang und Freitreppe entfernt, Ansicht 2023

ABB. 87 | Umgestaltung von Schloss Lops-
horn [Kat. 103], Brune, 1837–1840

GERHARD PETERS: Detmold Leopoldstraße. Gestern – heute
– morgen. Die Entwicklung einer Straße. Dokumentation,
Detmold 1982; STEICHELE 1997, S. 77–95.

102 1837–1839, Brake, Zweiter Bierkeller

Lemgo, Felsenkeller 1.
1837 wurde die Erweiterung des Bierkellers (Kat. 49) durch
einen zweiten Keller geplant und im Jahr darauf genehmigt.
Er wurde im Winter 1838/39 durch Maurermeister Rehme
ausgeführt. Wie bei dem ersten Keller wurde vor dem
eigentlichen Lagerkeller ein 20 Fuß langer Gang als Klimaschleuse angelegt. Der Lagerkeller misst 52 Fuß in der
Länge und 23 Fuß in der Breite.
Das 1844/45 vorgebaute Fasslager entstand nach Entwurf
von Overbeck. Brunes Nachfolger, Ferdinand Merckel, baute
hinter dem zweiten Felsenkeller 1870 noch einen Eiskeller
mit Auffahrtrampe und Brücke.
Quellen: LAV NRW OWL: L 92 A Nr. 4142: Anlegung
eines Bergkellers für die Brauerei zu Brake; Anschaffung
von Stückfässern, Bd. 2, 1834–1852; L 92 A Nr. 4150:
Erbauung von Fass-Schuppen und eines Vorhauses vor dem
Felsenkeller zu Brake, 1844–1850.

103 1837–1840, Schloss Lopshorn (Amt Detmold) (ABB. 87)

Augustdorf, 51° 54' 07.5" N/8° 47' 20.6" E. Abgängig.
Renovierung.

Das von Brune schon 1827 als baufällig bezeichnete Schlösschen
bedurfte nach seinem Gutachten 1837 in beiden Geschossen
eines vollständig neuen Innenausbaus und eines neuen Dachs.
Die nüchterne Front wollte er an beiden Seiten durch einen
Säulenportikus mit Balkon und flachem Dreiecksgiebel
aufwerten und ein kräftiges Hauptgesims anbringen. Im
Inneren plante er einen neuen, zweckmäßigeren Grundriss.
Sein Kostenanschlag kam auf fast 11.000 Taler.
Leopold gefiel der Entwurf zwar, doch fehlten die Gelder,
sodass die beiden *Frontispize* wegfallen und das Innere
schlichter ausfallen musste. Brune erstellte daraufhin einen
neuen Kostenanschlag, der 3.620 Taler einsparte, vor allem
durch die Weglassung der Portiken. Diesen Anschlag
genehmigte der Fürst, wünschte aber zusätzlich neue Fenster
und neuen Wandputz im Obergeschoss. Die Ausführung
begann unmittelbar nach der Lopshorner Pferdeauktion (18.
Juli 1838). Drei Monate später war das neue Dach gerichtet.
Im März 1839 befahl der Fürst, da ihm das neue Schloss zu
kahl erschien, nun doch die beiden Portiken zu errichten,
trotz anfallender Mehrkosten von 1.100 Talern. Jeder Dreiecksgiebel wurde von vier jonischen Säulen getragen. Das
Eisengeländer für die Freitreppe lieferte der Blomberger
Mechanikus Striekling. Erst nach 1851 wurde die von Brune
1837 geplante Uhr im Giebelfeld des Portikus' eingesetzt
sowie sein Dachreiter mit Glocke und Wetterfahne in Form
eines Pferdes ausgeführt.
Im Inneren sorgte der Dekorationsmaler Carl Falcke aus
Hannover 1840 im großen Saal und im kleinen Saal (Speisesaal)
für eine neue Ausmalung der Decken und Wände sowie der
Öfen.[23] Vom Spiegelfabrikanten Federlein in Hannover

wurden über den Kaufmann Mathée zwei Spiegel für den großen Saal bezogen. Der Bildhauergehilfe Friedrich Nothholz schuf und restaurierte Hirschköpfe, Kränze, Bänder und Rosen aus Stuck. Der Königliche Hofstuckateur Wilhelm Nolte in Hannover lieferte Platten von gelbem Stuckmarmor.

Quellen: LAV NRW OWL: L 92 R Nr. 930: Schloß Lopshorn, Bauten und Reparaturen, Bd. 9, 1834–1838; L 92 R Nr. 931: Bauten und Reparaturen am Schlosse und der Meierei Lopshorn, 1839–1841; L 92 R Nr. 949: Instandsetzung des Schlosses, 1837–1839; FRD: Plan 6,02: Situationsplan, Brune/Merckel 1828; Plan 6,05: Ansichten West- und Ostseite, Brune 1837; Plan 6,02: Grundriss Hochparterre, Brune 1838; Plan 6,06: Ansicht ohne Frontispiz, Brune 1838; Plan 6,10: Balkongitter, Brune o. J.

Bildquellen: LLB: 6 L 5, Ansicht durch das Haupttor, Fotografie, um 1900; PK-AU-1, Ansichtskarte (um 1900); BADT-54-19a und 54-23, Fotografie (um 1950); StA DT: BA 397 und 1361: Fotografie Otto Meier-Spelbrink 1930; BA 1552, 1553: Ansichten der Ruine, Fotografie Fritz Ostmann 1950; FRD: M 96: Sennergestüt von Norden, Gemälde Gustav Quentell 1844; M 156: Ansicht von Osten um 1850, Öl auf Leinwand, Alfred Schwarz o. J. (um 1930); G 1636: Ansicht durch die Toreinfahrt, Farbskizze Ludwig Menke um 1851; LLM: 1241/93: Ansicht durch das Haupttor, Zeichnung, Emil Zeiß, o. J.; 1243/93: Ansicht der Hofseite, aquarellierte Zeichnung, Emil Zeiß, 1851. Ansicht von Osten, Fotografie um 1880 in: Volker Wehrmann, Die Senne in alten Ansichten und Schilderungen, Detmold 1978, S. 53.

Literatur: Zur Lippe 2004, S. 18–25.

104   1838, Detmold, Fußgängerbrücke im Schlossgarten

Detmold, Lustgarten. Abgängig.

Ein schmaler Steg über die Werre hatte in der Verlängerung der nördlichen Ost-West-Achse hinter dem Gewächshaus schon bestanden, um den Lustgarten mit dem hinzugenommenen Teil nördlich vom Jägerhof und Baumagazin zu verbinden. Er musste 1838 wegen Baufälligkeit erneuert werden. Bei dieser Gelegenheit setzte Brune sich für eine Verbreiterung ein. Er entwarf eine 3 ½ Fuß breite Brücke aus Eichenholz mit je zwei Jochpfählen an den Enden, oben mit einem Querholm verbunden, in Querrichtung durch ein Kreuz ausgesteift und in Längsrichtung durch Kopfbänder mit den Sattelhölzern verbunden, auf denen die Längsbalken auflagen. Die in den Grund gerammten Pfähle hatten Eisenschuhe erhalten, die Kreuz- und Kopfbänder sowie die Sattelhölzer und Hauptbalken waren

mit Eisenbolzen untereinander verbunden. Unterhalb des Bohlenbelags wurde das Konstruktionsholz mit einem Teeranstrich geschützt, das Holzgeländer erhielt einen perlgrauen Ölanstrich. Die Kosten hatte Brune auf 60 Taler veranschlagt. 1852 entstand ein ähnlich konstruierter Steg, jedoch mit Eisengeländer, am südlichen Schlossgartenzugang vom Rosental (Kat. 207).

Quellen: LAV NRW OWL: L 92 R Nr. 797: Baureparaturen am Schloßgarten zu Detmold mit Inbegriff des Orangerie-Gewächs und Treibhauses ingleichen der Mistbetten (sic) und Brücken, 1812–1839.

105   1838, Meierei Barntrup (Amt Sternberg) Dreschhaus

Barntrup, Hamelner Straße.
Reparatur.

Die Erneuerung der nordwestlichen, zur Stadt weisenden Giebelseite des Dreschhauses erfolgte in Fachwerk mit zwei Riegelketten und Schwelle-Rähm-Streben. Die Toröffnung gestaltete Brune wieder rundbogig, obwohl er sonst flache Stichbögen bevorzugte. Das Giebeldreieck wurde zeitgemäß waagerecht verbrettert.

Quellen: LAV NRW OWL: D 73 Tit. 4 Nr. 6672: Situations-Plan der Meierei Barntrup, Goedecke/Merckel 1832/33; D 73 Tit. 4 Nr. 6677: Ansicht der nordwestlichen Stirnwand des Dreschhauses auf der Meierei Barntrup, Brune 1838; L 92 R Nr. 1239: Bauten und Reparaturen auf der Meierei Barntrup und den dazugehörenden Vorwerken, Bd. 3, 1836–1842.

106   1838, Meierei Falkenhagen (Amt Schwalenberg), Vorwerk

Lügde, Domänenweg. Abgängig.
Umbau.

Im dreischiffigen Vorwerk von 139 mal 47 Fuß Größe bestanden in den Seitenschiffen links Pferdeställe, eine Futterkammer und ein Kälberstall, rechts ein Kuhstall sowie eine Gesindestube. Brune erneuerte die linke Seitenwand des Fachwerkgebäudes in Bruchstein und verlegte die Deele an diese Seite. Von der Deele gingen nun rechtwinklig Futtergänge für die Ställe ab. In der rechten Außenwand wurden Türöffnungen zu den Ställen und Futtergängen angelegt. Beide Giebelseiten erhielten Stichbogentore.

Quellen: LAV NRW OWL: D 73 Tit. 4 Nr. 6749: Riss zu einem neuen Ausbau des Vorwerks auf der Meierei Falkenhagen, Brune 1838.

Literatur: Gerking 2004.

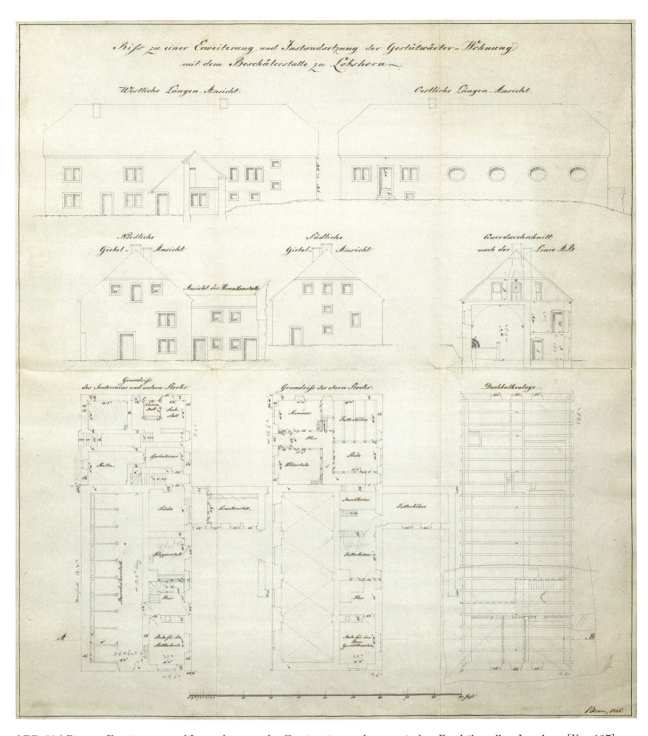

ABB. 88 | Riss zur Erweiterung und Instandsetzung der Gestütswärterwohnung mit dem Beschälerstall zu Lopshorn [Kat. 107], Brune, o. J. (1838)

107 1838, Schloss Lopshorn (Amt Detmold), Gestütswärterwohnung mit Beschälerstall (ABB. 88)

Augustdorf, 51° 54' 07.5" N/8° 47' 20.6" E. Abgängig. Um- und Anbau.

Die Gestütswärterwohnung begrenzte den Schlosshof im Südosten, links der Einfahrt. Die Bestandsaufnahme zeigt einen rechteckigen Massivbau von 40 mal 66 Fuß. Links der Mitteldeele liegt der Beschälerstall mit zehn Boxen, die Krippen sind an der Außenwand angeordnet. Rechts befindet sich die Gestütswärterwohnung mit Stube, Küche und Speisekammer, am Ende liegt ein *Klepperstall*. Der hohe Beschälerstall und die Deele sind durch vier Kreuzgewölbe abgeschlossen, die zweigeschossige Wohnung mit Schlafkammer und Rauchkammer im Obergeschoss besitzt Balkendecken.

Brune plante einen rückwärtigen massiven Anbau von 32 Fuß Länge, der die neue Wohnung des Gestütswärters Mellies aufnehmen sollte. Der Anbau wurde traufseitig erschlossen und mit je einem gekuppelten Fenster seitlich der Eingangstür belichtet. Im Souterrain lagen Keller, Speisekammer, Kuh- und Schweinestall, im Erdgeschoss zwei Stuben, Kammer und Futterbühne. Die Küche und die Rauchkammer ordnete Brune am Ende des Altbaus an. Die dortigen ehemaligen Wohnräume wurden zu Stuben für die Stallbedienten und im Obergeschoss für den Gestütsbeamten, der Anspruch auf Tapeten hatte. Brune brachte, da das hohe Dach des Altbaus als baufällig beurteilt wurde, beide Gebäudeteile unter ein neues, flacher geneigtes Halbwalmdach. Die Gesamtkosten waren auf 2.536 Taler berechnet.

Quellen: LAV NRW OWL: D 73 Tit. 4 Nr. 6898: Riss von der Gestütswärterwohnung zu Lopshorn, Brune 1838; D 73 Tit. 4 Nr. 6899: Riss zur Erweiterung und Instandsetzung der Gestütswärterwohnung mit dem Beschälerstall zu Lopshorn, Brune 1838; L 92 R Nr. 948: Ausbau der Gestütswärterwohnung zu Lopshorn, 1837; FRD: Plan 6,02: Situationsplan, Brune/Merckel 1828; Plan 7,01: Aufrisse, Querschnitt, Brune 1838.
Literatur: ZUR LIPPE 2004, S. 15 f.

108 1838, Meinberg (Amt Horn), Waldschützenwohnung mit Kaffeeschänke (ABB. 89)

Horn-Bad Meinberg.
Projekt, nicht ausgeführt.
Der eingeschossige Massivbau mit flach geneigtem Satteldach trägt mittig ein zweites, zwei Fensterachsen breites Geschoss mit Walmdach. In den eingeschossigen Flügeln findet sich je ein Eingang, mit Stichbogen gewölbt, und ein Rechteckfenster. Der linke Eingang führt in die Wohnung mit zwei Stuben, zwei Kammern, einer Küche und Speisekammer, vom Flur erschließt eine Treppe das Obergeschoss mit dem Gastzimmer. Der rechte Eingang dient dem Stall mit Platz für ein Schwein, eine Kuh und Gänse sowie einen Abort. Der Stall wird außerdem durch eine Deele von der rechten Giebelwand her erschlossen.

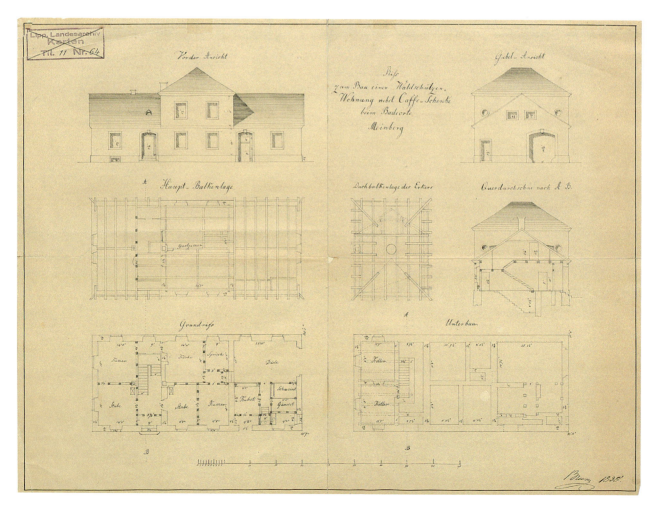

ABB. 89 | Waldschützenwohnung mit Kaffeeschänke beim Badeort Meinberg [Kat. 108], Brune, 1838

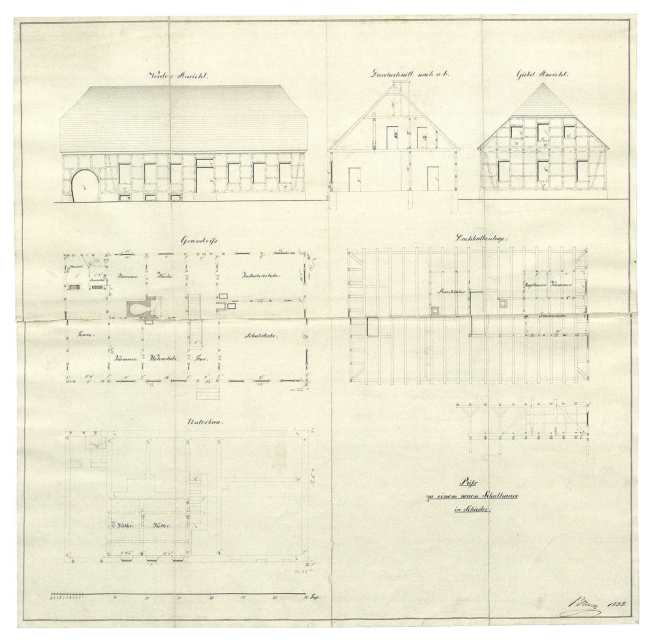

ABB. 90 | Riss zu einem neuen Schulhaus in Schieder [Kat. 109], Brune, 1838

Quellen: LAV NRW OWL: D 73 Tit. 4 Nr. 7386: Ansichten, Querschnitt, Grundrisse zum Bau einer Waldschützenwohnung nebst Kaffeeschänke beim Badeort Meinberg, Brune 1838.

109 1838, Schieder, Schulhaus (ABB. 90)

Projekt, nicht ausgeführt (siehe Kat. 125).
Seit 1793 gab es seitens der Dorfgemeinschaft Bestrebungen, eine Schule zu gründen, da die Kinder nach Wöbbel bzw. Brakelsiek gehen mussten. 1835 wurde diese Initiative wieder aufgegriffen und der Schulbau von der Regierung genehmigt.

1837 stellte die Rentkammer einen kostenlosen Bauplatz zur Verfügung.

Der eingeschossige Fachwerkbau mit Halbwalmdach, 76 mal 40 Fuß groß, sollte traufseitig erschlossen werden. Ganz links befindet sich eine Deele, an deren Ende Kuh- und Schweinestall sowie ein Abort liegen. Daran schließt sich der siebenachsige Bauteil mit Lehrerwohnung und Schule an. Die mittlere Achse bildet der Eingang, links vom dahinter anschließenden Flur liegen eine Stube, die Küche mit Backofen und zwei Kammern, rechts die Schulstube und eine *Industriestube*. Im Dachgeschoss befinden sich die Rauchkammer und am Giebel, durch je ein Fenster belichtet, eine Magdkammer und eine Studierstube. Die Kosten hatte Brune mit 1.840 Talern veranschlagt.

Quellen: LAV NRW OWL: D 73 Tit. 4 Nr. 7516: Riss zu einem neuen Schulhaus in Schieder, Brune 1838; L 92 A Nr. 2438: Neue Schule zu Schieder, Bd. 1, 1835–1842; L 108 Schieder Nr. 131: Neubau des Schulhauses zu Schieder, 1836–1848; L 108 Schieder Nr. 126: Bauten und Reparaturen von Schul- und Küsterhäusern im Amte Schieder, 1843–1860; L 92 A, Nr. 2439: Neue Schule zu Schieder, Bd. 2, 1843–1857, 1868, 1880, 1897–1912.
Literatur: SCHMIDT 1964, S. 149–153.

110 1838–1841, Meierei Göttentrup (Amt Sternberg), Wohnhaus

Dörentrup, Domänenweg 1.
Das bestehende Wohnhaus wurde wegen Baufälligkeit ersetzt. Die Planungen begannen im April 1838 mit einem Situationsplan des Baueleve Gödecke aus Lemgo. Im Januar 1839 erhielt Brune den Auftrag, einen Riss und Anschlag für ein eingeschossiges Fachwerkgebäude zu erstellen und den Bau noch im selben Jahr auszuführen. Er sollte enthalten: Stube und Kammer für den Pächter, Kammer für den Hofmeister, Kammer für die Haushälterin, eine geräumigere Kammer für die Mägde, eine *Völkerstube* für das Gesinde, Küche und Speisekammer, kleinen Flur und Keller, Kornboden für 20 Fuder reines Korn sowie einen Backofen zum Backen und Dörren.
Brune bat wegen Arbeitsüberlastung um einen Aufschub in das Jahr 1840 und schlug wegen kaum höherer Kosten einen Massivbau vor. Dabei wollte er die teuer anzufahrenden Sandsteingewände durch gemauerte Backsteineinfassungen ersetzen. Riss und Anschlag über 2.810 Taler (3.380 Taler inklusive Holztaxe) reichte er im Oktober für ein zweigeschossiges Massivgebäude ein, wobei er die Kosten für das eventuelle zweite Geschoss separat auswies. Da der Pächter Meyer dieses zweite Geschoss mit jährlich 5 Prozent zu verzinsen anbot, bewilligte die Kammer die Mehrkosten von 637 Talern. 1841 wurde der Bau ausgeführt.
Der Bau wurde 71 ⅓ Fuß lang, 39 ½ Fuß tief und bis zum Balken 25 ½ Fuß hoch. Die innere Einteilung erfolgte in Fachwerk.
Quellen: LAV NRW OWL: L 92 R Nr. 1188: Bauten und Reparaturen auf der Meierei Göttentrup, Bd. 6, 1825–1846; L 92 R Nr. 1196: Neubau des Wohnhauses auf der Meierei Göttentrup, 1838–1841.
Literatur: LINDE/RÜGGE/STIEWE 2004, S. 70.

111 1839, Detmold, Brückengeländer

Detmold, Schlossplatz 1.
Das Brückengeländer an der Schlosterrasse unterteilte

Brune durch drei waagerechte Stäbe in schmales oberes Band und ein hohes Unterteil. Dieses ist durch stehende, mit Halbkreisbögen geschlossene Rahmen gefüllt, welche untereinander und mit den waagerechten Stäben durch kleine Kreise verbunden sind. Das obere Band füllt ein Fries aus X-förmig angeordneten Lanzettblättern.
Quellen: LAV NRW OWL: D 73 Tit. 4 Nr. 6956: Entwurf zu einem eisernen Brückengeländer auf der Schloßterrasse in Detmold, Brune 1839.

112 1839, Detmold, Bauhof-Schuppen

Detmold, Theaterplatz. Abgängig.
Der alte, eingeschossige Fachwerkschuppen mit einer Stube und einem niedrigem Anbau für einen Dampfkasten hatte rückwärtig einen Anbau über den *Abzugskanal*. Der anschließende Neubau von 70 mal 15 Fuß Grundfläche sollte eine Geschirrkammer, zwei Aborte, eine Schmiede, eine Gipskammer, eine Heizkammer zum anschließenden Dampfkasten sowie eine Bohrmühle enthalten.
Abbruch 1967 wegen der Erweiterung des Landestheaters.
Quellen: LAV NRW OWL: D 73 Tit. 4 Nr. 7030: Riss vom alten Bauschoppen auf dem Bauhof in Detmold, Brune 1839; D 73 Tit. 4 Nr. 7031: Riss zu einem Bauschoppen mit flachem (Dorn'schen) Dach auf dem Bauhof in Detmold, Brune 1839; L 80.20 Nr. 401: Bauten und Reparaturen auf dem staatlichen Bauhof, (1853) 1948, Darin: Zeichnung des großen Bauschuppens auf dem Bauhof zu Detmold mit der 1853 ausgeführten Verlängerung, Handzeichnung von E. Plöger, 1853.

113 1839, Ziegelei Hiddesen (Amt Detmold), Töpferwerkstatt

Detmold, Vorbruch. Abgängig.
1839 wurde ein Torfschuppen zur Töpferwerkstatt für den Töpfer und Ofenfabrikanten Küster aus Hameln umgebaut. Werkstatt und Töpferofen wurden bereits 1845/46 abgerissen.
Literatur: UTA HALLE/BETTINA RINKE, Töpferei in Lippe (Schriften des Westfälischen Freilichtmuseums Detmold; 8), Detmold 1991, S. 234.

114 1839, Lage, Amtsgefängnis (ABB. 91)

Projekt, nicht ausgeführt.
Der für Brune sehr ungewöhnliche, an Tappes Architektur erinnernde Entwurf zeigt einen zweigeschossigen massiven Rundbau von 39 Fuß Durchmesser mit fünfeckigem Innenflur,

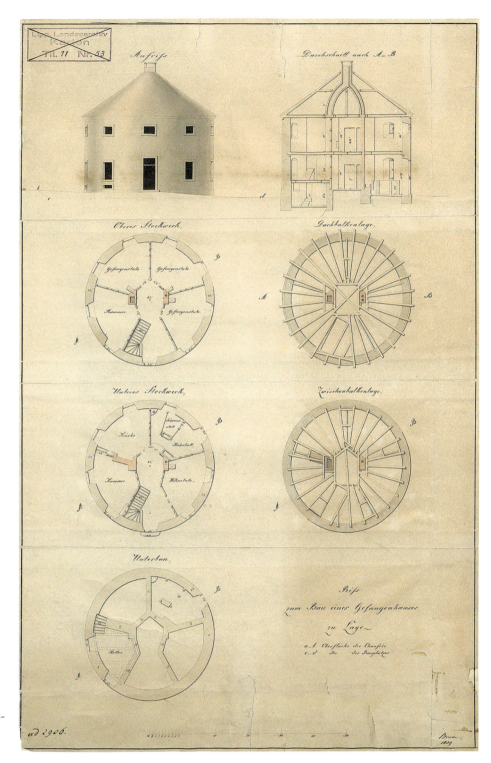

Lipp. Landesarchiv
Karton
Tit. 11 Nr. 53

ABB. 91 | Riss zu einem Amtsgefängnis in Lage [Kat. 114], Brune, 1839

im Erdgeschoss Stube, Küche, Kammer und Stall für ein Schwein und eine Kuh. Die Treppe vom Flur erschließt drei Gefangenenstuben und eine Kammer im Obergeschoss. Das Kegeldach hat nur geringen Überstand. Das Mauerwerk sollte aus Bruchstein bestehen mit Innenwänden aus Fachwerk mit Lehmsteinfüllung.

Die Rundform ergab sich für Brune aus der schwierigen, spitzwinkligen Grundstückssituation, die bei einem rechtwinkligen Gebäude ein Zerschneiden des Grundstücks zur Folge hatte. Das Amt Lage wie auch die Kammer hatten gegen den Entwurf Bedenken und verlangten einen herkömmlichen Plan (Kat. 127).

Quellen: LAV NRW OWL: D 73 Tit. 4 Nr. 7354: Entwurf zum Bau eines Gefangenenhauses in Lage, Brune 1839; L 77 A Nr. 233: Gefängnis des Amtes Lage, 1823–1840; L 92 R Nr. 1526: Amtsgefängnis Lage, 1823–1845.

115 1839, Meinberg (Amt Horn), Kurhaus Zur Rose, Saalanbau

Horn-Bad Meinberg, Parkstraße 47.
Mittig hinter der Rose platzierte Brune den Saalanbau. Er wurde durch einen kurzen eingezogenen Flur mit dem Treppenhaus der Rose verbunden. Der 53 mal 31 Fuß große Saal wurde aufgeständert als Hochparterre. Er erhielt traufseitig je drei große Fenster. Die Dachbalken wurden an einem mittigen Überzug aufgehängt.
Quellen: LAV NRW OWL: D 73 Tit. 4 Nr. 7379: Riss zum Anbau eines Saales an der Rose zu Meinberg, Brune 1839.

116 1839, Meierei Schieder, Brennereigebäude

Schieder-Schwalenberg, Domäne. Abgängig.
Ein eingeschossiger Massivbau mit Halbwalmdach aus dem frühen 19. Jahrhundert, westlich neben dem Vorwerk gelegen, wurde erweitert und instandgesetzt. Neben einem Raum mit Destillierapparat erhielt das Multifunktionsgebäude eine große Küche zum Backen, Brauen, Schlachten und Waschen mit Herdanlage, Mauerkessel und zwei großen Backöfen. Der im Osten angebaute Wohntrakt über dem Branntweinkeller enthielt eine Gesinde- und Werkstube sowie zwei Verwalterstuben und Kammern.
Um 1880 endete die Brennerei wegen Unwirtschaftlichkeit, 1900 wurde der Platz mit dem neuen Pächterwohnhaus überbaut.
Quellen: LAV NRW OWL: D 73 Tit. 4 Nr. 6699: Plan zu einer Erweiterung und besseren Instandsetzung des Brennereigebäudes auf der Meierei Schieder, Brune 1839; D 73 Tit. 4 Nr. 6700: Riss vom Brennereigebäude auf der Meierei Schieder, nach der im Jahr 1839 ausgeführten Veränderung, Brune 1839.
Literatur: STIEWE 2019, S. 19 f.

117 1839, Rittergut Patthorst (Amt Halle/ Westfalen), Verwalter- und Viehhaus

Steinhagen, Schlossallee 2–6.
Auftraggeber: Emil Freiherr von Eller-Eberstein.
Freiherr von Eller-Eberstein schloss am 19. Mai 1839 den Baukontrakt mit Zimmermeister Meyer aus Oldendorf bei Halle für ein neues Verwalter- und Viehhaus nach dem von Brune angefertigten Anschlag und Riss. Den Betrag von 276 Talern 8 Groschen 2 ½ Pfennigen erhielt Meyer in vier Raten: einen ersten Abschlag am 24. Mai, den vierten und letzten nach Fertigstellung am 22. August 1839.

Quellen: LWL-AA: Archiv Patthorst, Pat-212: Neubauten auf Gut Patthorst, Wohnhaus, Verwalterhaus und Hofgebäude mit Dreschhaus Stallungen 1837–1869.
Literatur: VON DER HORST 1894, S. 76 f.; REDLICH 1964; PETERS 1984, S. 158.

118 1839/40, Detmold, Kanzlerwohnung

Detmold, Lange Straße 73, Einfriedung des Hofes. Abgängig.
Das bereits 1828/29 von Brune umgebaute Wohnhaus für den Kanzler (Kat. 25) konnte durch den Ankauf des benachbarten Torwächterhauses am Lemgoer Tor vom Magistrat für 100 Taler im Oktober 1839 arrondiert werden. Der Ankauf erfolgte mit dem Ziel des Abbruchs, damit *„dann die zurückspringende Mauer des Präsidentenhofes mit den Häusern der Straße in gleiche Linie gesetzt und so zur Verschönerung der Stadt eine nicht unwesentliche Verbesserung erreicht"* wurde.
Brune plante demnach den Abbruch der Einfriedungsmauer und des Holzschuppens, um die Mauer in Flucht der Langen Straße neu aufzurichten. Die 128 Fuß lange verputzte Mauer wurde mit Sandsteinplatten abgedeckt. Ein zweiflügeliges, 11 Fuß breites Tor mittig in der Seite zum Rosental unterbrach sie. Der an das Pförtnerhaus angelehnte Holzschuppen musste an anderer Stelle wiederaufgebaut werden. Sein vorheriger Standort wurde eingeebnet und gepflastert. 1917 überbaut von der Fürst-Leopold-Akademie.
Quellen: LAV NRW OWL: D 73 Tit. 4 Nr. 7153: Situationsplan vom Präsidentenhof mit nächster Umgebung in Detmold, Brune 1840; L 92 R Nr. 832: Ankauf und Abbruch des alten Pförtnerhauses am Lemgoischen Thore in Detmold und die Vereinigung des Platzes mit dem Hause der Präsidentenwohnung, 1839 f.
Bildquellen: LLB: BADT-64-27, Fotografie nach Dacherneuerung, Theodor Kliem (1890).

119 1839–1844, Schieder, Neues Amthaus (ABB. 92)

Schieder-Schwalenberg, Keßlerstraße 5 und 5a.
Nachdem erste Planungen für eine Verlegung des Amtsitzes nach Blomberg und einen dortigen Neubau 1839/40 wegen Differenzen mit dem Magistrat der Stadt Blomberg verworfen wurden, blieb der Amtsitz in Schieder. Er musste aber aus dem alten Kavalierhaus weichen, da Fürst Leopold dieses für die Hofhaltung benötigte. Er befahl daher 1841 einen bis Michaelis 1842 bezugsfertigen Neubau. Aus diesem Grund wurde das Amthaus nicht in lange trocknendem

ABB. 92 | Neues Amthaus Schieder [Kat. 119], Brune, 1839–1844, Ansicht 2022

Bruchstein, sondern in teurerem Backstein errichtet. Im Oktober 1841 reichte Brune Riss und Anschlag ein. Wegen der hohen Kosten und Differenzen zwischen Brune und der Kammer zu Lage, Größe und Proportion des Saales erfolgte die Genehmigung erst im Frühjahr 1842. Dabei konnte Brune seinen Entwurf gegen die Kammer behaupten. Richtfest war bereits im August 1842, doch konnte der Bau erst im Juli 1844 bezogen werden.

Als Bauplatz wurde der frühere Küchengarten gegenüber der Hauptzufahrt zur Meierei an der Chaussee nach Pyrmont gewählt. Das Amthaus steht traufständig zur Straße, ist zweigeschossig und hat eine Grundfläche von 72 ⅓ mal 46 Fuß. Die Fassaden sind vorn durch fünf hinten neun, an den Schmalseiten drei Achsen gegliedert. An der Vorder- und Rückseite ordnete Brune je einen Mittelrisalit an. Die Fassaden tragen eine Putzquaderung mit betonten glatten Ecken, der mittige zurückgesetzte Eingang ist mit einem Stichbogen überwölbt und von Lisenen flankiert. Deren Kapitelle tragen lippische Rosen. Haupt- und Seiteneingang sind zweiflügelig mit Oberlicht gestaltet. Die Risalite enden in flachen Dreiecksgiebeln, in denen ein Segmentbogenfenster liegt. Das flach geneigte Walmdach ist mit Flachziegeln in Kronendeckung belegt, Fuß, Grate und First sind mit Schiefer gefasst. Vorderseite zweiflügelige, Rückseite einflügelige Fenster.

Fenster und Türöffnungen erhielten Sandsteingewände von den Externsteinen, die Bodenplatten in Flur und Küche bestehen aus Sollinger Sandsteinen aus Holzminden. Die Hauptinnenwände sind massiv mit Backstein gemauert, weitere Trennwände in Fachwerk errichtet. Alle Türen sind als Füllungstüren ausgeführt. Der Saal erhielt zu drei Seiten Flügeltüren. Die Fenster wurden mit Espagnoletten-Beschlägen versehen. Die Haupträume erhielten *Lambris* statt einfacher

Fußleisten. In der Amt- und der Parteienstube senkte Brune den Fußboden um 16 Zoll ab, um mehr Raumhöhe zu gewinnen. Diese Bereiche wurden daher nicht unterkellert. Tapeten wurden für Amtstube, Schreibstube und Wohnstube bewilligt. Die Tapezierung des Saales und weiterer Räume zahlte Amtsrat Mücke ebenso selbst wie die Anschaffung einer Kochmaschine, da nur ein gemauerter Herd genehmigt war.

Das eingeschossige Nebengebäude wurde 27 Fuß weiter südlich aus Bruchstein erbaut. Es enthielt Holz- und Wagenremise, Pferde-, Kuh- und Schweinestall sowie Waschküche und Backofen. Gedeckt war der Bau ebenfalls mit einem flachen Walmdach mit Flachziegeln in Kronendeckung und Schieferfassung.

1843 wurde die Anlage mit einem Staket eingefriedet. Im September 1844 zog Amtsrat Mücke ein.

Quellen: LAV NRW OWL: L 92 R Nr. 1648: Beabsichtigte Verlegung des Amtssitzes von Schieder nach Blomberg und Bau eines Amtshauses zu Schieder, Bd. 1, 1839–1842; L 92 R Nr. 1649: Beabsichtigte Verlegung des Amtshauses zu Schieder nach Blomberg und Neubau eines Amtssitzes in Schieder, Bd. 2, 1842–1845.

Literatur: SCHMIDT 1964, S. 293 f. (mit Foto); STIEWE 2019, S. 21.

120 um 1840, Detmold, Sonnenstraße

Projekt, nicht ausgeführt.

Über dieses Projekt berichtete Schäfer nach einem nicht identifizierbaren Wilhelm Meier. Demnach plante Brune am Südhang des Werreufers zwischen dem Alten Postweg und dem Dolzer Teich, auf Ackerland der Meierei Johannettental (unteres und oberes Langes Feld, Pferdekamp, An der düsteren Kuhle) eine vom Alten Postweg bis zum Dolzer Teich im Bogen verlaufende Straße, an der er Villen auf parkartigen, etwa 2500 Quadratmeter großen Grundstücken errichten wollte. Die Straße nannte er „Sonnenstraße". Die massiven klassizistischen Wohnhäuser sollten luftige, geräumige Zimmer und nach Süden gelegene Veranden erhalten und mit einer pumpenbetriebenen Wasserleitung versehen sein. An der höchsten Stelle habe er sich selbst einen Bauplatz gewählt. Außer ihm hatten nur drei baulustige Detmolder Interesse gezeigt. Deswegen und weil seine Unterstützerin Adelaide Korsten nach Java auswanderte, habe Brune das Projekt fallenlassen.

Quellen: Primärquellen zu dem Projekt Sonnenstraße sind im Bestand des LAV NRW OWL oder im Stadtarchiv Detmold nicht auszumachen. Auch eine einschlägige Schrift eines Wilhelm Meier/Meyer konnte nicht ermittelt werden.

Literatur: SCHÄFER 1963.

121 1840, Detmold, Schloss

Detmold, Schlossplatz 1.
Umbau Nordost-Flügel.
Brune ließ die alte Wand zwischen Kammern und Stube mit den halbrunden Ofennischen entfernen, ebenso weitere Trennwände und eine *„dunkle Kammer"* zugunsten einer einzigen großen Kammer. Die Kammern und die Stube verband er durch Einfügen eines Gangs an der Hofseite.
Quellen: LAV NRW OWL: D 73 Tit. 4 Nr. 6962: Plan zu

einer Veränderung im Nordost-Flügel des Detmolder Schlosses, Grundrisse, Brune 1840 (enthält auch die spätere Einzeichnung der neuen Einrichtung von Merckel, 1876).

122 1840, Detmold, neues Hundehaus am Schloss (ABB. 93)

Detmold, Schlossplatz 1
Der Hundezwinger wurde mit einem Pultdach an die Zwingermauer angelehnt. 14 Einzelzwinger fanden in einem langgestreckten niedrigen Bau Platz und wurden durch sieben paarweise angeordnete Türen erschlossen. Im rechten Zwinger war das Strohlager untergebracht, im linken eine Heizkammer mit Luftkanälen an der gesamten Rückwand. Ein ähnliches Hundehaus entstand 1841/42 beim Schloss Schieder (Kat. 140).
Quellen: LAV NRW OWL: D 73 Tit. 4 Nr. 7033: Riss von einem neuen Hundehaus beim Detmolder Schloss, Brune 1840.

123 1840, Detmold, Gewächshaus

Detmold, Neustadt, Palaisgarten.
Abgängig.
Da seit 15 Jahren die Wiederherrichtung der Friedamadolphsburg diskutiert wurde, legte Brune beim Entwurf des Gewächshauses großen Wert auf eine gute Gestaltung, da man *„von derjenigen Seite, wohin bei einstiger neuer Einrichtung dieses Gebäudes unstreitig mit die besten Zimmer angebracht werden müssen"* die schöne Aussicht nicht verderbe.[24] Diese

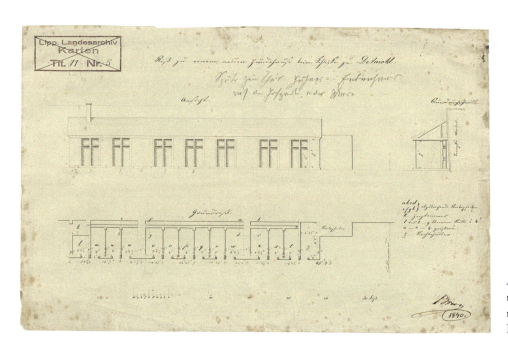

ABB. 93 | Riss zu einem neuen Hundehaus beim Detmolder Schloss [Kat. 122], Brune, 1840

Aussicht war die nach Süden, wo das Gewächshaus über einem zugeschütteten Wasserbassin errichtet wurde. Zugleich musste hier auch ein Tor zur Straße hin vermauert werden. Das Gewächshaus stand außerhalb des Burggartens West-Ost-gerichtet mit dem Rücken auf der Burggartenmauer, vorn an die Umgrenzung an der Straße anschließend. Es hatte in der Breite 16 aneinanderstoßende Fenster und war in zwei vier und zwölf Fenster breite Räume geteilt. Eine Heizung verteilte warme Luft durch einen gemauerten Kanal.

Trotz Brunes weitsichtiger Planung wurde das Gewächshaus bereits 1847, vor dem Umbau des Palais, wieder abgebrochen, jedoch 1848/49 durch ein Treibhaus nach Plan von Maurermeister Niere und Hofgärtner Limberg ersetzt. Weitere Gewächshäuser entwarf Brune 1851 für den Detmolder Lustgarten (Kat. 202, 203), 1852 in Schieder (Kat. 213) und 1856 in Hornoldendorf (Kat. 238).

Quellen: LAV NRW OWL: D 73 Tit. 4 Nr. 7165: Riss zu einem Gewächshause im Burggarten [Friedamadolphsburg, später: Neues Palais] in Detmold, Brune 1840; D 73 Tit. 4 Nr. 7166: Situationsplan vom Burggarten, Ludolph/Plöger 1840; L 92 R Nr. 638: Die auf dem Palaisgarten erbauten Gewächs- und Weinhäuser sowie sonstigen Anlagen, Bd. 1, 1848–1908.
Literatur: PETERS 1984, S. 129.

124 1840, Meinberg (Amt Horn), Neubrunnen

Horn-Bad Meinberg, Parkstraße. Abgängig.
Bau eines Holzdachs über dem Neubrunnen. Ein flach geneigtes Kegeldach auf acht runden Stützen. Im Zentrum des zwei Stufen hoch gelegenen Innenraums steht ein runder Tisch mit einer am Zugang unterbrochenen umlaufenden Sitzbank.
Quellen: LAV NRW OWL: D 73 Tit. 4 Nr. 7380: Entwurf zu einer Verdachung von Holz über dem Neubrunnen zu Meinberg, Brune 1840; L 92 E Nr. 363: Abbruch des alten und Erbauung eines neuen Brunnenhauses zu Meinberg, 1840.

125 1840, Schieder, Schulhaus

Schieder-Schwalenberg, Pyrmonter Straße 11 (Ecke Parkallee).
Abgängig.
Bis zum Bau dieser Schule gingen die Kinder aus Schieder zunächst nach Wöbbel, ab 1793 nach Brakelsiek zur Schule. Brune entwarf statt des nicht realisierten Fachwerk-Projektes

von 1838 (Kat. 109) ein massives, eingeschossiges Schulhaus mit Hohlziegeldach, 77 mal 40 ½ Fuß groß und bis zum Dachbalken 12 Fuß hoch, sieben Achsen breit mit Eingang in der Mittelachse.
1903 Abbruch und Bau einer zweigeschossigen, größeren Schule.
Quellen: LAV NRW OWL, L 92 R Nr. 1251, fol. 14 (Liste von Brunes Bauten).
Bildquellen: Ansicht mit Schulvorstand, Fotografie, anonym, um 1897 (in: SCHMIDT 1964, S. 154).
Literatur: SCHMIDT 1964, S. 149–157.

126 1840/41, Schieder, Kahlenbergturm (ABB. 32–35)

Schieder-Schwalenberg, Kahlenberg. 51° 54' 41.3" N/9° 10' 15.6" E.
Siehe Seite 76–78.
Quellen: LAV NRW OWL: L 92 R Nr. 909: Schlagen von Schneisen zur Eröffnung von Aussichten in den Herrschaftlichen Waldungen bei Schieder, 1833; L 92 R Nr. 912: Bau eines Turms auf dem Kahlenberg bei Schieder sowie die Anlegung eines Weges dorthin, 1840 (mit Bauplan).
Literatur: SCHMIDT 1964, S. 145–148; HEERDEN-HUBERTUS 2005; KLEINMANNS 2020.

127 1840–1842, Lage, Amtsgefängnis

Lage, Hindenburgstraße/Ecke Paulinenstraße. Abgängig.
Den nach Ablehnung seines Rundbau-Entwurfes (Kat. 114) entstandenen Plan für einen rechteckigen Gefängnisbau fertigte Brune nur mit Widerwillen. Der ausgeführte Bruchsteinbau erhielt einen eingeschossigen Grundriss von 54 ⅔ Fuß Länge und 40 ½ Fuß Tiefe. In einem Anbau von 20 mal 13 ⅔ Fuß wurden ein Schweine- und Kuhstall sowie Abtritt untergebracht. Die halb abgewalmte Dachkonstruktion aus Nadelholz war mit Hohlziegeln gedeckt. Das Mauerwerk bestand aus Bruchstein mit Sandsteingewänden, die Innenwände aus Eichenfachwerk mit Lehmsteinfüllung. Neben drei Gefängniszellen erhielt das Gebäude eine Wohnstube mit Kammer für den Wärter, dazu Vorratskammer, Küche und Keller. Eine Gefängniszelle diente als Kriminalgefängnis. Um ein Durchbrechen des Mauerwerks zu verhindern, wurden die Zellenwände innen sämtlich mit 1 ¼ Zoll dicken Eichenbrettern verbohlt und eine Doppeltür eingebaut. Die Kriminalzelle und eine weitere waren heizbar. Alle erhielten hochliegende vergitterte Fenster. Auch der weite Schornstein für die Gefangenenöfen war mit einem eisernen Kreuz gegen Ausbruch gesichert.

Die schwierige, spitzwinklige Grundstückssituation hatte bei dem rechtwinkligen Gebäude das Abschneiden der unbrauchbaren Grundstücksspitze zur Folge. Die Ausführung übernahm der Kolon Simon Wächter aus Berlebeck als Generalunternehmer günstig für 1.795 Taler (Brune hatte 2.158 Taler veranschlagt).

Quellen: LAV NRW OWL: L 77 A Nr. 233: Gefängnis des Amtes Lage, 1823–1840; L 92 R Nr. 1526: Amtsgefängnis Lage, 1823–1845.

128 1840–1842, Meierei Oelentrup (Amt Sternberg), Schweinehäuser

Dörentrup, Oelentrup.

Der rechtwinklig an den Schafstall anschließende eingeschossige Massivbau mit Hohlziegeldach maß 56 mal 34 Fuß. Erschlossen war er über einen mittigen Eingang im Giebel, einen Mistgang unter der Firstlinie und einen Futtergang an der einen Traufwand. Letzterer erschloss sechs Koben für Mastschweine und zwei für Eber. Auf der anderen Seite des Mistgangs lagen drei Ställe für Zuchtschweine unterschiedlicher Größe.

Zugleich wurde der alte Schweinestall, ebenfalls 65 mal 34 Fuß messend, am Vorwerk neu eingerichtet. Beidseits des Futtergangs unter dem First lagen zwölf Zuchtställe und zwei Ferkelställe.

Alle Koben wurden durch genutete Sandsteinpfeiler mit eingeschobenen Bohlen gebildet und mit Sandsteintrögen ausgestattet.

Quellen: LAV NRW OWL: D 73 Tit. 4 Nr. 6611: Riss zu einem neuen Schweinehaus am Schafstall, sowie zu einer neuen Einrichtung des alten Schweinehauses am Vorwerk auf der Meierei Oelentrup, Brune 1840.

129 1840–1849, Meierei Schieder, Schafställe (ABB. 94)

Schieder-Schwalenberg, Keßlerstraße 4 und 6.

Die Ersatzbauten für zwei Fachwerk-Schafställe von gleicher Länge und Breite der alten daselbst entwarf Brune 1840 als langestreckte parallele Bruchsteinställe von 191 ½ mal 42 Fuß mit Satteldächern und seitlichen Längsdurchfahrten. Die Giebeldreiecke sind aus Fachwerk konstruiert. Je Längsseite gibt es fünf hochliegende Lüftungsöffnungen und vier Fenstern dazwischen. Die Flügel der beiden Tore öffnen nach außen, ihre Stichbogen-Öffnungen sind mit Sandsteinquadern gefasst. Im Inneren stützt eine Reihe von zehn Pfosten die Dachbalken, das Dach trägt ein liegender Stuhl. Errichtet wurden die Bauten erst 1848/49.

Um 1980 wurden sie zu einem Supermarkt umgebaut.

Quellen: LAV NRW OWL: D 73 Tit. 4 Nr. 6691: Riss zum Anbau eines Schafstalles auf der Meierei Schieder, Brune 1840.
Literatur: STIEWE 2019, S. 19, 21.

130 1841, Detmold, Garten am Rosental

Detmold, Rosental/Lustgarten. Abgängig.
Bauaufnahme.

Hier stellte Brune seinen eigenen Garten dar, mit einem längsrechteckigen Grundriss und einer Laube in einer Ecke gegenüber dem Eingang. An einer Langseite befand sich ein Spargelbeet. Da es sich um eine *Inselkarte* handelt, kann der genaue Standort nicht angegeben werden, ist aber in der Nähe des Offiziantenhauses zu vermuten.

Quellen: LAV NRW OWL: D 73 Tit. 4 Nr. 6932: Grundriss von meinem Garten am Rosental in Detmold, Brune 1841.

131 1841, Billerbeck (Amt Schieder), Scheune der Mattenmühle/Maddenmühle

Horn-Bad Meinberg, Steinheimer Straße 273.
Aufriss des westlichen Giebels.

Die Fachwerkscheune war an der Wetterseite reparaturbedürftig und sollte eine waagerechte Verbretterung erhalten. Vermutlich wurde auch die Ständerkonstruktion dahinter erneuert, wie das Fehlen von Riegeln vermuten lässt, denn diese waren bei einer waagerechten Verbretterung entbehrlich.

Quellen: LAV NRW OWL: D 73 Tit. 4 Nr. 6284: Querschnitt der westlichen Stirnseite von der zur Mattenmühle gehörigen Scheune [in der Gemarkung Billerbeck], Brune 1841.

132 1841, Heiligenkirchen (Amt Detmold), Mühlengerinne

Detmold, Alter Mühlenweg 12. Abgängig.
Der Plan für den Bauetat 1841 zeigt ein Gerinne für vier oberschlächtige Wasserräder.

Quellen: LAV NRW OWL: D 73 Tit. 4 Nr. 6250: Querschnitt und Grundriss der Gerinne an der Mühle zu Heiligenkirchen, Brune 1841.
Bildquellen: LLB: BA SP-DT-HGK-1 und 2: Fotografien, Wilhelm Pecher, um 1920; BA DT-53-29: Mühlräder und Mühlengerinne, Fotografie, anonym, um 1940.

133 1841, Ziegelei Hiddesen (Amt Detmold), Stall und Wohnhausumbau

Detmold, Vorbruch. Abgängig.

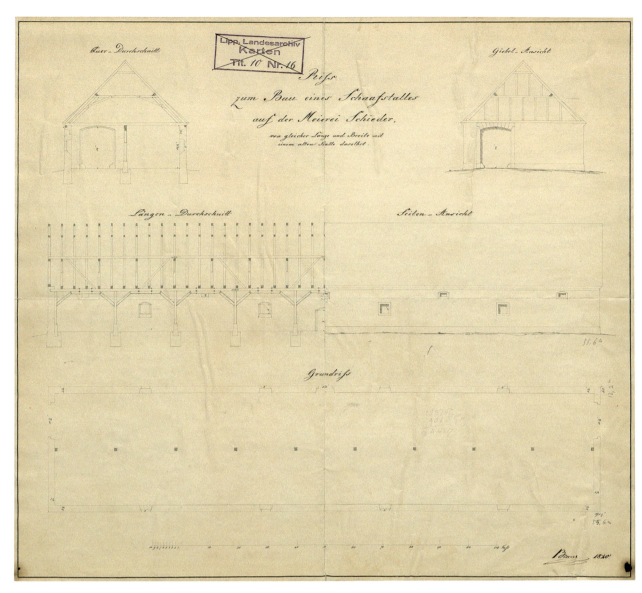

ABB. 94 | Riss zum Anbau eines Schafstalles auf der Meierei Schieder [Kat. 129], Brune, 1840

Die Ausführung des projektierten Neubaus eines Stalls und Umbaus des Wohnhauses ist nicht aktenkundig geworden. Der Stallanbau schließt sich an den vorderen Torfschuppen an. Er bot Platz für zwei Pferde, ein Schwein und eine Kuh, einen Futterplatz und zwei von außen zugängliche Aborte. Im linken Seitenschiff des Wohnhauses wurden die Wohnräume (zwei Stuben und eine Schlafkammer) um neun Stufen (6 ⅔ Fuß) hochgelegt und durch zwei Treppen von der Diele erschlossen. Eine Stube erhielt einen russischen Schornstein. Außerdem wurde die Küche am Ende der Deele durch eine Fachwerkwand abgetrennt.
Quellen: LAV NRW OWL: D 73 Tit. 4 Nr. 7335: Plan zur Veränderung des Wohnhauses auf der Ziegelei in Hiddesen und zur Anlage eines neuen Stallgebäudes, Brune 1841.
Bildquellen: LLB: ME-PK-28-19, Zeichnung Fr. Günther (o. J.).

134 1841, Meierei Schieder, Gartenstaket vor dem Gasthof

Schieder-Schwalenberg, Domäne.
Brune entwarf eine Umfriedung aus 14 Sandsteinpfeilern, verbunden mit je zwei waagerechten Holzriegeln, auf welche die senkrechten Latten genagelt wurden.
Quellen: LAV NRW OWL: D 73 Tit. 4 Nr. 6704: Ansicht und Grundriss vom neuen Gartenstaket zu beiden Seiten des Weges vor dem Gasthof der Meierei Schieder, Brune 1841.

135 1841, Schwalenberg, Amthausscheune

Schieder-Schwalenberg, Marktstraße 5. Abgängig.
Bauaufnahme.

Das Amthaus wurde 1595, vier Jahre nach dem Stadtbrand, vor dem Alten Tor, aber noch innerhalb des Knicks, der die Stadt umgab, erbaut. Bauherr war der Schwalenberger Amtmann Falk Arend von Oeynhausen. Zum Amthaus gehörte eine Scheune im rückwärtigen Grundstücksende an der Chaussee. Sie hatte einen massiven Wandkasten und ein Satteldach sowie eine seitliche Einfahrt. Grund der Bauaufnahme war, dass durch den Bau der Chaussee das Niveau der Deele 7 Fuß 6 Zoll unter dem Straßenniveau zu liegen kam.

Quellen: LAV NRW OWL: D 73 Tit. 4 Nr. 7523: Querschnitt, Grundrisse von der zum Amtshaus in Schwalenberg gehörigen Scheune, aufgenommen von Brune 1841.

136 1841, Vorwerk Weißenfeld (Amt Schwalenberg), Waldschützenwohnung

Schieder-Schwalenberg, Standort unbekannt.

Brune schlug vor, den weiten Schornstein im Flur zugunsten einer russischen Röhre in der angrenzenden Stube abzubrechen. Dies brachte im Hausflur den nötigen Raum zur Verlegung der Treppe und dadurch ein Näherrücken der Küche. Deren Brandmauer sollte um 90 Grad gedreht und dahinter eine Speisekammer angelegt werden. Der niedrige Anbau dahinter, am rechten Giebel, mit zwei *Butzen* sollte abgebrochen werden. Am gegenüberliegenden Giebel war eine Verlängerung des Hauses für einen Stall mit Platz für ein Schwein und eine Kuh mit Futterbühne darüber vorgesehen. Auch der Abort sollte von einem Anbau am Hausflur hierhin verlegt werden. An seiner Stelle konnte ein Fenster für die neue Küche entstehen. Die Ausführung des Projektes ist unklar.

Quellen: LAV NRW OWL: D 73 Tit. 4 Nr. 7535: Riss zur besseren Instandsetzung und Erweiterung des zu einer Waldschützenwohnung bestimmten Wohnhauses auf dem Vorwerke Weißenfeld [Meierei Schwalenberg], Brune 1841.

137 1841/42, Eickernmühle (Amt Brake), Scheune

Lemgo, Voßheider Straße 140.

Nachdem Brune schon 1838 auf den baufälligen Zustand der alten Scheune hingewiesen hatte, erhielt er Ende 1841 von der Kammer den Auftrag zu Neubauplanungen. Brune listete die vorhandenen und fehlenden Funktionen des Bestandes auf, was zu einer Ergänzung um einen Kuhstall und der Vorbereitung eines späteren Schweinestall-Einbaus führte. Den Backofen nahm er aus Feuerschutzgründen aus dem Neubauprogramm heraus und ordnete diesem den Keller zu (Kat. 138).

Die Scheune, 33 mal 28 Fuß groß, wurde bis zum Dachbalken in 13 Fuß Höhe aus Bruchstein vom Wiembecker Berg gemauert. Das Einfahrttor wird von zwei Türen flankiert, je zwei liegende Fenster an den Längsseiten und eines an der Rückseite belichten und belüften den Raum. Die Stürze aller Sandsteingewände wurden zur Entlastung mit Backstein überwölbt. Die inneren Wände und die Giebeldreiecke bestehen aus Eichenfachwerk. Während die unteren Wände mit Bruchstein ausgemauert wurden, sind die Giebeldreiecke verbrettert. Das Dach wurde mit Hohlziegeln gedeckt. Brune veranschlagte den Bau auf 455 Taler ohne Holz. Da wegen hoher Transportkosten des Nadelholzes für das Dach Balken und Sparren vom Zimmermeister Kluckhuhn angekauft wurden, stiegen die Barkosten um 78 Taler. Maurermeister Rehme lieferte das Holz für den Gerüstbau. Im Juni 1842 wurde die alte Scheune meistbietend auf Abbruch verkauft.

Quellen: LAV NRW OWL: L 92 R Nr. 1480: Neubau der Scheune und der Stallung bei der Eickernmühle, 1839–1842.

138 1841/42, Eickernmühle (Amt Brake), Backhaus mit Keller

Lemgo, Voßheider Straße 140.

Da Brune aus Feuerschutzgründen davon abgeraten hatte, in der neuen Scheune (Kat. 137) wie in der alten einen Backofen einzurichten, wurde dieser als Solitär mit einem Keller darunter errichtet, der ebenfalls zum Programm der alten Scheune gehört hatte.

Das 21 ¼ mal 10 Fuß große Gebäude wurde massiv aus Bruchstein gemauert. Der Keller erhielt ein Tonnengewölbe aus Backstein, der Kellerboden und der Boden der Backstube wurden mit Bruchstein gepflastert. Der Eingang mit rundbogigem Oberlicht war mit einem Sandsteingewände eingefasst. Backofengewölbe, Brandmauer und Schornstein wurden aus Backstein gemauert, die Decke gewellert und die Hohlziegel aus Feuerschutzgründen nicht mit Strohdocken, sondern mit einem Kalkmörtelverstrich eingedeckt.

Quellen: LAV NRW OWL: L 92 R Nr. 1480: Neubau der Scheune und der Stallung bei der Eickernmühle, 1839–1842.

139 1841/42, Hiddesen (Amt Detmold), Ziegelei, Trockenschuppen (ABB. 95)

Detmold, Vorbruch. Abgängig.

Den Trockenschuppen für Mauerziegel projektierte Brune mit Riss und Anschlag im Oktober 1841. Die Grundfläche gab er mit 270 mal 30 Fuß an. Das Dach wurde getragen von 66 gemauerten Pfeilern, dazwischen waren Sandsteinschwellen verlegt. Der Dachstuhl aus Nadelholz trug eine Ziegeldeckung. Außerdem wurde ein Raum für die Aufbe-

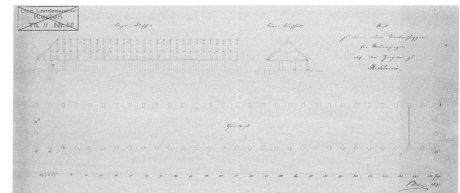

ABB. 95 | Riss zu einem neuen
Trockenschuppen für Mauerzie-
gel auf der Ziegelei in Hiddesen
[Kat. 139], Brune, 1841

ABB. 96 | Riss von einem Stall für
12 Hunde in Schieder [Kat. 140],
Brune, 1841

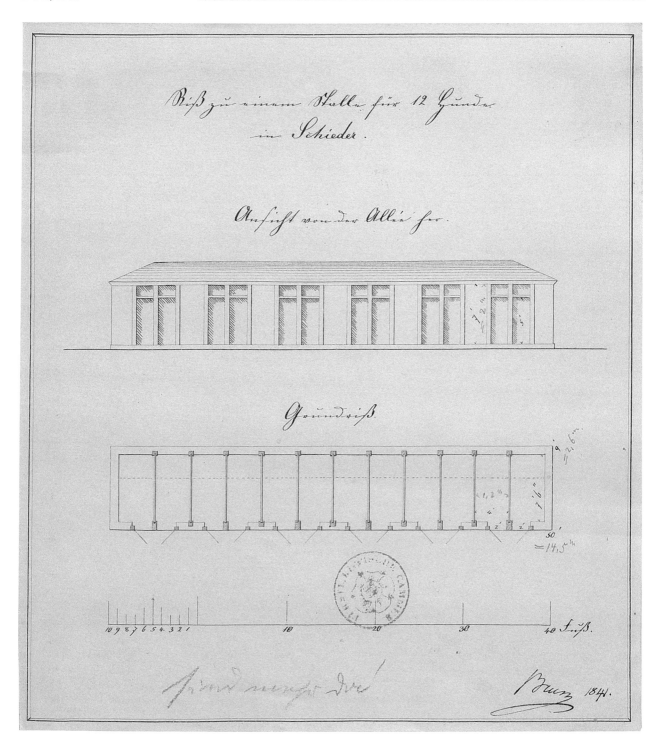

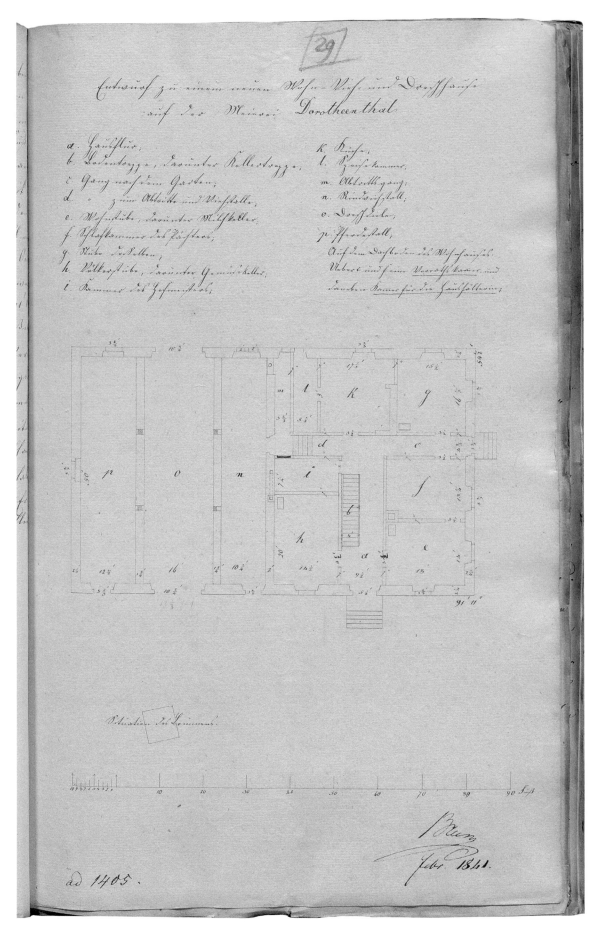

ABB. 97 | Wohn-, Vieh- und Dreschhaus auf der Meierei Dorotheenthal [Kat. 141], Brune, 1841

wahrung der Torfwerkzeuge im Winter eingerichtet. Gebaut wurde der Schuppen im Jahr darauf, 1842.

Quellen: LAV NRW OWL: D 73 Tit. 4 Nr. 7340: Riss zu einem neuen Trockenschuppen für Mauerziegel auf der Ziegelei in Hiddesen, Brune 1841; L 92 A Nr. 4044: Bauten an der Hiddeser Ziegelei, Bd. 2, 1841–1868 (mit Plan).

140 1841/42, Schieder, Hundestall (ABB. 96)

Schieder-Schwalenberg, Im Kurpark. Abgängig.

Das langgestreckte niedrige Gebäude mit Walmdach wurde im Herbst 1841 erbaut. Es maß 50 mal 9 Fuß, hatte eine lichte Höhe von 7 Fuß und barg Einzelboxen für zwölf Jagdhunde. Jede Box war durch eine Tür mit Oberlicht von der Allee aus zugänglich. Die Außenwände wurden aus Backstein gemauert und verputzt, die inneren Abtrennungen erfolgten durch Eichenbohlen. Das Dach erhielt eine Schieferdeckung. 1842 wurde durch ein Eichenstaket noch ein 12 Fuß tiefer Vorhof abgetrennt. Parallelen zu dem älteren Hundehaus (Kat. 122) des Detmolder Schlosses sind unverkennbar.

Quellen: LAV NRW OWL: D 73 Tit. 4 Nr. 6702: Riss von einem Stall für 12 Hunde in Schieder, Brune 1841; L 92 R Nr. 911: Hundehäuser zu Schieder, 1837, 1841.

141 1841–1843, Meierei Dorotheenthal (Amt Sternberg), Vorwerk (ABB. 97)

Barntrup, Dorotheental 1.

Seit 1838 liefen Planungen zu einem Neubau des *Vorwerks*. Brune wandte sich zunächst gegen den Wunsch des Pächters Pape, Stall und Wohnung wieder unter einem Dach zu vereinen. Ende 1840 forderte die Kammer Brune dennoch auf, einen solchen Entwurf zu liefern. Diesen Entwurf zu einem neuen Wohn-, Vieh- und Dreschhaus legte Brune im Februar 1841 vor.

Der Plan zeigt ein 92 mal 54 ½ Fuß messendes Querdeelenhaus mit Satteldach, bis zum Balken 14 ½ Fuß hoch. Links befinden sich eine Durchfahrtdeele mit Pferdestall an der Giebelmauer sowie Rinderstall gegenüber. Rechts liegt, aus Brandschutzgründen durch eine massive Scheidewand getrennt, die Wohnung mit einem T-förmigem Flur (vom Haupteingang an der südlichen Traufe zum Flur unter dem First). Der hintere Längsflur verbindet den Gartenausgang mit dem Eingangsflur und dem Stall bzw. Abtritt. Die Wohnung besteht aus je einer unterkellerten Stube für Pächter und Gesinde, einer Schlaf- und einer Hofmeisterkammer. An der Rücktraufe reihen sich von West nach Ost Abort, Speisekammer, Küche und zweite Pächterstube aneinander.

Im Dachgeschoss wurden eine Rauchbühne und zwei Kammern untergebracht.

Der Bruchsteinbau mit Sandsteingewänden für Tore, Türen, Fenster, zwei Freitreppen, Spülstein und Tröge erhielt innen Eichenfachwerkwände mit Lehmsteinfüllungen und Wellerdecken. Die nach Süden weisenden Stuben haben gekuppelte Fenster, in den Giebelspitzen sitzen halbrunde Fenster. Flure, Küche und Speisekammer wurden mit Sollinger Bodenplatten belegt. Mauerziegel für Entlastungsbögen über den Sandsteinstürzen, für die Brandmauer mit Herd, einen weiten (Stube) und einen engen Schornstein (Küche) sowie das Kreuzgewölbe unter dem Hausflur wurden von der Barntruper Ziegelei bezogen. Das Dach wurde mit Hohlziegeln in Strohdocken gedeckt. Ab dem Dachbalken aufwärts wurde Nadelholz verwendet, inklusive des Bodenbeschusses.

Die Fertigstellung erfolgte im Herbst 1843. Den von Brune mit 3.117 Talern (ohne Holztaxe) veranschlagten Bau hatte Pape im Akkord für 2.500 Taler ausgeführt.

Quellen: LAV NRW OWL: L 92 R Nr. 1174: Bau eines neuen Vorwerks und Schafstalls auf der Meierei Dorotheenthal, 1838–1849 (mit Grundriss und Lageplan); L 92 R Nr. 1175: Abbruch und Verkauf des alten Schafstalls, 1850.

142 1841–1846, Schieder, Altes Amthaus

Schieder-Schwalenberg, Im Kurpark 2.

Nach dem Neubau des Amthauses an der Chaussee nach Pyrmont (Kat. 119) wurde das Innere des alten Amthauses ausgebaut. Das 1705 bis 1708 nach Plänen von Joseph Falk errichtete Amthaus, auch Palais genannt, ist ein zweigeschosiger Massivbau mit Walmdach und zwei großen Gewölbekellern. Im Erdgeschoss waren die Schlosskapelle (Kat. 88) und das Brauhaus eingerichtet, im Obergeschoss die Wohnung des Amtmannes. Die Uhr im flachen Giebel des Mittelrisalites stammte vom alten Brauhaus. Im Dachreiter war die Glocke aufgehängt, die den Arbeitsalltag auf der Meierei strukturierte.

Der Umbau betraf die Erhöhung des Eingangs und ein flacheres Dach. Im linken, zwei Fensterachsen breiten Teil befand sich die Kirche mit Orgelempore nach Westen, Altar und Kanzel im Osten, die herrschaftliche *Prieche* an der Nordseite. Der Eingang zur Kirche lag an der Südseite. Die nördlichen zwei Drittel des Gebäudes dienten als Wohnung.

Quellen: LAV NRW OWL: D 73 Tit. 4 Nr. 6693: Riss zum Ausbau des alten Amtshauses in Schieder, Brune 1846.

Literatur: STIEWE 2019, S. 20–21.

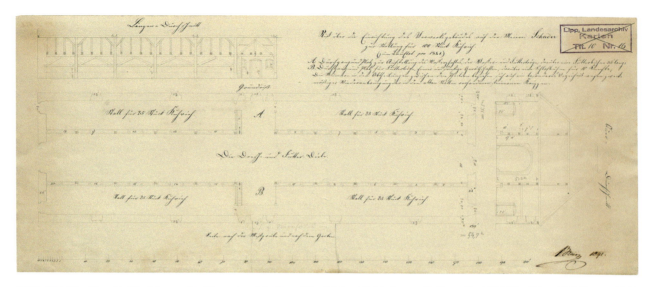

ABB. 98 | Riss über die Einrichtung des Vorwerksgebäudes auf der Meierei Schieder zur Stallung für 100 Kühe [Kat. 143], Brune, 1841

143 1841–1853, Meierei Schieder, Vorwerk (Kuhstall) (ABB. 98)

Schieder-Schwalenberg, Domäne 3.

Das aus dem Jahr 1690 stammende *Vorwerk* wurde nach Verstärkungen des Tragwerks 1836 (Kat. 89) nach langen Vorplanungen 1853 im Inneren völlig neu für hundert Kühe eingerichtet und erhielt ein neues Nadelholz-Dachwerk. Dabei wurden die Steilgiebel durch Halbwalme ersetzt. Bis 1969 wurde es als Kuhstall der Domäne Schieder genutzt, in den 1980er Jahren saniert und zum Rathaus I der Stadt Schieder-Schwalenberg umgebaut.

Quellen: LAV NRW OWL: D 73 Tit. 4 Nr. 6703: Riss über die Einrichtung des Vorwerksgebäudes auf der Meierei Schieder zur Stallung für 100 Kühe, Brune 1841.

Literatur: STIEWE 2019, S. 16 f.

144 1842, Detmold, Schloss, Kaminofen im Königszimmer (ABB. 99)

Detmold, Schlossplatz 1.

Eine halbrunde Kaminnische wurde durch eine neugotische Maßwerkfront aus Gusseisen von zwölf Kielbögen, Vierpässen und durchbrochenem Bogenfries verdeckt, deren Breite 6 Fuß und Höhe 3 Fuß 10 ½ Zoll misst. In der Mitte befindet sich die verglaste Einheiztür mit einem ausziehbaren Aschekasten im 7 Zoll hohen Sockel darunter. Die Seitenstücke sind beweglich, um hinten in den Kamin zu gelangen, und durchbrochen, um wie der Bogenfries die warme Luft hindurchzulassen.

Brune bestellte den Guss dieser von ihm entworfenen Ofenfront bei der Holter Hütte.

Quellen: LAV NRW OWL: D 73 Tit. 4 Nr. 6963: Ansicht und Grundriss vom Kaminofen im sog. Königszimmer des Detmolder Schlosses, Brune 1842 [mit ausführlicher Beschreibung].

Bildquellen: GAUL 1968, S. 186.

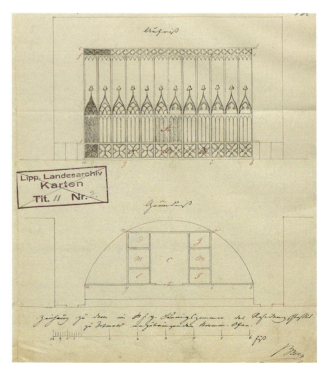

ABB. 99 | Riss vom Kaminofen im Königszimmer des Detmolder Schlosses [Kat. 144], Brune, o. J. (1842)

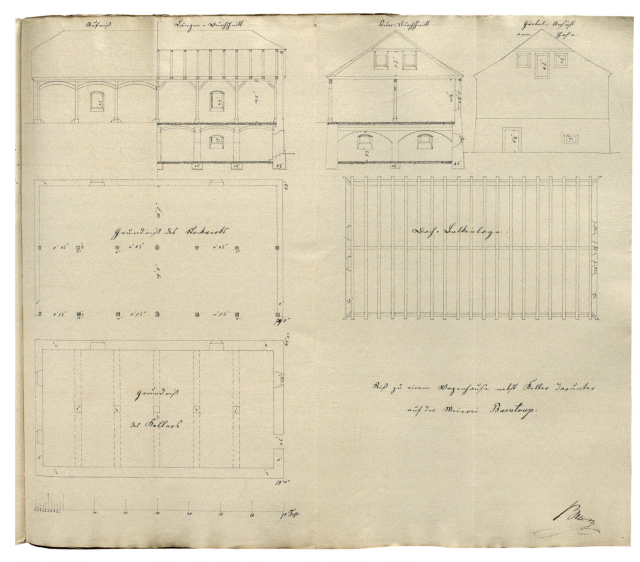

ABB. 100 | Wagenremise mit Keller auf der Meierei Barntrup [Kat. 146], Brune, 1842

145 1842, Detmold, Schlossplatz, Pavillon V und Stallmeisterwohnung

Detmold, Lange Straße 70.
Bei diesem weitreichenden Umbau der Stallmeisterwohnung für den Major von Knoch verlegte Brune aus funktionalen Gründen alle Treppen und versetzte Wände und Türen. Mit Erneuerung von Putzen, Anstrichen, *Lambris*, Tapeten und Öfen kam sein Kostenanschlag auf 833 Taler. Obwohl die Kammer den aufwendigen Treppenumbau zunächst nicht genehmigte, wurden auf Wunsch des Fürsten alle Arbeiten ausgeführt. Drei Flügeltüren und sechs innere Vorsatzfenster sowie zusätzliche Tapeten zahlte Knoch aus eigener Tasche. Knoch hatte nicht lange Freude an diesem Umbau, denn er starb bereits 1848.[25]
Quellen: LAV NRW OWL: D 73 Tit. 4 Nr. 7015: Grundrisse und Querschnitt vom 5. Pavillon und der Stallmeisterwohnung in Detmold, Brune 1842; L 92 R Nr. 727: Bauten am fünften Pavillon, der Stallmeisterwohnung und an den Beschälerställen, Bd. 2, 1842–1860.

146 1842, Meierei Barntrup (Amt Sternberg), Wagenremise mit Keller (ABB. 100)

Barntrup, Hamelner Straße.
Projekt, nicht ausgeführt.
Der massive, voll unterkellerte Bruchsteinbau sollte 80 mal 42 Fuß messen und insgesamt zwölf Ackerwagen (je zwei hintereinander) aufnehmen. An der offenen Traufseite zum Hof ordnete Brune sechs mit gebogenen Eichenbalken überwölbte Einfahrten zwischen Eichenpfosten auf Sandsteinuntersätzen mit Radabweisern an. Eine zweite Pfostenreihe sollte unter der Firstlinie verlaufen. Ungewöhnlich ist die völlige Unterkellerung. Dazu plante Brune unter jedem Mittelständer einen gemauerter Backsteinpfeiler mit je einem

Stichbogen zur Vor- und Rücktraufe, ebenso aus Backstein. Die so gebildeten sechs Abteile sollten mit preußischen Kappen überwölbt werden. In der Rücktraufe waren zwei Fenster vorgesehen, im Keller ebenso und zusätzlich zwei Fenster an den Schmalseiten, rechts mit einer doppelten Kellertür. In den Giebelseiten unter dem Halbwalmdach lagen je zwei Fenster, auf der Hofseite dazwischen eine Ladeluke mit *Plegge*.

Die Sandsteine für Pfeileruntersätze, Kellertreppe und Gewände sollten von den Externsteinen angefahren werden. Das Material für Mauerwerk und Sollingdachdeckung hätte teilweise vom Abbruch des Mastviehhauses verwendet werden können. Wohl wegen der dennoch hohen Anschlagssumme von 1.905 Talern wurde der Bau von Jahr zu Jahr verschoben und 1847 endgültig aufgegeben.

Quellen: LAV NRW OWL: L 92 R Nr. 1240: Bauten und Reparaturen auf der Meierei Barntrup und den dazugehörigen Vorwerken, 1842–1849 (mit Bauriss).

147 1842, Vorwerk Herborn (Amt Sternberg), Schafstall mit Dreschhaus (ABB. 101)

Barntrup, Herborn.
Projekt, nicht ausgeführt.
Der Pächter des *Vorwerks, Konduktor* Bruno, forderte einen Stall für 400 Schafe mit Bühne oder Boden für 40 Fuder Heu sowie eine Dreschdiele von 50 Fuß Länge und 16 bis 18 Fuß Breite mit Banse und Bodenraum für 1500 Hauf zu 9 Bund Getreide. Brune entwarf daraufhin, alternativ

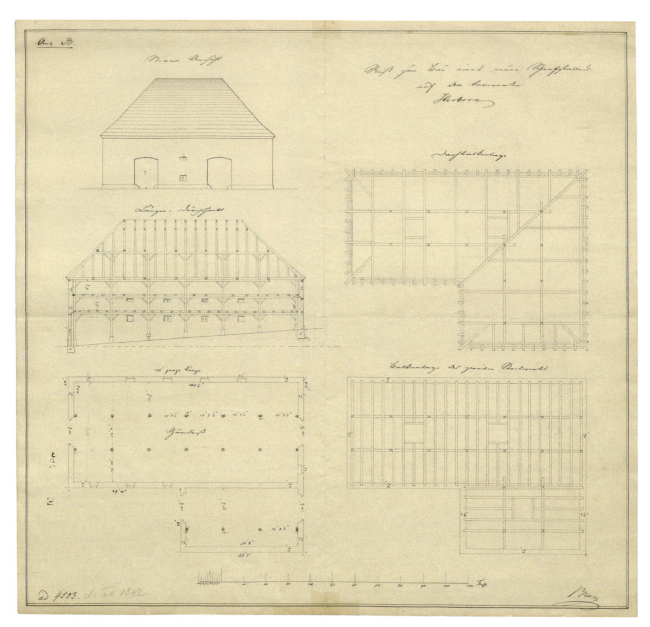

ABB. 101 | Risse zum Bau eines neuen Schafstalles auf dem Vorwerk Herborn [Kat. 147], Brune, o. J. (1842)

massiv oder als Fachwerkbau, einen Stall von 105 mal 48
Fuß Größe mit einer Bühne darin sowie einer angebauten
Dreschdiele von 55 mal 28 Fuß mit seitlicher Banse und
Bodenraum, auch im Zwischengeschoss über dem Schafstall.
Der im Lichten bis zum Dachbalken 14 Fuß hohe Bau
wurde durch vier Tore erschlossen und erhielt acht Licht-
öffnungen und acht Zuglöcher. Die Balkenlage wurde durch
einen mittigen Längsunterzug auf 16 Eichenholzpfeilern
unterstützt. Das Mauerwerk aus Bruchstein sollte durch
behauene Sandsteine zu den Gewänden der Tore und Fenster
ergänzt werden. Auch die Radabweiser in den Toren und
die 16 Pfeileruntersätze waren aus scharriertem Sandstein
veranschlagt. Mauerziegel wurden zum Überwölben der
Öffnungen mit Entlastungsbögen benötigt. Das gesamte
Walmdach bis hin zur Lattung war in Nadelholz geplant,
die Deckung mit Hohlziegeln sowie in der 45 Fuß langen
Dachkehle zum Flügel mit Schiefer projektiert. Die Fensteröffnungen sollten mit schwarz gestrichenen eisernen
Fensterrahmen geschlossen werden, die Zuglöcher mit
inneren Klappen. Brunes Anschlag kam auf 2.880 Taler zuzüglich dem mit 901 Talern taxierten Holz.

Da die Kosten von fast 4.000 Talern in keinem Verhältnis
zum Ertrag standen, genehmigte die Kammer den Bau nicht,
sondern beauftragte Brune mit einem Nur-Schafstall (Kat.
158) und ordnete die Nutzung des alten Schafstalls als
Dreschhaus an.

Quellen: LAV NRW OWL: D 73 Tit. 4 Nr. 6678 und 6679:
Risse zum Bau eines neuen Schafstalles auf dem Vorwerk
Herborn, Brune 1842; L 92 R Nr. 1247: Bau eines neuen
Schafstalles zu Herborn, 1841; L 92 B Nr. 2098: Vermessung
des zur Meierei Barntrup gehörenden Vorwerks Herborn,
1844–1902.

148 | 1842, Sternberg, Oberförster-wohnung

Extertal, Sternberger Straße.
Die Erweiterung der Oberförsterwohnung erfolgte durch
Aufstockung. Dazu wurde der eingeschossige massive Anbau
an der Ostseite durch Abschleppen das Hauptdachs auf eine
erheblich höhere Traufhöhe gebracht, die ein zweites Geschoss
ermöglichte. Im niedrigen unteren Geschoss blieben die
Milchstube und Gesindestube, darüber entstanden eine Geschäftsstube und eine Kammer. Der weite Schornstein wurde
durch eine doppelte russische Röhre ersetzt.
Quellen: LAV NRW OWL: D 73 Tit. 4 Nr. 7494: Riss zu
einem neuen Anbau an der Ostseite der Oberförsterwohnung
auf Sternberg, Brune 1842.

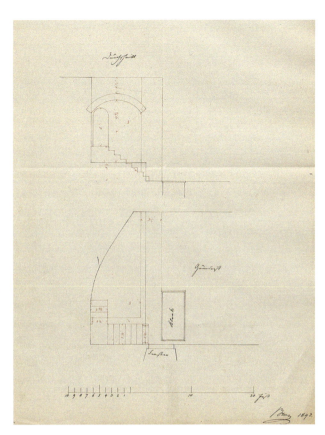

ABB. 102 | Riss zu einem neuen Eiskeller im Hundezwinger am
Detmolder Schloss [Kat. 150], Brune, 1843

149 | 1842–1845, Detmold, Spritzenhaus (ABB. 36, 37)

Detmold, Karlstraße 20/Meierstraße.
Auftraggeber: Magistrat der Stadt Detmold.
Siehe Seite 78–81.
Quellen: LAV NRW OWL: L 79, Nr. 2691: Bau eines Sprüt-
zenhauses in Detmold, 1841–1858 (enthält Pläne); L 80.14
Nr. 494: Spritzenhaus in Detmold, 1858–1935; L 80.22 Nr.
595: Spritzenhaus Detmold Meierstraße, 1892.
Literatur: PETERS 1953, S. 211; KLEINMANNS 2022 b.

150 | 1843, Detmold, Schloss, Eiskeller (ABB. 102)

Detmold, Schlossplatz 1.
Neubau eines zweiten Eiskellers (Kat. 18) im Hundezwinger
am Schloss.
Die Planung erfolgte im Juli, die Genehmigung Anfang
August und die Ausführung ab Anfang September 1843.
Ein Teils des Hundezwingers wurde durch eine Querwand
aus Bruchstein (20 ½ Fuß lang, 17 Fuß hoch und 3 ½ Fuß
dick) abgetrennt. Dieser abgetrennte Raum wurde mit einem
1 Fuß starken Ziegelgewölbe von etwa 4/5 Schachtruten

Fläche überdeckt. Für das Gewölbe musste die Futtermauer an der Terrasse zur Bildung eines Gewölbewiderlagers teilweise abgetragen und wieder aufgemauert werden. Ebenso wurde ein Abzugskanal für das Schmelzwasser in dieser Mauer verlegt. Den eigentlichen Eiskeller und den dahin führenden Gang trennt eine 1 Fuß starke Ziegelsteinmauer von 5 Fuß Länge und 9 Fuß Höhe mit einem Sandsteingewände für die nach außen aufschlagende hölzerne Bogentür. Im Gang führt eine 3 1/6 Fuß breite Treppe mit zwölf Sandsteinstufen auf das Kellerniveau. Den äußeren Eingang bildet ebenfalls eine Bogentür, hier jedoch mit Holzzarge. Im Kellergewölbe wurde ein eiserner Kreuzhaken zum Aufhängen des Fleisches eingemauert. Nach oben wurde das Gewölbe mit einer dichten Tonlage abgedichtet und mit Erde aufgefüllt.

Quellen: LAV NRW OWL: D 73 Tit. 4 Nr. 6964: Querschnitt und Grundriss zu einem neuen Eiskeller im Hundezwinger am Detmolder Schloss, Brune 1843; L 92 S Tit. III a Nr. 8: Eiskeller auf dem hiesigen Schloß-Walle, 1788–1870, fol. 52–55.

151 1843, Detmold, Wohnhaus auf dem Holzhof an der Friedamadolphsburg (Neues Palais)

Detmold, Neustadt. Abgängig.
Bauaufnahme.
Dieses zweigeschossige Gebäude mit Ställen und Nebenräumen im Erdgeschoss sowie Wohnräumen im Obergeschoss wurde vermutlich für den Neubau des Marstalls (Kat. 186) abgerissen. Es stand unmittelbar an der Straße in Nord-Süd-Richtung. Der Holzhof schloss sich südlich an die Friedamadolphsburg (Neues Palais) an.
Quellen: LAV NRW OWL: D 73 Tit. 4 Nr. 7167: Querschnitt, Grundrisse von dem Wohnhaus auf dem Holzhof bei der Burg, Brune 1843.

152 1843, Meierei Barntrup (Amt Sternberg), Schafstall

Barntrup, Hamelner Straße. Abgängig.
Erneuerung eines Giebels.
Der Schafstall stand am nördlichen Ende der Hofanlage, schräg hinter dem *Vorwerk*. Die seitliche Durchfahrt lag an der Südwestseite. Der nach Nordwesten, zum Baumhof weisende Giebel wurde erneuert.
Quellen: LAV NRW OWL: D 73 Tit. 4 Nr. 6672: Situations-Plan der Meierei Barntrup, Goedecke/Merckel 1832/33; D 73 Tit. 4 Nr. 6681: Ansicht der Giebelseite des Schafstalles auf der Meierei Barntrup, Brune 1843; L 92 R Nr. 1240:

Bauten und Reparaturen auf der Meierei Barntrup und den dazugehörenden Vorwerken, Bd. 4, 1842–1849.

153 1843, Meierei Schieder, Dreschhaus

Schieder-Schwalenberg, Domäne 2.
Für die Verlängerung der alten, vermutlich noch aus dem 16. Jahrhundert stammenden Scheune, fertigte Plöger 1842 ein Bestandsaufmaß an. Der etwa 40 Meter lange Scheunenanbau aus Bruchsteinmauerwerk mit seitlicher Längsdurchfahrt und Halbwalmdach, gelegen am südlichen Rand der Meierei, ersetzte ein Viehhaus an dieser Stelle. Das Dreschhaus oder die Große Scheune am südlichen Rand der Meierei wurde in zwei Bauabschnitten errichtet. Zunächst entstand 1843 ein etwa 40 m langer Scheunenbau. Die Scheune plante Brune als Massivbau aus Bruchsteinmauerwerk. Sie ist längs aufgeschlossen mit seitlicher Durchfahrt. Wie die meisten Bauten Brunes erhielt die Scheune ein Halbwalmdach. Die beiden Tore überwölbte Brune mit einem seinerzeit modernen Stichbogen, der mit Backsteinen gemauert ist. Die seitlichen Gewände bestehen aus behauenem Sandstein, an dem die nach außen aufschlagenden Torflügel angeschlagen sind. Auch die Fenster erhielten Sandsteingewände, deren Stürze durch gemauerte Backsteinbögen entlastet sind. Die drei schmalen Lüftungsöffnungen des Dachbodens in den Giebeltrapezen wurden ohne Gewändesteine aus Bruchstein gemauert.
1845–1849 wurde der Bau auf 77 m verlängert (Kat. 172).
Quellen: LAV NRW OWL: L 92 R Nr. 1270: Bauten und Reparaturen auf der Meierei Schieder, Bd. 6, 1842–1845.
Literatur: LINDE/RÜGGE/STIEWE 2004, S. 82; STIEWE 2019, S. 17.

154 1843, Schieder, Prinzenhaus im Schlosspark (ABB. 103)

Schieder-Schwalenberg, Im Kurpark 7.
Mit der Erweiterung des Schlossparks in Form eines englischen Landschaftsgartens und Verbindung mit dem Barockpark durch eine Brücke über den Schweibach unter Leopold II. wurde auch in der Nähe der Brücke das *„Prinzenhaus"*, ein Teepavillon, im Rundbogenstil erbaut. Der eingeschossige giebelständig Pavillon erhielt eine offene, ein Gebinde tiefe Vorhalle, die über Eck von je zwei Rundbögen getragen wird. In den Traufseiten belichtet je ein Zwillingsfenster mit Rundbögen das Innere. Das vordere Giebeldreieck schmückt eine zu dieser Zeit hochmoderne Laubsägearbeit, an den Seiten der Vorhalle schließen hüfthohe Schmiedeeisengitter.

ABB. 103 | Prinzenhaus im Schlosspark Schieder [Kat. 154],
Brune, 1843, Ansicht 2022

Bildquellen: LLB: HV 15,17-7r, Ansicht von Nordwesten,
Zeichnung Ludwig Menke, 1863.
Literatur: STIEWE/DANN 2013, S. 13 f.

155 1843, Schieder, Badeanstalt in der Emmer

Schieder-Schwalenberg, beim Schloss.
Auf Befehl des Fürsten wurde die Emmer aufgestaut und
ein Badezelt für die Herrschaften darin aufgestellt. Es bestand
aus zwei Seitenwänden von 25 Fuß Länge und 6 Fuß Höhe
sowie sechs Pfählen mit Eisenspitzen und einer am Rande
gezackten Zeltbahn aus *Drell*, mit rotem Wollband eingefasst.
Nach Abreise der Herrschaften wurde es nach Detmold
gebracht und in den folgenden Jahren jeweils im Juni wieder
aufgeschlagen.
Quellen: LAV NRW OWL: L 92 R Nr. 913: Anlegung einer
Badeanstalt in der Emmer bei Schieder, 1843.

156 1843, Meierei Schwalenberg, Umbau Pferde- und Schweinehaus, Neubau Schweineställe

Schieder-Schwalenberg, Mengersenstraße 3–9. Teilweise
abgängig.
In Schwalenberg gab es zwei Meiereien, eine paderbornische
(Humbertshof) und eine lippische (Kemperhof), die seit
1808 beide dem Ökonom Brakmann gehörten. 1831 erwarb
die lippische Regierung die Güter und legte sie 1842
zusammen. Dazu wurde der Kemperhof, im Norden an der
Neuen Torstraße gelegen, aufgelöst und der gesamte Wirt-
schaftsbetrieb auf dem Gelände des Humbertshofs an der
Chaussee südlich des Ortes zusammengefasst. Das erforderte
dort den Umbau und Neubau einiger Gebäude. 1842 bestanden

ein großes Wohnhaus, die Brennerei, das *Vorwerk*, ein Ver-
walter- und Hühnerhaus, das abgewinkelte Lange Haus
(Schweine- und Pferdehaus) an der Chaussee, ein Gesin-
de- und Backhaus, ein Schafstall, die Zehntscheune und ein
kleines Schäferhaus. Brune projektierte hier einige Umbauten
und den Neubau von Schweineställen.
Im südöstlichen Teil wurde der Schweinestall vergrößert.
An zwei schmalen Futtergängen entstanden 24 Koben, davon
zwölf Rücken an Rücken. Sie enthielten Mastställe, Zuchtställe
und zwei Eberställe. Es folgte ein breiter Futterplatz, an den
sich nach Südosten drei größere Ställe anschlossen: für 61
Ferkel, 39 Großfasel und 46 Kleinfasel.
Nach Nordwesten schloss Brune eine Brennholzremise an,
eine Rademacherei, eine Geschirrkammer und eine Wagenremise,
welche alle die gesamte Breite des Gebäudes einnahmen und
traufseitig vom Hof her erschlossen wurden. Ihnen
folgte der Pferdestall mit vier Ständen für fremde Pferde,
ein Reitpferd und Stuten, eine Futterdiele, ein doppelter
Stall für 16 Ackerpferde in Schwanz-zu-Schwanz-Aufstellung,
eine weitere Futterdiele und, am nordwestlichen Ende, ein
Stall für Zugochsen. Diese Ställe nahmen nicht die gesamte
Breite des Gebäudes ein, sondern waren durch einen langen
Gang an der Seite zur Chaussee verbunden, in dem auch
Schlafstellen und Raum zum Aufhängen des Geschirrs vorgesehen waren.
Das westliche Fünftel des Gebäudes ist erhalten und wird
als Lebensmittelmarkt genutzt.
Quellen: LAV NRW OWL: D 73 Tit. 4 Nr. 6726: Situationsplan,
Steneburg 1842; D 73 Tit. 4 Nr. 7537: Riss zur Veränderung
der Pferdeställe, der Schweineställe und andrer Räume auf
der Meierei Schwalenberg, Brune 1843; D 73 Tit. 4 Nr.
7538: Querschnitt, Grundrisse zur Einrichtung neuer Schwei-
neställe auf der Meierei Schwalenberg, Brune 1843; L 88.22
Nr. 774: Umbau des Schweinestalls, 1943–1946.
Bildquellen: LLM: 213/93: Ansicht von Nordosten, Zeichnung,
Emil Zeiß, 1850.
Literatur: KARL ECKART, Schwalenberg. Kontinuität und
Wandel. Vom Flecken zum Stadtteil. Eine Chronik, Schwalenberg 2008, S. 125 f.

157 1843/44, Detmold, Atelier für den Maler Gustav Quentell

Detmold, zwischen Heuwaage und Lustgarten. Abgängig.
Dem Maler Gustav Quentell wurde auf dessen Antrag zum
Portraitieren fürstlicher Reitpferde zwischen Heuwaage und
Lustgarten ein hölzernes Ateliergebäude erbaut. Quentell
hatte angeboten, die Lohnkosten zu tragen, wenn die Kammer
das Material aus dem Baumagazin leihweise gäbe. Nachdem
Brune zunächst ein regelmäßig achteckiges Gebäude von

etwa 23 Fuß Durchmesser mit Hohlziegeldach und einem Fenster für den Betrag von 160 Talern geplant hatte, davon 125 für Material und 35 für Arbeitslohn, verlangte Quentell nach dessen Genehmigung Anfang 1844 ein erheblich größeres Gebäude und erklärte sich bereit, die erheblichen Mehrkosten zu tragen. Das Atelier erhielt eine oblonge Form von 27 1/6 Fuß Länge und 18 ½ Fuß Breite, Die Fachwerkwände wurden beidseitig beplankt, innen mit Leinwand und Papier überzogen und angestrichen, die Giebel verbrettert. Dadurch waren die Kosten auf 356 Taler gestiegen. Quentell zahlte seinen Anteil 1853 mit vier Pferdeportraits.

Wegen Neugestaltung des Platzes vor der Heuwaage (Kat. 221) wurde das Atelier 1853 abgerissen.

Quellen: LAV NRW OWL: L 92 R Nr. 816: Erbauung eines Ateliers für den Maler Quentell auf dem Platz neben dem Jägerhof, 1843–1853.

158 1843/44, Vorwerk Herborn (Amt Sternberg), Schafstall (ABB. 104)

Barntrup, Herborn 1.

Nach Ablehnung eines größeren Schaf- und Dreschhausprojektes (Kat. 147) beauftragte die Kammer Brune Mitte März 1843 mit der Planung eines Schafstalls, der im Herbst bezugsfertig sein sollte, und genehmigte am 19. Mai Brunes Entwurf. Der Bruchsteinbau wurde 114 ½ Fuß lang, 46 ½ Fuß breit und bis zum Dachbalken 16 Fuß hoch. Eine seitliche Längsdurchfahrt erhielt an beiden Enden Tore mit Stichbogenwölbung aus Sandstein. An den Längsseiten befinden sich gleichmäßig verteilt je drei Eisenfenster und Luftöffnungen darüber, das mittlere Fenster der Westseite als Seitentür. Alle Stürze erhielten einen Entlastungsbogen aus Backstein. Die Balkenlage wird durch einen mittigen Unterzug auf sieben Eichenständern unterstützt. Balkenlage, liegender Stuhl, Sparren und Lattung des Halbwalmdaches bestehen aus Nadelholz, die Deckung aus Hohlziegeln. Im Frühjahr war der Bau fertig, die veranschlagten Kosten von 1.796 Talern (inklusive Holztaxe 2.660 Taler) wurden um 120 Taler überschritten. Die Kosten des Baus wurden von *Konduktor* Bruno verzinst.

Im Zweiten Weltkrieg diente der Schafstall als Flugzeughalle der 1937 eröffneten NS-Flugschule, später erfolgte ein Ausbau zum Sanatorium.

Quellen: LAV NRW OWL: L 92 R Nr. 1247: Bau eines neuen Schafstalles zu Herborn, 1841 (mit Bauriss); L 92 B Nr. 2098: Vermessung des zur Meierei Barntrup gehörenden Vorwerks Herborn, 1844–1902.

Bildquellen: LLB: BABA-5-47, Fotografie (undat.).

Literatur: KIRSTEN FUHRMANN, Frauen hoben in Herborn ab, in: Lippische Landes-Zeitung, 255 (2021), Nr. 67 vom 20./21.3., S. 20.

159 1844, Schloss Detmold, neue Fenster im Großen Turm

Detmold, Schlossplatz 1.
Projekt, nicht ausgeführt.

Brune entwarf hier denkmalpflegerisch an den Bestand angepasste gekuppelte Drillingsfenster mit Rundbögen, lichte Höhe 6 Fuß 9 Zoll, in vier Etagen übereinander, die rechteckigen Flügel durch zwei Eisensprossen geteilt. Die Gewände erhielten Kassetten mit Diamantbetonung der Mitte, Sohlbänke und Kämpfer sind profiliert.

Quellen: LAV NRW OWL: D 73 Tit. 4 Nr. 6965: Zeichnung zu den im großen Thurme des Residenzschlosses zu Detmold anzubringenden neuen Fenstern, Brune 1844.

160 1844, Meierei Büllinghausen (Amt Brake), Schafstall mit Wagenschuppen

Lemgo, Büllinghausen 2.
Bauaufnahme (Querschnitt und Grundriss).

Der Grund der Bauaufnahme ist unbekannt, ein Neubau erfolgte 1847–1851 (Kat. 180).

Quellen: LAV NRW OWL: D 73 Tit. 4 Nr. 6452: Querschnitt und Grundriss vom Schafstall nebst Giebelansicht vom Vorwerk der Meierei Büllinghausen, Brune 1844.

161 1844, Meierei Büllinghausen (Amt Brake), Vorwerk

Lemgo, Büllinghausen 2.
Bauaufnahme.

Die Bestandserfassung erfolgte vorbereitend zur Erneuerung der südlichen Giebelverbretterung.

Quellen: LAV NRW OWL: D 73 Tit. 4 Nr. 6452: Querschnitt und Grundriss vom Schafstall nebst Giebelansicht vom Vorwerk der Meierei Büllinghausen, Brune 1844.

162 1844, Meierei Falkenhagen (Amt Schwalenberg), Waschhaus

Lügde, Domänenweg. Abgängig.

Bestandsaufmaß aus Anlass des Ankaufs des Gebäudes vom Pächter Schönfeld durch die Rentkammer.

Quellen: LAV NRW OWL: D 73 Tit. 4 Nr. 6753: Grundriss und Ansicht des Waschhauses auf der Meierei Falkenhagen, Brune o. J.; L 92 F 1 Tit. IIIa Nr. 13: Vom Landkonduktor Schönfeld zu Falkenhagen erbautes Waschhaus und dessen Ankauf aus der Falkenhagener Kasse, 1844 (mit Grundriss).

Literatur: GERKING 2004.

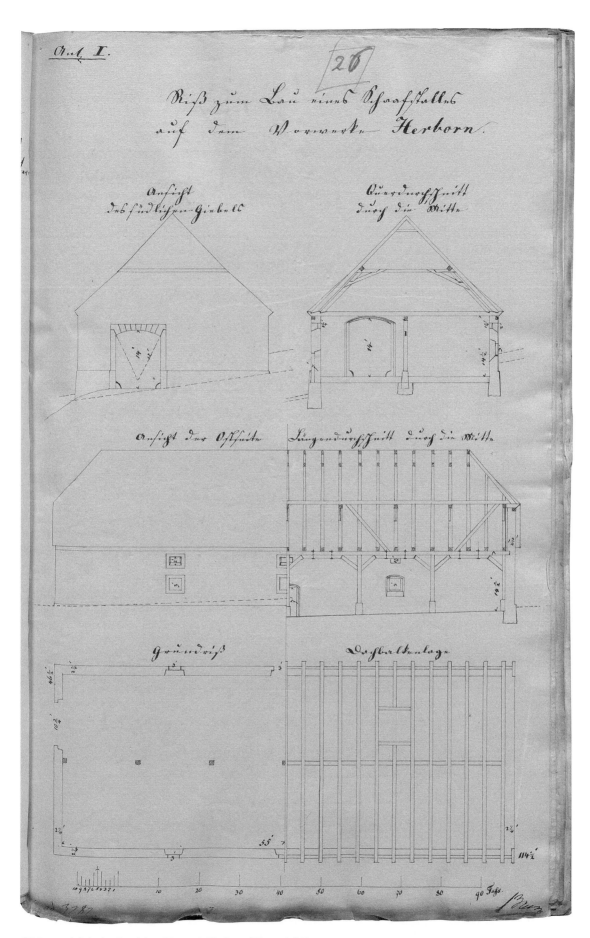

ABB. 104 | Schafstall auf dem Vorwerk Herborn [Kat. 158], Brune, 1843

163 | 1844, Meierei Schwalenberg, Vorwerk

Schieder-Schwalenberg, Mengersenstraße.
Verlängerung und Umbau.
Der zweigeschossige Bau hatte eine Längsdiele und traditionelle Aufstellung des Viehs. Brune organisierte den Stallgrundriss um, indem er die Deelenwände weiter in die Mitte rückte und die Aufstellung des Viehs in die moderne Schwanz-zu-Schwanz-Position änderte. Dazu legte er an der linken Traufseite einen Futtergang an, von dem drei und in der Verlängerung des Gebäudes ein vierter Quergang mit jeweils beidseitigen Trögen abgingen. An der rechten Traufseite entstanden fünf Türen zum Entmisten der Ställe.
Quellen: LAV NRW OWL: D 73 Tit. 4 Nr. 7539: Plan zur Veränderung und Verlängerung des Vorwerks auf der Meierei Schwalenberg, Brune 1844.

164 | 1844, Sternberg, Wagenremise (Glockenhaus)

Extertal, Sternberger Straße.
Der Neubau eines im November 1836 umgewehten Wagenschuppens auf der Burg wurde erst 1844 genehmigt. Brune baute dazu das alte Glockenhaus zu einer Remise mit Stall und Holzlager um. Der Neubau wurde annähernd doppelt so lang, wie das vorhandene Glockenhaus und reichte rechts bis an die *„Ehemalige Amtstube, jetzt Korn-Behälter"*. Brune baute eine annähernde Symmetrie auf, in deren Mitte er als Gaube auf dem Satteldach ein Uhren- und Glockentürmchen platzierte. Darunter befanden sich drei Türen in die Ställe für Gänse und Enten, Kühe und Schweine, mit einem Abort an der Rückwand. Links davon ordnete er die Remise mit Segmentbogen-Tor, rechts die Holzremise an. Im Mittelpunkt des Gebäudes blieb ein quadratischer Schacht für die Uhrgewichte. Die Länge beträgt im Mittel (das Gebäude schließt schräg an den Kornbehälter an) 55 Fuß, die Tiefe 22 Fuß 8 Zoll, die lichte Höhe innen 12 ½ Fuß. Das Satteldach hat eine Neigung von rund 45 Grad. Die Außenwände bestehen aus Bruchstein, die Innenwände aus Fachwerk. Der Stallboden ist gepflastert, drei Tröge und die Gewände der Türen und des Tores sind aus behauenen Sandsteinen.
Quellen: LAV NRW OWL: D 73 Tit. 4 Nr. 7495: Riss zum Neubau des sog. Glockenhauses auf Burg Sternberg, Brune 1844; L 92 R Nr. 1597: Durch Sturm entstandene Schäden an den Sternberger Gebäuden und Umbau des Glockenhauses, eines Teils der eingestürzten Ringmauer und des Anhangs an der Oberförsterwohnung, 1836–1844.
Bildquellen: LLB: BA EX-2-7, Zeichnung, Alfred Yark (1839); 9 S 6, Zeichnung, E. Zeiss (1869).

165 | 1844/45, Wüsten (Amt Schötmar), Kirche

Bad Salzuflen, Vlothoer Straße.
Erweiterung.
Nachdem die 1621 erbaute Kirche in den Jahren 1840 bis 1842 nach einem Entwurf (1839) von Ferdinand Merckel um 20 Fuß nach Westen verlängert und mit einem Turm versehen worden war, zeigte sich schon sehr bald, dass die Größe den Anforderungen immer noch nicht genügte und auch die Akustik unvollkommen war. Anfang 1844 beschloss die Gemeinde eine erneute Erweiterung. Es wurden drei Entwürfe vorgelegt von Culemann, Gödecke und Brune, dessen Projekt angenommen wurde. Die Ausführung begann im April 1845 mit einigen Abänderungen von Culemann, dem die Bauaufsicht übertragen worden war.
Brune hatte das Kirchenschiff um 12 Fuß nach Norden verbreitert. Dazu mussten das Dach abgenommen sowie die Nordmauer abgetragen und entsprechend versetzt wieder aufgeführt werden. Die Kosten veranschlagte Brune mit 2.645 Talern. Nach der Fertigstellung im Dezember 1845 bot die Kirche 786 Sitzplätze. 1863 wurde Merckels Glockenturm, der nach Brunes Erweiterung exzentrisch stand, durch einen mittig platzierten neuromanischen Neubau ersetzt. Den Entwurf dafür hatte der Detmolder Baumeister Carl Leopold Petri geschaffen.
Literatur: ROLAND LINDE und HEINRICH STIEWE: Wüsten. Die Kirche und ihr Kirchspiel (Lippische Kulturlandschaften; 47), Detmold 2021, S. 13–18.

166 | 1844–1846, Detmold, Turnhaus des Gymnasiums (ABB. 105, 106)

Detmold, Leopoldstraße 5.
Auftraggeber: Scholarchats-Kommission.
Nach einer Anregung von Carl Weerth im Jahr 1844 entwarf Brune zunächst einen kleinen Turnsaal als südliche Verlängerung des Stallgebäudes von Lehrer und Pedell, dessen Grundfläche und Höhe sich im weiteren Planungsprozess als zu klein zeigten. Der nächste Entwurf eines freistehenden Turnhauses von 52 mal 26 Fuß Innenmaß und 15 Fuß lichter Höhe wurde dann noch einmal, ohne wesentliche Änderungen an der Gestaltung, auf 70 mal 35 Fuß und 18 Fuß Höhe vergrößert. Lediglich ein fünftes Fenster war an der Südseite eingefügt worden. Die Unsicherheit über die notwendige Größe hatte auch zu einer Anfrage bei dem Turnfachmann KLUMPP[26] in Württemberg geführt, blieb aber ohne konkreten Hinweis. 1845 erfolgte die Genehmigung durch die Regierung. Nur ein Ofen und die zwischenzeitlich aufgekommene Idee der Nutzung des Dachgeschosses für den Naturwissenschaft-

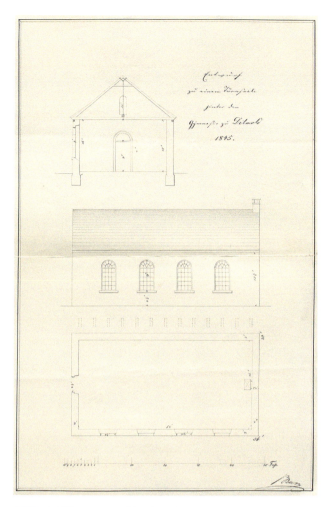

ABB. 105 | Bauriss vom Turnhaus des Detmolder Gymnasiums [Kat. 166], Brune, 1845, ab 1853 Museum [Kat. 217]

lichen Verein wurden nicht bewilligt. Im Dezember 1845 wurde die Turnhalle an Mauermeister Harte als *Entrepreneur* für 1.300 Taler verdungen und am 15. August 1846 eingeweiht.[27] Die Halle entstand hinter dem Gymnasium an der Grund-

stücksgrenze zum benachbarten Lehrergarten im Norden und dem Kuhkamp im Osten. Der Bruchsteinbau mit gemauerten Backsteinbögen der Fenster erhielt nur im Inneren einen Kalkputz. Der Eingang wies nach Westen, die Südseite erhielt fünf rundbogige Fenster mit vorstehenden Sandstein-Sohlbänken und Eisensprossen und jeweils einem Luftrahmen, ebenso das Oberlicht der Tür. Über dieser ordnete Brune eine kleine Rundbogentür im Giebeldreieck an. Den Boden bedeckte nur eine ½ Fuß dicke Schicht Gerberlohe. Zwei hölzerne Klettergerüste wurden aufgestellt. Der Schornstein als Möglichkeit einer späteren Beheizung sollte auch der Lüftung dienen. Die hohe Baufeuchte machte im ersten Winter eine Heizung nötig. Die Satteldach-Konstruktion aus Nadelholz mit eisernem Hängewerk wurde mit Hohlziegeln gedeckt. Die gewellte Decke war in Raummitte durch einen kegelförmigen Trichter, der der Entlüftung diente und bis unter den First reichte, unterbrochen. Zur Verbesserung der Lüftung musste Brune noch zwei Fenster an der Ostseite anbringen.

Dies war nach SCHODROK die erste Turnhalle an einer öffentlichen staatlichen Schule in Deutschland. Sie ermöglichte nun auch im Winterhalbjahr Turnunterricht. Brune hatte, da ihm das Turnen der Jugend wichtig erschien, auf jegliches Honorar verzichtet.

Schon 1851 wurde sie nicht mehr genutzt, da sie sich einerseits als zu kalt und feucht erwies, andererseits der Turnlehrer Steineke schwer erkrankte und im Jahr darauf starb.[28] Im Oktober 1852 wurde dem Umbau zum Sammlungsgebäude des Naturwissenschaftlichen Vereins zugestimmt (Kat. 217). Schon 1855 folgten Planungen einer neuen Turnhalle nach Plänen von Ferdinand Merckel in gestalterischer Anpassung an Brunes Bau, die 1856/57 gegenüber der alten Turnhalle an der südlichen Grenze des Schulhofs ausgeführt wurde.

ABB. 106 | Turnhaus (links) des Detmolder Gymnasiums, Brune, 1844–1847, Ansicht von Westen, rechts Merckels Neubau von 1857, Fotografie, Ferdinand Düstersiek, um 1900

Quellen: LAV NRW OWL: L 106 B Tit. 4 Nr. 3: Das Turnhaus des Detmolder Gymnasiums, 1844–1847 (mit drei Baurissen, Lageplan); L 106 B Tit. 4 Nr. 4: Instandsetzung des Turnhauses, 1852–1854.

Bildquellen: LAV NRW OWL: D 75 Nr. 647, Ansicht der Turnhallen von Osten, links die von 1846, rechts Merckels Neubau von 1857.

Literatur: KARL-HEINZ SCHODROK, Baugeschichte der ersten Turnhalle am Gymnasium Leopoldinum zu Detmold 1844–1857. Ein Beitrag zur Entstehungsgeschichte der Sportarchitektur in Westfalen und Lippe, in: Turn- und Sportgeschichte in Westfalen und Lippe. Zeitschrift des Westfälisch-Lippischen Instituts für Turn- und Sportgeschichte e. V. 3 (1998), Heft 1, S. 52–84; FINK 2002, S. 236, 295 f.

167 | 1845, Detmold, Werreregulierung Im Kampe

Detmold, Friedrichstraße.

Auftraggeber: Magistrat der Stadt Detmold.

1842/43 hatte Spies hier einfache Fachwerkhäuser erbaut (Nr. 7–15). Zu deren Sicherung vor Hochwasser wurde die Werre im Herbst 1845 unter Brunes Leitung von Spies und Rakelmann in diesem Bereich reguliert, d. h. mit erhöhten Mauern eingefasst. Schon 1829 hatte Brune zwischen Kälberwiese und Seminargarten eine Uferbefestigung durch Flechtzäune vornehmen lassen.

Quellen: LAV NRW OWL: L 80.20 Nr. 232: Unterhaltung des Ufers der Werre in und bei Detmold, 1829–1831, 1847–1871, 1903–1929.

Literatur: PETERS 1953, 211.

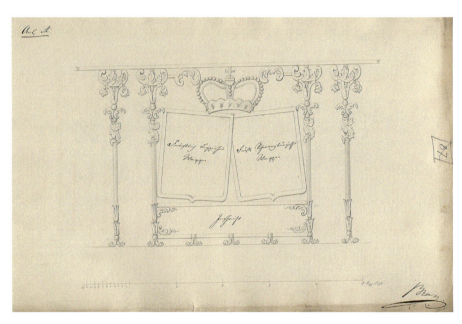

ABB. 107 | Schloss Detmold, Geländer am Verbindungsgang des Südflügels [Kat. 171], Brune, 1845

ABB. 108 | Schloss Detmold, Geländer am Verbindungsgang des Südflügels

168 1845, Meierei Falkenhagen (Amt Schwalenberg), Schweinehaus

Lügde, Domänenweg. Abgängig.
Die Bauaufnahme der westlichen Giebelwand erfolgte anlässlich der notwendigen Erneuerung der Giebelverbretterung. Diese ließ Brune in horizontaler Richtung als moderne Stulpschalung anbringen.
Quellen: LAV NRW OWL: D 73 Tit. 4 Nr. 6750: Querschnitt der westlichen Giebelwand das Schweinehauses auf der Meierei Falkenhagen, aufgenommen von Brune 1845.
Literatur: GERKING 2004.

169 1845, Schloss Lopshorn (Amt Detmold), Brennholzschuppen

Augustdorf, 51° 54' 07.5" N/8° 47' 20.6" E. Abgängig.
Durch Abänderung des schadhaften Daches vom Krankenstall und Erhöhung von dessen Rückmauer schuf Brune durch Abschleppen des Daches auf der dem Schlossplatz abgewandten Seite einen offenen Brennholzschuppen auf fünf Holzpfosten mit verbrettertem Giebel. Die Kosten betrugen 120 Taler.
Quellen: LAV NRW OWL: D 73 Tit. 4 Nr. 6897: Querschnitte, Grundrisse vom großen Pferdehaus, dem sog. Krankenstall und dem im Jahr 1845 hinter letzterem angebauten Brennholzschuppen auf dem Schlossplatz zu Lopshorn, Brune o. J.; L 92 R Nr. 933: Schloß Lopshorn, Bauten und Reparaturen Bd. 12, 1845–1846.

170 1845, Schloss Lopshorn (Amt Detmold), Hundestall

Augustdorf, 51° 54' 07.5" N/8° 47' 20.6" E. Abgängig.
Das vorhandene Hundehaus musste wegen Baufälligkeit durch einen Neubau für die vier Hunde des Hofjägers Limberg ersetzt werden. Brune entwarf einen rechteckigen hölzernen Bau von 16 Fuß Länge und 8 Fuß Breite, der durch zwei Scheidewände kreuzweise in vier gleiche Ställe geteilt wurde. Die Kosten hatte er mit 50–60 Talern veranschlagt.
Quellen: LAV NRW OWL: L 92 R Nr. 933: Schloß Lopshorn, Bauten und Reparaturen Bd. 12, 1845–1846.

171 1845/46, Detmold, Schloss, Geländer (ABB. 107, 108)

Detmold, Schlossplatz 1.
Zum doppelten 25jährigen Jubiläum, der Hochzeit Leopolds mit Emilie zu Schwarzburg-Sondershausen am 23. April und der Thronbesteigung am 3. Juli 1820 entwarf Brune dieses gusseiserne Geländer am äußeren Verbindungsgang zwischen den südwestlichen Treppentürmen im Schlosshof. Das gut 41 Fuß lange Geländer besteht aus 46 kannelierten, in floralen Ornamenten auslaufenden Stäben und in der Mitte, sowohl zum Hof als zum Schloss weisend, jeweils den beiden Wappen, dem lippischen und dem schwarzburgischen, bekrönt von einer Fürstenkrone. Unter den Wappen trägt eine Tafel die Inschrift: „*P. A. Leopold, Fürst z. Lippe,/verm. am 23. April 1820 mit/Emilie, Prinzessin z. Schwarzburg-/Sondershausen, betrat die Regie-/rung am 3. Juli 1820./Erinnerung an die doppelte/Jubelfeier im Jahre 1845.*" Gegossen wurden die Geländerteile von Henschel & Sohn in Kassel 1846. Inklusive Fracht und Montage kostete das Geländer 302 Taler.
Quellen: LAV NRW OWL: L 92 R Nr. 580: Anfertigung eines eisernen Geländers an dem Verbindungsgang zwischen den südwestlichen Treppentürmen, 1845.

172 1845–1849, Meierei Schieder, Scheune (Dreschhaus) (ABB. 109)

Schieder-Schwalenberg, Domäne 2.
Nach Erweiterung der Scheune 1843 (Kat. 153) musste die alte Hälfte der Scheune auf der Meierei Schieder, die vermutlich noch aus dem 16. Jahrhundert stammte, instandgesetzt werden. Bis auf die massive Traufwand zum Garten waren die Fachwerk-Außenwände ebenso wenig standsicher wie die Dachkonstruktion. Nachdem Brune einen Ersatz der Fachwerkwände durch Bruchsteinmauern und eine neue Dachkonstruktion mit 1.430 Talern veranschlagt hatte, bat die Kammer 1847 wegen der hohen Kosten Overbeck um eine Stellungnahme, ob keine Reparatur möglich sei. Doch auch dieser hielt die Reparaturkosten für unverhältnismäßig hoch und plädierte daher ebenso für eine Erneuerung. Die Kammer genehmigte daher im Februar 1848 Brunes Riss und Anschlag zur Ausführung im laufenden Jahr. Baubeginn war jedoch erst im Frühjahr 1849.

ABB. 109 | Scheune der Meierei Schieder [Kat. 172], Brune, 1845–1849, Ansicht 2022

1849 wurde das 1843 erbaute Dreschhaus in angepasster Gestaltung auf 77 m verlängert. Es wurde damit zu einem der größten Scheunenbauten in Lippe.[29] Für die Erweiterung wurde die alte Fachwerkscheune, die Plöger 1842 mit einem Bestandsaufmaß dokumentiert hatte, abgerissen. Es entstand ein massiver Wandkasten, welcher mit dem Bau von 1843 auf 77 m Länge kam. Die Scheune mit seitlicher Dreschdiele barg die Getreideernte. Das Tor im Giebel erhielt ein Sandsteingewände. Ein kleineres Tor führte an der Traufseite in den als Holzremise genutzten Teil. Die Dachkonstruktion des halb abgewalmten Dachs wurde aus Nadelholz aufgerichtet. Mauermeister Machentanz aus Brakelsiek lieferte die Pfeileruntersätze aus Sandstein.

1853 wurde ein südlicher Anbau mit Wasserrad zum Antrieb einer Dreschmaschine und Schrotmühle geplant, aber nicht ausgeführt (Kat. 228).[30]

Im späten 19. Jahrhundert wurden an der zum Hof gelegenen Seite eine Schmiede und drei Wagenschuppen angebaut, die ein Jahrhundert später wieder entfernt wurden. 1994 bis 1996 erfolgte der Umbau zur Biologischen Station Lippe mit Büros sowie Schaf- und Ziegenställen.

Quellen: LAV NRW OWL: L 92 R Nr. 1270: Bauten und Reparaturen auf der Meierei Schieder, Bd. 6, 1842–1845; L 92 R Nr. 1281: Instandsetzung der alten Hälfte der verlängerten Scheune auf der Meierei Schieder, 1845; L 92 R Nr. 1271: Bauten und Reparaturen auf der Meierei Schieder, Bd. 7, 1846–1854.

Literatur: LINDE/RÜGGE/STIEWE 2004, S. 80–82; STIEWE 2019, S. 17.

173 1845–1854, Detmold, Umbau der Friedamadolphsburg zum Fürstlichen Palais (ABB. 38–42)

Detmold, Neustadt 22, *„Neues Palais“*.
Siehe Seite 81–88.
1983 Eintragung in die Denkmalliste.

Quellen: LAV NRW OWL: D 73 Tit. 4 Nr. 7161: Ansicht und Grundrisse von der FABurg in Detmold, aufgenommen von Brune 1829; D 73 Tit. 4 Nr. 7162: Grundriß des Erdgeschoßes [Kellergeschoss] der Fr. Ad. Burg zu Detmold, aufgenommen von Brune 1831; D 73, Tit. 5, Nr. 2154: Riß von der F. A. Burg zu Detmold, Aufriss, Grundrisse, Schnitte, aufgenommen durch E. Plöger 1845; D 73 Tit. 4 Nr. 7170: Entwurf zum Umbau der Friedamadolphsburg, Corps de Logis, Aufrisse, Grundrisse, Schnitte, Brune 1847; D 73 Tit. 4 Nr. 7171: Riß vom Fürstl. Palais in Detmold, Längs- und Querschnitt, Grundrisse, gez. Plöger 1848; D 73 Tit. 4 Nr. 7176: Riß zur Instandsetzung der beiden Pavillons vor der F. A. Burg zu Detmold, Brune 1849; D 73 Tit. 4 Nr. 7177:

Riß zur Instandsetzung der beiden Pavillons vor der F. A. Burg zu Detmold, Brune 1849; D 73 Tit. 4 Nr. 7178: Ansicht des Südpavillons von Westen, unsign.; D 73 Tit. 4 Nr. 7210: Grundriss des Südpavillons von Westen, unsign.; L 92 R 136; L 92 R Nr. 629: Bau und Reparaturen an der Friedamadolphsburg, Bd. 4, 1801–1878; L 92 R Nr. 630: Bau und Reparaturen an der Friedamadolphsburg, Bd. 5, 1818–1835; L 92 R Nr. 631: Bau und Reparaturen an der Friedamadolphsburg einschließlich der Nebengebäude und des Gartens, Bd. 6, 1835–1848; L 92 R Nr. 635; Instandsetzung der Friedamadolphsburg als Palais, 1844–1920; L 92 R Nr. 636: Instandsetzung des Pavillons bei der Friedamadolphsburg, 1848; D 73 Tit. 4, Nr. 11021; L 92 R 1/Lippische Rentkammer - Hof- und Domanialbauverwaltung, Nr. 101: Umgestaltung der Inselwiese, Anlage einer Brücke, bauliche Veränderungen der Räume [des Palais] und neue Funktionszuweisungen (Einrichtung eines Museums u. a.), Wohnung im 1. Palaispavillon und Reservelazarett: Mietangelegenheiten und Nutzung; Landeswohlfahrtsamt: Einrichtung von Büros, elektrische Beleuchtungsanlage; Vermietung des 2. Palaisstockwerkes, Wohnung für den Regierungs- und Medizinalrat Dr. Corvey, Trennung der Lichtanlagen im Palais für die Domanialverwaltung, Bauarbeiten am Palais 1830–1867, 1908–1920.

Bildquellen: LLB: HV 15,4: Ansicht von Süden, Zeichnung, Ludwig Menke 1854; 1 D 42: Ansicht von Südwest, Gouache Ludwig Menke 1860; BADT-36-49: Ansicht von Süden, Fotografie (um 1860); BADT-61-3: Ansicht von Südwest, Fotografie, Wilhelm Lange (1870); HS A 12-4: Ansicht von Südwest, Fotografie, Theodor Kliem (1870); BADT-36-50: Ansicht von Norden, Fotografie (um 1910); BA SP-DT-PAL-35: Ansicht von Osten, Fotografie Wilhelm Pecher (um 1925); BA SP-DT-PAL-36: Ansicht von Westen, Fotografie Wilhelm Pecher (um 1925); BADT-28-30b: Südöstliche Gartenfront, Fotografie H. Schäfer (1955); StA DT: BA 357: Vogelansicht von Norden, Fotografie Westdeutsche Luftfoto Bremen (1962).

Literatur: PETERS 1984; GAUL 1968, S. 341; MARTIN SALESCH: Der Barockgarten in Friedrichstal, die Detmolder Vorstadt und der Fürstentitel, in: Lippische Mitteilungen aus Geschichte und Landeskunde, 68 (1999); ANDREAS RUPPERT: Friedrichstaler Kanal Detmold (Lippische Kulturlandschaften, 14), Detmold 2009, S. 17–18; THOMAS DANN: Das Neue Palais in Detmold (Lippische Kulturlandschaften; 16), Detmold 2010, S. 8–12; THOMAS DANN: Wohnkultur und Wohnstandards unterschiedlicher Sozialgruppen unter einem Dach: Raumausstattung als höfisches Distinktionsmerkmal am Beispiel des Detmolder Neuen Palais, in: Rosenland 17 (2015), S. 43–52.

174 1846–1848, Brake, Meierei, Pferdestall

Lemgo, Schlossstraße 13. Abgängig.

Auf der Meierei Brake gab es ein großes und ein kleines Dreschhaus. Das große war nördlich vom *Vorwerk*, ungefähr parallel dazu, 1603 aus Fachwerk erbaut worden, etwa 56 mal 15 m groß bei 12,20 m Firsthöhe. Brunes Aufgabe war die Verlängerung des Dreschhauses nach Osten um 60 Fuß, um hier die in verschiedenen Gebäuden verteilten Pferde unterzustellen. Brune verlängerte das 50 Fuß breite Dreschhaus um 68 Fuß und baute den alten Teil zum Pferdestall um. Die Futterdiele orientierte er in Querrichtung und ordnete beidseitig Plätze für je acht Ackerpferde an. Hinzu kamen in einem weiteren Quergang Ställe für ein Reitpferd, ein Ersatz-Ackerpferd und zwei fremde Pferde sowie vier Fohlen. Über einer Geschirr- und Futterkammer brachte er eine Knechtschlafkammer unter. Ebenso war noch Platz für einen Federviehstall und eine einfache Wagenremise.

Fundamente und Umfassungsmauern der Verlängerung einschließlich Giebeldreieck sind aus Bruchstein, ebenso der erneuerte westliche Giebel, das Bodenpflaster in Pferdeställen, Federviehstall und Wagenremise. Die Torgewände mit Radabweisern, Fenstergewände, Türschwellen, Pferdekrippen und der Plattenbelag der Futterdiele sind aus Sandstein. Trag- und Fachwerk wurden unter der Balkenlage aus Eichenholz, das Dachwerk aus Nadelholz gezimmert. Die Deckung erfolgte mit Hohlziegeln. Innovativ waren die 17 gusseisernen Sprossenfensterrahmen von 3 Fuß 2 Zoll im Quadrat zu 47 Talern und die 263 Fuß lange Blechdachrinne zur Hofseite mit drei Fallrohren. Brune veranschlagte Kosten von 1773 Talern zuzüglich der Holztaxe von 715 Talern.

Den Bauauftrag erteilte die Kammer am 31. März 1848 mit der Ausführung bis Jahresende. Das kleine Dreschhaus war 32,8 m 8,7 m groß und stand mit 14 Fuß Abstand südlich und im rechten Winkel zum großen. Es wurde bei der Erweiterung des großen Dreschhauses 1848 abgebrochen. 1908 abgebrannt.

Quellen: LAV NRW OWL: D 73 Tit. 4 Nr. 6645: Riss des großen und kleinen Dreschhauses auf der Meierei Brake, aufgenommen von E. Plöger 1847; D 73 Tit. 4 Nr. 6646 und 6647: Risse zur Verlängerung des großen Dreschhauses auf der Meierei Brake und über die Einrichtung neuer Pferdeställe in diesem Haus, Brune 1847; L 92 R Nr. 1226: Einrichtung eines neuen Pferdestalles zu Brake, 1845 ff.; L 92 R Nr. 1214: Bauten und Reparaturen auf der Meierei Brake und dem Vorwerk Fahrenbreite, Bd. 9, 1847–1856.
Literatur: SAUER 2002, S. 434.

175 1847, Detmold, Hundehaus am Schloss (ABB. 110)

Detmold, Schlossplatz 1. Abgängig.

Das 65 Fuß lange und im Lichten 7 Fuß hohe Hundehaus im Zwinger zwischen Schloss und westlichem Wall lehnte sich rückwärtig an die Terrassenmauer an. In der Front führten sieben Zwillingstüren mit Oberlichtern in 14 Zwinger.

Quellen: LAV NRW OWL: D 73 Tit. 4 Nr. 6966: Ansicht, Querschnitt, Grundriss vom Hundehaus beim Detmolder Schloss, Brune 1847; D 73 Tit. 4 Nr. 6967: Karte vom Hundehof und vom alten Hundehaus beim Detmolder Schloss, aufgenommen von Brune 1847.

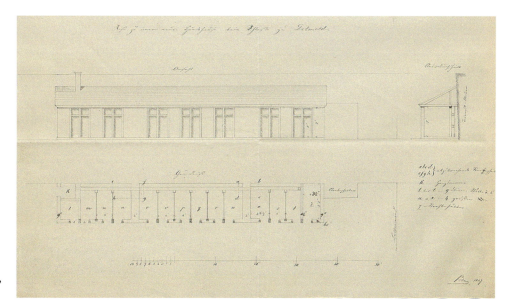

ABB. 110 | Riss zu einem neuen Hundehaus beim Detmolder Schloss [Kat. 175], Brune, 1847

176 1847, Brake, Schlosshof, Rampe

Lemgo, Schlossstraße 18.
Projekt, verändert ausgeführt.
Die etwa 145 Fuß lange Rampe sollte die ehemalige Zugbrücke ersetzen. Ihr westlicher Teil stieg mäßig an, während der zum Schloss gerichtete Teil waagerecht war. Als Begrenzung war eine steinerne Balustrade vorgesehen. Der über den Schlossgraben führende Teil wurde als mehrbogige Brücke ausgeführt.
Quellen: LAV NRW OWL: D 73 Tit. 4 Nr. 6642: Ansicht der vor dem Schlosshof zu Brake anzulegenden Rampe, Brune 1847; L 92 R Nr. 1628 und 1629: Bauten und Reparaturen am Schloß Brake, Bd. 8, 1828–1845 und Bd. 9, 1846–1859.

177 1847, Meierei Falkenhagen (Amt Schwalenberg), Wohnhaus

Lügde, Domänenweg. Abgängig.
Den Umbau des Pächterwohnhauses bereitete Brune mit einer Bauaufnahme vor. Neben dem teilweisen Austausch von Schwellen und vom Hausschwamm zerstörter Bereiche nahm er funktionelle Änderungen im Grundriss mit Versetzen weniger Innenwände vor, erneuerte die Brandmauer in der Küche mitsamt Schornstein und zog zwei zusätzliche doppelte Schornsteine für die Stuben hoch. Es wurden zwei Keller ausgeschachtet und die Fußböden darüber um 8 Zoll höher gelegt. Die Änderungen betrafen auch die Treppen.
Quellen: LAV NRW OWL: D 73 Tit. 4 Nr. 6763 und 6764: Querschnitte und Grundrisse vom Wohnhaus auf der Meierei Falkenhagen; L 92 F Tit. IIIa Nr. 1, Bd. 11: Bauten und Reparaturen an den Ökonomie- und übrigen Gebäuden zu Falkenhagen von 1846–1850.
Literatur: GERKING 2004.

178 1847, Schloss Schieder, Wagenremise

Schieder-Schwalenberg, Domäne 4.
Schon bald nach Errichtung des neuen Marstalls (Kat. 65) beim Schloss Schieder zeigte sich, dass dessen Größe nicht ausreichte. Bevor die gegenüberstehende Remise für weitere 14 Pferde umgebaut werden konnte, musste 1847 ein neues Wagenhaus wenig nordwestlich zwischen Pforthaus und Teich erbaut werden.
Brune plante dieses im Januar ganz massiv in Bruchstein, mit behauenen Sandsteinen für Fenster, Türen, Tore mit Radabweisern. Die Dachdeckung erfolgte mit Flachziegeln,

eingefasst mit Dachschiefer und über Zinkrinnen und Fallrohre entwässert. Die inneren Fachwerkwände wurden mit Ziegel ausgemauert. Während das Fachwerk aus Eichenholz errichtet wurde, besteht die Dachkonstruktion aus Nadelholz. Acht Tore und vier Türen erschließen den Bau, die Oberlichter der Türen und acht Fenster belichten ihn. Die Kosten veranschlagte Brune mit 2.340 Talern.
Nach Genehmigung im Februar 1847 wurde die Remise noch im selben Jahr vollendet.
Quellen: LAV NRW OWL: L 92 R Nr. 892: Bauten am Schloss Schieder sowie an dessen Nebengebäuden und Garten, Bd. 8, 1846–1855; L 92 R Nr. 914: Bau einer neuen Wagenremise beim Schloss Schieder, 1847; L 92 R Nr. 1283: Situationsplan von den Schloss- und Meiereigebäuden zu Schieder, 1847.

179 1847/48, Meierei Johannettental (Amt Detmold), Wohnhausinstandsetzung (ABB. 111)

Detmold, Johannettental 7. Dachaufbau abgängig.
Das 1766 [i] erbaute schlichte eingeschossige Wohnhaus erhielt bei seiner umfassenden Instandsetzung für den neuen Pächter Caesar je einen dreiachsigen *Erker* (Zwerchhaus) zu beiden Traufseiten und einen zweiten Keller neben dem Gemüsekeller für die Milchwirtschaft. Die Firste der Fachwerk-Zwerchhäuser reichten bis zur Kehlbalkenlage des steilen Wohnhausdaches. Die Giebeldreiecke wurden durch Rundfenster betont. Der Durchbau betraf Veränderungen an Fenster- und Türöffnungen, der Treppe, teilweise Erneuerungen von Putz und Anstrichen, Fußböden, *Lambris* und Fußleisten, Türen und Fenstern, zwei neue Kachelöfen und fünf eiserne Zirkulieröfen. Die Kosten veranschlagte Brune im Juli 1847 mit 1.380 Talern. Die Kammer genehmigte die notwendige Instandsetzung, jedoch den *Erker* für eine zusätzliche Stube und Kammer nur unter der Bedingung, dass Caesar für die Tapeten selbst aufkomme und die Baukosten mit 4 Prozent jährlich verzinse.
Streit entstand zwischen der Kammer und Brune über die Dachdeckung des *Erkers* und den Schutz deren Wetterseite, wofür der Baumeister eine Verschieferung notwendig hielt, welche der Kammer zu kostspielig war. Zwar konnte die Kammer sich durchsetzen, musste aber wegen fortdauernder Durchfeuchtung die Schieferbekleidung 1851 dennoch genehmigen.
1898 wurde der gesamte Dachaufbau entfernt und durch ein zweites Geschoss mit neuem Dach ersetzt. Diese Pläne stammten von Domänenbaurat Meyer und Zimmermeister Gehring.

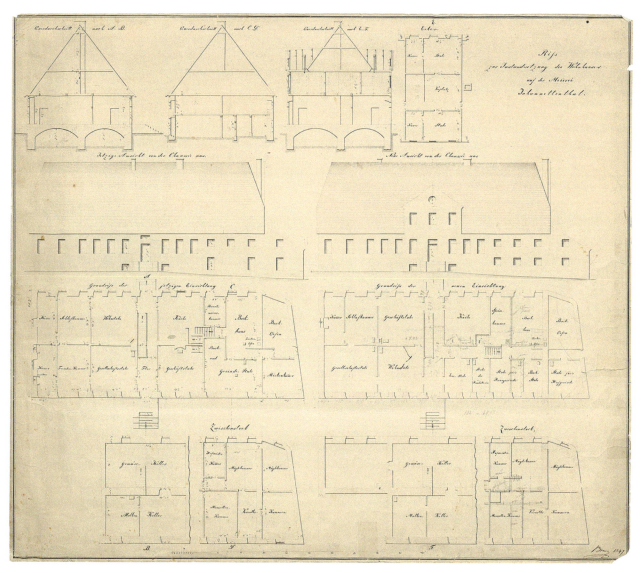

ABB. 111 | Riss zur Instandsetzung des Wohnhauses auf der Meierei Johannettental bei Detmold [Kat. 179], Brune, 1847

Quellen: LAV NRW OWL: D 73 Tit. 4 Nr. 6427 und 6428: Riss zur Instandsetzung des Wohnhauses auf der Meierei Johannettental, Brune 1847; D 73 Tit. 4 Nr. 6430: Grundriss und Querschnitte des Erkers vom Wohnhaus der Meierei Johannettental, Brune 1847; D 73 Tit. 4 Nr. 6433: Verlegeplan der Bodenplatten im Flur der Meierei Johannettental, [Brune] 1847; L 92 R Nr. 978 und 979: Bauten und Reparaturen auf der Meierei Johannettental, Bd. 7, 1839–1849 und Bd. 8, 1850–1860; L 92 R Nr. 996: Umbau des Wohnhauses auf der Meierei Johannettenthal, 1896–1926.
Bildquellen: LLB: HS A 5,8r-7, Zeichnung, Auguste Caesar, 1869; 1 D 102, Zeichnung, Carl Piderit (um 1880)
Literatur: LINDE/RÜGGE/STIEWE 2004, S. 68.

180 1847–1851, Meierei Büllinghausen (Amt Brake), Schafstall mit Pferdehaus

Lemgo, Büllinghausen 2.

Nach einer längeren Planungszeit mit mehrfach geänderten Vorgaben legte Brune 1847 einen Riss und Kostenanschlag über 2.071 Taler vor. Das Gebäude von 108 ½ Fuß Länge, 49 ½ Fuß Breite und einer lichten Höhe von 14 Fuß bis zu den Dachbalken barg einen Schafstall und in dessen Verlängerung ein Wagenhaus und einen Pferdestall für zehn Pferde. Der Bau wurde erst 1850 begonnen und im folgenden Jahr fertiggestellt.

Bevor der Neubau begann, wurden der alte Schafstall und die Zehntscheune abgerissen, da man einerseits den neuen Schafstall auf deren Standorten errichten wollte (in Ost-

West-Richtung statt der bisherigen Nord-Süd-Richtung), andererseits auch einen Teil der Baumaterialien wiederverwenden wollte. Die Umfassungswände wurden bis unter die Giebelspitzen aus Bruchstein gemauert. Vier Tore in den Längsseiten (je zwei für Schafstall und Remise), zwei Türen für den Pferdestall, 15 Fenster und sechs Zuglöcher wurden mit scharrierten Sandsteingewänden versehen. Die Fensteröffnungen erhielten gusseiserne Fensterrahmen. Die Innenwände bestanden aus Eichenfachwerk, der Schafstall erhielt einen Lehmestrich, Wagenhaus und Pferdestall ein Bruchsteinpflaster. Die Dachkonstruktion wurde aus Nadelholz aufgerichtet, das mit Halbwalm versehene Satteldach mit Hohlziegeln in Strohdocken gedeckt. Darunter befanden sich auch 30 Stück Glasziegel zur Belichtung des Dachbodens.

Quellen: LAV NRW OWL: L 92 R Nr. 1005: Bauten und Reparaturen auf der Meierei Büllinghausen 1844–1871; L 92 R Nr. 1009: Bau eines neuen Schafstalls nebst Pferdestalls auf der Meierei Büllinghausen, 1844 seq.

181 1848, Detmold, Eiskeller am Schloss

Detmold, Schlossplatz 1.
Die ungünstige Lage der beiden Eiskeller (Kat. 18 und 150) am Hundezwinger hielt das Eis nur bis Ende des Frühjahrs gefroren. Fürst Leopold befahl, auf der unteren Terrasse in der nördlichen Ecke des westlichen Rondells, in welchem sich der größere Eiskeller von 1843 befand, noch einen dritten anzulegen. Die Genehmigung erfolgte am 28. Juli 1848, die Ausführung bis Oktober 1848. Die Kosten betrugen rund 150 Reichstaler.
Der Keller erhielt die Grundform eines Viertelkreises. Zwei bestehende, rechtwinklig zueinander stehende Mauern wurden in 18 Fuß Entfernung von der Mauerecke durch eine bogenförmige Mauer verbunden. Diese wurde als zweischalige Backsteinmauer mit einer 6 Zoll starken isolierenden Luftschicht errichtet. Die Deckung erfolgte mit Stroh.
Quellen: LAV NRW OWL: L 92 S Tit. III a Nr. 8: Eiskeller auf dem hiesigen Schloß-Walle, 1788–1870, fol. 56–62.

182 1848, Schieder, Nivellement der Chaussee vom Schloss zum Pfarrhaus

Schieder-Schwalenberg, Domäne.
Das Nivellement bereitete eine Geländeaufschüttung vor, die eine geradlinige Steigung des Weges ermöglichte.
Quellen: LAV NRW OWL: D 73 Tit. 4 Nr. 6139: Nivellement der neuen Chaussee vom Schloss nach dem Pfarrhaus zu Schieder, mit Ansichten vom Pforthaus und Wagenhaus, Brune 1848.

183 1848, Schloss Schieder, Marstall

Schieder-Schwalenberg, Im Kurpark 3.
Umbau.
Schon bald nach Errichtung des neuen Marstalls mit gegenüberliegender Remise (Kat. 65) beim Schloss Schieder zeigte sich, dass dessen Größe nicht ausreichte. Bevor die Remise zum Marstall für weitere 14 Pferde umgebaut werden konnte, war 1847 ein neues Wagenhaus errichtet worden (Kat. 178).
Der Umbau der ehemaligen Remise zum Marstall erforderte das Vermauern zahlreicher Öffnungen und das Einsetzen hochliegender halbrunder Gusseisenfenster. Im Inneren wurden Sandsteinkrippen eingebaut sowie eine Geschirrkammer und eine Schlafkammer für den Pferdeknecht. Die Kosten hatte Brune auf 1.035 Taler veranschlagt.
Quellen: L 92 R Nr. 914: Erbauung einer neuen Wagen-Remise beim Schlosse Schieder, 1847.

184 1848, Meierei Oesterholz (Amt Horn), Rindviehhaus

Schlangen, Im kleinen Bruch.
Nachdem Brune bereits 1840 einen Neubau empfohlen hatte, wurde dieser nach Teileinsturz im Winter 1847/48 unumgänglich. Es entstand ein 57 ½ mal 38 Fuß großer Bruchsteinbau mit zwei Futtergängen mit je zwei Trogreihen und Schwanz-zu-Schwanz-Aufstellung des Viehs. Bis zur Oberkante des Dachbalkens erreichte der Bau 20 Fuß. Auch die Giebeldreiecke wurden gemauert. Die Deckung erfolgte mit Hohlziegeln.
Veranschlagt waren 1.318 Taler Barkosten zuzüglich der Holztaxe von 351 Talern.[31]
Quellen: LAV NRW OWL: L 92 R Nr. 1341: Verringerung der Gebäude auf der Meierei Oesterholz und Überweisung von Räumen zur Oberförsterwohnung, desgleichen Bauten und Reparaturen, 1841–1850.

185 1848–1850, Meierei Brake, Wagen- und Holzremise

Lemgo, Schlossstraße. Abgängig.
Den Bauriss und Anschlag fertigte Brune im November 1848, die Ausführung erfolgte 1850. An Stelle des abgebrochenen kleinen Dreschhauses lehnte sich der Fachwerkbau mit einem Pultdach an die Mauer des großen Dreschhauses. Er war vier Fache tief und elf Fache breit (52 Fuß). Drei Tore, davon das mittlere mit Kopfstreben, die beiden seitlichen mit Segmentbögen, erschlossen die Räume für

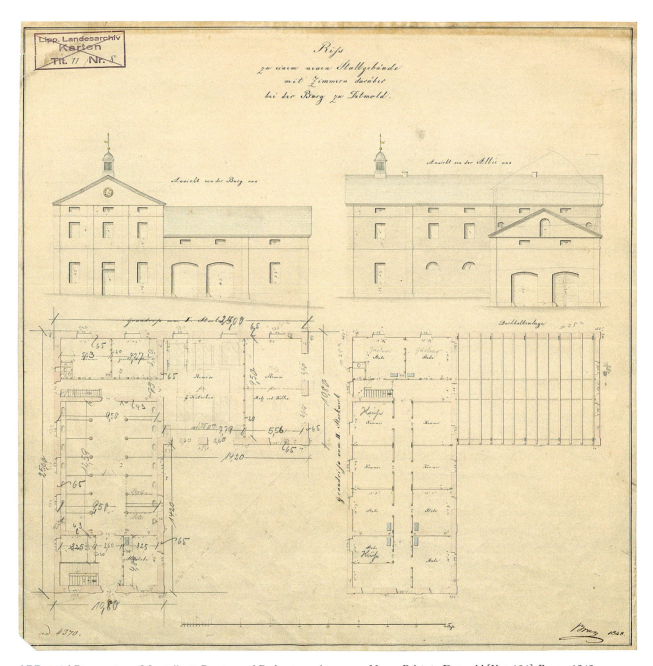

ABB. 112 | Riss zu einem Marstall mit Remise und Bedientenwohnung am Neuen Palais in Detmold [Kat. 186], Brune, 1848

das Brennholzlager links, für Pflüge, Eggen und andere kleinere Ackergeräte in der Mitte sowie für zwei Kutschwagen rechts. Die Wände bestanden aus Eichenfachwerk, das Dachwerk teilweise aus Nadelholz. Gedeckt wurde die Remise mit Flachziegeln. Der Boden wurde mit Bruchstein gepflastert, die Einfahrten mit Radabweisern aus behauenem Sandstein versehen.

Quellen: LAV NRW OWL: L 92 R Nr. 1214: Bauten und Reparaturen auf der Meierei Brake und dem Vorwerk Fahrenholz, Bd. 9, 1847–1856.

186 · 1848–1852, Detmold, Marstall mit Remise und Bedientenwohnung (ABB. 112–114)

Detmold, Neustadt. Abgängig.

Analog zu Umbau und Modernisierung des barocken Lustschlosses *Favorite* zum *Neuen Palais* wurde auch der alte zugehörige Stall abgebrochen, in dem auch der Hofgärtner Limberg gewohnt hatte. Der Neubau mit Pferdeställen, Remisen und Bedientenwohnungen wurde an anderer Stelle, etwa in der Mitte des Holzhofs, südlich des Palais' errichtet. Brune entwarf ein eingeschossiges Gebäude ohne Wohnungen zu 3.934 Talern

ABB. 113 | Marstall mit Remise und Bedientenwohnung am Neuen Palais in Detmold, Ludwig Menke 1859

ABB. 114 | Marstall mit Remise und Bedientenwohnung, Ansicht von Nordwest um 1950

(4.637 Taler inklusive Holztaxe) und ein ausgeführtes zweigeschossiges mit Bedientenwohnungen im Obergeschoss zu 5.774 Talern (6.834 Taler inklusive Holztaxe). Im Juli 1848 genehmigte die Kammer den Bau mit zwei Geschossen. Der zweigeschossige Massivbau aus Bruchstein mit Mezzanin unter dem flachen Satteldach stand parallel zur Straße. 37 ½ mal 86 ½ Fuß groß. Vom Eingang in der Mitte des Nordgiebels gelangte man in einen Flur mit Treppe in Obergeschoss links und einer Kammer dahinter, gegenüber eine Stube. Durch eine massive Querwand getrennt folgte der Marstall für 14 Pferde, die mit den Köpfen zu den Traufwänden aufgestellt waren. Hinter einer weiteren massiven Querwand folgte ein Querflur mit Abort und zwei Kammern, davon die eine für Geschirr. Ein nach Westen weisender eingeschossiger Anbau von 49 mal 37 ½ Fuß Größe enthielt eine zweitorige Remise für sechs Kutschen und eine Remise für Holz und Kohlen mit jeweils eigenem Tor. Im zweiten Stock über dem Stallflügel Stuben, Küchen und Kammern sowie ein weiterer Abort für Kutscher und Stallpersonal, aber auch Hofgärtner, Mundkoch, Küchenlehrling und Jäger, größtenteils tapeziert. Im nördlichen Giebeldreieck war eine Uhr eingelassen. Die mit einem Rauhputz versehenen Mauern wurden mit glatt geputzten Lisenen und Gesimsbändern gegliedert. Tor-, Tür und Fenstergewände bestanden aus Sandstein. Für die Dachdeckung war der ursprünglich für das Neue Palais bestellte Schiefer vorrätig. Ein quadratischer Dachreiter mit Glocke, Jalousieläden und vergoldetem Wetterfähnchen saß nahe dem nördlichen Giebel auf dem First.

Für den Neubau der Aula (heute: Konzerthaus) der Musikakademie an dieser Stelle wurde das Gebäude 1964 abgebrochen.

Quellen: LAV NRW OWL: D 73 Tit. 4 Nr. 7172–7174: Ansichten, Grundrisse, Querschnitte von einem neuen Stallgebäude mit Zimmern darüber bei der Burg in Detmold, Brune 1848; D 73 Tit. 4 Nr. 7179: Riss vom neuen Stallgebäude bei der Burg, o. A, o. J.; D 73 Tit. 4 Nr. 7180: Zweites Stockwerk vom Stallgebäude bei der Burg zu Detmold [Tapetenplan], o. A. o. J.; D 73 Tit. 4 Nr. 7191: Lageplan [zwischen Südflügel Neues Palais/altes Gewächshaus und Marstall], o. A. 1851; L 92 R Nr. 637: Das beim Palais errichtete Stall- und Remisengebäude.

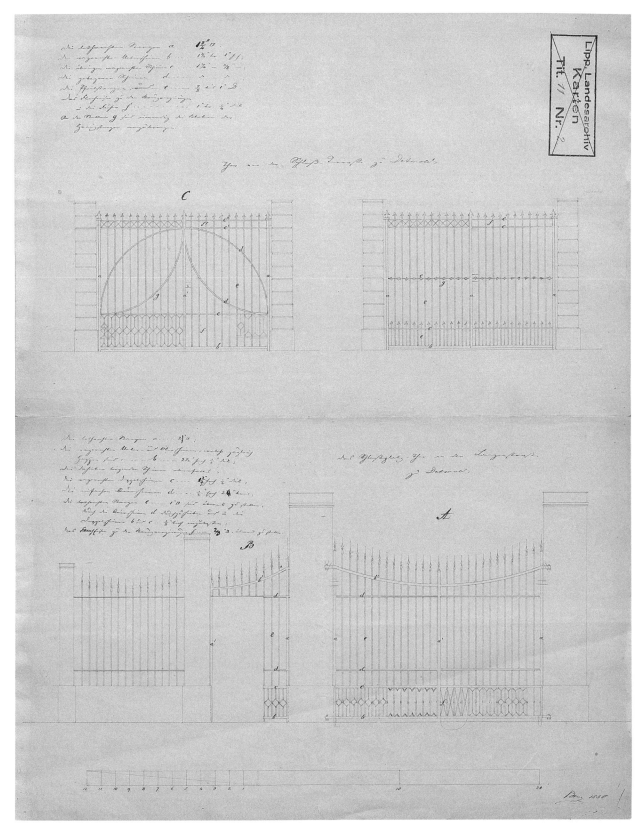

ABB. 115 | Eisernes Gittertor vor der Schlossterrasse (oben) und an der Langen Straße (unten) in Detmold, mit mehreren Gittervarianten [Kat. 187], Brune, 1850

Bildquellen: LLB: BADT-37-1: Zeichnung, Ludwig Menke (1859); 1 D 12: Ölfarbdruck nach Zeichnung von Friedrich Koch (um 1870); BADT-14-69: anonyme Fotografie von Nordwest (um 1950); LLM: 1525/93: Ansicht, Zeichnung, Emil Zeiß, o. J.
Literatur: GAUL 1968, S. 348; PETERS 1984, S. 155–156, 163.

ABB. 116 | Eisernes Gittertor vor der Schlossterrasse, Ansicht 2022

ABB. 117 | Eisernes Gitter vor dem Schlossplatz an der Langen Straße

187 1849, Detmold, Schloss, Tore (ABB. 115–117)

Detmold, Schlossplatz 1.
Eiserne Gittertore an der Schlosserrasse und an der Langen Straße. Vgl. Kat. 209.
Quellen: LAV NRW OWL: D 73 Tit. 4 Nr. 6969: Ansicht vom Tor vor der Schlossterrasse und vom Schlossplatztor an der Langen Straße in Detmold, Brune 1850.
Bildquellen: LLB, 1 D 26.

188 1849, Meierei Falkenhagen (Amt Schwalenberg), Backhaus

Lügde, Domänenweg. Abgängig.
Vergleiche die nicht realisierten Neubaupläne von 1827 bis 1829 (Kat. 14).
1849 erfolgte der seit Jahren von Brune befürwortete Abbruch des alten Backhauses. Mit Pächter Lohmeyer bestimmte er als besten Bauplatz die Verlängerung der zur katholischen Kirchen gehörenden Scheune nach Norden, isoliert aber nicht zu entfernt von der Pächterwohnung. Der Anbau an die bestehende Scheune reduzierte die Kosten, da nur eine Giebelwand gebaut werden muss. Nach Einverständnis des Konsistoriums wurde der Neubau Anfang Juli 1849 von der Kammer genehmigt und im Lauf des Jahres auch abgeschlossen. Der Kostenanschlag kam auf 599 Taler ohne den kleineren Backofen und ohne die Trockenkammer, welche später nachgerüstet werden sollten.
Ein großer Vorraum diente auch als Wasch- und Schlachtküche. Über dem großen Backofen wurde wie in Schieder (Kat. 116) eine Trockenkammer zur Aufbewahrung von Salz und gedörrtem Obst eingerichtet. Die Grundmauern und das Ofenfundament bestehen aus Bruchstein, darüber erhebt sich ein Eichenfachwerkbau mit Backsteinausfachung der Außenwände. Die Innenwände wurden mit Lehmsteinen ausgemauert. Die Ofenmündung und die Türschwellen bestehen aus behauenem Sandstein, die Fußbodenplatten im Vorraum aus Sollingsandstein. Das Ofengewölbe und die 18 Fuß hohe Schornsteinröhre wurden aus Backstein gemauert. Der Nadelholzdachstuhl schließt mit einer Hohlziegeldeckung ab. Der Beschuss der Trockenkammer besteht aus Eichenbrettern, die Giebelverschalung aus Buche. Licht gelangt durch das Oberlicht der Haustür und zwei größere Fenster in Backstube und Vorraum (3,5 mal 6 Fuß) sowie vier kleinere Fenster (3,5 mal 3,5 Fuß) in Vorraum und Trockenkammer ins Innere.
Quellen: LAV NRW OWL: L 92 F Tit. IIIa Nr. 8: Neubau Brau- und Backhaus, 1827 (ist ausgesetzt), item den Abbruch des alten betr. 1849.
Literatur: GERKING 2004.

189 1849, Meierei Schieder, Gerüst für Feuerleitern

Schieder-Schwalenberg, Domäne.
Neun eingegrabene Ständer tragen ein beidseitig auskragendes 50 Fuß langes Dach, unter dem beidseitig sechs Feuerleitern und Feuerhaken aufgehängt werden konnten.
Quellen: LAV NRW OWL: D 73 Tit. 4 Nr. 6709 und 6710: Entwurf zu einem 50 Fuß langen, freistehenden Gerüst zum Aufhängen der Feuerleitern und Feuerhaken auf der Meierei Schieder, Brune 1849.

190 1850, Detmold, Straßenlaterne (ABB. 118)

Abgängig.

Die Laterne misst am unteren Rand 15 Zoll im Quadrat. Bis zum oberen, 21 Zoll höheren Rand des verglasten Teils verbreitet sie sich auf 21 Zoll. Ein konkav eingezogener Hals wird von einem konvexen Hut gedeckt, der von einer kreisförmigen Aufhängung mit Eisenring abgeschlossen wird. Ob die Laterne von Brune entworfen oder nur zeichnerisch dokumentiert wurde, ist nicht bekannt.

Quellen: LAV NRW OWL: D 73 Tit. 4 Nr. 7689: Ansicht einer Straßenlaterne zu Detmold, Brune 1850.

191 1850, Rittergut Patthorst (Amt Halle/ Westfalen), Saalanbau (ABB. 119)

Steinhagen, Schlossallee 5.

Auftraggeber: Emil Freiherr von Eller-Eberstein.

Nach der umfangreichen Modernisierung, die Brune 1831–1835 am Herrenhaus vorgenommen hatte (Kat. 52), projektierte er 1850 noch einen rechteckigen Saalanbau mit flachem Satteldach an die rechte (westliche) Ecke des Herrenhauses. Den Kostenanschlag dazu fertigte er in Detmold im Januar 1850 an. Die Ausführung erfolgte noch im selben Jahr. Die Baukosten betrugen 1.019 Taler.

Der angebaute Flügel erhielt 30 Fuß Länge und 22 Fuß Breite (lippisches Maß) und überschneidet sich mit der Ecke des Herrenhauses so weit, dass das Eckfenster zu einem Durchgang vergrößert werden konnte (die Farblithographie in DUNCKER 1860/61 ist hier ungenau). Das 11 Fuß hohe Souterrain besteht aus Bruchstein (Muschelkalk), der Wandkasten des Saales darüber aus Eichenfachwerk mit Backsteinausmauerung. Ein Obergeschoss wie beim Hauptbau fehlt. Ein russischer

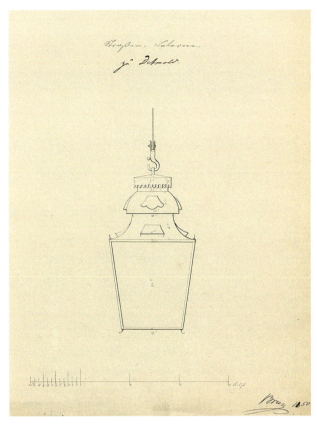

ABB. 118 | Ansicht einer Straßenlaterne zu Detmold [Kat. 190], Brune, 1850

Schornstein führt den Rauch des Ofens über Dach. Dieses wurde wie das des Herrenhauses mit Schiefer gedeckt, der aus Nuttlar um den 1. Juli 1850 geliefert und anschließend vom Detmolder Schieferdecker Lüdeking eingedeckt wurde. Dachbalken und Sparren wurden nicht wie damals üblich aus Nadel- sondern aus Eichenholz gezimmert.

1849 hatte Brune bei Feilner[32] in Berlin zwei Fayenceöfen, wohl für den Saalanbau, bestellt.

ABB. 119 | Saalanbau an das Herrenhaus des Ritterguts Patthorst [Kat. 191], Brune 1850, Ansicht 1986

Quellen: LWL-AA: Archiv Patthorst, Pat-212: Neubauten auf Gut Patthorst, Wohnhaus, Verwalterhaus und Hofgebäude mit Dreschhaus Stallungen 1837–1869; Pat-545: darin Baurechnungen von 1850 und ein Schreiben Brunes an den Gutsverwalter Behnsen, 21.6.1850.

Bildquellen: Farblithographie von Theodor Albert nach Heinrich Deiters, 1861, in: Duncker 1860/61.

Literatur: Duncker 1860/61; von der Horst 1894, S. 76 f.; Redlich 1964.

192–198, 204

1850–1853, Meierei Barntrup
(ABB. 44, 45)

Barntrup, Sevinghausen 1–2 (Am Haidknapp).
Zur Gesamtanlage siehe Seite 90–92, zu den einzelnen Gebäuden die nachfolgenden Katalognummern.

Quellen: LAV NRW OWL: L 92 R Nr. 1241: Bauten und Reparaturen auf der Meierei Barntrup und den dazugehörenden Vorwerken, Bd. 5, 1849–1901; L 92 R Nr. 1248: Ausbau der Meierei Barntrup, Bd. 1, 1848–1850; L 92 R Nr. 1249: Ausbau der Meierei Barntrup, Bd. 2, 1851; L 92 R Nr. 1250: Ausbau Meierei Barntrup, Bd. 3, 1851–; L 92 R Nr. 1251: hierzu Akten des Baurats Brune, Bd. 2 [Bd. 1 fehlt], 1850–1851; L 92 R Nr. 1252: hierzu Akten des Baurats Brune, Bd. 3, 1852–1856; L 92 R Nr. 1253: Kosten des Neubaus der Meierei Barntrup, Bd. 1, 1851–1854; L 92 R Nr. 1254: Kosten des Neubaus der Meierei Barntrup, Bd. 2, 1854–; L 92 R Nr. 1255: Uhr der Meierei Barntrup, 1852–1865; L 92 R Nr. 1256: [Meierei Barntrup] Gemüsekeller und Schuppen, 1852.

Bildquellen: LLM: 263/97, Gesamtansicht von Norden, aquarellierte Zeichnung, Emil Zeiß, 1884

192 1850–1853, Meierei Barntrup (Amt Sternberg) Schafstall (ABB. 120)

Barntrup, Sevinghausen 1 (Am Haidknapp).
Der Massivbau von 50 mal 57 Fuß Grundfläche und einer lichten Höhe von 15 Fuß (Toröffnung 14 Fuß) erhielt eine Mittellängsdiele mit zwei dreiteiligen Unterzügen auf gezackten Sattelhölzern, getragen von acht Pfeilern je Deelenseite. Die Toröffnungen haben einen Stichbogenabschluss. Das Satteldach wurde mit Hohlziegeln in Strohdocken gedeckt, je Seite drei Dachfenster.
Jeweils sieben liegende Fenster mit gusseisernen Fensterrahmen je Längsseite, hofseitig unter jedem zweiten eine Tür, über jedem Fenster ein Luftzug mit gusseisernem Doppelfenstergitter (so verschiebbar, dass das innere verschiebbare Gitter die Öffnungen des äußeren verschließen kann). Deelenständer, Kopfbänder, Sattelhölzer und Mauerplaten bestehen aus Eichenholz, die beiden Längsträger, die Balkenlage, Sparren, Kehl- und Hahnenbalken, Stuhlsäulen bis hin zur Lattung aus Nadelholz. Die Kosten veranschlagte Brune mit 2.921 Talern.

193 1850–1853, Meierei Barntrup (Amt Sternberg) zwei Scheunen (ABB. 121)

Barntrup, Sevinghausen 1 (Am Haidknapp).
Die beiden identischen Scheunen von 150 mal 50 Fuß Grundfläche unterscheiden sich in den Bauanschlägen nur durch die höhere Grundmauer der südlichen, da hier das Terrain stärker abfiel, Brune jedoch einen waagerechten Hofplatz plante. Die südliche Scheune veranschlagte Brune wegen des höheren Unterbaus mit 2.369 Talern, die nördliche mit 2.071 Talern.
Die zweischiffigen Scheunen erhielten eine seitliche Längsdurchfahrt mit Stichbogenwölbung über den Toren, welche nach außen aufschlagen. Die Deele wurde jeweils zum Hof angeordnet, der durch zehn Gebinde gegliederte Bansenraum liegt feldseitig. In der Mitte der Hofseite führt zusätzlich eine Tür mit Oberlicht auf die Deele, um Fußwege zu verringern. Sie bildet die mittlere von sieben Fensterachsen, deren Öffnung dem Türoberlicht (im Lichten 4 Fuß breit, 2 ½ hoch) entsprechen und alle mit gusseisernen Fensterrahmen verschlossen sind. Das Satteldach hat mit 45 Grad eine etwas steilere Neigung als der 7 Fuß breitere Schafstall, da Brune eine einheitliche Trauf- und Firsthöhe festgelegt hatte. Es wurde mit Hohlziegeln in Strohdocken gedeckt.

194 1850–1853, Meierei Barntrup (Amt Sternberg) Kuhhaus (ABB. 122, 123)

Barntrup, Sevinghausen 2 (Am Haidknapp).
Wie die Scheunen messen die beiden Viehhäuser 150 mal 50 Fuß. Zum Hof sind die beiden äußeren der sechs Achsen als Tore angelegt, im Westen in eine Remise, im Osten auf eine Futterdiele mit Abwurfluke vom Dachboden. Feldseitig gliedern sechs querliegende Fenster und ganz außen je ein Luftzug die Fassade. An den Stirnseiten sind es drei bzw. vier Achsen. Das Satteldach mit Sollinger Schablonendachsteinen hat 45 Grad Neigung.
Im Inneren gliedern quergelagerten Ställe mit Schwanz-zu-Schwanz-Aufstellung den Grundriss. Vier Mistgänge münden auf dem Hof, die vier Futtergänge sind von einem langen Gang an der Feldseite erschlossen und um drei Stufen höher gelegen. Die Wasserleitung mit Ausguss auf der Futterdiele führt über Rinnen bis in die Tröge. Eine Schlafbühne

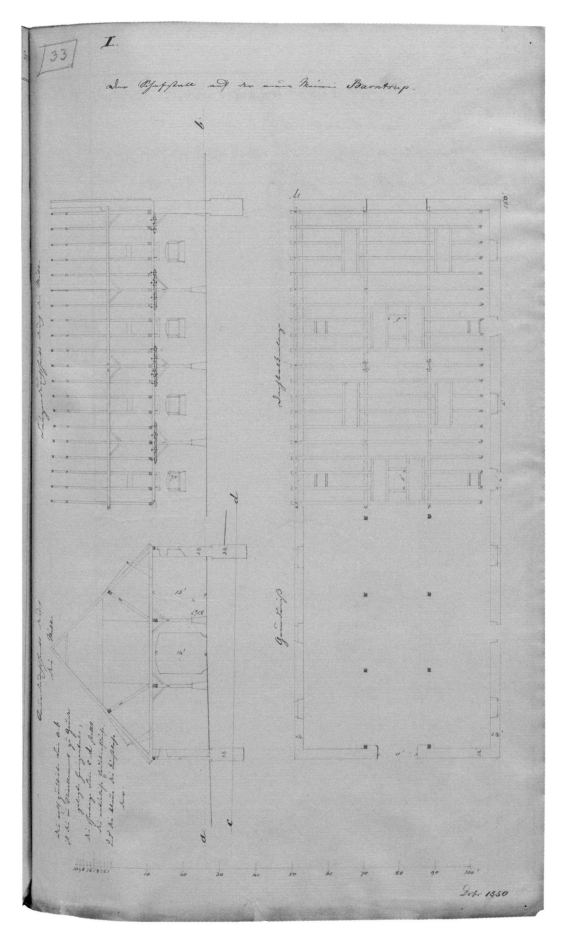

ABB. 120 | Meierei Barntrup, Schafstall [Kat. 192], (Brune), 1850

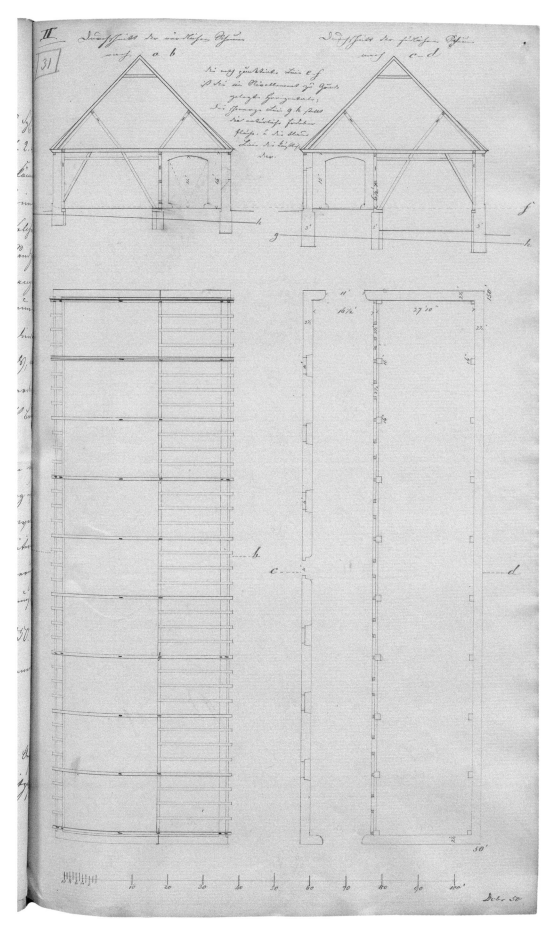

ABB. 121 | Meierei Barntrup, Scheunen [Kat. 193], (Brune,) 1850

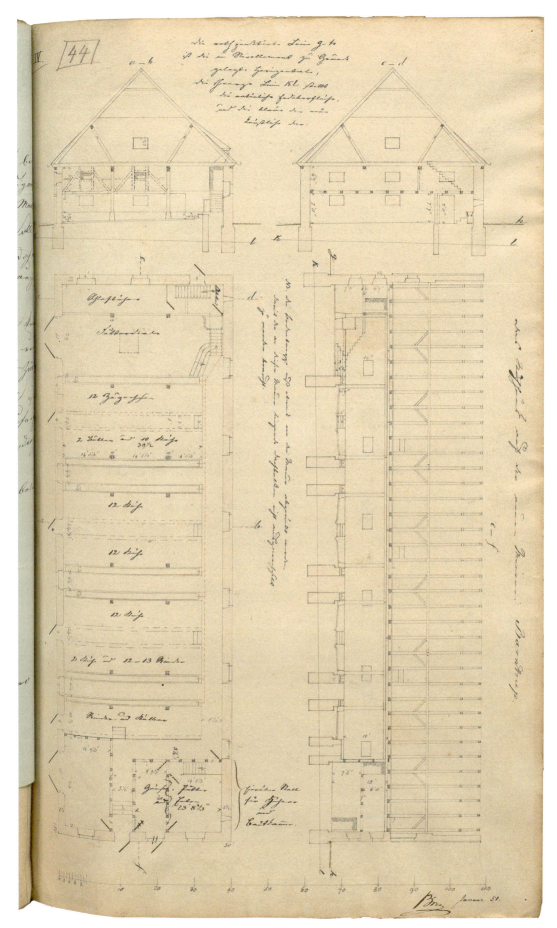

ABB. 122 | Meierei Barntrup, Kuhhaus [Kat. 194], Brune, 1851

ABB. 123 | Meierei Barntrup, Kuhhaus und Scheune, Hofseite, Ansicht 2023

fand vor der Giebelmauer an der Futterdiele einen Platz, wo auch die Treppe zum Dachboden ansetzt (darunter der Abtritt). Neben der kleinen Wagenremise am westlichen Ende liegen die Ställe für das Federvieh, im Erdgeschoss Enten, Puten und Gänse, darüber die Hühner. Der Dachboden wird über eine einzige Ladeluke im Westgiebel beschickt und an der Südseite über drei Luken mit Eisengittern belüftet. Die insgesamt 26 Fenster erhielten gusseiserne Rahmen. Untergebracht wurden im Rindviehstall zwölf Zugochsen, zwei Bullen, 48 Kühe und rund 20 Rinder und Kälber. Brune veranschlagte für den Bau 4.216 Taler.

195 1850–1853, Meierei Barntrup (Amt Sternberg) Pferdehaus (ABB. 124, 125)

Barntrup, Sevinghausen 2 (Am Haidknapp).
Bei dem Pferdehaus genannten Ökonomiegebäude handelt es sich tatsächlich um ein Stallgebäude für Pferde und Schweine und eine Remise. Diese teilt als Querdeele die beiden Stallbereiche und bietet Platz für Ackerwagen und kleingemachtes Brennholz. Links und rechts vom Deelentor führen vom Hof je vier Türen in die Ställe. An der Rückseite entsprechen neun Fensterachsen dieser Gliederung. Auf

beiden Längsseiten wurden über den Öffnungen Luftzüge integriert. Das infolge der Schablonendeckung mit Sollingsteinen schwere Dach wird in Kehlbalkenhöhe durch einen liegenden Stuhl gestützt. Da die Kehlbalkenebene als zweiter Bergeraum genutzt werden sollte, wird sie durch einen mittig stehenden Stuhl entlastet. Den beiden Lagerebenen entsprechen zwei Reihen langgestreckter Lüftungsöffnungen auf beiden Seiten des Dachs.

Im Inneren trennen mit Backstein ausgemauerte Fachwerkwände die Remise von den Ställen. Während im Schweinestall die Koben durch genutete Sandsteinpfeiler und Eichenbohlen gebildet wurden, bestehen die Trennwände im Pferdestall nur aus Eichenbohlen. Die Futtergänge wurden mit Sollinger Bodenplatten belegt, die Stallböden teils gepflastert, teils mit Sandstein belegt. Der Dachboden erhielt einen Gipsestrich. 44 gusseiserne Fensterrahmen und 76 gusseiserne Doppelgitter in den Luftzügen und Dachluken schließen die Öffnungen. Brune veranschlagte für das 150 mal 50 Fuß große Pferdehaus 5.269 Taler.

196 1850–1853, Meierei Barntrup (Amt Sternberg) Verwalterhaus (ABB. 126, 127)

Barntrup, Sevinghausen 2 (Am Haidknapp).
Wie das Waschhaus misst das Verwalterhaus 70 mal 30 Fuß. Es handelt sich hierbei um ein eingeschossiges Multifunktionsgebäude in der Nordwestecke des Hofs. Nach Süden liegen die unterkellerte Verwalterstube und -kammer, dann folgen nach dem Treppenhaus zwei Kammern für den Hofmeister und für Materialien sowie die nur von außen zugängliche Schmiede und die Rademacherei. Im Obergeschoss sind im Süden Kammern untergebracht. Ein Abort befindet sich unter der Bodentreppe.
Die Fassade zum Hof ist durch drei Türen mit Oberlicht und zwei Fenster gegliedert, zur Feldseite sind es fünf Fenster.

ABB. 124 | Meierei Barntrup, Pferdehaus, Hofseite, Ansicht 2023

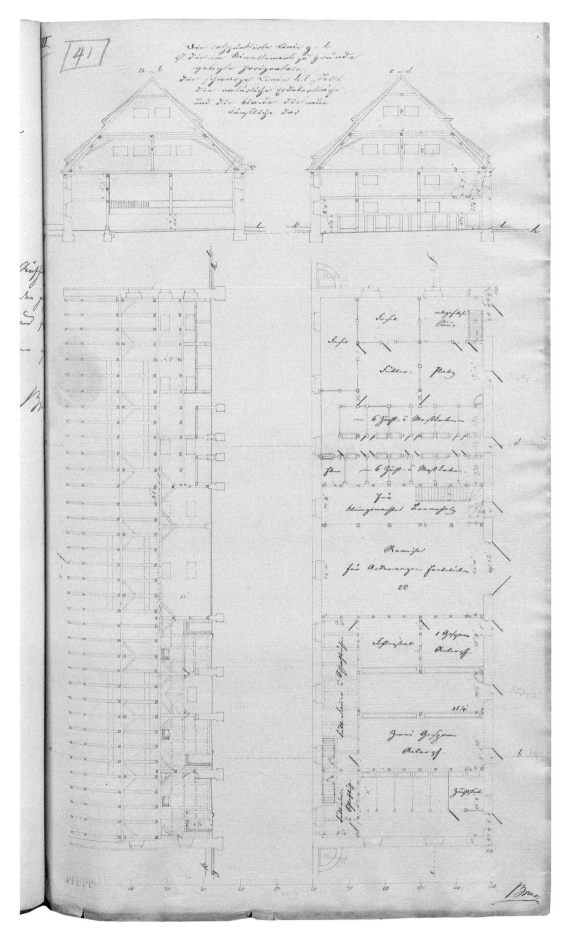

ABB. 125 | Meierei Barntrup, Pferdehaus [Kat. 195], Brune, (1851)

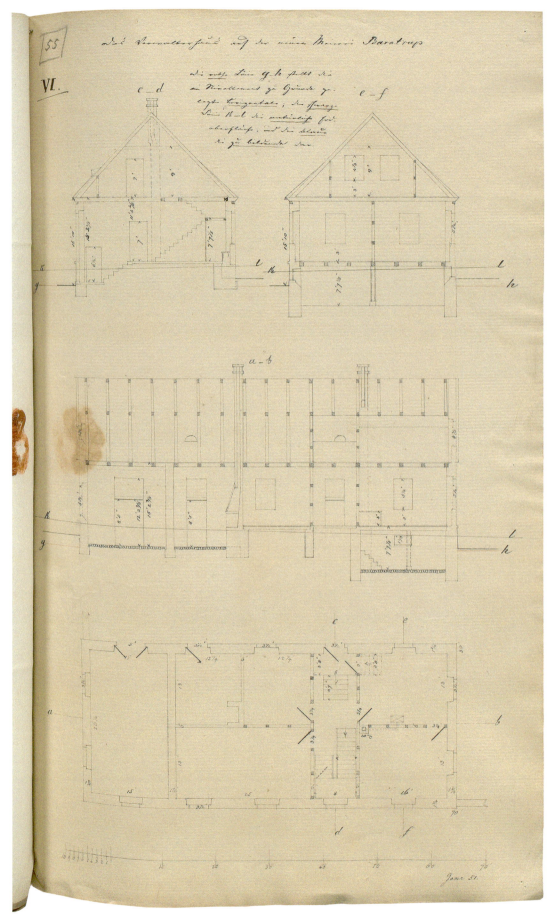

ABB. 126 | Meierei Barntrup, Verwalterhaus [Kat. 196], Brune, 1851

ABB. 127 | Meierei Barntrup, Verwalterhaus, Hofseite, Ansicht 2023

Die zum Feld weisenden Fenster der West- und Nordseite wurden vom Keller bis zum Dach mit Eisenstangen gegen Einbruch gesichert. Wie beim Waschhaus und Wohnhaus sind nicht nur die Gewände und Giebelabdeckungen aus Sandstein gearbeitet, sondern auch die Abdeckungen der vorstehenden Sockelmauern. Die Dachdeckung besteht aus Sollinger Dachsteinen. Beidseitig wurden Zinkblechdachrinnen angebracht. Auch die halbrunden Dachfenster bestehen aus Blech.

Die Werkstätten sind im Inneren durch massive Scheidewände abgetrennt. Die Schmiedeesse und die Schornsteine sind aus Backstein gemauert. Die Verwalterstube erhielt einen Steinkohlen-Ofen. Die Decken wurden, mit Ausnahme der Rademacherei, gewellt.

Brune veranschlagte 1.656 Taler für das Gebäude.

197 | 1850–1853, Meierei Barntrup (Amt Sternberg) Waschhaus (ABB. 128, 129)

Barntrup, Sevinghausen 2 (Am Haidknapp).
Wie das Verwalterhaus misst das Waschhaus 70 mal 30 Fuß. Es handelt sich hierbei um ein eingeschossiges Multifunktionsgebäude in der Südwestecke des Hofs. Die Waschküche mit zwei eingemauerten Kesseln gab dem Gebäude den Namen. Von hier aus wurden aber auch der kleine und der große Backofen an der Südseite des Gebäudes beschickt, über denen eine Trockenkammer angelegt wurde. Vor den Ofenlöchern leitete ein großer Rauchfang die Rauchgase durch einen weiten Schornstein über Dach. Neben den wärmenden Backöfen fand eine kleine Badestube Platz. In der nördlichen, unterkellerten Gebäudehälfte wurden die Gesindekammer und die Backstube untergebracht. Die Kellerdecke wurde aus drei Gurtbögen und vier Kappengewölben

konstruiert. Die Waschküche hatte einen Außenzugang von der Hofseite, konnte jedoch durch eine Innenverbindung auch über den Seiteneingang vom Wohnhaus her erreicht werden. Gesindestube, Milchkeller und Backstube erhielten einen Steinkohlen-Ofen.

Das Dach wurde mit Sollingsteinen gedeckt und erhielt vier halbrunde blecherne Dachfenster mit Drahtrahmen sowie beidseitig Zinkdachrinnen mit Fallrohren.

Brune veranschlagte 2.196 Taler für das Gebäude.

198 | 1850–1853, Meierei Barntrup (Amt Sternberg) Wohnhaus (ABB. 45, 130)

Barntrup, Sevinghausen 2 (Am Haidknapp).
Das Wohnhaus in der Mitte der westlichen Stirnseite des Hofes erhielt eine Grundfläche von 82 mal 49 Fuß. Die siebenachsige Fassade wird durch einen zweigeschossigen, dreiachsigen Mittelrisalit mit doppelläufiger Freitreppe betont, den ein flacher Dreiecksgiebel mit einer Uhr vom Amthaus Alverdissen abschloss, die 1865 durch eine neue Uhr des Detmolder Hofuhrmachers Déjean ersetzt wurde. Der Risalit ist im Erdgeschoss wie die Gebäudeecken mit einer Putzquaderung hervorgehoben. Auf der Gartenseite fehlt der Risalit. Hier ist dem zentralen Gesellschaftszimmer eine Terrasse mit breiter Freitreppe in den Garten vorgelagert. Von den beiden bodentiefen Fenstern wurde das eine als zweiflügelige Terrassentür gestaltet. Die Fenster zum Garten wurden, da zur Wetterseite gelegen, sämtlich mit Jalousieläden versehen. Die Fensterflügel erhielten jeweils zwei Quersprossen aus Eisen. Alle Fenster- und Türöffnungen haben scharrierte Sandsteinsohlbänke bzw. Schwellen, ebenso bestehen der Abschluss des Sockels, und die Schornsteinköpfe aus Sandstein. Die verputzten Gewände hingegen sind aus Backstein gemauert und das Hauptgesims aus farbig gefasstem und *gesändeltem* Eichenholz.

ABB. 128 | Meierei Barntrup, Waschhaus, Feldseite, Ansicht 2023

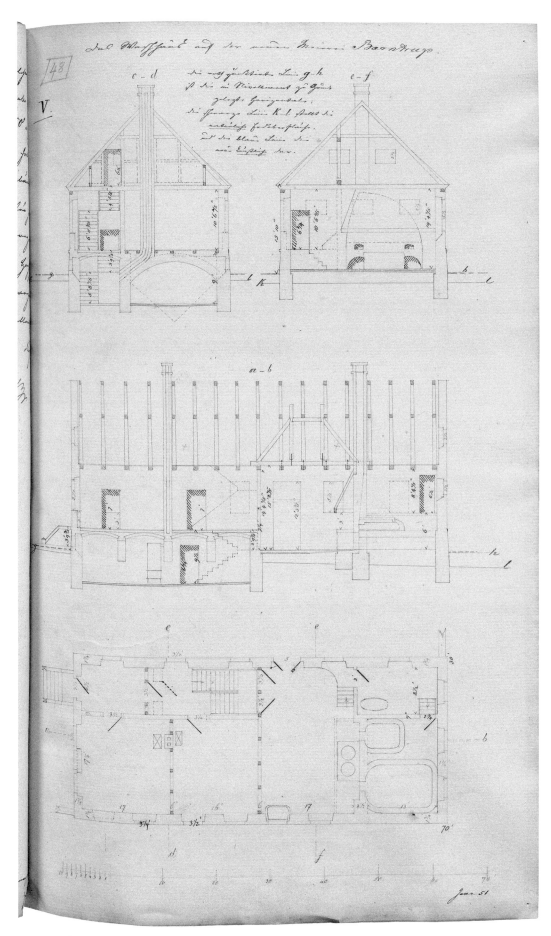

ABB. 129 | Meierei Barntrup, Waschhaus [Kat. 197], (Brune,) 1851

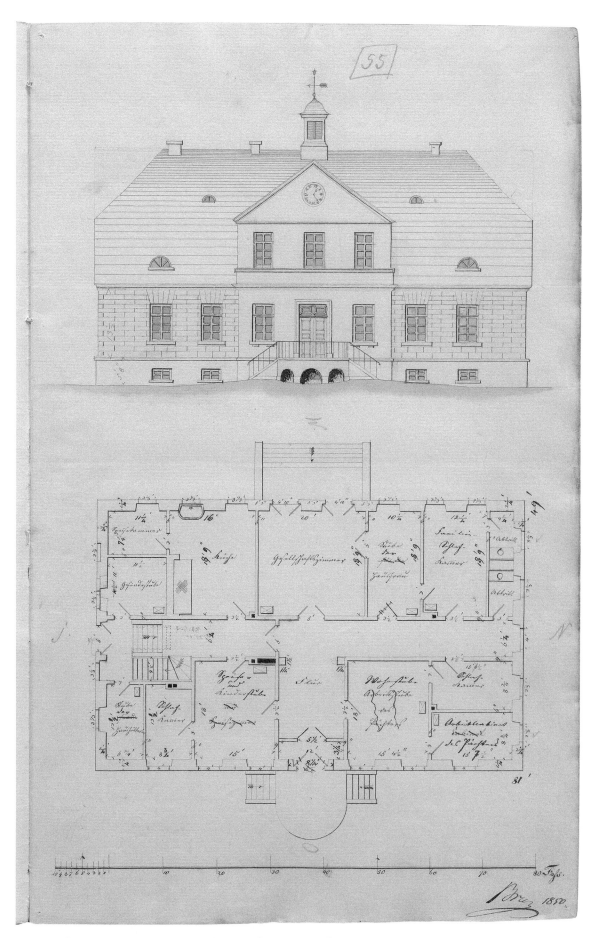

ABB. 130 | Meierei Barntrup, Wohnhaus [Kat. 198], (Brune, 1851)

Als einziges Gebäude der Hofanlage erhielt das Wohnhaus ein halb abgewalmtes Dach. Es ist mit schablonenartigen Sollingsteinen gedeckt und an First, Graten und Ortgang mit blauem Dachschiefer eingefasst. Das Dach des Mittelrisalits ist samt Seitenwänden ebenfalls mit Schiefer gedeckt. Die Dachfläche wird durch halbrunde Dachfenster und einen mittigen Dachreiter mit Wetterfahne belebt, in dem eine Glocke, wie die Uhr vom Alverdisser Amthaus stammend, aufgehängt wurde. Die drei Schornsteinköpfe sind nicht symmetrisch angelegt, sondern resultieren aus den inneren Funktionen des Gebäudes. Rundum erhielt das Haus Dachrinnen und Fallrohre aus Zinkblech.

Die Konstruktion der Kellerdecken erfolgte mit Kappengewölben zwischen Gurtbögen, welche ebenso aus Backstein gemauert wurden wie die Küchenbrandmauer, die Schornsteine, der Gurtbogen im Flur und die innere Langmauer. Die übrigen Innenwände bestehen aus Fachwerk. Elf Steinkohlen-Öfen beheizten die Räume. Zwei Zimmer durften tapeziert werden. Die Gesamtkosten wurden 1854 mit gut 9.900 Talern abgerechnet.

ABB. 131 | Abbruch der neuen Orangerie des Detmolder Lustgartens, Ferdinand Düstersiek um 1900

ABB. 132 | Riss zu einem neuen Orangeriegebäude im Detmolder Lustgarten [Kat. 199], Brune, 1851

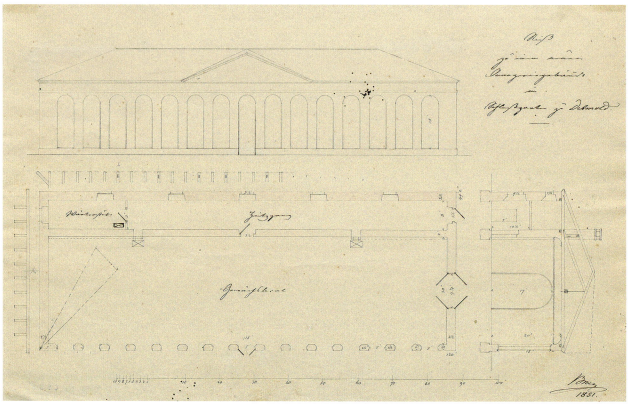

199 | 1851, Detmold, Orangerie im Lustgarten (ABB. 131, 132)

Detmold, Lustgarten (zwischen Rosental und Behringstraße). Abgängig.

Nach zahlreichen Reparaturen war der Neubau der Orangerie, die aus dem 18. Jahrhundert stammte, notwendig geworden. Der Neubau wurde als eingeschossiger Massivbau mit Schieferdach auf einer Grundfläche von 120 mal 44 Fuß 2 Zoll, bis zum Dachbalken 20 3/4 Fuß hoch, ausgeführt.

Über niedrigem Bruchsteinsockel erhebt sich die nach Süden weisende Front aus 15 Fensterachsen. Die mittlere ist als Fenstertür ausgebildet, die übrigen bestehen aus 15 Fuß hohen rundbogigen Fenstern über scharrierten Sandsteinsohlbänken. Darüber trägt ein schmales Bandgesims einen 50 cm hohen Blendplattenfries. Das flach geneigte Walmdach wird durch einen flachen Dreiecksgiebel über den mittleren fünf Achsen unterbrochen.

Den rundbogigen Eingang legte Brune mittig an die rechte Giebelseite in Richtung der Hofgärtnerwohnung. Der niedrige Heizgang an der Nordseite war über eine zentral angeordnete Tür mit dem „Gewächslocal" verbunden. Seitlich davon, je auf der Hälfte der Rückwand, stand ein Hinterladerofen. Das westliche Fünftel des Heizgangs war als Wärterstube mit eigenem kleinen Ofen abgetrennt.

Das Innere des Gewächsraums erhielt eine Hohlkehle mit Gesimseinfassung, die Wände und Decken wurden mit Leimfarbe dekoriert, so dass der Raum im Sommer als Festsaal dienen konnte. Die südlichen Fenster und Glasflügeltüren waren 5 Fuß breit und 15 hoch mit eisernen Sprossen und einem halbrunden Oberlicht, verschließbar mit 30 steinfarbig angestrichenen Läden. Obwohl Brune das *Frontispiz* aus Kostengründen weglassen musste, kam der Bau auf 4.631 Taler. Ab 1892 wurden die baulichen Anlagen infolge des Weiterbaus der Bahnlinie von Detmold Richtung Horn abgebrochen und 1920 die Reste des Lustgartens verkauft.

Quellen: LAV NRW OWL: D 73 Tit. 4 Nr. 6938: Riss zu einem neuen Orangeriegebäude im Schlossgarten zu Detmold, Brune 1851; L 92 R Nr. 798: Bauten und Reparaturen am herrschaftlichen Schloßgarten und Wäldchen zu Detmold einschließlich des Orangerie- und Treibhauses, der Mistbeete, Brücken und Hecken, Bd. 6, 1840–1851; L 98 Nr. 317: Unterhaltung des Schloßgartens und des Schloßplatzes, 1842–1917; L 92 R Nr. 804: Auf dem Schloßgarten erbaute Orangerie- und Gewächshäuser, 1850.

Bildquellen: LLB: BADT-18-2, Fotografie Ferdinand Düstersiek, Abbruch (um 1900).

Literatur: CLAUDIA SIMONE LINTEN, Orangerien in Westfalen, Frankfurt am Main 1998 (erwähnt S. 263–265 nur den Vorgängerbau).

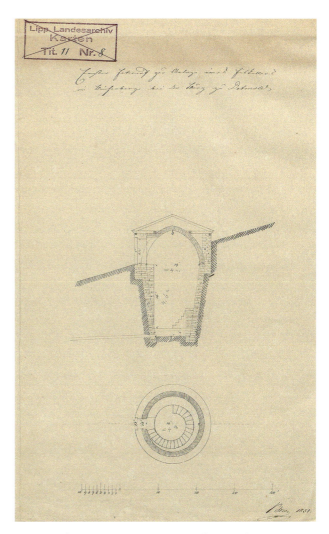

Lipp. Landesarchiv Karten Tit. 11 Nr. 8

ABB. 133 | Entwurf für einen Eiskeller [Kat. 200] im Büchenberg bei Detmold, Brune, 1851

200 | 1851, Detmold, Eiskeller beim Neuen Palais (ABB. 133)

Detmold, Neustadt.

Brune fertigte zwei Entwürfe gleicher Bauart, jedoch unterschiedlicher Größe. Ob einer davon und wenn ja welcher realisiert wurde, ist nicht bekannt (Maße des größeren Eiskellers jeweils in Klammern). Der Boden wurde talseitig 16 (18) Fuß ausgeschachtet, bergseitig war der Eiskeller dadurch fast vollständig eingetieft. Der runde Grundriss hatte konischen Querschnitt mit einem Innendurchmesser von 9 (15) Fuß am Boden und 14 (20) Fuß an der Türschwelle. Vom Eingang im Norden führte eine Wendeltreppe an der Innenwand entlang zum Boden. Oberirdisch umschloss ein Mauerwerkszylinder von 8 (9) Fuß Höhe mit einem flach geneigten Kegeldach den Bau.

Quellen: LAV NRW OWL: D 73 Tit. 4 Nr. 7199 und 7200: 1. und 2. Entwurf zur Anlage eines Eiskellers im Büchenberg bei der Burg [Friedamadolphsburg] in Detmold, Brune 1851.

201 1851, Detmold, Fürstliches Mausoleum (ABB. 43)

Detmold, Paderborner Straße 2.
Projekt, nicht ausgeführt.
Siehe Seite 89–90.

Quellen: LAV NRW OWL: D 73 Tit. 4 Nr. 7313: Entwurf eines Mausoleums [Brune 1851, vgl. D 73 Tit. 4 Nr. 7315]; D 73 Tit. 4 Nr. 7314: Ansicht, Querschnitt, Grundriss [Brune 1851]; D 73 Tit. 4 Nr. 7315: Entwurf zur Einrichtung der Grotte im Büchenberg zu einer Fürstlichen Familiengruft, Brune 1851; D 73 Tit. 4 Nr. 7316: Entwurf zur Einrichtung der Grotte im Büchenberge zu einer fürstlichen Familien-Gruft, Gödecke 1852; D 73 Tit. 4 Nr. 7317: desgl. Gödecke 1852; D 73 Tit. 4 Nr. 7318: Fassade, Gödecke 1853; L 92 R Nr. 848: Bau eines Totengewölbes für die Fürstliche Familie, Bd. 1, 1821–1866; L 92 R 1 Nr. 98: Reparaturen am Schloss, an der Fürstengruft bei der reformierten Kirche und dem Mausoleum, Bau eines Hühnerhofes, 1854–1877; L 100 Nr. 402: Erbbegräbnisse des fürstlichen Hauses, 1856–1904; L 92 R 1 Nr. 218: Wiederherstellung des fürstlichen Mausoleums im Büchenberg bei Detmold (mit Skizze und Plan), 1867–1912.

Bildquellen: LLB: 1 D 94: Inneres der Grotte, Zeichnung, Ludwig Menke (1847); 1 D 92 Außenansicht der Grotte im Jahr 1847, Gouache, Ludwig Menke (1859); BADT-61-9: Fotografie (1890); LLM: 101/97: Ansicht der Grotte, Zeichnung, Emil Zeiß, 1852.

Literatur: GAUL 1968, 360–363; BURKHARD MEIER, Das Mausoleum am Büchenberg bei Detmold, Detmold 1988; SALESCH/SPRINGHORN 2003, S. 97.

202 1851/52, Detmold, Treibhaus im Lustgarten

Detmold, Lustgarten (zwischen Rosental und Behringstraße). Abgängig.

Östlich der neuen Orangerie, auf der Stelle der abgebrochenen alten, wurde ein Treibhaus nach dem Vorbild des Treibhauses im Palaisgarten errichtet. Das 83 mal 25 ½ Fuß große Treibhaus erhielt Grund- und Giebelmauern aus Bruchstein mit einem Sockelabschluss aus Sandstein. Ebenso wurden alle Fenster- und Türgewände sowie die Treppenstufen und die Abdeckung der Giebelmauern aus Sandstein gearbeitet.

Nach Süden hatte das Gebäude 36 Fenster von 3 ½ Fuß Breite und 10 ½ Fuß Höhe, nach Norden nur 3 Fuß hoch, mit insgesamt 2.082 Fensterscheiben. Alle Fenster waren mit hölzernen Läden verschließbar.

Die Einfassungen der Blumenbeete wurden aus Backstein gemauert, ebenso die russischen Schornsteine und die 190 laufenden Fuß Heizkanäle mit gusseisernen Türen. Die beiden inneren Fachwerktrennwände erhielten eine Backsteinausfachung und, wie der Haupteingang, Türen mit Oberlicht. Die gewellerten Decken wurden wie die Giebel- und Trennwände verputzt und geweißt, das Dach mit Eichendielen und Blech gedeckt. Starke eiserne Winkel und Stangen gewährleisteten die Stabilität des Gebäudes. Brune hatte die Kosten mit 1.398 Talern veranschlagt. Mit eisernen Kesseln über den Heizkanälen und Dachrinnen aus Zinkblech stiegen die Kosten um 150 Taler. Das frei verabfolgte Holz wurde mit 153 Talern taxiert, wodurch die Baukosten schließlich 1.701 Taler betrugen.

Quellen: LAV NRW OWL: L 92 R Nr. 638: Auf dem Palaisgarten erbauten Gewächs- & Weinhäuser auch sonstigen Anlagen, 1848–1908; L 92 R Nr. 804: Auf dem Schloßgarten erbaute Orangerie- und Gewächshäuser, 1850; L 98 Nr. 317: Unterhaltung des Schloßgartens und des Schloßplatzes, 1842–1917.

Bildquellen: LLB: BA-FKB-209-33 und 34: Gärtner im Gewächshaus (um 1910).

203 1851/52, Detmold, Pflanzenhäuser im Lustgarten

Detmold, Lustgarten (zwischen Rosental und Behringstraße). Abgängig.

Die neue Orangerie flankierend wurden zwei eingeschossige Fachwerkgebäude mit Glasdach, je 54 ½ mal 24 ½ Fuß groß bei 6 Fuß Traufhöhe errichtet.

Die Grund- und Giebelmauern bestanden aus Bruchstein, die Rückwand jedoch aus Backstein, 4 ½ Fuß hoch. An der Front wurde der Sockel mit Sandsteinen abgeschlossen. Tür- und Fenstergewände wie auch die äußeren Treppenstufen bestanden ebenfalls aus Sandstein wie auch die Abdeckung der beiden Giebelmauern. Die Front bildeten 18 Fenster von 4 ⅓ Fuß Breite und 11 ½ Fuß Höhe, auf der Rückseite erhielten sie nur 4 ¾ Fuß Höhe. Sämtliche Fenster mit insgesamt 1.400 Fensterscheiben waren mit hölzernen Läden zu verschließen. Die Eingangstür erhielt ein Oberlicht. Das Dach wurde mit Eichendielen gedeckt. Die inneren Trennwände aus Fachwerk mit Backsteinausmauerung erhielten drei Innentüren. Starke eiserne Winkel und Stangen sicherten die Stabilität des Gebäudes. Die Wärme eines Ofens wurde durch einen Heizkanal mit gusseiserner Tür über die gesamte Gebäudelänge verteilt, der Rauch über einen 13 Fuß hohen russischen Schornstein abgeführt. Wände und Decken wurden verputzt und Blumenstellagen aus Holz eingebaut.

Brune hatte jedes Pflanzenhaus mit 970 Talern veranschlagt (1.073 Taler inklusive Holztaxe).

Quellen: LAV NRW OWL: L 98 Nr. 317: Unterhaltung des Schloßgartens und des Schloßplatzes, 1842–1917; L 92 R Nr. 638: Auf dem Palaisgarten erbauten Gewächs- & Weinhäuser auch sonstigen Anlagen, 1848–1908; L 92 R Nr. 804: Auf dem Schloßgarten erbaute Orangerie- und Gewächshäuser, 1850.

204 1851–1853, Meierei Barntrup (Amt Sternberg) Schuppen mit Gemüsekeller

Barntrup, Sevinghausen 1–2 (Am Haidknapp).
Riss und Anschlag für einen Gemüsekeller am östlichen Giebel der südlichen Scheune hatte Brune im Juni 1851 vorgelegt, im November 1852 genehmigte die Kammer den Bau unter der Auflage, dass *Konduktor* Bruno die Baukosten mit 5 Prozent jährlich verzinste. Plöger fertigte im Juni 1852 einen aktualisierten Anschlag, doch wurde das Projekt im Mai 1853 um einen Schuppen darüber erweitert, was die Kammer umgehend genehmigte, da Bruno der Verzinsung auch dieser Erweiterung zugestimmt hatte.
Es entstand ein Anbau von 57 mal 28 Fuß mit 9 ½ Fuß Traufhöhe und einem Satteldach mit Hohlziegeldeckung in Strohdocken. Wie bei den übrigen Gebäuden dieser Meierei wurde die Giebelmauer (Schildmauer) mit zwei Fußsteinen, einem Sattelstein auf der Spitze und Sandsteinplatten dazwischen bedeckt.
Der 10 ½ Fuß tiefe Keller erhielt ein stabiles Gewölbe aus vier Gurtbögen und fünf Gewölbekappen dazwischen. Der Zugang wurde durch eine äußere und innere Kellertür als Klimaschleuse angelegt. Die drei liegenden Kellerfenster im Querformat wurden mit je fünf Eisenstangen gegen Einbruch geschützt und konnten mit inneren Eichenholzklappen verschlossen werden. Im Boden des Schuppens wurden zwei Schachtlöcher von 2 mal 2 Fuß im Gewölbe mit Sandsteingewänden eingefasst und mit Eichenklappen verschlossen. Zum Hof war der Schuppen durch fünf Pfosten in vier Einfahrten gegliedert.
Die veranschlagten Baukosten von 627 Talern ermäßigten sich durch Einsparungen an Auffüllungskosten und Hofpflasterung um 182 Taler.
Quellen: LAV NRW OWL, L 92 R Nr. 1252: Ausbau Meierei Barntrup, hierzu Akten des Baurats Brune, Bd. 3, 1852–1856; L 92 R Nr. 1256: Auf der neuen Meierei Barntrup angelegter Gemüse-Keller und der darüber und an der nördlichen Scheune erbaute Schoppen, 1852–1856.

205 1852, Detmold, Weinhaus im Lustgarten (ABB. 134)

Detmold, Lustgarten (zwischen Rosental und Behringstraße). Projekt, nicht ausgeführt.
Brune entwarf zwischen Werreufer und Orangerie (Kat. 199) ein wie dieses 120 Fuß breites und 15 Fuß tiefes Gebäude. Zunächst sollte das Erdreich vor der Orangerie um 10 Fuß abgegraben und der Hang durch eine 15 Fuß hohe, 4 Fuß starke und 160 Fuß lange Futtermauer abgefangen werden. Seitlich waren Aufgänge auf das flache, als Terrasse vor der Orangerie gestaltete Dach vorgesehen. Im Grundriss war das Weinhaus in annähernd drei gleich große Räume unterteilt, deren Fassaden gänzlich aus Fenstern bestanden. Die Stirnmauern und die beiden inneren Trennwände setzten sich in gemauerten Pfeilern fort, zwischen denen eine 2 Fuß hohe Balustrade die Terrasse begrenzte. Die Pfeiler zwischen den aus Halbschalen schuppenförmig gemauerten Balustraden trugen Pflanzschalen. Die Balustrade sollte aus vier Sandstein-Eckpfeilern, 18 gusseisernen Zwischendocken und ausgemauerten Zwischenräumen von 1300 Stück halbkreisförmigen Hohlziegel, jeweils um einen halben Ziegel in Zement versetzt, und einem Deckgesims bestehen. Beidseitig waren um 5 Fuß zurückspringende, überwölbte Annexräume für Utensilien angefügt, so dass sich eine Gesamtbreite von 160 Fuß ergab. Die sechs Türen mit Rundbögen aus Sandstein, die 90 Fuß langen Heizkanäle innen mit Tonfliesen belegt, die Innenwände verputzt. An der nach Süden gerichteten Vorderseite waren 29 Eichenholz-Fensterrahmen, 11 Fuß hoch und 3 ⅔ Fuß breit mit insgesamt 1440 Glasscheiben und Schlagläden aus Tannenholz vorgesehen. Eichenholzsparren und -schalung trugen das flache Zinkblechdach, welches allein mit 90 Talern zu Buche schlug. Der neue Plantagenmeister Kahl hatte die Kosten eines Weinhauses auf 500 Taler geschätzt, doch wies Brunes detaillierter Kostenanschlag fast 2.300 Taler aus. Da sich daran keine wesentlichen Einsparungen verwirklichen ließen, stornierte Fürst Leopold den Bau. Der Platz vor der Orangerie wurde dann nach Kahls Vorschlag terrassiert und mit Ziersträuchern bepflanzt.
Quellen: LAV NRW OWL: D 73 Tit. 4 Nr. 6939: Entwurf zur Errichtung eines Weinhauses vor dem neuen Orangeriegebäude im Schloßgarten [Lustgarten] zu Detmold, Brune 1852; L 92 R Nr. 798: Bauten und Reparaturen am herrschaftlichen Schloßgarten und Wäldchen zu Detmold einschließlich des Orangerie- und Treibhauses, der Mistbeete, Brücken und Hecken, Bd. 6, 1840–1851; L 98 Nr. 317: Unterhaltung des Schloßgartens und des Schloßplatzes, 1842–1917; L 92 R Nr. 804: Auf dem Schloßgarten erbaute Orangerie- und Gewächshäuser, 1850.

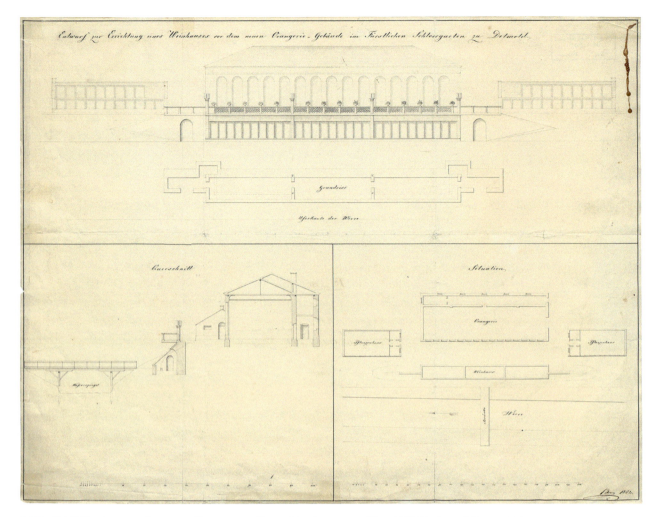

ABB. 134 | Weinhaus vor der neuen Orangerie im Detmolder Lustgarten [Kat. 205], Ferdinand Brune, 1852

206 1852, Detmold, Bassin

Detmold, Palaisgarten.

Projekt, nicht ausgeführt.

Eine natürliche Wassermulde im oberen Palaisgarten (unterhalb der heutigen Seminarhäuser) sollte zum Bevorraten von Gießwasser ausgebaut werden zu einem ovalen, 8 Fuß tiefen Bassin von 40 mal 21 Fuß Ausmaß. Die Einfassung sollte aus Bruchstein gemauert werden mit einer inneren Verblendung aus Backstein in Zementmörtel und mit Zementputz. Den Boden sollte eine Rollschicht aus Backsteinen in Zementmörtel bilden. Eine Treppe aus zehn Sandsteinstufen, 3 Fuß breit, war als Zugang in das Bassin gedacht. Ein 140 Fuß langer Zuleitungsgraben aus dem Seitengraben am Papenberger Weg sollte das Bassin speisen, das Überschusswasser durch eine 490 Fuß lange hölzerne Röhrenleitung in den unteren Seerosenteich abfließen. Die Kosten kalkulierte Brune mit 382 Talern zuzüglich 30 Talern Holztaxe für die Buchenstämme für die Röhren.

Quellen: LAV NRW OWL: L 92 R Nr. 638: Auf dem Palaisgarten erbaute Gewächs- und Weinhäuser auch sonstigen Anlagen, 1848–1908.

207 1852, Detmold, Fahrbrücke über die Werre (ABB. 135, 136)

Detmold, Lustgarten (zwischen Rosental und Behringstraße), westliches Ende. Abgängig.

Fürst Leopold hatte eine hölzerne Brücke mit eisernen Geländern ähnlich einiger Brücken über den Kanal befohlen. Die 50 Fuß lange und 11 Fuß breite Fahrbrücke verband die mittlere Ost-West-Achse des Lustgartens mit dem Bauhofgelände hinter dem Jägerhof. An beiden Ufern wurden je vier senkrechte angespitzte Pfähle, mit einem Querholz und Streben verbunden, eingeschlagen, auf denen die vier Längsträger auflagen. Diese mussten wegen der erheblichen Länge aus je drei Teilen zusammengesetzt werden. Die Stöße kamen über den Querhölzern zu liegen und wurden durch ein Sattelholz getragen, mit dem sie waagerecht gezahnt

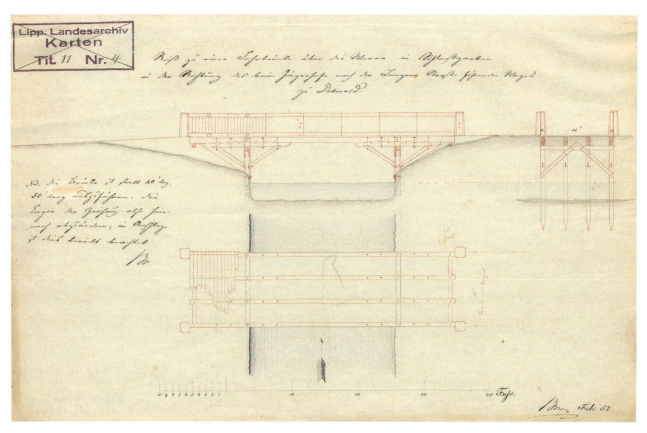

Lipp. Landesarchiv
Karten
Tit. 11 Nr. 4

ABB. 135 | Riss zu einer Fahrbrücke über die Werre im Detmolder Lustgarten [Kat. 207], Brune, 1852

und senkrecht verbolzt wurden. Die Aussteifung erfolgte sowohl in Längs- wie Querrichtung mit Kopfbändern. Die Fahrbahn bestand aus Bohlen. Alle Holzteile wurden aus Eichenholz hergestellt.

An den vier Ecken der Brücke wurden 3 Fuß und 4 Zoll hohe Sandsteinpylone aufgestellt, dazwischen die eisernen Geländer aus neun Fachen. Die schlichten Geländer bestanden aus vier Längsstäben, die je paarweise oben und unten angeordnet waren. Zwischen dem unteren und dem oberen Paar waren die senkrechte Stäbe gespannt. Die Längsstäbe wurden in jedem Fach sowohl oben als auch unten mit einem mittigen Kreis verbunden. Die Eisengeländer machten mit 189 Talern einen erheblichen Teil der Baukosten von 329 Talern aus.

1920 wurde die Brücke von Bauaufseher Multhaupt als baufällig bezeichnet und abgetragen. Ein Teil der Geländer wurde an den Magistrat für die Brücke am Hornschen Tor verkauft.

Quellen: LAV NRW OWL: D 73 Tit. 4 Nr. 6940: Riss zu einer Fahrbrücke über die Werre im Schlossgarten [Lustgarten] in Detmold, in Richtung des beim Jägerhof nach der Lemgoer Straße führenden Weges, Brune 1852; L 92 R Nr. 807: Bauten an den Werreufern sowie den Brücken und Stauwerken auf dem Schlossgarten zu Detmold, 1852.

ABB. 136 | Fahrbrücke über die Werre im Detmolder Lustgarten mit Hofgärtner Heise und Gehilfen, anonym 1910

Bildquellen: LLB: BA-FKB-209-32: Die Gärtner Rolf, Zehnpfennig, Heise und Wissmann an der Werrebrücke im Lustgarten, 1910.

208 | 1852, Detmold, Fußgängersteg über die Werre

Detmold, Lustgarten (zwischen Rosental und Behringstraße). Abgängig.

Die Fußgängerbrücke führte in der Nord-Süd-Achse des Schlossgartens vom Rosental auf die Mitte der Orangerie zu. Der 56 Fuß lange Steg entspricht in seiner Konstruktion und Gestaltung der Fahrbrücke (Kat. 207), kommt jedoch bei 8 Fuß Breite mit drei Längsträgern und etwas schwächer dimensionierten Bauteilen aus. Ebenso fehlen die Sandsteinpfeiler an den Geländer-Endpunkten. Bei Gesamtkosten von 300 Talern machten die beiden Eisengeländer mit 212 Talern einen erheblichen Anteil aus.

Quellen: LAV NRW OWL: D 73 Tit. 4 Nr. 6941: Riss zu einer Laufbrücke über die Werre vor dem neuen Orangeriegebäude im Schlossgarten [Lustgarten] zu Detmold, Brune 1852; L 92 R Nr. 807: Bauten an den Werreufern sowie den Brücken und Stauwerken auf dem Schlossgarten zu Detmold, 1852.

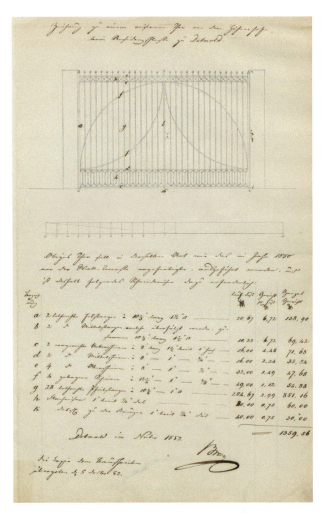

ABB. 137 | Eisernes Tor [Kat. 209] vor dem Hühnerhof beim Residenzschloss in Detmold, Brune, 1852

209 | 1852, Detmold, Eisentor vor dem Hühnerhof (ABB. 137)

Detmold, Schlossplatz.

Ein 10 Fuß hohes zweiflügeliges Eisenstaket von 16 Fuß Breite zwischen zwei Steinpfeilern schloss den fürstlichen Hühnerhof ab. Die senkrechten Stäbe endeten lanzettförmig. Oben waren sie durch zwei Querstäbe verbunden, welche mit den senkrechten Stäben Quadrate bildeten, welche mit Diagonalkreuzen gefüllt waren. Den unteren Rand schlossen ebenfalls zwei waagerechte Stäbe, jedoch in größerem Abstand. Hier bildeten kurze Binnenstäbe Sechsecke. Als Stütze sind von den beiden unteren Außenecken zu den oberen Innenecken der beiden Flügel viertelkreisförmige Stäbe geführt. Vgl. Kat. 187.

Quellen: LAV NRW OWL: D 73 Tit. 4 Nr. 6970: Zeichnung zu einem eisernen Tor vor dem Hühnerhof beim Residenzschloss zu Detmold, Brune 1852; D 73 Tit. 4 Nr. 7034: desgl., Brune 1852.

210 | 1852, Detmold, Neustadt, Brücke (ABB. 46)

Detmold, Neustadt. Abgängig.
Siehe Seite 92–93.
Quellen: LAV NRW OWL: L 92 S Tit. III c Nr. 14: Brücke vor dem Palais, 1851–1852 (mit Lageplan und Riss).
Literatur: PETERS 1984, S. 156, 167.

211 | 1852, Brake, Brücke zwischen Schloss und Felsenkeller

Lemgo, Bierweg.

Vier Längsträger werden durch ein Sprengwerk mit zwei Unterzügen verstärkt, welches zusammen mit den Geländerholmen auf den vier Endpfosten die seitliche Brückenbegrenzung bildet. In der Mitte ist ein Überfallwehr mit Rolle und Schieber in seitlichen Laufschienen integriert.

Quellen: LAV NRW OWL: D 73 Tit. 4 Nr. 6655: Entwurf zur Anlage einer Fahrbrücke über dem Überfallwehr an der Bega zwischen dem Schloss und dem Felsenkeller zu Brake, Brune 1852.

212 | 1852, Meierei Oesterholz (Amt Horn), Pferdehaus

Schlangen, Im kleinen Bruch.

Der Umbau des Pferdehauses von der traditionellen Aufstellung der Pferde mit dem Schwanz zur Traufe erfolgte in einen Queraufschluss mit breiter Futterdiele zwischen den beiden Trogreihen.

Quellen: LAV NRW OWL: D 73 Tit. 4 Nr. 6842: Entwurf zu einer Veränderung des Pferdehauses auf der Meierei Oesterholz, Brune 1852.

213 1852, Schloss Schieder, Orangerie

Schieder-Schwalenberg, Im Kurpark 5.
Auf Befehl des Fürsten sollte Brune den östlichen der beiden Schlossgarten-Pavillons, der in den letzten Jahren schon notdürftig als Orangerie genutzt wurde, gehörig dazu einrichten und in Stand setzen. Brune ließ das Äußere, um die Symmetrie mit dem benachbarten Pavillon nicht zu stören, aber auch aus Kostengründen möglichst unverändert. Nur die Eingangstür musste zu einer großen zweiflügeligen Glastür erweitert und das Erkerfenster darüber entfernt werden, um größere Orangenbäume hinein und hinaus bringen zu können sowie mehr Licht ins Innere zu bringen. Der Heizgang bot auch beschränkten Platz für Gartengeräte und einen notwendigen Backofen für den Schlossgärtner Koch.

Für die Umbauten wurde der Pavillon vollständig entkernt, wozu auch das Dach abgenommen wurde. Eine neue 50 Fuß lange innere Trennwand aus Backstein samt Fundament, zwei Dachgiebelmauern und die große Bogentür in der südlichen Mauer mit Sandsteingewände wurden neu erstellt, das Fenster darüber und alle Kellerfenster vermauert. Zur Temperierung der Orangerie im Winter sah Brune zwei Kachelöfen mit eisernem Heizkasten und zwei Schornsteine vor. Die Decke musste, um die Wärme besser zu halten, gewellt werden. Ein neuer Dachstuhl sollte aus Nadelholz konstruiert werden, auch Fenster und Türen sollten gegen neue ausgetauscht werden. Brune Anschlag übertraf mit 1.240 Talern die Erwartungen der Kammer bei weitem, weshalb sie gegen Brunes heftigen Widerstand drei Einsparungen verordnete: Die innere Trennwand sollte nicht massiv aus Backstein, sondern als Fachwerkwand errichtet werden, einer von zwei Kachelöfen musste mitsamt Schornstein ebenso entfallen wie eine Dachbodentür. Die Kammer bezifferte die Einsparungen mit 114 Talern.
Quellen: LAV NRW OWL: L 92 R Nr. 915: Instandsetzung und Einrichtung des östlichen Pavillons beim Schloss Schieder zu einem Gewächshaus, 1852; L 92 R Nr. 892: Bauten am Schloss Schieder sowie an dessen Nebengebäuden und Garten, Bd. 8, 1846–1855.

214 1852, Schieder, Schlossplatz-Einfriedung

Schieder-Schwalenberg, Im Kurpark/Domäne. Größtenteils abgängig.

Fürst Leopold III. befahl die Entfernung der gemauerten Schlossplatz-Einfriedung an der West-, Süd- und Ostseite und Einbeziehung des Platzes vor dem Kavalierhaus. Zur Meierei hin entstand längs der Straße ein neues, rund 300 Fuß langes Eisenstaket in der Art des am Detmolder Burggraben 1851 errichteten. Vom Kavalierhaus bis an das Meierei-Pferdehaus wurde statt einer vorhandenen Hecke eine 150 Fuß lange, 6 ½ Fuß hohe Mauer gezogen. Da die 1848 gebaute Chaussee an der Westseite des Schlossplatzes im Weg war, mussten 170 Fuß davon verlegt werden.

Das Staket bestand aus einer niedrigen Bruchsteinmauer von 1 ½ Fuß Höhe, bedeckt mit Sandsteinplatten, zwischen denen achteckige Sandsteinpfeiler standen. 30 Schmiedeeiserne Geländerfache und ein zweiflügeliges Tor wurden dazwischen gesetzt. Die Gesamtkosten kamen auf 1.300 Taler. 1854 musste auf Befehl Leopolds III. das Staket weiter nach Westen versetzt und um 53 Fuß verlängert werden. Wegen des stärkeren Gefälles war eine kostspielige Umarbeitung des Stakets notwendig. Die Chaussee musste erneut auf einer Länge von 332 Fuß verlegt werden. Die Kosten betrugen 750 Taler. Erhalten sind die Tore mit geringen Anschlussstücken im Durchgang vom Rathaus (Domäne 3) zum Schloss und nördlich vom Pforthaus (Domäne 6).
Quellen: LAV NRW OWL: L 92 R Nr. 916: Veränderungen an den Befriedigungen des Schloßgartens zu Schieder, auch am Schloßplatze, 1852.

215 1852/53, Detmold, Deckstall mit Bibliothekssaal

Detmold, Rosental/Schlossplatz. Abgängig.
An das im 41 Fuß breiten Raum zwischen den Pavillons VI und VII stehende *Bedeckhaus* sollte eine Remise für wartende bespannte Kutschen angebaut werden. Brune nutzte diesen fürstlichen Wunsch dazu, den unpassenden alten Deckstall abzureißen und durch einen an den Bestand angepassten zweigeschossigen Neubau zu ersetzen, in dessen Obergeschoss er Erweiterungsräume der Bibliothek unterbrachte. Den Bau veranschlagte er auf 2.622 Taler. Um den Bauetat zu schonen, verfügte die Kammer, dass das Obergeschoss erst im folgenden Jahr ausgeführt würde.

Die beiden Pavillons verband Brune durch in der Flucht liegende Mauern, im Sockel mit Sandsteinverblendung und Sandsteinlisenen zwischen den drei zum Schlossplatz weisenden Toren. Vom Rosental ermöglichte ein mittiges Tor eine Durchfahrt. Dazu war auch in der inneren Trennwand ein Tor vorgesehen. Über einem Bandgesims erhob sich der Bibliothekssaal im Obergeschoss mit einer Verbindungstür in den Pavillon VII. Er wurde beidseitig mit drei Fenstern belichtet, das Erdgeschoss beidseits des Tores zum Rosental durch je ein Fenster, zum Schlossplatz durch Glasfenster in den Torflügeln. Das Dach erhielt eine Kronendeckung mit Flachziegeln in Kalkmörtel, die Kanten und Kehlen wurden mit Schiefer gedeckt. Die Bibliotheksöfen machten einen Schornstein notwendig. Wegen der Bibliotheksregale hatte Brune die Zwischendecke verstärkt.

1961 abgerissen.

Quellen: LAV NRW OWL: L 92 R Nr. 744: Neubau zwischen dem sechsten und siebten Pavillon, Bedeckhaus und Bibliothek, 1852.

216 1852/53, Detmold, Ökonomiegebäude

Detmold, Palaisgarten. Abgängig.

Das eingeschossige, massive Ökonomiegebäude mit Schieferdach maß 81 mal 40 ½ Fuß bei 20 Fuß Traufhöhe. Brune hatte es mit 3.350 Talern veranschlagt (3.810 Taler inkl. Holztaxe).

Quellen: LAV NRW OWL: L 92 R 1251, fol. 14: Liste von Bauten Brunes (Nr. 43).

217 1852/53, Detmold, Naturwissen-schaftliches Museum (ABB. 105)

Detmold, Leopoldstraße 5.

Auftraggeber: Scholarchats-Kommission und Naturwissenschaftlicher Verein.

Nach dem Tod des Turnlehrers Steineke 1852 und wegen der fortwährenden Klagen über Kälte und Feuchte in der Turnhalle von 1846 (Kat. 166) stimmte die Regierung dem Umbau in ein Sammlungsgebäude des Naturwissenschaftlichen Vereins zu (ein im Vorjahr von Wilhelm von Meien projektierter Umbau zu einer Zeichen- und Modellierschule hatte keine Zustimmung gefunden).

Brune ließ die Lohe vom Boden entfernen, an beiden Langseiten je drei vergitterte Lüftungsöffnungen von 10 Zoll im Quadrat einbrechen und darüber, in 15 Zoll Höhe, Lagerhölzer auf Backsteinsockeln mit einem Dielenbelag einziehen. Hinter dem Eingang entstand durch einen Holzverschlag und eine zweite Tür ein Windfang. Weerth veranlasste ihn zu weiteren Baumaßnahmen, die zu einer Kostenüberschreitung des Anschlags von 388 Talern um 92 Taler führten. Möbliert wurde der Saal durch Regale und Glasschränke.

Quellen: LAV NRW OWL: L 106 B Tit. 4 Nr. 4: Instandsetzung des Turnhauses, 1852–1854.

Bildquellen: LAV NRW OWL: D 75 Nr. 647, Ansicht der Turnhallen von Osten, links die von 1846, rechts Merckels Neubau von 1857.

Literatur: FINK 2002, S. 236, 295 f.

218 1852/53, Meierei Brake, Vorwerk

Lemgo, Schlossstraße.

Im Januar 1852 beantragte der Pächter Quentell einen Durchbau des 1824 neu gebauten Hauses. Die Stellungnahme Brunes hielt die Verbesserungen der beiden Verwalterwohnungen für zweckmäßig und veranschlagte die Kosten mit 198 Talern. Beide Schornsteine des Hauses und mit dem Küchenschornstein auch die Brandmauer darunter wurden wegen Feuergefährlichkeit abgebrochen, eine neue Brandmauer und ein doppelter russischer Schornstein mit Fundament sowie eine neue Mauer zwischen Branntwein- und Malzkeller errichtet, der Eingang in den Malzkeller verlegt, zwei Scheidewände an der Verwalterstube und die hölzernen Treppen umgesetzt, ein neuer Rauchmantel in der Küche errichtet sowie der Küchenherd, der Ofen in der Gesindestube und der Steinkohlenofen in der Verwalterstube erneuert. Der östliche Wohnteil mit der Deele ist im Grundriss weitgehend erhalten, der westliche Kuhstallteil wurde mehrfach umgebaut, zuletzt zu einer Ausstellungshalle des Weserrenaissance-Museums.

Quellen: LAV NRW OWL: D 73 Tit. 4 Nr. 6654: Riss von dem Vorwerke auf der Meierei Brake, Brune 1852; L 92 R Nr. 1214: Bauten und Reparaturen auf der Meierei Brake und dem Vorwerk Fahrenbreite, Bd. 9, 1847–1856.

Literatur: SAUER 2002.

219 1849–1853 Meierei Oelentrup (Amt Sternberg), Dreschhaus (ABB. 138)

Dörentrup, Oelentrup.

Nachdem die Baufälligkeit des alten Dreschhauses von Brune festgestellt und von Overbeck bestätigt worden war, erhielt Brune 1849 den Auftrag, Riss und Anschlag für einen Neubau zu entwerfen.

Es entstand nach langen Diskussionen über die Größe eine Bruchsteinscheune von 140 mal 50 Fuß Grundfläche und 16 ½ Fuß Traufhöhe entlang dem eigens feldwärts verlegten Sternberger Weg. Die Längsdurchfahrt und Dreschdiele mit 16 ½ Fuß Breite liegt an der Hofseite und wird durch sieben querformatige hochliegende Fenster belichtet. Unter dem mittleren befindet sich eine Tür. Der Südgiebel ist leicht schräg gesetzt, um mit dem westlich anschließenden Schafstall in eine Flucht zu kommen. Den Zwischenraum füllte Brune mit einer Mauer mit Hoftor. Die östliche Langseite zum Weg blieb ohne Öffnungen. Nach Norden, zum Wohnhaus, erhielt der Giebel zwei Tore, von denen das östliche in eine Wagenremise führt. Die Tore sind mit Stichbögen überwölbt und erhielten wie die Fenster, die beiden runden Eulenlöcher in den Giebelspitzen und die Tür Werksteingewände aus

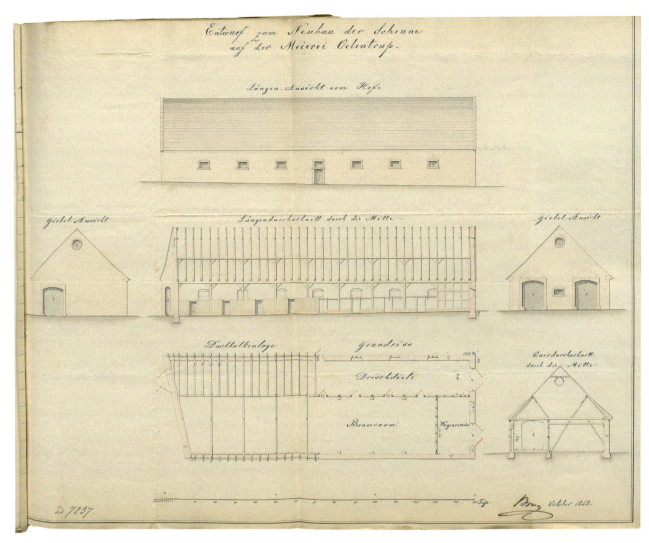

ABB. 138 | Dreschhaus der Meierei Oelentrup [Kat. 219], Brune, 1852

Berlebecker Sandstein. Die beiden Schildgiebelmauern wurden mit Sandsteinplatten abgedeckt, unter deren Falz die Hohlziegeldeckung in Strohdocken geschoben wurde. Die Längsträger aus Nadelholz entstanden aus mehreren Stücken, die durch stehende Hakenkämme waagerecht verbolzt wurden.

Brunes Kostenanschlag kam ohne Holztaxe auf 2.730 Taler, den Wert des Holzes berechnete Stein mit 1.034 Talern. Es wurde im Januar 1853 eingeschlagen, der Bau im Laufe des Sommers vollendet und noch eine Wetterfahne auf die südlichen Giebelspitze gesetzt. 1854 wurde das alte Dreschhaus im Westen, hinter dem Kuhhaus gelegen, abgebrochen.

Quellen: LAV NRW OWL: D 73 Tit. 4 Nr. 6603: Lageplan, Brune 1827 (Kopie 1832); D 73 Tit. 4 Nr. 6605: Lageplan, W. M. [Wilhelm von Meien?], nach 1854; L 92 R Nr. 1199: Bau des neuen Dreschhauses, 1850–1854 (mit Bauriss).
Literatur: LINDE/RÜGGE/STIEWE 2004, S. 80.

220 1853, Schloss Detmold, Fenster

Detmold, Schlossplatz 1.

Brunes Planung neuer Fenster für das Fremdenzimmer im Detmolder Schloss sah zwei alternative Entwürfe zweiflügeliger Blendrahmenfenster mit feststehendem geteiltem Oberlicht vor. Der Entwurf I verzichtet auf Sprossen, Entwurf II zeigt eine Teilung mit zwei waagerechten Sprossen je Flügel. Das Maß der Spiegelgläser, der besten Glasqualität also, betrug 3 Fuß 2 ⅔ Zoll mal 1 Fuß 2 Zoll bzw. bei dem Sprossenfenster 1 Fuß 2 Zoll im Quadrat. Die Fenster sollten als Heizmaterial sparende Doppelfenster gebaut werden.[33] Die Ausführung mit den größeren Scheiben war für je ein Doppelfenster mit 49 Talern – bei gleichem Materialeinsatz – um 20 Prozent teurer als die mit geteilten Flügeln, die auf 39 Taler kamen. Das Glas machte mit 17 bzw. 11 Talern aber den geringeren Teil der Kosten aus.

Quellen: LAV NRW OWL: D 73 Tit. 4 Nr. 6973 bis 6974: Ansichten von Fenstern des Detmolder Schlosses, Brune 1853; D 73 Tit. 4 Nr. 6975: Kostenaufstellung dazu.
Literatur: JOACHIM KLEINMANNS, Wappen, Reiter, fromme Sprüche. Bemalte Fenster in Westfalen (Schriften des Westfälischen Freilichtmuseums Detmold; 15), Detmold 1997, S. 58.

221 1853, Detmold, Platzgestaltung vor dem Jägerhof

Detmold, Theaterplatz/Lustgarten. Abgängig.
Auf Wunsch des Fürsten musste der Platz zwischen dem Jägerhof und dem Heuhaus, von der Rademacherei bis zum Lustgarten neu gestaltet werden. Damit verbunden waren die Verlegung der Heuwaage (Kat. 222) und der Abbruch des Ateliers von Gustav Quentell (Kat. 157), der dort insbesondere Pferde des Fürstenhauses portraitiert hatte. Die Einfriedung des Lustgartens wurde ergänzt bzw. erneuert, teilweise mit einer Mauer, worin ein Tor mit Pfeilern zum Bauplatz eingesetzt wurde, teilweise (vom Jägerhof bis zum Bauplatz) mit einem Drahtgitter und auch mit einer preiswerten Tannenhecke.
Quellen: LAV NRW OWL: L 92 R Nr. 30: Wegräumung des Schutts pp. bei der Heuwaage und der Haushofmeister-Wohnung […], 1831–1853; L 92 R Nr. 818: Die Heuwaage im Officiantengebäude, 1853.

222 1853 Detmold, Heuwaage

Detmold, Theaterplatz. Abgängig.
Zum Neubau der Heuwaage kam es, da Fürst Leopold III. der Anblick der alten Heuwaage von 1828/29 (Kat. 25) nicht gefiel und der Platz bereinigt werden sollte (Kat. 221). Es wurde zudem argumentiert, die Waage sei unzuverlässig und daher durch eine bessere zu ersetzen. Die neue Brückenwaage wurde von *„August Böhmer & Co. Waagenfabrik zu Neustadt-Magdeburg"* geliefert. Der Einbau erfolgte vor der Rademacherei, in welcher ein Raum für den Waagemeister mit Brettern abgetrennt wurde. 1917 musste sie wegen des Theaterneubaus entfernt werden.
Quellen: LAV NRW OWL: L 92 R Nr. 818: Die Heuwage im Officiantengebäude, 1853.

223 1853, Detmold, Anbau Bauhofschuppen

Detmold, Theaterplatz. Abgängig.
Der aus dem 18. Jahrhundert stammende Bauhofschuppen für Schiefer, Ziegelsteine und Kalk war ein eingeschossiger Fachwerkbau mit hohem Walmdach. An der Südseite befand sich ein Brennholzschuppen. Nach Westen war der Bauhofschuppen bereits um einen gemauerten, niedrigeren Anbau für Holzkohlen und Kalk um 28 Fuß erweitert worden. 1853 erfolgte eine Verlängerung des Anbaus um 30 Fuß mit einer Giebelmauer aus Bruchstein sowie Trauf- und Innenwänden aus Fachwerk. Dieser nahm neben einer Remise Schiefer, Ziegelsteine und Kalkgruben auf.
Quellen: LAV NRW OWL: L 80.20 Nr. 401: Bauten und Reparaturen auf dem staatlichen Bauhof, (1853) 1948, darin: Zeichnung des großen Bauschuppens auf dem Bauhof zu Detmold mit der 1853 ausgeführten Verlängerung, Handzeichnung von E. Plöger, 1853 (Norden unten).

224 1853, Detmold, Wagenschuppen im Kasernenhof

Detmold, Leopoldstraße. Abgängig.
Dieser Massivbau mit Hohlziegeldach in Strohdocken maß 79 ¾ mal 19 ½ Fuß bei einer Traufhöhe von 11 ¾ Fuß. Er stand mit der Rückseite auf der östlichen Kasernenhofmauer und reichte bis zur Nordostecke des Hofs. Die Mauer war dazu um 6 Fuß (bis zur Balkenlage des Schoppens) erhöht worden. Hofseitig war der Schuppen offen, die fünf Einfahrten waren durch Holzständer auf Sandsteinsockeln mit Radstößen voneinander getrennt. Die Deckplatten der Hofmauer wurden umgearbeitet zur Bedeckung der Giebelmauern mit einem Falz zum Unterschieben der Dachziegel. Die Kosten waren inklusive Holztaxe auf 382 Taler veranschlagt.
Quellen: LAV NRW OWL, L 77 C Nr. 1164: Einrichtung der unteren Remisenräume in der Kaserne zu belegbaren Quartieren, desgl. Erbauung eines Wagenschuppens (mit Bauriss), 1853–1861.

225 1853, Detmold, Städtische Gasanstalt

Projekt, nicht ausgeführt.
Auftraggeber: unbekannt.
Laut PETERS schlug Brune 1853 den Bau einer Städtischen Gasanstalt vor, die jedoch erst nach seinem Tod 1860 realisiert wurde. Die 1859 beginnenden Akten geben keinen Hinweis auf Brunes Projekt; PETERS nennt keine Quelle.
Literatur: PETERS 1953, S. 213.

226 1853, Meierei Falkenhagen (Amt Schwalenberg), Wagen- und Holzschuppen

Lügde, Domänenweg. Abgängig.
Das eingeschossige Fachwerkgebäude von 56 mal 26 Fuß Grundfläche bei 12 Fuß Traufhöhe erhielt ein flach geneigtes Sollingdach. Der linke Teil war für Ackergeräte, der mittlere für Brennholz und der rechte für Kutschwagen gedacht. Die Kosten waren mit 340 Talern (ohne Holz und die Fuhren des Pächters) kalkuliert.
Quellen: LAV NRW OWL: D 73 Tit. 4 Nr. 6765: Entwurf zur Errichtung eines Wagen- und Holzschuppens auf der Meierei Falkenhagen, Brune 1853; L 92 F 1 Tit. IIIa Nr. 1: Bauten und Reparaturen an sämtlichen Gebäuden zu Falkenhagen, 1781–1886.
Literatur: GERKING 2004.

227 1853, Hiddesen (Amt Detmold), Waldschützenwohnung

Detmold, alte Hausnummer Hiddesen Nr. 52.
Neben einer umfangreichen Renovierung der als Dienstwohnung des Klaftermeisters Redeker angekauften Hagemeister'schen Stätte nahm Brune hier auch eine Grundrissänderung vor, vergrößerte die Wohnstube durch Hinzunahme einer Kammer und richtete eine Brandmauer mit Schornstein sowie Rauchbühne ein, da das Haus bis dahin noch ein Rauchhaus gewesen war. Die Stuben wurden durch Hinterlader von der Küche am Ende der Deele geheizt.
Quellen: LAV NRW OWL: L 92 R Nr. 1718: Bauten und Reparaturen an der Waldschützenwohnung zu Hiddesen, 1853 (mit Bauriss).

228 1853, Schieder, Schrotmühle

Schieder-Schwalenberg, Domäne 2.
Projekt, nicht ausgeführt.
1853 wurde ein südlicher Anbau an das große Dreschhaus (Kat. 153 und 172) geplant, mit einem Wasserrad zum Antrieb einer Schrotmühle und einer Dreschmaschine. Wie die Scheune auch war der Anbau als massiver Bruchsteinbau mit Sandsteingewänden geplant. Der bestehende schräge Westgiebel sollte um 45 Fuß nach Süden verlängert werden, die Gegenwand jedoch rechtwinklig zur Längswand zu stehen kommen. Die mittlere Tiefe des schiefwinkligen Anbaus hätte 52 Fuß betragen. Im Inneren teilte eine Fachwerkwand den Raum in einen westlichen Teil für die Dreschmaschine und einen östlichen für den Schrotgang. Von der seitlichen Deele des Dreschhauses war ein breiter Tordurchgang zur Dreschmaschine geplant. Während die Fachwerkwände aus Eichenholz bestehen sollten, war für das Dachwerk Nadelholz vorgesehen. Die Deckung sollte mit Hohlziegeln erfolgen. Das oberschlächtige Wasserrad vor der Südseite sollte durch das Wasser eines Verbindungskanals vom Schweibach zur Niese erfolgen, der auch die Wasserbecken vor dem Schloss speiste.
Quellen: LAV NRW OWL: L 92 R Nr. 1271: Bauten und Reparaturen auf der Meierei Schieder, Bd. 7, 1846–1854 (mit Bauriss).

229 1853/54, Horn, Amthaus

Horn-Bad Meinberg, Mittelstraße 67.
Umbau.
Das 1756 bis 1758 erbaute Amthaus hatte Brune schon 1827 aufgenommen (Kat. 6). Die im Grundriss von 1827 eingetragenen Veränderungen belegen, dass 1853 die Innenwände fast vollständig neu angeordnet wurden, einschließlich der Herdwand in der Küche und der Schornsteine. Brune hatte die Arbeiten schon 1850 projektiert, doch wurden sie aus Kostengründen immer wieder verschoben, bis 1853 ein erster Bauabschnitt und 1854 der zweite genehmigt wurden. Die Kosten waren von Brune mit 1.447 Talern berechnet.
1985 Eintrag in die Denkmalliste.
Quellen: LAV NRW OWL: D 73 Tit. 4 Nr. 7365: Amthaus zu Horn, Bauaufnahme Brune 1827; D 73 Tit. 4 Nr. 7366: Veränderungen im Amthaus zu Horn, Brune 1850; L 108 Horn Fach 2 Nr. 10: Amthaus-Reparaturen, 1851–1879.

230 1853–1855, Heiligenkirchen (Amt Detmold), Mühlenwohnhaus
(ABB. 139)

Detmold-Heiligenkirchen, Alter Mühlenweg 12.
Am 28. September 1853 brannten das Wohnhaus der Mühle und eine kleines, der Witwe Grote gehörendes Haus mit Webstuhl ab. Brune entwarf und kalkulierte bis Ende Dezember einen massiven Neubau, der rechtwinklig mit dem Mühlengebäude verbunden wurde (der Vorgänger hatte separat gestanden). Nach Süden eingeschossiger Bruchsteinbau, zum westlichen Mühlengerinne und Hof im Norden ein hohes Souterrain. Halbwalmdach mit Hohlziegeldeckung in Strohdocken, die Dachkanten in Schiefer gefasst, Zinkdachrinnen und vier halbrunde Zinkdachfenster. In der Stirnseite des Mühlenbaus eine mittige Tür mit seitlichen kleinen Fenstern. Östlich schließt sich der neue Wohnteil

ABB. 139 | Mühlenwohn-haus Heiligenkirchen [Kat. 230], Ansicht von Südosten, 2012

an, sechs Achsen, davon die dritte mit der zweiflügeligen Haustür und Oberlicht, die übrigen mit großen Fenstern, talseitig Tor. Alle Öffnungen mit Sandsteingewänden. Im Inneren Hausflur, zwei Stuben mit eisernen Öfen und engem Schornstein, Kammer und Küche mit gemauertem Herd, Rauchfang und weitem Schornstein, darüber Räucherkammer. Veranschlagt war der Bau mit 2.207 Talern zuzüglich der Holztaxe von 423 Talern. Dazu gab die Brandkasse rund 575 Taler. Maurermeister Hilker aus Heiligenkirchen errichtete den Rohbau im wesentlichen 1854, Fertigstellung 1855.

Quellen: LAV NRW OWL, L 92 R Nr. 1383: Neubau der abgebrannten Mühle zu Heiligenkirchen, 1853–1888.

231 1854, Detmold, Palaisgarten, Pumpensystem

Detmold, Neustadt 22.
Projekt, nicht ausgeführt.
Das von Brune zum Betrieb von Springbrunnen und anderen Wasserspielen vorgeschlagene Pumpensystem wurde von Kammerrat Stein als nicht zweckmäßig verworfen. Daraufhin entstand die Planung des späteren Hofbaumeisters Wilhelm von Meien. Dessen achteckiges Maschinenhaus aus Bruchstein und Werksteingliedern wurde 1855 erbaut und mit einer Francis-Turbine ausgestattet.

Literatur: PETERS 1984, S. 188–191.

232 1854, Donoper Teich (Amt Detmold), Erddamm (ABB. 140)

Detmold, Donoper Teich, 51° 55' 38.9" N/8° 48' 21.2" E. Nachdem Brune und seine Vorgänger schon vielfache Reparaturen am Damm und vor allem an der immer wieder undichten Spundwand vor dem Brückengewölbe ausführen lassen mussten (Kat. 71), wurde diese nach Brunes Plänen 1854 durch einen 100 Fuß langen Erddamm mit einem Ton-Kern ersetzt. Der als Gutachter hinzugezogene Salinendirektor Gödecke hatte Brunes Konzept ebenso befürwortet wie Kammerrat Stein. Der Kostenanschlag belief sich auf 485 Taler, wurde aber um 111 Taler überzogen.

Quellen: LAV NRW OWL: D 73 Tit. 4 Nr. 6246: Profil und Grundriss zur Anlage eines Erddammes an der Stelle der jetzigen Spundwand vor dem Brückengewölbe am Donoper Teich, Brune 1854; L 93 B III Tit. 4 Nr. 6 Bd. 4: Reparaturen am Donoper Teich, 1841–1854 (mit Riss).

233 1854, Meierei Johannettental (Amt Detmold), Wagenschuppen

Detmold, Johannettental 15.
Nach Antrag des Pächters Caesar beauftragte die Kammer Brune mit der Planung eines neuen Wagenschuppens in der Verlängerung des Gersthauses, eines zweischiffigen Fachwerkbaus, nach Südwesten. Da das Gersthaus im Südwest-

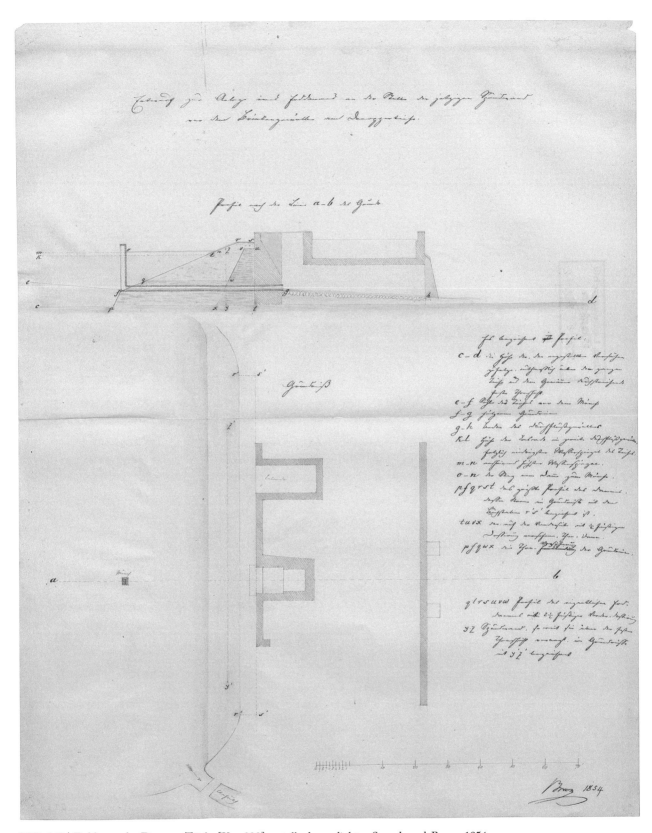

ABB. 140 | Erddamm des Donoper Teichs [Kat. 232] anstelle der undichten Spundwand, Brune, 1854

giebel seine bequeme Ein- und Ausfahrt behalten musste, projektierte Brune den Schuppen ohne Stützpfeiler im Inneren und lediglich zwei Pfeilern in der Vorderseite. Dies erforderte eine Konstruktion des Dachs als Hängewerk.

Der Riss zeigt einen 62 mal 35 Fuß großen, nach Nordwesten offenen Massivbau mit einer lichten Höhe von 11 Fuß bis unter den Dachbalken. Die Balken- und Firsthöhe sowie die Dachneigung resultierten aus dem Gersthaus. Ebenso diente der Verzicht auf einen Halbwalm der Anpassung. Neben dem Hängewerk stellten auch die mit dem Längsträger verzahnten Sattelhölzer auf den vorderen Pfeilern eine besondere Konstruktion dar. Diese erforderten zahlreiche eiserne Verbindungsmittel: 14 Bolzen durch die Sattelhölzer, sieben Hängebügel mit Bolzen und acht Ankerbügel der

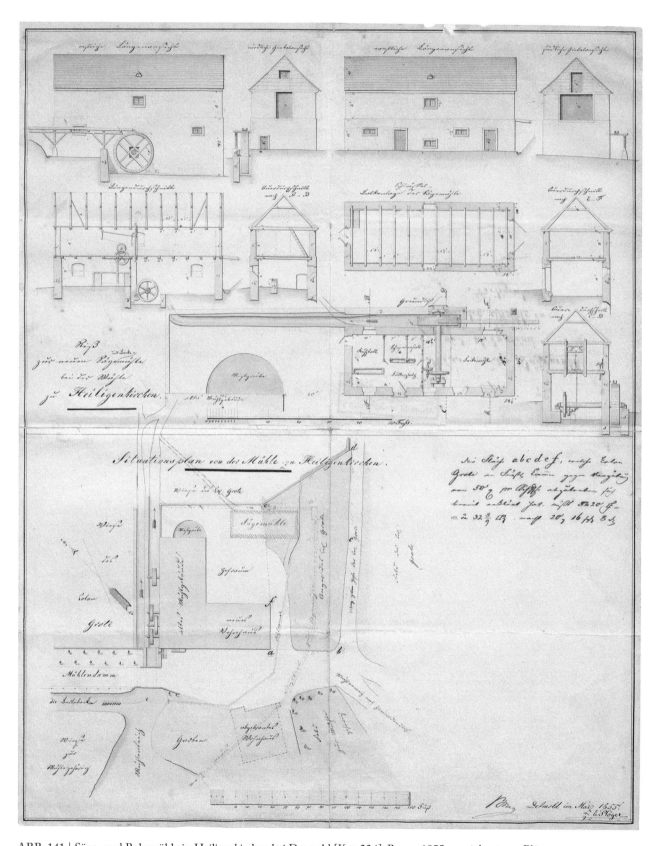

ABB. 141 | Säge- und Bokemühle in Heiligenkirchen bei Detmold [Kat. 234], Brune, 1855, gezeichnet von Plöger

vier Hauptdachgebinde. Wegen der erheblichen Kosten von 674 Talern zuzüglich einer Holztaxe von 401 Talern verfügte die Kammer einige Einsparungen, vor allem den Verzicht auf das Bodenpflaster und auf die Abdeckung der Giebelmauer mit Sandsteinplatten.

Quellen: LAV NRW OWL, L 92 R Nr. 979: Bauten und Reparaturen auf der Meierei Johannettental, Bd. 8, 1850–1860.

234 1855, Heiligenkirchen (Amt Detmold), Säge- und Bokemühle (ABB. 141)

Detmold, Am Grotenhof 27.

Gegen den anfänglichen Widerstand des Kabinett-Ministeriums konnte die Kammer dem Antrag des Mühlenpächters Bunte auf die Erweiterung seiner Mühle um eine Säge- und Bokemühle stattgeben. Sie wurde freistehend nordöstlich vom bestehenden Mühlengebäude erbaut, teilweise auf dem Grund des Kolons Grote (Heiligenkirchen Nr. 8), der diese 33 Quadratruten für 20 Taler abtrat. Das Gebäude stand Ost-West gerichtet mit dem oberschlächtigen Mühlrad an der Nordseite. Es wurde über einen eigenen Mühlenkanal betrieben, der soweit er über Grotes Wiese führte wie der Abzugskanal auch abgedeckt werden musste (235 Fuß).

Der zweigeschossige Massivbau mit Satteldach maß 54 ¼ Fuß in der Länge und 20 ¼ in der Breite. Er enthielt, da die im alten Mühlengebäude vorhandenen Stallungen sehr beschränkt waren, im Untergeschoss auch einen Kuhstall und zwei Schweineställe. Ebenfalls im Untergeschoss befand sich die Bokemühle. Im Obergeschoss war das Sägegatter untergebracht. Wenige Fenster- und Türöffnungen mit Sandsteingewänden gliedern die Fassaden. In den Giebelseiten ermöglichen große Öffnungen das Einschieben der Baumstämme und Herausschieben der gesägten Bretter. Brunes Kostenanschlag betrug 934 Taler zuzüglich 159 Taler Holztaxe, die tatsächlichen Kosten jedoch ohne Holz 1.033 Taler. Die Baukosten inklusive der Holztaxe mussten vom Mühlenpächter ab Ingebrauchnahme zu Michaeli 1856 mit 6 Prozent jährlich verzinst werden. 1856 wurde eine ähnliche Sägemühle bei der Detmolder Untermühle erbaut (Kat. 235). Nach dem Zweiten Weltkrieg Ausbau und Erweiterung zu einem Wohnhaus.

Quellen: LAV NRW OWL: D 73 Tit. 4 Nr. 6251: Riss der neuen Säge- und Bokemühle bei der Mühle zu Heiligenkirchen, Brune 1855 (gezeichnet von [Eduard] Plöger); L 92 R Nr. 1384: Anlegung einer Säge- und Bockemühle und Ankauf des dazu erforderlichen Platzes, 1855; L 100 Nr. 340: Fürstliche Mühle in Heiligenkirchen, 1854–1857, 1871/72; L 108 Detmold Fach 30 Nr. 8 Bd. IV, 56: Verkauf

einer Fläche Landes vom Kolonat Grote Nr. 8 an Rentkammer [zur Anlegung einer Säge- und Bokemühle], 1855.

Bildquellen: LLB: BA SP-DT-HGK-1 und 2: Fotografien, Wilhelm Pecher (um 1920); Privat: Aquarell mit Pastell, Bruno Wittenstein (1943), in: Hubert Fricke/Stephan Teiwes, Bruno Wittenstein, Bielefeld 2021, S. 101.

235 1855/56, Detmold, Untere Mühle (Sägemühle) (ABB. 142)

Detmold, Wiesenstraße. Abgängig.

Nachdem Brune 1846 die Baufälligkeit bescheinigt hatte, erhielt er 1846 und 1847 den Auftrag zu Riss und Kostenanschlag eines Neubaus, was er beide Male nicht erledigte. 1847 führte er Arbeitsüberlastung wegen des Palais-Umbaus (Kat. 173) an und bat, einen anderen Techniker damit zu beauftragen. Zwar ließ sich die Kammer darauf nicht ein und bestand auf Erledigung binnen zwei Monaten, was jedoch nicht geschah. Erst als 1853 ein Teileinsturz der Mühle erfolgt war, musste Brune gutachtlich berichten. Eine Planung erstellte er immer noch nicht, doch auch der 1854 aufgeforderte Gödecke lieferte binnen eines Jahres keinen Entwurf. Stattdessen erhielt wiederum Brune im Juli 1855 den Auftrag für Riss und Anschlag eines Neubaus. Erst nach einer mit Strafgebühr belegten zweiten Mahnung lieferte er Ende November 1855 den verlangten Plan und Kostenanschlag für eine neue Sägemühle ab. Im Januar 1856 wurde der Bau genehmigt und im Oktober desselben Jahres vollendet.

Der Neubau kam wieder westlich neben der Mahlmühle zu stehen, aufgeführt als zweigeschossiger Massivbau mit Hohlziegeldach, 58 mal 20 Fuß groß mit einer Traufhöhe von 20 Fuß. Gut ein Viertel des Bruchsteinmaterials lieferte der Abbruch der alten Sägemühle. Zur Wasserseite lag etwa mittig das mittelschlächtige Wasserrad, im Obergeschoss drei Fenster. Auf der dem Wasser abgewandten Traufseite führten im Untergeschoss zwei Eingänge in die Bokemühle und den Pferdestall, im Obergeschoss brachten wiederum drei Fenster Licht. Hier fanden das vertikale Sägegatter und eine Kammer mit Ofen Platz.

Der Anschlag von 950 Taler (ohne Holz) wurde um 20 Prozent überschritten. Die Kosten für das *gehende Werk* (859 Taler) trug der Pächter, Sohn des Bauschreibers Adams.

Nach Fertigstellung der Sägemühle beantragte der Pächter die Erneuerung des Mahlmühlen- und Wohngebäudes (Kat. 240).

Quellen: LAV NRW OWL: D 73 Tit. 4 Nr. 6264: Entwurf zur neuen Sägemühle bei der Untermühle in Detmold, Brune 1855; D 73 Tit. 4 Nr. 6263: Entwurf zur neuen Sägemühle bei der Untermühle in Detmold, E. P. [Eduard Plöger] 1856; D 73 Tit. 4 Nr. 6265 und 6266: Situationsplan von der Untermühle in Detmold, aufgenommen 1855 von E. Plöger,

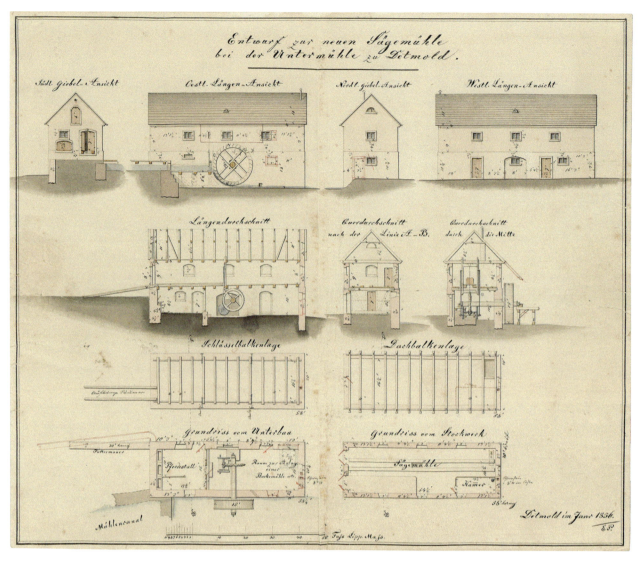

ABB. 142 | Sägemühle bei der Unteren Mühle in Detmold [Kat. 235], gezeichnet von Plöger, 1856

Brune 1855, Nachtrag von F. Merckel 1882; L 92 R Nr. 1375: Bauten und Reparaturen an der Unteren Mahl- und Sägemühle bei Detmold, Bd. 2, 1843–1858; L 100 Nr. 338: Fürstliche Untermühle in Detmold, 1855–1863 [Neubau der Säge- und Mahlmühle]; L 92 R 1 Nr. 232: Untermühle bei Detmold: Bau einer Sägemühle, Erweiterung und Instandsetzung des Wohn- und Mahlmühlengebäudes, Baureparaturen, 1856–1911.
Bildquellen: LLB: BADT-11-9 und 11-10, Ansicht Sägemühle und Mahlmühle von Süden, Fotografie Ferdinand Düstersiek (1920); BADT-11-11 und 11-12, Ansicht Wasserseite von Norden, Fotografie Ferdinand Düstersiek (1920).

236 1856, Meierei Barntrup (Amt Sternberg) Schuppen

Barntrup, Sevinghausen 1–2 (Am Haidknapp).
Auf ein Gesuch des *Konduktors* Bruno gestattete die Kammer den Bau eines weiteren Schuppens unter der Bedingung, dass derselbe nicht nur die Fuhren gratis leistete und das Holz für den halben veranschlagten Preis lieferte, sondern die übrigen Kosten bis zum nächstjährigen Bau-Etat zinslos vorschoss, weil keine Nachträge des laufenden Bau-Etats mehr bewilligt werden konnten. Diese Baukosten hatte Brune in den Bauetat 1857 aufzunehmen.
Analog zum Schuppen an der südlichen Scheune (Kat. 204) wurde der zweite Schuppen vor dem östlichen Giebel der nördlichen Scheune in gleicher Bauart und Größe errichtet. Von den veranschlagten 371 Talern trug *Konduktor* Bruno 108 Taler.
Quellen: LAV NRW OWL, L 92 R Nr. 1252: Ausbau Meierei Barntrup, Akten des Baurats Brune, Bd. 3, 1852–1856; L 92 R Nr. 1256: Auf der neuen Meierei Barntrup angelegter Gemüse-Keller und der darüber und an der nördlichen Scheune erbaute Schoppen, 1852–1856.

237 1856, Meierei Falkenhagen (Amt Schwalenberg), Pächterwohnung

Lügde, Domänenweg. Abgängig.

Erweiterung des vorhandenen Wohnhauses durch Anbau eines zweigeschossigen Fachwerkbaus mit massivem Souterrain und gleichen Geschosshöhen. Der Anbau steht quer zum Haupthaus, die Giebelwand aus sieben Fachen mit drei Fensterachsen und nach außen steigenden Eck-Fachstreben in beiden Geschossen. Vier Fache lang mit einem Fenster. Der Anbau enthält neben einem abgetrennten Treppenhaus unten eine Wohnstube, darüber ein Schlafzimmer, jeweils 18 ½ Fuß mal 17 Fuß, 9 Zoll groß.

Quellen: LAV NRW OWL: D 73 Tit. 4 Nr. 6766: Riss zu einer Erweiterung der Pächterwohnung zu Falkenhagen, Ansicht, Querschnitt, Grundrisse, Brune 1856.

Literatur: GERKING 2004.

238 1856, Hornoldendorf (Amt Detmold), Gewächshaus (ABB. 143)

Detmold, Rittergutsweg 1. Abgängig.

Auftraggeber: Clemens Albert Caesar.

Im Anschluss an das Gewächshaus am Neuen Palais in Detmold (Kat. 123) erhielt Brune vom Eigentümer des Ritterguts Hornoldendorf, dem früheren Pächter der Meierei Johannettental, den Auftrag, für den Park des Gutes ebenfalls ein Gewächshaus zu bauen. Der Massivbau mit Zinkblechdach maß 32 mal 16 Fuß und war mit 467 Talern inklusive Holz veranschlagt.

Quellen: LAV NRW OWL: D 73 Tit. 4 Nr. 6886: Riss von einem auf dem Gut Hornoldendorf zu errichtenden Gewächshaus, Brune 1856; D 73 Tit. 4 Nr. 6887: Kostenanschlag über die Einrichtung eines Gewächshauses auf dem Gut Hornoldendorf, Brune 1856.

239 1856, Vallentrup (Amt Sternberg), Mühle, Flachsbrech- und Schwingmaschine

Extertal, Nalhofstraße.

Projekt, nicht ausgeführt.

Den Bau entwarf Brune nach dem Vorbild der Flachsbrech- und Schwingmaschine in Heerse (Amt Schötmar), die 1854 nach dem Plan von Caesar Schnelle erbaut worden war. Diese hatte 45 mal 31 Fuß Grundfläche und kostete 889 Taler ohne und 1.537 inklusive Holztaxe. Den Mühlenbau in Vallentrup projektierte Brune für den Pächter Vietmeier unterhalb (westlich) der vorhandenen Mühle, jenseits des Fahrweges. Der Nord-Süd-gerichtete Baukörper maß 50 mal 30 Fuß Grundfläche. Für das überdachte Wasserrad

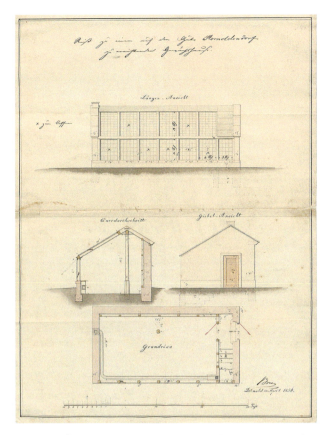

ABB. 143 | Riss zu einem Gewächshaus auf dem Gut Hornoldendorf [Kat. 238], Brune, 1856

an der südlichen Giebelseite war ein Flutgerinne vorgesehen, wie der hohe Mühlensockel massiv aus Bruchstein gemauert. Der übrige Baukörper sollte als zwölf Fache langer Stockwerkbau aus schmalen Hölzern von nur 7 Zoll Kantenlänge mit Fachstreben an den Ecken aufgerichtet werden, einstöckig mit hohem Drempelgeschoss. Vorgesehen waren weiterhin: Satteldach mit Ziegeldeckung in Strohdocken, mit Tannendielen unterschalt, Schornstein mit russischer Röhre und Säulenofen (wegen der Feuergefahr als Hinterlader), an den Längsseiten je fünf Fenster, im Westen außerdem die Eingangstür über einer Freitreppe aus fünf Sandsteinstufen. Oberhalb der Fenster zwei Lüftungsöffnungen für den Dachraum, Ladeluke und Fenster im Nordgiebel. Türen und Fenster sollten mit *„holzbrauner"* Ölfarbe gestrichen werden.

Im Erdgeschoss war eine über Transmissionen angetriebene Brechmaschine und eine Schwingmaschine geplant, weiterhin der Heizraum zum Flachsdarren und, unter der Treppe zum Dachboden, eine Kammer für den Schwingmeister. Aufgrund der hohen veranschlagten Kosten von 1.183 Talern wurde das Projekt aus Rentabilitätsgründen nicht genehmigt.

Quellen: LAV NRW OWL: L 92 R Nr. 1488: Bauten an der Vallentruper Mühle, 1849–1870; L 92 R Nr. 1434 und

1435: Bauten an der Mühle zu Heerse, Bd. 3, 1850–1853, und Bd. 4, 1854–1870; L 92 R Nr. 1437: Für die Heerser Mühle angeschaffte Flachsbrech- und Schwingmaschine und zu deren Aufstellung errichtetes Gebäude, 1851; L 92 R Nr. 1491: Anlegung einer Flachsbrech- und Schwingmaschine bei der Mühle zu Vallentrup, 1855 f. (mit Plan).

240 1856/57, Detmold, Untere Mühle (Mahlmühle) (ABB. 144)

Detmold, Wiesenstraße 8.

Nach Fertigstellung der neuen Sägemühle (Kat. 235) beantragte der Pächter Adams die Instandsetzung des schon zehn Jahre zuvor von Brune und Gödecke als baufällig beurteilten Mahlmühlengebäudes. Im November 1856 erteilte die Kammer Brune den Auftrag zu Riss und Anschlag, welche dieser im Januar einreichte.

Der Bau wurde abgedeckt und vollständig entkernt, der nördliche Giebel abgebrochen und das Gebäude in diese Richtung verlängert, außerdem die Umfassungsmauer um 2 Fuß erhöht. Während des Baus stellte sich heraus, dass aufwendige Unterfangungen der Wassermauer erforderlich waren. Der neue Grundriss des Gebäudes machte das Einbrechen von zwölf Fenster- und Türöffnungen in das bestehende Mauerwerk nötig. Der Haupteingang erhielt eine Freitreppe aus Sandstein. Auch die Innentreppe aus der Küche im Untergeschoss in das obere Stockwerk wurde massiv aus Sandsteinstufen hergestellt. In einem westlichen Anbau wurden ein Schweine- und ein Kuhstall untergebracht. Mitte Juni war Richtfest, anschließend reiste Brune in die Schweiz. Die Bauleitung war dem Bauschreiber Adams übertragen. Das Dach wurde nun mit Hohlziegeln in Kalkmörtel gedeckt, darunter befanden sich auch zwei Glasziegel.

Brunes Kostenanschlag belief sich, ohne das Holz, auf 2.035 Taler. Da das Holz zur Beschleunigung des Baus bei Zimmermeister Gehring angekauft werden musste, erhöhte sich der Anschlag um 500 Taler. Abgerechnet wurden schließlich 2.833 Taler. Die Mühlentechnik war wiederum Sache des Pächters. Dieser ließ statt eines Wasserrades eine innovative Turbine einbauen, eingefasst in 580 Kubikfuß Backsteinmauerwerk in Zementmörtel.

1945 durch einen Bombentreffer stark beschädigt.

Quellen: LAV NRW OWL: D 73 Tit. 4 Nr. 6265 und 6266: Situationsplan von der Untermühle in Detmold, aufgenommen 1855 von E. Plöger, Brune 1855, Nachtrag von F. Merckel 1882; D 73 Tit. 4 Nr. 6267: Entwurf zum inneren Ausbau und zur Erweiterung der Untermühle in Detmold, Brune 1857; L 92 R Nr. 1374 und 1375: Bauten und Reparaturen an der Unteren Mahl- und Sägemühle bei Detmold, Bd. 1,

1765–1842, und Bd. 2, 1843–1858; L 100 Nr. 338: Fürstliche Untermühle in Detmold, 1855–1863 [Neubau der Säge- und Mahlmühle]; L 92 R 1 Nr. 232: Untermühle bei Detmold: Bau einer Sägemühle, Erweiterung und Instandsetzung des Wohn- und Mahlmühlengebäudes, Baureparaturen, 1856–1911.

Bildquellen: LLB: BADT-11-9 und 11-10, Ansicht Sägemühle und Mahlmühle von Süden, Fotografie Ferdinand Düstersiek (1920); BADT-11-11 und 11-12, Ansicht Wasserseite von Norden, Fotografie Ferdinand Düstersiek (1920); StA DT: BA 2178, Ansicht nach Kriegszerstörung.

241 1857, Meierei Johannettental (Amt Detmold), Federviehhaus

Detmold, Johannettental. Abgängig.

1835 war nach einem Riss von Kammerreferendar Stein ein Hühnerhaus erbaut worden, welches 1857 durch ein Feuer vernichtet wurde. Der Wiederaufbau erfolgte unmittelbar darauf nach Riss und Anschlag von Brune für 205 Taler.

Quellen: LAV NRW OWL: L 92 R Nr. 990: Bau eines Federviehhauses zu Johannettental und dessen Einrichtung zu einer Gärtnerwohnung, 1835.

242 o. J., Brake, Schloss, Dachumbau Südflügel

Lemgo, Schlossstraße.

Das alte steile Dach ersetzte Brune durch ein deutlich flacher geneigtes von etwa 40 Grad.

Quellen: LAV NRW OWL: D 73 Tit. 4 Nr. 6634: Riss zum Umbau des Daches über dem südlichen Flügel des Schlosses zu Brake, Brune o. J.; L 92 R Nr. 1628 und 1629: Bauten und Reparaturen am Schloß Brake, Bd. 8, 1828–1845, und Bd. 9, 1846–1859.

Literatur: SAUER 2002.

243 o. J., Meinberg (Amt Horn), Badehaus

Horn-Bad Meinberg, Parkstraße 17/Brunnenstraße 86. Abgängig.

Anbau einer Badestube aus Fachwerk an das Schlammbad von 1826/27 (Kat. 1) mit flach geneigtem Satteldach.

Quellen: LAV NRW OWL: D 73 Tit. 4 Nr. 7374: Querschnitt, Grundriss [zu einem Badehaus in Meinberg], Brune o. J.

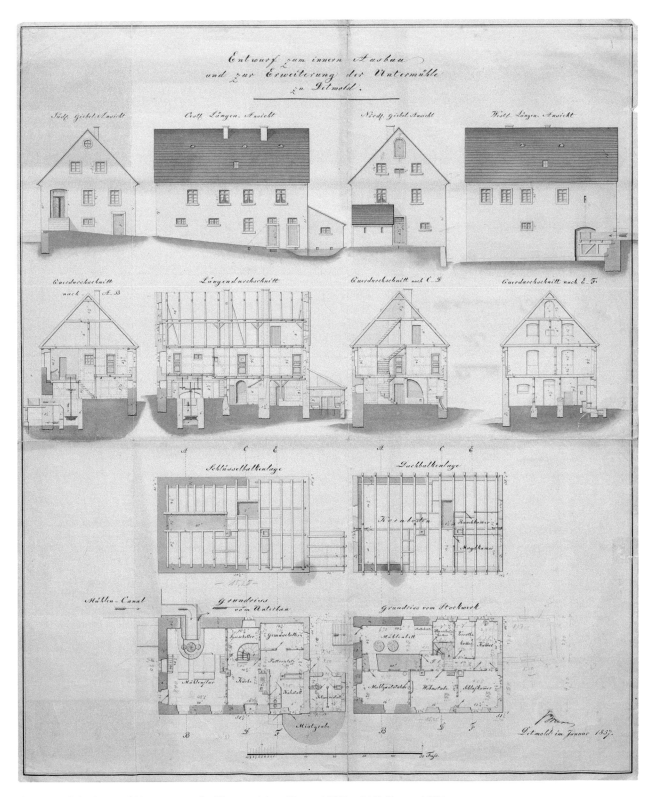

ABB. 144 | Ausbau und Erweiterung der Untermühle in Detmold [Kat. 240], Brune, 1857

244 o. J., Meinberg (Amt Horn), Werrebrücke

Horn-Bad Meinberg, Parkstraße. Abgängig.
Hölzerne Brücke über die Werre auf dem Brunnenplatz
(heute: Kurpark). Beplankung über geraden Längsträgern,

deren Enden auf Pfählen ruhen. Seitliche Geländer mit acht
Feldern, kreuzförmig verstrebt.
Quellen: LAV NRW OWL: D 73 Tit. 4 Nr. 7384: Entwurf zu einer Brücke über die Werre auf dem Brunnen-
platze in Meinberg, Brune o. J.

ANHANG

DOKUMENTE

Die nachfolgenden Transkriptionen sind buchstaben- und zeichengetreu, Abkürzungen wurden nicht aufgelöst. Auf eine zeilengetreue Wiedergabe wurde, mit Ausnahme bei Aufzählungen, verzichtet. Ergänzungen des Autors sind in eckige Klammern gesetzt, ebenso Auslassungen.[1]

Verzeichnis der herrschaftlichen Bauten

„Verzeichnis
Der Herrschaftl. Schlößer und übrigen Gebäude in der Graf-
schaft Lippe, welche von der Rent Cammer unterhalten wer-
den müßen.

I. Im Kirchspiel Detmold.

A. Das Hochgräfl. Residenz Schloß zu Detmold, mit allen
Ausen Gebäuden, als:
1) Das Gebäude der Collegien, worunter der Marstall;
2) Das Neben Gebäude nach der Haupt Straße, worüber die
Amtstube p
3) Die Kutschen Remise gegenüber auf der andern Seite des
Haupt-Thors.
4) Die Wohnung des zeitigen Hof Musici und Bauschreibers,
worunter die Hofglaserey
5) Der Schauer bei der Reitbahn.
6) Der Wagen Schoppen.
7) Der Nothstall.
8) Der neue oder Landbescheeler Stall.
9) Der sogenante Eselstall.
10) Das Reithauß.
11) Das Dorfhauß, woneben die Rademacherey und Wild-
scharrn.
12) Der Jägerhof.
13) Brücke zwischen dem Burg- und Faulen Graben.
14) Gebäude im Garten. als Gärtnerhauß, orangerie u Klein-
gebäude
15. Schloß Wacht.
16. Kirchenstand.
17. Hofschmiede.
18. Brunnleitungen.

19. Crummenhauß bei der Grotte
B. Das Lust- und Jagd Schloß zu Lopshorn, wobey
a) Das Jagdzeuch Hauß, nebst Oberförsters Wohnung.
b) Das Springhauß, nebst Gestüdwärters Wohnung.
c) Die Meyerey Gebäude daselbst.
d) zwey Brunnen.
e) Das Schieß Häusgen am Ecklau
f) Ein Hauß auf den Hartröhren.
C. Ziegelofen zu Hiddesen mit deßen Gebäuden.
D. Brücken, als:
1) beym Garten außer der Mauer und innerhalb über die Werre.
2) beym Bruchthor und über den Mühlen Graben so hier als
bey der Mittel- und unterhalb der untersten Mühle.
3) unten in der Neustadt.
4) bey der Lohmühle, nebst dem Stauwerk daselbst.
5) Drey Brücken bey der Obern Mühle und
6) Zwey bey der Grotte im Friedrichsthal.
E. Meyerey Johannettenthal mit zugehörigen Gebäuden.
F. Mühlen, als:
a) die obere- Mittel- und untere Mahl- auch Öhl-Lohe-Boke-
und Säge-Mühle bey Detmold, in Zeitpacht.
b) Mahlmühle zu Hiddesen, in Erbpacht.
c) Mahlmühle zu Brokhausen und
d) Mahlmühle zu Barksen gleichfals in Erbpacht.
e) Papiermühle auf der Pivitsheiden, auch in Erbpacht.
G. Fischteiche, als:
1) Der Burg- und faule Graben.
2) Der Domker [Donoper?] Teich.
3) Der Postteich.
4) Der Sichterteich.
5) verschiedene Behälter dahier, bey Krutemeyers Hofe, im
Eichholze, im Brockser Holze, in Heusundern p gehören Zur
Forst administration.
H. Neue Krug, und Zugehör, in Zeit Pacht.
J. Falckenkrug in Erbpacht.

II. Vogtey Falckenberg.

Hier sind keine von Cammer wegen zu unterhaltende Gebäu-
de, indem
a) der Krug zu Haustenbeck nebst dasiger Mühle, ingleichen
b) die Mühlen zu Heiligenkirchen und Berlebeck in Erbpacht
stehen. Nur sind

c) an Teichen der Haustenbecker und verschiedene Sommer-Teiche zu unterhalten, welche aber zur Forst Oeconomie gehören.
d) mit Brücken-Unterhaltungen hat hier die Cammer auch nichts zu thun.

III. Vogtey Heiden.

1) Meyerey Büllinghausen.
2) Mühlen zu
a) Büllinghausen, in Erbpacht
b) Heiden, in Erbpacht
c) Kohlpott, in Zeit Pacht.

IV. Vogtey Lage.

Mühle zur Lage, in Zeit Pacht.
Retlager-Mühle

V. Amt Oerlinghausen.

1) Das Amthauß daselbst.
2) Die Windmühle in Zeitpacht.

VI. Amt Schötmar

1) Krug zu Schötmar, in Zeitpacht
2) Meyerey Heerse
3) Mühlen
a) bey Heerse, in Zeitpacht.
b) in der Unterwüsten, in Erbpacht.
4) Salzwerck zu Uflen.

VII. Amt Barrentrup.

a) Burg und Meyerey zu Barrentrup.
b) Die Zehend Scheuer im Felde
c) Mühle zu Barrentrup, ist versezt.

VIII. Amt Bracke

A. Das Schloß Bracke mit Zugehör in Dach und Fach zu unterhalten.
B. Das Jägerhauß.
C. Die Meyereyen
1) zu Bracke, mit zugehörigen Gebäuden.
2) zur Varmbrede, woselbst außer sen Meyerey Gebäuden noch ein besonderes Hauß.
D. Mühlen, als:

a) zu Bracke die Mahl- Öhl- Lohe- Bocke- und Sagemühlen.
b) Eicken Mühle.
c) Die Mühlen bey Lemgo, als:
1) die Langenbrücker, in Zeitpacht.
2) die St. Johannis- in Zeitpacht.
3) die neue Mühle, in Erbpacht.
d) Papiermühle zu Hillentrup, in Zeit Pacht.
E. Brücken, als:
1) Die Hohe Brücke,
2) Die Schäferbrücke
3) Die Brücke über den St. Joh. Mühlen Graben, sämtlich bey Bracke.
F. Teiche, deren sind 7. Welche zur Forstadministration gehören.
G. Brunnenleitung auf das Schloß Bracke und Meyerey
H. Leopoldinen Hof in Lemgo, bestehend im
a) Haupt Gebäude oder Corps de logis.
b) zwey Flügeln.
c) einem Meyerey Hause.
d) zwey Orangerie Häusern und
e) einem Treibhause, nebst
f) Stacketen Werk um den Hof und die Gärten.
J. Minder Krug bey Bracke, ist in Zeit Pacht.
K. Das kleine Ballhäusgen daselbst, ist in Erbpacht.
L. Das Hauß im Neuen Kampe ist mit diesem d. H.n v. Rheden in Erbpacht überlaßen.

IX. Amt Varenholz.

1. Schloß zu Varenholz.
2. Lusthauß in der Weide.
3. Meyereyen
a) zu Varenholz
b) zu Hellinghausen
c) zu Breda, diese ist im Versatz, und hat die Cammer hier mit dem Bauersen eigentlich nichts zu thun, nur daß sie Bauholz dazu hergiebt.
4. Waßerleitung auf das Schloß Varenholz.
5. Zollgebäude zu Erder,
6. Weser Schlacht.
7. Brücken in den Weiden.
8. Mühlen
a) zu Langenholzhausen

b) zu Calldorf,

c) zu Lüdenhausen, Windmühle

d) die Stein Mühle. allesamt in Erbpacht.

9. Teiche, sind verpachtet.

X. Amt Horn.

1. Die Burg, nebst denen Meyerey Gebäuden.

2. Die Amtstube.

3. Das Rinderhaus zu Veldrohm.

4. Das Ballhauß zu Meinberg. Ist Verpachtet für alin Reparatur

5. Brücken daselbst.

[6. fehlt, JK]

7. Mühlen, als:

a) die Wielberger in Erbpacht

b) die Herrmühle in Erbpacht

c) die Silber- und

d) die Höckerings-Mühle in Zeit Pacht

e) die Veldrohmer, in Erb Pacht.

8. Teiche, sind nur Mühlen Teiche hier und werden vom Forstamt administrirt.

9. Waßerleitung auf die Burg zu Horn.

XI. Vogtey Schlangen.

A. Österholz, daselbst

1) ein Herrschaftl. Hauß, [Zusatz:] id est nunmehro daß kleine nebst repas von Küche u Stall

2) Die Meyerey Gebäude,

3) ein Ziegel Ofen.

B. Mühlen, die Tütke Mühle ist mit dem Teich in Erbpacht.

C. Teiche: der Teich um die Gebäude zu Osterholz. die Senner Teiche sind bey der Vogtey Falckenberg angezeigt.

XII. Amt Schwalenberg.

1. Die Burg zu Schwalenberg.

2. Das Amthauß.

3. Das Mengersche Hauß.

4. Meyereyen, als:

a) zu Schwalenberg in Erbpacht.

b) zu Weisenfeld in Erbpacht.

c) zu Biesterfeld, in Zeit Pacht.

5. Mühlen, als:

1) eine bey Biesterfeld, privativè Lippisch und dem Conduct. daselbst mit verpachtet.

2) Ober- und

3) Mittel-Nieser in Erbpacht.

4) Unter-Nieser- nebst der Sagemühle, in Zeitpacht, und sind die 3. Mühlen an der Niese mit Paderborn gemeinschafftlich. Die übrigen 2. Mühlen zu Elbrinxen und 1. zu Rischenau gehören denen Besitzern und geben beyderseitigen Herrschafften ständige Korn Pacht p.

6) Teiche, deren sind privative Lippisch:

a) Drey bey Bisterfeld, in Zeit Pacht.

b) eine bey Schwalenberg, in Zeit Pacht.

c) der Ratsieker, ist nebst der darunter liegenden-nach Falckenhagen gehörigen Mühle in Erbpacht.

7. Waßerleitung nach Biesterfeld.

8. Brücken in diesem Amte; dazu geben Gesamt Herrschafften nur das Holz frey.

XIII. Amt Lipperode

1. Das Amthauß nebst einer Scheuer.

2. Amts Dieners Hauß.

3. Brücken, als:

a) eine über den Masch Graben, wo die passage ins Cölln. p gehet.

b) Zwey vor dem Amthause.

4. Mühlen, als:

1) die Sage- Bocke- Loh-Walck- und Grütze-Mühlen vor Lipstadt, in 6. Grindeln bestehend, privativè Lippisch, und werden jezo neu gebauet, zusamt den Stau- und Schaalwercken.

2) die Burg- und

3) Stadt Mühle in der Stadt Lippstadt, wovon Preusen die Helfft hat; jene ist in Erbpacht und diese giebt einen ständigen Korn Canon, bey beiden hat also die Cammer keine Kosten. Detmold d 10. Oct. 1775.“2

Instruktion für Theodor von Natorp

Paragraf 1 verpflichtete ihn allgemein zu Treue und Gehorsam gegenüber der Landesherrschaft, die übrigen regelten seine speziellen Pflichten:

„2. Werden demselben folgende Baugeschäfte versuchsweise auf ein Jahr übertragen, nemlich die Aufnahme der Bauanschläge im Herbste von allen Herrschaftlichen Gebäuden, weshalb ihm ein Verzeichnis derselben hierbei abschriftlich mitgetheilet wird. Die Wasser und Brückenbauten sollen jedoch von einem Anderen besorgt werden. Bei Aufnahme der Anschläge ist der Zustand der Gebäude genau zu untersuchen und sind nur solche Kosten darin aufzuführen, welche zur Unterhaltung wesentlich nöthig sind. In dem Falle, daß neue Gebäude erforderlich seyn sollten, ist darüber an die Cammer zu berichten, welche dann wegen Anfertigung der Risse und Kostenanschläge das Nöthige verfügen wird. Am Ende des Jahres ist von sämtlichen Anschlägen ein Bau-Etat zu formiren und zur Approbation einzureichen. Ueber die genehmigten Bauten hat derselbe dann so wohl in Ansehung des Arbeitslohnes, als der Materialien und Fuhren salva approbatione [unter Vorbehalt der Genehmigung] Accorde zu schließen. Könnte Reparaturen nicht verdungen werden, so sind selbige unter guter Aufsicht in Taglohn auszuführen.

3. Von den Meinberger, Falkenhagen und Bexter Gebäuden sind besondere Anschläge aufzunehmen und einzureichen.

4. Ueber die üblichen Preise des Arbeitslohnes, der Materialien, Fuhren p, muß er genaue Erkundigung einziehen und wird ihm der Baudepartementsrath seine darüber gemachten Erfahrungen gern mit theilen.

5. Da es die Meinung der Cammer nicht ist, daß alle und jede von den Pächtern, Aufsehern und Bewohnern Herrschaftlicher Gebäude angegebene und etwa nur zu ihrer Bequemlichkeit abzielende Bauten ohne Unterschied veranstaltet werden sollen so wird der B[ergfactor]. von Natorp hiermit besonders instruirt, sie mit tauglichen Anträgen an die Cammer directe zu verweisen, und nur von denjenigen die Anschläge zu formiren, welche ohne größeren Schaden nicht länger ausgesetzt werden können und dürfen. Bei den genehmigten Reparaturen muß derselbe dahin sehen, daß alles tüchtig und dauerhaft jedoch mit möglichst geringem Kostenaufwand ausgeführt wird.

6. Muß derselbe an den Orten, wo gebauet wird, vorzüglich hier und zu Meinberg fleißig visitiren und dahin sehen, daß alles vorschriftsmäßig gemacht werde. Bei auswärtigen Bauten hat derselbe besondere Visitationen nur dann vorzunehmen, wenn er dazu beauftragt wird. Sollte derselbe eine auswärtige Visitation für nöthig erachten, so ist solches der Cammer in einem kurzen Briefe anzuzeigen. Die gewöhnliche Nachsicht der auswärtigen Bauten geschieht im Herbste bei der Aufnahme der neuen Anschläge. Derselbe darf nicht ohne eine Rechnung attestiren, bis er die Arbeit selbst nachgesehen und untadelhaft gesehen hat.

7. Der diesjährige Bau-Etat soll demselben nebst den Anschlägen mitgetheilt werden, um dar nach die einlaufenden Rechnungen revidiren zu können. Nach der Nummer der Anschläge hat derselbe sein Manual einzurichten, in welchem die eingekommenen Rechnungen mit der Bemerkung, an welchem Tage solche attestirt worden, eingetragen werden müssen. In einer besonderen Columne kann dann auch der Tag an welchem die Assignation ertheilt worden, bemerkt werden.

8. Nach vorgenommener Revision einer Rechnung ist dann auf die Tüchtigkeit und […] der Arbeit zu attestiren und zu bemerken ob und warum der Anschlag überschritten worden oder nicht.

9. Nachdem alle Rechnungen eingegangen und assignirt sind, hat derselbe eine Vergleichung der würklichen Ausgaben gegen den Etat in tabellarischer Form anzufertigen und einzureichen, um übersehen zu können, bei welchen Posten
a) Ueberschreitungen statt gefunden haben oder b) ob einige Posten nicht ausgeführt worden sind, welches in 2 besonderen Columnen a) et b) nachzuweisen ist.

10. Damit die zu den Bauten angewiesenen und angeschaften Geräthschaften, als Rüstbretter, Stellholz, Sagebänke pp zu ferneren Gebrauch aufbewahrt werden mögen, so hat derselbe bei nächster Bereisung nach Anleitung der Bauanschläge, sich überall, wo dergleichen befindlich, darnach zu erkundigen, solche in sichere Verwahrung bringen zu lassen und davon, so wie künftig jedesmal bei Ueberreichung der Anschläge ein Verzeichnis einzureichen. Das unbrauchbare ist dann zu verkaufen und der Betrag gehörig zu berechnen. Dasjenige alte Bauholz, welches nicht wieder gebraucht werden kann, ist bald meistbietend zu verkaufen und der Betrag gleichfalls zu berechnen.

11. Im Baumagazin soll in Gegenwart des p v Natorp der jetzige Bestand ungesäumt aufgenommen werden, damit er mit dem Vorrathe bekannt wird. Ist zu Bauten daraus etwas erforderlich, so muß darüber ein Verabfolgungsschein dem Bauschreiber zugestellt werden, damit von demselben der Abgang justificirt werden kann. Die Geräthschaften welche zum Bau gebraucht werden, müssen von den Arbeitern jedesmal wieder in das Baumagazin abgeliefert werden.

12. Dürfen die Handwerker keine Materialien von den Kaufleuten ohne einen Schein des Departementsraths oder des p von Natorp zu den Herrschaftl. Bauten hohlen. Nach diesen Scheinen werden dann die Rechnungen attestirt. In sofern es vortheilhafter ist, Materialien en gros kommen zu lassen, werde sein Vorschlag erwartet.

13. Hat derselbe dahin zu sehen, daß, da das Eichenholz nicht überflüssig vorhanden ist, damit, so viel wie möglich, räthlich umgegangen und solches nicht unnöthig verbraucht und in Spähne gehauen werde, des Endes er dann auch deshalb mit dem Forstamte wegen des rathsamen Fällens bei erforderlichen, besonders beträchtlichen Anweisungen Ueberlegung zu pflegen hat. In den meisten Fällenn wird das Ausrotten der Stämme zweckdienlich seyn.

Bei dem Ueberfluß an Steinen sind daher die erforderlichen neuen Bauten massiv in Vorschlag zu bringen, wenn der Preiß dadurch nicht zu sehr erhöhet wird.

14. Muß derselbe dafür sorgen, daß Holz und andere Baumaterialien zu rechter Zeit herbeigeschaft werden, damit das Holz möglichst trocken sey und die Handwerker und andern Arbeitsleute nicht darauf warten und in diesem Falle Versäumniß-Kosten oder sogenannte Wartegelder fordern dürfen, daher wenn es an einem oder anderen Theile, ohne daß er sich selbst Abänderung bewirken könnte, ermangeln sollte, er sofort die Anzeige davon bei der Cammer thun muß, damit diese das Nöthige anordnen könne. Wie er denn überhaupt, wenn sich ein Vorfall ereignet, wo er sich selbst nicht zu rathen vermag, dies sofort der Cammer zu berichten hat.

15. Bei Verdingungen der einen oder anderen Arbeit braucht sich derselbe nicht an gewisse Meister oder sonstige Arbeiter zu binden, sondern nur mit solchen Accorde abschließen, welche gute Arbeit zu billigen Preisen liefern.

16. Diejenigen Baurechnungen, welche ihm mit den Acten zur Revision zugestellt werden, hat derselbe Mittags vor dem Sessionstage dem Departementsrathe mit seinen Bemerkungen oder mit dem exp. Ass.[expedierte Assignation] versehen zuzustellen. Dieses ist gleichfalls bei den von ihm revidirenden Kornboden-Rechnungen zu beachten.

17. Muß derselbe, wenn er in Dienstsachen einen Tag verreisen will, solches dem Baudepartementsrathe, wie er aber über Nacht ausbleibt, es auch dem Cammer-Director anzeigen. Wegen sonstiger Reisen mus er Urlaub bei der Cammer nachsuchen.

18. Da es unmöglich ist in dieser Instruction alles so gründlich vorzuschreiben, was einem redlichen und treuen Diener obliegt, so wird das Zutrauen zu ihm gehen, daß er allenthalben wie bisher nach Pflicht das Interesse der gnädigsten Landesherrschaft getreulich zu beachten sich angelegen seyn lassen werde. Auch wird ausdrücklich vorbehalten diese Instruction nach Befinden abändern zu ergänzen und zu erweitern."[3]

Instruktion für den Kammer-Assessor Carl Wilhelm Stein

„Instruction für den Cammer-Assessor Stein

Es ist dem p Stein bei seiner Anstellung das Departement des verstorbenen CR [Cammer Rath] Gerke übertragen und sollen daraus vorerst folgende Geschäfte von ihm besorgt werden:

1) das Bau-Departement im allgemeinen

2) Revision der sämtlichen BauRechnungen, des BauMagazins und der BauMagazins-Rechnung, wie auch die Aufsicht auf die Führung des Baumanuals.

3) Die Wegebau-Sachen, incl. der von der Kammer zu unterhaltenden Brücken und Stege.

4) Führung eines Registers über die Bau-Anschläge und die s. S. 8 assignierten Gelder.

5) Vorträge über die Hiddesser Ziegelei und deren Administration, wie auch Abnahme der Ziegelei-Rechnung.

6) Das Brand-Assecuranz-Wesen der Herrschaftlichen Gebäude, so wie die Feuerlöschungs-Anstalten

7) alle Salzwerks-Sachen

8) die Münzsachen

9) der Herrschaftl. Wasserbau.

II. Im Allgemeinen wird der p Stein auf die dato dem Rath und Assessor Junker ertheilte abschriftlich anliegende Instruction verwiesen, und ihm deren Befolgung, so weit sie auf sein Departement in Absicht des Rechnungs und Casseprüfens anwendbar ist, so wie auch übrigens andurch zur Pflicht gemacht.

III. In Betreff des Bau-Wesens muß derselbe

1. streng darauf achten, daß von dem Bau-Officianten in den

Herbstmonaten jeden Jahres der künftigjährige Bauetat zeitig aufgenommen und mit dem Schluß des Jahres bei der Cammer eingereicht werde, damit dessen Revision zu rechter Zeit vorgenommen und die Dienst- und Holz-Anweisungen dazu, zeitig erfolgen können, damit das Holz nicht, zum Schaden der Bauten, zu spät gefällt werde.

2. Sobald die Bau-Etats, oder im Laufe des Jahres Anschläge über sonstige Bau-Arbeiten übergeben sind, muß er selbige in ihren Positionen in Betreff der Nothwendigkeit, Zweckmäßigkeit und Preisbestimmungen, nöthigenfalls an Ort und Stelle, prüfen, und seine Bemerkungen schriftlich der Cammer einreichen, damit darauf die weitere Prüfung und Bewilligung geschehen könne.

Der p Stein hat sich zu dem Ende

a) nach und nach eine genaue Kenntniß sämtlicher Herrschaftlichen Gebäude und Bauwerke zu verschaffen und die mit den Bewohnern p geschlossenen Contracte über deren Unterhaltung, sich bekannt zu machen.

b) Er muß ebenfalls eine Kenntniß der durch das ganze Land gewöhnlichen Materialien- und Arbeits-Preise so weit möglich, sich zu verschaffen suchen.

3. Wenn wichtige Bauten vorkommen, so muß er sich nöthigenfalls mit dem betreffenden Bau-Officianten an Ort und Stelle begeben und über die zweckmäßigste Anordnung desselben sich mit jenem berathen.

4. Wenn der Bau-Etat oder die sonstigen Anschläge, genehmigt worden, so hat er die deshalb erforderlichen Rescripte, Instructionen, Dienst- und Holz-Assignationen, zu entwerfen u. letztere mit den Anschlägen sorgfältig zu controliren […]

5. Während der Ausführung der Bauten hat er, so weit es seine übrigen Arbeiten erlauben, neben dem betreffenden Bau-Officianten dahin zu sehen, daß die Materialien gut geliefert werden, die Arbeiter ihrer Pflicht nachkommen u. dazu von dem Bauschreiber und anderen etwaigen Aufsehern gehörig angehalten, die Arbeiten selbst aber anschlagsmäßig und tüchtig ausgeführt werden.

6. Während des Laufs des Jahres muß er das ad I.4. erwähnte Register über die Bauanschläge und assignirten Gelder, und zwar mit besonderer Rücksicht auf die ersten abschläglich ertheilten Assignationen stets ordentlich führen.

7. Nach Beendigung der Arbeiten hat er darauf zu achten, daß sich der betreffende Bau-Officiant die Rechnungen darüber promt einreichen läßt, daß derselbe solche sofort revidirt und der Cammer mit seinen Erinnerungen oder Attest versehen, behuf der Assignations-Beförderung übergiebt.

8. Er muß darauf halten, daß die Vorräthe an Bau-Materialien, namentlich im hiesigen BauMagazin gehörig aufbewahrt und verbraucht werden, auch daß vorzüglich in letzterem stets ein hinreichender Vorrath von trockenem Holze in allen we-

sentlichen Sorten und von sonstigen Materialien, in so fern solche für unvorherzusehende Fälle erforderlich sind, vorräthig sey.

9. Wenn iohm von dem Bauschreiber, oder sonst, Entwendungen von Geräthen, Materialien p angezeigt werden, so hat er solches zu untersuchen, oder die Untersuchung und Bestrafung zu befördern.

10. Ueber die nur anschlagsmäßig und zur gehörigen Zeit auch so auszuschreibenden Dienste, daß solche die Unterthanen am wenigsten drücken, hat er ein genaues Verzeichniß zu führen, damit die Cammer zu jeder Zeit ersehen könne, wie viel derselben in den verschiedenen Aemtern noch disponibel sind.

NB. Dieses Verzeichniß hat bisher der H. OBR. v. Natorp geführt, die nebenbemerkte Einrichtung [Punkt 10, JK] scheint zweckmäßiger, wie auch wenn der BauMeister nur die Bestellung der von der Cammer assignirten Dienste befördert, nicht aber selbst die Assignationen ertheilt.

Die außer seinem Departement assignirt werdenden Dienste sollen ebenfalls von ihm notirt werden und muß er gegen Ende des Jahres ein Verzeichniß der noch disponiblen Dienste nebst Vorschlägen zu deren Benutzung einreichen.

11. Endlich muß er darauf achten, daß alle genehmigten Anschläge zu rechter Jahreszeit, und wo möglich in demselben Jahre ausgeführt werden, damit die Uebersicht des ganzen Bau-Etats und der darnach ausgeführten Arbeiten behuf der von dem p Stein aufzustellenden Vergleichung der veranschlagten und wirklich verwandten Baukosten möglichst erleichtert werden. Diese Vergleichung hat er im ersten Quartal des nächsten Jahres der Cammer zu übergeben.

IV. Es gehört ferner zu seinem Departement die Revision der sämtlichen Baurechnungen, des Baumagazins und der Jährlichen Baumagazins-Rechnung. Zu dem Ende muß er, außer der ihm obliegenden Aufsicht auf die gehörige Führung des Baumanuals,

1. Die im Laufe und am Ende des Jahres eingehenden Bau-Rechnungen mit den Anschlägen vergleichen, revidiren und dahin sehen, daß solche mit dem Attest des betreffenden Bau-Officianten und den sonst üblichen und erforderlichen Attesten versehen seyen; die dagegen sich ergebenden Monita muß er erleutern lassen und alsdann promt die Assignationsertheilung darauf befördern. Auch muß er darauf achten, daß die Rechnungen möglichst in das Jahr assignirt werden, wohin sie gehören und daß solche nicht zu spät übergeben und dadurch deren Prüfung erschwert werde.

2. Sodann hat er, wie an ihn bereits darüber besonderer Auftrag ergangen, die noch nicht revidirten BauMagazins-Rechnungen sondersamt zu revidiren, das im Baumagazin vorhandene Inventarium und die Materialien-Vorräthe, nachzusehen, und danach den jetzigen Bestand festzustellen.

3. Das Verzeichniß über letzteren muß er dem Bauschreiber zustellen um dessen Richtigkeit mittelst Unterschrift anzuerkennen, es so dann der Cammer zu übergeben, und demnächst darauf achten, daß von demselben darin die Zu- und Abgänge für die Folge genau notirt werden.

4. Die aus diesen Annotationen sich bildenden Baumagazinsrechnungen müssen von dem Bauschreiber mit Ende jeden Jahres übergeben werden und hat der p Stein sodann solche zu revidiren, dahin zu sehen, daß die Ausgabe mit Scheinen der Bau-Officianten pp gehörig belegt, die Einnahme aber nach den darüber eingegangenen Rechnungen und deshalb ertheilten Holz- und andern Assignationen richtig verzeichnet sey.

5. Endlich hat er nach Revision dieser Rechnung den sich danach ergebenden Bestand zu revidiren und ob solcher richtig befunden oder nicht, der Cammer anzuzeigen.

V. Was den Cammer-Wege-Bau und die von der Cammer zu unterhaltenden Brücken und Wege betrifft, so muß

1. der p Stein dafür Sorge tragen, daß der Wege-Bau-Etat von der besorgenden Person mit Ablauf des vorhergehenden Jahres promt eingereicht werde.

2. muß er denselben sodann revidiren und seine Bemerkungen dazu mittelst voti der Cammer übergeben, auch die Erleuterungen über die dabei zu machenden Erinnerungen befördern.

3. damit er diese Revision gehörig vornehmen könne, muß er sich wärend des Jahres mit der Beschaffenheit der Chausséen bekannt zu machen suchen und nöthigenfalls nach Einreichung des Etats die Wege besehen.

4. Wenn der Wege-Bau-Etat genehmigt worden, so muß er nomine camere die dann erforderlichen Rescripte und Instructionen entwerfen und bei Fürstl Regierung auf Assignirung der erforderlichen Wegebau-Dienste antragen, auch dafür sorgen, daß die mit der Ausführung beauftragte Behörde so zeitig instruirt werde, daß die Arbeiten in den für die Benutzung der Dienste und für die Ausführung selbst, passendsten Zeiten, geschehen könne.

5. Daß die Arbeiten anschlagsmäßig, ordentlich und den darüber besonders ergangenen Verfügungen gemäß, geschehen, so wie auch, daß die Chausséen da wo sie es noch nicht sind, in gehörigen Stand gesetzt und erhalten werden, daß denselben nach und nach überall die gehörige Breite verschafft, die Gräben stets offen und der Fahrdamm gewölbt erhalten, auch zu steile Anhöhen so viel thunlich abgetragen werden, darauf hat derselbe zu achten und den mit der Entwerfung und Ausführung beauftragten Officianten aufmerksam zu machen.

6. Bei Revision der über den Wegebau eingehenden Rechnungen hat derselbe wie oben bei den Baurechnungen vorgeschrieben, zu verfahren.

7. Daß die Wegaufseher und Chaussé-Geld-Erheber ihrer Pflicht nachkommen, ist möglichst von dem p Stein zu controliren.

8. Die von den Erhebern vierteljährig zu übergebenden und von den mit dem Chaussée-Bau beauftragten Officianten zu revidirenden und zu attestirenden Chaussée-Geld-Rechnungen muß derselbe ebenfalls nachsehen, etwaige Erinnerungen erleutern lassen und die Assignationen dazu befördern.

9. Alle sonst in Betreff des Wegebaus noch vorkommenden Geschäfte muß er ebenfalls gewissenhaft besorgen.

10. In Betreff der von der Cammer zu unterhaltenden Brücken und Stege – wovon er die ältern und neuern Verzeichnisse sich nach Bedürfniß aus der registratur geben lassen muß, hat er deren Reparaturen, wenn solche von den betreffenden Aemtern als erforderlich angezeigt werden, und solche wirklich erforderlich sind, sobald als möglich zu befördern und auf deren Ausführung, namentlich da, wo die Herrschaft nur das Holz dazu hergegeben hat, achten.

11. Die darüber eingehenden Rechnungen müssen von dem, mit der Ausführung beauftragten Officianten attestirt seyn und hat der p Stein die Assignations-Ertheilung darauf zu befördern.

12. Damit das zu den Brücken u. Stegen erforderliche Holz so viel möglich gespaart werde, hat der p Stein dahin zu wirken, daß die hölzernen Brücken und Stege vor und nach, und so weit es zweckmäßig, durch massive ersetzt werden.

VI. Ueber die Bau-Anschläge und die auf deren einzelne Posten und überhaupt der Landrentei-Rechnung ertheilten Assignationen muß er in bisheriger Art ein genaues Verzeichniß führen, damit er bei der auf Grundlage der Acten und Anschläge vorzunehmenden Revision der einzelnen Rechnungen sehen könne ob darauf nicht bereits schon Assignationen ertheilt sind.

VII. Ueber die in Administration stehende Ziegelei zu Hiddesen wird dem p Stein die besondere Aufsicht übertragen. Er hat darauf

1. zu achten, daß solche überhaupt in der für die Administration vortheilhafteste Art betrieben werde,

2. daß die Arbeiter auf derselben ihr Handwerk verstehen und pflichtmäßig arbeiten;

3. daß die Oefen für die Folge möglichst auf Ersparung des Brennmaterials berechnet werden,

4. daß die Waare so viel möglich in besserer Qualität als bisher und namentlich genau in der vorschriftsmäßigen Größe angefertigt werde;

5. daß der Torf von den Benten zu gehöriger Zeit, trocken und möglichst billig angefahren werde;

6. daß davon immer ein hinreichender Bestand in den Scheunen gehalten werde, damit nie Holzanweisungen behuf des Ziegelei-Betriebes erforderlich werden.

7. Der p Stein muß ferner darauf achten, daß die wegen Anfuhr der Kalksteine, des Thons p abgeschlossenen Contracte genau erfüllt werden;

8. daß der Ziegelmeister nach den ihm ertheilten Instructionen, namentlich beim Verkauf der Waare genau verfahre und sich keine Contraventionen zu Schulden kommen lasse.

9. Die über den Betrieb der Ziegelei aufzustellende jährliche Rechnung muß im ersten Monate des folgenden Jahres übergeben und von dem p Stein revidirt werden und hat derselbe die sich ergebenden Monita erleutern zu lassen oder zu erleutern, auch bei der Revision eine Balance über die Einnahme und Ausgabe der Ziegelei und über den gewesenen Ertrag zu entwerfen.

VIII. Was das Brand-Assecuranz-Wesen der Herrschaftlichen Gebäude, so wie die Herrschaftlichen Feuerlöschungs-Anstalten anlangt, so wir der p Stein instruirt,

1. Das Brand-Cataster in gesetzmäßiger Art genau und unter eigener Verantwortung zu führen, also den Zu- und Abgang darin zu rechter Zeit zu bemerken und die Entwerfung der neuen Cataster zu befördern, auch die vorläufig erforderlichen Calculationen zur einstweiligen Sicherung der Bauten baldmöglichst zu besorgen.

2. Da die in dem vorhandenen Cataster angesetzten Taxen meist nur oberflächlich angenommen sind, so ist dahin zu wirken, daß die bereits vorhandenen Gebäude vor und nach behuf Rectification ihrer Taxen, ordentlich taxirt werden; bei neueren Gebäuden aber, bei welchen die Kosten der Aufführung und der Werth des Holzes aus den Acten noch ausgemittelt werden können, sind die Taxen hiernach und mit Berücksichtigung der bereits geschehenen Abnutzung vor und nach zu rectificiren.

3. Wenn von Fürstl. Regierung die erforderlichen Beiträge zur Brandcasse ausgeschrieben werden, so hat er deren Anweisung auf die betreffenden Cassen bei der Cammer zu befördern.

4. Sollte in einem Herrschaftlichen Gebäude oder in dessen Nähe Feuer entstehen, so muß er, sobald er solches erfahren, wo möglich sofort an Ort und Stelle sich begeben, und wegen Unterdrückung des Feuers und Sicherung der in dem Gebäude befindlichen Herrschaftl. Sachen die erforderlichen Maaßregeln befördern und anordnen. Demnächst muß er der Cammer über den Ausgang und über etwa ferner erforderliche Verfügungen berichten, auch wegen der Entstehung des Feuers die nöthige Untersuchung veranlassen.

5. Ferner muß er dahin sehen, daß der geschehene Schaden verordnungsmäßig taxirt und die von der Brandcasse danach zu leistende Entschädigung an die Landrentei p ausgezahlt werde.

6. Die der Herrschaft gehörenden, auf den Meiereien p befindlichen Feuerlöschungs-Geräthe muß er von Zeit zu Zeit revidiren, darauf achten, daß solche gehörig aufbewahrt und geschont werden. Die sich findenden oder angezeigt werdenden Gebrechen daran müssen sofort reparirt werden und hat der p Stein auf die Rechnungen darüber, wenn solche ordnungs mä-

ßig, und gehörig attestirt sind, Assignation zu befördern.

IX. Das Salzwerk zu Ufflen und die dasselbe betreffenden Geschäfte anlangend, so muß er

1. darauf achten, daß die Salzwerks-Bediente genau ihrer Pflicht nachkommen, weshalb er deren Instructionen [...] abschriftlich nachsuchen kann.

2. daß der Salzberks-Betrieb überhaupt in zweckmäßiger und kunstgerechter Art geschehe.

3. daß zu dem Ende die noch vorhandenen Mängel in der Betriebsart und in der ganzen s. g. Kunst und Maschinerie nach und nach abgestellt werden,

4. daß sowohl die Gradir- als übrigen Gebäude mit der Zeit in besseren Stand gesetzt und erhalten werden

5. daß von den zu den Repararturen erforderlichen Materialien stets ein angemessener Vorrath vorhanden und dieser gehörig und sicher aufbewahrt sey;

6. daß der Kunstmeister über die im Laufe des Jahres sich als nöthig ergebenden größeren Reparaturen wenigstens mit Ende Septembers einen Etat einreicht.

7. Diesem Salinen-Bau-Etat, so wie die über sonstige Bauten p von dem Kunstmeister außer diesem noch übergeben werdenden Anschläge, hat der p Stein nöthigenfalls an Ort und Stelle zu prüfen und darüber an die Cammer Vorträge zu halten.

8. Ueberhaupt hat derselbe bei den Salinen-Bauten wie bei den übrigen Herrschaftl. Bauten zu verfahren.

9. Was den Betrieb der Saline insbesondere betrifft, so muß er

a) möglichst darauf achten, daß wärend der Wintermonate alle erforderlichen Reparaturen vorgenommen und dabei vorzugsweise die in Wochenlohn stehenden Salinen-Arbeiter benutzt werden – damit wärend des übrigen Jahres die Gradirung und Siedung nicht braucht unterbrochen zu werden.

b) daß die Gradirung stets gehörig betrieben werde, und solche mit der, von ihr zu liefernden, Siedesoole stets so in Vorrath bleibe, daß die Siedung bei etwa unterbrochener Gradirung nicht aufzuhören braucht.

c) In Betracht der Siedung muß möglichste Ersparung des Brennmaterials erstrebt, und dahin gesehen werden, daß ein gutes Salz und zwar in solcher Menge geliefert werde, daß in den Magazinen stets ein hinreichender aber auch nicht zu großer Vorrath an Salz sey.

An Brennmaterial muß stets ein hinreichender aber auch nicht zu großer Bestand vorhanden seyn, damit weder durch das Eine noch durch das Andere Schaden entstehe.

d) Was den Salzverkauf anlangt, so hat der p Stein darauf zu achten, daß derselbe den darüber ergangenen Verordnungen gemäß geschehe. Wenn Einbringung von fremdem Salz entdeckt wird, so muß er darauf halten, daß solche zur Untersuchung und Bestrafung gezogen werde.

Der Absatz an Salz in das Ausland muß möglichst befördert werden und hat der p Stein sich deshalb mit den auswärtigen

Salzpreisen und mit den Conjuncturen bekannt zu machen, und ob und wie solche zu benutzen, anzugeben.

e) daß die Nebenproducte der Salzbereitung möglichst benutzt, auch Fabricationen, welche mit dem Salzwerksbetriebe vortheilhaft zu vereinigen sind, unternommen werden, darüber hat er mit den Salzwerks-Officianten fleißig Rücksprache zu nehmen und deshalb Vorschläge zu thun.

10. Die das Salzwerk betreffenden Rechnungen müssen von dem p Stein revidirt werden und hat derselbe darauf zu achten, daß

a) die monatlichen Hauptsalzwerks-Rechnungen präcise vor der Mitte des folgenden Monats übergeben werden und muß deren Prüfung dann sofort geschehen, die Erleuterung der Erinnerungen gefordert, sonst aber die Decharge ertheilt werden.

b) Aus diesen monatlichen Rechnungen hat der p Stein am Schluß jeden Jahres eine Uebersicht des Betriebes und Ertrages des Salzwerks zu entwerfen.

c) die monatlichen Materialien-Rechnungen sind ebenfalls in Einnahme und Ausgabe promt zu revidiren.

d) Die Rechnung über die Salzwerks-Invaliden-Casse muß bald nach Ablauf des Jahres eingereicht werden und hat der p Stein solche dann sogleich in gehöriger Art zu prüfen.

e) Dasselbe gilt von der über die Bade-Anstalt auf der Saline, geführt werdende Rechnung.

11. Damit er sich mit dem Salzwerke und dem Betriebe desselben gehörig bekannt mache, muß der p Stein dasselbe von Zeit zu Zeit besuchen, dann das Gebäude- und sonstige Inventarium, wie auch die verschiedenen Cassen revidiren und über den Befund an die Cammer berichten.

X. Was den Herrschaftlichen Wasserbau, die darüber zu entwerfenden und zu prüfenden Anschläge betrifft, so wird der p Stein auf das, was bei dem Bauwesen sub. Nr. III überhaupt bemerkt worden, verwiesen.

XI. Die ihm von der Cammer sonst noch übertragen werdenden Geschäfte muß derselbe nach seinen Kräften mit Fleis ausführen.

XII. Abänderungen und Erweiterungen dieser seiner Instruction werden vorbehalten. D. 1 Januar 1828.

[gezeichnet:] Leopold FzL Helwing Rohdewald Kellner."[4]

Instruktion für den Baugehilfen Ferdinand Brune[5]

„Instruction für den Conducteur Brune aus Halle als Gehülfe des Landbaumeisters von Natorp [ehemals Instruktion für den Lieutenant Krücke, dessen Name durchgestrichen und mit „Brune" ersetzt ist. JK]
Da der Conducteur Brune zum Gehülfen des Landbaumeisters versuchsweise angestellt ist, so wird derselbe instruirt, sich den,

von letztern ihm aufzutragenden Baugeschäften, solche bestehen in Arbeiten am Schreibtische, oder in Ausführung von
Bauten, oder Aufsicht auf die Arbeiter und Nachsehen der angeschaften und auszugebenden Baumaterialien, bereitwillig,
eifrig und mit Ausdauer zu unterziehen, und da der Conducteur Brune in dieser Art von Geschäften noch nicht geübt
ist, so wird ihm der Landbaumeister zwar gerne in allen
Theilen Anleitung geben, indessen hat derselbe sich auch durch
Studiren zweckmäßiger Bücher theoretische, und durch fleißige
Beobachtungen practische Kenntnisse in dem Bauwesen zu
verschaffen und wegen der von ihm fleißig zu benutzenden
Herrsch. Bibliothek sich an den Cammerreg. Wasserfall zu
wenden! Bey den Baugeschäften lassen sich keine Arbeitsstun-
den bestimmen, die Administrirenden müßen dabei zu jeder
Tageszeit bereit seyn. Der Cond. [Brune] hat sich hiernach zu
achten, und jeden Morgen frühzeitig in der von dem Landbaumeister zu bestimmenden Stunde zu melden, um wegen
der vorzunehmenden Geschäfte anzufragen. Ohne Erlaubnis
des Landbaumeisters darf er sich nicht aus den Geschäften entfernen, noch in dessen Abwesenheit ohne Genehmigung des
Cammerraths Gerke, bei welchem er sich auch, wenn jener
verreiset ist, des Morgens täglich zu melden hat. Würde der p.
Brune verreisen und eine Nacht abwesend seyn: so hat er bei
der Cammer um Urlaub nachzusuchen. et detur Copia dem
Landbaumeister von Natorp. Detmold den 10. Januar 1822
Fürstl. Lipp. Rentcammer Helwing"

Instruktion für den Baukondukteur Brune[6]

„Instruction für den BauConducteur Brune.
Da Serenissimus genehmigt haben, daß der p Brune auf sein
Ansuchen an die Stelle des abgehenden BC. Vogler vorerst und
bis auf weitere Verfügung als Gehülfe bei dem Baufache angestellt werde, so wird ihm desfals folgende Instruction ertheilt:
1. Derselbe muß in Auftrag der Cammer oder des Oberbaurath
von Natorp zu jeglicher Zeit die erforderlichen Anschläge über
Neubauten oder Reparaturen an den Herrschaftlichen Gebäuden und Bauwerken vorerst nur in den Aemtern Detmold,
Lage, Horn, Schieder, Schwalenberg und Lipperode nach
Rücksprache mit dem p v Natorp im Herbst aufnehmen und
nach Neujahr […], jedoch mit Ausnahme der Wasserbauten,
wenn ihm solche nicht speciell aufgetragen werden, und mit
Vorbehalt der Ausdehnung seines Geschäfts-Ressorts auf den
Culemannschen District, sobald die Cammer ihm solche zu
übertragen für gut findet.
2. Wegen der genehmigten Arbeiten muß er, wenn solches nicht
von dem OBR. v. Natorp selbst geschieht, nach dessen Anordnung darauf sehen, daß solche anschlagsmäßig und dauerhaft

ausgeführt werden, zu welchem Ende er dann Füglich über die
hiesigen Arbeiten mit demselben Rücksprache über den weitern
Betrieb nehmen, und über das geschehene rapportiren muß. Auch
muß der p Brune so viel thunlich die Baustellen fleißig besuchen,
sich bey den Arbeitern aufhalten, um solche zum Fleiß, Ordnung
und nützlicher Verwendung der Materialien auch dauerhafter
guter Arbeit anzuhalten. Die Materialien Vorräthe muß er oft
nachsehen und auf Wiederersetzung des Abgangs aufmerksam
machen und dahin sehen, daß von den Geräthschaften und Materialien nichts verloren gehe. Auch wird ihm die Aufsicht über
das Baumagazin und die nöthige Obsorge für den meistbieten-
den Verkauf des alten oder Abfalle Holzes, insofern es zu den
Bauten nicht benutzt wird, zur Pflicht gemacht.
3. Die ausgeführten Arbeiten muß er revidiren und danach die
ihm darüber zukommenden Rechnungen moderiren oder attestiren.
4. In nächstem Sommer wird ihm außer den Bauten in oben
genannten Aemtern auch der nach steter Rücksprache mit dem
p v Natorp auszuführenden Neubau der Brennerei zu Oelentrup speciell übertragen, und ist derselbe, wenn ihm auch in
den übrigen Aemtern des Landes specielle Aufträge ertheilt
werden, er solche ebenfalls ohne weitern Anspruch auf besondere Vergütung gewissenhaft auszuführen verpflichtet.
5. Bei allen seinen Arbeiten muß der p Brune stets Rücksprache
mit dem OBR. von Natorp als seinem nächsten Vorgesetzten
nehmen und dessen Instructionen zu befolgen.
6. Wenn derselbe sich einen ganzen Tag oder mehr von Detmold entfernt, so muß er vorher bei dem p von Natorp u.
wenn er über Nacht verreist, dem Cammer-Directorium Anzeige davon machen und um Urlaub nachsuchen.
7. Damit er die Bauarbeiten auf dem Lande um so fleißiger
revidiren könne, wird ihm zur Pflicht gemacht, sich zu dem
Ende ein Pferd zu halten und soll ihm zu dessen Unterhaltung wöchentlich ein Scheffel Hafer vom hiesigen Kornboden
verabfolgt werden; wogegen dann aller Anspruch auf Trans-
port-Kosten wegfällt.
8. Da es nicht thunlich ist, in einer Instruction alles genau
vorzuschreiben, was einem treuen Baugehilfen obliegt, so wird
ihm im allgemeinen zur Pflicht gemacht, seine Geschäfte so
nach den Instructionen des p von Natorp auszuführen, wie es
dem Interesse der Cammer am angemessensten ist, und wie er
es mit seinem Gewissen verantworten kann.
Pünktlichkeit in allen seinen Geschäften wird ihm aber und
dabei besonders empfohlen, in die Anschläge nur Posten, welche er für nöthig und angemessen hält, mit Ausführung der
Gründe, wo es erforderlich ist, außerdem ohne sonstige Wünsche oder Anträge der Pächter oder Gebäude-Bewohner dem
Cameral-Interesse entgegen zu berücksichtigen.
9. Für diese seine Geschäfte sollen ihm monatlich aus der
Landrentei 25. rth ausgezahlt werden.

10. Schließlich werden jede beliebige Aenderung dieser Instruction, deren Befolgung er endlich angeloben muß, andurch vorbehalten.

Detmold den 27 April 1827"

Instruktion für den Baumeister Brune[7]

„Instruction für den Baumeister Brune. Da Serenissimo geruht haben, den bisherigen Baukonducteur Brune zu Höchstihrem Baumeister zu ernennen, so wird ihm über diesen seinen Dienst mit höchster Genehmigung von der Kammer nachstehende Instruction ertheilt.

§.1. Derselbe muß gnädigster Landesherrschaft treu, unterthänig und zugethan seyn, deren Bestes nach Kräften befördern, Schaden aber abwenden. Der Cammer als seiner vorgesetzten Behörde ist er gehorsam und ihren Verfügungen pünktliche Folge schuldig.

§.2. Es werden demselben, mit ausdrücklichem Vorbehalte abändernder Bestimmungen, vorerst die Herrschaftlichen Bauten in hiesiger Regierung, in den übrigen Städten, mit Ausnahme von Ufeln, und in den Aemtern Detmold, Oerlinghausen, Lage, Brake, Sternberg, Barntrup, Schwalenberg einschließlich der Falkenhagener Gebäude, Schieder, Horn, einschließlich der Meinberger Gebäude und Anlagen und Lipperode, einschließlich der Lippstädter Mühlen, übertragen. Ausgenommen sind davon jedoch sämtliche Wege- und Wasser-Bauten, welche von dem Baukommissar Overbeck besorgt werden, wenn dem p. Brune nicht deshalb spezielle Aufträge von der Cammer ertheilt werden, welche er dann ebenfalls promt zu erledigen hat. Die Reparaturen an den Herrschaftlichen Brücken und Stegen, in so weit sie nicht zu den Chausséen gehören, hat der p. Brune jedoch ebenfalls in den genannten Aemtern zu besorgen, so wie auch die Instandhaltung der Pflasterungen und Wege, diese jedoch (ohne besonderen Auftrag) nur insoweit, als sie mit Herrschaftlichen Gebäuden Konnexität haben.

Die Herrschaftlichen Gebäude in diesem Aemtern sind ihm durch seine bisherige Geschäftsführung bekannt, weshalb es ihrer Anweisung hier nicht bedarf.

Sollte es demnächst der Cammer conveniren, ihm auch die Bauten in den Aemtern Schöttmar und Varnholz, welche noch zur Zeit durch den Kunstmeister Culemann besorgt werden, zu übertragen, so ist er zu Uebernahme derselben, ohne Anspruch auf besondere Vergütung dafür, verpflichtet.

§.3. Der p. Brune hat bei den vorfallenden Bauten, mögen solches Neubauten oder Reparaturen seyn, stets auf möglichste Zweckmäßigkeit, Kostenersparung und gute solide Ausführung zu sehen. Zur Kostenersparung gereicht es, daß Neubauten unterbleiben, so lange die alten Gebäude noch durch Reparaturen, welche im Verhältniß zu den Kosten des Neubaues nicht zu hoch

sind, erhalten werden können, weshalb dem p. Brune zur Pflicht gemacht wird, dies genau jedesmal zu untersuchen und reichlich zu erwägen, bevor er einen Neubau vorschlägt. Bei den Anschlägen und Rissen von neuen Gebäuden hat er aber auf die Stelle, an welche sie zu stehen kommen, die oeconomische Bestimmung derselben, den davon zu erwartenden Ertrag und Nutzen, das Bedürfnis der Bewohner und die sonst eintretenden Verhältnisse wohl Rücksicht zu nehmen, auch bei Gebäuden, wobei blos oeconomischer Nutzen oder Bedürfnis in Betracht kommt, neben dem Zwecke zunächst auf Kosten-Ersparung Bedacht zu nehmen, also unnöthige Eleganz, Räumlichkeit und überflüssige Solidität zu vermeiden.

§.4. Derselbe muß eine räthliche Verwendung der Materialien beachten und den Verkauf derjenigen Ueberbleibsel von neuen oder alten Materialien, welche anderweit nicht wieder verwendet werden können, in möglichst vortheilhafter Art, und die Berechnung der Aufkunft dafür, befördern und beachten. Da das stärkere Bauholz immer seltener wird, so hat er dessen Schonung sich zur Pflicht zu machen und bei Neubauten der Regel nach den Massivbau vor dem Bau von Holz in Vorschlag zu bringen, wenn ersterer nicht etwa mit zu unverhältnißmäßigen Kosten verknüpft ist, welcher in diesen Fällen jedesmal bei Einreichung der Kostenanschläge detailliert nachgewiesen werden muß.

§.5. Die Wahl der zu Ausführung der Bauten anzustellenden Handwerker bleibt ihm in den vorkommenden Fällen überlassen; wogegen ihm aber zur Pflicht gemacht wird, jedes mal nur die seiner Ansicht nach tauglichsten und billigsten auszuwählen, und etwa schlecht ausgeführte Arbeiten durchaus nicht passiren zu lassen, den Arbeitern dafür angemessene Abzüge an ihren Rechnungen zu machen oder, wenn die Arbeit gar nicht passiren kann, auf deren Wegnahme und gute Erneuerung strenge zu halten. Der p. Brune hat dabei vorzüglich darauf zu achten, daß die Arbeiter stets treu, redlich, nüchtern und fleißig sind und sich während der Arbeit keine Zeit raubende Genüsse, als Tabackrauchen p. erlauben. Die Achtsamkeit hierauf hat der p. Brune auch von dem Calculator Déjean, dem Bauschreiber Plöger und dem Brunnen-Aufseher Sturhahn, so wie von sämtlichen Bewohnern der Herrschaftl. Gebäude, denen die Ausführung von Bauten übertragen ist, zu verlangen und auch dadurch, daß er bei Annahme bearbeiteter Baumaterialien als behauener Hölzer, Sandsteine, Ziegel p. zum Herrschaftlichen Bauwesen, auf gute Verfertigung und Qualität derselben mit Strenge hält, auf eine Verbesserung der Handwerker und Arbeiter hinzuwirken.

Daß die bei dem Bauwesen angestellten Aufseher, der Calculator Déjean, der Bauschreiber Plöger und der Brunnenaufseher Sturhahn zu Meinberg ihrer Pflicht nachkommen, darauf hat er besonders zu achten, und werden ihm zu dem Ende die Instructionen der erstern beiden ganz, aus den Instructionen des p. Sturhahn aber die §.§. 20 und 25. hierbei abschriftlich mitgetheilt.

§.6. Ueber die üblichen Preise des Arbeitslohns, Fuhrlohns, der Materialien p. muß er sich durch das ganze Land hinlängliche Kenntnisse verschaffen, damit er dadurch in den Stand gesetzt werde, möglichst genaue und verlaßbare Anschläge zu entwerfen. Sollten die bisher üblichen Preise einzelner Gegenstände nicht angemessen seyn, so muß er auf deren Ermäßigung hinwirken.

§.7. Bei Ausführung der Bauten muß er dahin sehen, daß solche jederzeit in der zweckmäßigsten Jahreszeit geschieht, damit sie am dauerhaftesten bewerkstelligt werden und die Extra-Spann- und Hand-Dienste dabei soviel thunlich und möglichst vortheilhaft benutzt werden können. Die Bauten zu Meinberg müssen namentlich jedesmal vor dem Anfange der Brunnenzeit beendet und daher im vorhergehenden Herbste so weit vorbereitet seyn, daß dieses sicher bewerkstelliget werden kann.

§.8. Rücksichtlich der Dienste hat er in allen seinen Anschlägen darauf zu sehen, daß solche zu den Fuhren, Handlanger- und Taglohn-Arbeiten thunlichst herangezogen und dadurch die baaren Kosten der Arbeiten verringert werden. Die Art der Dienstleistung ist nicht überall gleich und beruht mehrentheils auf Abservanzen [?], welche letztern der p. Brune sich daher möglichst bekannt machen muß. In zweifelhaften Fällen kann er deshalb nach Rücksprache mit den betreffenden Hebungs-beamten bei der Cammer Anfrage thun. – Mehr als die in einem Anschlage genehmigten Dienste, dürfen ohne weitere Genehmigung nicht herangezogen werden. Erhält er darüber keine besondern Assignationen, so kann er die anschlagsmäßigen Dienste bei den betreffenden Aemtern in bekannter Art ausschreiben, die Requisitionen darüber müssen aber jederzeit dem Departementsrath zur Mitunterschrift vorgelegt werden.

§.9. Die Aufnahme der an den Herrschaftlichen Gebäuden erforderlichen Reparaturen oder Neubauten muß der p. Brune, in so fern sie nicht schon früher bei gelegentlicher Anwesenheit oder in Folge besonderer Aufträge oder wegen Gefahr beim Verzuge geschehen ist, auf den jährlichen Herbstbereisungen besorgen, darauf die Kosten-Anschläge entwerfen und daraus die Bau-Etats für das nächste Jahr formiren, in der ihm bereits bekannten Art. Diese Bau-Etats müssen künftig jedesmal spätestens am Schlusse jeden Jahres, der von Meinberg aber bald nach dem Schlusse der vorhergehenden Brunnenzeit bei der Cammer zur Revision und Beförderung der Genehmigung eingereicht werden, damit jene, bei welcher er auf Anfordern zu Ertheilung nöthiger Erleuterungen, persönlich gegenwärtig seyn muß, zeitig geschehen und der p. Brune, rücksichtlich der Ausführung, zu rechter Zeit instruirt werden könne. Die erforderlichen Arbeiten müssen der Regel nach sämtlich in diese Etats aufgenommen werden, da außer den Etats nur in dringenden Fällen, oder wenn der p. Brune dazu besonders aufgefordert wird, Bau[...] bewilligt werden können. Sollten jedoch in die Etats nicht aufgenommene Reparaturen dringend seyn und bis zum nächsten Etat nicht ausstehen können, so hat er

solche zu veranschlagen und deren Genehmigung bei der Cammer zu befördern. Außer den genehmigten Arbeiten darf der p. Brune durchaus nichts ausführen lassen und nur für Nothfälle, wo Gefahr beim Verzuge ist, wird derselbe ermächtigt, sogleich die erforderlichen Arbeiten anzuordnen, nöthige Dienste auszuschreiben und erforderliches Holz von dem nächsten Forstbedienten zu begehren. Er ist in dergleichen Fällen aber verpflichtet, binnen 8 Tagen, unter Anführung der Umstände, an die Cammer zu berichten und um Genehmigung seines Verfahrens nachzusuchen.

§.10. Der p. Brune hat der Regel nach in die Anschläge nur solche Posten aufzunehmen, welche zur Conservation oder zweckmäßigen Instandsetzung der Gebäude erforderlich sind und dabei nicht die Wünsche der Bewohner, welche nur eigene Bequemlichkeit oder Verschönerung bezwecken, zu beachten, vielmehr sie in solchen Fällen mit ihren Gesuchen an die Cammer zu verweisen.

§.11. Die Gründe, warum die einzelnen Posten in die Anschläge aufgenommen sind, muß der p. Brune jedesmal in diesen kurz bemerken, wenn nicht aus den Ansätzen selbst deren Nothwendigkeit einleuchtet.

§.12. Die Bewohner Herrschaftlicher Gebäude sind verpflichtet, das Reinigen der Oefen und Schornsteine, das Weißen der Zimmer, das Einsetzen zerbrochener Fensterscheiben, auf eigene Kosten vornehmen zu lassen, so wie auch die Anlage eines eisernen Kochheerdes, wenn sie solche wünschen. Decorirung von Zimmer durch Tapeten oder Malerei wird der Regel nach nur für ein Zimmer in den Dienst- oder sonstigen Herrschaftlichen Wohnungen bewilligt: welches dem p. Brune deshalb zur Nachricht und Beachtung hierdurch bekannt gemacht wird.

§.13. In der Regel müssen sowohl die Pächter Herrschaftlicher Meiereien als auch der Krüge und Mühlen jährlich eine bestimmte Summe zu kleinen Reparaturen, wozu die von ihnen nach §.12. zu tragenden Gegenstände jedoch nicht gehören, verwenden und muß diese Verwendung von jenen in der jährlich zu überreichenden Pacht-Abrechnung mittelst von der Baubehörde attestirter Rechnungen, von diesen aber durch Einreichung der ebenso beglaubigten Rechnungen, bei der Cammer, nachgewiesen werden. Der p. Brune hat daher die Revision und Attestirung jener auf Ersuchen der Pächter vorzunehmen und überhaupt die Verwendung der contractmäßigen Summe zu controlliren. Ist solche von Seiten der Krug- oder Mühlenpächter in einem Jahre nicht geschehen, so muß er die zu verwendende Summe an den von ihm einzureichenden Baurechnungen absetzen. Da auch Fälle vorkommen können, daß Pächter herrschaftlicher Gebäude diese unterhalten müssen, so hat er sich hierüber durch Einsicht ihrer Contracte oder, wenn solche ihm keine Auskunft geben, durch Anfrage bei der Cammer zu unterrichten, welches auch in Ansehung der für kleine Reparaturen jährlich zu verwendenden Summen, *wenn ihm diese, oder überhaupt die Verpflichtung dazu, aus den Contracten nicht bekannt werden, zu beachten ist.*

§.14. Sollten Bewohner Herrschaftl. Gebäude wünschen, Veränderungen, welche Bequemlichkeit oder Verschönerung bezwecken, in den Gebäuden auf eigene Kosten vorzunehmen, so kann er ihnen solches, wenn daraus kein Nachtheil entsteht, gestatten, und ihnen bei der Ausführung behülflich seyn; es muß aber in erheblichen Fällen vorher jedesmal die Genehmigung der Cammer eingeholt werden. [Einschub:] Sowohl bei den vorhandenen als den neu zu erbauenden Herrschaftl. Gebäuden hat der p. Brune sein Augenmerk auf Holz-ersparende Einrichtungen bei der Ofen- und Heerd-Feuerung, zu richten, und darauf abzweckende Vorschläge entweder bei der Cammer zu machen, oder, in sofern die Ausführung die Bewohner der Bebäude trifft, diese dazu zu disponieren, damit hierin in den Herrschaftl. Gebäuden mit gutem Beispiele vorangegangen werde.

§.15. Der p. Brune muß darauf achten, daß die Herrschaftlichen Gebäude nicht zweckwidrig und zu ihrem Nachtheile von den Inhabern benutzt werden und daß letztere möglichste Achtsamkeit auf deren Conservation wenden. Sollten ihm Entgegenhandlungen vorkommen, so hat er die Bewohner auf ihre Pflicht aufmerksam zu machen und, wenn dieses ohne Erfolg bleibt, an die Cammer deshalb zu berichten.

§.16. Die Ausführung der genehmigten Anschläge, wovon ihm Abschriften zugestellt werden sollen, hat der p. Brune jederzeit, so viel es die Umstände erlauben, zu beschleunigen. In wie weit die Bewohner der Gebäude auf dem Lande zur Aufsicht und Mitwirkung dabei verpflichtet sind, kann er aus dem anliegenden Exemplar des gedruckten Circulars, womit die Anschläge versendet werden, ersehen. Er muß darauf achten, daß dieselben den darin enthaltenen Vorschriften nachkommen und, mit Rücksicht darauf, die Bewohner bei Anordnung der Arbeiten, jedesmal genau instruiren.

§.17. Die über die Arbeiten ausgestellt werdenden Rechnungen müssen die Bewohner oder der p. Brune, soweit solche einen Anschlag betreffen, sammeln und dürfen solche, mit Ausnahme der Baurechnungen von den Herrschaftlichen Gebäuden hiesigen Orts, der Regel nach nicht einzeln bei der Cammer, sondern nur auf einmal mit einem Präsentations-Berichte eingereicht werden. Er hat darauf zu achten, daß den Rechnungen von den Bewohnern oder Aufsehern die üblichen oder in dem gedruckten Circular vorgeschriebenen Atteste beigefügt werden. Sodann hat er sie selbst an Ort und Stelle zu revidiren, danach die erforderlichen Moderationen p. vorzunehmen und sie mit seinem Atteste der Cammer, zur Beförderung der Auszahlung einzureichen, wobei er etwaige Ueberschreitungen der Anschläge nachweisen muß.

Letztere hat er jedoch bei eigener Verhaftung möglichst zu vermeiden; wenn solche aber wärend der Ausführung der Arbeiten sich als nothwendig zeigen, deshalb sofort und mit Nach-

weisung der Gründe und des Betrages der Mehrkosten an die Cammer zur Genehmigung zu berichten.

§.18. Damit der p. Brune dieses befolgen, so wie eine zweckmäßige Ausführung der Arbeiten genau beachten könne, muß er die Baustellen fleißig besuchen und daselbst die nöthigen Instructionen ertheilen und zu dem Ende, damit dies jederzeit und schnell geschehen könne, ein Reitpferd halten.

§.19. Damit nicht Rechnungen doppelt eingereicht werden, muß der p. Brune über die von ihm attestirten und an die Cammer abgegebenen Rechnungen ein genaues Verzeichnis führen, worin der Gegenstand, der Name des Aufstellers und der Tag der Abgabe bemerkt seyn müssen. Es muß dieses Verzeichnis von jedem Jahre, d. h.über die darin genehmigten Bauten, besonders geführt werden und ist er verpflichtet, solches jederzeit der Cammer oder dem Baudepartementsrath auf Anfordern vorzulegen.

§.20. Damit der Departementsrath bei Entwerfung der jährlichen Uebersicht über die Ausführung der Etats gewiß sey, daß keine Rechnungen mehr rückständig sind, ist der p. Brune verpflichtet, demselben darüber und über die etwa nicht ausgeführten Anschlags-Posten in einem von jenem anzusetzenden Termin die nöthige Auskunft zu ertheilen.

§.21. Der Regel nach müssen alle für ein Jahr genehmigten Reparaturen und Neubauten, so weit es angeht, auch darin ausgeführt werden und sind die Rechnungen darüber so viel möglich promt einzureichen, damit die allgemeine Uebersicht erleichtert werde und die Arbeiter nicht zu lange auf ihre Bezahlung zu warten haben. Treten dabei Hindernisse ein und die Handwerker bitten einstweilen um abschlägliche Zahlung, so muß er solche der Lage der Sache nach bei der Cammer befördern.

§.22. Wie die Auswahl unter den Handwerkern, so bleibt ihm auch die Art der Anstellung derselben überlassen, ihm wird aber zur Pflicht gemacht, die einzelnen Gegenstände eines ganzen Anschlages so viel thunlich in Accord ausführen zu lassen, weil solche dadurch beschleunigt, auch die Controlle und Aufsicht erleichtert werden.

Dergleichen Accorde oder sonstige Contracte über Lieferungen p. müssen jederzeit mit Bestimmtheit und in wichtigen Fällen schriftlich, abgefaßt werden, damit daraus nicht nachtheilige Irrungen entstehen. Die schriftlichen Contracte müssen von beiden Contrahenten unterschrieben werden.

Der Regel nach werden bis auf weiteres sämtliche Baukosten in preußischen Courant ausbezahlt, dem p. Brune wird jedoch frei gelassen, in einzelnen Fällen, wo dieses dem Herrschaftl. Interesse förderlich ist, auch Zahlung in anderen Münzsorten zuzusichern; es muß solches jedoch dann jedes mal unter den Rechnungen ausdrücklich bemerkt werden. Wo in den Rechnungen von den Handwerkern p. eigene baare Auslagen aufgeführt werden, da müssen, wann nicht etwa diese Posten ganz unbedeutend sind, in der Regel die Beläge darüber beigefügt werden und dürfen jene, wenn nicht Ackord-Arbeiten vorliegen, nur auf ausdrückliches Anordnen des p. Brune den Ankauf von Materialien, Geräthen p. besorgen.

§.23. Rücksichtlich der hiesigen Bauten soll vorerst der ihm bekannte Geschäftsgang beibehalten werden; der p. Brune hat aber auf eine Verbesserung derselben hinzuwirken und zu dem Ende bei vorkommenden Gelegenheiten passliche Vorschläge bei der Cammer zu thun.

§.24. Damit stets ein angemessener Vorrath von Baugeräthen und guten Materialien, namentlich von trockenen Dielen und Tischlerholze, vorhanden sey und bei unvermutheten Vorfällen keine Verlegenheiten entstehen, hat der p. Brune [gestrichen; mit Bleistift ergänzt: p. v. M. = von Meien?] dafür zu sorgen, daß im hiesigen Baumagazin stets die gehörigen, doch auch nicht zu große, Vorräthe gehalten werden. Er muß deshalb die erforderlichen Einkäufe jederzeit promt besorgen, auch darauf achten, daß dahin diejenigen alten Materialien und Geräthe, welche noch weiter benutzt, und auf dem Lande bei den Bewohnern nicht sicher in Verwahrung gegeben werden können, zur Aufbewahrung abgeliefert werden. – Die Einnahme, Ausgabe und die Berechnung darüber besorgen der Calculator Dejean und der Bauschreiber Plöger und wird er auf deren Instructionen deshalb verwiesen; er muß aber darauf achten, daß die Einnahme und Ausgabe richtig notirt werde, auch die Zurücklieferung der Geräthe und übrig bleibenden Materialien jederzeit richtig geschehe und nichts davon verloren gehe. Die Bestände muß der p. Brune von Zeit zu Zeit revidiren und nachsehen, ob solche mit den Ausgaben der Rechnung stimmen. Wenn nach der von dem p. Plöger jetzt geführt werdenden allgemeinen Baumagazins-Rechnung eine Revision der Vorräthe verfügt wird, so muß er diese vornehmen und über das Resultat berichten.

Uebrigens wird der p. Brune rücksichtlich der Benutzung des Baumagazins, welches hauptsächlich nur für die hiesigen Bauten errichtet ist, auf die Instructionen des p. Dejean und p. Plöger, die er ebenfalls genau beachten muß, verwiesen, und gelten übrigens obige Vorschriften mut. mut. auch für das Baumagazin Meinberg, doch darf dieses nur auf besondere Verfügung der Cammer für andere, als für Meinberger Brunnen-Bauten benutzt werden.-

§.25. Die von ihm eingeforderten Berichte und Gutachten muß er ohne besondere Vergütung dafür pünktlich erstatten, auch andere Geschäfte ebenso besorgen, jedoch werden ihm in den Fällen, wo die Partheien die Kosten des Geschäfts zu tragen haben, z. B. bei Uebergabe von Mühlen, Ziegeleien p. die üblichen Diäten bewilligt.

§.26. Wenn der p. Brune in Geschäften oder Privatangelegenheiten von hier abwesend seyn muß, so hat er davon jedes mal vorher bei dem Departementsrath mit Angabe des Ziels der Reise Anzeige zu machen. Würde er aber in Geschäften mehr als einen Tag abwesend seyn, so ist davon auch dem Cammerdirectorio Anzeige zu machen, bei diesem aber zu Privatreisen der erforderliche Urlaub nachzusuchen.

§.27. Damit die Versendungen, welche der p. Brune in Herrschaftlichen Angelegenheiten zu besorgen hat, auf sämtlichen einländischen und auf den auswärtigen Taxischen Posten mit Einschluß der Churhessischen Post, portofrei passiren, müssen dieselben auf der Adresse mit „Herrschaftlich" bezeichnet, und mit dem Dienstsiegel versiegelt seyn. Letzteres kann sich der p. Brune, bestehend aus der Rose mit der Umschrift „Fürst. Lipp. Bausiegel", anfertigen lassen und die Rechnung über die Kosten demnächst einreichen, wogegen er verpflichtet ist, beim Aufhören seines Dienstes das Siegel an die Cammer zurück zu liefern. – Seine dienst. Correspondenten hat er bei vorkommenden Gelegenheiten Beachtung der circularmäßigen Adresse „An Fürst. Lipp. Rentcammer, abzugeben an den BM. Brune" anzuhalten und im Nichtbeachtungsfalle das ausgelegte Porto antwortlich per Post wieder von ihnen einzuziehen, nicht aber auf die Postrechnung setzen zu lassen.

§.28. Zu Erleichterung auf seinen Geschäftsreisen ist dem p. Brune bereits durch die Verfügung vom 21. Sept. 1827 die Befreiung von Entrichtung des Chausséegeldes auf allen von der Cammer ressortirenden Chausséen bewilligt, wobei es vorerst und bis auf weitere Verfügung sein Verbleiben hat.

§. 29. Die Uebernahme von privaten und sonstigen Neben-Geschäften wird dem p. Brune zwar nicht untersagt, es dürfen darunter aber seine Dienstgeschäfte in keiner Rücksicht leiden, widrigenfalls es ausdrücklich vorbehalten bleibt, ihm die Besorgung solcher Nebengeschäfte jederzeit zu verbieten.

§. 30. Da nicht alles das, was einem redlichen und treuen Baumeister obliegt, in dieser Instruction einzeln angegeben werden kann, so wird erwartet, daß er sich die genaue Erfüllung aller seiner Dienst-Obliegenheiten, sollten sie auch vorstehend nicht namentlich aufgeführt seyn, so wie Ueberhaupt die Beförderung des Herrschaftlichen Interesses in allen Stücken angelegen seyn lasse, sich zu dem Ende auch mit den vergangenen und künftig ergehenden, das Bauwesen betreffenden Verordnungen bekannt mache und auf deren Befolgung bei den von ihm zu besorgenden Bauten, genau achte. Auch wird das Vertrauen zu ihm gehegt, daß er stets einen ordentlichen Lebenswandel führen, darin den ihm untergebenen Officianten mit einem guten Beispiele vorgehen und gegen die Handwerker und übrigen Arbeiter ein solches Verhalten beachten werde, als zur wirksamen Führung seines Dienstes nothwendig ist.

Die etwa vorkommenden Dienstwidrigkeiten jener muß er ihnen verweisen oder nach Befinden davon, so wie von etwa vorkommenden Betrügereien und Veruntreuungen jederzeit der Cammer zur weiteren Verfügung Anzeige machen.

Detmold den 30. October 1829"

PERSONAL DES BAUDEPARTEMENTS ZUR ZEIT FERDINAND BRUNES

Adams, Friedrich <u>Carl</u> (22.7.1800–23.3.1858), aus Brake, Tischlermeister, seit 1834 Bauaufseher, seit 1838 fest als solcher angestellt, 1842 bis zu seinem Tod Bauschreiber. Stein beurteilte ihn 1857 als *„hochverdienten Mann, der zukünftig noch schwer vermißt werden wird. "*[8]

Brune, <u>Ferdinand</u> Wilhelm (18.7.1803–28.7.1857), Studium an der Bauakademie in Berlin, 1823 Baupraktikant, 1827–1829 Baukondukteur, 1830 Ernennung zum Landbaumeister, 1847 Baurat.

Culemann (seltener auch: Ku[h]lemann), Johann Heinrich (20.7.1783–17.10.1858), aus Lemgo, Kunstmeister in Salzuflen, 1806 als Nachfolger des verstorbenen Kunstmeisters Fischer angestellt, 1854 zum Saline-Baumeister ernannt. War gegen Diäten auch für die Bauten in den Ämter Varenholz, Hohenhausen und Schötmar, und auf dem Gute Dahlhausen zuständig, bis diese 1858 > Gödecke übertragen wurden.

Déjean, Wilhelm Albrecht Ernst (18.6.1803–2.4.1883), Calculator in der Rentkammer, 1829–30 aushilfsweise Baugehilfe. Ein Cousin des Hofuhrmachers Jean (Johann) Déjean (6.12.1799–18.8.1893).[9] Die Eltern waren der fürstliche Livrée-Diener bzw. Lakai Johann Jobst Déjean aus Steinfurt und Henriette Brüggemann aus Detmold (Hochzeit 10.7.1796).

Drießen, Johann (28.11.1778–20.1.1847), aus Magdeburg, Sergeant, 1829–31 Bauaufseher.

Gerke, Johann Christian (um 1772–19.9.1826), aus Hannoversch-Münden, 1797 bis 1803 Kammerassessor, dann bis zu seinem Tod Kammerrat. Nachfolger wurde > Carl Wilhelm Stein.

Gödecke, Friedrich Heinrich Ludwig (16.10.1810–13.6.1862), geboren in Holtensen/Hannover, 1846 Salinenrendant, seit 1854 Salinendirektor in Salzuflen. Sein Nachfolger als Saline-Rendant wurde der Seconde-Lieutenant Schulz hieselbst.

Krücke, Franz Heinrich <u>August</u> (8.4.1791–28.7.1845), 1811 Sous-Leutnant, 1815 Adjutant, 1820–22 Baugehilfe unter > Theodor von Natorp.

Legraen, – (?–?), 1831 Bauaufseher.

Meien, Heinrich <u>Wilhelm</u> Gustav von (28.1.1828–28.9.1875), Studium an der Berliner Bauakademie, zunächst Wegebaukontrolleur, 1850 Feldmesser- und Bauführerprüfung in Berlin, 1857 nach Brunes Tod provisorischer Hofbaumeister (bis 1861 gegen Diäten), 1861 Festanstellung als Hofbaumeister.

Merckel, <u>Ferdinand</u> Ludwig August (4.7.1808–24.12.1893), Studium an der Akademie in München, Baugehilfe unter Brune, 1857 nach dessen Tod Domänenbaumeister (bis 1865 gegen Diäten), 1865 Bauinspektor, 1872 Baurat. Merckel war in besonderem Maße auch für das Konsistorium tätig und entwarf zahlreiche Kirchen und Pfarrhäuser.[10]

Natorp, Johann <u>Theodor</u> von (1777–30.7.1830), aus Altenbeken, 1812–1819 Bergfaktor in Oerlinghausen, 1819 versuchsweise Anstellung als Baumeister, 1820–30 Landbaumeister, seit 1825 mit dem Titel Oberbaurat,

Overbeck, Heinrich Christian August (1.8.1786–4.4.1852), geb. in Lippstadt, ab 1808 Beschäftigung als Feldmesser (Geometer) gegen Diäten als Nachfolger des Ingenieur-Lieutenants Ferdinand Falkmann (24.7.1770–18.10.1816). 1819 wurden ihm versuchsweise auf ein Jahr die Geschäfte beim Wasser- und Brückenbau übertragen. 1824 als Wegebaukommissar zum Bau-Commissair (ohne fixes Gehalt gegen Diäten) ernannt. Vater von > Karl Overbeck.

Overbeck, <u>Karl</u> August Ludwig (1821–1889), Geometer in Lemgo, später Baurat, 1883 als Regierungsbaurat nach Detmold versetzt.[11] 1846 neogotische Freitreppe des Salzufler Rathauses, 1846–1848 kath. Pfarrkirche St. Bonifatius mit Pfarrhaus in Lemgo. Ihm verdanken wir auch die Lippe-Karte von 1867.

Plöger, Aemilius (10.7.1773–3.7.1842), 1798–1842 Bauschreiber (zuvor Flößaufseher)

Plöger, Eduard (18.1.1823–27.4.1891), von der Papiermühle Plöger in Schieder, Gewerbeschule Holzminden, ab 1841 Baueleve und Baugehilfe, ab 1858 probeweise und ab 1861 Festanstellung als Bauschreiber, 1865 Bauverwalter.

Stein, Carl <u>Wilhelm</u> (27.9.1801–15.10.1874), vom Rittergut Gröpperhof, 1825 als Auditor an der Rentkammer angestellt, 1828 als Kammerreferendar Nachfolger des verstorbenen Gerke und damit Leiter des Baudepartements. 1839 Beförderung zum Kammerrat, 1862 Geh. Kammerrat, 1870 Pensionierung.

Vogeler (auch: Vögeler, Vogler), Friedrich Wilhelm <u>Ludwig</u> (17.7.1797–4.2.1856), aus Minden, 1817/18 an der Preußischen Bauakademie, 1825–27 Baukondukteur in Detmold, 1827 beim Wegebau Erwitte–Olpe, 1836 Wegebaumeister in Neheim, ab 1842 in Meschede, 1849–1854 Kreisbaumeister in Meschede.

Wiss, – (? – ?), Baueleve unter von Natorp, aus der hessischen Exklave Brotterode bei Schmalkalden.

MAßE

Bis in das Jahr vor Brunes Tod galten in Lippe eigene Maße. Am 15. Juli 1856 wurden die preußischen Maße und Gewichte *„wenigstens nacheinander"* übernommen.[12]
Für das Bauwesen waren vor allem bedeutend:[13]

Längenmaße
1 Rute = 4,63 m
1 Elle = 0,58 m = 2 Fuß
1 Fuß = 0,29 m = 12 Zoll
1 Zoll = 2,4 cm

Flächenmaße
1 Quadratrute = 21,46 m^2
1 Quadratfuß = 0,08 m^2

Raummaße
1 Kalkscheffel (4 Roggenscheffel) = 177,16 Liter bzw. 0,18 m^3
1 Klafter Holz = 6 × 6 × 6 Fuß = 5,24 m^3
1 Schachtrute (für fertiges Mauerwerk) = 16 × 16 × 1 Fuß = 6,21 m^3
1 Bergrute (für Bruchstein, der im Steinbruch entsprechend aufgesetzt wurde) = 16 × 16 × 4 Fuß = 24,85 m^3

GLOSSAR

Abzugskanal Graben für Abwässer und zur Entwässerung von Oberflächenwasser

Accord Werkvertrag mit Handwerkern

architectura civilis Bürgerliches Bauwesen

architectura militaris Militärbauwesen

Auditor Zuhörer, im Sinn eines Praktikanten, Referendars

Banse Lagerraum für noch nicht ausgedroschenes Getreide, seitlich der Dreschtenne

Baud epartement Bauabteilung

Baueleve Baupraktikant

Baukondukteur Bauführer

Bauriss Bauplan

Bedeckhaus Deckstall für Pferde

Beschuss Bedielung von Fußböden

Bosquet Wäldchen

Brunnenzeit Kursaison

Butze Alkoven, Verschlag für einen Schlafplatz, Bettnische

Calculator Buchhalter

Conducteur Bauführer

Deputatist Jemand, der seinen Arbeitslohn ganz oder teilweise in Naturalien bezieht

Drell auch Drillich, Leinengewebe aus dreifachem Faden

Entrepreneur General-Bauunternehmer

Erker von Brune im Sinne von Zwerchhaus gebraucht

Frontispiçe, Frontispiz Frontgiebel über einem Mittelrisalit

Futterstall Stall für Ganzjahresaufstellung des Viehs

Gehendes Werk Mechanische Bauteile einer Mühle (Wasserrad, Wellen, Zahnkränze)

gesändelt Holz mit Leim bestrichen und mit Sand bestreut, um Sandstein vorzutäuschen

Grottier Aufseher über die Grotten und Wasserkünste in herrschaftlichen Gärten

Holztaxe Berechnung des Wertes von Holz aus den eigenen Forsten

Industriestube Raum für Hausgewerbe

Inselkarte Karte ohne Bezug zur Umgebung

Instruction Dienstanweisung, Tätigkeitsbeschreibung

Kammer-Session regelmäßige Sitzung der Rentkammer

Klepperstall Stall für verbrauchte Pferde

Kondukteur Bauführer

Konduktor Pächter einer Meierei

Kreuzblech die stärkste Sorte Eisenblech

Lambrequin lappig ausgeschnittener Behang

Lambris hölzerne, etwa knie- bis hüfthohe Wandverkleidung

Landbau, Landbauwesen nicht nur Bauten für die Land-
wirtschaft, sondern generell Planen und Bauen überall
im Staate

Mauerplate flaches Holz auf der Mauerkrone als Auflager
der Dachbalken und Sparren

Militaircasse Militäretat

Oeconomiebau Landbau

Offiziant Bediensteter

Okulus Rundfenster

Piepen Röhren, Wasserrohre

placet lat. für: es gefällt

Plegge Umlenkrolle

Polterkammer Raum für altes, ungenutztes Hausgerät

Porte Fenêtre bis zum Boden reichende Tür, Fenstertür

Prieche hölzerne Kirchenempore

Russische Röhre, russischer Schornstein Schornstein mit
engem Querschnitt

Schaufhaus Synonym für Scheune, Dreschhaus (ein
Schauf sind mit einem Strohseil zusammengebundene
Getreidegarben)

Schlagde, Schlachte Kaimauer mit Hafenplatz

Thyrosstab mit Binden oder Laub umwundener Stab, bekrönt mit Weinlaub, Efeu oder einem Pnienzapfen

Völkerstube Raum für das Arbeitsvolk eines Gutshof

Vorwerk sowohl das größte Wirtschaftsgebäude, der Kuhstall, einer Meierei als auch ein Außenwirtschaftshof

Welsche Haube glockenförmig geschweiftes Turmdach

Zattelstreifen siehe Lambrequin

ABKÜRZUNGEN

AdK Archiv	Akademie der Künste, Historisches Archiv, Berlin
BA	Bildarchiv
[d]	Datierung dendrochronologisch
EKvW	Evangelische Kirche von Westfalen
FRD	Fürstliches Residenzschloss Detmold (Hofarchiv)
GStA SPK	Geheimes Staatsarchiv Stiftung Preußischer Kulturbesitz, Berlin
[i]	Datierung inschriftlich
LAV NRW OWL	Landesarchiv Nordrhein-Westfalen, Abteilung Ostwestfalen-Lippe, Detmold
LKA	Landeskirchliches Archiv
LLB	Lippische Landesbibliothek, Detmold
LWL-AA	LWL-Archivamt, Münster
NDB	Neue Deutsche Biographie
NStA	Niedersächsisches Staatsarchiv, Hannover
PAdK	Preußische Akademie der Künste, Berlin
SBPK	Staatsbibliothek Preußischer Kulturbesitz, Berlin
StA DT	Stadtarchiv Detmold
StA HA	Stadtarchiv Halle

in historischen Quellen:

GPM	Gehorsamstes Pro Memoria
pp	perge perge (fahre fort, usw.)

nächste Doppelseite: **ABB. 145** | Plan der Stadt Detmold, 1844–49 aufgenommen von Geometer Louis Reinecke, Kopie 1853 von Eduard Plöger, Ausschnitt.

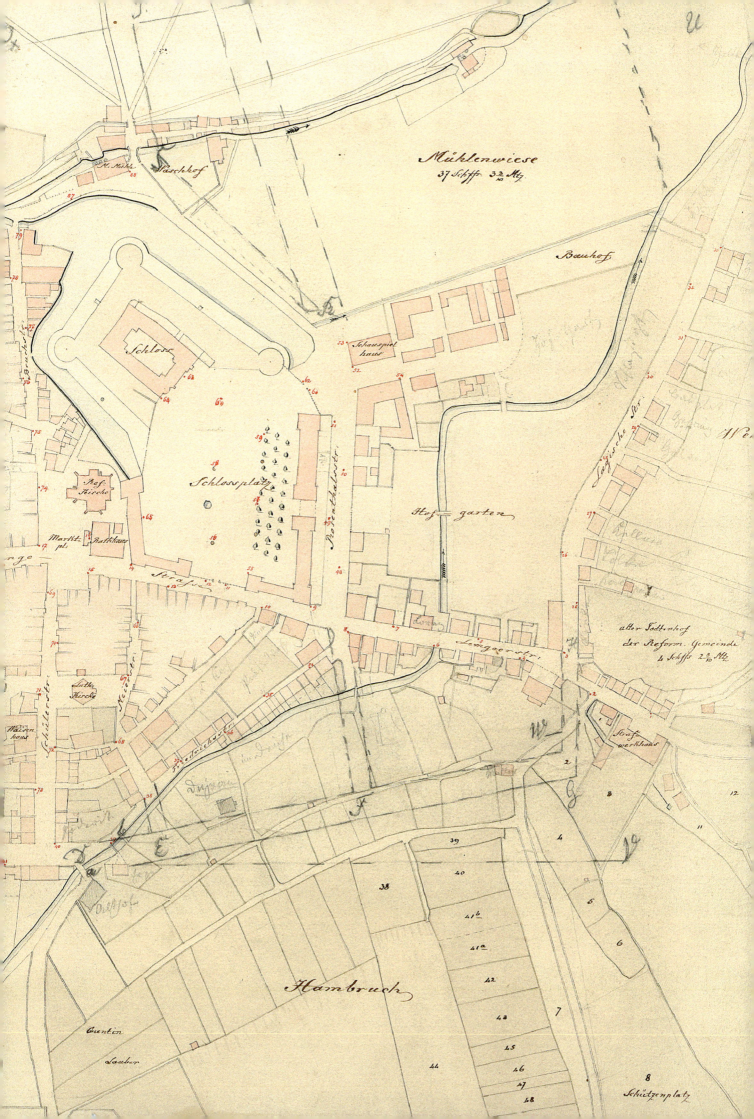

Mühlenwiese
37 Schff. 3½ Mtz.

Bauhof

Hof-garten

alter Todtenhof
der Reform. Gemeinde
4 Schff. 2 4/10 Mtz.

Schloss

Schlossplatz

Hambruch

Schützenplatz

ANMERKUNGEN

Einleitung

1. KLEINMANNS 2013 b.
2. SCHÄFER 1953; SCHÄFER 1956; SCHÄFER 1963.
3. PETERS 1953.
4. PETERS 1984.
5. STEICHELE 1997.
6. GRAEFE 1982 a; GRAEFE 1982 b.
7. Siehe dazu das Literaturverzeichnis, S. 259 ff.
8. KLEINMANNS 1999 b.
9. STEICHELE 1997, S. 78.
10. PETERS 1984, S. 322, Anm. 321. Das Gut liegt allerdings nicht bei Minden, wie PETERS schreibt, sondern bei Halle/Westf.
11. STRECKE 2000.
12. Westfälisches Archivamt, Vereinigte Westfälische Adelsarchive e. V., Archiv Patthorst.
13. Etwa 1992/93 das Fasaneriegebäude in Detmold. Siehe dazu Werkkatalog-Nr. 92 (im Folgenden: Kat. 92) sowie KLEINMANNS 1999 a.

Bauwesen

1. GERHARD PETERS, Die lippischen Hofbaumeister und ihr Wirken 1700–1850. Rundschreiben des Naturwissenschaftlichen und Historischen Vereins Lippe 1 (1947), S. 6; GERHARD PETERS, Baugeschichte der Stadt Detmold, in: Geschichte der Stadt Detmold, hg. vom Naturwissenschaftlichen und historischen Verein für das Land Lippe, Detmold 1953, S. 182–225.
2. LAV NRW OWL, vor allem die Bestände L 77 A und L 92 A.
3. LAV NRW OWL, vor allem der Bestand L 92 R.
4. Vgl. LÖSCHE 2004, S. 23.
5. GAUL 1968, S. 125–137. Daraus auch die folgenden Angaben zu den Hofbaumeistern in Detmold. Unkair wurde vor 1500 geboren, das genaue Geburtsjahr ist unbekannt.
6. Cord Tönnies Lebensdaten sind unbekannt. 1548 wird er als Mitarbeiter am Lemgoer Rathaus erwähnt, 1589 wird sein letztes bekanntes Werk, das Leisthaus in Hameln, gebaut.
7. G[EORG]. ULRICH GROSSMANN, Schloss Detmold (Burgen, Schlösser und Wehrbauten in Mitteleuropa; 13), Regensburg 2002, S. 34 und 47.
8. LAV NRW OWL, L 83 A Nr. 1 J 9: Igge[n], gräflicher Baumeister, gegen Hans Sacke u. a., 1613.
9. Ihre Lebensdaten sind unbekannt.
10. GAUL 1968, S. 315–316. Gensers Lebensdaten sind ebenfalls unbekannt. Verschiedentlich ist er archivalisch erwähnt: LAV NRW OWL, L 18 Nr. 115: Maurer und Steinhauer, 1667, 1737: enthält u. a.: Verpachtung des Steinbruchs im Amt Detmold und Horn an den Maurer und Steinhauer Meister Leonhard Kensers [Genser]; LAV NRW OWL, L 84 Nr. I G Nr. 26: Leinhard [Leonhard] Genser und Hans Jürgen Busch gegen Bernd Hollsten [Holste], Kalkschläger zu Lemgo, Schuldforderung, 1669; LAV NRW OWL, L 83 A Nr. 9 S 407: Jude Salomon Samson in Horn gegen Leonhard Genser, modo Joh.

Bernd Weeke und Martin Junkjohann [Jungjohann], 1670.

11. GAUL 1968, S. 127.
12. Über Nevelin von Blume ist nicht viel bekannt. Da die Kirchenbücher im betreffenden Zeitraum lückenhaft sind, ist eine Akte über die Bestallung der Postmeister die ergiebigste Quelle zur Familie Blume (LAV NRW OWL, L 37 / Lippische Polizei- und Hoheitsakten, Nr. 495: Kaiserliche oder Taxische reitende Post, 1539, 1589–1759, fol. 339 ff., 366 ff., 379). Geboren wurde Nevelin Blume 1665 oder 1666 als Sohn des Postmeisters Simon Blume (gest. im Alter von 39 Jahren am 25.8.1680 am Blutsturz). Schon der Großvater Anton Blome/Blume war Thurn-und-Taxis'scher Postverwalter in Detmold (begr. am 8.11.1656). Nach Simon Blumes Tod verwaltete die Witwe Anna Catharina Krings, auch: Ge(h)rings, die Poststelle bis zur Volljährigkeit ihres Sohnes Nevelin Henrich, der um die Jahreswende 1689/90 als Postmeister berufen wurde. Nevelin hatte keine Nachkommen und war offenbar nicht verheiratet. Ihm folgte sein jüngerer Bruder Lutter Gerhard Blume, der wegen der Krankheit Nevelins die Posthalterei zuletzt versehen hatte. Auch er starb, ohne Nachkommen, 1728. Seit Nevelin Blume trug die Familie den Adelstitel.
13. Geboren um 1660, gestorben um 1730/1750, vgl. SALESCH/ SPRINGHORN 2003.
14. Dieser du Tette ist weiter nicht aktenkundig geworden, weder in Detmold noch andernorts.
15. So übermittelte ihm Blume einige Maße für die Umplanung der Orangerie nach Hamburg, weil das Mauerwerk 2 Fuß zu niedrig ausgeführt worden war. Rundt sandte daraufhin mit Schreiben vom 26. März 1708 einen Riss mit einer Bauanweisung nach Detmold, am 20. Januar und am 14. Februar 1710 bot er an, den Bau der Orangerie persönlich zu leiten, um Probleme bei der Bauausführung zu vermeiden. Vgl. die entsprechenden Briefe in SALESCH/SPRINGHORN 2003.
16. LAV NRW OWL, L 16 Nr. 248: Bestallung, Vereidigung und Instruktionen für die Landbaumeister Heinrich Rundt und Georg Keller, 1720, 1765–1766. Die Bestallungsurkunde ist im Wortlaut wiedergegeben in SALESCH/SPRINGHORN 2003, S. 186.
17. Die Datierung ergibt sich aus LAV NRW OWL, L 18 Nr. 143: Festung Detmold/Befestigungsanlagen, Ausrüstung, Versorgung, sowie L 37 XVII, Nr. 18 (Register zur Erhebung des Wallschatzes, um 1530).
18. STIEWE 2018.
19. Vgl. RINKE/KLEINMANNS 2001, S. 60–61.
20. Neuhäusel, heute Nové Zámky, in der Slowakischen Republik. Vgl. RINKE/KLEINMANNS 2001, S. 17–19; sowie BETTINA RINKE und JOACHIM KLEINMANNS, Zur Geschichte der Festung und Stadt Neuhäusel, in: Festungsjournal. Zeitschrift der DGF, Heft 14 (Nov. 2001), S. 15–21.
21. Chur-Braunschweig-Lüneburgische Landesordnungen und Gesetze Zum Gebrauch der Fürstenthümer, Graf- und Herrschaften Calenbergischen Theils. Göttingen: Universitäts-Buchhandlung 1.1739–4.1740, 39, zit. nach LÖSCHE 2004, S. 37.
22. LÖSCHE 2004, S. 25.
23. MERTENS 1990, S. 29.
24. MARPERGER 1728, S. 3–4.
25. MARPERGER 1728, S. 10.
26. MERTENS 1990, S. 30.

27 Ein Grottier war nach Johann Christoph Adelung, Grammatisch-kritisches Wörterbuch der Hochdeutschen Mundart, Band 2. Leipzig 1796, S. 820: in großen Lust- und Prachtgärten, ein Aufseher über die Grotten und die darin befindlichen Wasserkünste, und dann in weiterer Bedeutung auch wohl ein jeder, der die Aufsicht über eine Wasserkunst führet.

28 Günter Meinert, Zur Geschichte des kursächsischen Oberbauamtes im 18. Jahrhundert, in: Forschungen aus mitteldeutschen Archiven 3 (1953), S. 285–303.

29 Sturm 1714.

30 Staatsarchiv Dresden, Spec. Rescr. 1698, Bl. 167 vom 30. August 1698, zitiert nach Mertens 1990, S. 35.

31 Für den Landbau lassen sich erste systematische Etats ab 1754 belegen (L 92 R Nr. 188: Herrschaftlicher Bau-Etat überhaupt, Generalia, 1754), für die Hofbauten erst ab 1853 (L 98 Nr. 506: Kostenanschläge für Hofbauten 1853–1856).

32 Strecke 2000, S. 4.

33 Strecke 2000, S. 4.

34 Salge 2021, S. 64.

35 Max Weber, Wirtschaft und Gesellschaft (Grundriß der Sozialökonomik; Abt. 3), Tübingen 1922.

36 Artikel 6 der Instruktion vom 17.4.1770, GStA PK, II. HA GD, Gen. Dep., Tit. XII. Nr. 1, Bl. 86 f., zit. nach Strecke, 2000, S. 72.

37 LAV NRW OWL, L 92 R Nr. 135.

38 § 3 der Instruktion für das Generaldirektorium, zit. nach Strecke 2000, S. 30.

39 Zit. nach Strecke 2000, S. 101 f.

40 Acta Borussica. Denkmäler der preußischen Staatsverwaltung im 18. Jahrhundert. Die Behördenorganisation und die allgemeine Staatsverwaltung im 18. Jahrhundert, bearbeitet von Gustav von Schmoller, Bd. 1–15, Berlin 1894 ff., hier Bd. 7, Berlin 1904, S. 565, zit. nach Strecke 2000, S. 46.

41 Strecke 2000, S. 53. Erst nach dem Ersten Weltkrieg wurde der Begriff des Landbaus durch die heute noch gebräuchliche Bezeichnung Hochbau verdrängt.

42 Strecke 2000, S. 53 f.

43 Strecke 2000, S. 56.

44 LAV NRW OWL, L 92 A Nr. 165, fol. 20–28: Instruktion; zum 30.6.1826 wegen anhaltender Kränklichkeit in den Ruhestand versetzt starb Gerke bereits am 19.9.1826 mit 54 Jahren an Wassersucht (Kirchenbuch Detmold, S. 251).

45 LAV NRW OWL, L 92 A Nr. 176, fol. 20 f.

46 Im Baumanual wurden Tag für Tag die Arbeitszeiten der Handwerker und Tagelöhner vom Bauschreiber festgehalten. Dem Baumeister oblag die Aufsicht darüber, dass dies geschah. Dazu die Instruktion für den Bauschreiber Plöger, LAV NRW OWL, L 92 R Nr. 149, fol. 1.

47 Linde/Stiewe 2020, S. 8–11, 14 f., 22 f.; zur Wehme auch Stiewe 2000, S. 236.

48 Archiv der Lippischen Landeskirche, Kirchenbuch Detmold-West, vormals Stadtgemeinde: Konfirmationen, Heiraten, Beerdigungen 1801–1839, fol. 251.

49 Wilhelm Georg Carl Stein wurde am 27.9.1801 auf dem Rittergut Gröpperhof, Pfarre Reelkirchen, geboren und starb dort am 15.10.1874 als Geheimer Kammerrat a. D. und Rittergutsbesitzer an Altersschwäche (Archiv der Lippischen Landeskirche, Confirmations- und Todten-Register der Gemeinde Reelkirchen

von den Jahren 1853 bis 1919), zu Stein siehe auch Linde 2005, S. 115–120; Peters 1953, S. 192; Peters 1984, S. 127 f.

50 Linde 2005.

51 LAV NRW OWL, L 92 A Nr. 176, fol. 1–2.

52 Stiewe 2000, S. 236.

53 Archiv der Lippischen Landeskirche, Confirmations- und Todten-Register der Gemeinde Reelkirchen von den Jahren 1853 bis 1919.

54 LAV NRW OWL, L 92 R Nr. 822, fol. 164. Zu den Sitzungsterminen und Aufgaben vgl. Fürstlich Lippisches Adress-Verzeichnis auf das Jahr 1803 nebst gemeinnützigen Nachrichten, Lemgo 1803, S. 10.

55 Geb. in St. Goar am 18.12.1712, gest. in Detmold am 2.5.1808. Knoch war 1733–1736 als Archivar des Grafen Casimir zu Sayn-Wittgenstein tätig, 1736–1754 Archivar und Baurat des Fürsten Friedrich Wilhelm zu Solms-Braunfels, 1754–1761 Archivrat des Hauses Westerburg-Leiningen. 1761 trat er in lippische Dienste. Vgl. Wolfgang Bender, Archivar aus Leidenschaft. Johann Ludwig Knoch (1712–1808), in: Lippische Mitteilungen aus Geschichte und Landeskunde 75 (2006), S. 15–35.

56 LAV NRW OWL, L 77 A Nr. 1986: Anstellung der Landbaumeister, 1764–1847; LAV NRW OWL, L 92 R Nr. 125: Anstellung, Bestallung und Instruktionen usw. der Landbaumeister in der Grafschaft Lippe, 1765–1775.

57 Peters 1953, S. 192. Zur Einziehung der von Archivrat Knoch mitverwalteten Bauratstelle und deren Umwidmung siehe LAV NRW OWL, L 16, Nr. 248.

58 Gaul 1968, S. 317–318 und S. 330–331.

59 LAV NRW OWL, D 73 Tit. 4 Nr. 6874, Hinweis in Heinrich Stiewe, Vom Fachwerk zum Massivbau, in: Heinz Wiemann (Hg.), Geschichte der Dörfer Schlangen, Kohlstädt, Oesterholz und Haustenbeck, Bielefeld 2011, S. 711.

60 LAV NRW OWL, L 77 A Nr. 1986: Anstellung der Landbaumeister, 1764–1847.

61 LAV NRW OWL, L 92 R Nr. 125: Anstellung, Bestallung und Instruktionen usw. der Landbaumeister in der Grafschaft Lippe, 1765–1775; LAV NRW OWL, L 16 Nr. 248: Bestallung, Vereidigung und Instruktionen für die Landbaumeister Heinrich Rundt und Georg Keller, 1720, 1765–1766, enthält auch: Einziehung der von Archivrat Knoch mitverwalteten Bauratstelle und deren Umwidmung.

62 LAV NRW OWL, L 92 R Nr. 125; LAV NRW OWL, L 92 C Tit. 1 Nr. 7: Den Mühlen-Zeitpächtern zu erteilende Vergütung wegen Stillstandes ihrer Mühlen und deshalb von dem Landbaumeister Willig zu erteilende Atteste, 1774; LAV NRW OWL, L 92 M Nr. 226: Beschwerde des Landbaumeisters Willig über unordentliche Dienstleistungen aus der Vogtei Schlangen und deren Untersuchung durch den Rat Behmer und den Amtsvogt Baumgarten, 1768–1774.

63 LAV NRW OWL, L 16 Nr. 248.

64 So etwa Willigs Anschlag zur inwendigen Ausbesserung der alten Grotte [im Büchenberg bei Detmold] vom 6. Januar 1775: LAV NRW OWL, L 92 R Nr. 844, unfol.

65 LAV NRW OWL, L 92 R Nr. 821, fol. 34.

66 Schreiben des Kabinett-Ministers Dr. Fischer an die Rentkammer, 19.5.1855, in LAV NRW OWL, L 92 R Nr. 1384, fol. 14.

67 Johann Christian Teudt wurde am 21. April 1741 in Kalkhorst

bei Travemünde im Stadtstaat Lübeck geboren (BERNHARD KOERNER, Lippisches Geschlechterbuch, Bd. 1 (Deutsches Geschlechterbuch; 72), Görlitz 1931, S. 468). LAV NRW OWL, L 92 R Nr. 126: Annahme und Instruktion des Landesmeisters Teudt, 1775; einigen Niederschlag hat er in den Akten gefunden: LAV NRW OWL, L 92 E Nr. 522: Dem Baumeister Teudt wegen der Meinberger Angelegenheiten bewilligtes Douceur (Zuwendung), 1776; LAV NRW OWL, L 92 C Nr. Tit. 1 Nr. 11: Dem Baumeister Teudt aufgegebene jährliche Besichtigung der in Erbpacht ausgegebenen Mühlen, 1779–1801; LAV NRW OWL, L 92 R Nr. 545: Landbaumeister Teudt in Detmold überlassene zwei herrschaftlichen Öfen, einer aus dem Baumagazin und einer von der Alexandrinischen Burg, 1790; LAV NRW OWL, L 83 A Nr. 12 R 208: Prediger Radau, Rittmeister Meierhof und Gen. gegen Baumeister Teudt, 1790; LAV NRW OWL, L 92 A Nr. 3987: Verwaltung der Ziegelbrennereien durch Baumeister Teudt, 1791–1796; LAV NRW OWL, L 83 A Nr. 12 R 200: Rentkammer gegen Landbaumeister Teudt, 1793; LAV NRW OWL, L 83 A Nr. 12 S 350: Joh. Bartold Stölting in Heidenoldendorf gegen Landbaumeister Teudt, 1794; LAV NRW OWL, L 83 A Nr. 12 S 363: Hofgärtner Stein, Detmold, gegen Landbaumeister Teudt, 1796; LAV NRW OWL, L 92 M, Nr. 75: Untersuchung zu den ausgebliebenen Extraspanndiensten zur Anfuhr von Bauholz für die Grester Schleuse durch den Bauschreiber Teudt, 1796–1797; LAV NRW OWL, L 92 A Nr. 3301: Gehaltszulage für Baumeister Teudt wegen außerordentlicher Bemühungen bei der Holzflöße und beim Salzwerk; Beschwerde Teudts gegen Gehaltskürzung nach Einstellung des Flößens (siehe Nr. 3271), 1767, 1782, 1801–1803; LAV NRW OWL, L 93 Nr. B IV Tit. 4 Nr. 2: Überlassung der schon vorhandenen oder noch anzulegenden Torfgräbereien an den Baumeister Teudt; Wiederaufhebung der Konzession, da von Anfang 1802 die Torfstiche von dem Forstamt auf eigene Rechnung der Kammer administriert werden sollen, 1798–1803; LAV NRW OWL, L 83 A Nr. 12 R 196: Rentkammer gegen Baumeister Teudt, 1799; LAV NRW OWL, L 92 M, Nr. 20: Verzeichnisse der vom Baumeister Teudt und Bauschreiber Plöger monatlich ausgeschriebenen Extradienste, 1812–1816; LAV NRW OWL, L 84, Nr. IV Nr. 77: von Heiderstaedtsche Obligationen auf den Geheimrat von Borries und den Landbaumeister Teudt, 1787–1817.

68 GAUL 1968, S. 317–321.

69 LAV NRW OWL, L 92 V Nr. 809: Kläger Rentkammer gegen Beklagten Teudt wegen fehlerhaften Baus des hintersten Pavillons des Reithauses und der übrigen Schlossvorgebäude in Detmold, 1801–1811

70 VON DEWALL 1963, S. 66: Am 2.8.1793 wurde Meinekes Abschied als Leutnant bewilligt mit Ernennung zum Lippischen Kammerrat, zuletzt Lippischer Kammer- und Baurat, gest. 11.8.1797 in einem Alter von 40–50 Jahren.

71 GAUL 1968, S. 319–320; auch LINDE/STIEWE 2020, S. 6.

72 GAUL 1968, S. 333.

73 GAUL 1968, S. 332, Zeichnung in der Lippischen Landesbibliothek.

74 GAUL 1968, S. 315–316.

75 LAV NRW OWL, L 92 R Nr. 126.

76 LAV NRW OWL, L 92 R Nr. 126.

77 LINDE/STIEWE 2020, S. 9.

78 LAV NRW OWL, L 92 A Nr. 1175: Pension für Baumeister Teudt, 1775/1812; L 902 R Nr. 126: Annahme und Instruktion das Landbaumeisters Teudt, 1775 seq.

79 Archiv der Lippischen Landeskirche, Kirchenbuch Detmold-West, vormals Stadtgemeinde: Konfirmationen, Heiraten, Beerdigungen 1801–1839, fol. 217. Sein Sohn Johannes Christian Daniel, geb. 11.12.1769, diente im Lippischen Fisilier-Bataillon und war nach seinem Abschied 1802 Salinenbaumeister in Pyrmont, wo er 1810 starb (dazu VON DEWALL 1963, S. 78).

80 LAV NRW OWL, Ingeborg Kittel, Detmolder Häuserbuch.

81 1790 vom Kammerjunker zum Hofmarschall befördert (LAV NRW OWL, L 77 B Nr. 291), 1823 bei vollem Gehalt und weiterhin freier Wohnung und Stallung pensioniert. Nachfolger wurde der Schlosshauptmann von Hoffmann (LAV NRW OWL, L 92 P Nr. 197). Von Blomberg kam vom Gut Niederntalle und besaß ein Haus in der Langen Straße (LAV NRW OWL, L 92 A Nr. 4387). Gestorben 13.12.1834 im Alter von 90 Jahren und 5 Monaten (Kirchenbuch).

82 GAUL 1968, S. 222–223.

83 LAV NRW OWL, L 77 B Nr. 291, fol. 11–17.

84 LAV NRW OWL, L 114 Blomberg, von / Amts- und Gutsarchiv Iggenhausen, Familienarchive von dem Brink und von Blomberg, Nr. 1347: Bau-, Reparaturkosten, Rechnungen, Quittungen, Kontrakte, Taxation von Gebäuden (u. a. Niederntalle, Schackenburg, Iggenhausen, Kachtenhausen, Haus in Lemgo, Schloss Detmold, Göttentrup (Amt Sternberg), Bückeburg, Brennerei zu Friedrichstal), 1610–1807.

85 LAV NRW OWL, L 92 R Nr. 129: Annahme und Instruktion des Landesbaumeisters Tappe, 1813; LUDWIG SCHREINER, Wilhelm Tappe (1769–1823), ein Architekturtheoretiker des 19. Jahrhunderts. In: Niederdeutsche Beiträge zur Kunstgeschichte 9 (1970), S. 195–234; JOCHEN GEORG GÜNTZEL, Landbaumeister Wilhelm Tappe, in: Heimatland Lippe 112 (2019), S. 212–213.

86 SALGE 2021, S. 384.

87 GStA PK, I. HA Rep. 76 alt, III Nr. 157: Errichtung einer Zeichenanstalt durch den Conducteur Tappe in Lüdenscheid, 1797–1806.

88 WILHELM TAPPE, Allgemeine erste Uebungen im freien Zeichnen. Duisburg o. J.

89 Pauline führte mit ihm auch einen Schriftwechsel: LAV NRW OWL, L 77 B Nr. 561: Briefe der Fürstin Pauline an den Landbaumeister Tappe (Originale und Abschriften), 1813–1819.

90 LINDE/STIEWE 2020, S. 12 f.

91 „Hermanns Ehrenbogen", in: Hermann. Eine Zeitschrift von und für Westfalen, 2. Juli 1823.

92 STIEWE 2011, S. 637; auch LINDE/STIEWE 2020, S. 13.

93 LAV NRW OWL, L 92 R Nr. 129.

94 Johann Henrich Culemann (in den ersten Schriftstücken noch: Ku[h]lemann) wurde 1806 als Nachfolger des verstorbenen Kunstmeisters Fischer angestellt, 1854 zum Saline-Baumeister ernannt und am 17.12.1858 verstorben. Der Begriff Kunstmeister bezeichnete Fachleute, die technische Anlagen konstruieren und instand halten konnten. Solche Maschinen wurden als *Kunstgezeug* oder kurz *Kunst* beschrieben. Im Fall des Salinenmeisters galten die Saline und das Gradierwerk als Kunst,

der Salinenmeister wurde daher in Quellen auch synonym als Kunstmeister tituliert.

95 LAV NRW OWL, L 92 R Nr. 132: Anstellung des Landbaumeisters von Natorp, später Oberbaurat; Anstellung des Leutnants Krücke als Baugehilfe, 1820.

96 Eine Bergfaktorei war ein Magazin für Gruben- und Hüttenmaterialien, das Bergbauprodukte verkaufte, Material für die Gruben ankaufte und beides lagerte. Bergfaktoren waren kaufmännische Grubenbeamte.

97 LAV NRW OWL, L 92 O Abt. I Nr. 39. Die entsprechende Instruktion wurde trotz mehrfacher Mahnung erst Ende 1818 entworfen. Vorbild war die von Obernkirchen.

98 DIETER BURKAMP, Der Kohlebergbau hatte keine Zukunft, in: Stadt Oerlinghausen (Hg.), Oerlinghausen. Geschichte und Geschichten, Oerlinghausen 1984, S. 128; HORST BIERE, Stadtgeschichte. Historische Reportagen aus Oerlinghausen, Bielefeld 2017, S. 12.

99 LAV NRW OWL, L 92 E Nr. 528: Dem Landbaumeister von Natorp übertragene Aufsicht über die Meinberger Bauten und Bedienten, 1815.

100 LAV NRW OWL, L 92 O Abt. I Nr. 39.

101 LAV NRW OWL, L 92 R Nr. 132, fol. 5.

102 LAV NRW OWL, L 92 R Nr. 132, fol. 12.

103 LAV NRW OWL, L 92 R Nr. 132, fol. 14. Mit dem Gebäude an der Allee ist das von Pauline durch eine Lotterie finanzierte erste Haus dort, Allee 1, gemeint.

104 LAV NRW OWL, L 92 R Nr. 132, fol. 16.

105 LAV NRW OWL, L 77 B Nr. 291, fol. 53 f.

106 LAV NRW OWL, L 92 R Nr. 132, fol. 34.

107 LAV NRW OWL, L 92 R Nr. 132: Ergänzung des Vornamens nach VON DEWALL 1963, S. 62: Franz Heinrich August Krücke, geb. 8.4.1791 in Detmold, gest. 28.7.1845 in Detmold. 1811 in spanischer Gefangenschaft zum Sous-Lieutenant befördert, 1815 zum Adjutant, vom 26.7.1820 bis 30.11.1822 als Gehilfe dem Landbaumeister v. Natorp zugeteilt und 1.12.1822 in den Garnisondienst zurückgekehrt.

108 LAV NRW OWL, L 92 R Nr. 132, fol. 53.

109 LAV NRW OWL, L 92 R Nr. 132, fol. 30.

110 LAV NRW OWL, L 92 R Nr. 132, fol. 83.

111 Wilhelm Albrecht Ernst Déjean (18.6.1803–2.4.1883), Sohn des herrschaftlichen Lakaien bzw. Livrée-Dieners Johann Jobst Déjean und der Detmolderin Henriette Brüggemann (Kirchenbuch Detmold-Stadtgemeinde, Heiraten, Taufen 1762–1800). Wilhelm Albrecht Ernst Déjean war ein Cousin des Hofuhrmachers Johann Heinrich Déjean (6.11.1799–18.8.1893), einem Sohn des fürstlichen Lakaien Carl Déjean und der Wilhelmine Brüggemann (beider Grabstein findet sich noch auf dem Detmolder Weinbergfriedhof).

112 LAV NRW OWL, L 92 R Nr. 132, fol. 75.

113 LAV NRW OWL, L 92 R Nr. 132, fol. 86; LAV NRW OWL, L 92 R Nr. 133: Übertragung des Bauwesens in den Ämtern Oerlinghausen, Schötmar, Varenholz, Brake, Sternberg und Barntrup an den Kunstmeister Kuhlemann zu Ufeln, 1823. So betreute Culemann bis 1827 Bauten und Reparaturen auf der Meierei Brake (LAV NRW OWL, L 92 R Nr. 1211, fol. 12, 16 und 17, 1828 ist es dann der Lemgoer Baukommissar Overbeck (ebda, fol. 22), doch attestierte Brune seit 1828 die dort anfallenden Rechnungen (ebda, fol. 34 ff.).

114 UTA HALLE und BETTINA RINKE, Töpferei in Lippe (Schriften des Westfälischen Freilichtmuseums Detmold; 8), Detmold 1991, S. 116–117, S. 229.

115 LAV NRW OWL, L 92 R Nr. 135. Über Friedrich Wilhelm Ludwig Vogeler ist wenig bekannt. 1817/18 wird er als Schüler der Preußischen Bauakademie aktenkundig (PrAdK Nr. 0415, fol. 88). Als sein Geburtsort wird Minden in Preußen angegeben, der Vorname lt. fol. 3 ist Ludwig. Es handelt sich um den am 17. Juli 1797 geborenen Friedrich Wilhelm Ludwig Vogeler (<https://gedbas.genealogy.net/person/show/1181176183> Zugriff 02.01.2022). 1827 erhielt er eine staatliche Zuwendung (Geheimes Staatsarchiv Preußischer Kulturbesitz, I. HA Rep. 89, Nr. 12037: Versorgung und Unterstützung einzelner Personen, Buchstabe V). 1828 heiratete er Auguste Louise Dorothea Elisabeth Eberhard aus Höxter (<https://gedbas.genealogy.net/person/show/1181176183> Zugriff 02.01.2022). 1836 wird er in wechselnder Schreibweise Vogeler/Vogler als Wegebaumeister in Neheim, Regierung Arnsberg, genannt (Notizblatt des Architekten-Vereins zu Berlin, Ausgabe 1836, S. 77), ab 1842 als solcher in Meschede (ebda 1842); 1849–1854 als Kreisbaumeister in Meschede, Regierung Arnsberg nachgewiesen (Verzeichnis der Baumeister im Preussischen Staate, August 1849, in: Notiz-Blatt des Architekten-Vereins zu Berlin Nr. 6 u. 7 (1849), S. 89; Verzeichnis der angestellten Baubeamten des Staats am 1. Januar 1853, in: Zeitschrift für Bauwesen 3 (1853), Heft 3 u. 4, Beilage), ebenso 4 (1954), Heft 3 u. 4, Beilage). Am 4. Februar 1856 ist er als Kreisbaumeister in Meschede gestorben.

116 AdK Archiv, PrAdK Nr. 0415, fol. 88, verzeichnet 1817/18 den Eleven Vogeler, geboren in Preußisch Minden mit Teilnahme an den Veranstaltungen von Grüson, Riedel und van Alten (zur Lehre an der Bauakademie siehe das folgende Kapitel). Am 24.11.1821 hatte er die architektonische Prüfung vor der Oberbaudeputation abgelegt und sich damit als Bauinspektor qualifiziert (Zeugnisabschrift in LAV NRW OWL, L 92 R Nr. 135, fol. 3.

117 Die Oberbaudeputation, ab 1808 technische Baudeputation, war 1804 aus dem Oberbaudepartement hervorgegangen. SALGE 2021, S. 67.

118 LAV NRW OWL, L 92 R Nr. 132, fol. 102.

119 Am 30. Juli 1827 schrieb er aus Minden: L 77 A Nr. 5714, fol. 48. Spätestens 1836 war er Wegebaumeister in Neheim (s. o.). Vermutlich handelt es sich um den 1829 belegten Warburger Wegebaumeister: LAV NRW OWL, M 1 I D / Regierung Minden, Verkehr, Nr. 1604: Akten des Wegebaumeisters Vogeler über den Bau der Kreisstraße von Warburg nach Brakel, 1829–1832.

120 LAV NRW OWL, L 92 R Nr. 136, fol. 1.

121 Bei dieser Aufgabe war er durch den Kasseler Oberhofbaumeister Brommeis beraten worden. Zum Theaterbau siehe OTTO FREIHERR VON MEYSENBUG, Der Bau des Fürstlichen Schauspielhauses 1825, in: Mitteilungen aus der lippischen Geschichte und Landeskunde 10 (1914), S. 208–229; KLEINMANNS 2021, S. 172–199.

122 LAV NRW OWL, L 77 A Nr. 1986 (Hinweis Jochen Georg Güntzel); LAV NRW OWL, L 92 R Nr. 132, fol. 90.

123 LAV NRW OWL, L 92 R Nr. 132, fol. 127. Von Frühjahr 1826

bis zum Tod Ende Juli 1830 war er insgesamt 32 Monate beurlaubt gewesen.

124 LAV NRW OWL, L 92 R Nr. 132, fol. 131.

125 LAV NRW OWL, L 92 R Nr. 147.

126 LAV NRW OWL, L 92 R Nr. 147, Instruktion vom 25.10.1779.

127 LAV NRW OWL, L 92 R Nr. 147, Instruktion vom 5.11.1781.

128 LAV NRW OWL, L 92 R Nr. 147, Schreiben vom 9.11.1781.

129 LAV NRW OWL, L 92 R Nr. 147, Schreiben vom 4.3.1793.

130 LAV NRW OWL, L 92 R Nr. 148: Verabschiedung des Bauschreibers Viering wegen vieler pflichtwidriger Vergehen, auch veruntreuter herrschaftlicher Gelder und Baumaterialien, 1798.

131 LAV NRW OWL, L 83 A Nr. 12 V 24: Vogt, Kaufmann in Detmold, gegen Bauschreiber Viering in Detmold, 1785; LAV NRW OWL, L 86 Nr. 1571 e: Viering, Bauschreiber in Detmold, wird beschuldigt, die Plaß zur Unzucht habe verführen zu wollen, 1792; LAV NRW OWL, L 92 M Nr. 259: Eigenmächtige Bestellung von Extrafuhren durch den Bauschreiber Viering, 1793.

132 LAV NRW OWL, L 92 R Nr. 148.

133 LAV NRW OWL, L 92 R Nr. 148; LAV NRW OWL, L 92 A Nr. 1155: Unterstützung für die Familie des ehemaligen Bauschreibers Viering, [1798].

134 LAV NRW OWL, L 92 R Nr. 149: Instruktion und Bestallung des Bauschreibers Aemilius Plöger, 1798, fol. 1 und 6.

135 LAV NRW OWL, L 92 R Nr. 149, fol. 3.

136 LAV NRW OWL, L 92 R Nr. 149, fol. 6, und 38.

137 LAV NRW OWL, L 92 R Nr. 128: Wechselseitige Beschwerden des Landesbaumeisters Teudt und des Bauschreibers Plöger, 1799; LAV NRW OWL, L 92 M, Nr. 8: Wechselseitige Beschwerden des Amtmannes Krohn und des Bauschreibers Plöger in Bezug auf die Bestellung der Extradienste in den Vogteien Detmold und Falkenberg, 1813–1819; LAV NRW OWL, L 92 M, Nr. 20: Verzeichnisse der vom Baumeister Teudt und Bauschreiber [Aemilius] Plöger monatlich ausgeschriebenen Extradienste, 1812–1816.

138 LAV NRW OWL, L 92 R Nr. 149, fol. 29.

139 LAV NRW OWL, L 86, Nr. Nr. 1757: Gaußmann, die Ehefrau des Falkenkrügers klagt gegen den Bauschreiber [Aemilius] Plöger wegen Beleidigung, 1820.

140 LAV NRW OWL, L 92 R Nr. 149, fol. 52.

141 LAV NRW OWL, L 92 R Nr. 149, fol. 55 und 60.

142 LAV NRW OWL, L 92 R Nr. 135, 11.07.1828.

143 LAV NRW OWL, L 92 R Nr. 149, fol. 74 und 87.

144 LAV NRW OWL, Nr. 150, fol. 2 f.

145 LAV NRW OWL, L 92 R Nr. 149, fol. 72–74.

146 LAV NRW OWL, L 92 R Nr. 150, fol. 47.

147 LAV NRW OWL, L 77 A Nr. 5577–5579.

148 Tölke wird nur einmal aktenkundig in: LAV NRW OWL, L 85 Nr. 4043: Lakai Tölke, Rechnungsführer der Schullehrer-Witwenkasse in Detmold gegen Küster W. Löwenkamp in Elbrinxen, Rückstand betreffend, 1831. Er bewohnte ein Haus in der Schülerstraße neben dem Gymnasium (vgl. Kat. 40).

149 LAV NRW OWL, L 92 R Nr. 136, fol. 61–64.

150 LAV NRW OWL, Nr. 150, fol. 10, 12 und 14.

151 LAV NRW OWL, Nr. 150, fol. 22–27. Ergänzung des Vornamens nach VON DEWALL 1963, S. 48: Johann Drießen, geb. 28.11.1778 in Magdeburg, gest. 20.1.1847 in Detmold.

152 LAV NRW OWL, L 92 R Nr. 150, fol. 30. Über Legraen war nichts weiter in Erfahrung zu bringen.

153 LAV NRW OWL, L 92 R Nr. 151; LAV NRW OWL, L 92 R Nr. 135; LAV NRW OWL, L 92 A Nr. 1879: Anstellung des Leihekasse-Aktuars und Sekretärs Dejean/Versetzung in den Ruhestand, 1821–1822, 1868.

154 LAV NRW OWL, L 92 R Nr. 151, fol. 2.

155 LAV NRW OWL, L 92 R Nr. 151, fol. 1.

156 LAV NRW OWL, L 92 R Nr. 151.

157 LAV NRW OWL, L 92 R Nr. 150, fol. 42–49.

158 LAV NRW OWL, L 92 R Nr. 150, fol. 49; LAV NRW OWL, L 100, Nr. 140: Personalangelegenheiten der unteren Baubeamten, 1854–1917, enthält: Bewerbung, Anstellung, Gehalt, Dienstinstruktion, Urlaub, Pension; betr. die Bauschreiber (-verwalter) Adams, Eduard Plöger und Friedrich Multhaup, den Brunnenaufseher Gausmann, Meinberg, die Bauhofmeister Stukenbrock und Altmeier, die Wegaufseher Leopold Beermann und dessen gleichnamigen Sohn; LAV NRW OWL, L 100, Nr. 148: Personalangelegenheiten von Bau-, Salinen- und Rechnungsbeamten, 1858-1905; enthält: Pensionen und Unterstützungen der Hinterbliebenen; betr. die Salinendirektoren Gödeke und Brandes, den Salinenbaumeister Culemann, den Salinenrendanten Knipping, den Hofbaurat v. Meien, die Räte Pustkuchen und Busse, die Amtsrendanten Wessel, Kellner, Langewort, Landgraf, Hanke und Schütze, den Amtmann Meyer, den Kornboden-Administrator Gieseler, den Bauverwalter [Aemilius] Plöger, die Bauschreiber Adams und [Eduard] Plöger und den Bauhofmeister Stukenbrock.

159 LAV NRW OWL, L 92 R Nr. 152, fol. 1.

160 LAV NRW OWL, L 92 R Nr. 152, fol. 3.

161 LAV NRW OWL, L 92 R Nr. 152, fol. 6.

162 LAV NRW OWL, L 92 R Nr. 152, fol. 6.

163 LAV NRW OWL, L 98 Nr. 326; LAV NRW OWL, L 92 R Nr. 152, fol. 33.

164 LAV NRW OWL, L 98 Nr. 326; LAV NRW OWL, L 92 R Nr. 152, fol. 40.

165 LAV NRW OWL, L 92 A Nr. 1077: Unterstützung der Tochter des verstorbenen Bauschreibers [Aemilius] Plöger, [1858]; LAV NRW OWL, L 92 A Nr. 1341: Pension für die Tochter des Bauschreibers [Aemilius] Plöger, 1858–1875.

166 LAV NRW OWL, L 98 Nr. 326; LAV NRW OWL, L 92 R Nr. 152, fol. 38.

167 LAV NRW OWL, L 92 A Nr. 1333: Pension für Witwe Bauschreiber Adams, Detmold, 1858.

168 LAV NRW OWL, L 92 R Nr. 153, fol. 1.

169 So Riss und Anschlag vom Amthaus in Lage, vom Falkenhagener Krug oder von der neuen Scheune zu Oelentrup, siehe LAV NRW OWL, L 92 R 1252, fol. 4 f. und 31.

170 LAV NRW OWL, L 92 R Nr. 1252, fol. 30 f. Bei dem Buch dürfte es sich um ISIDORE HUGUENET, Über den Asphalt, dessen Vorkommen, Beschaffenheit, Darstellung als Asphaltmastix sowie über seine Benutzung als natürlichen Mörtel, besonders zu Fußböden, Trottoirs und Dächern, nach den bis zum Jahre 1847 damit gemachten Erfahrungen für Architecten, Maurer, Steinsetzer und andere Baugewerke, Weimar: Voigt 1847 (LLB: 02-Kps 08.789), aus der öffentlichen Bibliothek in Detmold gehandelt haben (LLB: 02 TB 2521).

171 LAV NRW OWL, L 92 R Nr. 153, fol. 108 und 119.

172 LAV NRW OWL, L 92 R Nr. 153.

173 LAV NRW OWL, L 92 R Nr. 153 fol. 110.

174 STURM 1714.

175 LAV NRW OWL, L 92 R Nr. 462: Herrschaftliches Baumagazin zu Detmold und dessen Revision, Generalia, 1771.

176 LAV NRW OWL, L 92 R Nr. 899: Für das Baumagazin zu Schieder angeschaffte Materialien sowie Verkauf von Materialien, 1841.

177 LAV NRW OWL, L 92 R Nr. 1043: Bexter Baumagazin, 1800–1831.

178 LAV NRW OWL, L 92 E Nr. 355: Benutzung der Scheune beim kleinen herrschaftlichen Haus als Baumagazin und deren Umbau, 1817.

179 LAV NRW OWL, L 92 E Nr. 242: Wohnung für Regierungsrat Wippermann im kleinen herrschaftlichen Haus zu Meinberg, 1812. Seit 1783 hatte es als Gästehaus gedient (LAV NRW OWL, L 97 B, Fach 5, Nr. 6, 1782–1783).

180 LAV NRW OWL, L 92 E Nr. 357: Einrichtung des kleinen herrschaftlichen Hauses für den Aufenthalt der Durchl. Fürstin von Sondershausen, 1821. Dabei dürfte es sich um Caroline von Schwarzburg-Rudolstadt (1774–1854) gehandelt haben, verheiratete Fürstin zu Schwarzburg-Sondershausen.

181 LAV NRW OWL, L 92 R Nr. 499: Ankauf von Eichen- und Fichtenholz sowie Dielen für das herrschaftliche Baumagazin, Band 2, 1804–1830; LAV NRW OWL, L 92 R Nr. 500: Ankauf von Eichen- und Fichtenholz sowie Dielen für das herrschaftliche Baumagazin, Band 3, 1831–1840.

182 LAV NRW OWL, L 92 R Nr. 480: Aus dem Lindenberge, Falkenhagener Forst, für das herrschaftliche Baumagazin angewiesene 41 Stück Eichen, woraus 13,437 Fuß Dielen geschnitten sind, 1799; LAV NRW OWL, L 92 R Nr. 491: Für das Detmolder Baumagazin aus den herrschaftlichen Forsten angewiesenes Holz, sowie auch Rechnungen über das Anweisen, Fällen, Schneiden und Anfahren desselben, Band 1, 1820–1829; LAV NRW OWL, L 92 R Nr. 492: Für das Detmolder Baumagazin aus den herrschaftlichen Forsten angewiesenes Holz, sowie auch Rechnungen über das Anweisen, Fällen, Schneiden und Anfahren desselben, Band 2, 1830–1840; LAV NRW OWL, L 92 R Nr. 493: Für das Detmolder Baumagazin aus den herrschaftlichen Forsten angewiesenes Holz, sowie auch Rechnungen über das Anweisen, Fällen, Schneiden und Anfahren desselben, Band 3, 1841–1850; LAV NRW OWL, L 92 R Nr. 494: Für das Detmolder Baumagazin aus den herrschaftlichen Forsten angewiesenes Holz, sowie auch Rechnungen über das Anweisen, Fällen, Schneiden und Anfahren desselben, Band 4, 1850–1859.

183 LAV NRW OWL, L 92 R Nr. 486: Verwendung von Weihmuthskiefern im Baumagazin, 1850.

184 LAV NRW OWL, L 92 R Nr. 490: Für das Baumagazin angeschaffte Gerüststangen, 1810.

185 LAV NRW OWL, L 92 R Nr. 502: Die für das Baumagazin angeschafften Kleisterruten, 1800–1830; L 92 R Nr. 485: Die zu Kleisterruten in das Detmolder Baumagazin angewiesenen Pappeln, 1839.

186 LAV NRW OWL, L 92 R Nr. 511: Für das Baumagazin angeschaffte Nägel und sonstige Materialien, 1799–1830; vom 21. September bis 1. Dezember lieferte der Lemgoer Nagelschmied Bredt für knapp 208 Taler 92.550 Nägel an das Baumagazin, die von Natorp auf den Titel Schauspielhaus buchte. Es handelte sich um „große, ordinaire und kleine Lattnägel, kleine Dielnägel, Halbnägel, Halbnägel mit Dükerköpfen, Kliesternägel, große und kleine Schiefernägel, ¼ tel Nägel, 5zöllige Lattnägel, große und kleine Sattelzwicken, kleine Stackennägel".

187 LAV NRW OWL, L 92 R 1 Nr. 48: Verwendung des Drahtes im Baumagazin, 1858–1862.

188 LAV NRW OWL, L 92 R Nr. 512: Für das Baumagazin angekaufte Strohdocken und das dafür erforderliche Stroh, 1822–1830.

189 LAV NRW OWL, L 92 R Nr. 545: Landbaumeister Teudt in Detmold überlassene zwei herrschaftlichen Öfen, einer aus dem Baumagazin und einer von der Alexandrinischen Burg, 1790.

190 LAV NRW OWL, L 92 R Nr. 506: Angekaufte Baumaterialien von den Detmolder Kaufleuten zum Residenzschloss und dessen Nebengebäuden und für das Baumagazin, Band 2, 1788–1856; LAV NRW OWL, L 92 R Nr. 509: Für das Baumagazin angeschaffte Baumaterialien ohne das Bauholz, Band 1, 1798–1856.

191 LAV NRW OWL, L 100 Nr. 140: Personalangelegenheiten der unteren Baubeamten, 1854–1917.

192 LAV NRW OWL, L 92 R Nr. 135, Schreiben an die Rentkammer vom 11.7.1828.

193 LAV NRW OWL, L 92 R Nr. 772: Einrichtung des alten Baumagazins zur Aufbewahrung der Theaterdekorationen und zur Wohnung für den Theatermaler Frieß, dann zum Theaterbüro und Wohnung für den Theaterkassierer Süersen, 1826; LAV NRW OWL, L 92 R Nr. 773: Erbauung des neuen Theatermagazins und Probesaals an das Baumagazin und Einrichtung eines Kornbodens über demselben, 1829.

194 LAV NRW OWL, L 92 P Nr. 533: Dekorationen und Kulissen für das Theater, 1825–1857, enthält v. a.: Ausgabe von Material aus dem Baumagazin; auch Verfügung vom 29. Februar 1828 in: LAV NRW OWL, L 92 R Nr. 762.

195 LAV NRW OWL, L 92 R Nr. 550: Die an die Gebrüder Tourniaire aus dem Baumagazin verabfolgten Materialien für den im Reithaus erbauten Zirkus, 1837. Die Gruppe der Gebrüder Tourniaire firmierte als *Privilegierte Kunstreitergesellschaft Sr. Maj. des Kaisers von Russland*. 1835 zogen sie auch mit einem Riesenelefanten durch Deutschland, etwa in Hanau und Heilbronn (Stadtarchiv Heilbronn E002-930), 1838 mit einem schwarzen Elefanten in Leipzig (Stadtgeschichtliches Museum Leipzig, Inventarnummer VI/45).

196 INGRID SCHÄFER, „*Ein Gespenst geht um*". Politik mit der Holznot in Lippe 1750–1850. Eine Regionalstudie zur Wald- und Technikgeschichte (Sonderveröffentlichung des Naturwissenschaftlichen und Historischen Vereins für das Land Lippe; 38), Detmold 1992.

197 1 lippische Bergrute entspricht 1.024 Kubikfuß bzw. metrisch 24,849 m³; kleinere Mengen wurden in Schachtruten (¼ Bergrute) gerechnet. Vgl. FRITZ VERDENHALVEN, Alte Maße, Münzen und Gewichte aus dem deutschen Sprachgebiet, Neustadt an der Aisch 1968, S. 18.

198 So beim Bau des Hoftheaters, LAV NRW OWL, L 92 R Nr. 759.

199 LAV NRW OWL, L 92 R Nr. 759.

200 LLM: 1639/93 und K 107199. Die Werke dürften während Zeiß' Anstellung in Horn 1857–1864 entstanden sein.

201 LAV NRW OWL, L 93 Nr. B IV Tit. 3 Nr. 22: Rundschreiben an alle Forstbedienstete sofort anzuzeigen, wenn von Privatleuten Kalk oder Ziegel gebrannt und Steinbrüche für gehauene Steine oder steinerne Geräte angelegt werden, 1821.

202 LAV NRW OWL, L 92 R Nr. 761.

203 LAV NRW OWL, L 93 Nr. B IV Tit. 3; Die städtischen Ziegel- und Kalköfen waren verpachtet. z. B. in Lemgo: LAV NRW OWL, L 77 A Nr. 555.

204 LAV NRW OWL, L 93 Nr. B IV Tit. 3 Nr. 19: Anlegung einer Kalkbrennerei auf dem Hörster Bent, 1821.

205 LAV NRW OWL, L 92 A Nr. 4098: Kalkbrennen auf der Ziegelei zu Schieder, 1827.

206 LAV NRW OWL, L 92 A Nr. 4012: Kalkbrennen in Hiddesen, 1806, 1815–1834; LAV NRW OWL, L 92 A Nr. 4025: Kalkbrennen auf der Ziegelei Heidental, 1826–1856, LAV NRW OWL, L 92 A Nr. 4028: Kalkbrennen auf der Ziegelei in Hiddesen, 1841–1854.

207 LAV NRW OWL, L 93 Nr. B IV Tit. 3 Nr. 1: Verordnung wegen des Kalkbrennens, 1658; LAV NRW OWL, L 93 Nr. B IV Tit. 3 Nr. 2: Verbot des Kalkbrennens durch die Untertanen, 1708; LAV NRW OWL, L 93 Nr. B IV Tit. 3 Nr. 22: Rundschreiben an alle Forstbedienstete sofort anzuzeigen, wenn von Privatleuten Kalk oder Ziegel gebrannt und Steinbrüche für gehauene Steine oder steinerne Geräte angelegt werden, 1821; LAV NRW OWL, L 93 Nr. B IV Tit. 3 Nr. 4; Bestrafung des vom Ziegelmeister Tötemeier im Heidental bei Hiddesen verbotswidrig getriebenen Kalkbrennens, 1761; LAV NRW OWL, L 93 Nr. B IV Tit. 3 Nr. 7: Administration der herrschaftlichen Kalköfen, 1780.

208 LAV NRW OWL, L 92 A Nr. 1745 bis Nr. 1748: Amtsschreiberei-Abgaben [sogen. Kleine Rentgefälle] aus dem Amt Varenholz (Fleisch- und Viehabgaben, Zehntgarn, Stättengeld von Kalköfen) - Bände 1–4, 1779–1822.

209 LAV NRW OWL, L 93 Nr. B IV Tit. 3 Nr. 8: Kalkfuhren und Bestimmung der von jeder Fuhre aufzuladenden Kalkmenge und danach einzurichtenden Flechten-Größe, 1780.

210 Beispielsweise in LAV NRW OWL, L 92 R Nr. 759. Ein lippischer Kalkscheffel entspricht 4 Roggenscheffel bzw. metrisch 177,166 Liter. Vgl. VERDENHALVEN 1968, S. 30.

211 LAV NRW OWL, L 37 Nr. 209: Kalkhandel und Kalkbrennerei, 1606–1659.

212 LAV NRW OWL, L 93 Nr. B IV Tit. 3 Nr. 21: Vom Gutsbesitzer Tenge zu Niederbarkhausen gebrannter Kalk, 1829; LAV NRW OWL, L 93 Nr. B IV Tit. 3 Nr. 24: Kalkbrennen auf den Privat-Ziegeleien, 1842; LAV NRW OWL, L 93 Nr. B IV Tit. 3 Nr. 25: Anlegung eines Kalkofens durch den Steinhauer Reuter in Oerlinghausen, 1846; LAV NRW OWL, L 77 A Nr. 3959: Anlage von Kalköfen, 1829–1862.

213 „auch kann der Raum hinter dem Baumagazin zum Kalkeinlöschen p. noch benutzt werden", hieß es 1825 beim Bau des Hoftheaters (LAV NRW OWL, L 92 R Nr. 759).

214 So beim Bau des Hoftheaters, LAV NRW OWL, L 92 R Nr. 759 und Nr. 760. Eine genaue Mengenangabe für einen lippischen Kasten Sand ist bisher nicht ermittelt. Es liegt nahe, dass mit dem Kasten der Inhalt eines Kastenwagens gemeint war.

215 LAV NRW OWL, L 92 R Nr. 912; 2,3 Tonnen entsprechen etwa 2 m³ (je nach Feuchtegehalt).

216 JOACHIM KLEINMANNS, Wappen, Reiter, fromme Sprüche. Bemalte Fenster aus Westfalen (Schriften des Westfälischen Freilichtmuseums Detmold – Landesmuseum für Volkskunde; 15), Detmold 1997, S. 29–41; URSULA WICHERT POLLMANN, Das Glasmacherhandwerk im östlichen Westfalen. Eine volkskundliche Untersuchung (Schriften der volkskundlichen Kommission des Landschaftsverbandes Westfalen-Lippe; 13), Münster 1963.

217 LAV NRW OWL, L 93 Nr. B IV Tit. 1 Nr. 1, Glashütten, Band 1–7, 1600–1831; LAV NRW OWL, L 31, Nr. 323: Betrieb der Glashütte zu Schieder, 1430, 1730-1735; LAV NRW OWL, L 37, Nr. 278: Glashütten, 1591–1698; LAV NRW OWL, L 93 Nr. B IV Tit. 1 Nr. 2: Glashütten im Hornschen und Kohlstädter Forst, Generalia, 1727; LAV NRW OWL, L 93 Nr. B IV Tit. 1 Nr. 4: Pottasche-Kochen bei der Glashütte im Kohlstädter Forst, 1772; LAV NRW OWL, L 93 Nr. B IV Tit. 1 Nr. 5: Glashütten im Amt Schwalenberg, Varia und Generalia, 1645; LAV NRW OWL, L 92 A Nr. 4762: Die Glashütte bei Schieder (Glasmeister Gebr. Becker), Band 1–3, 1790–1868; LAV NRW OWL, L 92 A Nr. 4858–4859: Die Glashütte zu Elbrinxen (Glasmeister Becker), Band 1–2, 1763–1851.

218 LAV NRW OWL, L 1 Nr. 1747; Bernhard VII. zur Lippe nimmt Meister Hoffhenze d. J. als Glasewirt u. Meier zu Schieder an, weist im gen. Land zu, erlaubt ihm eine Glashütte zu errichten und legt die Pacht auf 8 Mark Bielefelder Pfg. sowie acht Stiegen gute Gläser fest, 2. März 1480.

219 LAV NRW OWL, L 77 C Nr. I, Fach 46 Nr. 11: Rechnungen über die Kosten des Baues der neuen Kaserne, 1830–1833.

220 Hütte bei Kohlstädt: LAV NRW OWL, L 1 Nr. 851.

221 LAV NRW OWL, L 31 Nr. 322: Bergwerk und Eisenhammer zu Schieder [Schmiede siehe Nr. 324], 1606–1612; LAV NRW OWL, L 92 L Nr. 3: Dienste für den herrschaftlichen Eisenhammer zu Schieder, insbesondere Eisensteinfuhren, 1606–1608; LAV NRW OWL, L 37 Nr. 265: Hüttenwerk und Eisenhammer zu Heiligenkirchen und Berlebeck, 1626–1663; LAV NRW OWL, L 37 Nr. 266: Eisenhammer und -bergwerk zu Berlebeck, 1650–1748; LAV NRW OWL, L 37 Nr. 277: Eisenhämmer und Eisenschmelzen in der Grafschaft, 1603–1680; LAV NRW OWL, L 92 A Nr. 5174: Liquidationssache (Aufrechnungen der Forderungen) zwischen Hegers Erben (nach dem Kämmerer und Hammerschreiber Christoph Heger oder Heher) bzw. Deppe Hoyermann, Ehemann der Witwe, und dem Hammerschmied bzw. der Rentkammer wegen Abrechnungen über den Eisenhammer zu Heiligenkirchen (auch für den entwichenen Hammerschmied Claholz [sic]; Rechnungswesen des Barthold Niemann), Eisenlieferungen an die Hofhaltung; Zehrungskosten in Hegers Haus; Zehrungkosten der Kriegsleute 1632–1642, (1622) 1635–1656; LAV NRW OWL, L 77 A Nr. 3508: Angelegenheiten der Landstände, 1660–1796, enthält u. a. Eisenhammer in der Grafschaft Lippe 1660; LAV NRW OWL, L 92 T 1 Nr. 69: Eisenhammer, später Kupferhammer unter dem Donoper Teich in der Loheiche auf der Pivitsheide, Heidenoldendorf Nr. 61 Besitzer: Rennert (Rembert) Brand (früher Bauerschaft Pivitsheide V. H. Nr. 29; ab 1800 zu Heidenoldendorf), 1658–1680, 1739–1800, 1844–

1895; LAV NRW OWL, L 92 C Nr. Tit. 2 Nr. 24: Der Eisen- und spätere Kupferhammer unter dem Donoper Teich in der Loheiche auf der Pivitsheide hinter Heidenoldendorf, 1658; LAV NRW OWL, L 92 C Nr. Tit. 2 Nr. 22, Band 1: Die Papiermühle beim Kupferhammer auf der Pivitsheide und deren Vererbpachtung, Band 1, 1692–1803; LAV NRW OWL, L 92 C Nr. Tit. 2 Nr. 23, Band 2: Die Papiermühle beim Kupferhammer auf der Pivitsheide und deren Vererbpachtung, Band 2, 1803–1904; LAV NRW OWL, L 92 N, Nr. 1052: Der Stahlhammer zu Langenholzhausen und die auf seinen Trümmern erbaute Öl- und Bockmühle, 1691–1705, enthält u. a.: 1) Bittschriften und Konzessionen zum Bau des Stahlhammers 1631, 1694 durch den Kaufmann Peter Uesinghausen [Üsinghausen] aus Bremen; 2) Inventar des zerstörten Stahlhammers 1700; 3) Konzession zum Mühlenbau für Heinrich Brant, Krüger zu Kalldorf; L 92 N Nr. 1167: Projektierter Eisenhammer bei der Stadt Horn, 1809.

[222] ERICH KENTER, Bergbau im Lande Lippe auf Grund archivalischer Unterlagen ausgearbeitet, Detmold 1954.

[223] Nach SAUER 2002, 363.

[224] 1825 z. B. 10 Gusseiserne Säulen und 45 Kulissen-Rollen für das Hoftheater von der Altenbekener Hütte, LAV NRW OWL, L 92 R Nr. 760.

[225] LAV NRW OWL, L 92 R Nr. 763.

[226] LAV NRW OWL, L 92 R Nr. 912.

[227] So 1847 beim Durchbau des Pächterwohnhauses der Meierei Falkenhagen, LAV NRW OWL, L 92 F IIIa Nr. 1 Bd. 11, fol. 79.

[228] LAV NRW OWL, L 92 R Nr. 760.

[229] LAV NRW OWL, L 92 R Nr. 762.

[230] LAV NRW OWL, L 92 R Nr. 763.

[231] ZIEGLER 2020, S. 98–99.

[232] Vertrag zwischen Preußen, Bayern, Sachsen, Württemberg, Baden, Kurhessen, dem Großherzogthume Hessen, den zum dem Thüringischen Zoll- und Handelsvereine gehörigen Staaten, Nassau und der freien Stadt Frankfurt einerseits und Lippe andererseits, den Anschluß des Fürstenthums Lippe an das Zollsystem Preußens und der übrigen Staaten des Zollvereins betreffend, 1841, Artikel 4.

[233] ZIEGLER 2020, S. 100.

[234] ZIEGLER 2020, S. 103: Erst in den 1860er Jahren wurden einheitliche Maße und Gewichte eingeführt.

[235] LAV NRW OWL, L 92 R Nr. 1489, fol. 17.

[236] LAV NRW OWL, L 80 III Nr. 2968: Bau eines Schulhauses mit einer Lehrer-Wohnung an der verlängerten Schülerstraße; L 80 III Nr. 2969: Bau eines Schulhauses mit einer Lehrer-Wohnung an der verlängerten Schülerstraße, 1832–1843.

[237] LAV NRW OWL, L 93 Nr. A Tit. 31 Nr. 22: Vom Lackierer Spieß zum Steinbruch angekauftes und nachher zum Forst gezogenes Land am Papenberg zwischen dem Büchenberg und dem Steinbruch im Meierei-Land, 1827–1832; L 93 Nr. A Tit. 267 Nr. 11: Erlaubnis für den Bürger Spies zu Detmold zur Anlegung eines Steinbruchs an der Grotenburg und der von den Hude-Interessenten dagegen erhobene Widerspruch, 1842.

[238] LAV NRW OWL, L 109 B Tit. 4 Nr. 3, fol. 8.

[239] Der Begriff *Scholarch* ist aus dem griechischen *scholarches* (Schulvorsteher) abgeleitet und bezeichnet Personen, die mit der Schulaufsicht betraut waren, besonders geistliche Schulaufseher.

Die Scholarchats-Kommission ist die Institution, der die Schulaufsicht übertragen war.

[240] LAV NRW OWL, L 109 B Tit. 4 Nr. 3, fol. 11.

[241] LAV NRW OWL, L 109 B Tit. 4 Nr. 3, fol. 12.

[242] LAV NRW OWL, L 92 R 1384, fol. 33–35.

[243] Dr. Hagen, Über die Sicherheits-Häfen in England und namentlich über die neuen Häfen zu Holyhead und Dover, in: Zeitschrift für Bauwesen 3 (1853), S. 238.

[244] KLEINMANNS 1999.

[245] LAV NRW OWL, L 92 R Nr. 762.

[246] PETERS 1953, S. 193.

[247] Zit. nach PETERS 1953, S. 199.

[248] LAV NRW OWL, L 92 R Nr. 135.

[249] LAV NRW OWL, L 92 R Nr. 821 fol. 117.

[250] StA DT, D 9 Detmold 6, darin Aufzeichnungen von Krawinkel, 1926.

[251] RUDOLF JAHR, Die Detmolder Kreisberufs- und Berufsfachschule. Sammlung von Einzelheiten aus der Geschichte der Detmolder Schule von 1846 bis 1965, Detmold 1967, S. 10–11. Siehe auch LAV NRW OWL, L 77 A Nr. 4423: Handwerks- und Gewerbeschule zu Detmold, Bd. 1, 1808–1842; desgl. Nr. 4424: Handwerks- und Gewerbeschule zu Detmold, Bd. 2, 1845–1860.

[252] STIEGLITZ 1792–1798, Signatur TB 278g, handschriftlich signiert auf dem Vorsatzblatt. Das Werk vermachte Brune der Gewerbeschule, aus deren Bestand es laut Schenkungsbuch (S 1935/248) 1935 in die LLB gelangte (Auskunft Christine Rühling, LLB).

[253] LAV NRW OWL, L 92 R Nr. 821, fol. 105.

[254] LAV NRW OWL, L 77 C Nr. I, Fach 46 Nr. 11: Rechnungen über die Kosten des Baues der neuen Kaserne, 1830–1833.

[255] LAV NRW OWL, L 92 R Nr. 821, fol. 106–111.

[256] LAV NRW OWL, L 92 R Nr. 949, fol. 47.

[257] LAV NRW OWL, L 92 R Nr. 949, fol. 56.

[258] LAV NRW OWL, L 92 R Nr. 817, fol. 11. Ein lippischer Anker Bier entspricht 37,158 Liter. Vgl. VERDENHALVEN 1968, S. 18. Kleinere Mengen wurden in Kannen gemessen (je 1,376 Liter).

[259] LAV NRW OWL, L 92 R Nr. 949, fol. 107–109.

Biografie

[1] LKA der Ev. Kirche von Westfalen, Kirchenkreis Halle, Taufen, Beerdigungen, Trauungen 1801–1819; PETERS 1984, S. 119.

[2] Geboren am 16. Januar 1755. Zur Genealogie der Familie Tiemann und auch Teilen der Familie Brune (Ferdinand, seine Eltern und seine beiden Brüder Ernst und Franz) siehe HANS VON MÜLLER, Johann Ernst Tiemann in Ravensberg und Minden, in: 53. Jahresbericht des Historischen Vereins für die Grafschaft Ravensberg zu Bielefeld (1939), S. 1–128, bes. S. 103–106.

[3] VON MÜLLER 1939, S. 95. Das Kirchenbuch der Bielefelder Altstadtgemeinde verzeichnet keine entsprechende Heirat, so dass wir davon ausgehen müssen, dass diese in der Neustädter Mariengemeinde erfolgte. Aus dem Jahr 1785 ist jedoch kein Verzeichnis der Trauungen erhalten.

[4] Diese und die nachfolgenden Angaben zu Brunes Geschwistern

nach den Kirchenbüchern: LKA der Ev. Kirche von Westfalen, Kirchenkreis Halle, Taufen, Konfirmationen, Abendmahl, Trauungen, Beerdigungen 1766–1800 und Taufen, Beerdigungen, Trauungen 1801–1819. Ernst Wilhelm Brune hatte eine ca. 1825 in Brackwede geborene Tochter Henriette (gest. 1892 im Alter von 67 Jahren), die am 20.10.1848 in Detmold den Witwer Ernst August Kellner geheiratet hatte. Henriette hatte einen Bruder Ferdinand (1820–1886).

5   Dazu VON MÜLLER 1939, S. 105 f.

6   VON MÜLLER 1939, S. 105 f., gest. 1845.

7   1843 als solcher nachgewiesen; LAV NRW OWL, M 9 Bielefeld Nr. 301.

8   VON MÜLLER 1939, S. 105. Nach dessen Tod heiratete sie vermutlich den Hofmedicus Scherff. Althof (auch: Althoff) besaß eine umfangreiche Münzsammlung (Goldmünzen, römische Münzen, Thaler, Gulden, Kupfermünzen, Zinnmünzen), deren Inventar zwei Jahre nach seinem Tod gedruckt wurde: Beschreibung seines Münzvorraths von ERNST AUGUST ALTHOF, Hofprediger und Pastor in Detmold, aus dem Jahre 1796, Lemgo: Meyer 1796 (Expl. im LLM: Ude 116). Gedruckt ist außerdem seine Jubiläumspredigt von 1793 erhalten: Predigt gehalten in der kleinen Kirche zu Detmold am 2ten October 1791 zum Andenken des vor funfzig Jahren darin angefangenen Gottesdiensts, Lemgo: Meyer 1792 (LLB: 01-LD 42). Ernst August Althof (1720-1794) war der Vater von Johann Christian Althof, Justizkanzleirat und Alterspräsident des lippischen Landtags.

9   Dieser bezeichnet sich selbst in einem Schreiben als Brunes Schwager: In einem Brief redet er Brune 1850 mit „*Lieber Bruder*“ an (L 92 R Nr. 1251). Ernst August Kellner (1775–1857) war der Sohn von Friedrich Heinrich Jacob Kellner und Anne Sophie Schulze aus Halle.

10 Henriette Louise Benigna Brune, geb. Herford 25.4.1822, gest. Detmold 16.1.1893, eine Tochter der Berliner Regierungsrates Ernst Brune. Die Hochzeit war am 20.10.1848. Fürstlich-Lippisches Regierungs- und Anzeigeblatt, Nr. 43, 21.10.1848, S. 632.

11 Todesanzeige der Witwe in Fürstlich-Lippisches Regierungs- und Anzeigeblatt, Nr. 51, 19.12.1857, S. 838.

12 Das Nachfolgende nach VON MÜLLER 1939.

13 VON MÜLLER 1939, S. 95 und 103; vgl. auch <http://www.archive.nrw.de/archive/sachthema/territorialarchive/s245_260.pdf>, hier S. 247.

14 Die Prüfung als Justizrat des Ravensbergischen Amtes Brackwede war jedoch erst 1794 erfolgt: GStA SPK, I. HA Rep. 125, Nr. 791: Oberexaminationskommission bzw. Prüfungskommission für höhere Verwaltungsbeamte.

15 VON MÜLLER 1939, S. 103–105.

16 Morgens um 2 ¼ Uhr: LKA der Ev. Kirche von Westfalen, Kirchenkreis Halle, Taufen, Konfirmationen, Abendmahl, Trauungen, Beerdigungen 1820–1834. Fragmente seines Grabsteins befinden sich auf dem Haller Waldbegräbnis.

17 LAV NRW OWL, Personenstandsarchiv, Kartei Gestorbene Detmold Bro–Da. Beerdigt am 25.12.1847.

18 GStA SPK, I. HA Rep. 89, Nr. 6745, Schreiben an den Staats- und Finanzminister von Klewitz, 22.3.1825. Die Erhöhung galt rückwirkend zum 1.1.1825.

19 GStA SPK, III. HA MdA, III Nr. 2615.

20 Die Gewerbe- und Sonntagsschule war erst 1829 gegründet worden (Stadtarchiv Münster, Stadtreg. / StadtregistratuR Nr. Fach 191 Nr. 2, Die Gewerbe- und Sonntagsschule, 1830–1840: Gedruckte Schulordnung für die Gewerbeschulen in Münster; 1. Jahresbericht der Gewerbeschule 1829), die Höhere Zeichenschule des Kunstvereins nach 1831. Eine Bauschule gab es noch nicht, sie wurde als Königliche Baugewerkschule erst 1898 gegründet (die heutige Munster School of Architecture). Wenig wahrscheinlich ist die nach Schließung der Universität davon übriggebliebene akademische Lehranstalt zur Ausbildung von Geistlichen und Gymnasiallehrern.

21 GStA PK, I. Ha Rep. 76 alt, III Nr. 158, 1799–1808.

22 Amtsblatt der Königlich Preußischen Regierung zu Münster, 1817.

23 Gemeint ist Giacomo (auch: Jacopo) Barozzi da Vignola (geb. 1.10.1507 in Vignola bei Modena, gest. 7.7.1573 in Rom), römischer Architekt und Autor des Buches „Regole delle cinque ordini d'architettura" (Regeln der fünf Ordnungen der Architektur), Erstausgabe Rom 1562. Die fünf Ordnungen sind die toskanische, dorische, ionische, korinthische und Kompositordnung.

24 LAV NRW OWL, L 92 R Nr. 134. Daraus auch die folgenden Angaben zu seiner Ausbildung.

25 SALGE 2021, S. 163.

26 Deklaration des Publikandi vom 6. July 1799 […], Berlin 1803, wiedergegeben in SALGE 2021, S. 318–320.

27 Deklaration des Publikandi vom 6. July 1799 […], Berlin 1803, zit. nach SALGE 2021, S. 318.

28 Publikandum wegen der vorläufigen Einrichtung der […] Königlichen Bau-Akademie zu Berlin, Berlin 1799, zit. nach SALGE 2021, S. 317.

29 Zur Genese und zur Ausbildung an der Bauakademie siehe SALGE 2021.

30 ELISABETH ROHDE, Lehrer und Schüler der Schinkelschen Bauakademie. Ein Beitrag zur Stadtgeschichte Berlins. In: Karl Friedrich Schinkels Berliner Bauakademie. In Kunst und Architektur. In Vergangenheit und Gegenwart, Berlin 1996, S. 88.

31 SCHÄFER 1956 nach Anemüller (dort irrig Annemüller). Ernst Anemüller (1859–1943) war Lehrer am Leopoldinum, von 1891–1918 auch Leiter der Öffentlichen Bibliothek (später: Lippische Landesbibliothek). Teilnachlässe befinden sich sowohl in der LLB als auch im LAV NRW OWL, darin allerdings keine näheren Hinweise auf SCHÄFERS Quelle.

32 SALGE 2021, S. 189.

33 JOHANN HEINRICH MEYER, Vorschläge zur Einrichtung von Kunstacademien rücksichtlich besonders auf Berlin, in: Ueber Kunst und Alterthum, Stuttgart 1821/22, Bd. 3 H. 1, S. 120–190, hier S. 121, zit. nach SALGE 2021, S. 192.

34 SALGE 2021, S. 192 f.

35 Über Lehrer, Stundenplan, Schüler und Unterricht informiert fundiert SALGE 2021, S. 137–252. Die vollständige Studienordnung mit Lehrplan ist dort S. 318–320 wiedergegeben.

36 SALGE 2021, S. 197–251.

37 SALGE 2021, S. 210.

38 SALGE 2021, S. 164 und 318.

39 SALGE 2021, S. 164, mit drei Beispielen.

40 So zumindest 1799 bei dem Kandidaten Karl Friedrich Schinkel, nach SALGE 2021, S. 67.

41 SALGE 2021, S. 66.

42 SALGE 2021, S. 67.

43 SALGE 2021, S. 155, Tab. V.4.

44 SALGE 2021, S. 156.

45 SALGE 2021, S. 158.

46 SALGE 2021, S. 159. Nur Friedrich Weinbrenners private Bauschule in Karlsruhe war noch teurer.

47 SALGE 2021, S. 162.

48 AdK Archiv, Berlin, PAdK Nr. 0660, fol. 163–165, 168. Vollständig überliefert sind die Teilnehmerlisten leider nur bis 1806.

49 AdK Archiv, Berlin, PAdK Nr. 0660, fol. 154, 162v. und 164.

50 AdK Archiv, Berlin, PAdK Nr. 0660, fol. 164.

51 AdK Archiv, Berlin, PAdK Nr. 0660, fol. 168.

52 Dieser war am 28. Mai 1821 als Nachfolger Stolpners als Lehrer für Planzeichnen und Feldmessen vereidigt worden. Siehe AdK Archiv, Berlin, PAdK Nr. 0030.

53 AdK Archiv, Berlin, PAdK Nr. 0660, fol. 165.

54 AdK Archiv, Berlin, PAdK Nr. 0660, fol. 166.

55 LAV NRW OWL, L 92 R Nr. 134.

56 LAV NRW OWL, L 92 R Nr. 134.

57 SCHÄFER 1956.

58 Ferdinand Brune findet sich nicht im sehr ausführlichen *Alphabetischen Verzeichnis der Künstler und Bauschaffenden und ihrer Werke* in FRED KASPAR/ULF-DIETRICH KORN (Bearb.), Stadt Minden. Einführungen und Darstellung der prägenden Strukturen, Teilband 3: Register, bearb. von PETER BARTHOLD und FRED KASPAR unter Mitarbeit von ULF-DIETRICH KORN und MARION NIEMEYER-TEWES (Die Bau und Kunstdenkmäler von Westfalen; Bd. 50, Teil I, hg. vom Landschaftsverband Westfalen-Lippe, LWL-Amt für Denkmalpflege in Westfalen), Essen 2007. Auf S. 8–15 wird die Staatliche und die Militärbauverwaltung in Minden kurz dargestellt.

59 LAV NRW OWL, L 92 R Nr. 134.

60 LAV NRW OWL, L 92 R Nr. 134, fol. 9.

61 LAV NRW OWL, L 92 R Nr. 134.

62 LAV NRW OWL, L 92 A Nr. 176 fol. 2.

63 Beispielsweise: LAV NRW OWL, L 92 R 1536, fol. 33v; L 92 R Nr. 1597, fol. 10; L 92 R Nr. 949, fol.15; L 92 A Nr. 4979, fol. 41.

64 Leider sind zu Brune selbst keine entsprechenden Unterlagen bekannt, doch hat SALGE 2021, S. 166 f. und 467 einige Prüflinge der Bauakademie mit ihren Themen dargestellt.

65 Berlin, SBPK, Handschriftenabteilung, Autograph I/2961, zit. nach SALGE 2021, S. 467.

66 NStA, 95 Nr. 108, Zeugnis über die von Dannenberg abgelegten Prüfungen vor der Oberbaudeputation, 30.10.1827, zit. nach SALGE 2021, S. 167.

67 Über Vogeler ist wenig bekannt. 1817/18 wird er als Schüler der Preußischen Bauakademie aktenkundig (PAdK Nr. 0415, fol. 88). Da sein Geburtsort mit Minden in Preußen angegeben ist, kann es sich nur um den am 17. Juli 1797 geborenen Friedrich Wilhelm Ludwig Vogeler handeln (<https://gedbas.genealogy.net/person/show/1181176183> Zugriff 02.01.2022). 1827 erhielt er eine staatliche Zuwendung (GStA PK, I. HA Rep. 89, Nr. 12037: Versorgung und Unterstützung einzelner Personen, Buchstabe V). Er verließ Detmold wegen einer Anstellung beim Bau der Straße vom Erwitte nach Olpe zum 30.4.1827 (LAV NRW OWL, L 92 R Nr. 135, fol. 35 f.). 1828 hatte er Auguste Louise Dorothea Elisabeth Eberhard aus Höxter geheiratet (<https://gedbas.genealogy.net/person/show/1181176183> Zugriff 02.01.2022). 1836 wird er in wechselnder Schreibweise Vogeler/Vogler als Wegebaumeister in Neheim, Regierung Arnsberg, genannt (Notizblatt des Architekten-Vereins zu Berlin, Ausgabe 1836, S. 77), ab 1842 als solcher in Meschede (ebda 1842); 1849–1854 als Kreisbaumeister in Meschede, Regierung Arnsberg nachgewiesen (Verzeichnis der Baumeister im Preussischen Staate, August 1849, in: Notiz-Blatt des Architekten-Vereins zu Berlin Nr. 6 u. 7 (1849), S. 89; Verzeichnis der angestellten Baubeamten des Staats am 1. Januar 1853, in: Zeitschrift für Bauwesen 3 (1853), Heft 3 u. 4, Beilage), ebenso 4 (1854), Heft 3 u. 4, Beilage). Am 4. Februar 1856 ist er als Kreisbaumeister in Meschede gestorben.

68 LAV NRW OWL, L 92 E Nr. 359, fol. 10.

69 LAV NRW OWL, L 92 R Nr. 135; vgl. Kat. 2 und 5.

70 LAV NRW OWL, L 92 R Nr. 135.

71 LAV NRW OWL, L 92 R Nr. 135, fol. 38.

72 So Stein in seinem GPM vom 20.3.1827, LAV NRW OWL, L 92 R Nr. 135, fol. 38.

73 Geb. 17.8.1775 in Detmold als Sohn des Rates und Landrezeptors Friedrich Henrich Jakob Kellner und der Anne Sophie Schulze (Heirat 6.8.1775), gest. daselbst 12.12.1857. Hochzeit mit Henriette Benigna Brune (geb. 1.2.1788 in Halle, gest. 11.4.1848 in Detmold) am 19.4.1817 in Halle, Tochter des Land und Stadtgerichts-Directors Herrn Christian Ferdinand Brune und der Frau Henriette Louise Benigna Tiemann in Halle Nr. 39.

74 LAV NRW OWL, L 92 R Nr. 135.

75 LAV NRW OWL, L 92 R Nr. 135.

76 SCHÄFER 1956.

77 SCHÄFER 1956.

78 LAV NRW OWL, L 100 Nr. 125, fol. 3:
    6.1. Lopshorn
    13.1. Heiden, Büllinghausen und Lage
    18.1. Hartröhren
    27.1. Meinberg
    31.1. Mühle Heiligenkirchen
    8.2. Horn und Meinberg
    5./6.3. Oesterholz mit Schlosshauptmann Meysenbug
    13.4. Lage
    17.4. Mühle Heiligenkirchen
    20.4. Horn, Kohlstädt und Silbermühle
    28.4.–3.5. Oelentrup, Sternberg, Barntrup, Alverdissen, Vallentrup und Gastrup
    14.5. Meinberg und Mattenmühle
    16.–21.5. Schieder, Schwalenberg, Lothe, Falkenhagen
    26.5. Lage
    2.6. Donoper Teich
    4.6. Horn
    6.6. Lopshorn
    8./9.6. Büllinghausen und Brake
    30.6. Donoper Teich
    10.7. Lopshorn
    18.7. Lage
    28.7. Brake
    8.8. Lopshorn
    15.–17.8. Lippstadt
    25./26.9. Heiden, Büllinghausen und Lage

15.–17.10. Derneburg mit Kammerdirektor Rohdewald
18.10. Meinberg
25.10. Büllinghausen
29.10.–3.11. Schieder, Lothe, Schwalenberg, Falkenhagen und Biesterfeld
7.11. Lopshorn
12./13.11. Oesterholz, Silbermühle, Horn
28./29.11. Brake, Lemgo
6.–10.12. Oelentrup, Sternberg, Barntrup, Alverdissen, Vallentrup.
In Derneburg dürfte er sich das Mausoleum des Grafen Ernst zu Münster, eine 1839 errichtete Pyramide, angesehen haben.

79 PETERS 1984, 120.

80 LAV NRW OWL, L 92 R Nr. 135, fol. 41.

81 STIEGLITZ 1792–1798, Signatur TB 278g, handschriftlich signiert auf dem Vorsatzblatt. Das Werk vermachte er der Gewerbeschule, aus deren Bestand es laut Schenkungsbuch (S 1935/248) 1935 in die LLB gelangte (Auskunft Christine Rühling, LLB).

82 Deutscher Bundestag, Wissenschaftliche Dienste, Kaufkraftvergleiche historischer Geldbeträge (WD 4 - 3000 - 096/16), 2016 (online: <https://www.bundestag.de/resource/blob/459032/1d7e8de03e170f59d7cea9bbf0f08e5c/wd-4-096-16-pdf-data.pdf>).

83 JAKOB BAROZZI VON VIGNOLA, Bürgerliche Baukunst zweyter Theil oder deutliche Vorstellung wie die fünf Säulenordnungen sechs berühmter Baumeister nach allen ihren eingetheilten Wissen zwecksmäßig anzuordnen sind ; mit 48 Kupfertafeln, Nürnberg: Schneider & Weigel 1800 (LLB: 02-TB 278e), ebenfalls mit Besitzeintrag im Deckel, ohne Hinweis im Zugangsbuch (Auskunft Christine Rühling, LLB).

84 Neben zahlreichen Ausleihen außerhalb seines Fachgebiets halten die Ausleihjournale folgende Ausleihen von Fachliteratur fest: 16.1.1830: JOHANN W. BUSCH, Die beste und wohlfeilste Feuerungsart, Teile 1, 2 und Atlas, 1826–1828 (Signatur: 02-TB 96.4°-1826); 23.1.1830: Baukunst 2 einschließlich Kupfertafeln zu Band 1, 2; 9.3.1831 erneut: BUSCH, Die beste und wohlfeilste Feuerungsart; 17.8.1836: CRELLE'S Journal für die Baukunst III (1830) nebst Kupfertafeln [Inhaltsverzeichnis: <https://digi.ub.uni-heidelberg.de/diglit/journal_baukunst1830a>] und J. A. SPETZLER, Anleitung zur Anlage Artesischer Brunnen, 1832 (Signatur: 02-TB 321); 31.8.1836: J. WALDAUF VON WALDENSTEIN, Die neuesten Beobachtungen und Erfahrungen von Garnier über die Anlage der artesischen Brunnen, als Anhang und Nachtrag zur Übersetzung der ersten Ausgabe von Garniers Preisschrift: Über die Anwendung des Bergbohrers zur Aufsuchung von Brunnenquellen, Wien 1831 (Signatur: 02-TB 320); 11.6.1845: NICOLAUS HEINRICH JULIUS, Vorlesungen über die Gefängniskunde oder über die Verbesserung der Gefängnisse und sittliche Besserung der Gefangenen / gehalten 1827 zu Berlin von N. H. Julius, Stuhr: Berlin 1829; GUSTAVE DE BEAUMONT et ALEXIS DE TOCQUEVILLE, Du système pénitentiaire aux Etats-Unis et son application en France, dt.: Amerika's Besserungs-System und dessen Anwendung auf Europa mit einem Anhange über Straf-Ansiedelungen, Berlin: Enslin 1833 (Signatur: 02-St 732); 24.1.1849: AUGUST VOIT, Denkmäler der Kunst zur Übersicht ihres Entwicklungsganges, Hefte 1–4, Ebner & Seubert 1845.

85 Die Kammer wurde jedes Semester um Vorschläge gebeten. Siehe LAV NRW OWL, L 92 A Nr. 4985. 1853 erlaubte Brune sich, folgende neun Werke in Vorschlag zu bringen: 1. GEORG GOTTFRIED KALLENBACH und JACOB SCHMITT, Die chistliche Kirchen-Baukunst des Abendlandes von ihren Anfängen bis zur vollendeten Durchbildung des Spitzbogen-Styls, dargestellt mit Rücksicht auf die gesammte diesem kunstwissenschaftlichen Zweige seither gewidmete Literatur, Halle: Pfeffer 1853; 2. ERNST FÖRSTER, Geschichte der deutschen Kunst (Das deutsche Volk dargestellt in Vergangenheit und Gegenwart zur Begründung der Zukunft), Leipzig: Weigel, Teil 1: 1851, Teil 2: 1853; 3. FRIEDRICH HITZIG, Ausgeführte Bauwerke. Hefte 1–3, Berlin: Forst und Korn 1850–1853; 4. JOHANN HEINRICH STRACK und MORITZ WILHELM GOTTGETREU, Schloss Babelsberg, Berlin: Ernst und Korn; 5. FRIEDRICH KARL HERMANN WIEBE, Die Lehre von den einfachen Maschinentheilen. 2 Bände, Berlin: Ernst und Korn 1853; 6. ADOLF FERDINAND WENCESLAUS BRIX, Lehrbuch der Statik fester Körper mit besonderer Rücksicht auf technische Anwendung. 2. Aufl., Berlin: Ernst und Sohn 1849; 7. CARL AUGUST MENZEL, Handbuch zur Beurtheilung und Anfertigung von Bauanschlägen, 3. Aufl. Halle: Knopp 1853; 8. THEODOR STEIN, Das Krankenhaus der Diaconissen-Anstalt Bethanien in Berlin, Berlin: Reimarus 1850; 9. G. C. A. KRAUSE, Der Dünenbau auf den Ostsee-Küsten West-Preussens. Ein praktisches Lehrbuch auf Anordnung der Kgl. Regierung ausgearbeitet, Berlin: Ernst und Sohn 1850. Von diesen Werken wurden 1–3 und 9 unmittelbar, 4 erst 1857 angeschafft. Die Vorschläge 5–8 lassen sich in der LLB nicht nachweisen. Außer Nr. 4 hat Brune keines der Bücher ausgeliehen, aber möglicherweise in der Bibliothek angesehen.

86 KLEINMANNS 2012 und 2013 a.

87 LAV NRW OWL, L 92 R Nr. 135.

88 LAV NRW OWL, L 92 R Nr. 135.

89 LAV NRW OWL, L 92 R Nr. 135.

90 LAV NRW OWL, L 92 R Nr. 135.

91 LAV NRW OWL, L 92 R Nr. 135.

92 Ein Kalkant (von lat. *calcare*, treten), auch Balg- oder Bälgetreter, sorgte durch das Bedienen der Blasebälge für die Luftversorgung einer Orgel.

93 LAV NRW OWL, L 92 R Nr. 135. Schreiben vom 19.02.1829, exped. 20.02.1829.

94 Artikel 6 der Instruktion vom 17.4.1770, GStA PK, II. HA GD, Gen. Dep., Tit. XII. Nr. 1, Bl. 86 f., zit. nach STRECKE 2000, S. 72.

95 LAV NRW OWL, L 92 R Nr. 135.

96 LAV NRW OWL, L 92 R Nr. 135.

97 LAV NRW OWL, L 92 R Nr. 136.

98 Fürstlich-Lippisches Intelligenzblatt 21 (1829), Nr. 46 (14.11.1829), S. 365

99 Im Kirchenbuch (LAV NRW OWL: Kirchenbuch L 112 A) wird bei der Eheschließung als Herkunftsort Halle genannt, Geburtsort war laut Sterbeeintrag Schildesche.

100 LAV NRW OWL Kirchenbuch L 112 A, LKA EKvW Detmold Bd. 11, 1801–1839, fol. 136

101 Hinweis Katja Kosubek, StA Halle.
102 LAV NRW OWL, D 73, 4/17679; D 110 Nr. 286.
103 LAV NRW OWL, L 92 R Nr. 144: Die Anstellung der herrschaftlichen Baumeister betr. 1872–1925, fol. 174.
104 LAV NRW OWL, L 92 R Nr. 136, fol. 115.
105 LAV NRW OWL Kirchenbuch L 112 A, LKA EKvW Detmold Bd. 11, 1801–1839. Auch in der Todesanzeige für Brunes Frau Henriette werden keine Nachlommen erwähnt (Fürstlich-Lippisches Regierungs- und Anzeigeblatt, Nr. 12, 21.3.1857).
106 LAV NRW OWL, L 92 R Nr. 135, fol. 48.
107 Rittergut Patthorst bei Steinhagen, Kreis Gütersloh. Eigentümer war der Oberstleutnant Karl Christian Heinrich Wilhelm von Eller-Eberstein (1779–1834). Das Gut war seit dem 15. Jahrhundert im Besitz der Familie von Closter; 1803 hatte die Tochter und Erbin des letzten Besitzers, Therese von Closter, Karl Christian Heinrich von Eberstein geheiratet. Zum Gut und seinem Baubestand kurze Informationen in REDLICH 1964.
108 LAV NRW OWL, L 92 R Nr. 135. Dem Salinenmeister Culemann waren bis dahin – mit zusätzlichen Diäten vergütet – die Domänenbauten in den Ämtern Varenholz und Schötmar übertragen, die dann Brunes Amt zugeschlagen wurden.
109 LAV NRW OWL, L 92 R Nr. 135, fol. 16.
110 LAV NRW OWL, L 92 R Nr. 135.
111 LAV NRW OWL, L 92 R Nr. 135.
112 LAV NRW OWL, L 92 R Nr. 135.
113 LAV NRW OWL, L 92 R Nr. 135.
114 LAV NRW OWL, L 92 R Nr. 135.
115 LAV NRW OWL, L 92 R Nr. 135.
116 LAV NRW OWL, L 92 R Nr. 135.
117 LAV NRW OWL, L 92 R Nr. 822, fol. 173.
118 LAV NRW OWL, L 92 R Nr. 136, 63.
119 LAV NRW OWL, L 92 R Nr. 152, fol. 3 und 8.
120 LAV NRW OWL, L 92 R Nr. 135, Schreiben an die Rentkammer vom 30. April 1827.
121 LAV NRW OWL, L 92 R Nr. 137, fol. 31.
122 LAV NRW OWL, L 92 R Nr. 136.
123 LAV NRW OWL, L 92 R Nr. 136, fol. 115.
124 Die „edictmäßige Münze" war eine Scheidemünze, also eine im Metallwert den Nennwert nicht erreichende Münze, wogegen die Courantmünze durch ihren Metallwert gedeckt war. 1841 war die Umstellung der Abgaben und Gehälter von Scheidemünzen auf Courant in den Landesverordnungen festgesetzt worden. Siehe Verordnung, die Einführung des Vierzehn-Thalerfußes als Landesmünzfuß betreffend, in: Landes-Verordnungen der Fürstenthums Lippe, 8. Bd., Detmold 1844, No. CXCI., S. 846–849.
125 LAV NRW OWL, L 92 R Nr. 136, fol. 115.
126 LAV NRW OWL, L 92 R Nr. 136, fol. 115.
127 LAV NRW OWL, L 92 R Nr. 136, fol. 118.
128 Fürstlich-Lippisches Regierungs- und Anzeigeblatt, Nr. 38, 18.9.1847; auch PETERS 1984, S. 122.
129 LAV NRW OWL, L 92 R Nr. 1239, fol. 246.
130 LAV NRW OWL, L 92 R 763 Vol. V: Acta die Bauten am Schauspielhause betr. 1834–1858.
131 LAV NRW OWL, L 77 Nr. 122, fol. 51–54v. Foto der bis 1840 erbauten und um 1960 abgerissenen Schule in der LLB, BA-DT-5-23 und 5-24, vom Abriss 5-21.
132 LAV NRW OWL, L 92 R Nr. 978, fol. 171.
133 LAV NRW OWL, L 92 R Nr. 979, fol. 49.
134 LAV NRW OWL, L 92 R Nr. 979, fol. 138.
135 PETERS 1984, S. 128.
136 PETERS 1984, S. 323 (Anm. 325).
137 LAV NRW OWL, L 92 R Nr. 804, fol. 13.
138 LAV NRW OWL, L 92 R Nr. 804, fol. 14; auch L 98 Nr. 317, unfol.
139 LAV NRW OWL, L 92 R Nr. 1212, fol. 149.
140 LAV NRW OWL, L 92 R Nr. 1212, fol. 149.
141 LAV NRW OWL, L 92 E Nr. 363, fol. 14 f., 20.
142 LAV NRW OWL, L 92 R Nr. 1629, fol. 191.
143 LAV NRW OWL, L 92 R Nr. 1249, fol. 27 (entspricht Brunes Handakte L 92 R Nr. 1251).
144 LAV NRW OWL, L 92 R Nr. 1249, fol. 41.
145 LAV NRW OWL, L 92 R Nr. 1251, fol. 87.
146 LAV NRW OWL, L 100 Nr. 125.
147 LAV NRW OWL, L 100 Nr. 125, fol. 1, 25.2.1855.
148 LAV NRW OWL, L 100 Nr. 125, fol. 23.
149 LAV NRW OWL, L 100 Nr. 125, fol. 23.
150 PETERS 1984, S. 142.
151 StA DT, D 107 D Nr. 8: Verzeichnis der Mitglieder 1831 ff. Brunes Frau hingegen nicht, im Gegensatz etwa zur Frau des Obertierarztes Cronemeyer. Prominenteste Dame unter den Mitgliedern war zweifellos Malwida von Meysenbug.
152 BALLHORN-ROSEN 1999, S. 51 f.
153 BALLHORN-ROSEN 1999, S. 191.
154 NORBERT OTTO EKE, Vormärz. Prolegomenon einer Epochendarstellung, in: NORBERT OTTO EKE (Hg.), Vormärz-Handbuch, Bielefeld 2020, S. 9–18, hier S. 9.
155 1847 Anschluss an die Bahnlinie Köln–Berlin; 1851 Gründung der Spinnerei Vorwärts Gebr. Bozi in Bielefeld.
156 <https://de.wikipedia.org/wiki/Moritz_Leopold_Petri>, 31.12.2020.
157 <http://www.llb-detmold.de/wir-ueber-uns/aus-unserer-arbeit/ausstellungen/ausstellung-1998-5.html> HARALD PILZER/ANNEGRET TEGTMEIER-BREIT (Hg.), Lippe 1848. Von der demokratischen Manier eine Bittschrift zu überreichen, Detmold 1998.
158 LAV NRW OWL, L 92 R Nr. 1248, fol. 43.
159 LAV NRW OWL, D 107 C Nr. 88: Verzeichnis von Brunes Hand. Abschrift in D 107 C Nr. 89, gedrucktes Verzeichnis siehe BRUNE, Verzeichnis der Mitglieder des naturwissenschaftlichen Vereins, in: Beilage Nr. 2 des Detmolder Bürgerblatts von 1850, Sp. 42–46. Siehe auch ERNST ANEMÜLLER, Aus der Geschichte des Naturwissenschaftlichen Vereins 1835–1935, in: Mitteilungen aus der Lippischen Geschichte und Landeskunde 15 (1935), S. 1–20.
160 BRUNE, Secr., Angelegenheiten des naturwissenschaftlichen Vereins, in: Vaterländische Blätter, 1 (1843/44), Nr. 23, 2.9.1843, Sp. 367; BRUNE, Angelegenheiten des naturwissenschaftlichen Vereins, in: Vaterländische Blätter, 1 (1843/44), Nr. 37, Sp. 591; BRUNE, Angelegenheiten des naturwissenschaftlichen Vereins, in: Vaterländische Blätter, 1 (1843/44), Nr. 48, Sp. 764; BRUNE, Naturwissenschaftlicher Verein, Jahresversammlung, in: Vaterländische Blätter, 2 (1844/45), Sp. 190–192; BRUNE, Naturwissenschaftlicher Verein, in: Vaterländische Blätter, 2

(1844/45), Nr. 18, Sp. 283; BRUNE, Naturwissenschaftlicher Verein, in: Vaterländische Blätter, 2 (1844/45), Nr. 32, Sp. 509 [Versammlung auf dem Saal der Ressource]; BRUNE, Naturwissenschaftlicher Verein [Jahresversammlung im Saal des Detmolder Gymnasiums], in: Vaterländische Blätter, 3 (1845/46), Nr. 6, Sp. 92: BRUNE, Naturwissenschaftlicher Verein, in: Vaterländische Blätter, 3 (1845/46), Sp. 121; BRUNE, Naturwissenschaftlicher Verein, in: Vaterländische Blätter, 3 (1845/46), Nr. 30, Sp. 481; BRUNE, Detmold. Generalversammlung des Naturwissenschaftlichen Vereins, in: Vaterländische Blätter, 4 (1846/47), Nr. 13, Sp. 208; LAV NRW OWL: D 107 C Nr. 88 und 89. Auch Fürstlich-Lippisches Regierungs- und Anzeigenblatt, Nr. 21, 27.5.1843, S. 242.

161 Bericht über die Verwaltung des Naturwissenschaftlichen Vereins im Jahre 1845–46, in: Vaterländische Blätter, 4 (1846/47), Nr. 31, Sp. 208, hier Sp. 219: *„Herr Baumeister Brune, der die Güte hatte, sich seit längerer Zeit den Geschäften eines Secretairs und Rechnungsführers für den Verein zu unterziehen, äußerte unlängst den Wunsch, von dem Secretariat entbunden zu seyn, und hielt es zugleich für den Verein förderlich, wenn ein besonderer Secretaire für denselben fungire."* Er schlug Archivsekretär Falkmann vor, der auf der 12. Generalversammlung auch gewählt wurde: BRUNE, Generalversammlung des Naturwissenschaftlichen Vereins, in: Vaterländische Blätter 4 (1846/47), Sp. 208. Ab dann sind die Zeitungsmeldungen über Veränderungen in der Mitgliederschaft von Falkmann unterzeichnet.

162 BRUNE, Jahresbericht über die Verwaltung des naturwissenschaftlichen Vereins vom Mai 1849 bis dahin 1850. [Nebst] Verzeichniß der Mitglieder des naturwissenschaftlichen Vereins, in: Detmolder Bürgerblatt, Nr. 2 (31.7.1850), Beilage, Sp. 37–46, besonders Sp. 38. In Sp. 42 ist Brune als Mitglied geführt. Frühere Mitgliederverzeichnisse siehe WILHELM HANSEN: Lippische Bibliographie, Detmold 1957, Sp. 24; BRUNE, Jahresbericht über die Verwaltung des naturwissenschaftlichen Vereins vom 1. Mai 1850 bis 51, in: Detmolder Bürgerblatt, Nr. 11 (28.8.1851), Sp. 214–218.

163 Dies erwähnt er beim Umbau der Turnhalle des Gymnasiums zum Sammlungsgebäude des Vereins (LAV NRW OWL, L 106 B Tit. 4 Nr. 4, unfol.).

164 BRUNE, [Bericht von der Generalversammlung des Naturwissenschaftlichen Vereins], in: Vaterländische Blätter 5, Nr. 12 (12.6.1847), Sp. 174 f.

165 George Carl Ludwig Preuß, anglisiert zu Charles Preuss, war 1803 in Höhscheid/Waldeck geboren, wurde Geometer der preußischen Regierung und wanderte 1834 mit seiner Familie in die USA aus, wo er sich 1854 das Leben nahm. <https://wiki.edu.vn/wiki17/2021/01/20/charles-preuss-wikipedia/>, Zugriff 24.12.2021.

166 Detmolder Bürgerblatt, Nr. 2 (31.7.1850), Beilage, Sp. 36. Bei dieser handelte es sich vermutlich um die dramatische, 300 Tage währende vierte Frémont-Exkursion über die Rocky Mountains (1848/49), bei der zwölf Männer den Tod fanden. Vgl. HAROLD FABER, John Charles Fremont. Pathfinder to the West (Great Explorations), New York 2003. Preuss'Tagebücher erschienen postum in amerikanischer Übersetzung: Charles Preuss, Exploring with Fremont. The Private Diaries of Charles Preuss, Cartographer for John C. Fremont on His First, Second, and Fourth Expeditions to the Far West (American Exploration & Travel series; 26), Norman 1958. Preuss' Landkarten ermöglichten die Trecks nach Kalifornien, wo zu Preuss' Zeit Gold entdeckt worden war.

167 Fürstlich-Lippisches Regierungs- und Anzeigeblatt Nr. 45, 8.11.1851, S. 667.

168 Detmolder Bürgerblatt, Nr. 6 (21.12.1850), Beilage, Sp. 138; Detmolder Bürgerblatt, Nr. 7 (6.2.1851), 2. Beilage, Sp. 166; Fürstlich-Lippisches Regierungs- und Anzeigeblatt, Nr. 48, 30.11.1850, S. 674 f. und Nr. 12, 22.3.1851, S. 196.

169 LAV NRW OWL, L 100 Nr. 125, fol. 1.

170 LAV NRW OWL, L 79 Nr. 7230: Sterbekassenverein Detmold, 1834–1905, fol. 4 und 8, und L 92 A Nr. 4356: Ehemaliges Pulverhaus im s. g. Prinzengarten. 1836 ff., fol. 33. Erstmals 1843 als Vorstandsmitglied erwähnt (Fürstlich Lippisches Regierungs- und Anzeigenblatt Nr. 15, 15.4.1843, S. 182). Noch 1851 gehörte er dem Vorstand an: LAV NRW OWL, L 92 R Nr. 848, fol. 5.

171 BRUNE, Rechenschaftsbericht des Sterbecasse-Vereins vom 4. Quart. 1850, in: Detmolder Bürgerblatt, Nr. 8, 7.5.1851, Sp. 177–180; LAV NRW OWL, L 79 Nr. 7230: Sterbekassenverein Detmold, 1834–1863, 1890–1905. Bauschreiber Adams war Verwalter des Sargmagazins.

172 LAV NRW OWL, L 100 Nr. 125, fol. 1.

173 LAV NRW OWL, L 100 Nr. 125, fol. 1.

174 LAV NRW OWL, L 100 Nr. 125, fol. 1.

175 Fürstlich-Lippisches Regierungs- und Anzeigeblatt, Nr. 12, 18.3.1848, S. 195 f.

176 Beilage zu Nr. 29 des Lippischen Volksblatts Nr. 29, 18.7.1850 und zahlreiche weitere Nummern.

177 Beilage zu Fürstlich-Lippisches Regierungs- und Anzeigeblatt Nr. 47, 25.11.1854 und Nr. 10, 10.3.1855, S. 148 f.

178 SCHÄFER 1953; bei PETERS 1984, S. 322 in abweichender Schreibweise als Korten wiedergegeben. Nicht weiter zu identifizieren.

179 Durchgesehen wurden die Ausleihjournale 1–3 (LLB: GA MS 492-1) 1824 bis Mai 1839 und die Ausleihjournale 4–6 (LLB, o. Sign.) von 15. Mai 1839 bis Ende 1855.

180 [FERDINAND BRUNE], Ueber die lange Dauer des Lebens und das Wachsthums in den Wurzeln und Stöcken der Weißtannen, in: Lippisches Magazin für vaterländische Cultur und Gemeinwohl 1 (1835/36), Nr. 1, Sp. 15/16. Zuschreibung nach PETERS 1984, S. 323.

181 Ueber die Längen der lippischen Chausseen, in: Vaterländische Blätter, 5 (1848), Nr. 22 (28.8.1847), Sp. 337–348.

182 Hoffmann's Barometer-Messungen der Meereshöhen verschiedener Puncte des Lippischen Landes und der Umgegend, in Pariser Fußen, in: Detmolder Bürgerblatt Nr. 12 (6.11.1851), Beilage, Sp. 248–251; vgl. auch desgl. in: Regierungs-Anzeigenblatt (1865), Nr. 69 (30.8.1865), S. 697, und Nr. 72 (9.9.1865), S. 726–727. Manuskript dazu in LAV NRW OWL, Nr. 4979, fol. 5–7.

183 15-seitiges Manuskript enthalten in LAV NRW OWL, L 92 A Nr. 4979, fol. 13–20.

184 LAV NRW OWL, L 108 Lage Fach 2 Nr. 21.

185 LAV NRW OWL, L 92 R Nr. 135.

186 LAV NRW OWL, L 92 R Nr. 136, fol. 70–73.

187 LAV NRW OWL, L 92 R Nr. 136.

188 JOHANN WOLFGANG VON GOETHE, Von deutscher Baukunst,

in: Goethes Werke, Hamburger Ausgabe, Bd. XII, Hamburg 1960, S. 7–15.

189 SULPIZ BOISSERÉE, Geschichte und Beschreibung des Doms von Köln nebst Untersuchungen über die alte Kirchenbaukunst, als Text zu den Ansichten, Rissen und einzelnen Theilen des Doms von Köln. München: Cotta 1823.

190 JOH[ANN]. AUG[UST]. KLEIN, Rheinreise von Mainz bis Köln. Historisch, topographisch, malerisch. Koblenz: Fr. Röhling 1828.

191 Ebda, S. 131. Der Ausbau erfolgte 1836–1842 nach Plänen von Johann Claudius von Lassaulx, revidiert von Karl Friedrich Schinkel.

192 LAV NRW OWL, L 92 R Nr. 136, fol. 65–66.

193 LAV NRW OWL, L 92 R Nr. 136, fol. 111.

194 GÜNTER SCHUCHARDT, Die Wiederentdeckung der Wartburg und ihre Verklärung zum Gesamtkunstwerk, in: MATTHIAS MÜLLER (Hg.), Multiplicatio et variatio. Beiträge zur Kunst. Festgabe für Ernst Badstübner zum 65. Geburtstag, Berlin 1998, S. 14–29, hier S. 22.

195 Vier Jahre später fuhr bereits der erste durchlaufende Schnellzug von Köln nach Berlin in 16 Stunden.

196 PETERS 1984, S. 146, 155.

197 ORTWIN PELC/SUSANNE GRÖTZ (Hg.), Konstrukteur der modernen Stadt. William Lindley in Hamburg und Europa 1808–1900 (Schriftenreihe des Hamburgischen Architekturarchivs; 23), Hamburg 2008.

198 Zit. nach PETERS 1984, S. 147.

199 BALLHORN-ROSEN 1999, S. 5. Gemeint war der dort lehrende Lemgoer Historiker Prof. Ernst Helwing (1803–1875), im gleichen Alter wie Brune.

200 Dafür kommen mehrere Detmolder Fotografen in Betracht. Siehe JOACHIM KLEINMANNS, Theodor Kliem (1824–1889) – ein früher Detmolder Bildchronist, in: Rosenland. Zeitschrift für Lippische Geschichte Nr. 28 (September 2023), S. 42–71.

201 LAV NRW OWL, L 92 R Nr. 144: Die Anstellung der herrschaftlichen Baumeister betr. 1872–1925, fol. 174.

202 LAV NRW OWL, L 114 Meysenbug, von / Familienarchiv von Meysenbug, Lauenau, Nr. 11: Carl von Meysenbug an seinen Bruder Friedrich von Meysenbug, Brief vom 28. April 1848. Er entschuldigt die Kürze des Briefes damit, dass „[…] die allgemeine Erschütterung alles bisher in der Welt Bestandenen auch unser kleines Ländchen erreicht [hat]“. D 72 Petri, Familie / Nachlass Familie Petri, Nr. 37: Schreiben des Moritz Leopold Petri, des Heinrich Schierenberg und des Karl Vette zu den Verhältnissen in Lippe während der Deutschen Revolution 1848.

203 GOTTFRIED SEMPER, in: NDB 24 (2010), online: <https://www.deutsche-biographie.de/sfz80027.html>.

204 Vaterländ. Bll. 5 (1847/48), Nr. 20, Sp. 400; Steinacker war am 2. April 1847 im Alter von nur 45 Jahren verstorben (PAUL ZIMMERMANN, Steinacker, Karl, in: Allgemeine Deutsche Biographie 35 (1893), S. 676–682; GÜNTER SCHEEL, Steinacker, Heinrich Friedrich Karl, in: Braunschweigisches Biographisches Lexikon 19. und 20. Jahrhundert, hg. v. HORST-RÜDIGER JARCK und GÜNTER SCHEEL, Hannover 1996, S. 585–586).

205 Lippisches Volksblatt 29.4.1852, Nr. 18.

206 PETERS 1984, S. 122. Nach Ballhorn-Rosen 1999, S. 222 zog Hofarzt Piderit seinerzeit das Baden im Meer dem Kuraufenthalt in Meinberg vor.

207 HEINRICH HEINE, Lutetia. 2. Teil, 1843, Artikel LVII, zit. nach Gustav Karpeles (Hg.), Heinrich Heine's Gesammelte Werke. Kritische Gesamtausgabe, Bd. 7, Berlin 1887.

208 LAV NRW OWL, L 92 R Nr. 1375, fol. 87.

209 Kirchenbuch Detmold L 112 A LKA EKvW Detmold T. Tr. B. 1853–1860, Fiche 114. Todesanzeige in Fürstlich-Lippisches Regierungs- und Anzeigeblatt, Nr. 12, 21.3.1857. Zum Weinberg-Friedhof siehe ANDREAS RUPPERT, Der Weinbergfriedhof in Detmold, in: Rosenland 10 (2010), S. 26–41. Die Grabstelle ist leider nicht erhalten.

210 SCHÄFER 1963. Bei diesem Architekten dürfte es sich um Friedrich Wilhelm Coulon (in Neuenburg: Frédéric Guillaume Coulon, 1847 geadelt) handeln, dessen Studium an der Berliner Bauakademie für 1812/23 belegt ist, und der auch Anfang der 1820er Jahre noch oder wieder in Berlin gewesen sein könnte. Diesen Hinweis verdanke ich Dr. Elisabeth Crettaz-Stürzel/Fribourg. Sie hat bereits 1982 in Ihrem Lizenziat über den Neuenburger Klassizismus gearbeitet. Vgl. auch – veröffentlicht unter ihrem damaligen Namen – ELISABETH CASTELLANI ZAHIR, Preussen, Protestantismus, Prachtbauten. „Vive le Roi!“. Klassizismus in Neuenburg zwischen 1760 und 1860, in: Kunst + Architektur in der Schweiz 46 (1995), S. 415–421.

211 Das Kirchenbuch 1853–1860 verzeichnet: „*Brune aus Halle im Ravensbergschen, Wilhelm Ferdinand, Baurath und Witwer seit 13t März d. J.*“, gestorben am 28.7. in Folge eines Schlagflusses, 55 Jahre alt, beerdigt am 1.8. Kirchenbuch Detmold L 112 A LKA EKvW Detmold T. Tr. B. 1853–1860, Fiche 114. Todesanzeige in Fürstlich-Lippisches Regierungs- und Anzeigeblatt, Nr. 31, 1.8.1857, S. 545 f. Der Geheime Domänenbaurat Bernhard Meyer berichtete 1920: „*Er starb im Dienste am Schlage, der ihn auf der Neustadt beim Palais traf.*“ (LAV NRW OWL, L 92 R Nr. 144: Die Anstellung der herrschaftlichen Baumeister betr. 1872–1925, fol. 174).

212 <https://de.wikipedia.org/wiki/Detmold>, Zugriff 31.12.2020.

213 Fürstlich-Lippisches Regierungs- und Anzeigeblatt, Nr. 33, 15.8.1857, S. 575 und S. 593 mit genauem Zeitplan (Bücher, Zeichenutensilien, Lithographien, Kupferstiche und Wein am Nachmittag des 25.8.).

214 LAV NRW OWL, L 92 R Nr.143: Besorgung der Baumeistergeschäfte nach dem Tode des Baurats Brune und dem Dienstjubiläum des Salinenbaumeisters Culemann zu Uffeln, desgleichen Anstellung des Bauinspektors Merkel und des Hofbaumeisters von Meien, Band 1, 1857–1871.

215 Heinrich Wilhelm Gustav von Meien, geboren am 28. Januar 1828, zunächst beschäftigt als Wegebaukontrolleur, 1849 wurde er in den Architektenverein zu Berlin aufgenommen (Notiz-Blatt des Architekten-Vereins zu Berlin, Nr. 6 u. 7 NF (1849), 1850 Feldmesserprüfung (LAV NRW OWL, L 92 A Nr. 38) und Bauführerprüfung in Berlin (LAV NRW OWL, L 77 A Nr. 2016), wurde 1861 zum Fürstlich Lippischen Hofbaurat ernannt. Er starb während einer Kur in Meran am 28. September 1875 an einer „*Nierenkrankheit mit hinzugetretenem Gehirnschlag*“ und wurde am 8. Oktober im Familiengrab in Exter bei Rinteln beerdigt.

216 Geboren am 4. Juli 1808 in Detmold, gestorben ebenda am 24. Dezember 1893. 1829–1832 Studium an der Akademie der Künste in München (LAV NRW OWL, L 92 A Nr. 1050), Bauinspektor, 1872 Baurat. Vgl. DOROTHEA KLUGE, Der lippische Baurat Ferdinand Ludwig August Merckel (1808–1893) und seine Kirchenbauten, in: Institut für Architektur-, Kunst- und Kulturgeschichte in Nord- und Westdeutschland, Weserrenaissance-Museum (Hg.): Historismus in Lippe (Materialien zur Kunst- und Kulturgeschichte in Nord- und Westdeutschland; 9), Marburg 1994, S. 85–102.

217 LAV NRW OWL, L 100 Nr. 509: Die Baubeamten der Forstverwaltung, 1856–1918, fol. 2.

218 LAV NRW OWL, L 92 R Nr. 143, fol. 61. Zunächst Salinenrendant, 1854 zum Salinendirektor ernannt (LAV NRW OWL, L 92 D Nr. 631), Architekt des ersten Salzufler Badehauses.

219 LAV NRW OWL, L 100 Nr. 509: Die Baubeamten der Forstverwaltung, 1856–1918, fol. 2.

220 LAV NRW OWL, L 92 R Nr. 143, fol. 10–11 und 7–8; siehe auch ALFRED BERGMANN, Beiträge zur Geschichte der lippischen Familie Merckel, in: Lippische Mitteilungen aus Geschichte und Landeskunde 32 (1963), S. 154–169, hier S. 167 f.

221 LAV NRW OWL, L 92 R Nr.143, fol. 47–52.

222 LAV NRW OWL, L 92 R Nr.143, fol. 56.

223 LAV NRW OWL, L 100 Nr. 509: Die Baubeamten der Forstverwaltung, 1856–1918, fol. 2.

224 LAV NRW OWL, L 92 R Nr.143, fol. 135–143.

225 LAV NRW OWL, L 92 R Nr.143, fol. 138.

226 LAV NRW OWL, L 92 R Nr.143, fol. 164 f.

227 LAV NRW OWL, L 92 R Nr. 144: Anstellung der herrschaftlichen Baumeister, Band 2, 1872–1925; daraus auch die nachfolgenden Angaben.

228 LAV NRW OWL, L 92 R Nr.143, fol. 223 und 225.

229 LAV NRW OWL, L 92 R Nr.143, fol. 172.

Ausgewählte Bauwerke

1 STIEGLITZ 1792–1798, LLB, Signatur TB 278g, handschriftlich signiert auf dem Vorsatzblatt.

2 Pavillon VII ist der Pavillon, der die ehemalige Reithalle, heute Stadthalle, nach Osten hin einfasst. Hier war im Obergeschoss die Bibliothek mit etwa 21.500 Bänden untergebracht.

3 Ausleihbücher der Fürstlich Öffentlichen Bibliothek, Vorläufer der heutigen Lippischen Landesbibliothek. Die Bibliothek war seit 1824 jeden Mittwoch von 14–16 Uhr geöffnet, also keine Präsenzbibliothek. Der Bibliothekar Otto Preuss (seit 1838) trug die entliehenen Bücher in das Ausleihjournal ein (vgl. HILLER VON GAERTRINGEN 1998, S. 81–95, bes. S. 90).

4 LWL-AA, Patt-26.

5 LAV NRW OWL, D 72 Emmighausen, Tagebuch, 16.8.1838 und 30.8.1837.

6 Neue Friedrichstraße 18/19 in Berlin-Mitte.

7 LAV NRW OWL, L 92 E, Nr. 359, fol. 7.

8 LAV NRW OWL, L 92 E, Nr. 359, fol. 10.

9 LAV NRW OWL, L 77 A Nr. 5713.

10 LAV NRW OWL, L 77 A Nr. 5714, fol. 102.

11 LAV NRW OWL, L 92 R Nr. 821, fol. 8.

12 LAV NRW OWL, L 92 R Nr. 821, fol. 12 und 19.

13 LAV NRW OWL, L 92 R Nr. 822, fol. 178.

14 LAV NRW OWL, L 92 R Nr. 821, fol. 32.

15 LAV NRW OWL, L 92 R Nr. 821, fol. 32.

16 LAV NRW OWL, D 73 Tit. 4 Nr. 17679.

17 LAV NRW OWL, L 92 R Nr. 822, fol. 138 und 143.

18 LAV NRW OWL, L 92 R Nr. 822, fol. 173.

19 LAV NRW OWL, L 92 R Nr. 822, fol. 173.

20 LAV NRW OWL, L 92 R Nr. 136, fol. 63.

21 1826 bis 1828 waren die Häuser Rosental 1, 2, 6 und 7 erbaut worden (Nr. 7 wurde von Werder bewohnt) sowie 1864 zwischen Nr. 2 und 6 der zurückliegende Riegel Nr. 3 bis 5. An deren Stelle war von Brune zunächst eine Kaserne geplant, die dann aber in der Leopoldstraße errichtet wurde (Kat. 38).

22 LAV NRW OWL, L 92 R 822, fol. 175 und 178.

23 Bauriss in LAV NRW OWL, L 92 R Nr. 827.

24 LAV NRW OWL, L 92 R Nr. 136, fol. 28.

25 VON DEWALL 1962, S. 96

26 VON DEWALL 1962, S. 81–112, hier S. 87.

27 VON DEWALL 1962, S. 81–112, hier S. 89, 96.

28 LAV NRW OWL, D 73 Tit. 4 Nr. 6921 f.; vgl. GAUL 1968, S. 329, 338.

29 LAV NRW OWL, L 77 C Nr. 539, fol. 163 ff., 175 ff., 190 ff. und 219 f.

30 LAV NRW OWL, D 72 Emmighausen, Tagebuch.

31 LAV NRW OWL, L 77 C Nr. 539, fol. 222 f.

32 LAV NRW OWL, L 77 C Nr. 559: Uhr des Militärgebäudes 1836–185.

33 VON DEWALL 1962, S. 81–112, hier, S. 97.

34 VON DEWALL 1962, S. 81–112, hier, S. 97.

35 Zahlreiche Honorarrechnungen in LAV NRW OWL, L 77 C Nr. 558: Gebühren des Baumeisters Brune für Baugeschäfte bei Militairgebäuden, 1843–1852.

36 LAV NRW OWL, L 77 C Nr. 1164: Einrichtung der unteren Remisenräume in der Kaserne zu belegbaren Quartieren, desgl. Erbauung eines Wagenschuppens, 1853–1861.

37 LAV NRW OWL, L 77 C Nr. 1164: Einrichtung der unteren Remisenräume in der Kaserne zu belegbaren Quartieren, desgl. Erbauung eines Wagenschuppens, 1853–1861.

38 WIERSING 1987, S. 30.

39 LAV NRW OWL, L 77 A Nr. 122, fol. 1.

40 LAV NRW OWL, L 77 A Nr. 122, fol. 9.

41 LAV NRW OWL, L 106 B Tit. 4 Nr. 1, unfoliiert.

42 LAV NRW OWL, L 77 A 1859, fol. 8.

43 LAV NRW OWL, L 106 B Tit. 4 Nr. 1, unfoliiert.

44 LAV NRW OWL, L 77 A 1859, fol. 90 f.

45 GRAEFE 1982 a, GRAEFE 1982 b, GRAEFE 1982 c.

46 GRAEFE 1982 b.

47 KLEINMANNS 1999.

48 LAV NRW OWL, L 93 B I, Tit. 6 Nr. 28, fol. 1.

49 LAV NRW OWL, L 93 B I, Tit. 6 Nr. 28, fol. 3 f.

50 LAV NRW OWL, L 93 B I, Tit. 6 Nr. 28, fol. 3. Zu Fasaneriebauten allg. vgl. ELISABETH HERGET und WERNER BUSCH: Fasanerie. In: Reallexikon zur Deutschen Kunstgeschichte, begonnen von Otto SCHMIDT, 7. Bd. München 1981, S. 437–461.

51 LAV NRW OWL, L 92 R Nr. 841, fol. 33.

52 LAV NRW OWL, L 92 R Nr. 841, fol. 33, 74.

53 LAV NRW OWL, L 92 R Nr. 841, fol. 46; der Fasanenwärter war im April 1837 eingestellt worden.

54 LAV NRW OWL, L 92 R Nr. 841, fol. 15.

55 LAV NRW OWL, L 92 R Nr. 841, fol. 79.

56 Ab 1882 wurde wieder Fasanenzucht betrieben, nun in Lopshorn.

57 1979 wurde das Amtsgericht Oerlinghausen aufgelöst und teilweise dem Amtsgericht Detmold, dem es unterstand, und dem Amtsgericht Lemgo zugeordnet.

58 Heute: Hauptstraße 19.

59 LAV NRW OWL, L 92 R, Nr. 1535.

60 LAV NRW OWL, L 92 R, Nr. 1532.

61 Im März 1834 zeichnet Brune den Anbau einer Registratur an die Amtsstube, in den Winkel des Stallanbaus hinein (LAV NRW OWL, L 92 R, Nr. 1535, Planmappe am Beginn der Akte und fol. 38).

62 LAV NRW OWL, L 92 R, Nr. 1536 fol. 32. Heute: Hauptstraße 32.

63 LAV NRW OWL, L 92 R, Nr. 1535 fol. 45.

64 Carl Theodor Heldman, geb. 26.01.1801 in Lemgo, gest. 16.12.1872 in Detmold, Sohn des Lemgoer Bürgermeisters Heldman, Studium der Rechtswissenschaften in Göttingen, ab 1822 Anwalt in Lemgo, ab 1836 Amtmann in Oerlinghausen. 1838 als Liberaler in den Lippischen Landtag gewählt, 1848 zum Regierungsrat berufen, 1868 Leiter des Kabinettsministeriums (https://de.wikipedia.org/wiki/Carl_Theodor_Heldman). Portrait, 1845, im Profil von Julius Geißler in der Sammlung der Lippischen Landesbibliothek, HSA 22-78.

65 LAV NRW OWL, L 92 R, Nr. 1536, fol. 1 f.

66 Heute: Hauptstraße 30a.

67 LAV NRW OWL, L 92 R, Nr. 1536 fol. 12.

68 LAV NRW OWL, L 92 R, Nr. 1536 fol. 27.

69 LAV NRW OWL, L 92 R, Nr. 1536 fol. 28.

70 LAV NRW OWL, L 92 R, Nr. 1536 fol. 28.

71 LAV NRW OWL, L 92 R, Nr. 1536 fol. 52.

72 LAV NRW OWL, L 92 R, Nr. 1536 fol. 98.

73 LAV NRW OWL, L 92 R, Nr. 1537 fol. 37.

74 Planung seit 1839, 1841–1844 erbaut im früheren Küchengarten gegenüber der Hauptzufahrt zur Meierei Schieder an der Chaussee nach Pyrmont. Zweigeschossiger Massivbau, traufständig zur Straße, an Vor- und Rückseite mit dreiachsigem Mittelrisalit und flachem Walmdach, die Schmalseiten dreiachsig. Putzquaderung mit betonten Ecken, der mittige Eingang mit Stichbogen und von Lisenen flankiert, die Risalite mit flachem Dreiecksgiebel, darin ein Segmentbogenfenster. Siehe LAV NRW OWL, L 92 R, Nr. 1648 und 1649.

75 Denkmalliste der Stadt Oerlinghausen, Nr. 25; Denkmalliste der Stadt Schieder-Schwalenberg, Nr. 42.

76 Allgemein zum Bautyp: JOACHIM KLEINMANNS, Schau ins Land. Aussichtstürme, Marburg 1999.

77 CHRISTIAN CAYUS LORENZ HIRSCHFELD, Theorie der Gartenkunst, 1779–1785.

78 HEERDEN-HUBERTUS 2005); KLEINMANNS 2020.

79 LAV NRW OWL, L 92 R Nr. 912: Bau eines Turms auf dem Kahlenberg bei Schieder sowie die Anlegung eines Weges dorthin, 1840.

80 PETERS 1984.

81 Zum Bautypus siehe MONIKA HARTUNG, Die Maison de Plaisance in Theorie und Ausführung. Zur Herkunft eines Bautyps und seiner Rezeption im Rheinland, Diss. RWTH Aachen 1988.

82 PETERS 1984, S. 125. Allerdings nahm Strack sein Studium erst auf, als Brune bereits nach der Feldmesserprüfung und dem Detmolder Praktikum sein Hauptstudium begann. Strack absolvierte sein Praktikum 1825 bis 1827 in Karl Friedrich Schinkels Büro und machte in Berlin Karriere.

83 PETERS 1984, S. 144 f.

84 PETERS 1984, S. 133.

85 GÜNTER KLOSS, Der Löwe in der Kunst in Deutschland. Skulptur vom Mittelalter bis heute, Petersberg 2006, S. 187.

86 Diese sind in der Bauakte LAV NRW OWL, L 92 R Nr. 1251 ausdrücklich, teils mehrfach genannt.

87 LAV NRW OWL, L 92 R Nr. 1251, fol. 7.

88 LAV NRW OWL, L 92 R Nr. 1251, fol. 14. Die Tabelle umfasst 55 Gebäude.

89 Extrablatt zur Sonntagspost, 4. Juli 1866.

Bewertung

1 Mit Ausnahme der Ämter Schötmar und Varenholz, die dem Salzufler Kunstmeister Culemann übertragen waren.

2 Auch wenn hier der preußische Major von Freymann 1829 einen – freilich nicht realisierten – Plan zur Bebauung des Lustgartens mit Kaserne, Lazarett, Veterinäranstalt und anderen kleineren Militärbauten vorgelegt hatte (GAUL 1968, S. 329).

3 DAVID GILLY, Handbuch der Landbaukunst, vorzüglich in Rücksicht auf die Construction der Wohn- und Wirthschafts-Gebäude; für angehende Cameral-Baumeister und Oeconomen, in 3 Theilen; 1. Theil, Construction der Wohn- und Wirthschaftsgebäude, Berlin: Friedrich Vieweg 1797; 2. Theil, Construction der Wohn- und Wirthschaftsgebäude, Berlin: Friedrich Vieweg 1798 (nach dem Tode von D. Gilly) (Hrsg.): 3. Theil (postum hg. von D.[Daniel] G.[Gottlob] Friderici, Anweisungen zur landwirthschaftlichen Baukunst, 1. und 2. Abteilung, Halle: Rengersche Buchhandlung 1811. Dazu die Kupfer-Sammlung zum Handbuch der Land-Bau-Kunst: vorzüglich in Rücksicht auf die Construction der Wohn- und Wirthschafts-Gebäude für angehende Kameral-Baumeister u. Ökonomen, Band 1, Braunschweig: Friedrich Vieweg 1820; Band 2, Halle: Rengersche Buchhandlung 1821.

4 Villa Schöningen, 1843–1845, Berliner Straße 86, Potsdam. Zahlreiche Parallelen Brunes zu Gilly lassen sich anführen, etwa Gillys eigenem Wohnhaus in der Wilhelmstraße in Posen, dem Vieweghaus in Braunschweig, Gefängnisentwürfe, Bauten und Entwürfe in Paretz, Jakobshagen (Dobrzany), Steinhöfel und andernorts mit ihrer Symmetrie, Traufständigkeit, Hochparterre mit Freitreppe, Mitteleingang, Mezzaningeschoss in der Attikazone, Fledermausgauben und Halbwalmdächern, bei besonderen Bauten auch Mittelrisalit und Thermenfenster.

5 1843, Berlin-Wannsee.

6 FRIEDRICH EISENLOHR, Ornamentik in ihrer Anwendung auf verschiedene Gegenstände der Baugewerke. Ausgeführt oder zur Ausführung entworfen von F. Eisenlohr, Karlsruhe 1849, 1861, [1867]; FRIEDRICH EISENLOHR, Bauverzierungen in Holz zum praktischen Gebrauch für Zimmerleute, Tischler und sonstige Holzarbeiter. Aus des Verfassers Ornamentik besonders zusammengestellt, entworfen und ausgeführt von F. Eisenlohr, Karlsruhe [1851 bis ca. 1870].

7 Zur Burgenromantik bietet einen guten Überblick der Band der Wartburg-Gesellschaft (Hg.), Burgenrenaissance im Historismus (Forschungen zu Burgen und Schlössern; 10), Berlin/München 2007; zu den unterschiedlichen Konzepten der Burgenromantik siehe JOACHIM KLEINMANNS, Die Burg als Bühne. Zum Wandel denkmalpflegerischer Konzepte im 19. und 20. Jahrhundert, in: Jahrbuch der Stiftung Thüringer Schlösser und Gärten, Bd. 6 (2002), Lindenberg 2003, S. 133–141.

8 WOLFRAM HOEPFNER und ERNST-LUDWIG SCHWANDNER, Archäologische Bauforschung, in: Berlin und die Antike. Katalog. Berlin 1979, S. 342–360, hier S. 342.

9 Zit. nach ULRICH REINISCH: Die Architekturtheorie der preußischen Oberbauräte David Gilly und François Philipp Berson, die »Landbaukunst« und das »provinzialstädtische Bürgerhaus« um 1800, in: EDUARD FÜHR/ANNA TEUT (Hg.), David Gilly. Erneuerer der Baukultur, Münster u. a. 2008, S. 33–48, hier S. 33.

10 REINHART STRECKE, Anfänge und Innovation der preußischen Bauverwaltung. Von David Gilly zu Karl Friedrich Schinkel, Köln u. a. 2000, S. 222.

11 GILLY, wie Anm. 3.

12 Zit. nach PETERS 1984, S. 120.

13 LAV NRW OWL, L 92 R Nr. 134, beiliegend Mappe 2°.

14 Zit. nach PETERS 1953, S. 207.

15 Beispielsweise LAV NRW OWL, L 92 R Nr. 892, fol. 88 oder L 92 R Nr. 831, fol. 13.

16 LAV NRW OWL, L 92 R Nr. 892, fol. 94 f., fol. 129–135. Es handelte sich um den Dekorationsmaler Karl Falcke aus Hannover der zeitgleich auch im Detmolder Schloss tätig war. Dazu THOMAS M. DANN, „Ergötzlich ist auch des Fürsten Leopold große Vorliebe für Schieder". Ausstattungsgeschichte und -merkmale einer lippischen Sommerresidenz vom Barock bis zum Historismus, in: Anzeiger des GNM 2012, S. 53–68; GEORG KASPAR NAGLER, Neues allgemeines Künstler-Lexicon oder Nachrichten von dem Leben und den Werken der Maler […], 4. Bd., München: E. A. Fleischmann 1837, vermerkt auf S. 237 lediglich „Falk oder Falcke, Maler zu Hannover, der treffliche Fruchtstücke malt. Dieser Künstler gehört unserer Zeit an, wir können aber keine nähern Nachrichten von ihm geben."; Falck wohnte 1849 in Hannover Am Graben 7, vgl. Adressbuch der Königlichen Haupt- und Residenzstadt Hannover, 1849, S. 82.

17 LAV NRW OWL, L 93 B III Tit. 4 Nr. 6 Bd. 4: Reparaturen am Donoper Teich, 1841–1854, fol. 162: GPM Stein, 22.6.1854

18 HARALD KELLER, Archivschule Marburg, zit. nach STRECKE 2000, S. 222.

19 STRECKE 2000, S. 222.

20 ADOLF GREGORIUS (Hg.), Ernst von Bandel. Erinnerungen aus meinem Leben, Detmold 1937, S. 347 f.

21 LAV NRW OWL, L 92 R Nr. 949, fol. 12, 30.5.1832.

22 LAV NRW OWL, L 92 S Nr. Nr. 0 Tit. III a Nr. 8: Eiskeller auf dem hiesigen Schloß-Walle, 1788–1870, fol. 50 f.

23 LAV NRW OWL, L 92 R Nr. 135, 11.07.1828.

24 LAV NRW OWL, L 92 R Nr. 151, fol. 1.

25 PETERS 1953, S. 197.

26 Zit. nach PETERS 1953, S. 204.

27 PETERS 1953, S. 205.

28 Historisch-geographisches Handbuch des Fürstenthums Lippe, hg. und mit einem Addreßbuche versehen von FRIEDRICH WILLHELM VON CÖLLN, Leipzig: Engelmann 1829, S. 254.

29 LAV NRW OWL, L 77 B Nr. 603, Brief vom 31. März 1839 an Graf Friedrich zur Lippe auf dem Lippehof in Lemgo.

30 PETERS 1953, S. 213.

31 So äußerte sich etwa 1825 der Kammerrat Stein (nach PETERS 1953, S. 201).

32 LAV NRW OWL, L 92 R 1212, fol. 149.

33 KARL FRIEDRICH SCHINKEL, Über die Erhaltung aller Denkmäler und Altertümer unseres Landes, 1815, Wiederabdruck in JULIUS KOTHE, Zur Geschichte der Denkmalpflege in Preußen, in: Die Denkmalpflege 3 (1901), S. 6 f.

34 LAV NRW OWL, L 77 A 1859, fol. 90–91 v.

35 LAV NRW OWL, L 77 A 1859, fol. 93–94.

36 LAV NRW OWL, L 77 A 1859, fol. 94 v.

37 LAV NRW OWL, L 92 A Nr. 4979, v. a. fol. 24–40.

38 CHRISTIAN GOTTLIEB CLOSTERMEIER, Wo Hermann den Varus schlug, Lemgo 1822.

39 GÜNTER SCHUCHARDT, Die Wiederentdeckung der Wartburg und ihre Verklärung zum Gesamtkunstwerk, in: MATTHIAS MÜLLER (Hg.), Multiplicatio et variatio. Beiträge zur Kunst. Festgabe für Ernst Badstübner zum 65. Geburtstag, Berlin 1998, S. 14–29, hier S. 22.

40 JOHANN AUGUST RÖBLING, Vorlesungsmitschrift Stadtbaukunst, 1824/25, Rutgers University Libraries, New Brunswick, Special Collection and University Archives: Roebling Family Papers, MC 654 (Student notebook), zit. nach SALGE 2021, S. 209.

41 LAV NRW OWL, L 92 A Nr. 4979, fol. 17.

42 LAV NRW OWL, L 92 A Nr. 4979, fol. 18.

43 LAV NRW OWL, L 92 R Nr. 848, fol. 5.

44 LAV NRW OWL, L 92 R Nr. 143, fol. 17.

45 LAV NRW OWL, L 92 R Nr. 143, fol. 136.

46 LAV NRW OWL, L 92 R Nr. 143, fol. 17.

47 PETERS 1984, S. 123.

48 PETERS 1984, S. 121.

49 Zit. nach PETERS 1984, S. 151.

Werkkatalog

1 Vgl. die Liste im Anhang.

2 SCHÄFER 1956, nach Anemüller.

3 LAV NRW OWL, L 92 R Nr. 135.

4 Vorgang nicht in L 92 R Nr. 1182 enthalten.

5 Vorgang ebenfalls nicht in L 92 R Nr. 1182 enthalten.

6 LAV NRW OWL, L 77 C Nr. 538, fol. 220.

7 Nach GAUL, 1968, S. 414–415.

8 Ab 1925 nutzte die Lippische Landesbrand-Versicherungsanstalt das Akademiegebäude. 1977 Abbruch und nachfolgend bis 1979 Bau des Kaufhauses Karstadt nach Entwürfen von Friedrich Spengelin, 2012–2014 Umbau nach Plänen von Pfeiffer Ellermann Preckel in ein Einkaufszentrum mit mehreren Ladenlokalen. Das Karstadt-Gebäude wurde dabei bis auf die Tragstruktur entkernt und teilweise abgebrochen.

9 FRIEDRICH JOHANN ERNST SCHULZ, Versuch einiger Beiträge zur Hydraulischen Architektur, Königsberg: Nicolovius 1808,

digitalisiert: https://opacplus.bsb-muenchen.de/title/BV00 1548060. Der Königlich Preußische Kriegs- und Domänen-Rat und Wasserbau-Direktor für Ostpreußen und Litauen beschreibt die Waage in § 48: *„Unter mehreren verschiedenen Gattungen Wagebrücken, von denen sich in der Sammlung der école des ponts et chaussées eine Menge Modelle befinden, führe ich nur eine äußerst einfache an, die in Taf. XVII. fig. 114. abgebildet ist. Der Zweck dieser Art Brücken ist bekanntlich, beladene Wagen, mit ihrer Ladung, indem sie auf die Brücke fahren, sogleich zu wiegen, ohne sie abzuladen. Die Brücke a b hängt zu dem Ende, in i und i, an zwei Winkelhebeln, die in k und l um starke Bolzen beweglich, und jeder mit einem langen eisernen Arm k F und l G versehen sind, an deren Enden sich starke Gewichte F und G befinden: Da i k F und i l G rechte Winkel machen, so sieht man leicht, daß eine sehr kleine Belastung der Brücke a b, die Arme i F und i G, etwas von ihrer vertikalen Lage entfernen werde; die Last müßte aber unendlich groß seyn, um i l und i k in eine völlig vertikale, oder k F und l G in eine völlig horizontale Lage zu bringen. Die verschiedenen Zwischen-Grade der Neigung von k F und l G, bestimmen also, mittelst eines angebrachten Gradmessers, das Gewicht, welches auf a b ruht; dieß kann, nach Abzug des Gewichts der unbeladenen Brücke an sich, auf dem Gradmesser ein für allemal in Zahlen angedeutet seyn. Zieht man dann also das früher ausgemittelte Gewicht des Wagens ab, so wird das Gewicht der Ladung mit ziemlicher Genauigkeit, und zwar außerordentlich schnell bestimmt. Uebrigens versteht es sich von selbst, daß die Hebel i k und i l nur wenige Zolle lang seyn müssen, damit die Wagebrücke a b in keinem Fall mehr als ein Paar Zoll herabgedrückt werde, und der Wagen, mittelst der an beiden Seiten angebrachten Appareillen bequem herüberfahren könne.“* Querschnitt auf Tafel XVII, Figur 114.

10 LAV NRW OWL, L 106 B Tit. 4 Nr. 1, unfoliiert.

11 LAV NRW OWL, M 8 Nr. 539.

12 So inserierte er im Fürstlich-Lippischen Regierungs- und Anzeigeblatt, Nr. 14, vom 8.4.1843, S. 166: *„Diejenigen, welche hier an dem Nachlaß des am 1sten d. M. hierselbst verstorbenen Freiherrn Louis von Eller-Eberstein Forderungen zu machen haben, wollen sich nur an den Unterzeichneten wenden.“*

13 Schauf oder *„gewöhnliches Gebinde“* ist synonym für Garbe zu verstehen. 10 Schaufen ergeben 1 Hauf (andernorts auch Dieme genannt), 5 Hauf Roggen bzw. Weizen oder 6 Hauf Gerste bzw. Hafer sind 1 Fuder (vgl. die *„Allgemeinen Vorerinnerungen“* im Salbuch der Vogtei Falkenberg im Amt Detmold von 1782, fol. 31).

14 KARL-HEINZ SCHODROK, Ludwig Steineke. Erster Turn-, Fecht-, Schwimm- und Tanzlehrer in Detmold, in: Vierhundert Jahre Leopoldinum Detmold. 1602–2002, Detmold 2002, S. 92–98, hier S. 95.

15 HILLER VON GAERTRINGEN 1998.

16 Schreiben Otto Preuß' an den Kammerdirektor Rohdewald vom 1.11.1848. LLB-Archiv, Acta generalia 1 Nr. 68. BALLHORN-ROSEN 1999, S. 422 beschrieb, dass Preuß aus seiner Bibliothek dem Reitunterricht der Prinzessinnen zusehen konnte.

17 Anzeigen des Zirkusdirektors Renz im Fürstlich Lippischen Regierungs- und Anzeigeblatt Nr. 45 vom 4.11.1848, S. 652 f.; Nr. 46 vom 11.11.1848, S. 663 f.; Nr. 47 vom 18.11.1848, S. 677.

18 Fürstlich Lippisches Regierungs- und Anzeigeblatt Nr. 45 vom 4.11.1848, S. 648; Nr. 46 vom 11.11.1848, S. 661.

19 JOACHIM KLEINMANNS, Schau ins Land. Aussichtstürme, Marburg 1999, S. 7.

20 FERDINAND FREILIGRATH/LEVIN SCHÜCKING, Das malerische und romantische Westphalen, Barmen: Langewiesche 1841.

21 LAV NRW OWL, L 92 A Nr. 4979, fol.18.

22 Zit. nach STIEWE 2019, 20.

23 Zwei farbige Entwurfsblätter (FRD, Plan 6,14 und 6,15) in ZUR LIPPE 2004, S. 19.

24 Zit. nach PETERS 1984, S. 129.

25 BALLHORN-ROSEN 1999, S. 328 beschrieb die Möglichkeit, von der Bibliothek auf die Reitbahn schauen zu können 1851: *„Die Prinzessinnen haben Reitunterricht bei ihm auf der Reitbahn, und unser Bibliothekar Preuß braucht von einem Fenster, das nach der Reitbahn kuckt, nur einen Quartanten wegzunehmen, um dem interessanten Unterrichte zu zu sehen.“*

26 FRIEDRICH WILHELM KLUMPP, Das Turnen. Ein deutschnationales Entwicklungs-Moment, Stuttgart: Cotta 1842.

27 Zu dem Anlass wurde dem Gymnasium eine von der weiblichen Jugend der Stadt (welche die Turnhalle übrigens nicht benutzen durfte) eine Fahne gestickt, die in einer Nachbildung von 1957 erhalten ist. Vgl. ANNEGRET TEGTMEIER-BREIT, Turnen für das Vaterland. Einweihung der neuen Turnhalle für das Detmolder Gymnasium, in: HARALD PILZER und ANNEGRET TEGTMEIER-BREIT (Hg.), Lippe 1848. Von der demokratischen Manier eine Bittschrift zu überreichen, Detmold, 1998, S. 59–61. Siehe auch Fürstlich-Lippisches Regierungs- und Anzeigeblatt, Nr. 49, 6.12.1845, S. 525 f.

28 KARL-HEINZ SCHODROK, Ludwig Steineke. Erster Turn-, Fecht-, Schwimm- und Tanzlehrer in Detmold, in: Vierhundert Jahre Leopoldinum Detmold. 1602–2002, Detmold 2002, S. 92–98, hier S. 98.

29 STIEWE 2019, S. 17 f.

30 STIEWE 2019, S. 17.

31 Daten nach einer Tabelle Brunes in LAV NRW OWL, L 92 R Nr. 1251, fol. 14.

32 JAN MENDE, Die Tonwarenfabrik Tobias Chr. Feilner in Berlin. Kunst und Industrie im Zeitalter Schinkels, Diss. Potsdam 2010.

33 Solche *„Vor- oder Doppelfenster“* waren erst im Jahr zuvor im Lippischen Volksblatt, Beilage zu Nr. 5 (29. Januar 1852) zur Ersparnis von Heizmaterial empfohlen worden. Möglicherweise stammt der anonyme Artikel sogar von Brune.

Anhang

1 Die Quellen wurden, abweichend von den Richtlinien der Archivschule Marburg, buchstabengetreu übertragen.

2 LAV NRW OWL, L 92 R Nr. 126.

3 LAV NRW OWL, L 92 R Nr. 132, fol. 16.

4 LAV NRW OWL, L 92 A Nr. 176, fol. 31–44.

5 LAV NRW OWL, L 92 R Nr. 134, fol. 9.

6 LAV NRW OWL, L 92 R Nr. 135, fol. 45.

7 LAV NRW OWL, L 92 R Nr. 136, fol. 14.

8 LAV NRW OWL, L 92 R Nr. 1375, fol. 147.

9   Er wurde neben seiner Frau Marie, geb. Priester, auf dem Weinbergfriedhof bestattet, die, am 17. Februar 1813 geboren, schon am 11. September 1871 gestorben war. Déjean gehörte zu jenen Hofhandwerkern, die anfänglich nur für den Hof arbeiten durften, für ihren Aufenthalt kein Bürgerrecht benötigten und keine städtischen Abgaben zu zahlen brauchten. In der Bürgerrolle der vereinigten Altstadt und Neustadt von 1845 wird er dann jedoch als Bürger aufgeführt. Vgl. ANDREAS RUPPERT, Der Weinbergfriedhof in Detmold, in: Rosenland 10 (2010), S. 26–41, hier S. 39.

10   STIEWE 2000, S. 227–308.

11   StA Lemgo, NL 34 Overbeck (Familienarchiv).

12   LAV NRW OWL, L 92 A Nr. 3404: Einführung des preußischen Maßes und Gewichts, 1856–1859.

13   Gerundet nach VERDENHALVEN 1968; SAUER 2002, 576–577.

LITERATUR

Aufgenommen wurden die mehrfach zitierte Literatur und alle Schriften zu Ferdinand Brune.

Ballhorn-Rosen 1999
FRIEDRICH BALLHORN-ROSEN, Welch tolle Zeiten erleben wir! Die Briefe des lippischen Kanzlers Friedrich Ernst Ballhorn-Rosen an seinen Sohn Georg in Konstantinopel, 1847–1851, bearb. von Agnes Stache-Weiske (Lippische Geschichtsquellen; 23), Detmold 1999

Duncker 1860/61
ALEXANDER DUNCKER, Die ländlichen Wohnsitze, Schlösser und Residenzen der ritterschaftlichen Grundbesitzer in der preußischen Monarchie nebst den Königlichen Familien-, Haus-, Fideikommiss- und Schatullgütern in naturgetreuen, künstlerisch ausgeführten, farbigen Darstellungen nebst begleitendem Text, Band 3, Duncker, Berlin 1860/61

Fink 2002
HANNS-PETER FINK, Leopoldinum. Gymnasium zu Detmold 1602–2002, Bielefeld 2002

Gaul 1968
OTTO GAUL, Stadt Detmold. Mit geschichtlichen Einleitungen von Erich Kittel (Bau- und Kunstdenkmäler von Westfalen; 48), Münster 1968

Gerking 2004
WILLY GERKING, Die landesherrliche Meierei Falkenhagen, in: Lippische Mitteilungen aus Geschichte und Landeskunde 73 (2004), S. 187–206

Graefe 1982 a
RAINER GRAEFE, Schinkels Blechzelte und ein Nachfolger in Detmold, in: Bauwelt 73 (1982), S. 333-336

Graefe 1982 b
RAINER GRAEFE, Das Vordach der Detmolder Schloßwache, in: Lippische Mitteilungen 51 (1982), S. 199–210

Graefe 1982 c
RAINER GRAEFE, Zu Schinkels Entwürfen blecherner Vorzelte, db. Deutsche Bauzeitung, 116 (1982), Heft 7, 39–41

Graefe 1984
RAINER GRAEFE, Blechzelte, in: Schattenzelte. Schinkels Blechzelte und Nachfolgebauten (Institut für Leichte Flächentragwerke, Universität Stuttgart, IL 30), Stuttgart 1984, 132–149

Heerden-Hubertus 2005
ANNE HEERDEN-HUBERTUS: … schon von weit her ins Auge fallendes Point-de-Vue. Der Aussichtsturm auf dem Kahlenberg bei Schieder, Kreis Lippe. In: Denkmalpflege in Westfalen-Lippe, 11 (2005), S. 58–60

Hiller von Gaertringen 1998
JULIA FREIFRAU HILLER VON GAERTRINGEN, Die Fürstlich Öffentliche Bibliothek zu Detmold 1848. Zur Leser- und Lesegeschichte des Revolutionsjahres, in: HARALD PILZER/ANNEGRET TEGTMEIER-BREIT (Hg.), Lippe 1848. Von der demokratischen Manier eine Bittschrift zu überreichen (Auswahl- und Ausstellungskataloge der Lippischen Landesbibliothek Detmold; 34), Detmold 1998, S. 81–95

Kiewning 1925
HANS KIEWNING, Ein Aussichtsturm auf der Grotenburg, in: Vaterländische Blätter. Lippisches Magazin. Organ des Naturwissenschaftlichen Vereins für das Fürstentum Lippe und des Lippischen Bundes Heimatschutz, N. F. 4 (1925) Nr. 15 vom 1. Oktober, S. 118–120

Kleinmanns 1996
JOACHIM KLEINMANNS, Über Nutzen und Vorgehen archivalischer Bauforschung. In: Fritz Wenzel (Hg.), Jahrbuch 1994 des Sonderforschungsbereiches 315 „Erhalten historisch bedeutsamer Bauwerke", Berlin 1996, S. 35–64.

Kleinmanns 1999
JOACHIM KLEINMANNS, „Fasanerie im hiesigen Thiergarten". Zur Baugeschichte der fürstlich-lippischen Fasanerie auf dem Gelände des Freilichtmuseums, in: Stefan BAUMEIER und Jan CARSTENSEN (Hg.), Beiträge zur Volkskunde und Hausforschung, 8, Detmold 1999, S. 105–122

Kleinmanns 2007
JOACHIM KLEINMANNS, Ferdinand Wilhelm Brune (1803–1857). Fürstlich Lippischer Landbaumeister, in: Jahrbuch Westfalen 2008 (Westfälischer Heimatkalender; NF 62) Münster 2007, S. 206–213

Kleinmanns 2012
JOACHIM KLEINMANNS, Das Detmolder Rathaus. Klassizistische Stadtplanung in einer kleinen Residenzstadt (Teil 1), in: Lippische Mitteilungen aus Geschichte und Landeskunde 81 (2012), 211–241

Kleinmanns 2013 a
JOACHIM KLEINMANNS, Das Detmolder Rathaus. Klassizistische Stadtplanung in einer kleinen Residenzstadt (Teil 2), in: Lippische Mitteilungen aus Geschichte und Landeskunde 82 (2013), 252–277

Kleinmanns 2013 b
JOACHIM KLEINMANNS, Preußische Architektur. Das Ferdinand-Brune-Haus in Detmold, in: Heimatland Lippe, 106 (2013), S. 108–109

Kleinmanns 2018
JOACHIM KLEINMANNS, Vor 106 Jahren. Großfeuer zerstört Detmolder Hoftheater, in: Heimatland Lippe, 111 (2018), S. 8–9

Kleinmanns 2019
JOACHIM KLEINMANNS, Das Detmolder Landestheater (Lippische Kulturlandschaften, 42), Detmold 2019

Kleinmanns 2020
JOACHIM KLEINMANNS, Blickpunkt und Belvedere. Ein Aussichtsturm auf dem Kahlenberg bei Schieder. In: Heimatland Lippe, 113 (2020), S. 72–73

Kleinmanns 2021 a
JOACHIM KLEINMANNS, Das alte Detmolder Hoftheater. Baugeschichte von seiner Fertigstellung 1828 bis zum Brand am 5. Februar 1912, in: Lippische Mitteilungen aus Geschichte und Landeskunde 90 (2021), S. 172–199

Kleinmanns 2021 b
JOACHIM KLEINMANNS, Das Oerlinghauser Amthaus. Ein Hauptwerk Ferdinand Brunes, in: Rosenland. Zeitschrift für Lippische Geschichte 26 (Dezember 2021), S. 2–9

Kleinmanns 2022 a
JOACHIM KLEINMANNS, Die Detmolder Badeanstalt in der Werre, in: Heimatland Lippe 115 (2022), Heft 3, S. 20–21

Kleinmanns 2022 b
JOACHIM KLEINMANNS, Die Detmolder Feuerwehr und ihre Spritzenhäuser, in: Lippische Mitteilungen aus Geschichte und Landeskunde 91 (2022), S. 79–101

Linde/Rügge/Stiewe 2004
ROLAND LINDE/NICOLAS RÜGGE/HEINRICH STIEWE, Adelsgüter und Domänen in Lippe. Anmerkungen und Fragen zu einem brach liegenden Forschungsfeld, in: Lippische Mitteilungen aus Geschichte und Landeskunde 73 (2004), S. 13–107

Linde 2005
ROLAND LINDE, Das Rittergut Gröpperhof (Höfe und Familien in Westfalen und Lippe; 2), Münster 2005

Linde/Stiewe 2020
ROLAND LINDE und HEINRICH STIEWE, Lippe zur Zeit der Fürstin Pauline (Lippische Kulturlandschaften; 46), Detmold 2020

Lösche 2004
DIETRICH LÖSCHE, Staatliche Bauverwaltung in Niedersachsen. Vom Ortsbaubeamten im Landbaudistrikt zum Staatlichen Baumanagement, Gütersloh 2004

Marperger 1728
PAUL JACOB MARPERGER, Singularia Aedilitia, oder, Sonderbahre Gedancken, Nachrichten und historische Begebenheiten vom Bau-Wesen. Erste Piece, Dresden 1728

Mertens 1990
KLAUS MERTENS, Das kursächsische Oberbauamt und Matthäus Daniel Pöppelmann, in: KURT MILDE, KLAUS MERTENS (Hg.), Matthäus Daniel Pöppelmann 1662–1736 und die Architektur der Zeit Augusts des Starken (Fundus-Bücher; 125), Dresden 1990, S. 28–39

Peters 1953
GERHARD PETERS, Baugeschichte der Stadt Detmold, in: Geschichte der Stadt Detmold, hg. vom Naturwissenschaftlichen und historischen Verein für das Land Lippe, Detmold 1953, S. 182–225

Peters 1984
GERHARD PETERS, Das Fürstliche Palais in Detmold. Architektur und Geschichte 1700 bis 1950 (Sonderveröffentlichungen des Naturwissenschaftlichen und Historischen Vereins für das Land Lippe; 34), o. O. [Detmold] 1984

Redlich 1964
JÖRG REDLICH, Schloss Patthorst. Bericht zum Bauaufmaß vom 1. März 1964. Einschließlich Lageplan 1822, 1864 und 1964. o. O. 1964 (Stadtbibliothek Bielefeld, Signatur K 115/415 und Kartensammlung LK 3/5)

Rinke/Kleinmanns 2001
BETTINA RINKE/JOACHIM KLEINMANNS, Elias und Heinrich van Lennep. Kupferstecher und Ingenieure des 17. Jahrhunderts (Kataloge des Lippischen Landesmuseums Detmold; 4), Detmold 2001

Salesch/Springhorn 2003
Martin Salesch/Rainer Springhorn (Hg.), Glänzend war ihr Adel. Der Hamburger Barockmaler Hans Hinrich Rundt am Hofe der Grafen zur Lippe (Kataloge des Lippischen Landesmuseums Detmold; 9). Detmold o. J. (2003)

Salge 2021
Christiane Salge, Baukunst und Wissenschaft. Architektenausbildung an der Berliner Bauakademie um1800, Berlin 2021

Sauer 2002
Heinz Sauer, Burg und Schloss Brake. 1000 Jahre Baugeschichte (Lippische Studien; 17), Lemgo 2002

Schäfer 1953
SHL [Hermann Ludwig Schäfer]: Hut vor dir ab, Ferdinand Wilhelm Brune! Ein großer Baumeister vor 100 Jahren. In: Lippische Landeszeitung, Jg. 187 (1953), Nr. 256 vom 3. November)

Schäfer 1956
HLS [Hermann Ludwig Schäfer], Lippische Maler und bildende Künstler. Ferdinand Wilhelm Brune. In: Lippische Landeszeitung, Jg. 190 (1956), Nr. 210 vom 8. September

Schäfer 1963
HLS [Hermann Ludwig Schäfer], Einst am schönen Hang neben der Werre in alter Residenz Detmold. Kühne Pläne des Baumeisters Ferdinand Wilhelm Brune. Geplante „Sonnenstraße" zwischen dem Alten Postweg und Dolzer Teich, in: Lippische Landeszeitung 197 (1963), Nr. 153 vom 6. Juli, S. 8

Schmidt 1964
Walter Schmidt, Schieder. Die Geschichte eines lippischen Dorfes, o. O. (Bielefeld) 1964

Steichele 1997
Elisabeth Steichele, Landbaumeister Ferdinand W. Brune und seine Spuren im Detmolder Stadtbild, in: Eckart Bergmann und Jochen Güntzel (Hgg.), Baumeister und Architekten in Lippe (Sonderveröffentlichungen des Naturwissenschaftlichen und Historischen Vereins für das Land Lippe; 47), Bielefeld 1997, S. 77–95

Stieglitz 1792–1798
Christian Ludwig Stieglitz, Encyklopädie der bürgerlichen Baukunst, in welcher alle Fächer dieser Kunst nach alphabetischer Ordnung abgehandelt sind. Ein Handbuch für Staatswirthe, Baumeister und Landwirthe, Leipzig: Caspar Fritsch 1792–1798

Stiewe 2000
Heinrich Stiewe, Pfarrhausbau in Lippe, in: Thomas Spohn (Hg.), Pfarrhäuser in Nordwest-Deutschland (Beiträge zur Volkskultur in Nordwestdeutschland; 100), Münster 2000, S. 227–308

Stiewe/Dann 2013
Heinrich Stiewe/Thomas Dann, Schloss und Schlossgarten Schieder (Lippische Kulturlandschaften; 22), Detmold 2013

Stiewe 2018
Heinrich Stiewe, Festung, Krug und „Bierkathedrale". Neuzeitliche Bautätigkeit an den Externsteinen, in: Larissa Eikermann, Stefanie Haupt, Roland Linde und Michael Zelle (Hg.): Die Externsteine. Zwischen wissenschaftlicher Forschung und völkischer Deutung (Veröffentlichungen der Historischen Kommission für Westfalen, Neue Folge; 31, zugleich: Schriften des Lippischen Landesmuseums Detmold; X, zugleich: Sonderveröffentlichungen des Naturwissenschaftlichen und Historischen Vereins für das Land Lippe; 92), Münster 2018, S. 179–221

Stiewe 2019
Heinrich Stiewe, Die frühere Domäne Schieder (Lippische Kulturlandschaften; 43), Detmold 2019

Strecke 2000
Reinhart Strecke, Anfänge und Innovation der preußischen Bauverwaltung. Von David Gilly zu Karl Friedrich Schinkel (Veröffentlichungen aus den Archiven Preußischer Kulturbesitz, hg. von Jürgen Kloosterhuis und Iselin Gundermann, Beiheft 16), Köln, Weimar, Wien 2000

Sturm 1714
Leonhard Christoph Sturm, Prodromus Architecturae Goldmannianae, Oder Getreue und gründliche Anweisung ... Als eine Vorbereitung Zu einer vorhabenden neuen, sehr vermehrten, verbesserten und bequemern Edition der vollständigen Anweisung Zu der Civil-Bau-Kunst heraus gegeben, Und in netten Kupfferstichen mit unterschiedlichen Baumeisterischen Erfindungen erläutert, Augsburg 1714

Verdenhalven 1968
Fritz Verdenhalven, Alte Maße, Münzen und Gewichte aus dem deutschen Sprachgebiet, Neustadt an der Aisch 1968

von der Horst 1894

KARL ADOLF FREIHERR VON DER HORST, Die Rittersitze der Grafschaft Ravensberg und des Fürstentums Minden, Berlin 1894

von Dewall 1962

HANS VON DEWALL, Kurzer Abriss der lippischen Militärgeschichte nebst Fahnengeschichte und Ranglisten von 1664 bis 1806, in: Lippische Mitteilungen aus Geschichte und Landeskunde, 31 (1962), S. 81–112

von Dewall 1963

HANS VON DEWALL, Die lippischen Offiziere im Reichskontingent und im Füsilier-Bataillon Lippe bis zu dessen Auflösung im Jahre 1867, in: Beiträge zur westfälischen Familienforschung 21 (1963), S. 38–81

von Müller 1939

HANS VON MÜLLER, Johann Ernst Tiemann in Ravensberg und Minden, in: 53. Jahresbericht des Historischen Vereins für die Grafschaft Ravensberg zu Bielefeld (1939), S. 1–128

Wiersing 1987

KURT WIERSING, 40 Jahre Regierungspräsident in Detmold. Ein baugeschichtlicher Rückblick, o. O. (Detmold) 1987

Ziegler 2020

DIETER ZIEGLER, Wirtschaftlich-industrieller Strukturwandel, in: NORBERT OTTO EKE (Hg.), Vormärz-Handbuch, Bielefeld 2020, S. 94–105

zur Lippe 2004

ARMIN ZUR LIPPE, Lopshorn. Eine Chronik. Werte der Tradition. Bausteine für die Zukunft, Detmold 2004

REGISTER

Ortsregister

Ahlbrock, Vorwerk bei Brakel 90

Altenbeken 19, 27, 51, 70, 237, 249

Alverdissen 47, 201, 251 f.

Augustdorf 18, 45, 139 f., 155, 157, 183

Bad Meinberg > Meinberg

Bad Nenndorf > Nenndorf

Bad Salzuflen > Salzuflen

Banteln, Gut bei Hildesheim 90

Barntrup 18, 20, 27, 40, 50, 104, 109 f., 173 f., 178, 233, 245, 251 f.

Barntrup, Meierei 25, 43 f., 90–92, 97, 138 f., 156, 173–176, 178, 194–203, 207, 220

Bega 103, 210

Berlebeck 18, 26 f., 29, 50, 72, 78, 127, 166, 213, 224, 248, 287

Berlin 8, 13 f., 16, 18, 20 f., 28, 30–32, 34–37, 46 f., 51, 69, 81, 88, 90, 94 f., 103, 193, 237, 250

Bexten 25, 227

Bielefeld 27, 31, 35, 44, 46, 78, 90

Biesterfeld 38 f., 226, 252

Billerbeck 166

Blomberg 10, 14, 78, 115, 131, 155, 162 f.

Brackwede b. Bielefeld 27, 31, 78, 129, 250

Brake (Lemgo-Brake) 14, 17, 20, 24, 27, 29, 38 f., 40, 43, 47, 62, 97, 118 f.123, 126–128, 134, 139, 146, 149, 155, 168, 178, 184–189, 210, 212, 222, 225, 233, 237, 245, 251 f., 268

Brakelsiek 26, 61, 78

Braunschweig 45 f.

Bredelar 51, 70

Bremen 27, 247

Brotterode 21, 36, 237

Brüssel 46

Büllinghausen 38, 134, 136, 149, 178, 187 f., 225, 251 f.

Como 28

Dahlhausen, Gut 47, 237

Derneburg 37, 250

Detmold 5, 8, 9, 10 f., 14, 16, 18 f., 21, 23–27, 28–31, 35–37, 39–48, 50 f., 53–55, 56 f., 59, 61–72, 76, 78–81, 84 f., 87–89, 92 f., 94–97, 100–106, 108 f., 111–115, 116, 118 f., 120–125, 129, 130–135, 136, 138–140, 142–146, 148, 150–157, 160, 162–166, 168, 171–173, 175–178, 180–189, 190–193, 201, 204–216, 218–224, 226, 232 f., 236 f., 242–247, 250 f., 255–258

Donoper Teich 95, 139 f., 216 f., 224, 248 f., 251, 258

Dorotheenthal, Meierei 170 f.

Dresden 28, 46

Eickernmühle 168, 225

Erder 18, 26 f., 50, 62, 225

Erfurt 44

Exter b. Rinteln 255

Externsteine 11, 27, 78, 142 f., 145, 163, 174

Extertal 108, 126, 142, 175, 221

Fahrenbreite, Vorwerk 118 f.

Falkenhagen 19, 38 f., 91, 106, 109 f.,146–148, 156, 178, 183,186, 192, 215, 221, 227, 233, 251 f.

Farmbeck 14

Feldrom 26, 78

Frankfurt/Main 44, 46, 88, 108, 249

Gernheim 27, 51,62

Glienicke 94

Gotha 46, 98

Göttentrup 26, 160

Göttingen 14, 257

Gröpperhof 14, 237, 243

Grotenburg 28, 45, 94, 98, 151–153

Hagen/Westf. 18

Hakedahl 81

Halle/Westf. 8, 30f., 34 f., 39 f., 45, 231, 242, 249–252, 255

Hamburg 10, 46, 242

Hameln 28, 42, 90 f., 139, 160, 242

Hannover 11, 27, 40, 95, 150, 155 f., 237, 258

Hannoversch Münden 61

Heidbrink, Gut bei Polle 90

Heiligenkirchen 16, 27, 138, 166, 215 f., 218 f., 224, 248, 251

Herborn, Vorwerk 109–111, 174 f., 178 f.

Herford 35, 46, 250

Herlinghausen 27

Hessen, Kurfürstentum 27, 76, 249

Hiddesen 14, 18, 26 f., 38 f., 50, 72, 115, 160, 166–169, 215, 224

Hildesheim 28, 90

Holzhausen bei Horn 26, 28, 50, 102, 153

Holzminden 24, 26, 46, 50, 163, 237

Horn 36, 38, 78, 102, 131, 142, 215, 226, 232 f., 251 f.

Hornoldendorf 221

Java 45, 164

Jena 14, 16

Johannettental, Meierei 42, 91, 139 f., 142 f., 186 f., 216–219, 222, 224

Kahlenberg 26 f., 50, 76–78, 94, 153, 165

Kaiserstuhl b. Heidelberg 151

Kalifornien 44, 254

Karlsruhe 94, 249

Kassel 11, 27–30, 34, 51, 62, 65, 103, 108, 121, 127, 183, 245

Kohlstädt 27, 251

Köln 45 f.

Kupferhammer, Gut 27, 78

Kurmainz, Kurfürstentum und Erzbistum 16, 18

Lage 36, 45, 160 f., 165 f., 225, 232 f., 246, 251

Langenholzhausen 27, 225

Lemgo 17, 19, 21, 48, 74, 105 f., 222, 235, 237, 242, 245, 247 f., 250, 252, 257

Lipperode 36, 123, 232, 236

Lopshorn 29, 47 f., 94 f., 140, 155–158, 183, 224, 251 f.

Lothe 38, 59–61, 118, 251 f.

Lüdenscheid 18

Lustnau bei Tübingen 10

Mecklenburg 12

Meinberg 19, 23–25, 36 f., 39, 43, 45, 47, 51 f., 101–103, 114 f., 127, 140 f., 158 f., 162, 165, 222 f., 226 f., 233 f., 236, 246, 251 f., 255

Melibokus 151

Minden 30 f., 35, 40, 129, 237, 245, 251

München 34, 47

Münster/West. 31, 33, 94

Nenndorf 51

Neuenburg (Neuchâtel) 47, 255

Neuhäusel (Nové Zámky) 11

Niederbarkhausen 27

Niederspier 72

Nienburg 90

Nuttlar 27, 193

Oberitalien 41, 45

Oelentrup, Meierei 37, 105, 107, 115 f., 142, 145, 166, 212 f., 232, 246, 251 f.,

Oerlinghausen 19 f., 40, 73–76, 150, 225, 233, 237, 257

Oesterholz 16, 38, 188, 210, 251 f.

Oostende 46

Orbke 78

Ostwig 27

Paderborn 18, 21, 27, 112, 177, 226

Paris 46, 88, 112

Patthorst, Gut 8, 26, 40 f., 46, 50, 129 f., 153 f., 162, 193 f.

Pivitsheide V. H. 111

Porta Westfalica 151

Potsdam 46, 51, 94

Preußen, Königreich 12 f., 27 f., 32, 39 f., 245, 249, 251

Ravensberg, Grafschaft 26, 39, 249 f., 255

Sachsen, Königreich 11 f., 249

Salzuflen 14 f., 19, 22, 140, 225, 237

Schieder 19, 23–27, 36, 47 f., 50, 61, 76–78, 94 f., 97 f., 111, 120, 131, 135, 138, 148 f., 150, 153, 159, 162 f., 165–167, 169, 171 f., 176 f., 183, 186, 188, 192, 211, 215, 232 f., 237, 251 f., 257

Schildesche 39, 252

Schloss Holte, Holter Hütte 27, 51, 87, 93, 172

Schmalkalden 21, 36, 237

Schötmar 20, 39, 47, 100, 116 f., 225, 257

Schwalenberg 19 f., 27, 36, 50, 59, 78, 91, 106, 167 f., 177, 180, 226, 232 f., 251 f.

Schweiz 47, 222

Silbermühle 38, 226, 251 f.

Sondershausen 25, 72, 247

Steinhagen 50, 129, 153, 162, 193, 253

Sternberg 19 f., 40, 142, 175, 180, 233, 251 f.

Stolzenfels, Schloss 45

Straßburg 45

Süddeutschland 28, 41, 45

Tirol 28

Vallentrup 28, 38, 43, 126, 221

Varenholz 39, 47, 100, 225, 237, 257

Warstein 27, 78

Wartburg 46, 98

Washington 44

Weißenfeld, Vorwerk 168

Wellentrup b. Blomberg 14, 39

Westphalen, Königreich 30 f., 51

Wien 31, 34

Wittekindsberg 151

Wöbbel 14, 24, 123, 148, 159, 165

Personenregister

Adams, –, Pächter der Unteren Mühle in Detmold 219, 222

Adams, Carl, Bauschreiber 24 f., 219, 222, 237, 254

Alles, Margarethe Elisabeth 16

Alten, Martin Friedrich von 34

Althof, Ernst August 30, 250

Althof, Johann Christian, Kanzleirat 68, 97

Altmeier, –, Bauhofmeister 25, 246

Arndt, Hermann, Baumeister 10

Avenhaus, Hans, Baumeister 10

Bade, Amalie Elisabeth 112

Ballmann, Johann Christian Wilhelm 21 f.

Bandel, Ernst von, Künstler 45, 81, 95, 98, 151, 153

Bange, –, Unteroffizier 144

Bauer, Caspar, Bierbrauer 127

Beneke, Christian Simon, Hofzimmermeister 86, 88

Berghaus, Heinrich 34

Bernhard II., Graf zur Lippe 27

Blomberg, Gottlieb Alexander Georg Emilius von 18, 244

Blume, Nevelin von 10, 242

Böger, –, Obristleutnant 96

Böhmer, August, Wagenfabrik Neustadt-Magdeburg 214

Böhmer, Friedrich August, Konsistorialrat 153

Boisserée, Sulpiz, Kunstsammler 45

Brockmann, August Clemens, Ressourcenwirt 29

Brüggemeier, Johann Friedrich Wilhelm, Kaufmann 29

Brune, Caroline Marie 30

Brune, Charlotte Christina 30

Brune, Christian Ferdinand 30 f.

Brune, Ernst Wilhelm 30

Brune, Friedrich August 30

Brune, Gerhard Friedrich 30 f.

Brune, Heinrich Wilhelm 30

Brune, Henriette Benigna 30

Brune, Johann Franz Christian 30

Bruno, –, Meiereipächter in Barntrup 91, 174, 178, 207, 220

Buchholz, –, Kondukteur 35

Buckerdt, –, Bergmann 127

Büersen, –, Handlanger 29

Bunte, K., Mühlenpächter in Heiligenkirchen 16, 219

Büxe, Friedrich, Steinhauer 26, 109

Caesar, Clemens Albert 91, 186 f., 216, 221

Caminada, Michele, Stuckateur 28

Chichi, Antonio, Modellbauer 32

Comperl, Georg Ludwig, Landbau-Inspektor 91

Croix, – de la, Regierungspräsident 118

Cronemeyer, –, Obertierarzt 55, 58, 253

Culemann, –, Zimmermeister 54

Culemann, Johann Heinrich, Kunstmeister 19 f., 39 f., 43, 47, 54, 100, 105 f., 116, 123, 126 f., 134, 180, 232 f., 237

Dannenberg, Carl 36

Déjean, Johann Heinrich, Hofuhrmacher 62, 69, 201, 260

Déjean, Wilhelm Albrecht Ernst, Kalkulator und Bauaufseher 20, 23 f., 65, 121, 233, 236 f., 245

Dithfurth, Franz Anton Julius von, Meiereipächter 91

Dohmeier, –, Chausseegeld-Einnehmer 102

Donop, – von, Hofjägermeister 72 f.

Donop, – von, Hofmarschall 22, 41

Drießen, Johann, Sergeant, Bauaufseher 23, 237, 246

Dröge, Johanna Charlotte 39

Düstersiek, Ferdinand, Fotograf 15, 54, 58, 68, 112, 118, 123 f., 126, 130, 132, 135, 146, 181, 204 f., 220, 222

Eggering, Simon Heinrich, Bildhauer 90

Eisenlohr, Friedrich, Architekt 94

Eller-Eberstein, Emil Freiherr von 41, 129, 153, 162, 193

Eller-Eberstein, Louis Freiherr von 129, 259

Eytelwein, Johann Albert 32

Falck, Joseph 28

Falcke, Carl, Dekorationsmaler aus Hannover 95, 150, 155, 258

Falckmeyer, –, Einlieger 23

Falkmann, August, Archivar 44

Falkmann, Ferdinand, Ingenieur-Leutnant 237

Federlein, –, Spiegelfabrikant in Hannover 155

Feilner, Tobias Chr., Tonwarenfabrikant 88

Feldmann, Christian Friedrich 14

Friedrich II., König von Preußen 12 f.

Friedrich Wilhelm II., König von Preußen 12, 94

Friedrich Wilhelm III., König von Preußen 32

Fries, –, Theatermaler 25, 124

Frohböse, –, Bäcker 45

Funk von Senftenau, Karl Friedrich, Kanzler 112, 150

Gehring, –, Zimmermeister 81, 186, 222

Gehring, Friedrich 135

Geißenbier, Martin, Baumeister 10

Gellhaus, Dr. –, Badearzt 51

Genser, Leonhard, Baumeister 10, 242

Gentz, Heinrich 31

Gerbes, –, Schulpedell 68

Gerke, Johann Christian, Kammerrat 14, 19 f., 40, 94, 228, 232, 237

Gilly, David, Architekt 13, 94 f.

Gilly, Friedrich, Architekt 32

Gödecke, Friedrich Heinrich Ludwig 24, 43, 47 f., 90, 126 f., 138 f., 145, 156, 160, 176, 180, 206, 216, 219, 222, 237

Goethe, Johann Wolfgang von 45

Gossmann, , Steinhauer 29

Grabbe, Christian Dietrich 44, 55

Gröne, Anton Heinrich 21

Gruson, Johann Philipp 34

Hagedorn, Hermann 34

Hagen, Gotthilf 28

Hagen, Ludwig Philipp Freiherr von 13

Harte, Anton, Maurermeister 29, 78, 91, 103, 128, 153, 181

Hartmann, –, Maurermeister 91

Hartmann, –, Zimmermeister 91

Häuser, –, Berginspektor in Obernkirchen 127

Heberlein, Christoph, Bergmeister 127

Heimburg, Johann Rudolf, Landvermesser 16

Heine, Heinrich 46

Heldman, Carl Theodor, Amtmann 73–76

Helm, Johann, Kammerrat 14

Helwing, Ernst, Historiker 46

Helwing, Friedrich Wilhelm, Kanzler 112, 231 f.

Hempelmann, Heinrich Martin, Kaufmann 27, 78

Hermann Adolf, Graf zur Lippe 11

Hilker, –, Maurermeister 91, 216

Hilker, –, Polizeidiener 96

Hirschfeld, Christian Cayus Lorenz, Gartentheoretiker 76

Hirt, Aloys 34

Hoffhenze, –, Glasmeister 27, 248

Hoffmann, – von, Hofmarschall 55 f., 142

Hoffmann, Ferdinand Bernhard von, Kanzler, Regierungs-
     präsident 112
Hoffmann, Friedrich, Geologe, 45
Hoffmann, Johann Andreas, Hofmusikus und Bauschreiber
     21 f.
Hothan, –, Zimmermeister 104
Hummel, Johann Erdmann 34
Iggen, –, Baumeister 10
Jakob, Konrad, Stuckateur 28
Jasper, –, Zimmermann 21, 28, 63, 102, 108, 123, 142, 153
Jerôme, König von Westphalen 51
Jürgens, –, Zimmermann 91
Kahl, –, Plantagenmeister 207
Kästing, –, Bäcker 29
Keller, Johann Georg 16, 25
Kellner, –, Oberförster 105
Kellner, Ernst August, Kammerrat 31, 36, 102, 231, 250
Kellner, Friedrich Jakob 31
Kestner, Ernst Aemilius, Kaufmann 29
Klengel, Wiolf Kaspar von 11
Kliem, Theodor, Fotograf 58, 61, 68, 103, 112, 118, 120, 132 f.,
     162, 184
Klumpp, –, Turner 180
Knobelsdorff, Georg Wenzeslaus von 13
Knoch, –, Major und Oberbereiter 134, 173
Knoch, Friedrich Georg, Konsistorialsekretär 41
Knoch, Johann Ludwig, Archivrat 15 f., 21, 28, 130, 243
Knoll, –, Pastor in Lipperode 123
Koch, –, Kammerdiener 56, 59
Koch, –, Schlossgärtner 211
Koch, Ernst, Pulvermühle bei Kassel 27
Koch, Friedrich 191
Köller, Simon, Schmiedemeister in Horn 142
König, Dietrich August, Kanzler 112
Koppisch, Arnold, Maurermeister 112
Korsten, Adelaide 45, 164
Krome, –, Zimmermeister 91
Krücke, August, Sous-Leutnant, Baugehilfe 20, 237, 245
Kuhlemann, –, Zimmermeister 144
Kühnert, Justus, Landbaumeister 37, 65 f., 102, 121, 127,
     132
Küster, –, Ofenfabrikant 160
Langwort, –, Pedell 96
Legraen, –, Bauaufseher, Bauschreiber 23, 237
Lennep, Elias van, Ingenieur 11
Lennep, Heinrich van, Ingenieur 11
Limberg, –, Hofgärtner 165, 189
Limberg, –, Hofjäger 183
Lindley, William, Ingenieur 46
Lippe, Amalie, Gräfin zur, geb. zu Solms-Hohensolms 81

Lippe, Christine Charlotte Fürstin zur, geb. von Solms-
     Braunfels 81
Lippe, Elisabeth Fürstin zur, geb. von Schwarzburg-Rudol-
     stadt 88
Lippe, Emilie Fürstin zur, geb. zu Schwarzburg-Sonders-
     hausen 183
Lippe, Friedrich Adolf Graf zur 61, 81
Lippe, Friedrich Prinz zur 97 f.
Lippe, Leopold II. Fürst zur 36 f., 39 f., 42–44, 50, 55, 61,
     66, 68, 70, 73 f., 76, 78, 81, 84, 88, 96 f., 105, 114, 127,
     139, 150, 153, 155, 162, 176, 183, 188, 231
Lippe, Leopold III. Fürst zur 16, 46–48, 86–88, 90, 93, 208,
     211, 214
Lippe, Pauline Fürstin zur, geb. von Anhalt-Bernburg 18 f.,
     28, 120
Lippe, Woldemar Fürst zur 73, 150
Lohmeyer, –, Pächter der Meierei Falkenhagen 192
Lüdeking, August Ferdinand, Schieferdecker 26, 62, 193
Ludolph, Johann, Plantagenmeister 76, 78, 132, 165
Machentanz, –, Maurermeister aus Brakelsiek 184
Marperper, Paul Jacob 11
Meien, Christian Theodor von, Regierungspräsident 96 f.,
     121, 143
Meien, Wilhelm von, Baumeister 47 f., 80, 88, 96, 144, 212 f.,
     216, 236 f.
Meier, –, Küster in Meinberg 23
Meinecke, Carl Georg 34
Meineke, Wilhelm 14, 16, 244
Menke, Ludwig 29, 84, 103, 132 f., 149, 156, 177, 184, 190 f., 206
Merckel, Ferdinand Ludwig August, Baumeister 23 f., 42 f.,
     47 f., 63, 73, 105, 112, 138 f., 153, 155, 158, 164 f., 176,
     180–182, 212, 220, 222, 237
Mertens, –, Magazin-Rendant 112
Meyer zu Oldendorp, –, Zimmermeister 153, 162
Meyer, –, Mühlenpächter in Brake 123
Meyer, –, Pächter der Meierei Göttentrup 160
Meyer, –, Pächter der Meierei Oelentrup 142
Meyer, Bernhard, Baumeister 39, 46, 135, 186
Meyer, Ernst H., Bäcker 29, 80
Meyer, Heinrich Conrad Ernst, Kaufmann und Bierbrauer
     108, 133
Meyer, Wilhelm 163 f.
Micke, Adolph 29
Mosel, –, Hofchirug 44, 108
Munster, Johann von, Baumeister 10
Müser, Friedrich Wilhelm, Landbauinspektor 31
Napoleon Bonaparte, Kaiser von Frankreich 31, 51
Natorp, Johann Theodor von, Oberbaurat 19–21, 23, 25–27,
     35–39, 40, 51, 54, 96, 100, 102 f., 105 f., 153, 226 f., 229,
     231 f., 237

Neumann, Balthasar, Baumeister 11

Nieländer, –, Lehrer 63

Niere, Friedrich August, Maurermeister 165

Nolte, Wilhelm, Hofstuckateur in Hannover 156

Notholz, Friedrich, Bildhauer 87

Oeynhausen, Falk Arend von, Amtmann in Schwalenberg 168

Overbeck, Heinrich, Baukommissar 19 f., 43, 53 f., 62, 74, 103, 118, 123, 233, 237

Overbeck, Karl, Geometer, Baurat 43, 155, 183, 212, 237

Palladio, Andrea, Baumeister 14

Pandes, –, Amtmann 118

Pape, –, Pächter der Meierei Dorotheental 171

Persius, Ludwig, Architekt 94

Petri, Friedrich Simon Leopold 37, 44

Petri, Karl Leopold, Architekt 29, 102, 180

Petri, Moritz Leopold 44, 255

Plage, –, Amtmann 73

Plöger, –, Klempnermeister 70

Plöger, Aemilius Conrad, Bauschreiber 22–25, 41 f., 103, 233, 236 f.

Plöger, Eduard, Bauschreiber, Bauverwalter 24 f., 43, 81, 160, 165, 176, 184 f., 207, 214, 219, 222, 237

Plöger, Simon Henrich Adolph 21

Pochhammer, Georg Friedrich, Geh. Obersteuerrat 51

Pollei, –, Zimmermeister 78

Preuß, Karl, Geometer 44

Preuß, Otto, Bibliothekar 150, 256, 259

Quast, Ferdinand von, Architekt 46, 98

Quentell, –, Pächter der Meierei Brake 118, 212

Quentell, Gustav, Maler 156, 177 f., 214

Rabe, Martin Friedrich 34, 98

Rakelmann, Johann Heinrich, Maurermeister 62, 120, 153, 182

Rehme, –, Maurermeister 128, 155, 168

Reine(c)ke, Louis, Leutnant und Geometer 61, 102, 106

Renne, –, Musikus 29

Reting, Johann 27

Reuter, Carl Franz 39

Reuter, Wilhelmine Friederike Ernestine Henriette 39

Robyn, Johann, Baumeister 10

Rohdewald, –, Pastor in Wöbbel 148

Rohdewald, Wilhelm, Kammerrat 26, 94, 231, 252, 259

Römer, Ludwig, Fasanenwärter 72

Rösel, Johann Gottlieb Samuel 34

Rossi, Carlo 28

Rottberg, –, Kanzler 112

Rundt, Hans Hinrich, Künstler 10, 81, 89

Runnenberg, Wilhelm Christian, Stadtsyndikus 96

Sauerländer, Adolph, Tischler 78

Schadow, Johann Gottfried, Bildhauer 32

Schinkel, Karl Friedrich, Architekt 32, 46, 69, 84, 86 f., 94, 103

Schmidt, –, Maurermeister 23, 91

Schönfeld, August Friedrich Wilhelm, Pächter der Meierei Falkenhagen 91, 178

Schrader, Gebrüder 27, 62

Schulz, –, Unteroffizier 144, 237

Schulz, Friedrich Johann Ernst 112

Schütz, –, Unteroffizier 144

Seeger, –, Steinhauer 29

Seidler, –, Maurer 29

Semper, Gottfried, Architekt 46 f.

Simon Henrich Adolf, Graf zur Lippe 10

Solle, –, Tagelöhner 23

Sondershausen, Caroline Fürstin von 25, 247

Spies (auch: Spieß), Johann, Lackierer 28, 66, 68 f., 108, 119, 131–134, 143 f., 182

Starcke, Johann Georg 11

Stein sen. , –, Kammerrat 22

Stein, Carl Wilhelm, Kammerrat 14, 43, 47, 98, 116, 216, 237, 243, 258

Stein, Heinrich Friedrich Carl Freiherr vom und zum 31

Steinacker, Karl 46, 255

Steineke, –, Turn- und Tanzlehrer 144, 181, 212

Strack, Johann Heinrich, Architekt 46, 81, 84, 86 f.

Striek(e)ling, –, Mechanikus 115, 131, 155,

Stukenbrock, –, Bauhofmeister 25, 246

Stüler, Friedrich August, Architekt 46

Sturha(h)n, –, Brunnenaufseher 23, 115, 233

Sturm, Leonhard Christoph, Baudirektor 12, 25

Tappe, Heinrich Wilhelm, Landbaumeister 18 f., 23, 96, 160

Temme, –, Steinhauer 26

Tette, – du 10

Teudt, August Ferdinand, Hauptmann 62 f.

Teudt, Christian, Landbaumeister 16–18, 21–23, 69, 96, 243 f.

Teuto, Johann Christoph 31

Tiemann, Friederike Apollonia 30

Tiemann, Henriette Louisa Benigna 30

Tiemann, Johann Ernst 30

Tölke, –, Lakai, Schlossbediener 23

Tönnies, Cord, Baumeister 10

Tourniaire, Gebrüder 25, 150, 247

Trampel, Dr. Johann Erhard, Badearzt 51

Treviranus, Gottfried, Meiereipächter 91

Ulrich, –, Regierungsregistrator 108

Unkair, Jörg, Baumeister 10

Viering, Johann Ludwig Wilhelm, Bauschreiber 21 f.

Vietmeier, –, Mühlenpächter 221

Vignola, Giacomo Barozzi da, Baumeister 31, 33, 37, 94, 250

Vincke, Ludwig Freiherr von 31

Vogeler, Ludwig, Baukondukteur 20 f., 36, 40, 51, 53 f., 96, 102, 142, 237, 245, 251

Vondey, –, Priester in Falkenhagen 146

Wächter, Simon 166

Wackerbarth, Graf August Christoph von 12

Weber, Johann Bernhard , Oberjäger 112

Weerth, Carl, Gymnasialprofessor 180, 212

Wendelstädt & Meyer in Hameln 28, 42

Wendt, August, Gastwirt 29

Wentzel, –, Major 112

Wesemann, –, Zimmermeister 91

Willig, Johann Christian, Landbaumeister 15 f., 243

Wippermann, Johann Friedrich, Regierungsrat 25

Wiss, –, Baupraktikant 21, 36 f., 54, 62, 237

Ziegler, Thielle 28

Zielcke, –, Architekt 34

Zimmermann, Christian Gottlieb 34

DANK

Der Lippische Heimatbund hat freundlicherweise die Herausgabe des Buches übernommen. Die Drucklegung wurde ermöglicht durch eine großzügige Förderung der NRW-Stiftung. Weitere Beiträge gaben der Landesverband Lippe und die Stadt Detmold.

Fachliche Unterstützung und Hinweise verdanke ich:

Dr. Wolfgang Bender, Landesarchiv NRW, Abt. OWL, Detmold

Frank Budde, Detmold

Dr. Elisabeth Crettaz-Stürzel, Neuchâtel

Dr. Joachim Eberhardt, Lippische Landesbibliothek, Detmold

Yvonne Gottschlich, Stadtarchiv Detmold

Anna Grotegut, Landesarchiv NRW, Abt. OWL, Detmold

Prof. Dr. Rainer Graefe, Innsbruck

Prof. Dr. Jochen Georg Günzel, Detmold

Hans Hartmann, Schieder

Carsten Haubrock, LWL -Denkmalpflege, Landschafts- und Baukultur in Westfalen

Dr. Annette Hennigs, Landesarchiv NRW, Abt. OWL, Detmold

Dr. Katja Kosubek, Stadtarchiv Halle

Dr. Roland Linde, Detmold

Gerhard Milting, Detmold

Stefan Munko, Detmold

Hans-Ulrich Opel, Schieder

Wilma Rädnitz (†), Schieder

Erika Rosenfeld, Landesarchiv NRW, Abt. OWL, Detmold

Bettina Rinke M.A., Detmold

Dr. Christine Rühling, Lippische Landesbibliothek, Detmold

Prof. Dr. Christiane Salge, TU Darmstadt

Wassili Schabalowski, Geh. Staatsarchiv Preußischer Kulturbesitz, Berlin

Dr. Stefan Schröder, LWL-Archivamt für Westfalen, Münster

Dr. Michael Sprenger, Detmold

Dr. Heinrich Stiewe, Blomberg-Wellentrup

Dr. Reinhart Strecke, Geh. Staatsarchiv Preußischer Kulturbesitz, Berlin

Dr. Bärbel Sunderbrink, Stadtarchiv Detmol

Magnus Titho, Detmold

Klaudia Wolf, Lippische Landesbibliothek, Detmold

Werner Zahn, Detmold

BILDNACHWEIS

Sammlung Frank Budde, Detmold: 14

Joachim Kleinmanns: 11, 16, 29, 30, 37, 45, 65, 66, 68, 69, 72, 76, 82, 86, 92, 103, 109, 116, 123, 124, 127, 128

Landesarchiv Nordrhein-Westfalen, Abteilung Ostwestfalen-Lippe: 4, 7, 8, 10, 12, 13, 17, 21–23, 26, 28, 31, 33, 36, 38, 40, 41, 43, 44, 46, 48–60, 62–64, 71, 73–75, 77, 78, 80, 81, 83–85, 88–91, 93–102, 104, 105, 107, 110–112, 115, 118, 120–122, 125, 126, 129, 130, 132–135, 137, 138, 140–145

Lippische Landesbibliothek: 1, 2, 5, 9, 15, 18–20, 24, 25, 27, 32, 39, 61, 67, 70, 79, 87, 106, 113, 114, 117, 131, 136

LWL-Archivamt, Münster: 85

LWL-DLBW: 119 (Hedwig Nieland)

Gerhard Milting, Detmold: 42, 108

Magnus Titho, Detmold: 34, 35, 139

Wikimedia Commons: 3, 47

aus PETERS 1984: 6